DIÁLOGOS NA SOMBRA

KENNETH P. SERBIN

Diálogos na sombra

Bispos e militares, tortura e justiça social na ditadura

Tradução
Carlos Eduardo Lins da Silva
Maria Cecília de Sá Porto

1ª reimpressão

COMPANHIA DAS LETRAS

Título original
Secret Dialogues: Church-State Relations, Torture, and Social Justice in Authoritarian Brazil

Capa
Ettore Bottini

Foto da capa
Desfile de cadetes da Escola Naval diante da Igreja da Candelária, em 7 de setembro de 1968. Acervo do Arquivo Nacional.

Índice
Rosangela de Souza Mainente

Pesquisa iconográfica
Carla Aparecida dos Santos
Luiz Alberto Couceiro

Preparação
Alice Kyoko Miyashiro

Revisão
Ana Maria Barbosa
Beatriz de Freitas Moreira
Carmen S. da Costa

Dados Internacionais de Catalogação na Publicação (CIP)
(Câmara Brasileira do Livro, SP, Brasil)

Serbin, Kenneth P.
Diálogos na sombra : bispos e militares, tortura e justiça social na ditadura / Kenneth P. Serbin ; tradução Carlos Eduardo Lins da Silva. — São Paulo : Companhia das Letras, 2001.

Título original : Secret dialogues : church-state relations, torture, and social justice in authoritarian Brazil
Bibliografia.
ISBN 85-359-0186-8

1. Ditadura — Brasil 2. Igreja e Estado — Brasil 3. Justiça social — Brasil 4. Tortura — Brasil I. Título.

01-5487 CDD-322.10981

Índices para catálogo sistemático:
1. Brasil : Estado e Igreja : Ciência política 322.10981
2. Brasil : Igreja e Estado : Ciência política 322.10981

[2002]

EDITORA SCHWARCZ LTDA.
Rua Bandeira Paulista 702, cj. 32
04532-002 — São Paulo — SP — Brasil
Telefone (11) 3167-0801
Fax (11) 3167-0814
www.companhiadasletrinhas.com.br

Para meus pais, Regina e
Bianca Marie

"Onde termina a justiça social e começa a subversão?"

Dom Avelar Brandão Vilela, arcebispo de Salvador e primaz do Brasil

Sumário

Prefácio

Esta é a história dos esforços das lideranças católicas e militares brasileiras para superar o conflito entre a Igreja e o Estado durante a ditadura de 1964-85. Focaliza o período de 1968 a 1974, quando o diálogo ocorreu sob as sombras de um governo que mantinha uma fachada democrática ao mesmo tempo que esmagava seus opositores com o auxílio de tropas, espiões e torturadores. Foram os anos de chumbo,[1] os momentos da repressão mais pesada. A história dos vários diálogos estudados aqui fornece uma nova compreensão de como as relações eclesiástico-militares se desenvolveram enquanto a Igreja Católica Apostólica Romana adquiria seu famoso papel de "voz dos que não têm voz" contra as atrocidades e injustiças da ditadura. Esta é a história de um debate ideológico, de acusação e contra-acusação e de compromisso político envolvendo a competição entre as duas principais instituições do Brasil em sua disputa para influenciar a sociedade. É também sobre a política de direitos humanos, incluindo a luta sobre provas e negações da existência de tortura. Subjacente a essa história, está a tensão entre o poder e a fé. Destas páginas emerge uma velha pergunta: quando e como se dialoga com o adversário? E, ao mesmo tempo, como se faz a oposição moral?

A partir da Revolução Russa de 1917, e especialmente depois de 1945, o mundo dividiu-se entre comunismo e capitalismo, entre Leste e Oeste. Nas décadas de 60 e 70, a Guerra Fria havia causado intensa polarização na América Latina, levando à formação de uma nova (e talvez não a última) onda de Estados autoritários. Essa polarização teve enorme impacto sobre as instituições e as ideologias. No Brasil, as Forças Armadas consideravam-se as defensoras da tradicional civilização cristã ocidental contra a subversão, enquanto setores da Igreja tentavam redefinir a missão cristã ao dar uma nova ênfase à paz, ao desenvolvimento e à justiça social. Essas diferenças produziram um conflito profundo entre a Igreja e os militares.

Escrevi este livro enquanto o mundo se adaptava a uma ordem pós-Guerra Fria. A polarização como a conhecêramos já não existe mais; tampouco a simples e atrativa divisão entre "esquerda" e "direita" que tomara conta do pensamento sobre a América Latina.[2] Depois de quinhentos anos de história de seu país, os brasileiros estão hoje engajados em uma luta pelo fortalecimento da democracia e dos ideais de cidadania plena e de direitos humanos para todos, um processo que desencadeou grande interesse por seu passado autoritário. Em dezembro de 1995, o governo começou a reconhecer oficialmente as vítimas da ditadura e a indenizar suas famílias. O registro da história do regime militar também foi iniciado. Arquivos são abertos, histórias antes proibidas são contadas, novas interpretações são oferecidas. O presente livro é parte dessa reavaliação. Sem perder de vista os maiores temas políticos, sociais e religiosos da época, ele explora a dimensão oculta do diálogo e da conciliação — os bastidores, sempre reservados aos poderosos. Por maior que seja a tentação, a história não deve ser vista de forma maniqueísta, mas sim como conflitos entre indivíduos cujas personalidades e atitudes têm sido esculpidas por numerosos fatores históricos.

Como alguns estudiosos brasileiros observaram, se as Forças Armadas

> venceram a guerra contra as organizações da esquerda revolucionária, foram derrotadas na luta pela memória histórica do período. É importante observar que muitos militares se "queixam" justamente de não haver sido apresentada uma versão das Forças Armadas sobre a repressão, que fosse socialmente acatada como legítima.

Discussões sobre a era Médici permanecem tabu entre as Forças Armadas devido à necessidade de preservar o *esprit de corps*. Normalmente escrita pelos vitoriosos, a história desta vez foi forjada pelos derrotados.[3] Com o fim gradual da censura sob o governo do presidente Ernesto Geisel (1974-79) e a anistia política de 1979, que trouxe os exilados de volta ao país, uma pletora de trabalhos em prosa e outros meios apresentaram uma versão dos eventos narrados por ex-guerrilheiros e vítimas do regime.[4] A publicação de *Brasil: nunca mais* pela Arquidiocese de São Paulo foi talvez a pílula mais amarga para as Forças Armadas. Publicado quando o Brasil retornava ao governo civil em 1985, esse best-seller documentou os horrores da tortura durante os anos Médici, usando documentos da Justiça Militar xerocados clandestinamente por advogados da Igreja.[5] Mais recentemente, alguns oficiais tiveram seus próprios relatos divulgados,[6] mas os registros de militares sobre o período continuam relativamente pouco numerosos e em geral de baixa qualidade.[7] Porém, embora possa estar ganhando a competição pelos corações e mentes, a esquerda também se sente profundamente desconfortável com seu próprio passado e fracassou na explicação de vários de seus aspectos, inclusive na do uso de violência.[8] É dever dos historiadores profissionais e outros acadêmicos, que estão atualmente empenhados na reinterpretação da era do autoritarismo, fornecer uma visão mais clara desse passado difícil.

A história dos diálogos na sombra irá revolver memórias e controvérsias, desafiar pressupostos e revelar segredos. Homens poderosos e importantes aparecem em toda a sua grandeza — e em suas imperfeições. No Brasil, esta história irá sem dúvida acender o debate tanto no interior das Forças Armadas quanto no da Igreja, tanto na direita quanto na esquerda, e também entre os acadêmicos. Abordei esse tema na condição de historiador profissional e como alguém profundamente interessado no Brasil, no seu povo e nas suas instituições. Tenho a esperança de que este livro possa contribuir para uma compreensão maior de um dos períodos mais difíceis do Brasil e de seu legado para os brasileiros de hoje.

Uma versão acadêmica anterior deste livro foi publicada na Latin America Series da Editora da Universidade de Pittsburgh, nos Estados Unidos. A presente versão é muito mais do que uma tradução. Passei mais de um ano fazendo pesquisas adicionais e reescrevendo o texto para os leitores brasileiros e, na tentativa de construir uma ponte sobre essa divisão cultural, trouxe à luz meus quinze anos de pesquisa sobre a sociedade brasileira e a Igreja Católica. Meus textos sobre a formação de padres, as finanças da Igreja, a saúde reprodutiva e os assuntos relacionados à mulher, a campanha presidencial de 1989, o *impeachment* de Fernando Collor de Mello, o novo pluralismo religioso e as relações entre a religião e a democracia desde 1985, foram todos importantes na obtenção do quadro teórico deste livro, bem como minhas numerosas entrevistas com padres, bispos e outros, antes do início desta pesquisa. Minhas observações e experiências pessoais também deram forma a este trabalho. Como vários de meus colegas "brasilianistas", tenho laços de família no Brasil. Durante os mais de cinco anos em que residi no Brasil, viajei da campanha do Rio Grande do Sul às selvas de Roraima e passei muitos meses nas maiores cidades do Brasil, especialmente no Rio de Janeiro e em São Paulo, mas também em Belo Horizonte, Porto Alegre, Brasília, Recife e Campinas, e em lugares menores como Sorocaba, Marabá e Itabira. Após cada estada, me dava conta de quanto mais deveria ainda aprender para entender o Brasil.

Aqueles que buscam o tipo de debate que normalmente aparece em uma introdução acadêmica devem atentar à conclusão. Ao contrário do cânone norte-americano da literatura altamente especializada (e freqüentemente seca) da academia, tentei escrever em um estilo acessível a uma audiência mais ampla. Este livro é sobre as relações entre a Igreja e o Estado, mas é também parte da ainda incipiente narrativa histórica da era Médici, o mais sangrento e, no entanto, o menos estudado, dos períodos militares.[9] Há muito tempo fora de moda na profissão histórica e largamente ausente dos estudos latino-americanos, a narrativa interpretativa ajuda a definir um período específico, ao retratar a convergência de indivíduos, incidentes e tendências.[10] O imponderável conta muito em história. O mesmo ocorre com as pessoas e suas personalidades — dados com freqüência esquecidos na literatura da ciência social. História, no final das contas, é entender pessoas. O clima emocional dos diálogos na sombra e as nuanças das relações pessoais e de pequenas redes sociais desempenharam um papel na mediação da ditadura que é, não raro, subestimado. Esta história envolve a história da diplomacia e da política, bem como a das forças de segurança, dos soldados rasos, e das vítimas da repressão e suas famílias. É também sobre a liderança militar e a natureza do governo Médici.

Devo a inspiração pela busca de uma boa narrativa ao saudoso John Hersey, autor de *Hiroshima*, um professor magistral e um amigo, cujo curso na

Universidade Yale sobre a redação de não-ficção ensinou-me que os historiadores deveriam empenhar-se em retratar pessoas em toda a sua simplicidade e complexidade. Os trabalhos de grandes autores brasileiros como Ruy Castro, Zuenir Ventura, frei Betto, Dráuzio Varella e Mário Sérgio Conti ajudaram-me a encontrar uma forma de me aproximar do leitor brasileiro, assim como os valiosos comentários de Maria Teresa Sadek, que possui uma aguda compreensão dos limites entre o estilo acadêmico e o literário. Agradeço a Dennis Macura e Phyllis Williams pelo ensino das artes básicas da redação, e a Richard Fox por me introduzir na paixão pela história. Paul Bass e Mark Prendergast foram outras fontes de inspiração.

Este livro só foi possível graças ao trabalho de acadêmicos que, antes de mim, estudaram a Igreja brasileira e o regime militar. Três, em particular, influenciaram profundamente o meu trabalho, deram abnegado encorajamento e orientação, e abriram portas no Brasil desde o início dos meus estudos sobre a Igreja em 1986: Thomas C. Bruneau, Scott Mainwaring e Ralph Della Cava. Agradeço especialmente a Ralph pelas incontáveis horas de discussão sobre a Igreja, pela assistência valiosa e, mais importante, por sua amizade. Tom forneceu excelente comentário da versão americana inteira do manuscrito, assim como Brian Loveman, Anthony Pereira, Carol Drogus, Meg Crahan e Maria Teresa Sadek. Peter Beattie leu os capítulos 1 e 10. Este último foi lido por Dain Borges, Emerson Giumbelli, Victoria Langland e João Roberto Martins Filho.

No Brasil, recebi generosa e preciosa assistência do jornalista político Elio Gaspari, um imenso, perceptivo e *no-nonsense* repositório de informação sobre a história do regime militar. Elio sugeriu pistas de pesquisa e também leu a versão em inglês do manuscrito. Celso Castro foi o primeiro a apontar-me a existência de importante documentação sobre os diálogos secretos da Igreja e ajudou-me de várias outras maneiras. Luiz Alberto Gómez de Souza proporcionou uma provocativa crítica do manuscrito brasileiro e padre Alberto Antoniazzi leu a maior parte dele e facilitou meu trabalho de diferentes maneiras. Outros que me ajudaram no Brasil foram padre Virgílio Leite Uchôa, padre Celso Pedro da Silva, padre Marcelo Azevedo, S. J., Riolando Azzi, general Mário Orlando Ribeiro Sampaio, Virgílio Rosa Netto, João Roberto Martins Filho, Marcelo Ridenti, Cecília Coimbra, João Luiz Peçanha, Marco Aurélio Vannucchi Leme de Mattos, Aldo Vannucchi, Egle Maria Vannucchi Leme, José de Oliveira Leme, Gonzaga Souza, Terry Vincent e Zezé McIntyre, Alexandre Oliveira de Almeida, Célia Costa, Lúcia Ribeiro, Aloysio de Oliveira Martins Filho e Rosângela Mello, Henrique Samet (e Paulo, Patrícia, Maria Célia e Luciana), Sátiro Nunes, Maria Isabel de Matos Falcão, Maria Izabel de Oliveira, Vera, Ana Celeste, Adriano e Arlete Diogo, Amelinha Teles, Magali Godoy, Alcides Costa Vaz, Maria Luiza Amarante, monsenhor Arnaldo Beltrami, padre João Panazzolo, padre Miguel da paróquia Cristo Rei, Pierre Sanchis, Carlos Rodrigues Brandão, Nair Costa Muls, Telma de Souza Birchal, padre Matias Martinho Lenz, S. J., padre Mário França, S. J., Patrícia Birman, Raymundo Heraldo Maués, padre José Ivo Follman, Regina Novaes, Ana Maria Doimo, Pedro Ribeiro de Oliveira, Solange Rodrigues, Rubem César Fernandes, Samyra Crespo, Zelia Seiblitz, Paula Montero, Miguel Carter, Alexandre Brandão Martins Ferreira, Henri LaRovere, Elói Melo Filho, Patrícia Costa, Fátima Mesquita, João Carvalho, Yara Aun Khoury, Sérgio Tadeu de Niemeyer Lamarão, Douglas Mansur, Eduardo Hoornaert, dom Mauro Morelli, dom Sinésio Bohn, Fernando Novais, Romy Medeiros da Fonseca, Maria Isabel Baltar da Rocha, o saudoso reverendo Jaime Wright, Maria Helena Moreira Alves, José Palácios e as equipes do Centro de Pesquisa e Documentação de História Contemporânea do Brasil, do Arquivo Público do Estado do Rio de Janeiro, do Arquivo do Estado de São Paulo, do Arquivo Nacional, da Diocese de Barra do Piraí-Volta Redonda, da Biblioteca Cardeal Câmara da Arquidiocese de São Sebastião do Rio de Janeiro, do Arquivo Edgard Leuenroth, da Central de Documentação e Informação Científica "Professor Casemiro dos Reis Filho", do Instituto Nacional de Pastoral, do Centro Alceu Amoroso Lima para a Liberdade, do Centro de Documentação Hélder Câmara e do Centro de Documentación y Archivo para la Defensa de los Derechos Humanos. Kátia Borges prestou valiosa assistência à pesquisa.

No Brasil, amizade e apoio vieram de Fernando Ferreira e Gláucia, Antero e Dirce Torres, Irany Arruda Costa, Fernanda Villasboas e Ricardo, Soraia Jorge, Emílio e Ana LaRovere, René e Iaiá Melo, Renato e Helena Nazaré, Ivan e Denise Bacellar, Heloísa e David, Quélia Quaresma, Flávio dos Santos Gomes, Emanuelle de Oliveira, Raquel Michelsen, Célia Tavares, Carlos Alberto Baruki, Cecília Mariz, Nelly Boonen, Dário Almeida Alves, Enildo Costa, Celina Tiemi Kirizawa e Antônio Carlos, Claudete Maria Rêgo, Heitor Frugoli, Anja Kamp, Luciane e Amaury Meyer, Ciro Manzano, Marinete dos Santos

Silva, Jeni Vaitsman, Regina Weber, Antônio e Regina Gringo, Zizi Pereira e Roberto, Lucelena Barreira Novarino, Miriam, Filemon Alves Filho, Lauro de Oliveira, Maria de Jesus Melo (Cita), Jaime Ginzburg, Carlos Fico, Liana Gottlieb e muitos outros amigos e conhecidos. Padre Charles Antoine, Margarita Durán, Martín Almada e Stella Calloni prestaram assistência no Paraguai.

Nos Estados Unidos, valiosa assistência e apoio foram oferecidos por Timothy Power, David Dixon, Jeffrey Lesser, Michael Weis, Nancy Stimson, Steve Elliot, Marshall Buelna, Julie Edson, Joe McGowan e Rafael e Renata Ioris. Agradeço também a Eric Van Young, Paul Drake, Steve Topik, Peter Evans, Michael Monteón, Joe Foweraker e Aralia López González pela orientação intelectual e apoio ao longo dos anos. Loris Zanatta forneceu cópia de importante documentação do Arquivo da Embaixada da Argentina junto à Santa Sé, e James Green forneceu cópias obtidas no Arquivo do Itamaraty.

Também desejo agradecer às várias pessoas da Igreja Católica Apostólica Romana do Brasil, aos reservistas das Forças Armadas brasileiras e aos outros cidadãos brasileiros que concordaram em me conceder entrevistas. Estendo minha gratidão às organizações que providenciaram recursos para esta pesquisa: o North-South Center da Universidade de Miami e o Departamento de História, o Office of the Dean of Arts & Sciences, e o Transborder Institute da Universidade de San Diego. Em Miami, o embaixador Ambler Moss e Robin Rosenberg proporcionaram-me a oportunidade de iniciar esta pesquisa; e em San Diego, Frank Lazarus, Patrick Drinan, James Gump, Lisa Hoffman, Iris Engstrand e Dan Wolf deram-me as condições de continuá-la. Pesquisas anteriores, que serviram de base para este livro, foram generosamente apoiadas por Marco Antônio da Rocha e a Comissão Fulbright, a Organização dos Estados Americanos, a Universidade da Califórnia e o programa de Mellon Fellowships in the Humanities. Também agradeço à Editora da Universidade de Cambridge pela permissão de republicar, como capítulo 10, a maior parte de meu artigo "The Anatomy of a Death: Repression, Human Rights and the Case of Alexandre Vannucchi Leme in Authoritarian Brazil", *Journal of Latin American Studies*, 30, 1998, pp. 1-33. Na Companhia das Letras, encorajamento especial veio do editor Luiz Schwarcz e de minha editora Heloísa Jahn. Cristina Yamazaki e a altamente competente equipe da Companhia prestaram ajuda valiosa ao longo da produção do livro. Luiz Alberto Couceiro e Carla Aparecida dos Santos trabalharam cuidadosamente na pesquisa iconográfica.

Carlos Eduardo Lins da Silva foi um excelente tradutor. Carlos e Maria Cecília de Sá Porto foram ótimos interlocutores sobre a arte da tradução e os acontecimentos da época.

Comentários adicionais de grande utilidade para este trabalho vieram do padre José Oscar Beozzo, Maria Celina D'Araújo, Gláucio Soares, Antonio Carlos Quicoli, Michael Fleet, Manuel Vásquez, Michael LaRosa, José Casanova, Maria Aparecida de Aquino, Maria de Lourdes Monaco Janotti, Alexander Wilde, Louis Warren, Elaine Elliot, Jeff Ravine, Hector Aguirre, Elizabeth Bailey, James Black, Kevin Bratsch, Orousha Digius, James Gentry, James Gonzalez, Steve Lawrence, Doug Raidt, Signe Salminen, Lucinda Snyder, Jeanne Tannone, Phillip Trotter, Jim Westlund, Dulce Chaves Pandolfi, Lúcia Lippi de Oliveira, Delaine de Sousa Silva Álvares, Janaína Teles, Luiz Lima Vailati, Sidney Oliveira Pires Júnior, Eduardo Yoshimori Ochi e Regiane Augusto de Mattos.

Acima de tudo, desejo agradecer aos mais próximos de mim que apoiaram meu trabalho durante este projeto e no decurso dos anos — Stephen Downing, David Chappell, Stephen Prothero, John Glick, Maryse Bacellar (minha mãe brasileira), Roberto Grimes, José Milton Villagrana Albino, Mário Teodoro de Barros, Lourdes Alves Barros, Rogério Alves de Barros, Ricardo Alves de Barros; assim como a meus pais, Paul e Carol Serbin, minha irmã Donna e sua família, e, principalmente, minha esposa, Regina Barros Serbin, pela tolerância, paciência e amor sem fim, e a pequena Bianca Marie Barros Serbin, que gozava seus primeiros momentos de vida quando dei à luz este livro.

A assistência que recebi foi generosa e imensa, mas sou o responsável por quaisquer erros e imperfeições deste trabalho. Todas as citações de publicações e documentos brasileiros estão no português original. Todas as variações na ortografia de certos nomes (por exemplo, Vannucchi/Vannuchi, Candido/Cândido, Castello/Castelo) estão corretas.

Introdução
Encontros improváveis

Na manhã de 3 de novembro de 1970, uma segunda-feira, dois homens incongruentes começaram uma extraordinária missão no Rio de Janeiro, que deu início a um dos mais enigmáticos relacionamentos na história do Brasil.

Era um momento tumultuado. No sábado e no domingo, o calor havia levado multidões de cariocas para as praias, produzindo um engarrafamento quase recorde de cerca de três quilômetros na avenida Sernambetiba, no novo e emergente bairro da Barra da Tijuca. A avenida Brasil estava obstruída por motoristas que voltavam do fim de semana nos arredores da cidade. A atmosfera festiva se misturava aos sentimentos sombrios de muitos cariocas que haviam visitado os cemitérios no Dia de Finados. Apenas nos cemitérios de Caju, São João Batista e Catumbi, quase 1 milhão de pessoas havia prestado homenagem aos seus mortos. No Aterro do Flamengo, veteranos do Exército e estudantes dos colégios do Rio fizeram a Vigília da Saudade junto ao monumento dos que tombaram na Segunda Guerra Mundial. Na manhã de segunda-feira, a temperatura morna da primavera dissipou-se com a chegada de uma frente fria polar. No ar chuvoso e frio, trabalhadores removiam dos túmulos as flores, deixadas juntos com as velas, as memórias e as lágrimas derramadas pelos mortos queridos.

A ameaça de violência intensificava o mal-estar. A luta entre o governo e os revolucionários armados que seqüestravam diplomatas estrangeiros e roubavam bancos turvava a imagem do brilhante progresso econômico do Brasil. Para a primeira quinzena de novembro, dois dos mais importantes grupos revolucionários haviam planejado um golpe espetacular contra o regime militar: um seqüestro triplo — o de um embaixador estrangeiro, de um destacado empresário brasileiro e de um membro do ministério, que seriam libertados em troca de duzentos prisioneiros políticos. No Pará, as guerrilhas lançariam um ataque no campo. A operação celebraria a morte do maior líder das guerrilhas, Carlos Marighella, assassinado pela polícia no dia 4 de novembro de 1969. Em 24 de outubro de 1970, a polícia prendeu o sucessor de Marighella, Joaquim Câmara Ferreira. Naquele mesmo dia, mais tarde, Câmara Ferreira foi morto em uma sala secreta de tortura perto de São Paulo. Em seu esconderijo, os agentes descobriram os planos para a "Quinzena Marighella". A polícia começou a prender centenas de pessoas, inclusive advogados de prisioneiros políticos. No Rio, em 3 de novembro, 20 mil homens da Polícia Militar e da Polícia Civil ocuparam as ruas. Em contraste com aqueles que honravam os mortos, a polícia ficou de prontidão para impedir qualquer tentativa de homenagem aos dois guerrilheiros abatidos. Os policiais tinham ordens para coibir todo protesto, impedir qualquer ato terrorista e deter qualquer pessoa sem identificação ou carteira profissional. Eles agravavam os já insuportáveis engarrafamentos de trânsito com comandos nas avenidas, na estação das barcas, na rodoviária Novo Rio e no cais do porto. Dois helicópteros patrulhavam a cidade.

O clima convencera os dois importantes personagens, um general e um intelectual, de que eles deviam agir. Separadamente, subiram uma rua de terra, chamada Capuri, que rasga as colinas que se sobrepõem ao suntuoso bairro carioca de São Conrado. Eram mais ou menos oito horas quando chegaram à porta da Casa de Retiros Padre Anchieta, dirigida por padres jesuítas. Embora São Conrado ainda hoje se mantenha como um bolsão exclusivo e isolado, ainda que sitiado, em um Rio que se expande vastamente, em 1970 ele ficava no subúrbio, distante do burburinho do centro e da zona sul, longe das lutas políticas que se travavam nas ruas. São Conrado era praticamente um espaço vazio, no começo dos anos 70. O Retiro da Gávea, como a casa era chamada devido à sua proximidade com a Pedra da Gávea, fica 172 metros acima do nível do mar, escondido na exuberante Floresta da Tijuca, em um lote de 311 mil metros quadrados. Os religiosos mais aventureiros, que freqüentavam o retiro, costumavam descer a rua Capuri para ir nadar na praia, e depois voltavam pelo caminho íngreme. Das janelas, os dois homens podiam admirar a vista do mar, o Gávea Golfe Clube e os magníficos arredores da estrada das Canoas e da estrada do Joá, um paraíso verde. Olhando para a direita, podiam observar a majestosa Pedra da Gávea e a Pedra Bonita. Dom Sebastião Leme da Silveira Cintra, o arcebispo do Rio durante o primeiro governo de Getúlio Vargas, usava este local para seus retiros pessoais no início dos anos 30 e tomou as providências para que se construísse uma grande casa lá entre 1934 e 1936. O clero do Rio realizava com freqüência retiros naquela casa, assim como os membros das Congregações Marianas, estudantes do Colégio Santo Inácio, universitários e outros grupos de leigos, bem como aspirantes e guardas-marinhas da Marinha brasileira.

Em fevereiro e março de 1970, o retiro se tornara a concentração da seleção brasileira de futebol, que alugou o local dos jesuítas. Durante mais de cinco semanas, Pelé e o restante do time comeram, dormiram, jogaram pingue-pongue e sinuca e receberam massagem naquele casarão de quarenta quartos. Normalmente cobertos pelos passos silenciosos dos padres, os corredores despojados e espaçosos do retiro ecoaram temporariamente as bravatas dos atletas, com quem quase todos os brasileiros, inclusive o presidente Emílio Garrastazu Médici, contavam para trazer prestígio internacional ao país. "Nada foi esquecido para o conforto dos jogadores, que terão até sandálias japonesas para andar pela concentração", noticiou o *Jornal do Brasil*. Os jogadores caminhavam pelas trilhas das colinas adjacentes, e, se desejassem, podiam banhar-se no pequeno riacho que corria atrás da casa, quatrocentos metros para dentro da floresta. Nas manhãs, a seleção treinava no Itanhangá Golfe Clube, na Barra, onde a polícia mantinha os jornalistas insistentes à distância. A polícia também controlava o acesso ao retiro, para onde alguns repórteres tentavam esgueirar-se pela floresta.[1]

A segurança e o isolamento do conhecido mas insuspeito retiro eram ideais para a missão que estava para ser iniciada pelo general e pelo intelectual. O local inspirava a meditação religiosa. Era um retorno a uma época na qual a Igreja Católica Apostólica Romana se colocara à parte da sociedade brasileira para intensificar os mistérios de seu prestígio e sua autoridade moral. Em anos mais recentes, a Igreja investira na aproximação com o povo brasileiro e se envolvera nos problemas sociais. O retiro também favorecia a reflexão dessas questões mais terrenas. O Rio de Janeiro, assim como o restante do país, crescia rapidamente sob o "milagre econômico" da ditadura militar. A oeste da casa, o tipo de ideologia em favor do crescimento sem restrições promovida pelo milagre faria com que a até então solitária faixa de areia da Barra logo desse lugar a uma Miami em miniatura, com seus condomínios verticais e prazeres consumistas modernos. Logo abaixo do retiro, São Conrado, com a construção de luxuosos apartamentos, se tornaria um dos símbolos da elite social e econômica do Rio. Se os dois homens caminhassem em direção leste nas trilhas que saíam da casa, poderiam ver uma parte da Rocinha, uma crescente favela com um labirinto de ruelas e caminhos que se ergueu sobre uma encosta íngreme a poucos metros da praia de São Conrado. O retiro proporcionava uma vista do contraste agudo entre ricos e pobres, o *apartheid* não oficial das sociedades capitalistas do Terceiro Mundo. Com a ameaça de intensificação da violência, a dissimulação do retiro era crucial para estudar os controvertidos objetivos políticos a serem propostos pelo general e pelo intelectual.

A Casa de Retiros Padre Anchieta, São Conrado, Rio de Janeiro. (Foto do autor)

O caráter secreto da missão, indubitavelmente, preocupava o general-de-exército Antônio Carlos da Silva Muricy, chefe do Estado-Maior do Exército (EME), quando se dirigia ao retiro. Para não chamar a atenção sobre si, usava um terno comum, em lugar da farda que costumava ostentar com orgulho. A localização e a aparência discretas eram importantes, pois tanto o presidente Médici quanto o ministro do Exército, Orlando Geisel, o poderoso militar dos bastidores da administração Médici, encarregado da eliminação das guerrilhas, haviam aprovado essa missão. Embora os meios de comunicação estivessem sob censura do governo, notícias sobre o trabalho de Muricy poderiam vazar pelos canais da classe política que, na falta de uma imprensa livre, se tornara mais atenta a fofocas e outras formas alternativas de comunicação. As pessoas estavam ansiosas por ouvir qualquer notícia sobre mudança política. Muricy sabia que ninguém, sob nenhuma circunstância, poderia ficar a par de que o presidente Médici decidira dialogar com os homens que representavam uma ameaça política maior à ditadura do que as guerrilhas ou qualquer outro grupo: os bispos da Igreja Católica.

Em tempos normais, encontros entre bispos e governo ou líderes militares não precisavam ser secretos. No decorrer do século XX, a Igreja Católica demonstrara uma habilidade excepcional para desenvolver laços sólidos com o Estado, e trabalhara regularmente com autoridades públicas para seu mútuo benefício político e pelo bem comum. A cooperação entre a Igreja e o Estado tornara-se um emblema do Brasil moderno.

O general Muricy personificava essa cooperação por suas excelentes ligações com a Igreja. Católico devoto, tornou-se amigo de vários bispos. Embora a maior parte das descrições do regime militar brasileiro retratasse os generais como completamente insensíveis ao clero, Muricy representava uma intelectualizada subcultura militar que respeitava a Igreja por motivos políticos, religiosos e patrióticos, e queria conciliar-se com ela. Era, assim, o homem mais qualificado para fazer contato com os bispos.

Muricy, que tinha grande sensibilidade política, era uma das figuras-chave do regime militar. Filho de um coronel que ajudara a derrubar dom Pedro II, cresceu com a mesma geração de oficiais que produziu líderes políticos diametralmente opostos, como o comunista Luís Carlos Prestes e o ardente anticomunista Juarez Távora. Depois da Segunda Guerra Mundial, Muricy tornou-se um ardoroso combatente da Guerra Fria e envolveu-se cada vez mais profundamente nos assuntos nacionais. Bem-intencionado, acreditava tanto na democracia como no intervencionismo militar — o trágico paradoxo da história latino-americana. Ajudou a elaborar os programas da Escola Superior de Guerra (ESG), ninho de oficiais anticomunistas e pró-americanos, cujo ideólogo-chefe era o coronel Golbery do Couto e Silva. Esses oficiais formaram o núcleo da trama que derrubou o democraticamente eleito presidente João Goulart na Revolução de 1964. Muricy foi um dos primeiros conspiradores. Conhecia todos os principais personagens do regime militar e às vezes servia de ponte entre os linhas-duras e os mais democráticos castellistas — seguidores de Humberto de Alencar Castello Branco (1964-67), o primeiro presidente do regime militar, e a cuja facção ele pertencia. Na era de Che Guevara, Muricy alertava a nação sobre o surgimento da guerra revolucionária. Antes e depois do golpe, trabalhou para erradicar a subversão esquerdista e apoiou com entusiasmo o Ato Institucional nº 5 (AI-5). Decretado em 13 de dezembro de 1968, o AI-5 suspendeu as liberdades civis e deu às forças de segurança do governo carta-branca em sua campanha repressiva contra a esquerda revolucionária, a oposição democrática e a Igreja. O governo também fechou o Congresso Nacional. Na gestão do presidente Arthur da Costa e Silva (1967-69), Muricy tornou-se chefe do EME e, portanto, um dos homens mais poderosos das Forças Armadas brasileiras. Na sucessão de crises depois do derrame de Costa e Silva, na votação interna que os militares fizeram para a presidência do país, Muricy ficou em terceiro lugar. Aposentou-se no final de 1970, mas, como amigo de Médici e Orlando Geisel, manteve um grau de influência no Exército. Permaneceu, para o público, como o presidente da Associação dos Diplomados da ESG (Adesg) e como o crítico dos estudantes radicais — os primeiros recrutas das organizações revolucionárias. Nas questões entre a Igreja e o Estado, Médici permitiu que Muricy agisse como se ainda estivesse no comando formal.

O general Muricy, além de amigo cordial da Igreja, era também um soldado endurecido. Apesar da tez morena, teria sido considerado branco pela maioria dos brasileiros, devido à sua posição. Sua voz profunda e grave sugeria todo o poder e a confiança do comando e da liderança. Muricy chegou a general de quatro estrelas, embora tenha sofrido um ataque de coração no meio da carreira. Em 1970, com 64 anos de idade, mantinha a vitalidade da juventude, usava o corte de cabelo padrão de jovem recruta e criava os filhos ainda

General-de-exército Antônio Carlos da Silva Muricy, chefe do Estado-Maior do Exército, maio de 1970. Ele representava o núcleo da Revolução de 1964 e sua defesa da civilização cristã ocidental. (*FGV/CPDOC, ACM e Arquivo Nacional*)

pequenos do seu segundo casamento. Se Castello Branco não tivesse estabelecido a aposentadoria compulsória para os generais, Muricy poderia facilmente ter continuado na ativa por muitos anos mais. Pouco antes de assumir sua missão secreta com os bispos, Muricy ficara sabendo por fontes do serviço de informações que as guerrilhas esquerdistas o tinham na lista de refém em potencial. Ele não aceitaria nenhum acordo, jurara lutar até a morte se fosse seqüestrado. As Forças Armadas brasileiras estavam em guerra com os comunistas.

Muricy e os outros líderes militares sentiam-se frustrados e irritados com o que consideravam a incapacidade dos bispos para compreender os perigos ideológicos do esquerdismo e controlar os movimentos populares radicais. Em novembro de 1969, as forças de segurança haviam prendido um grupo de freis dominicanos por ajudar e dar guarida à Ação Libertadora Nacional (ALN) de Marighella, uma dissidência nacionalista do Partido Comunista Brasileiro (PCB) tida como o mais ameaçador grupo de guerrilha urbana. Então, em maio de 1970, dom Hélder Câmara, o arcebispo de Olinda e Recife, fez o que a liderança militar patriótica consideraria impensável: diante de uma multidão de milhares de pessoas em um auditório de Paris, denunciou a prática de tortura pelo regime. Parte da missão de Muricy era evitar esses conflitos constrangedores entre a Igreja e o governo.

O interlocutor do general Muricy naquela manhã não veio do mundo das armas, das ordens e das dualidades simples da Guerra Fria, mas do mundo das idéias, dos debates e dos esforços complexos, não raro confusos, da Igreja Católica para se auto-renovar. Candido Mendes era um aristocrata de pele clara que, aos 42 anos, já conquistara renome intelectual internacional. Líder nato, sentia-se à vontade entre os poderosos, qualquer que fosse sua ideologia. Sua educação e refinamento altamente privilegiados o distanciavam da realidade de alguém proveniente, por exemplo, da caserna ou da Rocinha; no entanto, possuía imensa sensibilidade política para as dificuldades dos pobres e oprimidos. Candido Mendes estava imbuído de grande autoconfiança, temperada por *noblesse oblige* e por profunda convicção cristã em favor da justiça social. Prematuramente calvo, tinha, no entanto, figura que se impunha e talvez até intimidasse. Sua capacidade intelectual era poderosa e manifesta. Candido Mendes poderia enfrentar de igual para igual qualquer oponente intelectual que o regime militar apontasse.

À medida que seu carro se aproximava do retiro, Candido Mendes estava menos preocupado do que o general Muricy com o caráter secreto da missão e com os comunistas. Porém preocupava-se profundamente com a rapidez com que se deterioravam as relações entre a Igreja e o Estado, e entre o clero e os militares. Após o golpe, as Forças Armadas intensificaram progressivamente os ataques a militantes católicos que supostamente impediam os esforços dos militares em salvar a nação do comunismo. Para dificultar a situação, a Igreja mudara dramaticamente sua missão tradicional para uma estratégia de militância em favor dos direitos humanos e da igualdade social. O abismo entre os militares e a Igreja cresceu depois do AI-5.

Em novembro de 1970, a liderança episcopal já recebera uma brusca confirmação de que o conflito envolvia não apenas católicos radicais e bispos que falavam abertamente em público, como dom Hélder e dom Waldyr Calheiros de Novaes, mas também a instituição inteira. Em setembro e outubro, agentes de segurança invadiram um importante centro de estudos jesuíta, o Instituto Brasileiro de Desenvolvimento (Ibrades), e outras casas pertencentes à Igreja no Rio. Mais uma vez, padres e militantes foram presos e torturados. No ataque ao Ibrades, os agentes de segurança maltrataram vários padres importantes, inclusive o provincial dos jesuítas e o reitor da Pontifícia Universidade Católica do Rio de Janeiro (PUC-RJ). Também detiveram um dos bispos mais importantes do país, dom Aloísio Lorscheider, o aparentemente moderado e afável secretário-geral da Conferência Nacional dos Bispos do Brasil

(CNBB). Os cinco cardeais brasileiros protestaram e o incidente provocou a condenação de católicos no exterior, inclusive do papa Paulo VI. Muitos bispos, anticomunistas viscerais, haviam apoiado o golpe e suspeitavam dos militantes católicos radicais e ignoravam ou duvidavam de seus relatos sobre tortura. A tendência contra a Igreja institucional, no entanto, era agora inquestionável. Ofendidos, os bispos tornaram-se cada vez mais desconfiados em relação às motivações do regime.

A formação abrangente de Candido Mendes qualificava-o sobremaneira para fazer a ponte entre o clero e os militares. Seu nome completo era Candido Antonio José Francisco Mendes de Almeida. Sua importância para a Igreja Católica no Brasil advinha do fato de ser descendente de Cândido Mendes de Almeida, o senador do século XIX que defendera os bispos contra o Império.[2] Mas Candido Mendes era um intelectual, educador, homem público e líder por seus próprios méritos. Aos quinze anos de idade, escreveu a biografia de seu bisavô.[3] Mergulhou na política primeiro quando estudava Direito e Filosofia na PUC-RJ. Em 1948, tornou-se o secretário-geral da União Nacional dos Estudantes (UNE), organização importante na política nacional. Também fez parte da primeira equipe da direção nacional da Juventude Universitária Católica (JUC), grupo que se radicalizou nos anos 60 e que, por isso, foi reprimida tanto pela Igreja quanto pelo regime. Nos anos 50, Candido Mendes obteve seu doutorado em Direito, tornou-se professor da PUC-RJ e ajudou a organizar o Instituto Superior de Estudos Brasileiros (Iseb), um grupo de estudos nacionalista dentro da estrutura do Ministério da Educação, que aconselhava o governo em questões ligadas a desenvolvimento. Como assessor do presidente Jânio Quadros (1961), Candido Mendes estabeleceu laços com o general Golbery, o mais importante ideólogo da ESG, secretário do Conselho de Segurança Nacional de Jânio e, depois, fundador do Serviço Nacional de Informações (SNI), a central de informação da ditadura. Em 1965, Candido Mendes organizou em sua casa um encontro privado entre Robert Kennedy e lideranças intelectuais brasileiras para discutir violações de direitos humanos no Brasil. No mesmo ano, iniciou uma série de períodos como professor visitante em várias das mais prestigiosas universidades norte-americanas: Harvard, Princeton, Stanford, Columbia e Universidade da Califórnia em Los Angeles. Nos Estados Unidos, falava publicamente sobre a situação política no Brasil.

Um século antes, o senador Cândido Mendes criticara agudamente a Igreja institucional, que se tornara fraca, dependente do Estado, sem imaginação e cada vez mais irrelevante para o povo. "Uma Igreja, escrava como a temos, torna-se risível, um instrumento inútil para o bem e um sujeito de desprezo para a sociedade", o senador declarou.[4] Nos anos 60 e 70, Candido Mendes trabalhava pela renovação de uma Igreja empenhada em restabelecer relevância em um mundo moderno à beira da pós-modernidade. Como assistente de dom Hélder, ajudou o bispo a preparar-se para o importantíssimo Concílio Vaticano II (Vaticano II, 1962-65). Em 1969, tornou-se subsecretário para ação social da CNBB, posição especial criada para ele por causa de suas ligações com dom Hélder e outros bispos. Também assumiu a liderança da Comissão Pontifícia Justiça e Paz — Seção Brasileira e foi aceito em seguida como membro da Comissão Pontifícia Justiça e Paz, em Roma. Em 1971, serviu de conselheiro do sínodo de bispos ocorrido em Roma para discutir o tema "Justiça no mundo".[5] Candido Mendes era o irmão mais velho do padre Luciano Mendes de Almeida, um jesuíta inteligente e politicamente hábil, que se tornou bispo em 1976, secretário-geral da CNBB em 1979, presidente da CNBB em 1987 e arcebispo de Mariana em 1988. Nas palavras de José Jobim, embaixador do Brasil na Santa Sé no início dos anos 70, Candido Mendes era também um "homem de confiança" de dom Eugênio de Araújo Sales, arcebispo de Salvador, Bahia, o primaz do Brasil, membro do colégio cardinalício e que breve se tornaria arcebispo do Rio de Janeiro e um dos homens mais poderosos e mais controvertidos da história da Igreja no Brasil.[6]

Candido Mendes era de esquerda. Advogava o desenvolvimentismo nacionalista,[7] acreditava que os Estados Unidos eram um obstáculo a esse projeto e conclamava os intelectuais a assumirem a liderança na realização do progresso latino-americano.[8] Candido Mendes abraçava o progressismo católico. Em 1961, participou da Semana Social na PUC-RJ, um dos primeiros eventos que cristalizou a existência da emergente esquerda católica. A Semana contribuiu para o estabelecimento da Ação Popular (AP), um dos mais ativos movimentos de toda a esquerda brasileira, que teve alguns de seus ex-membros, como José Serra e Sérgio Motta, em altos postos governamentais anos depois. O livro de Candido Mendes de 1966 sobre a AP e outras correntes da esquerda católica, *Memento dos vivos*, foi criticado por alguns militares e católicos conservadores. Naquele ano, renunciou à sua candidatura à Câmara dos Deputados, pela legenda do Movimento Democrático Brasileiro (MDB), alegan-

Senador Cândido Mendes (à esquerda) e seu bisneto Candido Mendes: dois homens que defenderam a Igreja contra o Estado. Para eles, a Igreja seria relevante apenas se contribuísse para melhorar a sociedade brasileira. (*Arquivo de Candido Mendes*)

do que a ditadura havia impossibilitado a verdadeira representação política. Em 1969, fundou o Instituto Universitário de Pesquisas do Rio de Janeiro (Iuperj), que logo se transformaria em um dos mais respeitados centros de estudos de pós-graduação em Ciências Sociais no Brasil. O Iuperj deu emprego a vários professores afastados de seus trabalhos pelos militares por suspeita de atividades subversivas.[9] Em 1972, escreveu um inteligente ensaio, no qual reconhecia as realizações econômicas dos militares, mas também sua mentalidade estreita e sua inabilidade para escapar "às armadilhas de sua própria lógica" de repressão.[10]

Candido Mendes esteve sob investigação em várias ocasiões por causa de suas ligações com a esquerda e com o Iseb, entidade que sofria a oposição dos católicos conservadores e que acabou investigada e fechada pelos militares. Em 1968, por exemplo, o Departamento de Ordem Política e Social da Guanabara (Dops-GB) identificou-o como membro do "Comando Intelectual" do movimento estudantil. Um relatório de 1977 do serviço de segurança enumerou as razões pelas quais a comunidade de informações suspeitava de seu envolvimento em atividades subversivas:

> O Sr. CANDIDO ANTONIO JOSÉ FRANCISCO MENDES DE ALMEIDA, indiciado em inquérito do ISEB de 19 DE JUNHO de 1964, e com vasto "dossiê" nesta AI, vem mantendo ligações com intelectuais subversivos e o chamado clero "progressista". Na direção de um centro universitário vem permitindo que elementos cassados e subversivos transmitam a instituição [de] idéias contra o regime e o governo.[11]

Ao todo, Candido Mendes é mencionado em mais de vinte outros relatórios militares e da polícia arquivados no Dops-GB.

Apesar disso, o prestígio, as ligações e o status de elite de Candido Mendes permitiram que trabalhasse sem grandes incômodos e circulasse em ambientes políticos opostos.

A figura central no estabelecimento da relação de Candido Mendes com Muricy foi outro intelectual importante, mas diferente dele: Tarcísio Meirelles Padilha. Padilha mantinha laços sólidos com Muricy, a quem conhecia desde 1944, e que foi seu padrinho de casamento. Padilha, Candido Mendes e o filho mais velho de Muricy estudaram no Colégio Santo Inácio, a escola jesuíta de grande prestígio que formou muitos integrantes da elite carioca. Candido Mendes e Padilha continuaram juntos na Faculdade de Filosofia da PUC-RJ. Muito devoto quando jovem, Padilha recebia comunhão todos os dias e os jesuítas esperavam que entrasse no seminário, mas ele decidiu casar-se.

Padilha vinha de família conservadora. Seu pai, Raimundo, foi um poderoso arquiconservador. Como Alfredo Buzaid, o ministro da Justiça, o velho Padilha havia sido um proeminente integralista nos anos 30. Embora alguns ex-integralistas, como dom Hélder, tivessem se movido em direção à esquerda no espectro ideológico, nos anos 60 ardorosos conservadores remanescentes daquele grupo se engajaram em organizações católicas anticomunistas, de direita, nas quais trabalhavam para sabotar os progressistas. Como os militares conservadores, receavam um levante social. Em 1964, Raimundo Padilha juntou-se à conspiração contra Goulart e serviu de líder da Aliança Renovadora Nacional (Arena), o partido pró-governo, na Câmara dos Deputados. De 1971 a 1975, governou o estado do Rio de Janeiro. Logo após uma grave denúncia de tortura pela CNBB no início de 1970, Raimundo Padilha juntou-se ao coro dos simpatizantes do governo que negava a existência de prisioneiros políticos e apregoava a existência de uma conspiração internacional de difamação contra o Brasil.[12]

Tarcísio Padilha compartilhava dessa visão. Depois da Semana Social de 1961, ele e outros professores "tomistas" da PUC-RJ atacaram o manifesto dos estudantes resultante da Semana por sua suposta filosofia marxista e por sua afirmação radical do caráter histórico do cristianismo.[13] Após 1964, Padilha firmou-se claramente como um apologista do regime. Formou-se em 1969 pela ESG e tornou-se membro do seu corpo docente. Por intermédio de sua anticomunista Doutrina de Segurança Nacional (DSN), a ESG oferecia justificativa ideológica ao regime. Padilha também trabalhava como secretário da Adesg. Serviu no governo como membro do Conselho Federal de Educação e presidente da Comissão Especial para Educação Moral e Cívica. Em livro concluído em 1970, criticou severamente a esquerda e definiu os revolucionários como terroristas. "Cada jovem terrorista tem em sua biografia professôres ou livros subversivos", escreveu. "Autores, editôres e professôres são a matriz da subversão." Padilha duvidava da prática de tortura pelo regime e defendia a "eliminação de bolsões de extremismo". Criticava a "teologia da violência" e a "participação de religiosos em movimentos subversivos".[14]

Mesmo assim, ele distinguia-se sutilmente dos arquiconservadores e dos militares linhas-duras. Era um intelectual notável, interessado em interpretar a realidade brasileira, promover o desenvolvimento socioeconômico do país e criar a abertura política. Em 1970, já era reconhecido internacionalmente como um dos mais importantes filósofos e educadores católicos, tendo se dedicado ao fortalecimento do estudo de filosofia no Brasil e no exterior. Viajou bastante pelo Brasil, América Latina e Europa. Lecionou na Universidade Estadual do Rio de Janeiro (Uerj), que ajudou a fundar, e em outras universidades do Rio. O estudo de filosofia foi um dos pilares do catolicismo tradicional, anterior ao Vaticano II, e foi especialmente importante na formação de padres. Por sua dedicação aos estudos de filosofia, Padilha angariou numerosos contatos na Igreja Católica. O fato de ser membro do Centro Dom Vital, grupo de estudos formado por pensadores católicos, fundado nos anos 20, ligava-o pessoal e filosoficamente a alguns dos gigantes da moderna intelectualidade brasileira, como Alceu Amoroso Lima e Heráclito Sobral Pinto, embora, com o passar dos anos, o Centro tenha deixado de influenciar a vida intelectual brasileira. O Centro deu a Padilha acesso à hierarquia eclesiástica do Rio. Tornou-se um colaborador de dom Eugênio após a transferência do cardeal para o Rio em 1971 (e do papa João Paulo II, depois de 1979). Pressionou para que as humanidades fossem enfatizadas na ESG e, correndo o risco de represália, criticou o materialismo filosófico da estratégia de desenvolvimento do regime, bem como sua ênfase exagerada em segurança e tecnocracia. Como católico, também via com grande preocupação os remanescentes do positivismo militar, que, julgava, ainda exerciam influência sobre a ação dos militares. Acreditando firmemente na necessidade de instituições fortes, o jovem Padilha temia que o crescente atrito entre a Igreja e o Estado levasse à ruptura total das duas mais importantes e bem organizadas instituições do Brasil. Ele considerava ser seu dever ajudar a evitar tal ruptura e, portanto, prevenir ainda mais uma futura agitação social.[15] Padilha via a Igreja como uma "força política" que deveria trabalhar pela melhora dos brasileiros, mas sem interferir no governo. Julgava que a Igreja estava dividida quanto à questão do ativismo social.[16]

O episódio Ibrades, que constrangeu os militares profundamente, levou Padilha de imediato a realizar um contato entre Muricy e Candido Mendes. Os dois homens não se haviam encontrado antes. Muricy e Padilha de um lado e Candido Mendes de outro tinham divergências ideológicas agudas, mas compartilhavam a preocupação pelo bem-estar do clero e da relação entre a Igreja e o Estado. Padilha levou Candido Mendes e o padre Fernando Bastos de Ávila, o diretor do Ibrades, para se encontrarem com Muricy. Para "regularizar" a situação do Ibrades, o general chamou o agente de segurança que liderou o ataque.[17] "General, não era possível fazer encontros periódicos entre elementos da Igreja, da CNBB e de outros órgãos, para a gente poder resolver isso de uma maneira mais eficiente?", propôs Candido Mendes a Muricy.[18] Em um encontro com dom Aloísio em meados de outubro, Muricy prometeu uma solução para a crise, embora os padres e agentes de pastoral presos permanecessem incomunicáveis. Mais ou menos nessa mesma ocasião, a CNBB concordou com um encontro inicial com Muricy e outras autoridades.[19] Para o encontro de 3 de novembro de 1970 no Retiro da Gávea, Candido Mendes e o general Muricy estabeleceram uma pauta e reuniram bispos e oficiais para representar a Igreja e o regime.

Os obstáculos para o diálogo eram enormes, especialmente naquele po-

O intelectual católico Tarcísio Meirelles Padilha (à direita) cumprimenta o general Arnaldo José Calderari na posse do general Muricy como presidente da Adesg no Teatro Municipal do Rio de Janeiro, janeiro de 1971. Padilha, afilhado de casamento do general Muricy, favoreceu a ligação entre este e Candido Mendes. (*FGV/CPDOC, ACM*)

larizado ambiente político criado pela ditadura, pela Guerra Fria e pela presença de movimentos revolucionários armados que recebiam auxílio de alguns do seio da Igreja. A dificuldade mais óbvia repousava no agudo contraste entre os dois lados. As culturas militar e eclesiástica compartilhavam algumas semelhanças mas também grandes diferenças. Mais notável ainda era a presença inconcebível de grupos tão diferentes na mesma sala. No retiro, os bispos buscariam entendimento com representantes das organizações militares que reprimiam a oposição e a Igreja.

A delegação dos bispos exibia acentuadas diferenças ideológicas internas, as quais refletiam as tensões políticas dentro do catolicismo brasileiro. Mas o mais importante é que a delegação enfatizava a unidade da Igreja diante da ameaça militar. O chefe titular do grupo episcopal era dom Vicente Scherer, de origem germânica e semblante severo, cardeal-arcebispo de Porto Alegre e um dos bispos mais tradicionalistas e anticomunistas do Brasil. Dom Vicente era o presidente interino da CNBB. Dom Avelar Brandão Vilela, bispo de Teresina, era um moderado, mas visto como conservador por muitos clérigos. Dom Aloísio sucederia seu mentor, dom Vicente, na presidência da CNBB em 1971. Chocado com a crescente repressão do governo e com sua própria detenção, dom Aloísio aos poucos abandonou a moderação e acabou por se tornar um dos líderes-chave da Igreja progressista, à medida que a CNBB tendeu para a esquerda nos anos 70. Dom Eugênio liderava a ala reformista do episcopado; em 1964 fora também acusado de ser comunista. E havia Candido Mendes, mais à esquerda do que a maioria dos bispos. Quaisquer que fossem suas posições políticas, todos defendiam a instituição Igreja dos ataques da ditadura.

A delegação militar era formada por homens dispostos a trabalhar com a Igreja, mas que eram também profundamente anticomunistas. O general Muricy representava o centro da Revolução. Padilha era um dos seus mais importantes ideólogos. O general Adolpho João de Paula Couto chefiava a seção de guerra psicológica no gabinete do EME. Entre seus postos de comando, figuravam a Academia Militar das Agulhas Negras — o mesmo posto ocupado por Médici em 1964 — e a Escola de Comando e Estado-Maior do Exército. Paula Couto criticava o ativismo social da Igreja. Depois da aposentadoria, tornou-se um apologista do regime militar. Em um livro recente, por exemplo, classificou acusações de benevolência esquerdista e de autoritarismo e natureza deletéria do regime como "desinformação" e "propaganda".[20] Paula Couto era auxiliado pelo tenente Sérgio Mário Pasquali. O coronel Omar Diógenes de Carvalho dirigia a Agência do SNI na Guanabara. O SNI era um inimigo do catolicismo progressista. Dantas Barreto, o representante do ministro Buzaid, repetia as críticas duras de seu chefe ao ativismo social da Igreja.

O bispo que havia sido detido olhou nos olhos do general que ajudava a pôr em prática uma ditadura existente há seis anos. O intelectual que apoiava a reforma social encontrou o filósofo apologista do regime. O cardeal que tivera um padre subordinado torturado ficou frente a frente com os enviados das operações de informações, que dirigiam e escudavam os torturadores.

Poderiam esses homens conciliar a dura Doutrina de Segurança Nacional com a ênfase em justiça social adotada pela Igreja durante o Vaticano II? Candido Mendes e o general Muricy haviam estabelecido esse objetivo como item principal da pauta do encontro. A questão preocupava claramente os bispos. Eles estavam perplexos com os ataques do regime à Igreja — pois a maioria dos membros do clero aplaudira o golpe decisivo das Forças Armadas contra o comunismo em 1964. Dali em diante, os bispos haviam tentado manter o diálogo, mas cada vez com menos sucesso. Nas palavras do general Paula Couto, em 3 de novembro de 1970,

> [...] a falta de conhecimento da realidade econômica pela Igreja possibilita sua utilização por parte do M[ovimento] C[omunista] I[nternacional], o que ocorre sempre à revelia de seus dirigentes [...] A linha do governo e da Igreja é a mesma, a diferença é que a Igreja carece de informações sobre o inimigo (segurança).

Devido a esse tipo de percepção, os bispos desejavam elucidar o pensamento dos militares quanto ao envolvimento da Igreja em ativismo social. Dom Avelar apontou que o relacionamento dos militares "de segurança com desenvolvimento é de difícil conceituação e admite contestações e interpretações". Ele resumiu o debate com uma pergunta brilhante, que capturava a essência do conflito, não só nas relações entre a Igreja e o Estado no Brasil autoritário, mas em todas as sociedades modernas que confrontavam a tensão entre a necessidade de ordem e de progresso social: "onde termina a justiça social e começa a subversão?".[21]

Outro sério obstáculo era o confronto entre a Igreja e o Estado. Ambos os lados precisavam muito de um mecanismo de resolução de conflito por

Dom Avelar Brandão Vilela em 1970: "Onde termina a justiça social e começa a subversão?". (*Arquivo Nacional*)

causa da repressão a padres e militantes leigos supostamente subversivos. Os bispos reconheciam a necessidade de exercitar um controle maior sobre o clero e de cooperar com os militares para evitar situações politicamente sensíveis. "A Igreja gostaria de ser informada a respeito da atuação de seus integrantes no que concerne à segurança, com a idéia de promover as correções necessárias", declarou dom Aloísio durante o encontro. Os bispos, no entanto, também queriam que as Forças Armadas demonstrassem boa vontade com a Igreja. Dom Eugênio falou da "necessidade de prestigiar a autoridade, promovendo um entendimento prévio com os bispos ou, pelo menos, avisando-os sempre que possível sobre medidas que forem tomadas e os motivos que as determinarem".[22]

Finalmente, os militares linhas-duras opunham-se ao diálogo com a Igreja, e essa era uma das principais razões em manter segredo sobre o encontro. No Retiro da Gávea, o representante dessa linha era Dantas Barreto, um homem muito franco, que acusou a Igreja de "incursões indevidas... no *domínio temporal*, próprio do Estado".[23] Como muitos brasileiros conservadores, a linha dura acreditava que padres e bispos deveriam permanecer na sacristia e completamente fora da política.

A tentativa de criar e sustentar o diálogo parecia inútil. O que é que esses dois grupos poderiam ter para discutir?

A resposta era enganosamente simples: as duas mais importantes instituições brasileiras precisavam uma da outra. Os generais queriam a bênção dos bispos ao seu regime, e os prelados queriam a garantia dos privilégios e do espaço doutrinal concedidos à Igreja, de uma forma ou de outra, desde o início da história do Brasil. Tanto os generais como os bispos acreditavam que poderiam modificar as ideologias uns dos outros. Os militares enfatizavam os perigos do comunismo, enquanto a Igreja apontava para a necessidade de justiça social. Os dois lados se atraíam reciprocamente porque compartilhavam um profundo compromisso com a fé católica e uma preocupação quanto aos danos nas relações entre a Igreja e o Estado. Apesar de tudo que havia acontecido desde 1964, em novembro de 1970 eles ainda esperavam que a Igreja e as Forças Armadas pudessem recompor seus laços e colaborar para o progresso do Brasil.

O objetivo parecia uma quimera.

Mas o encontro não resultara apenas de preocupações institucionais e ideológicas. Também o status social impelira esses homens para o retiro. Embora as perspectivas para o encontro anunciassem um debate ríspido, a reunião se iniciou num clima de cavalheirismo, à medida que os bispos e as autoridades se cumprimentavam. Laços pessoais, essência do modo brasileiro de fazer política, começavam a atenuar algumas resistências, e a lógica da tradição conciliatória entrava em jogo. Os bispos e os generais acreditavam que poderiam colocar de lado suas diferenças e sentimentos desagradáveis, e encontrar uma solução razoável para o conflito. A posição social poderia suavizar, e talvez até superar, as áridas realidades da ditadura.

Eles estavam lá para negociar e também para reafirmar sua importância social. Eram homens muito competentes, dedicados a suas carreiras e com experiência política, membros da intimamente interconectada elite brasileira. Soldado austero, o general Muricy era também um intelectual bem instruído, que ouvia música clássica em suas horas de folga. Possuía uma profunda fé religiosa e mantinha os bispos em alta estima. Escritor prolífico, o professor Padilha despontava como um dos mais respeitados filósofos católicos do mundo. Seu pai era um governante influente e seu falecido irmão fora um proeminente homem de imprensa. Candido Mendes era o bisneto de um ilustre senador, cuja esposa e filhos receberam um título papal de nobreza por sua devoção à Igreja. Candido Mendes herdara este título, embora nunca o tenha usado.[24] Não precisava disso. Era um brilhante e extremamente bem relacionado acadêmico, advogado e político.

Anos mais tarde, vários membros da missão Muricy/Candido Mendes tornaram-se membros da Academia Brasileira de Letras (ABL), a sociedade dos chamados literatos imortais. Esse fato indica que os participantes daquele encontro localizavam-se no topo da hierarquia social brasileira, além de dar uma medida do significado político da missão. Considerada por alguns como pomposa e irrelevante, a Academia espelha com perfeição a imagem que a classe dirigente do Brasil tem de si própria, ao eleger membros de diferentes setores dos espectros profissional e político e ao realizar elaboradas cerimônias de posse. A ABL é tão tolerante, diversificada e pluralista que a organização se torna apolítica, contando entre seus membros figuras tão divergentes ideologicamente quanto o saudoso Jorge Amado e Roberto Marinho, Celso Furtado e o saudoso Roberto Campos. A ABL é, portanto, uma organização conservadora. A elite nela se reúne para selar um pacto de respeito mútuo e harmonia, no qual posição profissional e realização social superam qualquer outra consideração — inclusive a necessidade de trabalhar por mudança social. Como o descreveu a antropóloga Valéria Torres da Costa e Silva, os membros da ABL têm uma "biografia excepcional" e "fogem ao ordinário [...] A ABL tem se constituído como um espaço de consagração intelectual e distribuição de honra e prestígio [...] Trata-se de uma garantia contra o esquecimento e a obscuridade". Como o acadêmico Candido Mendes observou, a ABL, para os brasileiros, é como um "pantheon [...] Por isso a competição, por isso o mistério, por isso o terrível drama da escolha" dos acadêmicos. Esse mistério confere à Academia certa aura de "esoterismo", escreve Valéria Torres. O acadêmico Múcio Leão descreveu, certa vez, a jornada pelo ingresso na ABL como "a Vaidade verdadeira, Vaidade das vaidades". A ABL valoriza um "comportamento elegante" e uma "elegância intelectual" que deve "adequar-se aos padrões consagrados na sociedade dominante, ao mesmo tempo que os reforça", observa a antropóloga.

> Todos passam a ser *amigos* [...] Nesse ambiente de *cordialidade*, a *polidez* continua presente, na forma de uma *etiqueta* que reforça a idéia de igualdade de to-

dos, ao mesmo tempo que impede tornar-se a *cordialidade* nociva e *promíscua*. Ao restabelecer o distanciamento, a etiqueta impede que a Academia se torne uma capela, uma simples panelinha de amigos, e lhe permite continuar a ser respeitada como instituição dentre a sociedade culta.

As recepções da ABL são "eventos da alta sociedade, inclusive com a presença do presidente da República, ministros, diplomatas, políticos, banqueiros, grandes empresários". Dom Lucas Moreira Neves, um frei dominicano que veio a envolver-se no drama entre a Igreja e as Forças Armadas, também entrou para a Academia, bem como o padre Ávila[25] e o professor Padilha, o atual presidente da entidade.

Candido Mendes era a chave para o entendimento do enigma do contato entre a Igreja e a ditadura. Para alguém como eu, pessoa comum da classe média norte-americana, de origem imigrante, e que nunca havia investigado antes a elite brasileira tão de perto, o estudo de Candido Mendes tornou-se uma lição gradual sobre como os poderosos e influentes funcionam. Entrevistei-o em agosto de 1994, julho de 1995 e em abril de 1997, e o observei em outras ocasiões. As entrevistas foram realizadas em seu espaçoso escritório na praça XV, nº 101. Os frades carmelitas haviam construído inicialmente essa estrutura para servir de convento à ordem em 1590. Em 1808, com a vinda da família real portuguesa para o Brasil, o convento tornou-se residência da rainha dona Maria I. Em 1970, localizava-se apequenado entre a rua Primeiro de Março e a alta torre do Conjunto Cândido Mendes. As velhas escadarias de madeira e o corredor que levavam ao escritório de Candido Mendes rangiam ruidosamente. Nas paredes do corredor, do lado de fora do escritório, estavam penduradas fotos de importantes intelectuais e líderes que Candido Mendes trouxera ao Brasil.

Em todas as três ocasiões, tive de esperar que Candido Mendes encontrasse um momento livre em sua interminável agenda de atividades. Ele concordou em encontrar-me no começo da noite. Sentei-me em uma pequena ante-sala, com porta para o corredor, com os ruídos da hora do *rush* na praça XV de Novembro bastante audíveis. Entre essa sala e o escritório dele, quatro secretárias datilografavam e respondiam aos telefonemas. Elas eram da turma da tarde; outras trabalhavam de manhã. Uma delas finalmente abriria a porta para anunciar que doutor Candido estava pronto para receber-me.

Dentro da sala, observei como as paredes estavam forradas de prateleiras de livros com portas de vidro. Livros e outros documentos formavam altas pilhas sobre várias mesas. A sala parecia ser do século XIX.

Quando Candido Mendes precisava de alguma coisa, pisava em um botão embaixo de sua mesa e uma das secretárias o atendia prontamente. Morei certa vez em um apartamento no bairro da Glória, perto da rua Senador Cândido Mendes, que tinha um aparelho desses. Se desejasse, eu poderia acionar o botão para chamar à sala de jantar um dos três empregados que trabalhavam para mim. Até viajar para a América Latina nunca vira um empregado doméstico, e me sentia extremamente desconfortável com pessoas à minha disposição. Usei o botão apenas uma vez e, mesmo assim, de forma tímida. Candido Mendes pisava nele sem hesitar e de forma decidida. Dava ordens sobriamente e esperava que fossem executadas com precisão. Ele também tinha suas exigências culinárias. Com freqüência, o *chef* de seu restaurante favorito no Paço Imperial cozinhava para ele seus pedidos especiais. Gostava especialmente de peixe ao molho de camarão.

Sucumbi, ocasionalmente, aos rituais de poder e prestígio. Em julho de 1995, por exemplo, participei do II Congresso Internacional da Comissão para o Estudo da História da Igreja na América Latina. O encontro aconteceu na PUC-São Paulo, que programou a realização dos principais eventos no Tuca, Teatro da Universidade Católica, invadido pelos militares em 1977. Quando Candido Mendes chegou, eu estava de pé, por acaso, do lado de fora do Tuca. Ele mal me reconheceu e perguntou apressadamente onde o encontro estava sendo realizado. Apontei para dentro do teatro. Um porteiro tentou detê-lo porque ele não usava crachá. Candido Mendes ignorou-o completamente e entrou. Dirigi-me ao aturdido funcionário e disse em voz baixa mas de maneira enfática: "Ele é o doutor Candido Mendes!".

Minha primeira entrevista com Candido Mendes foi agitada. Minha boca e garganta ficaram secas. Eu ainda não me encontrara com ele e me sentia intimidado. A eleição geral de 1994 era dali a apenas algumas semanas. Candido Mendes se candidatara a deputado federal pela legenda do Partido da Social Democracia Brasileira (PSDB). O ritmo da campanha vinha sendo intenso, mesmo para um homem que "vive dentro de um avião", como um ex-padre referiu-se a Candido Mendes, em virtude de suas constantes viagens pelo Brasil por causa da política. Enquanto falávamos, as secretárias continuavam a irromper dentro do escritório, e Candido Mendes teve que atender a muitos telefonemas. Em certo momento, ele se desculpou e ficou ausente por quase meia hora para se reunir com Jorge Bittar, do Partido dos Trabalhadores (PT); Candido Mendes pertencia a uma corrente do PSDB que apoiava Luiz Inácio Lula da Silva para presidente. (Hoje é membro do conselho consultivo do Instituto Cidadania, que assessora o Lula.) Já era tarde da noite quando nossa entrevista terminou.

Religião, Igreja e poder político permeavam a família Mendes de Almeida. Durante nossa última entrevista, uma das secretárias interrompeu-nos para notificá-lo de que dom Luciano havia ligado no "telefone vermelho" com assuntos urgentes. Certa vez observei os dois em um dos encontros da Semana Social da Igreja em Luziânia, perto de Brasília. Dom Luciano conquistara imenso status dentro do episcopado, não apenas por causa de seus próprios méritos, mas também por ter sobrevivido quase que milagrosamente, em 1990, a um terrível acidente de carro próximo a Mariana, no qual praticamente todos os ossos de seu corpo se quebraram. Ele atribuiu sua recuperação ao poder protetor de dom Antônio Ferreira Viçoso, o bispo vicentino de Mariana (1844-75) e grande reformador do clero brasileiro, e reiniciou uma campanha pela canonização de dom Viçoso. Quando dom Luciano ouviu falar, tempos depois, que eu sabia da história de dom Viçoso, ficou emocionado e me abraçou. Deu-me um santinho de dom Viçoso que passei a carregar dentro da carteira quando viajava. Enquanto em Luziânia ninguém jamais teria pensado em remover o título "dom" do nome do Almeida mais jovem, Candido chamou-o bruscamente "Luciano!". Tinha toda a aura do irmão mais velho chamando o irmão menor para a ação. Os dois homens eram brilhantes, mas com temperamentos diferentes. Luciano parecia ser mais doce, mais afetuoso e profundamente espiritual em sua gratidão a dom Viçoso, enquanto Candido era firme, impaciente, até mesmo autoritário em seu impulso à realização.

Candido Mendes tinha também muita graça pessoal e charme, que exibiu durante nossas entrevistas e em outras ocasiões.

Arriscando-me a cometer uma gafe social, em outubro de 1996, liguei para ele para ver se poderia ajudar minha amiga Glória, uma colombiana, estudante de Medicina no Rio, que queria desesperadamente entrar no programa de cirurgia plástica do dr. Ivo Pitanguy. Eu conseguira arranjar um convite para a posse de dom Lucas Moreira Neves na ABL, com a ajuda de minha esposa Regina que, quando estudante de História na Uerj, conhecera um bibliotecário que também trabalhava na ABL. Regina participara de alguns dos famosos chás da tarde servidos aos "imortais". Nas palavras de Valéria Torres, obter um convite para a posse era um "privilégio".[26] Nessa noite, eu pretendia reforçar pessoalmente meu pedido a dom Lucas por uma entrevista que eu esperava havia tempo, sobre a história de suas ações durante o regime militar. Candido Mendes também estaria lá. Ele concordou em apresentar Glória a Pitanguy, também um acadêmico. Glória estava horrivelmente atrasada, fazendo com que eu pensasse como os cariocas e baianos são pontuais comparados aos colombianos. Enquanto esperava na avenida Presidente Wilson, do lado de fora da Academia, nervoso e vestindo um terno pesado demais para a primavera do Rio de Janeiro, eu observava a chegada dos dignitários que prestariam homenagem ao mineiro dom Lucas. O mais interessante de todos era o senador Antônio Carlos Magalhães, amigo da liderança da Igreja da Bahia desde os dias em que dom Eugênio lá servira nos anos 60 até o reinado de dom Lucas em meados dos anos 90. ACM sempre deu a impressão de ser uma figura imponente, na televisão e na imprensa. Eu não poderia me esquecer do dia em que ele declarou que ganharia uma eleição no "chicote". Seria este homem baixinho e nervosamente gregário, que passava ao meu lado, o poderoso e orgulhoso senador? ACM tinha um lugar de honra reservado para ele, não muito distante de dom Eugênio e do sempre firme Barbosa Lima Sobrinho, que abraçara dom Lucas efusivamente depois do discurso do cardeal.

Enquanto Dom Lucas falava, eu permanecia de pé no fundo do repleto Salão Nobre e observava a multidão. Sentia-me um tanto deslocado por não estar usando o obrigatório *smoking* exigido nas cerimônias de posse. A cena me lembrava um daguerreótipo; tudo parecia escuro e formal e gravado no tempo. Então, todo mundo aplaudiu o discurso entusiasticamente. Achei-o um tanto descomprometido. ("Os discursos [de posse] caracterizam-se, na forma, pelo estilo polido, retórico, e o uso de formas superiores de discursos e pronomes e de vocabulário inflado", observa Valéria Torres.[27]) Depois de cumprimentar dom Lucas, dei-lhe uma cópia das questões que esperava abordar em uma entrevista. Dom Lucas dera a entender, algum tempo antes, que atenderia ao meu pedido. Porém senti-me profundamente desapontado e até mesmo logrado quando li a carta que ele me enviou depois. Dom Lucas explicava por que não estaria no Rio para o que eu acreditava que seria nossa entrevista. "Devo precisar que se tratava não da entrevista desejada pelo Sr., mas de um simples encontro no qual pretendia explicar-lhe com toda simplicidade as dificuldades que tenho para a concessão da mencionada entrevista."[28] Só um membro da Academia poderia criar maneira tão polida de dizer "não" (meu colega Pierre Sanchis, um antropólogo com décadas de experiência em Minas Gerais e que por acaso também era ex-monge e contemporâneo de dom Lucas, conseguiu habilmente obter uma entrevista com o esquivo cardeal; foi um feito raro, porque embora dom Lucas ocasionalmente tenha falado para os jornais, evidentemente evita entrevistas mais profundas). O problema é que os meios de comunicação haviam mencionado o nome de dom Lucas como um possível sucessor do papa João Paulo II (embora esta possibilidade parecesse remota por causa de seus problemas com diabete). E discrição era a política pública de dom Lucas. Lamentei sua decisão porque ele tinha muito a contribuir para a história dos anos Médici. Eu perdera a oportunidade de ouvir um dos mais importantes eclesiásticos brasileiros e de explicar o seu papel nos encontros secretos e no difícil relacionamento entre a Igreja e o Estado. Ao mesmo tempo, também queria ouvir a resposta de dom Lucas às críticas que lhe eram dirigidas.

Alguns padres acreditavam que dom Lucas conseguira ir longe na Igreja por ser um "carreirista". Padre Agostinho Pretto era um deles. Homem robusto, padre Agostinho era filho de pai italiano e mãe da primeira geração ítalo-brasileira, ambos humildes minifundiários no vale do rio Tacuari, no Rio Grande do Sul — um estado a que a Igreja se referia como o celeiro das vocações sacerdotais por causa dos muitos filhos de italianos e alemães que foram enviados aos seminários. Nos anos 40, Agostinho deixou o seminário em São Leopoldo para trabalhar em uma companhia de transportes durante o dia e estudar Direito à noite. Ganhando salário mínimo e vivendo em uma pensão, viu de perto o contraste gritante entre o conforto do seminário e o desafio que os jovens enfrentavam para ganhar uma vida humilde. Quando voltou aos estudos sacerdotais, Agostinho começou a trabalhar com a Juventude Operária Católica (JOC), que procurava melhorar as condições espirituais e materiais de seus membros. No início dos anos 60, quando a JOC radicalizou no seu apoio à classe operária, a Igreja nomeou padre Agostinho assistente nacional da en-

"Ele entra no mato de costas para dar a impressão de que está saindo." Essa frase descreve como alguns membros do clero vêem dom Lucas Moreira Neves. Mas será que suas atitudes durante o regime militar justificam de fato sua reputação de "carreirista"? (Acervo Última Hora/Folha Imagem)

tidade. Com o golpe, houve intervenção militar na JOC, o que a forçou a operar na clandestinidade. Em 1970, Agostinho foi preso e brutalmente torturado depois da invasão ao Ibrades e à JOC. Em 1974, foi trabalhar com dom Adriano Hypólito, o bispo de Nova Iguaçu, que se tornou "a diocese da clandestinidade" para militantes, advogados e outros que operavam silenciosamente contra o regime. Manteve seus contatos com numerosos outros jocistas, membros de uma família especial que ele considerava mais próximos do que seus parentes de sangue.[29] Em sua luta por justiça social, Agostinho era um padre das trincheiras.

Em 1996, entrevistei o padre em um pequeno escritório junto à catedral de Nova Iguaçu, a poucos metros da barulhenta rua principal e da estrada de ferro que carrega diariamente as massas de trabalhadores pobres ao centro do Rio, a mesma em que viajei com uma amiga, em um sábado à noite, quando pude ver como os mais pobres viajavam. Lembrei-me da ferida aberta na perna de um homem sentado no chão arrebentado do trem. Regina, filha de pais mineiros, muito precavida, temia pela minha segurança cada vez que eu ia para Nova Iguaçu. Eu lhe dizia que não se preocupasse, pois sempre pegava o ônibus executivo. As ruas de Nova Iguaçu eram como um outro planeta em comparação com a ABL. Em meio ao alvoroço da classe trabalhadora e às condições de vida violentas da cidade, a catedral era um refúgio.

Padre Agostinho fez uma avaliação extremamente crítica de dom Lucas. Suas palavras lembravam o que eu ouvira e lera em outros lugares. "Ele fez carreira diplomática passando por cima da verdade", disse padre Agostinho. As imagens utilizadas pelo padre descreviam melhor sua opinião sobre o bispo. Dom Lucas, disse, era um "apaziguador", um homem que mantinha duas posições ao mesmo tempo e ficava "em cima do muro", um homem que "sabe usar a balança". O bispo tentava ser popular tanto com os leigos como com a hierarquia. Padre Agostinho resumiu sua descrição com uma frase que eu repetiria mais tarde, em minhas palestras, quando queria sintetizar a pessoa de dom Lucas para o público. Segundo ele, dom Lucas respondia a tudo "mineiramente": "Ele entra no mato de costas para dar a impressão de que está saindo".[30]

Nos círculos progressistas, dom Lucas era lembrado por ter se recusado a testemunhar, na Justiça Militar, sobre a tortura de um de seus companheiros dominicanos, frei Tito de Alencar Lima, que se suicidou tempos depois na França. "Não posso fazer isso porque prejudicaria minha atividade pastoral", declarou na época dom Lucas, que antes havia dirigido o Movimento Familiar Cristão, uma organização apolítica de classe média. Em 1997 Roberto Romano, um dos dominicanos presos, escreveu: "Pobres ovelhas. Tito está morto. dom Lucas talvez seja o próximo papa. Deus, certamente, o ajudará a cuidar melhor dos fiéis".[31]

Essa era a imagem mais difundida de dom Lucas. Eu ainda viria a saber, no entanto, que por trás dos bastidores dos anos Médici, o comportamento de dom Lucas era mais complexo e até surpreendente.

Depois de cumprimentar dom Lucas, Glória e eu achamos Candido Mendes. Ele estava vistoso em seu fardão acadêmico, que lhe caía com perfeição, a cobertura de mirta dourada elegantemente adornando seu peito. Quem não gostaria de ser um acadêmico naquela noite? Comigo e Glória a reboque, Candido Mendes foi abrindo alas entre os convivas da recepção na ornamentada sede da ABL, que ganhara independência financeira graças, em parte, à doação do terreno vizinho pelo governo Médici.[32] A sóbria cerimônia dissolveu-se em uma reunião social à brasileira, em que cada mulher estava elegantemente trajada e adornada, e o perfil de cada homem muito bem identificado. O *glamour* era evidente. O contraste era gritante comparado com as visitas que eu fizera anos antes ao Elizabethan Club em Yale, onde um de meus professores me levara reservadamente a uma das pequenas salas internas para ver objetos da época de Shakespeare. Senti-me como se devesse me ajoelhar diante daquelas incríveis relíquias.

Candido Mendes, Glória e eu saímos à procura do dr. Pitanguy. A cada passo da nossa peripatética jornada no meio da multidão, Candido Mendes esbarrava em amigos e conhecidos. Na Sala dos Poetas Românticos, ele me apresentou a dom Raymundo Damasceno Assis, secretário-geral da CNBB, e então desapareceu. O dr. Pitanguy não estava ali. Quando Glória e eu achamos Candido Mendes outra vez, fizemos um último esforço, passando rapidamente entre bustos e quadros de acadêmicos, atravessando a Sala Machado de Assis, o Salão dos Fundadores e a Sala Francisco Alves. Pobre Glória. O dr. Pitanguy já havia saído. Mas, alguns dias depois, Candido Mendes concordou em escrever uma carta de recomendação. Glória entrou no programa e conseguiu a sua especialização em cirurgia reconstrutiva das mãos.

Algumas semanas depois, veio o momento em que se cristalizou a minha compreensão da capacidade que Candido Mendes tinha de conciliar tentando o impensável. Ralph Della Cava, um dos mais experientes brasilianistas, organizara um encontro de intelectuais e militantes interessados em escrever a história da oposição religiosa ao regime militar. Amigo de longa data de Della Cava, Candido Mendes ajudou a preparar a reunião e, por cortesia, deu um jeito para que fosse realizada em uma sala próxima ao topo do arranha-céu Cândido Mendes. O cardápio naquele dia foi, novamente, peixe ao molho de camarão. Estrelas da intelectualidade de todo o Brasil compareceram: padre José Oscar Beozzo, frei Betto, Lucília Neves, Lúcia Lippi, Pierre Sanchis, Jether Pereira Ramalho, Luiz Alberto Gómez de Souza, Marina Bandeira, padre Marcello de Azevedo, S. J., pastor Jaime Wright e outros. Pretendíamos escrever uma história ampla do período. Mas essa história também seria uma autobiografia coletiva dessa geração de líderes que contribuíra para a luta contra o autoritarismo, pois a maior parte do grupo era um "quem é quem" da cristandade progressista brasileira. Em minha apresentação, mencionei a necessidade de escrever sobre a luta heróica pelos direitos humanos liderada por Candido Mendes e outros presentes na sala.

Candido Mendes virou a mesa. Enquanto quase todos falavam do passado, ele queria falar do presente. Por que deveríamos focalizar o passado quando a sociedade brasileira enfrentava assuntos tão prementes? "Nós não temos assuntos mais urgentes do que estudar o autoritarismo do regime?", perguntou. Citou o exemplo do crescimento das "seitas" neopentecostais, como a Igreja Universal do Reino de Deus e suas bancadas no Congresso. Esse tema tinha mais relevância do que a "nostalgia" do período militar. Também mencionou a necessidade de estudar a pesquisa de opinião pública e sua relação com a democracia.

O discurso foi como uma luz cegando os olhos. Candido Mendes havia inicialmente me elogiado diante de todos por minha diligência histórica. Foi um momento glorioso — mas passageiro. Enquanto ouvia as palavras de Candido Mendes, uma sensação desagradável crescia em meu estômago. Ele derrubava os nossos pressupostos, dizendo com magnanimidade que escolhêramos o tema errado! Eu estava arrasado. Della Cava e eu havíamos trabalhado nesse projeto por mais de um ano. A crítica era particularmente devastadora porque Candido Mendes falava com um vigor e uma clareza que contrastavam com o jargão acadêmico e com o português complexo, às vezes confuso, que caracterizava sua linguagem durante nossas entrevistas e especialmente seus escritos. As pessoas se referiam afetuosamente a esse estilo como "candidês". Não há dúvida de que resultava da ambição de exercer concomitantemente vários papéis. Ele nos informou, por exemplo, que acabara de voltar de um encontro com Fidel Castro em Cuba. Falava do líder revolucionário com a familiaridade de um velho amigo. Também fez referência ao diálogo em desenvolvimento entre Fidel e o papa João Paulo II. Nesse dia, o "candidês" esteve ausente. Foi a primeira ocasião que o ouvi falar em público, e senti imediatamente a força de sua presença, a segurança de seu sucesso e seu talento nato para a liderança moral e intelectual. Sentindo-me na defensiva, perguntei a mim mesmo: será que Candido Mendes não entendeu o objetivo do encontro e a importância da história? Será que não via o significado de explicar às futuras gerações a defesa dos direitos humanos e da democracia empreendida por ele e outros naquela sala? Seria ele um marciano que acabara de descer de uma nave espacial? Ou um Rip Van Winkle que acabara de acordar de um sono de várias décadas? Ou será que estava sendo muito modesto? Ou, mais realisticamente, estaria apenas querendo promover sua própria agenda de pesquisa, a qual incluía uma metodologia inovadora de consultas de opinião pública? Durante o intervalo para o almoço, aproximei-me cautelosamente de Ralph e perguntei: "O que você achou do discurso de Candido?". Mesmo Ralph, que o conhecia desde os anos 60, não sabia o que pensar. Estávamos ambos atônitos. Algum tempo depois, disse a Ralph que nesse dia ficou perfeitamente claro para mim por que Candido Mendes pôde promover algo tão incrível como encontros secretos entre bispos e generais. Sua visão era ampla, seus objetivos altos demais, porém de um pragmatismo elegante e enganador.

Somente um homem como Candido Mendes poderia dedicar-se a tal quimera, com alguma chance de dar certo. Poder, prestígio e privilégio permitiam à elite a audácia de efetivar uma mudança social e política — se ela assim o quisesse. Isso era especialmente verdadeiro para uma sociedade como a brasileira, em que privilégio e posição foram desde sempre a base para a dominância social.

Os encontros secretos dos anos 70 representaram um exemplo especialmente precioso da conhecida, mas pouco documentada, habilidade de os bispos exercerem influência nos bastidores. Muitos livros sobre a América Latina examinam o poder da elite, mas raramente registram seus mecanismos íntimos. No Brasil, esses temas são mais bem ilustrados por expressões populares do que por acadêmicos. Durante o memorável carnaval de 1989, por exemplo, a escola de samba Beija-Flor subverteu uma proibição judicial obtida pela Arquidiocese do Rio de Janeiro contra a exibição do Cristo Redentor em cima de um carro alegórico no final do desfile, que representava os despossuídos e os maltrapilhos do Brasil pobre. Desafiando a Igreja institucional, o carnavalesco Joãozinho Trinta cobriu o Cristo com um plástico e acrescentou os dizeres: "Mesmo proibido, rogai por nós". Outro carro alegórico parodiava a riqueza da Igreja exibindo um bispo vestido de forma luxuosa. A missão Muricy finalmente nos proporciona um equivalente dessas imagens criativas e nos leva para o interior do mundo das relações entre a Igreja e o Estado em um nível de detalhamento significativo.

Os bispos dessa missão compartilhavam muitas das vantagens e características da elite brasileira. A maioria passara anos estudando em Roma ou em outros lugares da Europa e eram homens sofisticados e cosmopolitas, com grande familiaridade com os corredores do poder no Vaticano e no Brasil. Em 1970, dom Vicente e dom Eugênio já haviam obtido o status de cardeal — título logo abaixo do de papa. Outros dois subiriam ao cardinalato no curso da missão Candido Mendes/Muricy, um terceiro chegaria lá em 1976 e um quarto em 1988. Esses homens eram pastores, mas também políticos veteranos.

Eram a Igreja e o Estado que falavam, mas eram também o general inteligente, o bispo astuto, o filósofo bem relacionado e o aristocrata honrado. Eles se reuniram confiantes de que poderiam acomodar suas diferenças por meio de conversas secretas e dos laços comuns de sua fé cristã e da cordialidade brasileira, marca registrada dos políticos bem-sucedidos do país.

O encontro no Retiro da Gávea ecoava esse otimismo. Na manhã de 3 de novembro de 1970, os outros representantes juntaram-se ao general Muricy e a Candido Mendes na intimidade do santuário do entendimento entre a Igreja e o Estado, abrigados pelos muros da meditação jesuítica e protegidos contra estranhos pela imensa floresta e, embaixo, pelos rugidos distantes da arrebentação. Dom Vicente começou enfatizando a "importância do encontro para uma melhor compreensão entre o governo e a Igreja". O general Muricy apresentou a visão de Médici citando alguns dos principais discursos do presidente. Segundo Muricy, as próprias palavras do presidente apontavam para "a necessidade de integração entre governo e Igreja". Acrescentou: "Não há divergência entre o governo e a Igreja". O professor Padilha enfatizou que "as relações governo/Igreja deveriam ser centralizadas no mais alto nível". Dom Aloísio queria "diálogo permanente". Tanto dom Eugênio quanto Candido Mendes pediram a "descompressão" das tensões entre a Igreja e os militares. A análise pós-encontro da inteligência militar confirmou o otimismo: "Os elementos mais importantes da hierarquia católica estiveram presentes à reunião e mostraram-se muito sinceros e francos em suas opiniões, bem como muito abertos ao diálogo".[33]

Durante as cinco horas de discussões, as duas partes concordaram em debater suas discordâncias ideológicas. Os oficiais expressaram a "necessidade de um maior conhecimento, por parte da Igreja, da doutrina de segurança nacional, dos problemas relativos à guerra revolucionária e das realizações do governo federal". Além disso, acreditavam que era importante estabelecer "uma ligação maior e mais conhecimento entre os elementos-chaves do dispositivo de informações e segurança do governo federal e a CNBB". Ao mesmo tempo, os oficiais admitiam o "desconhecimento, por parte de muitos escalões inferiores dos órgãos de informação e segurança[,] da doutrina do desenvolvimento preconizado pela Igreja". O grupo de militares recomendou ao presidente Médici que novos encontros fossem promovidos.[34]

Esses encontros ficaram conhecidos como a Comissão Bipartite.

A Bipartite contradizia completamente as tendências políticas e eclesiásticas do início dos anos 70.

Aquele período produziu o impressionante "milagre" econômico, mas também violenta repressão e crescente exploração de pessoas e recursos. O estado de segurança nacional manteve rígido controle sobre a política, suspendeu as liberdades civis e de imprensa, e torturou e matou membros da oposição, inclusive militantes católicos. Uma grande quantidade de padres, freiras, bispos e militantes leigos sofreu maus-tratos por parte das forças de segurança. Sete clérigos foram mortos. Foi a pior crise entre a Igreja e o Estado na história do país. Durante esse período, a CNBB tornou-se "a voz dos que não têm voz", ao defender as vítimas da tortura e os pobres. A crítica pública da Igreja contra o governo militar e sua defesa dos direitos humanos e da igualdade social alcançaram destaque internacional. Esses posicionamentos foram um marco importante para o Brasil moderno e, de fato, para toda a América Latina, pois, por toda a região, a Igreja institucional havia quase sempre garantido seus privilégios e influência apoiando o *status quo*. Na opinião do brasilianista Scott Mainwaring, por meio de sua legitimidade moral, a Igreja ajudou a derrubar o regime.[35]

Esses foram também anos de grande fermentação religiosa. A Igreja espalhou seus padres, freiras e agentes de pastoral pelas cidades e pelo campo para criar as hoje famosas Comunidades Eclesiais de Base (CEBs) e programas como a Comissão Pastoral da Terra (CPT) e o Conselho Indigenista Missionário (Cimi), que continuam a exercer impacto na vida da nação. Os teólogos da libertação brasileiros escreveram suas primeiras linhas durante esses anos. O período marcou o nascimento da assim chamada Igreja progressista, constituída de setores dentro da Igreja Católica que também era chamada de "Igreja Popular", "Igreja do Povo", ou "Igreja dos Pobres". As inovações deram origem à "opção preferencial pelos pobres", oficialmente adotada pela Igreja latino-americana em Puebla, México, em 1979. O Brasil ajudou a desencadear um renascimento moderno do catolicismo, que se difundiu em todo o hemisfério.

Quem poderia imaginar que justamente no início desse movimento os líderes-chave do episcopado iriam negociar com os representantes da mais violenta administração do regime militar?

Com exceção de alguns membros privilegiados da Igreja, altos oficiais militares e alguns jornalistas, ninguém ficou sabendo da Bipartite. Ela é mencionada apenas de passagem em umas poucas publicações. O conflito entre a Igreja e os militares foi um dos temas centrais da ditadura, mas nenhum dos principais autores menciona a Bipartite em seus trabalhos sobre o período. O jornalista e ex-deputado federal Márcio Moreira Alves, por exemplo, não abordou o assunto em seu importante e perpicaz livro *A Igreja e a política no Brasil*. Mesmo importantes brasilianistas como Scott Mainwaring, Thomas Bruneau e Ralph Della Cava, que dedicaram muitos anos ao estudo da Igreja, não revelaram a existência da Bipartite. Thomas Skidmore, o mais famoso brasilianista no Brasil e um homem que dispõe de fontes excelentes no seio da elite política, não menciona a Bipartite em seu livro *The Politics of Military Rule in Brazil* (*1964-85*) [*Brasil: De Castelo a Tancredo*]. Da mesma forma, Ronaldo Costa Couto ignora completamente a Comissão em sua recente *História indiscreta da ditadura e da abertura*.[36]

A interpretação das relações entre a Igreja e o Estado durante os anos Médici teria que mudar dramaticamente quando, no final de 1992 e início de 1993, o general Muricy levantou o embargo de seus textos pessoais e da transcrição de uma entrevista de 58 horas (concedida em 1981). Esse material está abrigado no Centro de Pesquisa e Documentação de História Contemporânea do Brasil (CPDOC) da Fundação Getúlio Vargas (FGV) no Rio de Janeiro.

Em junho de 1993, durante uma visita de rotina ao CPDOC no 12º andar do edifício da FGV na praia do Botafogo, meu amigo e colega Celso Castro comentou comigo que o arquivo Muricy, que ele ajudara a organizar, continha alguns documentos interessantes sobre a Igreja. Encontrei Celso pela primeira vez em 1989, quando fazia meu doutoramento e coletava material de pesquisa para minha tese. Ele me apresentou aos verdadeiros tesouros que são os arquivos de Vargas, Gustavo Capanema e outros líderes brasileiros agora pertencentes ao CPDOC. Eu sabia que Celso tinha um olhar agudo para documentação historicamente significativa. E poucos conheciam os militares brasileiros como ele. Além de ser um intelectual competente, era filho de general. Em 1993, Celso e seus colegas estavam preparando *Os anos de chumbo*, o primeiro projeto substancial de história oral que cobriria os anos Médici. Quando falou sobre o arquivo Muricy, me propus imediatamente a dar uma olhada.

Fiquei estupefato quando comecei a ler o material. Era uma verdadeira bomba. O arquivo Muricy tinha centenas de páginas de documentos anteriormente considerados secretos. Revelavam relatos altamente detalhados dos encontros secretos entre os bispos e os generais. A equipe de Muricy incluía oficiais do SNI e do Centro de Informações do Exército (CIE). Fundado em 1967, o CIE tornou-se uma das organizações-chave na batalha contra a esquerda armada. Os prelados e os oficiais discutiam assuntos políticos e religiosos da maior importância e debatiam calorosamente suas muitas discordâncias políticas. Também procuravam maneiras de colaborar e de proteger os privilégios tradicionais da Igreja. Ao examinar aquelas páginas, me dei conta de que a Bipartite realizara mais de duas dúzias de encontros, encerrados apenas em agosto de 1974 durante o governo do presidente Ernesto Geisel (1974-79).

Essa descoberta confirmava uma intuição que eu tinha há muito tempo sobre o poder dos bispos, mas não conseguira ainda documentar. Senti-me atraído pelo Brasil por causa do trabalho da Igreja progressista que, ao contrário do insípido catolicismo da América do Norte, era vibrante e fazia sentido para a sociedade e para os pobres. Em junho de 1986, quando visitei o Brasil pela primeira vez, o Vaticano acabara de suspender um longo período de silêncio imposto ao controvertido teólogo da libertação Leonardo Boff. Em maio, Josimo Morais Tavares, um padre de 33 anos que denunciara os violentos conflitos de terra no Maranhão, havia sido assassinado. Os casos Boff e Josimo se tornaram notícias nacionais, simbolizando a proeminência da Igreja na vida brasileira. Eu queria estudar alguns aspectos dessa transformação político-religiosa. Encorajado por eclesiásticos, militantes e acadêmicos, comecei a estudar a formação de padres. Depois de passar vários anos pesquisando a Igreja, fui me convencendo cada vez mais de que os bispos tinham uma preocupação fundamental com a salvaguarda dos privilégios e da influência política de sua instituição. Embora não fosse nova, essa era uma tese freqüentemente esquecida nos anos impetuosos de produção acadêmica sobre a teologia da libertação e a Igreja progressista. Ela retornou nos últimos anos, quando a Igreja enfrentou o novo pluralismo religioso da era pós-Guerra Fria e pós-ditadura. Mas, nos anos 70 e 80, pelo que parecia, a Igreja, e especialmente a Igreja progressista, tinha obtido o status de herói. E aqui, repentinamente, diante dos meus olhos, estava a prova de que, mesmo no auge da repressão, a Igreja estava ainda interessada em manter boas relações com um governo violento. No momento mais glorioso da história do catolicismo, quando a Igreja defendia os pobres e denunciava vigorosamente as violações aos direitos humanos, aqui estavam os bispos, fazendo política de bastidores com os generais. A Bipartite era um excelente estudo de caso, para o exame da mistura de interesses políticos, morais e especialmente institucionais no comportamento da Igreja. Este tema é uma das preocupações centrais deste livro.[37]

Como a Bipartite pôde ter passado despercebida por tanto tempo? Sigilo e censura são parte da resposta. Uma parte crucial da explicação está em uma das mais básicas tendências humanas, contra a qual todos os acadêmicos e jornalistas devem lutar: a pressuposição. Praticamente todas as discussões sobre a era autoritária reconheceram que a Igreja e as Forças Armadas só brigaram e tiveram pouco ou nenhum diálogo ou tentativas de cooperação. Ao escrever durante o regime ou pouco tempo depois, os autores estudaram a dialética do autoritarismo e da oposição, mas deixaram de examinar os interstícios das relações entre o Estado e a oposição. Também mostraram um claro viés a favor da oposição. A maior parte dos estudos acadêmicos norte-americanos era favorável à Igreja progressista, porque ela encontrava eco em um corpo docente cujos valores políticos estavam majoritariamente à esquerda e que, com poucas exceções, parecia pouco interessado na religião como tal e via a história da instituição, em especial a eclesiástica, como algo exótico. Em resumo, os acadêmicos, tanto no Brasil quanto na América do Norte, tinham pouco incentivo até mesmo para imaginar a possibilidade de um diálogo entre a Igreja e os militares.[38]

Enquanto corria os dedos pelos documentos do general Muricy, vi rapidamente que a pressuposição subjacente estava errada. O arquivo de Muricy representava um fato completamente novo. A bibliografia mostrara claramente o importante papel oposicionista da Igreja, mas o arquivo de Muricy indicava a necessidade de questionar os pressupostos, para explorar novas dimensões das relações entre a Igreja e o Estado, e para repensar a história do regime durante seu período mais sangrento. Os documentos abriam novas possibilidades de interpretação dos motivos e do *modus operandi* dos bispos durante o regime militar. Também mostravam que Médici tinha usado mais do que apenas repressão para lidar com a Igreja. Enquanto a maior parte dos observadores enfatizava a tendência à *ruptura* nas relações entre a Igreja e o Estado, aqui estava a evidência de que a *continuidade* também desempenhara um papel central.

Outro pressuposto-chave que começava a desmoronar era a definição de progressismo e de conservadorismo. A dicotomia progressista/conservador é usada por muitos analistas e especialmente jornalistas para descrever as facções dentro do episcopado. Eu estava surpreso com a constituição e o subseqüente desenvolvimento da delegação episcopal na Bipartite. Todos os trabalhos acadêmicos e todo o estereótipo popular sobre a Igreja brasileira indicavam que dom Vicente, o cardeal Agnelo Rossi, dom Jaime de Barros Câmara e outros bispos reconhecidamente conservadores teriam assumido a liderança no diálogo com os militares. Uma leitura atenta dos papéis de Muricy demonstrava algo bem diferente. A delegação da Igreja incluía os bispos mais influentes em todo o espectro político. Alguns tinham laços fortes com os militares, mas outros mantinham posições moderadas e até progressistas, como dom Aloísio e seu primo dom Ivo Lorscheiter, eleito secretário-geral da CNBB quando aquele foi escolhido presidente. Esses dois bispos lideraram a CNBB durante os anos mais inovadores e conflituosos. Dom Ivo, em particular, ganhou reputação de destemido e combativo oponente dos generais. Juntamente com Candido Mendes, eram os mais assíduos participantes e os intermediários mais importantes da Igreja na Bipartite. Fiquei especialmente surpreso com o contato privado entre os dois primos e o general Muricy. Os documentos de Muricy também revelaram a participação de dom Paulo Evaristo Arns, outro inimigo do regime e o mais franco e corajoso defensor dos direitos humanos.

Muitos brasileiros e pesquisadores teriam apontado primeiro para dom Eugênio como o indivíduo mais provável para fazer tal contato. Um dos lugares-comuns da discussão política e religiosa no Brasil é que dom Eugênio é um "conservador" e inimigo da Igreja progressista. É, com certeza, verdade que, anteriormente, dom Eugênio tivera sérias reservas quanto à esquerda católica; depois passara a evitar muitos aspectos da Igreja progressista, algumas vezes rejeitara os programas da CNBB, restringira o ativismo religioso de movimentos populares e ajudara a censurar teólogos da libertação, como o celebrado Leonardo Boff. Dom Eugênio sempre seguiu a linha papal e, durante a primeira década do papado de João Paulo II, houve um ataque frontal contra o progressismo. Como disse um padre, dom Eugênio "atrapalhou a Igreja do Brasil". Alguns brasileiros têm uma visão conspiratória de dom Eugênio, como se ele fosse agente de uma versão romana da infame U. S. Central Intelligence Agency (CIA). Como seria interpretada a relação de dom Eugênio com um suposto "gorila" da Revolução como o general Muricy? A resposta inevitável é conluio.

Essa visão emerge com força em comentários de proeminentes observadores da Igreja brasileira. Em um trabalho que se tornou referência, o cientista político Bruneau declara que dom Eugênio se tornou demasiado "comprometido" com a elite.[39] De fato, nenhum bispo era mais respeitado pela liderança militar do que ele. Em dois importantes livros sobre Igreja e política, Márcio Moreira Alves descreve dom Eugênio como um "oportunista autoritário"[40] e o "principal promotor da aliança entre a Igreja e o governo militar".[41] Scott Mainwaring o descreve como um dos "mais excepcionais homens da Igreja que tentam manter um diálogo com os militares" e como "um bispo conhecido por suas relações de proximidade com o regime".[42] Ralph Della Cava, um dos primeiros observadores do catolicismo tanto no Brasil como na Europa, declara que dom Eugênio "era o melhor amigo dos militares" no assunto da tortura porque ele não a denunciara publicamente.[43] São comentários duros. Pode-se concluir com facilidade que ele apoiou a ditadura como forma de governo e não deu muita importância para os direitos humanos. Reforçam a imagem atual de dom Eugênio como um conservador inflexível.

De fato, dom Eugênio tinha um relacionamento próximo com Muricy. O general acompanhara a ascensão do bispo desde que os dois se conheceram em Natal, no início dos anos 60, quando colaboravam na luta contra o comunismo. No final de 1966, Muricy o convidou para estudar na ESG, um "sonho" que o bispo teve de recusar devido a seus compromissos como administrador apostólico da arquidiocese de Salvador.[44] Dom Eugênio sugeriu o nome do padre Afonso Gregory, futuro bispo, que se matriculou no programa.

Na época do AI-5, dom Eugênio se tornara uma figura nacional. O papa Paulo VI o nomeara arcebispo de Salvador, Bahia, e primaz do Brasil. Em abril de 1969 — o mesmo mês em que Muricy se tornou chefe do EME — o papa o elevou a cardeal. Ele se tornou, portanto, um dos homens mais poderosos da história da Igreja brasileira.

Eu mesmo tinha certas reservas quanto a dom Eugênio por causa de tudo que ouvira e lera. Durante o final dos anos 80, tanto colegas pesquisadores quanto contatos eclesiásticos, na Baixada Fluminense, relataram histórias críticas sobre as ações de dom Eugênio contra a Igreja progressista. No Encontro Intereclesial das CEBs de 1989, em Duque de Caxias, dom Mauro Morelli, um ardente progressista, contou-me, e a outros visitantes estrangeiros, que o cardeal ordenara que ele fosse proibido de pôr os pés na arquidiocese de São Sebastião do Rio de Janeiro. Como muitos brasileiros, eu vira as imagens de um dom Eugênio sério e silencioso. Parecia incapaz de sorrir. Lembrava-me dele por ocasião da celebração da missa pelo octogésimo aniversário de dom Hélder na catedral, no centro do Rio, naquele mesmo ano, quando quase todo mundo ficou na fila para receber a comunhão de dom Hélder, deixando dom Eugênio de pé, sozinho, com o cálice ainda cheio de hóstias na mão. Depois da missa, em um encontro tumultuado na sacristia, as pessoas quase sufocaram dom Hélder com abraços, enquanto dom Eugênio olhava de longe, inexpressivo. Será que ele tinha um coração de pedra? Será que seu suposto apoio ao regime militar o deixara isolado e esquecido? À distância, dom Eugênio inspirava o tipo de medo que meninos paroquianos devotos deviam ter do padre carrancudo. Uma outra confirmação de seu aparente caráter pouco liberal veio de Marina Bandeira, uma das principais lideranças femininas leigas do país, que tinha acesso aos círculos íntimos da política interna episcopal. Marina admirava dom Eugênio, mas ela me avisou que qualquer pessoa que obtivesse uma audiência com o cardeal deveria usar gravata — uma peça do vestuário que absolutamente eu repudiava.

Uma entrevista com dom Eugênio para discutir a Bipartite e a relação com Muricy era crucial, mas tinha pouca esperança de obtê-la. Para minha surpresa, no entanto, ele respondeu quase de imediato — e afirmativamente — ao fax que eu enviara dos Estados Unidos solicitando um encontro. Em julho de 1995, pela primeira vez em muitos anos, pus uma gravata e me dirigi ao edifício João Paulo II, a Cúria, localizada logo atrás do palácio São Joaquim, na Glória. Em vez do homem publicamente sério que eu esperava, dom Eugênio foi cordial e tranqüilo. Pareceu-me despreocupado e até deu risadas.

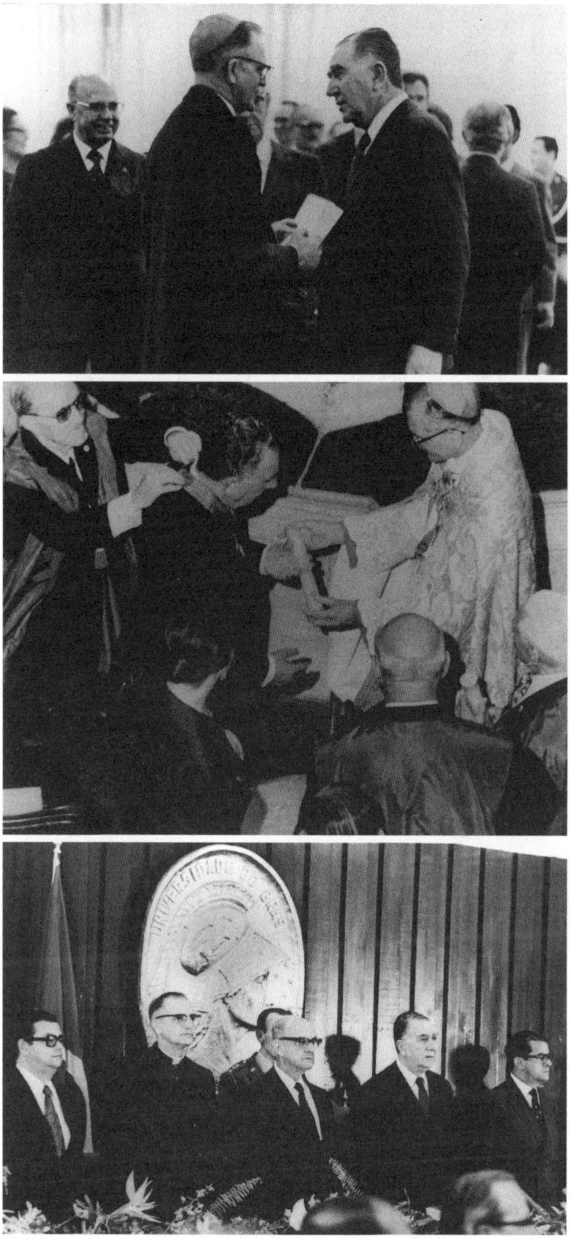

Dom Eugênio de Araújo Sales conversa em particular com Médici, outorga-lhe o título da Irmandade da Candelária em 1972 e participa de uma mesa com o presidente e alguns dos principais líderes do país: Antônio Delfim Neto, Antônio de Pádua Chagas Freitas e Jarbas Passarinho. Imagens como estas refletiam a noção, difundida entre os brasileiros, de que dom Eugênio apoiava o regime. Mas essa percepção foi correta? (*Arquivo Nacional*)

Dom Paulo Evaristo Arns: "Dizem que dom Eugênio é mais conservador, que eu sou mais progressista. Isso tudo é conversa". (*Aesp*)

Respondeu a todas as minhas questões sem rodeios, exceto a uma, a respeito de sua conversa sobre o regime com o papa Paulo VI, que considerava confidencial. Também apresentou indício de sua resistência às políticas dos militares. É claro que esse encontro por si só não era evidência suficiente para reverter as conclusões a que muitas pessoas haviam chegado a seu respeito. E, com certeza, dom Eugênio, como qualquer outro bispo, queria projetar-se de forma positiva, em especial para um professor estrangeiro que estava escrevendo um livro sobre a Igreja. Estava especialmente preocupado em preservar a imagem da instituição. Mas o clima do encontro foi tão diferente do que eu previra que não poderia ignorar seu significado para o entendimento do homem e de suas ações. Dom Eugênio claramente não tinha coração de pedra.

Ele foi um dos principais participantes da Bipartite e, de longe, o mais importante interlocutor da Igreja com as Forças Armadas. Ainda assim, um reexame dos eventos mostra com clareza que ele não apoiava o regime. Sua correspondência com o general Muricy é uma peça surpreendente entre as novas provas existentes para justificar essa reavaliação. Inacreditavelmente, seu desempenho na Bipartite deixou os militares perplexos, até mesmo chocados.

Como era de esperar, acadêmicos e jornalistas não escreveram quase nada sobre dom Eugênio. Ele raramente dá entrevistas e não é uma figura muito pública. Decerto não é o que nós, norte-americanos, chamamos de "politicamente correto". A academia gosta de ter suas próprias idéias, aparentemente liberais, ratificadas pelas pessoas que estuda, enquanto jornalistas devem vender notícia. Dom Eugênio não ajuda em nenhuma dessas duas tarefas. "Ele nunca fez questão de ser campeão dos direitos humanos", disse-me o professor Padilha. "Só aparece diante da opinião pública como um dever de pastor, em decorrência do seu trabalho de pastor."[45]

Em contraste, dom Paulo Evaristo Arns, o cardeal-arcebispo de São Paulo, recebeu enorme atenção por suas enfáticas denúncias públicas de desrespeito aos direitos humanos durante o regime militar. Alguns dos mais importantes jornalistas do país cortejavam dom Paulo na disputa pela produção de sua biografia, que o arcebispo, demonstrando sua fé no povo, confiou a duas jovens jornalistas — brilhantes, porém desconhecidas.[46]

Marquei hora para uma entrevista com dom Paulo no começo de setembro de 1996, alguns dias antes da celebração de seu 75º aniversário. Uma assessora do cardeal me avisou que eu não teria um segundo além do padrão de trinta minutos para entrevistas. Entendi por que quando cheguei na Cúria, à avenida Higienópolis, nº 890. As pessoas lotavam a sala de espera, todas ansiosas para cumprimentar dom Paulo e agradecer por sua firme e consistente defesa dos direitos humanos. Guiada para dentro e para fora do escritório de dom Paulo com a pontualidade absoluta de seus assistentes, a enxurrada de visitantes variava do mais humilde ao mais exaltado. Entre eles, observei Paulo Sérgio Pinheiro, o acadêmico dos direitos humanos internacionalmente reconhecido e ex-membro da Comissão Justiça e Paz, criada por dom Paulo durante o regime militar.

Dom Eugênio e dom Paulo representavam, sem dúvida, duas estratégias diferentes em relação ao regime militar. Seria dom Paulo realmente mais eficiente? Ou será que os pesquisadores simplesmente deixaram de olhar mais de perto ao que os chamados conservadores faziam nessa época? Somente os progressistas podem defender os direitos humanos? Será a dicotomia progressista/conservador uma categoria adequada para a análise da Igreja brasileira?

O que os dois homens disseram um do outro indica que essas questões merecem estudo cuidadoso. "As relações de amizade são muito boas, as minhas com dom Paulo, muito boas. Dom Paulo tem um método que é diferente do meu método, mas creio que queremos a mesma coisa", me disse dom Eugênio.[47] Dom Paulo refletiu esse sentimento:

> Nós nunca combinamos as coisas que devíamos fazer, mas sempre nos informamos mutuamente de resultados ou de dificuldades. Nunca agimos um contra o outro. Nunca. Em nenhuma situação, até hoje. Sempre consideramos o Rio e São Paulo como cidades irmãs, cidades gêmeas. Dizem que dom Eugênio é mais conservador, que eu sou mais progressista. Isso tudo é conversa. Nós temos outra maneira de proceder, mas sempre a mesma finalidade, só que outro estilo totalmente diferente.[48]

Em outra ocasião, pedi a dom Paulo que elaborasse melhor essa questão e comentasse o fato de que dom Eugênio havia lutado contra a teologia da libertação. Dom Paulo, que criticou publicamente o Vaticano, recusou-se a fazer o mesmo em relação a dom Eugênio. Declarou enfaticamente: "Eu não tenho nenhum direito de julgar um colega. Nunca dei opinião sobre dom Eugênio, e nem vou dar. Porque pessoalmente nós somos amigos".[49]

Dom Waldyr, o bispo progressista de Volta Redonda e um dos mais odiados pelos militares, fez um comentário surpreendentemente semelhante. Como ele se situava a distância da alta política romana exercida pelos dois cardeais, dom Waldyr podia oferecer uma declaração objetiva sobre a atuação de dom Eugênio.

> Eu soube que logo que o Castello Branco tomou posse, na conversa com outros militares, assim passaram para nós, bispos, o Castello disse que o bispo mais perigoso do Brasil era dom Eugênio Sales. Porque dom Eugênio era uma capacidade organizativa lá no Nordeste, muito marcante dentro do episcopado. Eugênio, morando lá em Natal, dentro daquela miséria, ele só lidava mesmo com a miséria. E as iniciativas dele eram mesmo amplamente sociais. A dimensão social dele, a opção social dele, a dimensão do trabalho dele era conhecida no Brasil inteiro. Eu mesmo, como bispo auxiliar no Rio, ia participar dos encontros e cursos que dom Eugênio proporcionava lá em Natal. Como bispozinho novo, eu

fui participar. Porque a gente se atualizava e dom Eugênio tinha uma capacidade de liderança muito grande. Ele foi quem trouxe para nós aquela alfabetização pelo rádio, o MEB [Movimento de Educação de Base]...

Agora, vamos dizer, dom Eugênio mudou em questão de relacionamento em defesa dos problemas sociais? Eu digo que ele mudou os métodos, mas não a preocupação. Os métodos. Ele entrava, mantinha o diálogo direto com as autoridades responsáveis, mas sempre em defesa daquilo que a gente defende. Ele não estava de acordo de maneira alguma com a questão de violência. Isso a gente pode dizer tranqüilamente. Eu sei, estou aqui esse tempo todinho, ao lado dele, e estou observando. Agora, como fazer, aí a gente tem divergência. A divergência está justamente na linha de um trabalho pastoral. Ele resolve, por exemplo, tudo através do telefone. Comunica-se com o presidente da República, comunica-se com o governador, comunica-se com o prefeito e acabou-se. Ali ele dá suas ordens e tudo é executado [...] Até a turma dizia que tinha um telefone branco que era para o fulano, um telefone azul para o beltrano, um telefone vermelho para o sicrano [...] E eles tinham medo na época de perder esse entendimento com dom Eugênio, isso é pacífico. Enquanto nós partíamos para a denúncia pública diante das arbitrariedades, porque se não faziam com o meu pessoal, faziam com os outros de fora, não é verdade? E se faz com os nossos, ainda mais a gente tem motivo de gritar. Aí a prática era que nós denunciávamos e ele dialogava com as autoridades. Aí que vem a mudança.

"Um outro aspecto não seria toda a tradição do cardinalato do Rio?", perguntei a dom Waldyr. "Ou seja, dom Leme, depois dom Jaime e depois dom Eugênio, vamos dizer, três príncipes da Igreja. Ele, de certa forma, não tinha que assumir este papel tradicional de príncipe?". Dom Waldyr replicou:

Eu tenho a impressão que a liderança diante das autoridades, onde estivesse dom Eugênio, ele seria o líder. O local não era. Era a pessoa dele. O que ele marcou lá em Natal, aquilo ali foi transmitido de ouvido a ouvido, a começar no Castello, que gostava muito do Hélder; [rindo] mesmo durante o tempo da ditadura eu sei que o Castello ia ouvir os sermões do Hélder na preparação lá para uma novena em Recife. O Castello antes da ditadura ia lá escutar porque gostava muito do Hélder. Ele gostava do Hélder e tinha medo de dom Eugênio.[50]

Outra questão que surge é se categorias semelhantes, tipo branco-e-preto, são adequadas para a compreensão dos militares. O que permitiu a uma administração linha-dura como a de Médici procurar o diálogo com a Igreja? Ou será que a linha branda tinha mais voz do que se pensava anteriormente? A compreensão do regime requer uma visão multifacetada, histórica e desapaixonada da instituição militar. A ditadura foi brutal, mas as facções e discordâncias internas sobre a política e as práticas necessitam de um quadro menos monocromático do governo militar e um olhar mais cuidadoso sobre a evolução histórica das relações entre civis e militares.[51] As Forças Armadas brasileiras tinham vasta experiência política e consideravam a si próprias como democráticas, embora em uma forma muito restrita. A deposição de Jango em 1964 contradisse totalmente essa imagem, mas não a história de intervenções anteriores realizadas com o fim de corrigir o que muitos oficiais — e civis — viam como certa incapacidade dos políticos para governar o país. Depois de 1964 os líderes não queriam ser vistos como ditadores ou torturadores, mas como verdadeiros praticantes da democracia que protegiam o Brasil do comunismo totalitário. Ao contrário de mãos-de-ferro como Augusto Pinochet, no Chile, e Alfredo Stroessner, no Paraguai, que permaneceram por longo período no poder, os generais brasileiros fizeram rotatividade na Presidência, realizaram eleições regulares e usaram a propaganda para cultivar uma fachada de democracia. As Forças Armadas brasileiras eram uma organização grande e sofisticada, que trabalhou duro para dar uma imagem positiva ao autoritarismo. Alguns queriam entregar o país de volta aos civis o mais rápido possível. É fácil demonizar os militares, mas fazer isso é compor uma história simplista.[52]

Em muitas obras sobre o regime militar, seus líderes aparecem como figuras distantes e fortes, apenas envolvidas em repressão. Como mostrou o historiador Carlos Fico, no início os generais cultivaram propositadamente uma imagem sombria, austera e até mesmo mórbida. Queriam contrastar com os presidentes populistas, vistos como corruptos e desejosos de se misturar com o povo em troca de qualquer vantagem política. A atitude dos generais reforçara o clima de medo, criando um abismo entre o regime e a população. Médici tentou suavizar sua imagem aparecendo como um homem simples que gostava de futebol, numa época em que o nacionalismo se intensificara com a vitória do Brasil na Copa Mundial de 1970. O presidente Figueiredo também usou essa estratégia.[53] Mas a ênfase excessiva na severidade sobrevive. O general Muricy e a Bipartite, porém, apresentam um quadro diferente das Forças Armadas.

Minha pesquisa da Bipartite levou-me a uma odisséia pelo passado autoritário recente no Brasil. Esquadrinhei documentos do período e me encontrei com alguns dos homens que manipulavam as cordas do poder na Igreja e nas Forças Armadas.

A revelação efetiva da Bipartite foi uma parte importante da pesquisa. O arquivo do general Muricy é um dos poucos casos de divulgação de documentos de uma figura importante das Forças Armadas. Eles contribuíram imensamente para a história das relações entre a Igreja e o Estado durante o regime militar, ao permitir valioso acesso a encontros secretos e ao pensamento militar sobre o conflito com a Igreja.

Mas os documentos também impuseram o desafio da interpretação. Sozinhos, eles não fazem história. O trabalho do historiador inclui a compreensão do contexto no qual os eventos ocorrem e o levantamento de perguntas sobre o conteúdo dos documentos e sobre a história dos próprios documentos.

Ao compilar seu arquivo, o general Muricy tentou dar forma à história. O homem que se tornou famoso por seu papel no golpe e que fora candidato à Presidência iria, naturalmente, querer preservar um lugar favorável para si próprio na memória da nação. Ele iniciara esse processo em 1974, ao dar acesso aos historiadores Hélio Silva e Maria Cecília Ribas Carneiro a alguns de seus papéis sobre a época do golpe.[54] Em 1974 e 1976, também lhes concedeu duas entrevistas curtas sobre as crises da sucessão presidencial de 1961 e de 1969.[55] É interessante notar que essas entrevistas foram feitas sob os auspícios do Centro de Memória Social Brasileira, que fazia parte do Conjunto Universitário Cândido Mendes, administrado por Candido Mendes.

Muricy afetou a história da Bipartite quatro vezes. Primeiro, participou dela. Segundo, leu e revisou os relatórios dos encontros. Terceiro, selecionou documentos para seu arquivo. Esses são exemplos extraordinários, porque o general Muricy produziu muito pouco e guardou menos ainda. Como destacada figura militar, preocupada com segurança pessoal e nacional, sempre tomou muito cuidado com todos os papéis que tinha. Em sua entrevista de 1981, falou dessas tendências:

> Tínhamos correspondência muito escassa, porque todos éramos maus escritores. Em toda minha vida, escrevi umas quatro cartas para o Orlando [Geisel]; três ou quatro para o Ernesto [Geisel]; um pouco mais, talvez umas oito, para o Golbery [...] Para o Cordeiro [de Farias], nunca escrevi [...] Há no meu arquivo uma carta que eu fiz ao Golbery, uma das poucas que eu escrevi e das poucas que escaparam, porque eu rasguei muita coisa.

O excepcional conteúdo do arquivo indica os temas que Muricy achou mais importantes para sua própria história e para a história do regime; por exemplo, há um grande número de itens sobre a Igreja. Além disso, o arquivo só possui pouco mais da metade dos relatórios da Bipartite. "Nesse meu arquivo não tenho todos, porque eu preferi não tê-los comigo."[56]

Finalmente, o general Muricy decidiu quando divulgar sua entrevista e seus papéis. De fevereiro até maio de 1981, falou por 57 horas e vinte minutos a Lúcia Hipólito, Inês Cordeiro de Farias e Aspásia Camargo no CPDOC. Embora a abertura já tivesse começado, o país ainda estava firmemente fincado no autoritarismo, evidenciado pela abominável explosão de uma bomba no RioCentro, na qual dois oficiais terroristas tentaram perturbar um show de música popular em 30 de abril de 1981. Somente em 1992, quando as paixões daquela época começaram de alguma forma a se dissipar, é que Muricy sentiu que era o momento de revelar o conteúdo de seu material.[57]

Retornemos ao terceiro fator: a seleção dos documentos de Muricy. Este era o item que apresentava a limitação mais séria para o historiador. De um lado, Muricy havia deixado só alguns dos relatórios, apenas um começo para poder entender a comissão. O material restante do arquivo ajudava a melhorar a situação; dele constavam: correspondência entre o general Muricy e os bispos, registros de encontros menores e menos formais dos membros da Bipartite, papéis dos serviços de informações sobre os padres e militantes leigos acusados de subversão, avaliação política dos militares sobre os bispos, e avaliações confidenciais dos serviços de inteligência sobre os encontros. Por outro lado, eu sabia que os documentos em si mesmos — ainda que Muricy tivesse mantido todos os relatórios — não eram suficientes para escrever a história

SECRETO

RELATÓRIO ESPECIAL DO GRUPO BIPARTITE, SOBRE PROBLEMAS SURGIDOS NA ÁREA IGREJA X GOVERNO, REFERENTES À PARTICIPAÇÃO DO CLERO NAS COMEMORAÇÕES DO SESQUICENTENÁRIO DA INDEPENDÊNCIA DO BRASIL.

DATA: AGOSTO/SETEMBRO DE 1972
LOCAL: RIO (GB)
PESSOAL PARTICIPANTE:

<u>Grupo religioso</u>:

- D. ALOISIO LORSCHEIDER (Pres.CNBB)
- D. IVO LORSCHEITER (Sec.G.CNBB)
- D. AVELAR BRANDÃO (Vice-Pres. CNBB)
- D. EUGÊNIO SALES (Cardeal-Arceb. RIO DE JANEIRO)
- D. PAULO EVARISTO ARNS (Arcebispo de S.PAULO)
- Prof. CÂNDIDO MENDES (Assessor da CNBB)
- D. HUMBERTO MOZONI (Núncio Apostólico)

<u>Grupo ligado à Situação</u>:

- Gen. Ex. R1 ANTONIO CARLOS DA SILVA MURICY (Ch. Grupo)
- Prof. TARCISIO M. PADILHA (Membro Corpo Perm. ESG)
- Ten. Cel. Ex. ROBERTO PACÍFICO BARBOSA (Assessor ARJ/SNI - Relator)
- Maj. LEONE DA SILVEIRA LEE (CIE/Gab. Min. Ex.)

SUMÁRIO GERAL

1 - DADOS RECEBIDOS PELO GRUPO DA SITUAÇÃO SOBRE PROBLEMAS NA ÁREA IGREJA X GOVERNO.

a - Impasse sobre o TE DEUM em S. PAULO, de 3 para 7 Set.
b - Informe sobre reedição do livro "O CLERO E A INDEPENDÊNCIA", com possíveis Notas críticas ao Governo.
c - Informe sobre edição de "O SÃO PAULO", de 3 Set, com críticas ao Governo.
d - Informe de elaboração pelos bispos de Documento dogmático-pastoral, com conotações políticas de ataque ao Governo.
e - Difusão do Folheto "CELEBRAÇÕES LITÚRGICAS", com notícias ambíguas de conotação esquerdista.
f - VI Congresso Nacional dos Serra-Clubes, com presença de bispos e difusão de Documento crítico.

2 - PROVIDÊNCIAS GERAIS TOMADAS PELO GRUPO DA SITUAÇÃO.

a - <u>Ligações com membros do Grupo Religioso</u>.

1) Com o Prof. CÂNDIDO MENDES (Assessor CNBB).
2) Com D. EUGÊNIO SALES (Cardeal-Arceb. do RIO DE JANEIRO).
3) Com D. HUMBERTO MOZONI (Núncio Apostólico).

b - <u>Reunião informal de membros do Grupo da Situação com o Grupo Religioso</u>.

SECRETO

O arquivo do general Muricy contém pouco mais da metade dos relatórios militares secretos sobre os encontros da Bipartite. Este documento é a primeira página do relatório do encontro de 31 de agosto de 1972. Apresenta os nomes dos bispos e dos representantes do regime que participaram da reunião e fornece relato detalhado das conversações. (*FGV/CPDOC, ACM*) da Bipartite. Escrever a história da comissão ainda significava um desafio complexo. A Bipartite era sobre relacionamentos pessoais e políticos — e um acontecimento importante na história do país.

Entrevistas seriam essenciais para me oferecer um melhor entendimento dos homens e dos motivos por trás da Bipartite. Eu poderia conseguir detalhes sobre os encontros e até obter pistas sobre os documentos que faltavam, os quais, como historiador profissional, me sentia na obrigação de procurar. Esse processo iria requerer o emprego eficiente de redes sociais de uma outra cultura — e sorte. Ter acesso a esses indivíduos, olhar suas casas e escritórios, e observar seu comportamento, ajudaram-me a compreender os aspectos menos tangíveis da Bipartite. Encontrá-los em seu próprio território era um sinal de respeito que ajudou a criar confiança. Muitos ainda consideravam a Bipartite um assunto sensível. O contato pessoal era também uma maneira de construir uma ponte sobre o espaço que separava o pesquisador estrangeiro e os brasileiros, o civil e o militar, o leigo e o religioso.

Comecei, naturalmente, com o general Muricy. Ele me concedeu três entrevistas. A primeira aconteceu em junho de 1993, poucos dias depois de eu ter lido alguns dos documentos da Bipartite. O general acabara de completar 87 anos, mas estava reconhecidamente lúcido e gozando de boa saúde. A casa de Muricy localizava-se na rua Triunfo, próximo do largo Guimarães, em Santa Teresa. Era um sobrado grande, mas seus móveis antigos, ainda que bem conservados, lhe davam aspecto modesto. Sobre uma das mesas, havia um enorme rosário, brilhante e prateado, cujas contas eram do tamanho de bolas de beisebol. Quando entrei na casa, me deparei com um homem maravilhosamente em forma. Em sua entrevista de 1981, Muricy atribuíra sua longevidade à sorte de haver tido duas esposas que o apoiaram — Ondina, que morrera em 1954, e Virgínia, dezenove anos mais nova, com quem se casara aos cinqüenta anos de idade, em 1956. Muricy se manteve alerta durante toda a nossa entrevista. Ainda falava com o tom de comandante, e suas declarações sobre os perigos do comunismo e os atributos da Revolução revelavam convicção firme. Ele afirmou que a Bipartite melhorara muito as relações entre a Igreja e o Estado. "Nunca houve tanto entendimento", disse.

Na ocasião de nossa segunda entrevista, em julho de 1995, a saúde e a memória do general Muricy já haviam se deteriorado consideravelmente. Na terceira entrevista, em março de 1997, Muricy tinha quase 91 anos. Estava doente, o corpo acentuadamente curvado. Durante nossa conversa, alguns de seus filhos e netos entravam e perambulavam pela casa. Ele sorria. Era agora um homem bastante idoso, interessado principalmente em estar na companhia de seus entes queridos. Eu não esperava informações novas. Muricy ainda defendia a Revolução, mas não conseguia se lembrar de muitos dos incidentes que mencionei.

Nessa última ocasião, eu esperava conversar com dona Virgínia Ramos da Silva Muricy, a esposa do general durante a fase ditatorial de sua carreira. Muricy ratificava os chavões de que por trás de todo homem bem-sucedido existe uma mulher forte — em seu caso, *duas* mulheres. O catolicismo brasileiro como prática religiosa ocorre especialmente na esfera feminina. As duas esposas de Muricy o aproximaram da fé e facilitaram seus contatos com o clero. Eu queria saber como dona Virgínia apoiara seu marido religiosa e politicamente.

Dona Virgínia viera de uma família modesta de oito filhos. Aos doze anos de idade, seu pai deixou Pilar, no sertão de Alagoas, encontrou trabalho como varredor de uma loja no Recife e foi juntando dinheiro até se tornar um dos sócios da loja. Sua mãe veio do interior de Pernambuco. A família rezava o rosário em casa, e Virgínia foi estudar filosofia com as irmãs dorotéias. Uma das irmãs de Virgínia queria entrar na congregação das dorotéias, mas não foi admitida em virtude de um defeito de audição. Depois da faculdade, Virgínia tornou-se líder na Ação Católica. Eu queria saber o que o catolicismo significava para ela e para o general. Para os verdadeiros católicos, ela respondeu, a fé permeia todos os aspectos da vida. "Você vive o catolicismo ou não vive. É uma orientação para sua vida." O casal ainda freqüentava a missa todos os domingos. O padre que ela mais admirava, um amigo de há muitos anos, era um bom ouvinte e não participava de política.

Dona Virgínia era uma boa esposa política. Aprendi uma rápida lição sobre a solidariedade do casal depois de fazer uma referência ao "golpe". Tanto o general como sua esposa se retraíram. Lembraram-me, de forma educada, porém firme, de que "Revolução" era o termo apropriado. Não perguntei a dona Virgínia se ela participara das famosas Marchas da Família com Deus pela Liberdade contra o presidente Goulart, mas sabia que ela, sem dúvida nenhuma, estava de acordo. "Apoiei inteiramente a Revolução", explicou. "Acho que em toda revolução há excessos [...] O excesso não invalidava a meta da

Revolução de evitar que o comunismo tomasse conta do Brasil."[58] Ao que o general Muricy acrescentou: "A minha mulher e eu conversávamos muito sobre estes problemas todos, e ela sempre dava uma opinião clara [...] Eu não tenho segredos para ela. Inclusive, quando se falava na Revolução, ela estava a par de tudo. Foi a companheira dos momentos difíceis". Nos anos 60, dona Virgínia cuidava dos seis filhos do casal, e perante o marido funcionava como embaixatriz de outras esposas de oficiais durante as freqüentes inspeções de Muricy aos quartéis sob seu comando. "Os maridos não contavam o que se precisava, mas as senhoras sim", disse o general. "Ela me ajudava muito nisso. Ela viajou ao Brasil inteiro comigo."[59]

Perguntei a dona Virgínia como ela e o marido haviam reagido à possibilidade de ele se tornar presidente depois do derrame de Costa e Silva. "Terrível! Nós tínhamos que seria terrível para a vida dos seis filhos", disse dona Virgínia. "Não queria por nada desse mundo que ele fosse. Eu já sabia o que seria ser presidente." Seria ter que confrontar a "turma de bajuladores".[60]

Durante nossas entrevistas, Muricy sempre ficava mais animado quando o assunto era a repressão, os infames órgãos de informação e a luta entre o governo e a esquerda armada. "Há muito exagero. Os órgãos de segurança são mais de informação do que de ação", disse Muricy.

> É isso que não compreendem. Misturam tudo hoje. Há uma ação muito grande contra os órgãos de informação, como se fossem culpados de toda a violência no combate à subversão [...] Houve excessos, mas excessos de um lado e de outro. Um matou, e o outro matou [...] Era inevitável o excesso, de um lado e de outro. Por exemplo, os terroristas organizavam seqüestros, faziam assaltos a bancos para conseguir dinheiro, faziam atos públicos, explosão de bombas. Quando eles se organizavam em aparelhos, o governo procurava prender, procurava destruir, e eram recebidos a bala. Os elementos do governo, quando iam atacar, já entravam atirando, porque senão seriam mortos.

Mas eu queria saber como o senhor convive com o fato de que a tortura existiu, e se o senhor fez alguma coisa a esse repeito. "Eu nunca trabalhei na repressão", Muricy declarou.[61] "Sempre éramos contra a tortura. Os chefes militares sempre foram contra a tortura." Ele acrescentou que havia levado o que sabia "ao conhecimento do ministro [do Exército] e do presidente [...] Eu procurava manter as autoridades civis, militares e eclesiásticas a par de nossa luta contra a tortura".[62]

A Igreja ajudou a esquerda armada? "De certa forma, sim", disse Muricy. "Leia Zuenir Ventura. Leia Frei Betto. Leia Jacob Gorender." Todos esses autores tinham escrito livros que ilustravam como alguns clérigos haviam apoiado a esquerda de várias formas. Perguntei especificamente a Muricy se o governo Médici espionara os padres. "Os padres não eram vigiados. Só os padres em ligação com os terroristas", ele replicou.[63]

Levantei o tema da Bipartite e sua possível relação com a comunidade de informações. Havia uma estratégia política para lidar com a Igreja? Muricy tornou-se enfático — e um tanto indignado. A Bipartite era uma coisa "pura", ele disse. "Nós não éramos órgão de informação. De jeito nenhum."[64]

Por duas vezes pressionei o general sobre o paradeiro dos relatórios da Bipartite que faltavam. Ele declarou que estavam nos arquivos militares e não podiam ser acessados. A certa altura, o general irritou-se com a minha insistência, jogando as mãos para cima e olhando-me atentamente: "Aonde estão esses documentos? Existem esses documentos ainda? Não sei".[65]

O momento mais pungente de todas as três entrevistas ocorreu quando o general Muricy e eu conversamos sobre dom Hélder. Quando era mais jovem, Muricy fora especialmente próximo ao bispo, que foi quem dera socorro espiritual a Ondina em seu leito de morte. Mas, em 1966, os dois terminariam abruptamente a amizade. O general Muricy ficou em silêncio por um instante enquanto se lembrava de suas experiências juntos. As feridas espirituais e pessoais da Revolução ainda doíam profundamente. "Eu briguei com ele. Até hoje me dói. Foi confessor de minha primeira mulher", Muricy disse espontaneamente. "Fico às vezes pensando que antes de morrer queria dizer a ele: 'Vamos ficar como éramos antes, quando éramos amigos'." A ruptura com dom Hélder "era uma das coisas dolorosas de minha vida". Ele acrescentou: "Eu até hoje me arrependo de ter me afastado de dom Hélder. Ele foi carinhoso".[66] Dom Hélder faleceu em agosto de 1999 e o general Muricy no final de março de 2000, apenas dois meses antes de seu nonagésimo quarto aniversário. Os dois nunca se reconciliaram. Ao falar dessa maneira de dom Hélder, Muricy admitiu que, na verdade, a religião e a Igreja transcendiam a Revolução. A amizade também deveria tê-la transcendido.

"Eu disse uma vez ao general Muricy: a comissão, o papel dele, nunca será suficientemente reconhecido", me afirmou o professor Padilha. De repente, duas décadas depois, aqui estava, não um brasileiro, mas um norte-americano querendo saber sobre os encontros secretos. A questão da cultura e da Bipartite — e da cultura e da minha pesquisa — veio à tona mais intensamente em minhas entrevistas com o professor. Nos encontramos em julho de 1994 e em maio de 1997.

Talvez mais do que qualquer outro membro da Bipartite, o professor Padilha apresentava os traços da chamada cordialidade brasileira. Ele me recebeu em seu belo escritório, coberto de livros, de dar inveja a qualquer autor de classe média que aspirasse aos confortos e conveniências que poderiam facilitar imensamente a busca de grandeza intelectual ou literária. Tive a mesma sensação quando estive certa vez no escritório de Zuenir Ventura, em Ipanema. O professor Padilha era sem dúvida um homem ocupado, com muitos compromissos, mas queria que eu me sentisse bem recebido. Chamamo-nos um ao outro de "senhor", e gostei de ouvir seu português claro e erudito.

Padilha revelava o lado europeu da elite brasileira. Seu trabalho se tornara conhecido em francês e alemão, e ele adquirira vasta experiência naquela parte do mundo. Mas tinha também um profundo senso do que significava ser brasileiro, que se refletia tanto em seus escritos quanto em seu comportamento. Talvez por essa razão sua cordialidade tenha emergido tão fortemente na presença de um norte-americano. Ao falar com ele, as diferenças entre nós, em termos de cultura e abordagem intelectual, tornaram-se quase palpáveis. Senti-me quase parte de uma demonstração ao vivo das teorias de Roberto DaMatta. Padilha explicou a diferença básica entre o Brasil e os Estados Unidos. Aqui, as pessoas dizem: "Sabe com quem está falando?". O inverso é verdadeiro nos Estados Unidos: "Quem é que você pensa que é?".[67] A diferença está na força das instituições de cada um dos dois países.

Essa diferença ajudava a explicar a importância da Bipartite. Padilha não se lembrava bem dos detalhes da comissão. Ele recebera cópias dos relatórios, mas declarou que foram perdidas em uma mudança do Leblon para seu atual apartamento em Copacabana. Enquanto me interessava mais pelos detalhes da Bipartite, Padilha ficava cada vez mais filosófico sobre seu grande objetivo de evitar o conflito entre as duas mais importantes instituições do Brasil. "Eu tenho uma formação institucionalista. O Brasil tem uma fragilidade institucional por causa da fraqueza de suas instituições", disse Padilha. A presença de intelectuais na Bipartite compensava essa fraqueza e tornava o diálogo possível. "Nós temos que entender um pouco a mentalidade e a formação militar. O militar resume sua visão de mundo em duas facções opostas: nós e eles, o preto e o branco", Padilha explicou. "Candido e eu, numa verdadeira dobradinha cívica, trabalhamos juntos. O papel de Candido e o meu foram o de um poder moderador, conciliar, para que as partes procurassem-se entender."[68]

A elite intelectual teve que intervir para garantir que os militares e a Igreja não se afastassem um do outro completamente. A mediação feita pelos intelectuais era importante em uma sociedade dotada de uma classe média fraca e, mais ainda, durante uma ditadura que eliminara todas as formas de debate público e de autoridades eleitas. No Brasil, os intelectuais têm importância na política. Nos Estados Unidos, onde um encanador e um motorista de caminhão podem ganhar mais do que um professor de faculdade, a política parece funcionar sem intelectuais.

Padilha acreditava haver arriscado muito — no passado e agora no presente — por sua participação na Bipartite. Em março de 1996, escrevi para *O Estado de S. Paulo* o primeiro artigo substancial jamais publicado sobre a Comissão. Nele, eu mencionava que Padilha pertencera à equipe militar e que, em uma ocasião, de acordo com os relatórios de Muricy, mostrara resistência à investigação de violações dos direitos humanos. Quando telefonei ao professor em março de 1997 para pedir a segunda entrevista, ele, muito polidamente, mas com firmeza, declarou que o artigo o "desagradara". (O coronel Erasmo Dias, secretário de Segurança linha-dura de São Paulo no final dos anos 70 e oficial responsável pela invasão à PUC-SP, em 1977, declarou que minha afirmação sobre a existência da Bipartite era "baboseira" e uma tentativa de "atestar a burrice do Exército" — um comentário que ilustrava o nível de retórica usado por alguns dos líderes do regime. Tomei a crítica como elogio não intencional.) Padilha revelou que um conhecido quis saber por que ele colaborara com os militares. Ele não achava que os relatórios refletissem o verdadeiro espírito da Bipartite.

O momento em que liguei para o professor Padilha era-lhe especialmente delicado, pois estava se preparando para entrar na ABL, a coroação das conquistas de sua carreira. Ele explicou suas dificuldades. "Não sei se é fácil para o senhor [entender], que é de um país com cidadania, sem interrupção do processo de instituições e democracia", mas "o país ainda não sabe o que é democracia. O mundo anglo-saxão é completamente diferente." Na Bipartite, ele tentara "segurar o andor, impedindo que desabasse tudo".[69]

> Agora, aqueles que viveram e sofreram com este trabalho, seria muito mais cômodo [dizer]: "Não vou participar, não tenho tempo, me deixe em paz com os meus livros". Saímos, Candido, eu e os outros, correndo risco [...] Por que um professor de filosofia larga suas atividades para se encontrar com este grupo? Teria sido para mim muito mais fácil não ir. De certa forma eu me expus, na convicção de prestar serviço a meu país e à minha Igreja [...] É óbvio que nós sabíamos que estávamos naquele ponto tangencial em que nem sempre podíamos discernir com clareza quais os rumos que haveria de tomar esse diálogo. Suponhamos que houvesse uma ruptura. De que lado eu ficaria? Eu ficaria do lado da Igreja. É óbvio. Foi sofrido o risco.[70]

Agora, Padilha tinha que responder aos críticos do regime. "Alguém que, por exemplo, participou do grupo ao lado dos militares, de saída, é visto como alguém quase que não merece respeito, como se fosse adepto da violência, quando é o contrário. É muito complexo isso, muito difícil." O mundo intelectual brasileiro opõe

> os intelectuais que se exilaram contra os que não se exilaram. É uma enorme distorção. Mário Henrique Simonsen, [João Paulo dos] Reis Veloso, Roberto Campos — estavam procurando fazer uma coisa para o seu país. Simonsen não estava de acordo com o arbítrio. A grande saída é a justiça social. É a grande meta que o Brasil não consegue.[71]

Mesmo para o observador informal da política brasileira pós-1985 está claro que até hoje os militares resistem aos esforços de esclarecer a história da ditadura. O Brasil levou mais de uma década para estabelecer uma comissão da verdade e, mesmo assim, só uma muito limitada. Tive experiência dessa atitude defensiva na própria pele, quando estive em contato com outros indivíduos ligados à Bipartite. A Bipartite era ainda um assunto delicado para essas pessoas, não apenas devido a seu significado político, mas também porque a proteção das informações secretas continua sendo um valor para as Forças

Armadas. Em 1997, por exemplo, fiz várias tentativas de obter os relatórios da Bipartite que faltavam, inclusive por intermédio de um ex-funcionário altamente colocado no serviço de informações da Secretaria de Assuntos Estratégicos (órgão sucessor do SNI), mas não tive sucesso. Nesse sentido, a divulgação dos relatórios da Bipartite pelo general Muricy é ainda mais notável.

Em janeiro de 1999, entrevistei o general Roberto Pacífico Barbosa. Como tenente-coronel, Pacífico fora um alto oficial do SNI e servira de secretário da Bipartite. Ele me pormenorizou como os relatórios foram revistos e aprovados pelo general Muricy. Os relatórios eram distribuídos à comunidade de informações, inclusive o CIE (e, portanto, o Ministério do Exército também) e a diferentes setores dentro do EME. Também iam para o chefe do SNI, general Carlos Alberto Fontoura, que dava a Médici informações sobre a Bipartite. Vários membros da equipe militar da Bipartite também recebiam cópias. Mas o general Pacífico me assegurou que não conservou nenhuma cópia dos documentos que cuidadosamente ajudara a produzir.[72]

Assim, o conteúdo dos papéis que faltam e a documentação-chave sobre muitos aspectos do regime permanecerão um mistério até que os arquivos do SNI, do Exército e das forças de segurança da ditadura sejam abertos para o público e pesquisadores profissionais. Há uma controvérsia, atualmente, entre militantes de direitos humanos e os militares sobre se tais arquivos realmente existem ou não. Os militantes acreditam que sim e têm pressionado o governo para abri-los. Tive esse fato pelo menos parcialmente confirmado em uma entrevista com o general Mário Ribeiro Orlando Sampaio, membro do SNI, da Bipartite e, finalmente, chefe do CIE. O general Sampaio me garantiu que os papéis do CIE estavam abrigados na sede do órgão em Brasília.[73] Além disso, alguns oficiais militares fizeram arquivos privados de material do regime.

Uma outra peça de evidência potencialmente explosiva veio à luz em uma entrevista com o almirante Roberval Pizarro Marques, comandante dos Fuzileiros Navais no governo Médici e membro da Bipartite. Roberval revelou que ele e o general Muricy gravaram secretamente Candido Mendes e os bispos durante dois encontros na residência oficial do comandante, na ilha das Cobras, na baía de Guanabara. Os dois oficiais alegaram que a gravação foi feita com propósitos puramente históricos.[74] De fato, as fitas seriam uma excelente peça de evidência histórica! Bem superiores a quaisquer documentos escritos, nos forneceriam as verdadeiras conversas entre bispos e generais, com todas as nuanças verbais. Mas nem Muricy nem Roberval sabiam especificar o paradeiro das fitas. Ambos negaram motivos ocultos para a gravação. Em plena era do Watergate e Richard Nixon, dos escândalos da CIA e do sistema de segurança de Médici, fica difícil imaginar dois líderes da ditadura militar fazendo gravações apenas para a posteridade. Ironicamente, embora bastante cordial e franco durante nossa entrevista, o almirante Roberval exigiu que eu mantivesse meu gravador desligado.

Os hábitos de espionagem e de ocultamento dos fatos da era autoritária ainda vicejam. Algumas vezes, eles se cobrem com um manto de cordialidade e alegada ignorância. Outras vezes, manifestam-se na recusa em conceder entrevistas. O general Leone da Silveira Lee, um dos membros mais incisivos da Bipartite e participante do aparato repressivo, não respondeu à minha carta solicitando entrevista, mesmo depois de eu já ter falado com seu assistente, ter enviado uma lista de perguntas e ter feito outras indagações sobre ele por telefone na Vila Militar, no Rio de Janeiro. Ou, algumas vezes, são simplesmen-

Vice-almirante Roberval: gravações secretas dos bispos na era Médici e Nixon. (*Foto pessoal*)

te o senso rotineiro de dever e o medo cultivado na mente militar que causam hesitação. Quando solicitei pela primeira vez uma entrevista ao almirante Roberval, por exemplo, ele telefonou ao general Muricy para pedir uma espécie de autorização para falar sobre o assunto. Muricy assegurou a Roberval que abrira seu arquivo e que a Bipartite podia ser discutida. Da mesma forma, na primeira vez em que liguei para o general Sampaio, ele declarou um tanto abruptamente que, fosse o que fosse que o general Muricy houvesse dito sobre o assunto, já era o suficiente. Fim de conversa! Somente vários anos mais tarde, após mais pesquisa sobre seus antecedentes, é que convenci Sampaio a me conceder uma entrevista, e, mesmo então, só depois de um encontro preliminar, no qual ele sondou minha confiabilidade e meus motivos. Assim como eu usava gravata para me encontrar com dom Eugênio, para entrevistar o general Sampaio raspei minha barba curta e hirsuta, receoso de que ela pudesse oferecer mesmo a mais tênue lembrança da subversão dos anos Médici. Ele gentilmente me auxiliou a estabelecer contato com o general Pacífico, que a princípio ignorou minhas cartas e telefonemas. Em outra ocasião, antigos oficiais de alto nível do regime, da facção ultranacionalista das Forças Armadas, aconselharam o general da reserva Augusto César da Fonseca Lessa a não responder a minhas perguntas. O general Lessa, no entanto, seguiu o conselho do major da reserva Antônio João Dutra, filho do ex-presidente marechal Eurico Gaspar Dutra (1946-51), e concedeu a entrevista. Primeiro, respondeu a minhas perguntas por escrito e depois falou comigo em sua casa em Copacabana.

Minha pesquisa sem dúvida deve ter estimulado outras investigações, das quais talvez nunca terei conhecimento. Os velhos contatos não morrem, como aprendi no dia em que me encontrei com o almirante José Lauria Sobral Moraes no suntuoso Clube Naval para uma entrevista. Sobral evitou falar sobre os anos 70, dando ênfase na salvação do Brasil pelas Forças Armadas do caos iminente em 1964. Enquanto falava, o almirante Roberval chegou com um grupo de velhos oficiais da Marinha a quem, logo em seguida, contou sobre a minha pesquisa. O momento cristalizou em mim a força do espírito de corporação dos militares brasileiros e a noção, sobre a qual já lera muito, mas que ainda não testemunhara, de que as Forças Armadas devem manter unida a sociedade brasileira. As instituições foram de fato importantes na história moderna brasileira.

Os documentos de Muricy (e outras fontes que estudei) demonstram a inclinação do regime para a compilação de dados pelos serviços de informações. Apesar da afirmação de "pureza" de Muricy, o regime investigou e até manipulou a Igreja com o propósito de manter a segurança nacional. Além de preservar relatórios detalhados, a equipe de Muricy escreveu avaliações sobre os encontros e os bispos. Também apresentou informações confidenciais sobre supostas atividades subversivas por parte do clero e dos agentes de pastoral. A avaliação dos bispos e de suas posições constituía outra faceta dos esforços da equipe militar. Na preparação para o debate na Bipartite, os oficiais analisavam cuidadosamente os controvertidos pronunciamentos da CNBB, dos grupos episcopais de cada região e de bispos individuais. As publicações da Igreja e da imprensa também eram inspecionadas em busca de críticas ao regime.

Outros documentos da Bipartite revelam como os militares formaram opiniões sobre os bispos, baseadas em incidentes, características pessoais e tendências ideológicas. O arcebispo dom Fernando Gomes era "uma personalidade profundamente vaidosa", que se sentia desacreditado pelas autoridades públicas em Goiânia.[75] Dom Paulo era visto como maleável e influenciado pela esquerda, um pastor inexperiente que, no entanto, se esforçava para melhorar suas capacidades.[76] Dom Eugênio inspirava o mais alto respeito aos militares por sua ênfase na hierarquia, enquanto dom Ivo não era apreciado por ser muito politizado e franco.[77] Dom Lucas não era confiável por suas queixas contra a censura. Os militares, a princípio, viam Candido Mendes como o mais dedicado ao diálogo, porém mais tarde perderam a confiança nele.[78] Implícitos nessas observações estavam os próprios preconceitos dos militares sobre a vocação sacerdotal e os esforços de renovação da Igreja.

Numa perspectiva de informações, os bispos trabalhavam em clara desvantagem no contexto de um sistema autoritário poderoso e repressivo. Eles nunca viram os relatórios de Muricy. Nem tinham os recursos, o tempo ou a intenção de se igualarem à especialização de tarefas e amplitude de preparo e revisão dos militares. Para os bispos, a Bipartite era um entre muitos deveres pastorais de uma agenda repleta.[79] Os bispos, porém, não eram indefesos.

Ao pesquisar a Igreja, eu me sentia em terreno muito mais familiar. Depois de ter estudado a história dos seminários e outros aspectos da religião brasileira, conhecia muitos padres e bispos e, às vezes, me sentia quase como membro do clero brasileiro. Vários deles se tornaram meus amigos. Em 1990, cheguei a me alojar em um cubículo geralmente reservado a bispos visitantes na sede da CNBB, localizada entre a Nunciatura e a Embaixada soviética, no setor diplomático de Brasília. Durante as tardes, juntava-me aos padres e freiras, muitos deles gaúchos, numa roda para tomar o chimarrão. Um bispo chamou-me para entrar no seminário, e outro queria que pensasse na possibilidade de assessorá-lo.

Mesmo assim, algumas vezes eu sentia cautela por parte da Igreja. Como os militares, os homens da Igreja eram muito cuidadosos na preservação de seu espírito corporativo. A CNBB tinha uma biblioteca ampla de fontes primárias e secundárias aberta para o estudo. Porém havia ainda um arquivo privado onde nenhum pesquisador secular jamais entrou. A recusa de dom Lucas em me conceder uma entrevista revela essa cautela. Dom Ivo também recusou. Desde 1989 tento conseguir entrevistas com ele sobre uma variedade de assuntos eclesiásticos. Certa vez, um outro bispo do Rio Grande do Sul chegou a me levar para almoçar no seminário, em Santa Maria, onde dom Ivo fazia algumas de suas refeições. Enquanto comiam churrasco, o outro bispo apelou a dom Ivo para que falasse comigo. O gaúcho implacável recusou. Ele dedicou sua vida à Igreja e sente, evidentemente, que deve guardar seus segredos. Também não gosta de falar com jornalistas brasileiros sobre a era autoritária. Dom Ivo é um dos poucos bispos que guardam as chaves do entendimento da transformação da Igreja brasileira e suas relações com o regime militar. Outro caso é o do padre Gervásio Queiroga, um estudioso, com imenso conhecimento de lei canônica e personalidades da Igreja, que consultou escrupulosamente o padre Virgílio Uchôa, da administração da CNBB, antes de falar comigo. Uma boa recomendação ou contato era especialmente útil nos círculos da Igreja progressista. Enquanto minha cidadania americana podia ser uma grande vantagem entre os oficiais militares castellistas que se identificavam com o capitalismo e com o estilo americano de vida, na Igreja progressista isso podia desencadear os velhos alarmes da era ditatorial contra o imperialismo dos Estados Unidos e a CIA.

Complementei as entrevistas e os documentos do arquivo de Muricy com pesquisa em outros arquivos. Duas coleções recentemente abertas de documentação militar e da polícia oferecem novas perspectivas sobre a vigilância e a repressão da Igreja pelo regime. São eles os amplos arquivos da antiga polícia política do Rio de Janeiro e São Paulo, respectivamente o Departamento de

Ordem Política e Social da Guanabara (Dops-GB)[80] e o Departamento Estadual de Ordem Política e Social (Deops-SP).[81] Depois que o governo fechou estes dois órgãos no início dos anos 80, seus documentos foram para a Polícia Federal, que também atuou como força repressora. A consolidação democrática, após 1985, trouxe os delicados documentos para arquivos históricos de nível local. Pesquisadores obtiveram acesso a esses papéis em meados dos anos 90. Essas transferências exemplificam o quanto o processo político afetou a formação da narrativa histórica. As coleções são especialmente importantes porque contêm papéis dos serviços de segurança militares, cujos arquivos permanecem fechados. Vi documentos do CIE, do Centro de Informações da Marinha (Cenimar, fundado em 1955), e do Centro de Informações e Segurança da Aeronáutica (Cisa, inaugurado em 1968). Os arquivos do Dops e do Deops incluem transcrições de interrogatórios e outras documentações dos abomináveis centros de tortura popularmente conhecidos por DOI-Codi, o Destacamento de Operações de Informações e o Centro de Operações de Defesa Interna.[82] Numerosos autores têm comentado os aspectos públicos do conflito entre a Igreja e o Estado. A documentação do Dops e do Deops contém mentiras, erros e distorções e requer, portanto, muito cuidado em sua interpretação histórica. É preciso conhecer o período e os atores muito bem antes de penetrar nessas coleções. Elas são valiosas porque revelam em detalhes, pela primeira vez, o processo interno de como os agentes do regime espionavam, avaliavam e planejavam estratégias contra a Igreja.

Outra coleção fundamental é da extinta Divisão de Segurança e Informações do Ministério da Justiça (DSI/MJ). O regime mantinha uma DSI em todos os ministérios e órgãos principais do governo para fazer espionagem e munir os líderes de informações. Aberto para pesquisa em 1997, o enorme conjunto de papéis da DSI/MJ é especialmente rico para o historiador do período militar porque o Ministério da Justiça freqüentemente cuidava das controvérsias políticas do regime. Com dezenas de processos e outros documentos sobre a suposta subversão na Igreja e os conflitos entre o clero e o Estado, essa documentação permite um olhar privilegiado da visão da cúpula do governo com respeito à Igreja e mesmo à Bipartite.[83]

Outras fontes primárias tornaram possível uma nova compreensão da era Médici, do conflito entre a Igreja e o Estado e da Bipartite: a coleção "Brasil: nunca mais" de processos da Justiça Militar contra supostos subversivos, o chamado "Arquivo do Terror" da polícia do ditador paraguaio Alfredo Stroessner, em Assunção, o National Security Archive de Washington, D.C., e as coleções relacionadas à Igreja, como a Central de Documentação e Informação Científica "Prof. Casemiro dos Reis Filho", o Centro Alceu Amoroso Lima para a Liberdade, o Arquivo da Embaixada Argentina na Santa Sé, o arquivo da Diocese da Barra do Piraí-Volta Redonda, a Coleção Jean Marc van Der Weid, os papéis da militante católica Branca de Mello Franco Alves, a biblioteca do Instituto Nacional de Pastoral, o Arquivo Ana Lagôa, o Arquivo do Itamaraty e o Centro de Documentação Hélder Câmara.[84]

1. A Igreja e o Exército: modernização e a revolução dupla

Este capítulo traça um esboço da história das relações entre a Igreja e o Exército no Brasil moderno.[1] O que é que essas duas instituições tinham em comum e em que eram diferentes? Eram intrinsecamente incompatíveis, ou existiram momentos de cooperação? E como e por que a cruz e a espada entraram em conflito após 1964? Venho me dedicando há mais de dez anos ao estudo da natureza das relações entre a Igreja e o Estado no Brasil. Essa preocupação me levou a escrever sobre a Bipartite. As respostas às perguntas aqui colocadas proporcionarão uma base histórica para o entendimento da Comissão e de seu significado.

No período posterior à Proclamação da República em 1889, o Brasil lutou para se livrar de quatro séculos de dominação pela monarquia e por uma poderosa elite latifundiária para se tornar uma nação moderna. O país, no entanto, permaneceu mergulhado na tradição, vivendo as tensões do desenvolvimento econômico, da urbanização rápida e maciça, tentativas de democracia intermitentes e passos lentos e incertos rumo à reforma social. Buscando influenciar esse processo, a Igreja e o Exército coexistiram em um relacionamento dialético de colaboração e competição. Segundo o antropólogo Pierre Sanchis, ambos se empenharam em representar o sacerdote máximo de uma ideologia nacional brasileira, definida de acordo com os valores da tradição religiosa, patriotismo e ordem social. A Igreja pregava a noção de um Brasil intrinsecamente cristão, enquanto os militares enfatizavam uma ética de "ordem e progresso", enraizada no positivismo do século XIX,[2] uma filosofia que defendia a substituição da religião pela crença na explicação científica.

Esses dois pilares da sociedade brasileira tinham muito em comum. Eram as duas únicas instituições de elite do Brasil moderno distribuídas por todo o território nacional.[3] Compartilhavam uma ênfase na hierarquia, na obediência e na disciplina. Ambas eram dominadas por homens. No início dos anos 70, o Brasil tinha 13 mil clérigos e 38 mil irmãs, mas os padres controlavam a Igreja. Nem a Igreja nem o Exército prendiam-se a uma única corrente política. Historicamente, ambos contribuíram para a integração nacional. Durante as primeiras décadas do Império, os militares ajudaram a manter unidas as várias, e não raro rebeldes, províncias do Brasil. Como parceira de Portugal na colonização, a Igreja ajudou a impor a dominação cultural européia. Implantou o catolicismo, pacificou e doutrinou os nativos e os escravos africanos, educou a elite e prescreveu modelos ocidentais de família e sexualidade. No início do século XIX, o padre Diogo Antônio Feijó contribuiu para o crescimento do nacionalismo, ao desprezar a autoridade do Vaticano e reafirmar as características peculiares do catolicismo brasileiro. Meio século mais tarde, o padre Cícero afirmou ter testemunhado um milagre unicamente *brasileiro*. Embora tenha perdido depois o direito de exercer o sacerdócio, tornou-se um santo não oficial para a população do Nordeste do Brasil.[4]

Mas a Igreja e o Exército também divergiam. A primeira enfatizava a espiritualidade e a paz, enquanto o segundo se preparava para a guerra. A Igreja era uma organização transnacional, com múltiplos compromissos de fidelidade — ao Brasil, à terra natal de seus numerosos clérigos estrangeiros e ao Vaticano. O Exército era uma instituição estritamente nacional, embora bastante influenciada pelas Forças Armadas alemãs, francesas e norte-americanas.

Os seminários católicos e a Academia Militar demonstravam como essas duas culturas tão diferentes surgiram no Exército e na Igreja no século XX. Candidatos ao sacerdócio preparavam-se para o celibato, para o ensinamento da ortodoxia católica e para a devoção ao transcendente. Habitavam um local de livros, cruzes, batinas e santos. Congregavam-se diante do altar e cantavam hinos. A Virgem Maria era sua protetora. Isolados do mundo e do que consideravam seus males, os seminaristas se preparavam, como representantes de Deus, para ministrar ensinamentos a seus rebanhos. Deveriam imitar Cristo e se preparar para uma vida de missas, espiritualidade e princípios morais.

Os cadetes aprendiam a se tornar líderes de outra espécie. Barrigas para o chão, corpos enrijecidos, sujeitos a trotes severos e aos rituais da vida marcial, eles simulavam batalhas. Seu mundo era o dos manuais militares, armas, uniformes e guerreiros heróicos. Continências e ordens dadas aos gritos preenchiam seus dias. Eram julgados por padrões de coragem física e virilidade. O isolamento dos cadetes os diferenciava do restante da população, mas eles tinham contato muito mais freqüente com o público, inclusive com mulheres, do que os seminaristas.[5]

Em suma, o treinamento eclesiástico e o militar formavam homens com visões contrastantes da sociedade. As diferenças não impediram a cooperação, mas não raro dificultaram o entendimento.

A BUSCA PELA MODERNIZAÇÃO

Quando o Brasil começou a se modernizar, em meados do século XIX, tanto a Igreja quanto o Exército responderam a crises internas tentando se reorganizar e aumentar sua influência na sociedade.

Como parte dos setores médios emergentes, os oficiais entraram na política com o objetivo de melhorar seu status social. Censuravam a negligência do governo para com o Exército e a incompetência dos políticos civis. Em 1889, o Exército estabeleceu o primeiro regime militar no Brasil (1889-94). As Forças Armadas, cada vez mais intervencionistas, usurparam o antigo papel do imperador de "poder moderador" em crises políticas civis. Os militares buscavam criar respeito pela autoridade. Algumas vezes chegaram a extremos, como no sangrento massacre de milhares de pessoas em Canudos, em 1897. "Ordem e progresso" — não democracia republicana — tornou-se o lema da nova bandeira brasileira. Ironicamente, o Exército passou a ver a si próprio como o povo fardado,[6] uma justificativa para incursões posteriores na política.[7]

Durante a Primeira República, o Exército lutou para manter a unidade e redefinir seu propósito e seus mecanismos de controle social. Reformas no treinamento de oficiais tinham por objetivo fortalecer a coesão institucional e a disciplina. A missão militar francesa ao Brasil convenceu a liderança sobre a relação entre segurança interna, defesa nacional e economia — a inspiração para o discurso de segurança nacional a partir dos anos 50. Nos anos 20, jovens oficiais nacionalistas, descontentes com a corrupção e o favoritismo político, se rebelaram contra a poderosa oligarquia rural e seus aliados no governo. Os tenentes apoiaram a revolução liberal que levou Getúlio ao poder em 1930. Facções dissidentes, porém, surgiram no interior desse grupo. Essas dissensões ajudaram a definir a luta entre a esquerda brasileira e os conservadores que propuseram a Doutrina de Segurança Nacional nos anos 50 e 60.

A Igreja lutava para superar uma fraqueza crônica causada pelas restrições que, por ciúme, a monarquia impunha ao clero, como, por exemplo, a expulsão da poderosa Companhia de Jesus em 1759. De 1872 a 1875, a Igreja e o Estado estiveram em conflito sobre a chamada Questão Religiosa. O senador Cândido Mendes, bisavô de Candido Mendes, defendeu dom Vital Maria Gonçalves de Oliveira e dom Antônio de Macedo Costa, dois bispos presos por ignorarem a ordem imperial que permitia aos maçons permanecerem como membros de irmandades católicas. Bastante autônomas entre si, a Igreja e as Forças Armadas começaram a era republicana em conflito. O regime militar, de inspiração positivista, separou a Igreja do Estado e acabou com os privilégios católicos.

Durante a Primeira República, a liberdade do controle governamental permitiu à Igreja reconstruir-se sob a direção do Vaticano. A chamada Restauração Católica gerou uma ideologia de neocristandade que defendia um monopólio religioso e um papel político maior para a Igreja. Sob a liderança de dom Leme, arcebispo de Olinda e Recife (1916-21) e, mais tarde, do Rio de Janeiro (1930-42), a Igreja recuperou seus privilégios, e líderes nacionais reconheciam nela um baluarte de estabilidade social. Com Getúlio, a Igreja e o Estado estabeleceram um pacto informal de cooperação. Referindo-se a acordos formais, ou concordatas, que a Igreja assinara com outros países, um bispo descreveu o pacto brasileiro como uma "concordata moral".[8] A Igreja, na prática, reconquistou sua condição de religião oficial. Essa foi uma conquista extraordinária, em comparação com os casos de países como México, Chile, Cuba e França, onde a Igreja não conseguiu entrar novamente no domínio público depois de ter sido excluída. Tal conquista incluía subvenções do Estado para trabalhos sociais da Igreja. Essa ajuda renovou o papel histórico da Igreja como braço social do Estado, mas também criou dependência financeira.[9] A concordata moral floresceu sob o governo do presidente Eurico Gaspar Dutra (1946-51), o segundo governo de Getúlio (1951-54) e os mandatos de Juscelino Kubitschek (1956-61), Jânio Quadros (1961) e Jango (1961-64). A Igreja e o Estado colaboraram entre si e se ofereceram apoio político mútuo. Esse acordo não escrito durou até os primeiros anos do regime militar, e muitos de seus aspectos sobrevivem até hoje.

A nova proeminência da Igreja levou a uma vasta melhora de suas relações com as Forças Armadas. Com o declínio do positivismo nos anos 20, o número de oficiais procurando batismo aumentou, e a Igreja cooperou com o Exército no recrutamento militar.[10] Em 1923, o papa Pio XI enviou uma bênção papal para a Irmandade da Santa Cruz dos Militares no Rio e concedeu-lhe afiliação de prestígio com uma basílica em Roma.[11] Proibidas na Primeira República, as capelanias militares foram restauradas nos anos 30. Durante esse período, os militares cultivaram novo respeito pela hierarquia da Igreja. Por exemplo, aclamaram dom Leme "um soldado da pátria"[12] depois que ele conseguiu a partida pacífica do deposto presidente Washington Luís Pereira de Sousa na Revolução de 1930.

Dom Leme (sentado à esquerda) escoltando o presidente deposto Washington Luís para o Forte de Copacabana na noite de 24 de outubro, durante a Revolução de 1930. A liderança do cardeal trouxe para a Igreja uma nova proeminência na vida brasileira e inaugurou a era da concordata moral. (FGV/CPDOC, Arquivo Haroldo Pereira)

O anticomunismo fortaleceu os laços entre Igreja e Exército no começo da Guerra Fria. Usando um jipe como altar, um padre celebra uma missa ao ar livre para soldados e suas famílias. (*FGV/CPDOC, ACM*)

As tendências políticas dos anos 30 reforçaram a relação entre a Igreja e o Exército. A fracassada revolta comunista de 1935 causou profunda cisão nas Forças Armadas e acentuou o medo do comunismo na direita e na Igreja. A quase fascista Ação Integralista Brasileira (AIB) ganhou influência. A AIB adotou uma filosofia política fortemente corporativista combinada com catolicismo, e incluiu muitos padres. O padre Hélder Câmara, por exemplo, pertenceu a seu conselho supremo. A AIB também teve muitos adeptos no Exército. Mas Getúlio estava mais interessado em manter o poder do que em ideologias específicas. Depois de instaurar o Estado Novo com apoio militar, aboliu a AIB e todas as outras organizações políticas. A Igreja, no entanto, não protestou contra Getúlio e, portanto, conservou seus privilégios.

Durante a Segunda Guerra Mundial, a Igreja enviou capelães militares para acompanhar a Força Expedicionária Brasileira (FEB), que lutou ao lado das forças dos Estados Unidos na Itália. Esses padres estabeleceram um forte relacionamento com os integrantes da FEB.[13] Um padre muito popular, o franciscano frei Orlando, morreu na Itália e se tornou o patrono dos capelães militares do Brasil.[14]

Os “pios anos 50” marcaram o apogeu do modelo de neocristandade e das relações entre Igreja e Estado e Igreja e Exército.[15] Por exemplo, o XXXVI Congresso Eucarístico Internacional, que aconteceu no Rio de Janeiro em 1955, promoveu a fé católica, o anticomunismo, o turismo brasileiro e o progresso econômico. Mais de 1 milhão de pessoas participaram do Congresso, que teve lugar no Aterro do Flamengo, cuja construção foi acelerada a pedido da Igreja. O cardeal dom Jaime de Barros Câmara (sucessor de dom Leme) e seu auxiliar dom Hélder uniram os esforços do governo federal, dos empresários, dos trabalhadores e das Forças Armadas, que providenciaram generoso apoio logístico e material.[16]

Paradigmas da concordata moral, dom Jaime e dom Hélder mantiveram vínculos com o Exército. Quando criança, dom Jaime desejou ser militar. Vários de seus parentes eram oficiais. Seu tio e padrinho foi o marechal João Xavier da Câmara, um positivista que, no entanto, acreditava que “o padre serve tão bem à pátria como o soldado”. Seu meio-irmão mais velho tornou-se coronel. Como arcebispo, dom Jaime foi o vigário das Forças Armadas e apoiou a instituição do capelão militar. Ele viajava nos aviões da Força Aérea Brasi-

Dom Hélder Câmara aplaude dom Jaime de Barros Câmara, que tem o anel beijado por monsenhor Benedito Marinho. Dom Jaime e dom Hélder mantiveram a Igreja em sintonia com o governo e as Forças Armadas durante os anos 50. (*Arquivo Nacional*)

leira (FAB), encontrava-se regularmente com altos oficiais e freqüentemente celebrava missas especiais para os militares, inclusive o memorial anual pelos soldados mortos na Intentona Comunista de 1935. (Depois de 1964, essas comemorações serviam de aviso contra os perigos da revolução esquerdista.) Quando dom Jaime faleceu, em 1970, a FAB transportou seu corpo ao Rio de Janeiro para o enterro.[17] Dom Hélder era especialmente popular entre a elite, e foi conselheiro do presidente Kubitschek. Seu prestígio se estendia às Forças Armadas, nas quais ele pregava aos soldados. Oficiais faziam doações ao seu fundo de caridade, o Banco da Providência.[18]

A IGREJA E AS FORÇAS ARMADAS, 1955-74: A REVOLUÇÃO DUPLA

Nos anos 50, a Igreja e as Forças Armadas também começaram a plantar as sementes da discórdia. Ambos trabalhavam novamente para se modernizar, desenvolvendo novas ideologias em resposta a novos desafios. A polarização política dos anos 60 aprofundou essas diferenças.

Essas mudanças ideológicas e políticas desencadearam uma revolução dupla no Brasil. Não foram revoluções sociais, mas institucionais, políticas e religiosas. Tiveram impacto profundo tanto nas Forças Armadas quanto na Igreja e, por duas décadas, influenciaram a vida nacional. De um lado, as Forças Armadas depuseram Jango para evitar o que acreditavam ser a comunização do Brasil. A Revolução rapidamente expandiu a luta contra o comunismo, incluindo todos os opositores do *status quo* brasileiro (conforme era definido pelo regime). De outro, a maioria dos bispos intuitivamente apoiou o golpe como medida anticomunista. Porém, enquanto a polarização levava à violência e os militares aprofundavam o controle sobre o país, a Igreja realizou uma revolução religiosa na qual enfatizava a justiça social e assimilava os esforços de uma nova geração de radicais católicos. A militância cristã e o Estado da segurança nacional colidiram. Nos dez anos seguintes, a Igreja e o Exército se engajaram no pior conflito de sua história.

O Exército

A revolução militar começou depois da Segunda Guerra Mundial. A integração entre os oficiais norte-americanos e brasileiros não teve paralelo na América Latina e levou o Brasil a acreditar que tinha uma relação especial com os Estados Unidos. Fortalecidos com pacotes de ajuda, esses laços levaram os líderes da FEB a se juntar ao Ocidente na Guerra Fria.

Em 1949, o Exército criou a Escola Superior de Guerra (ESG) que tomou como modelo o National War College dos Estados Unidos e se tornou o bastião do anticomunismo e a defensora do livre-comércio. A ESG formulou uma nova DSN, que refletia a experiência de guerra total, na Europa, e o temor de ameaças *internas* à segurança, da Guerra Fria. A DSN focalizava os perigos políticos e psicológicos do esquerdismo e reafirmava a interdependência da segurança e do desenvolvimento econômico. A ESG, que também teve diplomados civis, expandiu o papel das Forças Armadas na política e supriu o regime militar de lideranças. Na análise do historiador Carlos Fico, a ESG e a DSN refletiam a tradicional visão autoritária da elite, para quem o povo brasileiro era moralmente degenerado e preguiçoso, incapaz, portanto, de se autogovernar.[19] Como os positivistas e os tenentes, o programa da ESG esperava reformar a nação em um molde militar.[20] O que a DSN esperava, no final, era ajudar a resgatar o desejo secular do Brasil de se tornar uma potência mundial e colocar as Forças Armadas como defensoras da civilização cristã ocidental contra o comunismo.[21]

A ESG competia por influência política com a Conferência Nacional dos Bispos do Brasil (CNBB), o Partido Comunista Brasileiro (PCB) e o Instituto Superior de Estudos Brasileiros (Iseb). O Iseb era um caldeirão de pensamento nacionalista formado dentro do Ministério da Educação em 1955. Membros como Candido Mendes promoveram o modelo de desenvolvimentismo nacionalista e independência política e cultural de Kubitschek. Como a ESG, eles também se preocupavam com questões de segurança nacional. No início dos anos 60, o Iseb inclinou-se mais para a esquerda no espectro ideológico, ao integrar o marxismo em seu pensamento, criar ligações com o movimento de cultura popular e apoiar as reformas de base propostas pelo presidente Goulart. A CNBB e a Igreja representavam, essencialmente, uma "terceira via" de estratégia reformista que rejeitava o esquerdismo extremo mas também criticava o capitalismo. Nenhum desses grupos abraçou a democracia como valor político.

Os oficiais da ESG desempenharam papel importante nos acontecimentos políticos ocorridos entre 1954 e 1964. Opuseram-se a Getúlio, que se suicidou depois que os militares o pressionaram a renunciar. Alguns tentaram impedir Juscelino, o provável herdeiro de Getúlio, de assumir a Presidência em 1956, só para serem derrotados por um golpe preventivo acionado por moderados. (O candidato da ESG, general Juarez Távora, perdera a eleição.) Em 1961, oficiais conservadores quase impediram o vice-presidente Goulart, outro herdeiro de Getúlio, de assumir o cargo máximo depois da renúncia repentina de Jânio em 1961. O anticomunismo se tornara a justificativa para essas intervenções militares.

A Revolução Cubana, a fracassada invasão da Baía dos Porcos e a crise dos mísseis cubanos aumentaram os riscos da Guerra Fria e fizeram da América Latina um centro crucial de operações. Enquanto a guerra revolucionária entrava em erupção ao redor do globo, o Brasil juntou-se aos Estados Unidos e a outros países latino-americanos na preparação de operações de contra-insurreição. Oficiais conservadores se opuseram ao populista Goulart por causa de suas ligações com Getúlio, sindicatos, comunistas e outros grupos que exigiam reformas sociais profundas. Ao se voltar para a esquerda, Jango contrariou os conservadores e os Estados Unidos. O anticomunismo atingiu o frenesi. Oficiais da ESG, empresários e políticos da oposição conspiraram para depor Goulart, e meio milhão de pessoas, inclusive católicos conservadores, marchou em protesto contra o governo pelas ruas de São Paulo.

O golpe de 31 de março de 1964 inaugurou uma era de violento macarthismo no Brasil e na América Latina. Golpes foram deflagrados em vários lugares, até que toda a região caiu sob o governo militar anticomunista nos anos 70. Esses regimes compartilhavam a crença no desenvolvimento nacional, o antimarxismo e o desdém por políticos e pela democracia liberal tradicional.[22]

O Exército revelou planos para uma ocupação de longo prazo do Palácio do Planalto. Um Congresso desamparado elegeu presidente o general Humberto de Alencar Castello Branco, ex-integrante da FEB, membro da ESG e um dos líderes do golpe. O Exército pretendia moralizar a política brasileira acabando com a corrupção e a subversão. Com esse objetivo, expurgou rapidamente as Forças Armadas e o sistema político de milhares de esquerdistas, líderes trabalhistas, políticos de oposição, oficiais, padres e militantes católicos. A partir de 1964, mais de 3 mil sindicatos foram fechados. Nos meses que sucederam o golpe, muitas pessoas foram torturadas. Em 1965 o Exército extinguiu todos os partidos políticos e permitiu a formação de dois outros, a Aliança Renovadora Nacional (Arena) e o Movimento Democrático Brasileiro (MDB). A eleição presidencial tornou-se indireta. Em 1967, o governo outorgou uma nova Constituição. A manipulação das eleições e do sistema político continuou até o final do regime.

Coleta de informações secretas e repressão eram prioridades da ditadura. Em 1964, o ideólogo-chefe da ESG, general Golbery do Couto e Silva, ex-integrante da FEB, fundou o Serviço Nacional de Informações (SNI). O SNI passou a espionar de forma ampla cidadãos brasileiros e trabalhou com outros órgãos para combater a subversão. Seu poder se tornou tão imenso que Golbery lamentou, mais tarde, ter criado "um monstro".[23] No entanto, os temidos CIE (Centro de Informações do Exército), Cenimar (Centro de Informações da Marinha) e Cisa (Centro de Informações e Segurança da Aeronáutica) realizaram as reais operações repressivas e se tornaram poderosos componentes da comunidade de informações. Por exemplo, por meio do CIE o Ministério do Exército comandou os centros de interrogatório do DOI-Codi (Destacamento de Operações de Informações-Centro de Operações de Defesa Interna).[24] A comunidade de informações formou "um Estado dentro do Estado".[25] Em 1967, Castello Branco decretou a Lei de Segurança Nacional (LSN), que fez da segurança nacional um dever cívico. Essas medidas estabeleceram as políticas repressivas básicas do regime até que a abertura ganhasse espaço no final do mandato de Geisel.

Nos primeiros anos, os generais falavam em redemocratização, mas as perspectivas nesse sentido foram diminuindo à medida que o conflito entre o regime e a oposição piorava e o fracionamento dentro do Exército crescia. Uma divisão fundamental tornou-se clara entre os chamados castellistas (o grupo moderado, de linha branda, de Castello Branco) e os costistas (os mais radicais, os linhas-duras, seguidores de Costa e Silva). Os castellistas declaravam maior compromisso com a democracia e com os procedimentos constitucionais e viam a intervenção militar apenas como solução temporária para a crise política. Queriam o rápido retorno ao governo civil. Os castellistas incluíam Golbery, Ernesto Geisel, Muricy e um grupo de outros generais que haviam estudado na ESG. Devido à sua orientação mais intelectual, tornaram-se conhecidos como Grupo da Sorbonne. Também eram amplamente pró-americanos. Os linhas-duras derrotaram os planos de redemocratização de Castello Branco, forçaram o regime a se tornar mais autoritário e apoiaram, com sucesso, a eleição de Costa e Silva, que assumiu o governo em 1967. Os linhas-duras tinham mais força entre os coronéis e maior tendência ao nacionalismo do que os castellistas. Enfatizavam a repressão da oposição e da Igreja e desconfiavam mais dos políticos civis. Geralmente, opunham-se a um retorno rápido ao governo civil e, nos anos 70, lutaram pela permanência dos militares no poder. Também cometeram atos de terrorismo, numa tentativa de empurrar o regime ainda mais para a direita. Costa e Silva, que anunciara pessoalmente o propósito de humanizar a Revolução, foi perdendo aos poucos o controle dos linhas-duras, que o forçaram a aprofundar ainda mais o regime marcial. Apesar de a classificação linha branda/linha-dura ser útil para a compreensão do regime, é preciso levar em conta que outras subfacções se desenvolveram, baseadas em lideranças pessoais e tendências ideológicas de alguns generais em particular. No final dos anos 60 e início dos 70, todas as facções uniram-se em torno de Costa e Silva e de Médici na luta contra as guerrilhas. Afirmar que alguma facção era de fato democrática é altamente arriscado, porque todas apoiaram a deposição de um presidente eleito livremente.[26]

O ano de 1968 foi crítico. Ao redor do mundo, a paranóia da Guerra Fria, os protestos estudantis contra o *establishment* e o experimentalismo cultural chegaram ao ponto máximo. No Brasil, greves de trabalhadores em Osasco e em Contagem e protestos de estudantes contra o regime e contra suas políticas pró-americanas levaram a um renovado combate à oposição. A cascata de eventos começou em março, quando um policial matou um estudante, Edson Luís de Lima Souto, deflagrando batalhas de rua entre soldados e estudantes no Rio de Janeiro e protestos por todo o país. Em junho, a Marcha dos Cem Mil desceu a avenida Rio Branco, no Rio, na maior demonstração contra o regime desde o golpe. Tanto terroristas de direita quanto revolucionários de esquerda tornaram-se ativos no Brasil no início dos anos 60,[27] mas o clima político doméstico e internacional, cada vez mais polarizado, intensificou os violentos esforços da esquerda radical de depor o governo. A esquerda revolucionária também mostrava pouca inclinação para a democracia. Parecia que o Exército estava perdendo o controle. A situação piorou depois que o deputado Márcio Moreira Alves denunciou a repressão e pediu às mulheres brasileiras que se recusassem a namorar os homens de farda que silenciassem diante da repressão ou participassem da violência. Os linhas-duras desferiram um "golpe dentro do golpe" contra Costa e Silva, forçando-o a assinar o AI-5. Divulgado repetidamente pelo rádio e pela tevê em 13 de dezembro, o AI-5 fechou o Congresso, eliminou as liberdades civis e a liberdade de imprensa, e deu ao Exército carta-branca para esmagar a oposição. Centenas de pessoas foram presas. Um cientista político estrangeiro que visitava o país observou que o AI-5 provia as Forças Armadas brasileiras de mais poderes do que Mussolini havia reunido na Itália fascista.[28]

A política nacional tornou-se domínio das Forças Armadas. Além da crescente competição entre as diferentes facções, essa imensa responsabilidade ameaçava estilhaçar a unidade militar. Uma intensa competição pelo posto de Costa e Silva seguiu-se ao derrame que ele sofreu em agosto de 1969. Uma junta formada pelos três ministros militares governou o país durante os meses de setembro e outubro. A escolha de compromisso para ser o novo presidente era o general Médici, comandante do III Exército[29] no Rio Grande do Sul, antigo chefe do SNI e, para muitos, o melhor nome para manter a paz no interior das Forças Armadas.

Médici terminou o mandato sem ter seu poder contestado, porém muitos, a princípio, questionavam se sua inexperiência e deficiências políticas lhe permitiriam sobreviver. Essa era a avaliação de um estudo secreto de setecentas páginas preparado em 1969 para Henry Kissinger, chefe do Conselho de Segurança Nacional do presidente Nixon. O memorando resultou de uma ordem de segurança nacional da Presidência e deixou de ser secreto em julho de 1997, embora nem todas as seções tenham sido divulgadas. Vi esse documento no Arquivo de Segurança Nacional, em Washington, D. C. O arquivo é uma organização particular que obtém documentos, os quais o governo, por lei, deve abrir ao público e colocá-los à disposição dos pesquisadores. Esse memorando em particular fornecia uma ampla avaliação do panorama socioeconômico, incluindo a discussão de tópicos como a história política recente do país, potencial econômico, crescimento populacional e produção agrícola. Para preparar o relatório, uma equipe de autoridades diplomáticas, militares e de segurança nacional dos Estados Unidos entrevistou o embaixador americano Burke Elbrick, autoridades dos Estados Unidos que serviam no Brasil e um amplo leque de membros da elite brasileira no Rio, São Paulo, Recife, Belo Horizonte e Brasília. Entre os brasileiros entrevistados estavam Candido Mendes; Paulo Aires Filho, diretor do Banco do Estado de São Paulo; Raul Belém, ex-líder do MDB na Assembléia Legislativa de Minas Gerais, cassado em 1969; Adolfo Oliveira, secretário-geral do MDB; Eduardo Campos Salles, vice-presidente executivo das Indústrias Campos Salles; Paulo Charbonneau, um padre "próximo a elementos radicais da Igreja"; o empresário e editor de oposição Fernando Gasparian; o general Luiz Guedes, que ajudara a planejar o golpe em Minas Gerais; o cardeal Rossi; e políticos da Arena, como Rafael Baldacci Filho, líder do partido em São Paulo. O relatório recomendava a Kissinger que o governo dos Estados Unidos desse apenas "apoio seletivo" ao governo Médici — uma posição intermediária entre separação completa e compromisso total. Relatava que "muito poucos entre os entrevistados acreditavam que Médici seria capaz de completar seu mandato".[30]

Uma parte do relatório afirmava que "os brasileiros estavam atentos porém céticos" quanto às promessas de Médici de restabelecer a democracia e melhorar a educação, a saúde, a agricultura e a distribuição de renda.

> [Os brasileiros] recordavam-se das promessas de Costa e Silva de "humanizar" a Revolução — promessas esvaziadas pelas necessidades econômicas e pelas pressões militares-oligárquicas. As causas subjacentes de seus problemas políticos e econômicos permaneceram praticamente não tocadas. *Os atributos e a imagem relativamente favorável de Médici não garantem seu sucesso no ataque a esses problemas, nem asseguram sua sobrevivência. Ele é ainda um caráter essencialmente desconhecido. Suas conhecidas deficiências e as fraquezas inerentes à situação que ele agora preside podem muito bem impedi-lo de cumprir sua promessa inicial e, talvez, de completar seu mandato de quatro anos e meio.*[31]

O relatório criticava duramente a restrição do governo militar às liberdades civis e políticas. Descrevia o autoritarismo como corrosivo ao processo político. O MDB e a Arena "tornaram-se ineficientes e impotentes". O relatório afirmava:

Os efeitos diretos da repressão política atingem relativamente poucos. Todos os brasileiros politicamente conscientes, porém, são circunscritos pela atmosfera difusa que a repressão criou. Menos afetadas têm sido as elites econômicas, que gozam da segurança de ligações fortes com os militares. A concentração na "subversão" — cuja definição tem se tornado cada vez mais ampla — resultou na eliminação de toda liderança política significativa. Isto também fechou todos os canais importantes de comunicação política do e para o governo e tem impedido a emergência de novas lideranças políticas. O resultado tem sido a desmoralização completa da população política.

O relatório prosseguia discutindo o problema do terrorismo revolucionário e a tortura. Apesar da ameaça "mínima" da oposição armada, "a repressão indiscriminada de cidadãos envolvidos em política" aumentou agudamente depois do AI-5. Em anos anteriores, a assistência dos Estados Unidos às forças policiais brasileiras ajudou-as a se tornarem "capazes de lidar com qualquer ameaça previsível à segurança interna".

Existe um sério risco, porém, que por meio desses programas, os EUA passem a ser identificados com os atuais métodos violentos de repressão (p. ex. tortura de prisioneiros políticos) das organizações brasileiras antiterroristas, que incluem elementos da polícia estadual sob comando militar [...] A associação dos EUA com a polícia brasileira (que não inclui nenhum contato direto com organizações antiterroristas) ainda não se tornou um assunto público no Brasil, mas pode vir a ser no futuro, particularmente em termos das sensibilidades de estudantes e elementos significativos da Igreja. Pode também vir a ser assunto nos EUA. Isto pode ser usado como argumento contra a continuação dos programas de segurança pública, ao menos em sua forma atual.[32]

Esse documento demonstra que os altos escalões do governo dos Estados Unidos já estavam a par, em 1969, de que acontecia tortura no Brasil, embora não ofereça nenhuma evidência de um real envolvimento norte-americano no aparato repressivo, além do treinamento geral da polícia. O relatório para Kissinger esclarece que ao menos alguns membros-chave do governo dos Estados Unidos encaravam a administração Médici com grande prudência. Porém algumas partes do relatório continuam vedadas ao público porque têm informações ainda de interesse da segurança nacional. Sem dúvida são informações sensíveis, e possivelmente revelem detalhes sobre a repressão, troca de informações e outros dados semelhantes.

Um dos autores do relatório era John Crimmins, o diretor-executivo em exercício do Grupo Interministerial para Assuntos Interamericanos do Conselho de Segurança Nacional. Em 1973, Crimmins tornou-se embaixador dos Estados Unidos no Brasil e serviu até 1978 — período que incluiu os primeiros dois anos de gestão do presidente Jimmy Carter, que apoiou a defesa dos direitos humanos na América Latina. Crimmins também observou os "duros métodos de combate à atividade terrorista". Acrescentou: "A preocupação crescente neste país e em outros lugares com a natureza autoritária do governo brasileiro e com algumas de suas práticas reforça o argumento contrário a um envolvimento muito íntimo com o atual governo".[33]

O Brasil iniciara uma pequena guerra civil.[34] A espiral de ações de guerrilha e repressão fez da era Médici a mais violenta do regime. Nas cidades, as guerrilhas tinham a esperança de deflagrar um levante popular. Como as revoluções cubana e chinesa, o movimento brasileiro também tentou abrir uma frente rural na vasta região amazônica. Os guerrilheiros estocaram armas, roubaram bancos, explodiram bombas, seqüestraram diplomatas e atacaram instalações militares. A operação mais espetacular foi o seqüestro, em setembro de 1969, do embaixador Elbrick, dos Estados Unidos, pela ALN e MR-8 (Movimento Revolucionário 8 de Outubro). Para obter sua liberdade, os militares concordaram em transmitir por rádio e tevê um manifesto revolucionário da guerrilha e embarcar quinze prisioneiros políticos em um avião para a Cidade do México em 7 de setembro, Dia da Independência.

Em resposta, Médici permitiu que o Exército, a polícia e as unidades especiais de antiguerrilha trabalhassem livremente. Eles contra-atacaram ferozmente, espionando os esquerdistas, infiltrando-se em suas fileiras e fazendo batidas em seus esconderijos. Com milhares de vítimas, o uso da tortura para extrair informação foi claramente uma política do regime militar.[35] Até um apologista do regime como o general Paula Couto admite "episódios de tortura" e "uma certa constrangida tolerância de algumas autoridades durante o período mais crítico da luta armada".[36] A "guerra suja" contra os subversivos resultou em 138 desaparecimentos e 184 mortes.[37] Como alguns observadores notaram, "é preciso não esquecer que nesse período foi instituída a pena de morte no Brasil, só não sendo aplicada oficialmente por pressão internacional. Na prática, porém, ela foi aplicada de maneira 'branca'".[38] Esses dados são quase insignificantes diante das estatísticas do regime na Argentina, onde estimativas põem o número de desaparecidos na casa dos 10 mil ou mais, ou na Guatemala, onde a guerra de décadas entre a guerrilha e o governo tomou nada menos do que 200 mil vidas. Os números se tornam ainda menos significantes à luz da população do Brasil, a maior da região. Mesmo assim, as forças de segurança brasileiras criaram um eficiente clima de medo ao intimidar sistematicamente a população. Em um momento, tropas e agentes podiam prender milhares de pessoas. Os torturadores usavam uma série de técnicas horripilantes nos prisioneiros: surras, fome, sufocação, quase afogamento, choques elétricos nos genitais, estupro, exposição a cobras e baratas, abuso psicológico e o infame pau-de-arara, uma barra de metal na qual um indivíduo amarrado era pendurado e submetido a surras e choques. O *Brasil: nunca mais* documentou os abusos detalhadamente.[39] Até 1971 o Exército praticamente liquidara a ameaça de guerrilha urbana, enquanto os que lutavam na Amazônia foram abatidos entre 1973 e o início de 1975. Como resultado, o governo já podia diminuir a repressão, embora incidentes chocantes ainda tenham mantido vivo o medo durante os anos Geisel.

Uma das armas mais potentes de Médici foi uma campanha de propaganda, brilhantemente sutil, levada a cabo por seu assessor especial de relações públicas, coronel Octávio Costa, com a assistência de psicólogos, sociólogos, jornalistas e agências de publicidade. Como Carlos Fico apontou, o trabalho de Costa representou um avanço das técnicas de publicidade política moderna no Brasil. Seus filmes e anúncios para a televisão propositadamente não faziam referências pessoais aos generais e, ao não mencionar a guerrilha, desviavam a atenção da guerra suja. A campanha de Costa roubava munição dos oposicionistas. Seus jogos de palavras transformavam os slogans favoritos da esquerda revolucionária em frases atraentes que expressavam a preocupação do governo com o povo. Por exemplo, "abaixo a ditadura" tornou-se "abaixo a ditadura dos preços".[40] O regime usou criativamente linguagem e símbolos religiosos para demonstrar sua adesão à cultura católica, por exemplo, ao incorporar declarações das encíclicas papais em descrições de programas do governo.[41] Tomando emprestados temas cristãos, a propaganda "espiritualizada" do coronel Costa falava com freqüência em amor, paz, harmonia social, solidariedade, participação e "não-violência".[42] Não-Violência era o nome de um grupo de oposição fundado por dom Hélder. A campanha publicitária tinha seus significados mais sombrios. O slogan "Brasil, ame-o ou deixe-o", por exemplo, podia se referir aos muitos brasileiros forçados ao exílio pelo regime. Como escreve a historiadora Denise Rollemberg, a frase resulta da "mesma lógica da prisão política, dos assassinatos, da imposição à clandestinidade; como mais um esforço dos militares para controlar a liberdade de expressão e manifestação intelectual".[43]

Na frente econômica, o regime militar trabalhava para corrigir o que considerava como os erros e o esbanjamento de Getúlio e seus sucessores. Tecnocratas conservadores figuravam de forma proeminente na estratégia do governo. Os conselheiros pró-Estados Unidos de Castello Branco puseram mãos à obra para suprimir a alta taxa de inflação, estabilizar a economia e atrair investimento estrangeiro. Essas políticas forneceram a base para as altas taxas de crescimento e o chamado milagre econômico do final dos anos 60 e início dos 70, quando o crescimento anual chegou a mais de 10%. Durante esse perío-

O coronel Octávio Costa, propagandista do regime, enaltecia o "milagre" mas ignorava as guerrilhas. (Arquivo Nacional)

do, o governo investiu fortemente em projetos de infra-estrutura, como barragens e a rodovia Transamazônica, e proporcionou incentivos fiscais para madeireiros e fazendeiros que quisessem explorar a floresta tropical. Em São Paulo, a indústria pesada explodiu. Nos anos 70, os generais também fizeram do Brasil um grande exportador de armas. O preço social do sucesso econômico foi a repressão aos trabalhadores, com a proibição das greves e a intervenção do governo num sistema sindical já bastante paternalista, herdado de Getúlio. Os salários refletiram pouca ou nenhuma melhora.[44] O próprio Médici observava: "O Brasil vai bem, mas o povo vai mal".[45] No geral, o desempenho econômico de 1964 a 1985 foi na verdade menor do que o do período democrático de 1945 a 1964; os ganhos dos anos do milagre foram reduzidos

Fazendo o papel de político, o general Médici visita a Transamazônica em outubro de 1971. Ela se tornou um dos símbolos do esforço de sua administração para promover a grandeza do Brasil. (Arquivo Nacional)

pelo mau desempenho em outros períodos.[46] No entanto, Médici tinha alto índice de popularidade. Embora os pobres detivessem cada vez menos do total da riqueza, existia emprego em abundância. A euforia econômica afetou todos os setores da população, à medida que o país passava de quadragésima terceira economia do Ocidente em 1964 para a oitava maior economia em 1980.[47]

A Igreja

A revolução da Igreja também começou depois da Segunda Guerra Mundial. As rápidas mudanças socioeconômicas, a ameaça do comunismo, o crescimento do protestantismo e das religiões afro-brasileiras e a assimilação de inovações teológicas e filosóficas européias impulsionaram a mudança. A partir do final dos anos 40, os bispos passaram a exigir a reforma do sistema profundamente iníquo da posse de terra, que eles viam como a causa da efervescente migração para as favelas urbanas. No final dos anos 50 e nos anos 60, padres, bispos e trabalhadores leigos aderiam ao novo nacionalismo econômico e pregavam transformação social. Muitos católicos questionavam o modelo de neocristandade da Igreja.

Uma inovação-chave foi a criação, em 1952, da CNBB, uma das primeiras conferências episcopais modernas do mundo e uma das fundações do progressismo católico brasileiro. Dom Hélder, outros bispos do Nordeste, sua terra natal, e um pequeno grupo de padres e voluntários leigos dominaram a CNBB durante o período em que ele ocupou o cargo de secretário-geral (1952-64). A CNBB serviu de defensora da Igreja brasileira em nível nacional e internacional, promoveu assembléias bianuais (e mais tarde anuais) e levantou numerosos problemas da Igreja, inclusive o da necessidade de estabelecer estratégias pastorais e políticas nacionais. Mais importante, defendeu o nacionalismo econômico como caminho para o progresso social.[48] Dom Hélder também ajudou a fundar o Conselho Episcopal Latino-Americano (Celam), inaugurado depois do Congresso Eucarístico Internacional de 1955. Na II Assembléia Geral do Celam em Medellín, Colômbia, em 1968, os bispos elaboraram uma declaração na qual clamavam por justiça social e condenavam o subdesenvolvimento e a violência na América Latina. Essa declaração lançou a teologia da libertação e a Igreja progressista no continente. Medellín marcou o começo da conhecida "década gloriosa" de inovações na Igreja latino-americana.[49]

No começo dos anos 60 emergia no Brasil uma vigorosa esquerda católica. Os grupos que lideravam o movimento eram as seções de juventude de dentro da Ação Católica Brasileira (ACB), que foram intensamente influenciadas pelo nacionalismo econômico. Orientados por padres, no final dos anos 50, jovens militantes da ACB se juntaram ao movimento operário. Muitos trabalharam no MEB (Movimento de Educação de Base). Como outros programas de alfabetização da época, o MEB enfatizava a conscientização dos oprimidos. O mais radical dos grupos da ACB era a JOC (Juventude Operária Católica), que estava profundamente envolvida com os pobres e a classe trabalhadora, e a Juventude Universitária Católica (JUC). Elas defendiam o antiimperialismo e o socialismo. Da JUC emergiu a organização pró-revolucionária AP (Ação Popular), que se tornou uma das maiores organizações de esquerda na política brasileira.

A mudança na Igreja internacional legitimou as inovações no Brasil e estimulou outras. O Concílio Vaticano II (Vaticano II) reuniu em Roma, de 1962 a 1965, mais de 2 mil bispos e centenas de teólogos de todas as partes do mundo. Eles reformularam a doutrina e as estruturas, numa tentativa de tirar o catolicismo do mal-estar em que se encontrava desde o fim da Segunda Guerra Mundial, e torná-lo relevante em um mundo moderno em rápida transformação. O Vaticano II foi, sem dúvida, a mais ampla reforma da história da Igreja. Aprovou novidades como a missa nas línguas nacionais (em vez do tradicional latim) e uma ênfase maior nos leigos como "o povo de Deus", uma tendência compartilhada pela ACB. Embora dominado por europeus, o Vaticano II assimilou muitas idéias da América Latina graças à pressão dos bastidores de dom Hélder e dom Manuel Larraín, do Chile. Por sua vez, a ênfase do Concílio na justiça social e nos direitos humanos impeliu os teólogos, o clero e as freiras da América Latina a se aprofundarem no trabalho com a maioria empobrecida. Significativamente, o Vaticano II enfatizou o diálogo dentro da instituição e com outras fés e filosofias.

Em um século de sistemas políticos e ideologias radicalmente polarizados, o diálogo tornou-se extremamente útil tanto para líderes religiosos quanto para os seculares. O diálogo permitia aos inimigos que coexistissem e aos fracos que sobrevivessem. Isto se mostrou particularmente eficiente no auge da Guerra Fria, nos anos 60 e 70. Os Estados Unidos e a União Soviética concordaram em viver em "coexistência pacífica" enquanto negociavam um fim para a crise dos mísseis cubanos, a proibição dos testes nucleares atmosféricos, o controle de armas e a *détente*. Não apenas um "equilíbrio de terror", mas também uma "compreensão mútua" mantiveram os Estados Unidos e os soviéticos longe da guerra.[50] No início dos anos 70, o diálogo interrompeu temporariamente a Guerra do Vietnã, diminuiu as crises no problemático Oriente Médio e abriu relações entre a China comunista e o Ocidente. O diálogo podia ser um processo confuso e altamente arriscado. Com freqüência, deixou para trás vencidos e vítimas. E era muitas vezes secreto, como Kissinger, um dos mestres maquiavélicos da diplomacia de bastidores, costumava ilustrar.[51] Conversas secretas também aconteceram na volta da democracia no Peru e na República Dominicana, no final dos anos 70.[52] Em um mundo de ódio, violência e deficiências humanas, o diálogo era freqüentemente a melhor opção em um conjunto imperfeito de opções.

A Igreja reconhecia havia muito tempo o valor do diálogo e o praticava com governos de todos os tipos. Embora os tempos modernos tivessem reduzido drasticamente sua influência política pública, a Igreja continuava a ser uma força maior na diplomacia mundial. A Igreja é uma instituição multinacional por excelência com embaixadas ao redor do globo. Adaptara sua abordagem de acordo com as circunstâncias históricas, políticas e religiosas de cada país, incluindo a força da oposição, o grau de repressão do Estado, noções de patriotismo, a experiência anterior das relações entre a Igreja e o Estado e o equilíbrio de forças dentro da Igreja.[53] Aplicou essa abordagem em contextos capitalistas e comunistas.[54] Como resultado, a Igreja tem um currículo heterogêneo em relação ao autoritarismo e à repressão.[55]

Como um estudioso observou, por exemplo, o papa Pio XI (1922-39) "negociou com todos os tipos de governo para alcançar o maior número possível de concessões para a Igreja". Em seu papado, a Igreja assinou concordatas com os regimes totalitários da Itália e da Alemanha e com isso atrapalhou as primeiras tentativas de oposição ao fascismo, embora em 1937 o papa tenha denunciado crimes nazistas contra a Igreja. Episcopados europeus responderam diferentemente ao fascismo e à perseguição nazista aos judeus. O Vaticano, sede oficial da Igreja em Roma, permaneceu em silêncio sobre o Holocausto, mas realizou vários esforços para salvar judeus.[56] A Igreja mexicana lutou contra o regime revolucionário anticlerical daquele país durante quase duas décadas até chegar a um entendimento que afastava o clero da vida pública mas lhe permitia continuar profundamente envolvido com a sociedade.[57] Uma rede de laços informais e de colaboração entre a Igreja e o Estado se estendia por trás desses arranjos.[58] Pio XI apoiou o líder fascista Francisco Franco na Guerra Civil Espanhola (1936-39), e a Igreja teve papel de destaque como pilar institucional e ideológico do regime de Franco (1939-75) antes de mudar para uma posição mais democrática no final. Posteriormente, nas Filipinas, a Igreja desempenhou papel importante na deposição do ditador Ferdinand Marcos.

No Brasil pré-1964, a Igreja detinha considerável influência política, mas também era usada por líderes, como Getúlio demonstrou em sua manipulação da Igreja e da "Questão Judaica" durante o Estado Novo (1937-45).[59]

Depois do Vaticano II, a Igreja iniciou contatos com outras religiões e até mesmo o diálogo com o marxismo, o anátema do catolicismo tradicional. O papa Paulo VI (1963-78) instituiu um período de *Ostpolitik*, no qual a Igreja negociava com países comunistas da Europa Oriental para salvaguardar a liberdade religiosa. Na Polônia, uma Igreja muito autônoma apoiou o movimento sindical Solidariedade contra o comunismo no final dos anos 70 e início dos 80. Conversas de bastidores, cartas e encontros secretos foram parte essencial do envolvimento do papa João Paulo II nesse drama e na queda subseqüente do império soviético.[60]

A noção de diálogo desempenhou papel importante na história do regime. Estudantes e governo, por exemplo, dialogaram publicamente por meio da ruidosa e não raro violenta onda de protestos de rua e repressão. Sob o governo de Costa e Silva, esse processo levou ao encontro, mediado pelo clero, entre líderes dos estudantes e o presidente. A Igreja constantemente buscou o diálogo, um conceito que desempenharia papel importante no estabelecimento da Bipartite.

Direitos humanos, outra ênfase do Vaticano II, foram uma idéia especialmente nova para a Igreja. Ela hesitara em adotar a causa da defesa dos direitos humanos devido à sua íntima associação com o liberalismo, um inimigo do catolicismo no século XIX. Na encíclica *Pacem in Terris*, de 1963, o papa João XXIII, que convocara o Vaticano II, fez da Declaração Universal dos Direitos Humanos das Nações Unidas, de 1948, parte do ensinamento oficial da Igreja.[61]

O Vaticano II criou grandes expectativas mas também muita incerteza na Igreja. Depois de tanta mudança, o que significava agora ser católico? Os padres simbolizaram a crise de identidade. Exigia-se que a mentalidade deles saltasse, de repente, do século XVI para o XX, mas o Vaticano não ajudava muito a esclarecer seu novo papel. Pesquisas e estudos detalhados de sociólogos também não ajudavam muito. Alguns clérigos abriram sua alma a psicanalistas. Outros buscaram criar uma vida pastoral socialmente mais relevante, vivendo entre os pobres e resistindo à ditadura. Muitos esperavam o desenvolvimento de uma Igreja mais democrática e o fim do celibato obrigatório. Mostrando os limites do diálogo, o Vaticano se recusou a abrir mão desses dois últimos pontos. Como conseqüência, dezenas de milhares de religiosos, em várias partes do mundo, deixaram o ministério. Somente no Brasil, quase 2 mil padres deixaram a batina entre 1967 e 1976, fazendo com que o total de padres em 1977 caísse para abaixo dos costumeiros 13 mil. A Igreja perdeu algumas de suas melhores cabeças. Para os bispos, essa era uma situação dolorosa, que golpeava a capacidade de comandar seu clero, guiar seu rebanho e mostrar uma face segura aos militares.[62]

Em plena conjuntura do Vaticano II, o golpe proporcionou um teste político decisivo para a Igreja. A polarização política ressaltava dois campos opostos. À direita, ficavam os conservadores religiosos e sociais, que censuravam os perigos da mudança. À esquerda, estavam os militantes da ACB, os padres radicais e a liderança da CNBB, que apoiara as reformas sociais de Goulart. Representantes dos dois lados entraram em confronto quando 33 dos bispos mais importantes se encontraram em uma reunião especial no final de maio de 1964 para escrever uma declaração sobre a Revolução. Os conservadores elogiavam o golpe e condenavam o comunismo, enquanto os progressistas defendiam uma crítica mais dura ao novo governo.

Um rascunho da declaração dos progressistas, nunca estudado antes, que descobri na Biblioteca do Instituto Nacional de Pastoral, mostra que eles pressionaram para que fosse condenado o "martírio" de católicos marcados pela repressão.

> Parece-nos que a Igreja vive [...] uma das suas horas mais gloriosas e decisivas, só comparável, em termos nacionais, à epopéia de dom Vital, na famosa "Questão Religiosa", quando através do sofrimento se redimiu a Igreja do espírito acomodatício da época à situação de uma religião oficial do Império, ao preço de sua liberdade no pregar e no pastorear [...]
>
> Sente-se a Igreja ameaçada em sua legítima liberdade e missão pelas violên-

cias contra ela praticadas em quase toda a extensão do território nacional. Com efeito, representantes do poder temporal arvoram-se o direito de julgar autoritariamente a doutrinação da Igreja, reservando-se a competência de decidir se o que ela ensina é o cristianismo ou o marxismo, proíbem a divulgação de documentos episcopais, apreendem livros editados sob sua responsabilidade, proíbem transmissões de seus programas, identificam a Ação Católica — colaboração oficial do laicato no apostolado hierárquico da Igreja — com ninhos de comunização, de envolta com outros inocentes — aos quais a Igreja não pode recusar conforto de sua solidariedade humana e cristã —, prendem líderes autenticamente católicos como agentes comunistas, encarceram ou impedem de exercer seu ministério sacerdotes que cumpriam sua missão sacerdotal por determinação de seus bispos, acusam os próprios bispos de subversivos ou comunistas, não poupam o Vaticano, acusado de dar carta de boa conduta a bispos para pregar a subversão no Brasil, forçam a transferência de sacerdotes e insinuam a trasladação de bispos, invadem propriedades da Igreja e destroem instalações, envolvem a Igreja em suspeita generalizada e desprestigiam, perante o povo cristão, seus ministros [...]

A Igreja, no exercício do seu apostolado, está firmada no próprio poder de Deus [...] As cousas terrenas e as que transcendem o mundo estão intimamente ligadas na condição humana, e a Igreja, enquanto sua missão própria exige, trata de cousas temporais e as utiliza sem que, porém, ponha a sua esperança em favores outorgados pelo poder temporal. Antes, de boa vontade renunciará ao exercício de quaisquer direitos, outrora legitimamente adquiridos, desde que verifique que seu uso, em novas condições de vida, ponha em dúvida a pureza do seu testemunho [...] Não admite limitações nem pode ser submetida ao *placet* de poderes temporais, nem modificada de acordo com conveniências políticas.[63]

Os progressistas estavam claramente preparados para descartar a concordata moral. Se tivesse sido publicado, esse documento teria tido um impacto maior ainda do que as declarações episcopais dos anos 70, que criticaram duramente o regime mas não pediam a ruptura com o Estado.

Os dois lados firmaram um compromisso. O resultado foi um pronunciamento confuso e contraditório, que agradecia profusamente às Forças Armadas por salvarem o Brasil do comunismo, mas também pedia o fim dos ataques aos ativistas da Igreja e proteção contra "os abusos do capitalismo liberal". Essa foi uma nova apresentação, estranha e surrealista, da tradicional "terceira via" católica entre o comunismo e o capitalismo. Mais significativo, nas palavras do padre e jornalista Charles Antoine, foi que os bispos mostraram "uma extraordinária agilidade na arte do compromisso, mesmo sob o risco de abrir caminho à injustiça".[64] De fato, a declaração serviu como importante voto de confiança ao novo regime.[65]

De forma significativa, alguns bispos assumiram uma atitude neutra, defendendo uma posição de esperar-para-ver. O interessante é que esse último grupo incluía progressistas como dom Hélder, que alimentava a esperança de que a reforma social poderia avançar sob o novo governo. Embora sem ganhar total confiança deles, dom Hélder manteve a cordialidade com os líderes militares e no começo absteve-se de criticá-los publicamente.[66] "Não é preciso mais ter medo. Foi vencido o perigo comunista", ele disse a Castello Branco. "Agora temos que nos unir e partir para um desenvolvimento com justiça, nesse nosso imenso país."[67]

De fato, até o início dos anos 70, a maioria dos bispos mantinha uma cautelosa porém esperançosa atitude em relação ao regime, e permaneceu praticamente em silêncio enquanto os católicos radicais eram presos e torturados. Em 1964, dom Alberto Gaudêncio Ramos, o arcebispo de Belém e futuro participante da Bipartite, na verdade colaborou com a polícia na detenção de padres subversivos.[68] Naquele ano, dom Hélder e os progressistas também perderam as eleições da CNBB, o que levou a uma orientação ainda mais conservadora sob a liderança de dom Agnelo e dom Vicente. Os bispos dissolveram a JUC em 1968 e a JOC e a AP foram perseguidas brutalmente pelas forças de segurança. A ACB virou a sombra do que fora no passado. Muitos bispos chegavam a duvidar de que existissem abusos.[69] A colaboração entre a Igreja e o Estado se mantinha pública por meio de gestos simbólicos. Quando dom Paulo assumiu o arcebispado de São Paulo, por exemplo, importantes autoridades civis e militares — como o governador Roberto de Abreu Sodré, o prefeito Paulo Maluf e o comandante do II Exército — participaram da cerimônia, enquanto a banda da Polícia Militar tocava.

Considerações políticas levaram a Igreja a conter suas críticas à tortura. Em 1969, por exemplo, o padre Amaury Castanho, editor do jornal arquidiocesano *O São Paulo*, preparou um editorial contra a tortura, mas recebeu ordens de dom Agnelo Rossi, arcebispo de São Paulo e presidente da CNBB, para

Dom Agnelo Rossi, arcebispo de São Paulo, cumprimenta líderes do regime. (À extrema esquerda, Castello Branco; com a mão no queixo, Luís Viana Filho; à extrema direita, Juarez Távora.) Muitos bispos hesitavam em criticar o governo militar. Dom Agnelo achou que seria "inoportuno" a Igreja se manifestar contra a tortura. Ele apoiava a decisão do regime de implementar a pena de morte contra revolucionários declarados culpados. (Acervo Última Hora/Folha Imagem)

não publicá-lo. "Logo que eu cheguei, no ano de 1969, aí já se falava muito sobre torturas. Os dominicanos não haviam sido presos ainda. Preparei um editorial sobre tortura, lamentando, esconjurando os torturadores", recordou dom Amaury, agora bispo e importante membro da ala conservadora da CNBB, durante nossa entrevista em Itu, em 1996. "Não se negou que houvesse essa tortura, mas por prudência eu fui solicitado internamente na arquidiocese. Percebi que era um editorial de repercussão maior. Eu levei o editorial para ele, e ele disse que não parecia oportuno nesse momento."[70]

O relatório secreto para Kissinger capturou a essência do dilema dos bispos. Ele observava que a Igreja era a única instituição politicamente viável que restara no Brasil. "A Igreja representa a mais potente força moral no país e a única que poderia efetivamente desafiar — ou apoiar — o governo", afirmava. O relatório identificava quatro grupos dentro do episcopado: reacionários, conservadores moderados, progressistas e radicais. (Essas categorias correspondiam àquelas distinguidas por observadores acadêmicos.) Os conservadores moderados e os progressistas eram a maioria e mantinham posições "algumas vezes impossíveis de distinguir" em vários assuntos. De acordo com o relatório,

> O cardeal Rossi e a CNBB tentaram caminhar pela corda bamba entre esses conflitos [entre a Igreja e o Estado]. O cardeal está totalmente ciente da dificuldade de manter a disciplina eclesiástica, e não tem, portanto, condenado os revolucionários da Igreja em termos morais e religiosos. Tem, no entanto, deixado bem claro o direito do governo de punir os que forem pegos participando de atividades ilegais. Depois da restauração da pena de morte, no final de 1969, ele apoiou o direito do governo de estabelecê-la.
>
> Poucos na Igreja estão buscando uma ruptura aberta das relações entre a Igreja e o Estado, em parte porque a Igreja é financeiramente dependente do governo para o sustento de suas atividades educativas, entre outras. Até mesmo o ideologicamente ardiloso dom Hélder, que tem sido visto como algo próximo a Cristo por seus seguidores e o anti-Cristo pelos seus detratores, tem enfatizado que preferia trabalhar com o governo do que contra ele. A reação da CNBB ao AI-5 foi relativamente moderada. Ela conclamava a restauração do governo representativo e rejeitava a noção de que a Igreja deveria limitar-se a preocupações espirituais, mas também se oferecia para cooperar com o governo caso ele agisse contra as injustiças sociais. Ela não assumiu ainda uma posição formal em relação à administração de Médici.[71]

A repressão agravou as tensões entre os católicos ultraconservadores e os progressistas, mas, no conjunto, levou a Igreja a cerrar fileiras em sua própria defesa e na de outras vítimas do regime. No final dos anos 60, alguns bispos começaram a denunciar a tortura e a violência, bem como as políticas econômicas profundamente desiguais do governo. Não obstante as posições do cardeal Rossi, em setembro de 1969, o Comitê Central da CNBB condenou a pena de morte, que os militares pretendiam usar contra terroristas. A CNBB também desencadeou uma campanha pública contra a pena capital. A Igreja construiu um amplo perfil público e político de "voz dos que não têm voz", praticamente a única instituição capaz de contestar a ditadura.[72] Ela criticava o regime nas missas, procissões, panfletos, declarações à imprensa e pronunciamentos oficiais. As condenações proféticas dos bispos foram um divisor de águas. Não constituíram apenas inovações teológicas, mas declarações com a intenção de atacar o regime politicamente. Assim que o poder na CNBB passou para os progressistas, antigos membros da ACB e outros militantes retomaram a atividade em movimentos populares políticos e religiosos. A emergente Igreja progressista implementou uma série de inovações importantes no âmbito político, como as CEBS (Comunidades Eclesiais de Base), a CPT (Comissão Pastoral da Terra), o Cimi (Conselho Indigenista Missionário) e encorajou a formação de um movimento trabalhista independente. O projeto teórico da Igreja progressista foi a teologia da libertação, que enfatizava a transformação social como salvação.

REPRESSÃO E RESISTÊNCIA DA IGREJA, 1969-74

O Exército, cada vez mais, via a Igreja como um ninho de subversão, especialmente os setores radicais que se opunham ao governo. As suspeitas dos militares começaram já em 1960, quando o general Castello Branco advertiu dom Hélder de que a Igreja estava "abandonando demais a sua função religiosa e exagerando a intervenção em assuntos pertencentes ao Estado".[73] Os ataques à Igreja foram os piores desde a expulsão dos jesuítas dois séculos antes. Procurando livros subversivos, em 1967, soldados invadiram a casa de dom Waldyr em Volta Redonda. Bispos e clero de todas as partes do país manifestaram sua indignação, exacerbando as tensões com os generais. Um memorando do general José Horácio da Cunha Garcia às suas tropas descrevia os progressistas como "bactérias que, se ignoradas, muito mais mal poderiam nos fazer".

> Não esqueçamos que os padres têm muito mais contato com o povo, particularmente com o povo pobre [...] Eles podem nos fazer muito mal. Para mim, prezados camaradas, mesmo católicos, esses indivíduos traíram a Revolução, e estão traindo. Eles hoje estão trabalhando para a oposição, não tanto para essa que fala no Congresso e na imprensa, mas para os que queriam em 64 comunizar o Brasil, para os cassados, os corruptos e os revanchistas [...] Os mandões comunistas, russos, chineses ou cubanos estão batendo palmas porque a Igreja, no Brasil, trabalhou para eles.[74]

Durante os anos Médici, os órgãos de segurança observaram intensivamente a Igreja. No Recife, as autoridades constantemente assediaram dom Hélder por suas declarações progressistas. Em 1969, seu assistente, padre Henrique Pereira Neto, foi assassinado por um grupo de direita, o Comando de Caça aos Comunistas (CCC). Condecorado tempos antes pelas Forças Armadas, dom Hélder tentou recuperar as medalhas, que tinha dado a amigos, pois precisava delas como potencial passaporte para a segurança, no caso de vir a ser preso.[75] Em maio de 1970, denunciou a prática de tortura no Brasil em uma grande reunião em Paris. Esse e outros pronunciamentos levaram os furiosos generais a considerá-lo um traidor. O governo desencadeou uma grande campanha de difamação contra dom Hélder e fez arranjos, afinal bem-sucedidos, para que ele não ganhasse o prêmio Nobel da Paz. Proibiu, em seguida, que seu nome aparecesse nos meios de comunicação de massa.[76] Muitos moderados e até conservadores foram afetados pela repressão. Por exemplo, o DOI-Codi em Belo Horizonte torturou até a morte Aldo de Sá Brito de Souza Neto, membro da ALN e sobrinho-neto de dom Jaime suspeito de envolvimento no seqüestro do embaixador suíço, preso depois de roubar um banco. Aldo era filho de um general e, como todos os seus irmãos, freqüentara o Colégio Santo Inácio no Rio. Os torturadores usaram a abominável coroa-de-cristo, que esmaga aos poucos o crânio da vítima. Dom Jaime participou do funeral junto com os parentes de Aldo.[77]

"Logo no início... ele disse: 'Não, quem errou tem que pagar'", recordava-se dom Waldyr sobre o apoio inicial de dom Jaime ao regime.

> Houve depois em dom Jaime uma mudança. Mais tarde mataram um dos sobrinhos dele de tortura. Aí ele já se afastou. Ninguém escapava da ditadura. E também o que fez dom Jaime ficar muito preocupado é que o padre Francisco Pinto, um vigário muito dedicado lá da Lagoa, na igreja São José, [...] também prenderam o sobrinho dele e mataram. E o padre Francisco Pinto era muito ligado ao cardeal Câmara. O cardeal foi vendo então que o negócio estava indo longe.[78]

O maior triunfo do regime foi o assassinato de Carlos Marighella, o fundador da ALN. Centenas de pessoas pertenciam à ALN. Depois do seqüestro do embaixador Elbrick, o Deops-SP (Departamento Estadual da Ordem Política e Social de São Paulo), guiado pelo infame torturador Sérgio Paranhos Fleury, armou uma emboscada e matou Marighella. Para pegá-lo, a polícia primeiro capturou e torturou frades dominicanos que colaboravam com a ALN. O governo divulgou amplamente esse caso para desacreditar o clero progressista e pressionar a Igreja a deixar de lado as críticas ao regime. Depois de condenados pela Justiça Militar, frei Betto e dois outros dominicanos ficaram vários anos na prisão.[79]

Uma contagem parcial feita pela Igreja entre 1968 e 1978 documentou a prisão de mais de uma centena de padres, sete mortes e numerosos casos de tortura, expulsão de estrangeiros, invasão de edifícios, ameaças, indiciamentos, seqüestros, infiltração de agentes do governo, censura, proibição de missas e encontros, além de vários documentos e publicações falsificados e forjados. Trinta bispos foram vítimas da repressão. Padres enfrentaram processos por causa de seus sermões e críticas ao governo, alegadas participações em organizações subversivas, por darem guarida a fugitivos, por defenderem os direitos humanos, por seu trabalho pastoral em movimentos populares e outras atividades.[80] Além disso, a Igreja sofreu constantes ataques verbais de autoridades do regime, que iam desde reclamações contra suas atividades políticas até acusações de imoralidade sexual. "Comunista" era um dos adjetivos usados com mais freqüência.

A coleta de informações secretas pelo Dops e Deops facilitou a repressão. Essa polícia política de nível estadual fora organizada no início do século e desempenhara um papel de destaque na repressão promovida pelo Estado Novo e na vigilância de comunistas nos anos 40 e 50. No começo da Guerra Fria, o Dops já detectara uma suposta infiltração comunista na JOC e em outras organizações religiosas.[81] Depois de 1964, eles passaram a trabalhar intimamente com o Exército e órgãos do governo em nível local e federal. Organizações como o DOI-Codi foram criadas porque o Dops era insuficiente para dar conta da guerra de guerrilha (com exceção do brutal departamento de Fleury, em São Paulo). O Dops, mesmo assim, auxiliou a repressão. A Divisão de Informação (DI) do Dops-GB no Rio de Janeiro, por exemplo, coletava e compartilhava informações sobre subversão.

Passei vários meses estudando as pastas do Dops-GB. Esse arquivo enorme guarda material suficiente para dezenas de teses e livros sobre vários aspectos diferentes da moderna vida brasileira, vista pelos olhos da polícia. Só o catálogo possui cerca de 2 milhões de fichas. Porém, teria sido mais produtivo se eu tivesse ido nadar no oceano em busca de documentação. As regras do Arquivo Público do Estado do Rio de Janeiro, localizado na época em um edifício caindo aos pedaços na rua Riachuelo, não permitiam ao pesquisador acesso ao catálogo, que consistia na versão original, desenvolvida pelas próprias autoridades do Dops. Os arquivistas ainda não haviam posto em ordem o complexo sistema de fichas. Pior ainda era a proibição do uso do nome de uma pessoa, na busca de informação. Por exemplo, em vez de escrever o nome "dom Paulo Evaristo Arns", que me conduziria diretamente ao índice de documentação sobre o cardeal, eu tinha de fazer uma lista do maior número possível de entradas que poderiam me levar às informações sobre ele: "arcebispo de São Paulo", "direitos humanos em São Paulo" etc. Essas restrições foram impostas por causa de incidentes, nos quais certos indivíduos fizeram uso político ou pessoal impróprio do material. A restrição legal fazia sentido, mas tornou a pesquisa absurdamente lenta e ineficiente. (Gostaria muito mais que tivessem sido adotadas as regras do Arquivo do Estado de São Paulo, onde os pesquisadores assumem responsabilidade legal pelas implicações de seu trabalho assinando um documento.) Os funcionários altamente profissionais do arquivo fizeram o melhor possível para acelerar o processo, o que me deixou extremamente agradecido. E como a Igreja não era considerada um indivíduo, pude solicitar sem dificuldades informações sobre ela. No entanto, realmente precisava obter as pastas de membros da Bipartite e das pessoas mencionadas nos encontros secretos.

A única solução era obter a permissão legal dos indivíduos ou, se falecidos, de seus familiares. Comecei com dom Paulo, que gentilmente me concedeu a carta necessária. Dom Hélder também concordou (mas só depois de conferir com dom Paulo). Dom Waldyr, dom Eugênio, dom Amaury e Candido Mendes também concordaram. Tornei-me representante legal deles no arquivo e detinha o *habeas data* de cada um. Somente sobre essas pessoas, folheei várias centenas de páginas de documentos do Dops. Enviei as fotocópias oficiais a cada um e fiquei com uma cópia para minha pesquisa. Dom Eugênio parecia ser o que menos temia — e respeitava — o Dops. "Agradeço-lhe a oferta de cópias, mas não tenho muito interesse em saber o que a Polícia pensava a meu respeito. Sempre agi dentro de minha consciência, cumprindo o meu dever de Pastor", escreveu em sua carta para mim.[82]

Durante minha primeira pesquisa extensa no Brasil, entre 1988 e 1991, desenvolvi uma grave reação alérgica a alguns dos velhos documentos da Igreja. Perguntava-me como minhas narinas reagiriam à poeira da ditadura nos documentos do Dops, que estavam amarrados firmemente em pesados pacotes. Usei uma máscara para me proteger. Os documentos estavam bem preservados e organizados. À medida que desamarrava cada pacote, sentia-me escavando cada vez mais fundo no passado ditatorial. Os documentos me disseram muita coisa sobre como o regime via a Igreja, mas também sobre como o aparato do serviço de informações funcionava. Foi fácil seguir a trilha das investigações, pois a polícia e o Exército registravam a origem e a distribuição de cada pedido de informação. Por exemplo, o Dops-GB publicava um relatório costumeiro sobre a subversão conhecido como *Boletim Informativo*, que circulava entre os seguintes órgãos e divisões militares: SNI, CIE, Cenimar, Cisa, I Exército, Polícia Federal, 3ª Zona Aérea, Dops-MG e várias seções dentro do Dops-GB. Os arquivos estão repletos desses e outros exemplos de como informação e serviços de repressão eram compartilhados em vários níveis do Estado. Carimbos oficiais com nomes e assinaturas de autoridades também aparecem em muitas das páginas. Esses nomes eram excelentes guias para a tentativa de compreensão de como o sistema funcionava.[83]

Um nome que aparecia com freqüência era o do delegado Heitor Corrêa Maurano, que teve uma carreira incomum. Foi dentista, mas depois se tornou detetive e passou muitos anos no velho Departamento Federal de Segurança Pública, a força policial do Rio de Janeiro antes da transferência da capital para Brasília. Durante o governo de Carlos Lacerda no Rio (1960-65), Maurano mudou para a polícia estadual. Trabalhou na Divisão de Informação da polícia antes de entrar no Dops-GB em 1970. Durante os anos Médici, chefiou a DI e o Serviço de Divulgação do Dops-GB. Maurano fez um curso na ESG sobre segurança e desenvolvimento e também passou quatro meses estudando investigação criminal na Inglaterra.

O delegado Maurano polidamente concordou em encontrar-me na Associação dos Delegados, no centro do Rio. Falava com voz mansa, era inteligente e de baixa estatura — o tipo de figura que as pessoas raramente associariam com os anos repressivos. Era a síntese do guerreiro cordial da Guerra Fria. Declarou não ter testemunhado nenhuma evidência de tortura. Em uma ocasião, tentou, na verdade, dar assistência à família de um prisioneiro. Maurano fora dentista da família de Stuart Angel Jones, um revolucionário de 25 anos de idade torturado até a morte pelo Cisa em 1971 e cuja mãe, Zuzu, a famosa estilista, morreu em circunstâncias misteriosas em 1976, após denunciar o desaparecimento de seu filho. Maurano me disse que, usando de sua total liberdade dentro da comunidade de informações, secretamente tentou descobrir algo sobre o paradeiro de Stuart. Não teve sucesso. Zuzu nunca soube de seus esforços.

O projeto "Brasil: nunca mais" classificou Maurano como burocrata da repressão. Sem dúvida, muitas das atividades do Dops-GB e da DI cabiam nessa descrição. Maurano explicou que a DI empregava sessenta pessoas para gerenciar e analisar seus vastos arquivos. Ao chegar na DI ele mesmo precisou de três meses para familiarizar-se com o sistema. Explicou ainda que o Dops-GB controlava legalmente as viagens internacionais de todos os cidadãos, fiscalizava os candidatos a cargos importantes no governo e concedia a indivíduos "atestados ideológicos", a serem apresentados a futuros empregadores. Durante os anos Médici, o Dops-GB emitiu mais de 5 mil desses atestados por mês. Mas o Dops-GB era mais do que uma burocracia. Mantinha a Divisão de Operações, que incluía o Serviço de Buscas e a Seção de Buscas Especiais. Essas unidades juntavam evidências, prendiam suspeitos e os interrogavam — às vezes em colaboração com agências militares como o Cenimar e o DOI-Codi. Porém os órgãos militares, que eram responsáveis pelos aspectos mais violentos da repressão, davam relativamente pouca atenção ao Dops-GB.[84]

Um outro funcionário importante cujo nome encontrei no Dops-GB só falaria comigo anonimamente. Ele também apareceu na lista do "Brasil: nunca mais". Trabalha agora como segurança em uma grande empresa e estava nervoso por falar comigo. Garanti-lhe que protegeria sua identidade. Disse-me que não torturara ninguém e que não vira quaisquer indivíduos torturados. No entanto, admitiu que acontecia tortura em instalações militares, pois, quando os prisioneiros deixavam essas instalações para o Dops-GB, não queriam voltar para lá. Explicou que ninguém no Dops-GB ousava se manifestar contra a tortura por medo de se tornar alvo de represália. Os militares assumiram o controle da repressão, em parte porque o Dops, que entrara em declínio depois da era Vargas, não tinha capacidade de confrontar a esquerda armada. Alguns homens do Dops passaram a prestar serviço ao DOI-Codi. Simbólico do declínio do Dops-GB foi a aposentadoria em 1965 de Cecil Borer, um dos delegados mais famosos do país e maior inimigo do PCB. Os militares provavelmente consultavam Borer sobre a repressão.

O entrevistado anônimo parecia profundamente preocupado que eu estivesse vendo o Dops-GB como um órgão que trabalhara contra a Igreja. Ele parecia ter grande respeito pela Igreja — ou ao menos queria me fazer pensar assim. Pensei: "Como é que ele e outros realmente se sentiam durante a ditadura, quando detinham o poder para destruir vidas e para disseminar o medo no seio da população?". Naquela época, era moda na comunidade de informações criticar a Igreja. Agora, 25 anos depois, as mesas tinham sido viradas e a Igreja era respeitável novamente. Conservadores e simpatizantes do regime não gostam de falar sobre a fissura que se abria entre a Igreja e o Estado. Meu entrevistado afirmou que o Dops-GB não conduzira uma investigação sistemática contra a Igreja, a não ser contra pessoas com muitas críticas ao regime, como o padre José Sainz Artola e o bispo de Nova Iguaçu, dom Adriano Hypólito, seqüestrado e torturado por um grupo terrorista de direita em 1976. Hélio Luz, um delegado que mais tarde se tornou chefe da Polícia Civil e membro importante do PT, também se tornou alvo de investigação por seu envolvimento nas causas sociais da Igreja.[85]

No entanto, a documentação comprovava que o Dops-GB tivera um amplo e profundo interesse pelas atividades da Igreja.

O próprio delegado Maurano ainda mantinha firmes convicções sobre o papel da Igreja sob o regime. Ele leu uma declaração que preparara, com o título "A subversão e a Igreja", que se baseava evidentemente em material do período. "A Igreja, principalmente na América Latina, é alvo do movimento comunista internacional", disse. Recomendou-me que lesse o manual de Marighella sobre estratégias de guerrilha, que identificava a Igreja como importante aliado potencial na batalha contra o imperialismo. Maurano descreveu de forma breve como alguns agentes do Dops-GB observavam os membros da Igreja para obter informações, sobretudo freqüentando as missas e coletando boletins dominicais, livros e jornais que poderiam conter material subversivo. Esses agentes se consideravam na ativa 24 horas por dia em sua vigilância sobre a Igreja. O próprio Maurano escreveu um relatório sobre subversão na igreja do Catumbi que eventualmente levou à prisão de vários padres. De modo paradoxal, Maurano admitiu que o anticomunismo no Brasil se tornara exagerado.[86]

Os documentos contavam ainda mais sobre essa história. O Dops-GB realizara uma vigilância extensa sobre a Igreja, em busca de um sinal, por menor que fosse, de atividade subversiva. Papéis pessoais foram apreendidos, jornais e publicações da Igreja foram analisados, procurou-se descobrir o conteúdo de encontros da Igreja, as pregações dos padres foram observadas, boletins de paróquias foram lidos e os movimentos do clero e dos bispos foram seguidos.[87]

O Dops-GB mantinha um arquivo extenso sobre dom Paulo Evaristo Arns, arcebispo de São Paulo e sucessor de dom Hélder como o líder mais importante na defesa dos direitos humanos. Estava ali registrado, por exemplo, que dom Paulo visitara prisioneiros, falara à imprensa sobre tortura e mantivera contatos com a esquerda. Depois da prisão e tortura de um padre de São Paulo, um relatório afirmava o seguinte:

> "É um novo dom Hélder que procura projetar-se." É como vem sendo encarado o arcebispo de São Paulo, dom Paulo Evaristo Arns, que procura tornar-se vedete da maledicência contra o Brasil, com base no episódio da prisão do padre italiano Giulio [Vicini] e sua companheira de atividade subversiva.[88]

Um perfil detalhado de dom Hélder, feito pelo Dops-GB, revelava as estratégias da campanha de difamação movida pelo regime contra ele. O clero conservador não colaborava com o Dops-GB contra os progressistas porque também temia a repressão e tinha uma opinião negativa sobre a polícia.[89] Segundo *O Estado de S. Paulo*, porém, o documento sobre dom Hélder foi escrito pelo padre conservador Álvaro Negromonte e descoberto entre seus pertences após sua morte em 1964.[90] A evidência, no entanto, sugere que a *polícia* produzira o documento consultando clérigos inimigos de dom Hélder, segurou-o durante anos e depois o deixou vazar. O tom íntimo e o conteúdo bem informado do relatório aludem às realizações de dom Hélder antes do golpe e indicam que seus autores receberam ajuda de gente do interior da Igreja que pertencia ao grupo conservador de clérigos que apoiavam dom Jaime. Com o carimbo de "secreto", o documento continha uma anotação não de autoria, mas sim de "apreciação do Pe. Negromonte". Tinha também as iniciais "D. J.", sugerindo que o próprio dom Jaime, que, por ciúmes profissionais, ajudara a forçar a partida de dom Hélder do Rio de Janeiro para o Nordeste em 1964, também dera sua opinião.

O relatório expressava elogios ressentidos em relação às habilidades de dom Hélder, mas criticava sua maneira de usá-las:

> Inteligência lúcida. Grande capacidade de liderança, de trabalho (nessa chega a ser espantoso) e de aliciamento. Sabe [...] aproveitar as capacidades dos que com ele trabalham. Simpático e insinuante, sabe penetrar em todos os meios, e se fazer estimar, em vista de aparente bondade e tolerância, que emprega com excepcional esperteza.

Mais adiante, o relatório apontava os "defeitos" de dom Hélder e o acusava de deslealdade à Igreja e a seus amigos.

> Ambição de glória e poder [...] Como as obras materiais no campo social dão glória fácil, orientou-se para elas. Realiza-as com verbas do Governo e com dinheiro tirado dos ricos por processos demagógicos. Como precisa de verbas, é amigo de quem as pode dar (seja quem for), o que explica sua fidelidade ao governo do dia [...] Daí, ser cortejador de todos os governos [...] Para atingir o episcopado, infiltrou-se à confiança do cardeal dom Jaime, chegando a fazer *voto de obediência* a S. Emcia.; tornou-se amigo íntimo do núncio [dom Carlos] Chiarlo e do atual [...] Mau-caráter. Não cumpre compromissos, com inacreditável facilidade. Capelão da Escola Ana Néri, no Rio, não cumpria os deveres da capelania, mas recebia integralmente os vencimentos. Em face dos problemas difíceis ou controvertidos, raro se define, ou se define dos dois lados conforme as circunstâncias [...] Não tem amigos, tem interesses: se estes o pedem, abandona os melhores amigos de ontem (assim foi com o Carlos Lacerda), deixa-os em dificuldades desde que se saia bem, tanto que os que o conhecem dizem que faz com os amigos o que fazemos com as laranjas: chupamos o caldo e jogamos fora o bagaço. O que fez com o cardeal dom Jaime é notório: insinuou-se à confiança dele, que o fez seu bispo "auxiliar", mas logo entrou em oposição ao homem que devia "auxiliar", com uma campanha de desgaste, em que dom Jaime aparecia como um "reacionário", a ponto de chamar as pessoas que iam trabalhar com o sr. cardeal para afastá-las dele [...] Terminou numa manobra em Roma, conseguindo afastar dom Jaime da presidência da Conferência dos Bispos do Brasil, em favor do Cardeal Mota, da mesma corrente dele, dom Hélder.

O relatório criticava dom Hélder ainda mais, por usar a pobreza com fins políticos e por se apropriar indevidamente de fundos da Igreja.

> Explora a pobreza que ampara, como um troféu [...] Desbarata os dinheiros que recebe (e dos quais jamais prestou contas a ninguém), desvia as verbas para fins estranhos, e não tem mãos a medir nos gastos, embora seja pessoalmente pobre (a fim de poder colher com isso novas glórias) [...] Assim tem movimentado enormes verbas públicas, os dinheiros vultosos do Congresso Eucarístico Internacional, do que nunca prestou contas, e os do B[anco] da Previdência.[91]

Esse relatório era gravemente incorreto em pelo menos um ponto. A Igreja havia, de fato, publicado um relatório financeiro no Congresso Eucarístico, chefiado por dom Hélder.[92] Um ano depois, com data de 1969, o perfil montado pelo Dops apareceu em *O Estado de S. Paulo*, que participava da campanha contra o arcebispo.[93]

Havia também pastas de bispos que eram vistos como amigos dos militares, como dom Eugênio, o sucessor de dom Jaime no arcebispado do Rio de Janeiro.[94] Os agentes do Dops prestavam atenção a uma ampla variedade de grupos, temas e atividades da Igreja, incluindo a Ação Católica, à alegada subversão em escolas e seminários católicos, encontros de bispos em Roma e publicações que denunciavam o regime. O Dops-GB também observou que indivíduos davam refúgio a militantes que tentavam escapar das autoridades, "criando dessa forma uma situação embaraçosa, graças à 'capa' de religiosos e leigos católicos, que somente usam para a subversão".[95] Um agente do Dops-GB observou: "Não se pode esquecer a qualidade de instituição internacional da Igreja e que seus membros, nacionais e estrangeiros, circulam livremente em todo o território nacional, usando, como passaporte, suas vestes sacerdotais".[96] A CNBB também era observada de perto.[97]

O Dops no Rio também colaborava com as abomináveis unidades do DOI-Codi. Tanto soldados quanto membros da polícia preenchiam as fileiras do DOI-Codi, que rotineiramente usava a tortura em seus interrogatórios. A DI do Dops-GB recebeu os relatórios de interrogatórios da investigação de um movimento internacional de oposição que envolvia clérigos e outros indivíduos ligados à Igreja. Pelo menos um dos suspeitos foi torturado.[98]

Em meados de 1971, o Dops-GB cogitou uma ampla investigação nacional da Igreja progressista, inclusive de seus contatos internacionais. O SNI já havia requerido uma investigação nacional da ACB em 1966,[99] e em 1969 uma proposta similar veio do I Exército, que investigava "atividades subversivas na Igreja Católica" em Minas Gerais e no Rio de Janeiro. O coronel responsável queria que o II, III e IV Exércitos também instaurassem inquéritos. Prenunciando a Bipartite, o autor desse documento acreditava na "necessidade de um entendimento sério com a cúpula da Igreja Católica, para um esclarecimento da sua orientação e para obter sua cooperação".[100] Os agentes do Dops-GB reconheciam ser necessário

> o levantamento total do esquema de grupos "inovadores" dentro da Igreja no Brasil. Por outro lado, é de ser meditada a repercussão até mesmo internacional — para não citar apenas no plano nacional — que poderá acarretar a abertura de um inquérito com prisões, interrogatórios e buscas nos setores religiosos do País.

A decisão, eles afirmavam, estava a cargo do presidente Médici.[101] A investigação não aconteceu, embora em março de 1974 o presidente Geisel tenha requisitado um amplo relatório com informações secretas sobre a Igreja e a subversão. Esse relatório foi preparado pelo Cisa.[102] Em 1977, dom Ivo denunciou o fato de que as forças de segurança estavam investigando as finanças da Igreja e os antecedentes ideológicos de cada bispo e cada padre.[103] A administração Figueiredo também investigou as finanças da Igreja.[104] Na realidade, a repressão já disseminada contra a Igreja e os processos instaurados contra bispos e ativistas leigos em tribunais militares tornaram desnecessário um inquérito maior durante os anos Médici. Os agentes do Rio, no entanto, continuaram a suprir os serviços de informações com relatórios sobre o clero progressista.

As análises do Dops-GB revelavam que a profunda suspeita contra a Igreja era gerada pelo extremismo anticomunista e também pela sensação de traição por parte do clero por ter abandonado o catolicismo tradicional e, portanto, os símbolos e as estruturas sociais brasileiras tradicionais. Como muitas autoridades militares, civis conservadoras e jornalistas de direita, a polícia teve dificuldade em compreender, ou rejeitou logo de saída, a nova ênfase da Igreja na justiça social e em outras inovações. A Igreja e o Estado não estavam apenas se separando politicamente, mas também em termos de suas cosmologias, que haviam compartilhado durante séculos.[105] Por exemplo, um relatório do Dops-GB observava que o padre Francisco da Rocha Guimarães "nunca usou batinas". Pior ainda, ele fez um sermão na capela do Forte de Copacabana "usando palavras que agrediam as elites e as instituições de consumo, sendo, por esse motivo, suspenso de pregar novamente naquele templo".[106]

Uma investigação militar sobre dom Waldyr acusou-o de não usar o anel episcopal apropriado, de ouro e pedras preciosas, e de preferir ser chamado simplesmente de "padre".[107] Essa tendência começou com o Vaticano II, quando o próprio Paulo VI parou de usar a tiara papal e, em vez disso, passou a usar a mitra comum dos bispos. Dom Hélder e outros bispos buscavam simbolizar o compromisso com uma nova Igreja dos pobres. Recordava-se dom Marcelo Carvalheira, um padre progressista que é hoje o arcebispo de João Pessoa:

> O arcebispo do Recife queria reformar a Igreja, fazê-la mais servidora e mais despojada, provocando, em nossos dias, algo semelhante ao que fez São Francisco de Assis no seu tempo. Foi assim que, num pacto com outros colegas em Roma, ele trocou a cruz de metal pela de madeira e abandonou as insígnias episcopais.[108]

Nos anos 60 e 70, muitos padres no Brasil passaram a usar anéis negros feitos da resina de ocum como sinal de uma Igreja mais simples e do compromisso com os pobres. Durante nossa entrevista, padre Agostinho me disse que começou a usar esse anel na época do assassinato do padre jesuíta João Bosco Penido Burnier em 1976. O anel simbolizava a resistência ao regime e o apoio aos pobres. No final da missa, o padre distribuía anéis de ocum para as pessoas. "Somos um corpo vivo resistente", disse padre Agostinho. "Se ando sem isso me sinto nu[...] Hoje é uma congregação sem votos. O único voto é a obediência ao povo."[109]

Outros relatórios do Dops-GB demonstravam preocupação com o questionamento das estruturas e práticas religiosas após o Vaticano II. "O clima de contestação ao papa e às diretrizes da Igreja é fruto da influência e infiltração comunista que introduziu, no seio dos cristãos, um certo espírito de desrespeito para com a autoridade e a hierarquia", dizia um deles.[110] Outro definia o

Agentes do Dops-GB consideraram dom Waldyr e outros padres progressistas como subversivos porque resolveram usar vestes clericais mais simples. (*Arquivo Nacional*)

clero inovador como "visivelmente comunista, revolucionário, sem distinções hierárquicas, quase sem templos". Eles trabalhavam para fazer crescer a conscientização das pessoas e para criar CEBS.[111]

Uma avaliação do CIE de 1972, enviada ao Dops-GB, criticava duramente a decisão de dom Paulo de introduzir a "missa leiga" em sua arquidiocese. O documento implicava outros bispos importantes em atividades subversivas e levantava dúvidas quanto aos antecedentes morais da atriz Ruth Escobar, que participara da missa. Em seus documentos, os serviços de informações rotineiramente escreviam em letras maiúsculas os nomes de pretensos subversivos.

> A fotografia divulgada, focalizando o Altar-mor da Igreja da Consolação (SP)[,] retrata uma cena de autêntica degradação moral, dando a impressão de ser uma transcrição da peça "Hair" ou coisa semelhante [...] O Arcebispo cedeu a Igreja

da Consolação e deixou ao bispo Auxiliar LUCAS MOREIRA DAS NEVES [*sic*], a liberação da apresentação da peça [...] O bispo Auxiliar de São Paulo, LUCAS MOREIRA DAS NEVES, é natural de MINAS GERAIS, tendo deixado aquele Estado em face de sua identificada ação subversiva em BELO HORIZONTE, comungando da mesma linha de ação do bispo SERAFIM FERNANDES DE ARAÚJO [...] Outros aspectos negativos foram [...] a declaração dos responsáveis pela peça de que "Christo é reduzido do Texto pois o centro é o homem"; os antecedentes da "senhora" RUTH ESCOBAR; a entrevista dada a "Intervalo" na qual é mostrado, claramente, o desejo de utilizar o prestígio da Igreja para apresentações desse jaez [...] Pois é conhecido o baixo gabarito moral de RUTH ESCOBAR e de todo o seu grupo. Vale dizer que a representação da Missa Leiga em uma Igreja, só tende a permitir sua comparação a um prostíbulo.[112]

Esse documento circulou pelas Forças Armadas, pelo SNI, pela Polícia Federal e por outros órgãos de informações. Ele era típico das tentativas dos serviços de informações de denegrir a Igreja. Ao envolver clérigos tão moderados como dom Lucas e dom Serafim, revelava também o caráter não raro absurdo da campanha anticlerical.

Outro relatório, mais sério, mostrava excepcional perspicácia e objetividade. Escrito em 1970, esse documento era do Dops-GB. Enquanto muitos agentes eram funcionários de carreira que apenas repetiam a retórica anticomunista, outros demonstravam sofisticação intelectual em suas análises da política e da religião. Esse documento dizia que o conflito entre a Igreja e o Estado decorria da crise do catolicismo. Via a política oposicionista do clero como uma escolha consciente para dar apoio a uma instituição com problemas. Brutalmente honesto, o relatório também acolhia críticas à estratégia do Exército em relação à Igreja. Antes de 1964, os padres haviam se oposto ao comunismo e mesmo competido com ele no movimento sindical, o documento afirmava. Mas, agora, os padres se aliavam às guerrilhas comunistas. "O que terá acontecido? Será a propaganda comunista tão eficiente que conseguiu comunizar o clero? Ou teremos sido incapazes de manter a nosso lado os nossos mais tradicionais e naturais aliados, na luta contra o comunismo?" Por duas décadas a Igreja sofrera uma crise de fé. "O Vaticano passou, então, a travar uma verdadeira guerra pela estabilidade da fé e para a conquista de novos fiéis. Para isso, recorreu a armas que seriam inadmissíveis até recentemente."

A Igreja mudou a missa, o vestuário do clero e sua música para atrair os jovens "da mesma forma que o missionário do período colonial utilizaram [*sic*] o idioma tupi-guarani para catequizar os indígenas". O grande erro dos militares foi sua incapacidade de superar os esforços do clero para se colocar mais perto do povo. Por exemplo, o regime falhou ao não explicar imediatamente a necessidade da repressão.

> Daí surgiu a impressão de que o governo se colocava de um lado e o povo do outro. Que o governo se opunha ao povo... Com a articulação de movimentos subversivos em pleno processo de desenvolvimento, os setores de segurança tiveram de empreender violenta repressão. Diante dessa realidade, os padres tinham de optar.

Os comunistas marcaram uma vitória de relações públicas e atraíram o clero para sua causa. O governo precisava trabalhar pela "conscientização" do povo com respeito à necessidade de repressão. "Sem a conquista das mentes, objetivo principal da guerra revolucionária, na etapa inicial, que é a luta psicológica, a simples repressão tampouco [tem] efeito, pois poderá ser usada pelos subversivos para aumentar a oposição ao governo."[113]

O regime tentou neutralizar a Igreja progressista de outras maneiras. Uma delas era desacreditar os padres radicais. Depois da prisão, em agosto de 1970, do coordenador da JOC da América Latina, padre Agostinho, agentes de segurança difamaram sua reputação ocupando sua casa em uma favela do Rio por vários meses. Afirmavam estar à procura de uma unidade de rádio clandestina usada para contatar Carlos Lamarca, o odiado desertor do Exército que se juntara à organização guerrilheira Vanguarda Popular Revolucionária. Também colocavam armas na casa durante a noite e as removiam à vista de residentes da favela durante o dia.[114]

Outra estratégia contra a Igreja foi a concessão de maior liberdade a religiões concorrentes, como a umbanda e o pentecostalismo protestante, que vinham ganhando adesões no Exército e na população em geral. Reprimida durante o Estado Novo e combatida pela Igreja nos anos 50, a nacionalista e sincrética umbanda cresceu rapidamente depois da Segunda Guerra Mundial e em 1964 atingia 4% do corpo de oficiais. Durante o regime, sua popularidade cresceu. O Exército não só permitiu que a umbanda operasse livremente, como reconheceu seus feriados, contou seus membros no censo e mudou suas dezenas de milhares de centros religiosos da jurisdição policial para a civil.[115] Na região amazônica, os pentecostais receberam apoio declarado de Jarbas Passarinho, um governador militar e depois ministro da Educação de Médici,[116] enquanto a Igreja presbiteriana, em todo o país, apoiava amplamente o regime.[117]

Alguns militares tentaram provocar animosidade ainda maior contra o clero progressista, levantando denúncias de imoralidade sexual. Vários bispos foram caracterizados por mulherengos.[118] Para denegrir sua imagem, os serviços de informações circularam fotografias forjadas de dom Ivo com uma mulher no cinema. Outros foram acusados de homossexualismo, algo detestado e enraizado na tradição de caça às bruxas dentro das Forças Armadas.[119] O serviço de informações do Exército, por exemplo, observou que um monge "participa ativamente de reuniões com jovens estudantes (principalmente rapazes), onde, vez por outra, faz insinuações acerca do movimento político [...] Sobre o mesmo pesa a grave acusação de ser um pederasta passivo, já estando no domínio público tal fato".[120]

Em suma, o significado de subversão variava de acordo com os objetivos específicos das ações repressivas e também dos antecedentes e grau de sofisticação dos agentes de segurança.

Outras avaliações sobre a Igreja saíam do Ministério da Justiça, onde a DSI/MJ coletava informações sobre as atividades do clero em todo o país. O ministro Buzaid e sua equipe emitiam ordens e faziam recomendações ao governo sobre os conflitos com a Igreja. Buzaid opunha-se duramente às tentativas da Igreja de atuar em questões sociais e políticas. Entre os papéis da DSI/MJ há muitos processos acusando padres e bispos de subversão no campo.[121]

A Igreja não podia se equiparar ao poder militar das Forças Armadas, e não possuía os recursos para contrapor-se a um aparato de informações de Estado, que empregava centenas de espiões, informantes, torturadores, analistas e outros especialistas. Ela era claramente vulnerável à interferência do Estado.

Mas a Igreja não era tão indefesa. Seus 13 mil padres, 38 mil freiras e 250 bispos formavam uma grande rede pelo Brasil afora. Esse pessoal era multinacional, multilíngüe e altamente instruído. Eram parte de uma organização global. A Igreja tinha postos diplomáticos, ou nunciaturas, por todo o mundo. No Brasil, construíra uma das maiores infra-estruturas nacionais com milhares de edifícios: seminários, conventos, paróquias, hospitais, escolas, orfanatos etc. O papa, dirigente dessa organização, detinha grande prestígio político, a reverência das massas católicas e o respeito das Forças Armadas brasileiras.

A Igreja reagiu contra o Exército em um esforço de três frentes. Primeiro, o fato de os bispos promoverem os direitos humanos e denunciarem as atrocidades do regime estimulava a oposição, além de criar, fora do Brasil, um desastre de relações públicas para os generais. Os bispos reagiram, em grande parte, por causa das pressões do clero e dos movimentos populares católicos. Segundo, a Igreja trabalhava por mudanças sociais e ideológicas que contestavam a estratégia de desenvolvimento dos militares. Esses tipos de oposição eram principalmente políticos e foram descritos em detalhe substancial por outros autores. (A colaboração de dominicanos com a ALN compunha mais outra estratégia, mas não pode ser classificada como parte da maioria da instituição ou como tendo apoio dos bispos.)

Um terceiro e pouco conhecido aspecto procurava construir um movimento de resistência ativo, porém inteiramente pacífico.

A resistência tomou variadas formas. Bispos, padres e militantes progressistas montaram um esquema para evitar a repressão contra si próprios e contra outros, desenvolvendo táticas específicas para escaparem da vigilância e da agressão. Padres, bispos e freiras escondiam revolucionários fugitivos e outros indivíduos procurados pelas forças de segurança. Algumas dessas pessoas fugiram do país com a ajuda da Igreja. Padre Agostinho, por exemplo, abrigou refugiados em escolas católicas, onde estudavam crianças da elite. Para enganar os policiais, ele colocou um sinal na entrada de uma escola onde se lia: "Silêncio — retiro".[122] Em São Paulo, os frades dominicanos mais velhos ainda fluentes em latim usavam essa língua em suas ligações para burlar os policiais em escuta telefônica.[123] Em Belo Horizonte, um grupo de padres usou um centro social para empregadas domésticas como endereço para evitar que suas correspondências fossem interceptadas. Confessionários serviam de ponto para passar mensagens sobre prisioneiros políticos. Uma dessas mensagens permitiu que o padre Luiz Viegas de Carvalho informasse a um soldado que seu filho guerrilheiro estava ferido. O padre, então, ajudou o filho desse soldado a escapar.[124] Quando esteve preso, o padre Nathanael de Moraes Campos informou seu bispo sobre a tortura por meio de mensagens colocadas no fundo de uma garrafa térmica trazida por um parente durante a visita.[125] Para evitar mais tortura, o padre Mário Prigol fingiu que tinha uma doença circulatória e que era inocente, ao responder a perguntas no interrogatório.[126]

A Igreja montou seu próprio serviço de informações e recebia dados de contatos em todos os níveis da sociedade. Ela soube da prisão de padres no Maranhão, em outubro de 1970, por prostitutas que avisaram à cúria local terem ouvido soldados vangloriando-se, em um bordel, da tortura de padre José Antônio de Magalhães Monteiro. Em outra ocasião prostitutas temerosas de não serem levadas a sério pediram a amigos de dom Hélder que as levassem até o arcebispo para avisá-lo sobre uma conspiração de assassinato.[127] Membros das Forças Armadas também ajudaram o clero a evitar a repressão; aliás, nem todo mundo no Exército era a favor da tortura. Por exemplo, no Recife, padre Ernanne Pinheiro, um assistente próximo de dom Hélder, encontrava-se com oficiais da base militar local para sessões de estudo da *Populorum Progressio*, a controvertida declaração do papa Paulo VI, de 1967, sobre justiça econômica. Um dos oficiais era casado com uma prima do padre Ernanne. Esses oficiais contaram ao padre sobre sua oposição à tortura e como conseguiram salvar alguns prisioneiros dos abusos. Um deles ainda ajudou padre Ernanne a evitar a expulsão de um trabalhador da Igreja para fora do Brasil. Soldados que pertenciam a organizações revolucionárias também informavam a Igreja sobre prisioneiros políticos.[128] Dom Waldyr recebeu dicas de segurança do general César Neves, que conhecera o bispo quando este chefiava a paróquia de São Francisco Xavier, no Rio, sobre a intensa presença militar no local.[129] Dom Paulo obteve informações de fontes militares por intermédio de um padre que atendia oficiais. O serviço de informações de dom Paulo era tão bom que ele podia confrontar os comandantes com listas de prisioneiros prestes a serem torturados. Em 1976, o arcebispo recebeu uma dica de Frederick Chapin, o cônsul norte-americano em São Paulo, sobre um ataque iminente à sede do Partido Comunista do Brasil (PC do B) no bairro da Lapa. Dom Paulo mandou o aviso sobre o ataque com o objetivo de salvar o maior número possível de vidas.[130] O ato supremo do serviço de contra-informações foi a aquisição de documentos de tribunais militares, que provavam a ocorrência de tortura, para o projeto "Brasil: nunca mais".

A Igreja se ligava a uma grande e criativa rede informal de comunicações que contornava a censura e outras medidas repressivas. A Igreja construiu em grande parte essa rede. O sistema brasileiro de telecomunicações era pouco confiável, e a televisão estreara recentemente como meio de comunicação de massas. Portanto, igrejas locais ainda prestavam seu tradicional serviço de fontes de informação. Membros do clero e das CEBS agiam como mensageiros de notícias sobre os documentos dos bispos e dos direitos humanos.[131] Boletins e folhetos de uma florescente imprensa clandestina passavam de mão em mão entre os fiéis.[132] Dom Paulo mandava colocar notícias nas portas de igrejas. Porém, por medida de segurança, o clero e os militantes evitavam carregar material escrito. O Brasil e a Igreja haviam retornado a uma "civilização oral".[133]

Um pequeno grupo de clérigos e ativistas progressistas trabalhava para organizar a resistência na tentativa de derrubar o regime.

Um dos intelectuais que apoiava esse movimento era Alceu Amoroso Lima. Maior intelectual católico do Brasil moderno, Alceu é um daqueles pilares da história brasileira, tão grande que ninguém tentou ainda escrever sua biografia definitiva. Ele desempenhou um papel múltiplo na vida nacional. Foi dono de indústria, dirigiu o Centro Dom Vital, atuou como intermediário entre a Igreja e o Estado, deu impulso à educação superior no Brasil e escreveu numerosos livros e artigos importantes. Como diretor do Centro Dom Vital, influenciou profundamente várias gerações de ativistas e intelectuais católicos ao longo de todo o espectro político. Alceu Amoroso Lima mostrou alguma simpatia pelo integralismo e pelo Estado Novo nos anos 30, mas se inclinou para a esquerda nos anos 40 e 50, inspirando a Ação Católica a tornar-se progressista sob a influência da nova filosofia católica que emergia na Europa. Dom Hélder foi o pai da Igreja progressista e Alceu, o avô.[134]

Ele se opôs ao golpe e com destemor criticou a censura e a tortura no regime militar. Em maio de 1964, denunciou, como "terrorismo cultural", a prisão e o exílio de grandes intelectuais. Daí em diante, continuou a escrever semanalmente sua coluna no jornal, na qual criticava com freqüência o regime. Seu imenso prestígio o colocava acima da censura e da prisão.[135]

Alceu encorajava os bispos a ajudarem a abater o regime militar. Expressou essa visão em uma das cartas mais perspicazes e extraordinárias de que se tem notícia. A carta pertence à coleção dos papéis pessoais de Alceu, alojada no Centro Alceu Amoroso Lima para a Liberdade, localizada na casa do intelectual em Petrópolis. Ele dirigiu a carta, datada de 26 de julho de 1969, a dom

Aloísio. Classificava-a de "confidencial". A carta era uma sinopse da história do regime militar e descrevia suas tendências sociais e políticas em um estilo elegante porém cortante. Ela fornece forte evidência de que uma análise coerente e totalmente informada sobre o regime já existia dentro dos círculos da Igreja mesmo antes da chegada de Médici à Presidência. Alceu discorria sobre a "atual situação política brasileira e particularmente de suas relações com a Igreja e o sentimento religioso da população".

"Vim escrevê-lo no sossêgo de uma fazenda, pertencente a um amigo, onde me refugio quando preciso pôr em ordem trabalhos em atrazo ou escrevê-los com maior ponderação", começava.

> Se fui contrário ao golpe militar de 1964 não é que aprovasse a situação anterior. Ou tivesse com ela qualquer ligação, de ordem política, econômica ou pessoal. Estava, perante ela, na situação de máxima independência. Condenara a renúncia de Jânio Quadros. Recomendara a posse de João Goulart. Aceitara o compromisso parlamentar, embora sem fé nenhuma em sua duração. Votara pelo plebiscito. E sem aprovar os processos políticos em curso, achava necessárias as reformas propostas. Tudo isso com um objetivo superior: evitar a ruptura da continuidade legal e o recurso à violência. Infelizmente, este veio. E com ela, justificada ou não pela anarquia crescente nos meios militares inferiores, o pretexto para que os meios militares superiores passassem a dividir o país, maniqueisticamente, em bons e maus. Os bons representados pelos militares, especialmente de coronel para cima. Os maus, a massa da população civil, representada especialmente por três categorias particularmente perigosas: os políticos, os operários e os estudantes. Essas três categorias, na opinião dos golpistas, militares e civis, ou estavam moralmente corrompidos ou estavam intelectual e materialmente subvertidos pelo veneno marxista e pela influência comunista. Essa obsessão do perigo comunista foi um dos maiores erros de visão dêsses grupos de ideologia direitista e reacionária, que se apoderaram do poder no 31 de março de 1964, com franco apôio das classes ricas, dos grandes jornais, dos elementos superiores e conservadores da Igreja e last but not least, dos Estados Unidos, cujo papel em nossas revoluções latino americanas é raramente ostensivo, mas sempre catalítico.

Ele continuou em sua análise da situação política entre 1964 e 1968 e a tentativa de Lacerda de criar uma abertura democrática por meio da forma-

O intelectual católico Alceu Amoroso Lima (acima) conclamava os bispos a "remover" o regime militar por meios pacíficos. Seguidor de Alceu, dom Hélder prejudicou a imagem do governo ao denunciar no exterior violações aos direitos humanos. (CAALL e Cedohc)

ção da Frente Ampla com Goulart e Kubitschek. No entanto, os estudantes e os operários não tinham nenhuma participação nesse processo. "Tanto as massas populares como a mocidade foram postas em quarentena. Ou perseguidos implacavelmente."

Alceu continuava:

> O fato é que a Revolução cavou um abismo entre si e o povo, como entre si e a mocidade. E se viu forçada a atuar como se essas forças fossem inúteis e pudessem ser dispensadas no processo de construção revolucionária. Daí passarmos a viver em plena impostura democrática. Falava-se em democracia, mas só se praticava uma caricatura democrática, sem eleições e com a perseguição oculta ou patente dos elementos mais dinâmicos de tôda democracia, especialmente nos grandes centros urbanos e nas concentrações industriais. O regime se tornou cada vez mais minoritário, elitista e farisaico[...]
>
> Os elementos dominantes do governo mantinham-se absolutamente irredutíveis em seus preconceitos fascistas e mesmo nazistas, em face dos estudantes como todos marxistas; dos operários como comunistas e instrumentos do Partido em seus elementos mais conscientes; dos políticos como todos corruptos (a não ser os incondicionalmente governistas) e dos elementos avançados da Igreja, como sendo, senão comunistas disfarçados, pelo menos instrumentos ingênuos de comunistização.
>
> Essa mentalidade primária e fanática, agravada pela sinceridade (pois os oportunistas são sempre inofensivos), é que dominava toda a ala dos chamados dedos-duros. Para eles, a tentativa do Presidente Costa e Silva, de humanizar a Revolução, era apenas uma fraqueza e uma ilusão. Convictos de que estamos em estado de guerra revolucionária, e que os inimigos estão dentro da praça e são os próprios compatriotas, esses fanáticos e primários são apologistas da guerra civil não declarada, mas levada avante por todos os meios e até a extinção total do inimigo. E esse inimigo é composto: dos operários, dos estudantes, dos políticos e dos católicos de esquerda, até que provem o contrário e hoje qualquer atitude desses elementos de crítica à Revolução e aos seus próceres é levada à conta de um ato de provocação e de guerra.
>
> O famoso discurso de Marcito [Márcio Moreira Alves] foi apenas um pretexto para que tocassem fogo no paiol. Chego a crer que o provocaram. Se não o provocaram, receberam-no como caído do céu por descuido. E desde a famo-

sa sessão da Câmara, de 12 de dezembro, que foi o mais magnífico exemplo de maturidade democrática que o Brasil deu desde 1930, as comportas do neofascismo se abriram. E todas as máscaras caíram, arrastando consigo a última liberdade que restava — a liberdade de imprensa.

Passaram então a tripudiar sobre a classe política e sobre os elementos da Igreja avançada, como haviam feito sobre os operários e estudantes. De modo que atualmente o que vigora entre nós é pura e simplesmente o arbítrio absoluto de uma minoria militar e civil de fascistas e nazistas, cujo maior perigo não é apenas o de exercer uma ditadura, ou mesmo uma impostura, o que é mais grave que uma ditadura franca. O maior perigo é que estão anestesiando o Brasil. Todos sabemos que a firmeza de caráter não é o nosso forte. E que uma das maiores virtudes do nosso povo, que considero como o mais belo sinal de nosso humanismo brasileiro — a cordialidade, a brandura, o esquecimento das ofensas, o desinteresse, a cordura — tudo isso é facilmente conversível em... falta de caráter, em maleabilidade oportunista.

E é o que está sucedendo com esse governo de paternalismo pretoriano que nos vai habituando a ser governados do alto e de longe, com a vantagem de descarregarmos sobre seus ombros de uma minoria tecnocrática e militar, as responsabilidades dos nossos destinos. E essa minoria militar-técnica, se tem conseguido algum êxito no plano financeiro e econômico, como as ditaduras sempre conseguem, está construindo ou pensando construir uma revolução, como estátua de Nabucodonosor, de ouro com base de areia.

Perante essa realidade muito pouco lisonjeira, perguntará V. Excia., que deve a Igreja fazer?

O mesmo que todos nós, creio eu, que não temos responsabilidades espirituais de direção, mas temos responsabilidades civis históricas: mantermo-nos fiéis às nossas concepções de liberdade, de participação do povo no governo, de legalidade, de não violência, mas de luta constante pelas reformas de estruturas indispensáveis.

Creio que a Igreja, com sua imensa responsabilidade na direção das consciências, não pode silenciar perante os abusos inomináveis que continuam a ser praticados, contra as consciências, contra os direitos mais elementares, contra os conselhos mais evidentes de fidelidade à experiência do nosso passado nacional e às exigências de nosso futuro de nação em franca expansão demográfica.

Creio que a Conferência Nacional dos Bispos não pode silenciar em face da necessidade de reconciliação dos brasileiros como dado elementar para a normalização da vida nacional. A anistia se impõe.

A nova legislação constitucional precisa ser acompanhada de perto e elaborada por juristas que prezem a liberdade, a dignidade, a justiça social não imposta por minorias de força ou de dinheiro.

A liberdade de imprensa tem de ser assegurada, dentro da lei sem dúvida, mas uma lei que não a torne uma farsa.

Os direitos da Igreja, de intervir na luta em favor da elevação do povo, têm de ser garantidos, não só na letra da lei, mas na sua prática efetiva.

A liberdade sindical, tanto para operários como para estudantes, tem que ser reintroduzida.

Em suma, é indispensável que se pratique a democracia honestamente e que se faça do civismo uma efetiva participação do povo na vida pública. Mantenha-se a ordem. Impeçam-se as tentativas de subversão violenta. Mas restabeleçam, quanto antes, as liberdades públicas e particulares, com suas exigências fundamentais.

Sem isso, será inútil progresso econômico e financeiro. Ou... toda tentativa de uma reabertura do Congresso, apenas para chancela oficial dos atos do Poder Executivo.

Continuo a crer que o maior mal das ditaduras, confessadas ou mesmo disfarçadas como ora temos, é desfibrar as nacionalidades.

Cabe à Igreja, guarda das qualidades mais puras do caráter humano, velar para que um regime desfibrador do caráter nacional como esse que nos infelicita, possa ser removido, não por meios violentos ou revolucionários. Mas por meio de uma transformação legal das instituições vigentes, abrindo caminho à liberdade que é o único meio de restituir a responsabilidade a todos nós, que devemos, cada um em nosso posto, participar do governo do bem comum nacional.

Para isso a ação espiritual e racional da Igreja poderá concorrer de modo decisivo, se não silenciar ou comprometer-se.[136]

Embora a Igreja tenha socorrido a esquerda violenta e compartilhado muito de seus objetivos sociais e políticos, ela seguia estritamente o caminho não violento prescrito por Alceu. Durante os anos Médici, membros do clero mantiveram uma série de encontros clandestinos, nos quais discutiram como fortalecer a posição da Igreja e desmoralizar o governo. Os membros desse movimento procuravam levantar a questão dos prisioneiros políticos e pessoas desaparecidas, pressionar as autoridades públicas sobre os abusos contra os direitos humanos e prover os políticos de oposição de informações sobre a repressão.[137] Dom Eugênio não permitiu que o movimento operasse em sua arquidiocese, mas não o impediu de funcionar em outros lugares. Padres do movimento viajavam pelo país. O grupo também estabeleceu vínculos com pastores protestantes, com as lideranças de sindicatos fechados ou sob controle de interventores, e com movimentos populares.[138]

Dom Waldyr recordava-se de um desses encontros:

> Nós tínhamos, nessa época, alguns padres que trabalhavam diretamente lá dentro com os operários. Isso acontecia em muitos lugares. Eu nessa ocasião também fui convidado lá em São Paulo várias vezes para encontros de sindicalistas. Só não fui preso por uma questão de cinco minutos. Estávamos eu, dom Marcos Noronha, bispo de Itabira, estava também dom Luís Fernandes [bispo auxiliar de Vitória], numa reunião da periferia de São Paulo. Os sindicatos, diante da ditadura forte, já querendo procurar outros caminhos, nos chamaram para discutir com eles que caminhos a gente procurar. E nós fomos lá num domingo. Mas, mal terminamos o negócio, cinco minutos depois invadiram. A polícia chegou atrasada.[139]

Como os revolucionários armados, os participantes dessa campanha seguiam cuidadosas medidas de segurança e usavam códigos para evitar serem presos. Padre Agostinho contou que na JOC um telegrama com a frase "família jocista hospitalizada" significava que jocistas haviam sido presos; "três pessoas da minha família estão com febre" indicava que a polícia os estava perseguindo; e "o Vicente foi desenganado" significava morte. Para jocistas no Rio, "a casa primitiva" significava a casa dos padres saletinos em Catumbi. Ninguém no movimento carregava caneta ou papel — somente uma Bíblia. Pessoas também faziam "pontos", encontros rápidos nas ruas.[140]

Para sustentar o seu trabalho, padres davam escapadas a países vizinhos para buscar recursos. Um simpatizante-chave foi Earl Smith, um insuspeito pastor metodista norte-americano aposentado que vivia no Uruguai e obtinha dinheiro nos Estados Unidos. Dom Hélder também doava fundos recebidos de fontes estrangeiras.[141] Além disso, padre Agostinho ajudou a levar pessoas perseguidas para o Uruguai e para a Argentina.[142]

Outra iniciativa aconteceu em São Paulo. A cada duas semanas, dom Paulo reunia importantes intelectuais da oposição como o economista Paul Singer e o sociólogo Fernando Henrique Cardoso para o chamado "grupo dos loucos". Ruth Cardoso e Vinícius Caldeira Brant também participavam. Assumindo a aparentemente impossível tarefa de discutir o futuro do Brasil durante a mais pesada repressão, o grupo buscava estratégias para a redemocratização e soluções para as dificuldades do país. Os encontros duraram até 1976.[143] A cooperação entre a Igreja e o Centro Brasileiro de Planejamento (Cebrap), um instituto de pesquisa fundado por Fernando Henrique, levou à publicação de *São Paulo 1975: crescimento e pobreza*, que demonstrava as profundas desigualdades do modelo econômico do regime militar.[144]

Muitos dos mesmos bispos e clérigos que resistiram à ditadura durante os anos Médici foram de fundamental importância na fundação das CEBS, dos movimentos de direitos humanos, da Pastoral Operária, da CPT, do Cimi e de outras iniciativas da Igreja progressista. Esses organismos, em contrapartida, ajudaram a estabelecer a liderança moral da Igreja durante a *abertura*.

CONCLUSÃO

Depois de 1889 e de 1964, a Igreja e as Forças Armadas entraram em conflito, que resultava da busca, de cada uma das partes, de dar forma ao desenvolvimento da nação por meio de sua própria modernização institucional. Em ambos os casos, o Exército tentou excluir a Igreja da esfera pública, e o clero resistiu exercendo influência política. No primeiro caso, a Igreja recuperou seu poder e veio a se tornar uma fiel aliada das Forças Armadas na luta contra o comunismo. O conflito pós-1964 foi particularmente surpreendente por causa da rapidez e da profundidade da fissura aberta entre a cruz e a espada, após um período de íntima cooperação.

Em meados do século XX, a Igreja e o Exército fizeram um casamento de conveniência fundado mais em identidade cultural e no anticomunismo do que em convicção religiosa. Fundamentalmente, as histórias e os pontos de vista das duas instituições eram muito diferentes. A religiosidade das Forças

Armadas escondia o fato de que nenhuma das instituições realmente compreendia a vida e os motivos internos da outra. Depois de 1964, a influência da Igreja sobre os militares se baseava cada vez mais na admiração mútua pela hierarquia, disciplina e tradição do que no ensino de autênticos valores cristãos. A Igreja estava, da mesma forma, despreparada para compreender assuntos de segurança que fossem além de uma ação reflexa contra o comunismo.

Quando a Igreja abandonou boa parte de sua tradição em uma nova porém dolorosa tentativa de modernizar-se, a ênfase unidimensional das Forças Armadas em segurança impediu que o corpo de oficiais compreendesse o processo de mudança religiosa. Para o regime, "subversão" poderia significar qualquer coisa que ameaçasse não apenas os alicerces políticos do regime, mas também as tradições sociais, eclesiásticas e morais. O catolicismo, para a maioria da liderança militar, não era uma idéia em evolução, como o Vaticano II o concebera, mas uma âncora imóvel de patriotismo e estabilidade. Os generais não viam nenhuma contradição entre a ideologia de segurança nacional e as crenças cristãs. A DSN defendia a civilização cristã ocidental e, portanto, reservava um papel importante para a Igreja. Os militares recordaram ao clero que, ao lutarem contra o comunismo, estavam combatendo o arquiinimigo do cristianismo. O Estado de segurança nacional prometia privilégio e prestígio à Igreja, se essa continuasse a prestar seu apoio tradicional ao *status quo*. A aliança com o Estado de segurança nacional foi uma possibilidade tentadora.[145] Mas as Forças Armadas viam o novo engajamento do clero com o povo como uma ameaça à estrutura de classes e à própria proeminência social e política dos militares. Com a deterioração das suas relações, os dois lados achavam cada vez mais difícil olhar com os mesmos olhos questões de justiça social e subversão.

2. A formação de um golpista devoto

A defesa da civilização cristã ocidental pelos generais brasileiros é freqüentemente atribuída a preocupações geopolíticas e ideológicas, com pouca ou nenhuma discussão sobre os antecedentes religiosos das Forças Armadas. Além disso, porque usava tortura e outras formas de coerção, poderia ser fácil concluir que o Exército era constituído por simples brutamontes sem sofisticação nem inteligência.

Muitas pessoas sentem repugnância pelo militarismo. É certo que ele tem sido responsável por muitos dos males do século XX. Como seria o mundo hoje se os Estados Unidos e a União Soviética tivessem gastado trilhões de dólares em pesquisas na área de saúde e em educação, em vez de armas de destruição em massa? Como seria o Brasil se as Forças Armadas tivessem se juntado a João Goulart para efetuar reformas sociais, em vez de interromper o processo democrático e esmagar os movimentos populares? Questões importantes como essas compõem o ponto crucial da história. O que quero ressaltar aqui é que a resposta emocional ao militarismo tem obscurecido com freqüência a nossa compreensão das Forças Armadas como grupo social.

A história do Exército brasileiro é mais complexa do que somos muitas vezes levados a acreditar. Neste capítulo, vou focalizar especificamente como a biografia religiosa e militar do general Muricy exemplifica o significado do catolicismo para os militares, ajuda a explicar a gênese do conflito entre a Igreja e o Estado e dá uma visão mais matizada do antagonismo religioso-militar. Apesar de na época o Exército entender mal a Igreja e não estar totalmente convertido aos ensinamentos cristãos, o catolicismo ainda mantinha um significado importante e poderoso para muitos oficiais brasileiros.

Soldado até a raiz dos cabelos, Muricy também era um homem devoto, que mostrava grande lealdade à Igreja. Encarnava um patriotismo que buscava progresso material e proeminência política internacional para o Brasil, mas também a preservação dos valores tradicionais religiosos e culturais embutidos na herança católica do país. Por causa disso, com o passar dos anos, Muricy cultivou numerosos contatos na Igreja. Segurança nacional era um assunto militar, mas também religioso. A história de como os militares e os bispos entraram em conflito e se reconciliaram pode ser traçada por meio do contato íntimo do general Muricy com a liderança da Igreja nos anos 60, quando ele tanto fez amizades com bispos quanto os atacou por suas posições políticas.

O BOM SOLDADO CATÓLICO

A formação religiosa de Muricy durante a infância teve altos e baixos e foi bastante pluralista. As mulheres brasileiras, mais do que os homens, têm exercido influência religiosa no espaço privado do lar, e foi isso o que aconteceu no caso de Muricy. Sua mãe freqüentava a missa, mas seu pai, apesar de ter crescido em um ambiente católico, se tornou maçom e distanciou-se da Igreja. O reforço religioso maternal veio, em seguida, por parte das freiras que dirigiam a primeira escola freqüentada por Muricy, no jardim-de-infância. Mais tarde ingressou em uma escola protestante, dirigida por norte-americanos que usavam a Bíblia como o principal livro didático. Em geral, embora o diálogo ecumênico só viesse a ocorrer mais de meio século depois, a diversidade étnica do Paraná, estado natal de Muricy, criava um clima de tolerância religiosa. "Na formação do Paraná havia alemães, católicos e não-católicos; poloneses, com a grande maioria de católicos; e italianos. Tudo isso formava um amálgama de tal maneira eclético, que as religiões todas viviam e conviviam", recordou Muricy, em sua entrevista de 1981 no CPDOC.[1] Outra possível influência religiosa veio de seu meio-irmão mais velho, José Cândido de Andrade

Muricy, que estudara em um seminário em São Paulo e depois no Colégio São Bento, prestigiosa escola de elite dirigida pelos beneditinos no Rio de Janeiro.[2]

Muricy adotou definitivamente o catolicismo nos anos 20, quando a campanha da Igreja pela neocristandade estava a todo vapor. Permaneceu fiel à Igreja durante toda a sua vida. Praticava o catolicismo tridentino conservador da elite, ia regularmente à missa, confessava e recebia a comunhão, e mantinha laços estreitos com o clero.

Nos anos 30, o capitão Muricy e sua primeira esposa, Ondina Pires de Albuquerque da Silva, começaram uma amizade com o padre Hélder Câmara que duraria três décadas. Professora primária, Ondina fora colega de infância de Virgínia Côrtes de Lacerda, uma das participantes do grupo de mulheres leigas que trabalhavam como auxiliares de padre Hélder. José Muricy também o conhecia por ser membro do Centro Dom Vital. Ondina tornou-se sua assistente quando o padre foi trabalhar no Departamento Municipal de Educação do Rio. Muricy e ele iam juntos para seus respectivos empregos, na Escola de Estado-Maior e na Universidade Santa Úrsula. "Tomava meu bonde Praia Vermelha, e o padre Hélder tomava o [mesmo] bonde", recordava Muricy. "Então íamos muitas vezes conversando. E até no estribo do bonde. Ele sempre com uma pasta quase do tamanho dele, tão pesada quanto ele [...] Aí se forma, então, uma amizade que só vai terminar no Recife."[3]

Um exemplo da devoção religiosa do casal Muricy era sua escrupulosa adesão ao ensinamento da época pré-conciliar do catolicismo, que reservava a atividade sexual estritamente para a procriação, e não para o prazer. Quando uma primeira gravidez difícil fez com que o casal evitasse mais filhos, eles pararam de receber a comunhão, pois sabiam que estavam violando os ensinamentos da Igreja. Muricy falou sobre o nascimento de seu filho Marcos:

> Houve um período em que minha primeira mulher teve um parto dificílimo. Naquele tempo, cesariana era raríssimo. Tão raro que foi a primeira cesariana da casa de saúde onde o Marcos nasceu [...] Foi uma das primeiras cesarianas que houve no Rio de Janeiro, em 1928. Ela teve infecção puerperal. Então, com isto, o médico recomendou que espaçássemos os filhos ou não tivéssemos mais filhos. Com isso deixamos de comungar, mas íamos sempre à missa.[4]

Anos mais tarde, quando a saúde de Ondina começou a se deteriorar por causa de um problema cardíaco, ela quis receber a comunhão, e explicou a situação difícil do casal ao padre Hélder. "O seu caso é justo", respondeu-lhe dom Hélder. Muricy disse: "Deu a absolvição, ela recomeçou a comungar e eu também. Levei muitos anos sem comungar por causa disso. Ele foi várias vezes lá em casa para dar comunhão à minha mulher. Numa das vezes, acabada a comunhão, eu o levei para casa. Ele ia ser sagrado bispo no dia seguinte".[5] Enquanto Ondina se aproximava da morte, em 1954, depois de sete anos de enfermidade, o bispo Hélder permaneceu próximo à família, servindo de confessor pessoal e fazendo visitas freqüentes ao seu leito de doente. "Ele ficou ao lado da minha mulher, na fase final da vida dela", disse Muricy. "Ele ia à minha casa dar comunhão à minha mulher. Quando ela morreu, ele ficou ao lado do caixão, foi ao enterro, fazia um calor louco e ele ficou ali ao lado. Eu não esqueço isso."[6]

A segunda esposa de Muricy, Virgínia, ajudou o marido a estabelecer vínculos com a Igreja no Recife, sua cidade natal, no final dos anos 50 e 60.

General Muricy (quarto a partir da direita) e dona Virgínia Ramos da Silva Muricy encontram o papa Paulo VI (de branco, à esquerda) no Vaticano, junho de 1972. A liderança militar do Brasil tinha o pontífice em alta consideração — por motivos políticos e por convicção religiosa. (FGV/CPDOC, ACM)

Um dos mais claros depoimentos de Muricy sobre suas crenças foi feito quando ele comandava o quartel de Cruz Alta, Rio Grande do Sul, em 1961. Quando o novo bispo da diocese de Santa Maria, dom Luiz Victor Sartori, fez sua primeira visita pastoral a Cruz Alta durante o festival de maio da padroeira da cidade, Nossa Senhora de Fátima, Muricy foi escolhido para lhe dar as boas-vindas. Novo na cidade e para o bispo, ele se apresentou como um "católico convicto, que sabe o que de seguro e grandioso lhe pode dar um experimentado guia espiritual" na figura do bispo. Falou sobre o laço profundo entre a vida religiosa e a militar e seus objetivos cristãos comuns:

> Paradoxal como pareça, a vida do sacerdote e a vida do soldado muito têm em comum. Ambos são educados na compreensão da disciplina consciente; ambos, desde cedo, são esclarecidos sobre a grande força que os valores morais representam para o homem; ambos são orientados no sentido de se esquecerem de seu eu, em benefício da causa ou da idéia a que se dedicam de corpo e alma; ambos não têm hora para o cumprimento dos seus deveres.
>
> Na vida do sacerdote, como na vida do soldado, temos, ainda, a grande oportunidade de travar profundo conhecimento com o próximo, senti-lo e, principalmente, amá-lo.

Muricy também falou contra o comunismo. Pediu a dom Sartori que aconselhasse os brasileiros, em um mundo em que "o choque entre o material e o espiritual mais e mais se avoluma". Como muitos católicos, via a Igreja como um baluarte contra o comunismo.

> Ninguém pode diminuir a importância da análise econômica e social feita por Marx e a de certas conclusões a que chegou. E nisso está o perigo do comunismo para os que não estão suficientemente esclarecidos.
>
> Mas se o valor de Marx como economista é inconteste e reconhecido pela própria Igreja, errou ele, entretanto, e erram os que o seguem, quando, baseado apenas nos fatos econômicos, trasvestindo-se de sociólogo, procurou esboçar as normas que deveriam orientar a sociedade e a sua evolução, esquecendo que o homem é matéria e é espírito, e mais espírito mesmo que matéria.
>
> Sua doutrina, considerando o homem apenas como fator de produção, o célebre e decantado "Homo Econômicus", faz dele apenas um servidor do Estado

que o despersonaliza e o degrada, quando o certo é o Estado servir ao homem, atendendo-o e valorizando-o. A solução comunista é, assim, antinatural e, portanto, injusta e imoral.

No Brasil, o comunismo insidiosamente abrira caminho para dentro de círculos católicos, "produzindo desvios que a Igreja necessita evitar". Alguns católicos agora achavam ser possível "humanizar o comunismo, isto é, humanizar o que por definição é inhumanizável". A Igreja provia o verdadeiro caminho da vida por meio dos ensinamentos sociais dos papas. A pessoa do bispo era um elemento-chave para endireitar esses "infelizes ex-católicos".

Mas a Igreja no Brasil tinha uma grande tarefa pela frente, se pretendesse mesmo guiar o povo. Muricy explicou:

> Somos nós, brasileiros, normalmente, católicos displicentes. Chegamos mesmo a ter em nossa terra a figura incrível do católico que se diz "não praticante", como se fosse possível pertencer a uma religião sem praticá-la.
>
> É preciso esclarecer os católicos. Normalmente, nossa formação religiosa é má. Paramos, muitas vezes, nas aulas decoradas que tivemos para fazermos nossa primeira comunhão. É preciso atingir os meios cultos, discutindo abertamente pontos poucos conhecidos ou de difícil compreensão da doutrina católica e é preciso, também, atuar nos meios mais modestos, numa ação catequética que se prolongue pela vida inteira.
>
> Através da vida tenho observado que, nem sempre, os membros da Igreja têm sabido penetrar nas massas e compreendê-las. Senti mesmo, no Nordeste, reação contra este estado de cousas. É imprescindível a integração de todos nós ao meio, no sentido de percorrermos juntos o bom caminho.[7]

Esse discurso revelava um notável apreço pela força política, social e religiosa do catolicismo brasileiro, mas também por suas fraquezas. Ele realçava ainda a seriedade da elite intelectual das Forças Armadas. O anticomunismo de Muricy tinha raízes profundas no catolicismo. Mas suas crenças não o cegavam quanto à necessidade de a Igreja se aperfeiçoar por meio da inovação. Como muitos bispos e especialistas em práticas pastorais, percebia a necessidade de melhor doutrinação católica em todos os níveis sociais. Demonstrava grande consciência da dificuldade crônica que a Igreja tinha para atrair os pobres — um problema que em parte deu origem às experiências pastorais da Igreja progressista. Muricy não era um anticomunista por puro reflexo, mas uma pessoa que pensara cuidadosamente sobre suas posições durante toda uma vida militar e de experiência religiosa.

UM *TROUPIER* EXPOSTO À POLÍTICA

Muricy era um *troupier* disciplinado, que tirava prazer da ação e da oportunidade de comandar.[8] Não hesitava em tomar decisões no calor da hora, geralmente falando com franqueza diante de subordinados e também de superiores. Com o tempo, desenvolveu uma austeridade e um excepcional instinto de sobrevivência que lhe permitiram trabalhar com eficiência durante toda a carreira e chegar quase aos 94 anos. Em 1949, por exemplo, então com 43 anos, o tenente-coronel Muricy sentiu dores no peito e imediatamente suspeitou de um ataque de coração. Seu médico confirmou o autodiagnóstico. Muricy se recuperou, foi em frente até se tornar general e serviu ao Exército por mais 21 anos.[9] Quando era chefe do Estado-Maior do Exército, prometeu que resistiria a qualquer tentativa de seqüestro. Durante nossa entrevista de 1993, o general me contou que:

> Eu recebi um aviso dos órgãos de informação do governo de que meu nome tinha sido encontrado várias vezes em vários aparelhos como um dos que seria seqüestrado. De que eu me preparasse para não ser seqüestrado. O que fazer em caso de ser seqüestrado. Chamei as pessoas da minha segurança pessoal, informei do aviso e disse que não seria seqüestrado. Eu iria reagir de qualquer maneira. Eu botava a liberdade deles de deixarem de ser seguranças. Eles disseram que morreriam comigo.[10]

O vigor de Muricy é ainda mais notável à luz de um incidente que aconteceu em 1979. Então com 73 anos, ele estava dormindo com sua esposa quando quatro assaltantes invadiram sua casa no histórico bairro de Santa Teresa, no Rio. Reagindo como um jovem soldado em tempo de guerra, Muricy acordou imediatamente e investiu contra um dos invasores quando este entrou no quarto. Outro ladrão atirou nele e a bala se alojou perigosamente no pericárdio, a bolsa que contém o coração. O general não só chegou vivo ao pronto-socorro como viveu até o ano 2000 com a bala ainda alojada próxima ao coração. O assalto e a busca dos suspeitos, finalmente capturados, pela polícia, foram manchetes dos jornais do Rio durante semanas.[11]

Muricy devia sua longevidade em parte a suas duas esposas. Em seu depoimento de 1981 ao CPDOC e de novo em entrevista que me concedeu em 1997, Muricy salientou a importância de cada uma em sua vida.

> Eu sou um homem que mereci de Deus as maiores graças possíveis que um homem pode ter. Entre elas a graça de ter tido duas mulheres [...] Meu período de vida com a minha primeira mulher, com Ondina, foi um período de formação [...] É um período em que eu me firmo como oficial. Com a minha segunda mulher [Virgínia], é o período da luta. Então, ela é uma criatura que suportou embates brutais, na minha vida, com toda a firmeza e sem criar problemas. Pelo contrário, estimulando. Então, as minhas duas esposas ambas com características diferentes, eram dedicadíssimas a mim — e eu a elas — e perfeitamente adaptadas ao período de vida que eu estava vivendo. Então eu sou um homem feliz.[12]

Reconhecido por suas habilidades em campo, Muricy liderava com paciência e compostura. Ele era um estudioso das pessoas. Sua longa experiência como instrutor e oficial no Departamento de Pessoal lhe garantiu ampla oportunidade para observar as pessoas cuidadosamente. Junto com seus postos em várias regiões do Brasil, esses trabalhos o tornaram um dos oficiais mais conhecidos do Exército. Muricy falou de seu tempo como instrutor na Escola de Comando e Estado-Maior durante a Segunda Guerra Mundial:

> Eu privei com a fina flor do Exército nessa ocasião. E ao mesmo tempo, como eu era instrutor, e instrutor que ficou muitos anos[,] tinha muito contato com o Estado-Maior, ia muito ao Ministério. Dessa maneira, ampliei imensamente os meus conhecimentos dentro do Exército.
>
> Todo mundo me conhecia e eu conhecia todo mundo. Fui instrutor de uma porção de oficiais que depois foram generais, inclusive o Médici; o Humberto de Sousa Melo; o Azevedo Silva, este de quatro estrelas; em suma, dos meus alunos, talvez uns trinta foram a general.[13]

Muricy também mostrava profunda preocupação por assuntos intelectuais. Lia constantemente e, nos anos 50, juntou-se ao corpo de elite da ESG. Os seus antecedentes o levaram a mostrar considerável moderação durante crises e a acalmar o gênio tempestivo de soldados mais jovens.

Um modelo anterior de envolvimento militar na política veio de seu pai. O tenente-coronel José Cândido da Silva Muricy participou da conspiração que destronou o imperador dom Pedro II e instalou a República em 1889.[14] O jovem Muricy só nasceria dezessete anos depois, mas cresceu com o legado político de seu pai. Em 1917, com dez anos de idade, matriculou-se no Colégio Militar no Rio de Janeiro. Em 1923, entrou na Academia Militar, onde se formou dois anos mais tarde, na Artilharia, que também fora a divisão de serviço do velho Muricy.[15] Os artilheiros viam a si próprios como um grupo de elite dentro do Exército por causa de seu treinamento científico em armas pesadas.[16]

Enquanto cursava a Academia, Muricy solidarizou-se com os jovens oficiais que se revoltaram contra o governo em 1922. Como os tenentes, ele queria ver o Brasil modernizado política e economicamente, que acabasse com o monopólio de poder da oligarquia rural. Na Revolução de 1930, o tenente Muricy se identificou com as forças de Vargas, embora não tivesse tido muita escolha senão obedecer aos generais governistas que controlavam o Exército no Rio de Janeiro.

Durante os anos conflituosos e decisivos da década de 30, Muricy evitou os extremos do comunismo e do integralismo. Ele tendia para a democracia e se concentrava na unidade do Exército — um tema constante durante toda a sua carreira. Rapidamente, distanciou-se dos comunistas, cuja incursão nas Forças Armadas ameaçava a sua unidade. Depois da Revolução de 1930 e da sangrenta Revolução Constitucionalista de 1932 em São Paulo, homens de ambos os lados se reconciliaram imediatamente. Após a rebelião comunista de 1935, porém, diferenças ideológicas profundas impediram o retorno à harmonia. Muricy sentiu pela primeira vez o ódio dos conspiradores contra os vencedores. Tempos depois, definiu esse período como a raiz das tensões que levaram ao golpe de 1964. Para as Forças Armadas brasileiras, os eventos de 1935 sobreviveram como símbolo poderoso da luta ideológica. Anualmente os militares comemoravam sua vitória contra os comunistas.

Muricy também preferiu não aderir ao integralismo. Acreditava que já apoiava os ideais do integralismo como soldado que defendia o país, a família e a religião. Além disso, via uma contradição entre a democracia e a corrente antiliberal do integralismo. No entanto, também não era um partidário incondicional da democracia. Apoiara a ditadura do Estado Novo por causa de sua oposição ao comunismo. De qualquer forma, achava os integralistas menos perigosos que os comunistas e manteve contato com eles ao longo dos anos. Entre esses velhos amigos de direita estava Raimundo Padilha, o futuro líder da Arena e pai de Tarcísio Padilha.

A ESG: DEFININDO A SEGURANÇA NACIONAL E FORJANDO OFICIAIS "POLÍTICOS"

Durante a Segunda Guerra Mundial, o major Muricy estabeleceu vínculos com o grupo de oficiais que definiria e implementaria a DSN nos anos 50 e 60. Enquanto ensinava na Escola de Estado-Maior, Muricy conheceu o capitão Golbery do Couto e Silva, o emergente mestre da política brasileira de segurança. Em 1944, Muricy, Golbery e muitos outros oficiais viajaram aos Estados Unidos para um curso de treinamento na Escola de Comando e Estado-Maior do Exército Americano em Fort Leavenworth, Kansas. Lá, prepararam-se para as batalhas da FEB. Muricy não foi para a frente de guerra. Em vez disso, recebeu ordens para voltar à Escola de Comando e Estado-Maior no Rio, onde trabalhou intensivamente para preparar outros homens para a guerra.[17] Durante esse período, também trabalhou de perto com Castello Branco, um dos líderes da FEB e futuro golpista.

Depois da guerra, Muricy foi promovido a tenente-coronel e trabalhou como chefe da Seção de Pessoal do gabinete do ministro da Guerra Canrobert Pereira da Costa, um anticomunista declarado, que aspirava à sucessão do general Eurico Gaspar Dutra como presidente do Brasil em 1950. Como ministro da Guerra durante o Estado Novo, Dutra participara da deposição de Vargas, que se seguiu ao clamor da oposição pela redemocratização em 1945. Porém, quando Vargas foi eleito novamente em 1950, o general Canrobert protegeu Muricy de represália política, enviando-o para a ESG para fazer o curso de Segurança Nacional. Simultaneamente, Muricy foi nomeado membro permanente da equipe da escola. Em 1952, foi promovido a coronel.

Muricy participou da intensa vida intelectual da ESG como professor, pensador e organizador. De 1951 a 1953, ele e outros membros da equipe trabalharam fervorosamente para levar a DSN de seu estado embrionário a um *corpus* sistemático de idéias capaz de guiar o futuro do país. Muricy coordenou os métodos de trabalho da escola, não raro usando a experiência adquirida em Fort Leavenworth e suas leituras de John Dewey, filósofo da educação americano. Era o moderador de freqüentes sessões nas quais oficiais debatiam seus diversos conceitos de segurança. Muricy acabou por se especializar na guerra revolucionária comunista. A bibliografia sobre o assunto era inexistente no Brasil, o que levou o coronel a passar longas noites a ler fontes em inglês. Com o tempo, acumulou seis metros de documentação nas prateleiras.[18]

A ESG tornou-se um ninho de maquinação política contra Vargas e depois contra Kubitschek. Em 1954, por exemplo, Muricy e outros oficiais da ESG endossaram um memorando anti-Vargas, o Manifesto dos Coronéis, que reclamava da corrupção política, da negligência do governo quanto às necessidades do Exército e dos perigos da infiltração esquerdista nas Forças Armadas. A posição de Muricy o marcou como "oficial político" em alguns círculos militares. Um companheiro oficial chamou-o de "golpista".[19] Embora Muricy tivesse horror à possibilidade de a política ser uma fonte de divisões no Exército, os fatos comprovaram o temor de seus colegas. Em 1955, ele e outros oficiais da ESG juntaram-se à conspiração para impedir a posse do presidente eleito Kubitschek e do vice-presidente Goulart.

As atividades políticas de Muricy na década de 50 impediram sua promoção a general durante os anos Kubitschek e o levaram a um exílio informal e dourado como chefe da Comissão Militar Brasileira na embaixada do Brasil em Washington, de 1956 a 1958. Embora o trabalho burocrático tivesse retardado a carreira militar de Muricy, rendeu-lhe um salário excelente — cerca de 24 mil dólares por ano — pago em moeda americana.[20] O descanso nos Estados Unidos também ajudou o coronel de meia-idade a pôr sua vida pessoal em ordem, após o período de depressão que se seguiu à morte de Ondina, em 1954. Enquanto vivia em Washington, casou-se com Virgínia Ramos da Silva, bibliotecária da ESG.

No final do governo Kubitschek, Muricy foi finalmente promovido a general e enviado ao Rio Grande do Sul — o estado natal de Vargas, do vice-presidente Goulart e do mordaz populista Leonel Brizola, que foi seu governador de 1959 a 1962. Os cunhados Goulart e Brizola dirigiram o Partido Trabalhista Brasileiro (PTB) de Vargas até o golpe mandá-los para o exílio. O sistema de eleições separadas para presidente e vice permitiu que Goulart se reelegesse vice-presidente em 1960, quando Jânio Quadros, da antivarguista União Democrática Nacional (UDN), se tornou presidente. Muricy recebeu ordens pessoalmente de Odylio Denys, ministro do Exército, para manter as forças pró-Brizola sob observação. O carismático populista conduzia a política do Rio Grande do Sul para a esquerda, expropriando companhias estrangeiras e tomando outras medidas radicais. O trabalho de Muricy incluía localizar infiltrações comunistas no Exército e enfrentar os aliados militares de Brizola, caso se revoltassem contra o governo central. Uma das tarefas de Muricy foi acabar com uma greve no trânsito apoiada por Brizola.[21]

Quando Jânio, inesperadamente, renunciou em agosto de 1961, depois de menos de sete meses no poder, Muricy aderiu à facção do Exército que, fora do Rio Grande do Sul, queria impedir a ascensão de Goulart à Presidência. Os homens de Vargas teriam poder novamente. Isso enfureceu os militares conservadores e remexeu em seus temores do comunismo. Brizola armou a população e ameaçou lutar, persuadindo o contingente do Exército do Rio Grande do Sul a apoiar Goulart. Muricy rompeu com o comandante do III Exército, general José Lopes Machado, deixou o estado com sua família e preparou-se para combater, enquanto o Brasil chegava à beira da guerra civil. No final, porém, o bom senso prevaleceu, e permitiu-se que Goulart assumisse a Presidência com a condição de se instituir o sistema parlamentarista de governo, que reduzia os poderes do chefe do Executivo. Dom Vicente Scherer, o cardeal-arcebispo de Porto Alegre, agradeceu a Muricy por ajudar a "convencer as autoridades e o povo da gravidade do perigo comunista".[22]

Servindo no Nordeste, em 1963 Muricy se envolveu em um incidente com Brizola, na época deputado federal, que ganhou a atenção de todo o país. Os dois estavam em Natal quando Muricy participou de um jantar com o embaixador americano Lincoln Gordon e outras autoridades. Falando em um programa nacional de rádio, Brizola chamou Muricy de "gorila" e golpista por suas ações em 1961. Muricy teve de conter os vários oficiais enfurecidos, que queriam punir o deputado, mas passou a fazer discursos nos quais advertia contra o avanço da subversão de esquerda.[23]

Um dos primeiros conspiradores contra Goulart, Muricy usou sua grande rede de contatos para trabalhar pela unidade militar durante o golpe. Sondou outros oficiais sobre a possibilidade da tomada do poder e serviu de elo de ligação entre os conspiradores do Exército e Golbery, que se aposentara quando Goulart se tornou presidente. Também relatou a Castello Branco que Goulart estava planejando seu próprio golpe.[24] Em 13 de março de 1964, o Comício da Central do Brasil, no centro do Rio de Janeiro, reuniu Goulart, Brizola, o radical governador de Pernambuco Miguel Arraes, e líderes de diversos sindi-

O "golpista" general Muricy (à frente) no comando do Destacamento Tiradentes, que chegou no Rio de Janeiro na manhã de 1º de abril de 1964, pondo fim ao governo do presidente João Goulart. À direita, o general Olímpio Mourão Filho, ao seu lado, José Maria Alkmin. (Acervo Iconographia)

catos e movimentos populares de esquerda que apoiavam o apelo de Jango por reformas básicas na sociedade brasileira. A manifestação pública consolidou a resolução dos conspiradores de agir, e convenceu muitos oficiais indecisos a se juntar a eles. Um grupo de oficiais de escalões inferiores planejou dispersar o comício iniciando um incêndio — exemplo de como, mais tarde, a linha dura iria agir contra a esquerda. Muricy acabou com esses planos. Mais tarde, usou seu prestígio para manter a paz entre as facções lideradas por Castello Branco e Costa e Silva, aliados contra Goulart, mas rivais na disputa pela Presidência. Costa e Silva tornou-se ministro do Exército de Castello Branco.[25]

Muricy foi o único general que de fato comandou tropas para a ação durante o golpe sem derramamento de sangue de 31 de março de 1964. Deixando seu posto no Rio de Janeiro, correu para Minas Gerais para assumir o comando do Destacamento Tiradentes, assim nomeado em homenagem ao herói nacional executado por sua oposição ao governo português nos tempos coloniais. Muricy guiou suas tropas das montanhas de Minas até as planícies do Rio, onde chegaram na manhã de 1º de abril. Com sua maneira característica, Muricy compeliu os soldados legalistas a se juntar à sua coluna.[26] Com seu dispositivo militar em desintegração, Goulart voou do Rio para Brasília e em seguida deixou o país pelo Rio Grande do Sul. Uma nova era na história brasileira começara, e Muricy estava entre seus líderes.

PONDO UM FIM À SUBVERSÃO E À TORTURA NO NORDESTE

Muricy serviu três vezes no Nordeste nos anos imediatamente anteriores e posteriores ao golpe. Muitos temiam que essa região empobrecida explodisse em uma revolução, como acontecera em Cuba, em 1958. No final dos anos 50 e começo dos 60, o Nordeste era também o coração do catolicismo progressista. A experiência de Muricy na região proporcionou-lhe uma compreensão íntima da perspectiva das mudanças na Igreja e sua relação com questões de segurança. Também foi severo com a esquerda católica, a qual, acreditava, se aproximara demais do comunismo.

A primeira designação de Muricy para o Nordeste, por dois anos, ocorreu logo após seu retorno de Washington, em 1958. Ele comandou o Centro de Preparação de Oficiais da Reserva no Recife, cidade natal de dona Virgínia, sua esposa. Ela estudara no colégio das dorotéias no Recife e fora dirigente da Juventude Independente Católica, um grupo da Ação Católica, antes da radicalização desta no final dos anos 50. O casal Muricy passou a freqüentar a ativa elite leiga do Recife, fez amizade com padres e participou de círculos de discussão para casais católicos. Esses grupos examinavam com freqüência os gritantes problemas sociais do Nordeste. Para se preparar para esses debates, Muricy estudou a doutrina social da Igreja. Em várias ocasiões, os círculos ouviram o pedagogo Paulo Freire, cujos métodos de alfabetização popular influenciaram profundamente o catolicismo progressista.[27] Muricy recordava-se: "Tive várias discussões com o Paulo Freire nessa ocasião. Não sei até onde é comunista, mas que ele é de esquerda, meio comuna, é. Não tenha dúvida nenhuma. Tivemos discussões muito grandes".[28] No Nordeste, o general também conheceu dom Avelar, bispo de Teresina e futuro membro da Bipartite, e dom José Távora, o progressista bispo de Aracaju e ex-colaborador de dom Hélder no Rio.

O Nordeste — e Recife em particular — viviam uma fase vibrante de política e religião radicais. No campo, Francisco Julião organizava as Ligas Camponesas para lutar contra o monopólio secular dos grandes proprietários de terra. Cheirando o comunismo, os padres competiam com as Ligas na organização de sindicatos mais moderados. Em 1962, Miguel Arraes, então prefeito do Recife, tornou-se o líder da esquerda no Nordeste depois de vencer as eleições para governador do estado de Pernambuco. Defensor dos pobres, Arraes trouxe Freire para pôr em prática um programa estadual de alfabetização. Pelo método de conscientização de Freire, Arraes e outros esquerdistas esperavam credenciar a massa de analfabetos proibida por lei de votar. O empenho de Freire foi um exemplo de como os católicos brasileiros radicalizaram depois de se desiludirem com o desenvolvimentismo nacionalista dos anos 50.[29] Pobreza e agitação política no Nordeste levaram o governo dos Estados Unidos a tentar controlar os eventos na região, na esperança de evitar uma nova Cuba ainda maior.

O general Muricy trabalhou para educar seus companheiros soldados e a população em geral sobre os perigos da guerra revolucionária comunista. "Até então, os assuntos da guerra revolucionária eram inteiramente desconhecidos da grande massa de oficiais do Exército brasileiro, e do povo então, nem se diga", recordava Muricy.[30] Idealizada primeiro por Lenin em 1917 e refinada por outros líderes comunistas, a teoria da guerra revolucionária propunha a tomada do poder por meio de propaganda, infiltração e ação de guerrilha. Em um discurso privado para oficiais depois do incidente com Brizola em maio de 1963, Muricy declarou que "a guerra revolucionária [...] já lavra no Brasil" e tinha que ser combatida. "A luta contra a guerra revolucionária cabe tanto aos militares quanto aos civis e, nas fases iniciais, mais aos civis que aos militares, devendo envolver todas as classes e atividades", afirmou Muricy. Ele pedia reformas sociais e políticas urgentes, para eliminar as "contradições internas" que permitiam a ação dos comunistas. O povo, em especial os líderes políticos e a imprensa, precisava cooperar com as Forças Armadas. Muricy descrevia um cenário assustadoramente fiel do Brasil do final dos anos 60: "A partir do momento em que começa a luta armada, ou quando esta está iminente, nova situação aparece. O estado de sítio se impõe, e toda a máquina militar, com o apoio da população civil, deve atuar com energia. É necessário impor limitações aos direitos individuais".[31] Ele manteve viva a controvérsia sobre Brizola, repetindo o discurso em público. Também mandou cópias do discurso a dom Sartori e dom Carlos Coelho, o arcebispo do Recife.

Muricy logo tomou medidas contra a subversão. Um novo posto o levou a Natal, no início de 1963. De lá, viajava freqüentemente ao Recife, sempre que a tempestade política piorava. Muricy admitia a necessidade de mudanças sociais na região. Esse sentimento o levava a tentar primeiro o uso da persuasão com os radicais, em vez de medidas duras. Advertia seus amigos católicos, que estavam passando da discussão teórica para a ação política, para que tomassem cuidado quanto a uma aliança com os comunistas. Em encontros privados, aconselhou Freire e Germano de Vasconcellos Coelho a manterem os católicos no controle do Movimento de Cultura Popular no Recife, onde os comunistas estavam cada vez mais ativos no programa. Muricy declarou que "é conveniente e necessário reexaminar a questão dos movimentos de educação popular, no Nordeste e no Brasil, dirigidos pela Igreja ou por leigos, evitando que estes últimos caiam nas mãos de comunistas".[32] A pedido de dom Carlos, o general e dona Virgínia tentaram convencer o padre Almery Bezerra a deixar de escrever artigos radicais em jornais. Bezerra tinha muitos seguidores entre os estudantes católicos. "Hoje os progressistas são 'pinto' perto do padre Almery", Muricy declarou em sua entrevista de 1981. "Fomos procurar o padre

Almery, na igreja do Espinheiro. Tivemos uma conversa longa com o padre Almery. Ele procurou se justificar, mas eu senti que ele nunca deixaria de ser uma linha auxiliar do comunismo."[33] O padre foi para o exílio logo após o golpe. Quando Joel Câmara, líder de uma Liga Camponesa, invadiu uma fazenda particular, Muricy trouxe o estudante para um encontro frente a frente.[34] Em outra ocasião, Muricy discutiu com dom José Lamartine Soares, o bispo auxiliar do Recife, a respeito da transmissão, pela arquidiocese, de um comício comunista em apoio a Arraes. Muricy descreveu o seguinte diálogo:

> *Dom Lamartine*: General, eu queria explicar...
>
> *Muricy*: Não tem explicação!
>
> *Dom Lamartine*: Mas nós queremos ser eqüidistantes.
>
> *Muricy*: Mas a Igreja pode ser eqüidistante do comunismo?! As outras rádios não quiseram, e o senhor, que é da Igreja, é que vai irradiar o comício?! Ah, eu não entendo, dom Lamartine! O seu catolicismo é diferente do meu. Eu não sou bispo, o senhor é. Mas eu tenho a impressão que o meu catolicismo é melhor do que o seu, porque eu acho que se a Igreja não apóia o comunismo não pode estar ajudando a instalar o comunismo.[35]

Mas Muricy também recorreu a táticas mais duras. Seus homens apreenderam um livrete controvertido escrito por conhecidos do general para o programa de Arraes sobre alfabetização na cidade. Muricy também organizou um grupo de estudantes para contra-atacar a pichação de esquerda ao escrever seus próprios slogans nos muros, nas primeiras horas da manhã.[36]

Muricy encontrou menos agitação em Natal, em parte por causa do firme anticomunismo de dom Eugênio Sales, o administrador apostólico da arquidiocese. Em 1949, padre Sales criara o Serviço de Assistência Rural (SAR). As raízes do SAR residem na tentativa do clero de aliviar o impacto negativo do grande fluxo de tropas dos Estados Unidos durante a Segunda Guerra Mundial, quando Natal foi uma importante ligação com o teatro de guerra africano. Os padres logo perceberam que as desigualdades sociais rurais alimentavam os males urbanos. O SAR lutava contra a pobreza ensinando técnicas agrícolas melhores e proporcionando alívio contra a seca. Além disso, como bispo auxiliar de Natal, depois de 1954, dom Eugênio denunciou a chamada indús-

Muricy achava que seu catolicismo era "melhor" que o de dom José Lamartine Soares (em pé) porque o bispo demonstrava tolerância com os comunistas. (Cedohc)

tria da seca, que estava drenando os recursos de auxílio aos pobres. Essa ação lhe acarretou inimigos entre os políticos corruptos. Em 1961, o SAR iniciou as primeiras escolas radiofônicas e os primeiros sindicatos rurais católicos, que chegaram a ter 50 mil associados no apogeu do SAR em 1963. Os programas do SAR serviram de modelo para o MEB e para os sindicatos anti-Julião do clero de Pernambuco. Dada a história de conservadorismo no Nordeste, o SAR era bastante progressista e chamou a atenção internacional.[37] Depois do golpe, dom Eugênio foi rotulado de comunista, acusação que conseguiu evitar com a ajuda do general Muricy.[38]

De fato, Muricy mais tarde observaria que via pouca diferença nos métodos dos sindicatos do SAR e das Ligas Camponesas de Julião. No entanto, o SAR era um programa de centro e claramente anticomunista. Junto com outras iniciativas católicas, teve repercussão não apenas na Igreja, mas na história da organização do sindicalismo rural depois de 1968. O general Muricy admirava muito a abordagem moderada de dom Eugênio. Apoiava também seus esforços para deter a infiltração comunista nos grupos de estudantes católicos. Com isso, os dois estabeleceram fortes laços de amizade. Além disso, um membro do SAR, o padre Nivaldo Monte (mais tarde arcebispo de Natal), tornou-se confessor e amigo do casal Muricy.[39]

Em setembro de 1963, Muricy foi transferido para o Rio de Janeiro, onde conspirou contra Goulart, mas, logo após o golpe, voltou ao Nordeste. Foi a região que sofreu o impacto da mais dura repressão pós-golpe. Aos olhos de Rosita Teixeira de Mendonça, uma psiquiatra que investigou violações dos direitos humanos, Recife se tornou "uma cidade encapuchada pelo medo". Corpos sem cabeça de líderes camponeses eram jogados nas estradas do Recife a João Pessoa, e outros eram queimados em fornalhas. Subversivos eram reunidos e torturados.[40] Muricy ajudou a esmagar a esquerda, desmantelando organizações radicais como as Ligas Camponesas e ameaçando estudantes e clérigos militantes com represálias.[41] A investida contra a subversão acabou atingindo a Igreja. A Ação Católica estava agora "infiltradíssima" de esquerdistas, dona Virgínia se recordaria mais tarde. Dom Lamartine a considerava uma espiã enviada para infiltrar-se na JUC,[42] e o general ficou chocado ao saber que seus colegas católicos agora se opunham à Revolução. Ele livrou um casal da cadeia, inclusive um primo de Paulo Freire,[43] mas ordenou a prisão do padre Paulo Meneses, um militante da JOC ligado ao padre Bezerra. Meneses foi libertado a pedido de dom Hélder e partiu em seguida para o exílio em Portugal.[44]

No entanto, Muricy não participou das atrocidades do pós-golpe. Ao contrário, sua missão principal era contê-las. O presidente Castello Branco estava constrangido com os "excessos" no Nordeste. Encarregou o general Muricy, seu colega de confiança, de realizar uma missão delicada, bastante incomum e praticamente secreta — a de conter os maus-tratos infligidos pelo Exército à oposição. Muricy realizou sua tarefa enquanto servia no IV Exército, sob o comando do general Joaquim Justino Alves Bastos, e usava seu prestígio na região para conter os abusos.[45] Ele e sua mulher obtiveram pessoalmente a liberdade de uma centena de prisioneiros políticos. Conforme sugestão de dom José Távora, um colaborador de dom Hélder e amigo de dona Virgínia, o arcebispo de Olinda e Recife enviou as famílias de vários detidos à residência do general, para conseguir ajuda.[46]

Maria Augusto Capistrano, comunista e esposa do líder assassinado do PCB David Capistrano, deu seu testemunho sobre a ajuda oferecida pelos Muricys.

Ela pediu socorro em 1964, depois de ter sido presa e separada de seu filho de quinze anos, David Capistrano Filho, que também fora preso como subversivo. Maria Augusto recordou-se de como ela obteve, em seguida, a libertação de seu filho.

> Recebi um bilhete de uma prima da mulher do general Murici dizendo que eu podia ir à casa do general — veja só, do chefe do golpe — que ele iria me receber bem. Fui à casa do general muito apreensiva. Tinha um soldadinho na frente que perguntou o que eu queria. Disse que iria falar com dona Virgínia Murici. Apareceu uma mulher grávida na varanda, com mais uma criança pequena no colo, mandou que eu entrasse. Cumprimentei-a, disse quem era, que tinha

O general Muricy (à esquerda) tinha como amigos os líderes militares mais importantes da época, incluindo o general Castello Branco (ao centro). De branco, o almirante Clóvis de Oliveira. (FGV/CPDOC, ACM)

saído há dois dias da prisão. Ela mostrou-se indignada e ofereceu-se para ajudar. Falei que tinha sido liberada, mas que meu filho continuava preso. Ela mostrou-se surpreendida, ligou para o marido e disse que eu estava lá. Queria saber onde é que estava meu filho, que ela achava isso injusto, uma criança de quinze anos presa. Que esperava uma resposta dele. Pouco depois, o telefone tocou e era o marido, o comandante-geral, dizendo que não estava fácil, porque o menino estava com o Bandeira, que era conhecido como um dos mais temíveis.

O tenente-coronel Antonio Bandeira dirigia a Seção de Informações do Estado-Maior do IV Exército. Foi um dos líderes da linha dura. Segundo Maria Augusto, dona Virgínia disse a seu marido

que não tinha nada com o Bandeira: "Meu negócio é com você, a mãe vai continuar aqui esperando". Voltou, ficou conversando comigo, e em pouco tempo veio a resposta. Eu podia visitar meu filho na 7ª Região Militar. Fui lá. Fui recebida e conduzida a uma sala cheia de corredores. David chegou cercado por dois soldados armados de metralhadora. Ao passar no corredor alguém mandou que os soldados voltassem e o David veio sozinho conversar comigo.

Depois dessa visita, o Exército colocou David na solitária. Maria Augusto apelou mais uma vez a dona Virgínia. Vários dias depois David foi solto.[47]

Os abusos no Recife levaram a uma investigação oficial conduzida pelo general Ernesto Geisel, o chefe do gabinete militar de Castello Branco. Muricy escoltou Geisel, seu amigo e superior, pelas prisões para mostrar que as condições haviam melhorado, embora o jornalista Márcio Moreira Alves descrevesse a visita como uma encenação do regime.[48]

As ações de Muricy fizeram dele uma figura importante e amplamente conhecida na região. Em 1966, tentou ser candidato ao governo de Pernambuco com o apoio de oficiais militares locais e da direita católica. Muricy e outros generais esperavam usar seu status militar para realizar ambições políticas pessoais. Castello Branco, no entanto, se opunha à participação de militares em eleições locais e impediu a candidatura de Muricy. Este foi um dos pontos mais baixos da carreira de Muricy.

Foi durante essa última tarefa no Nordeste que Muricy rompeu relações com dom Hélder. No início dos anos 60, o prestígio do religioso no meio da elite brasileira enfraqueceu-se à medida que passou a criticar o capitalismo e o fracasso do desenvolvimentismo nacionalista como forma de sustentar a economia e resolver os problemas sociais. Arquiconservadores rotularam dom Hélder de comunista. Logo depois do golpe, tropas invadiram a residência do arcebispo, porque ele dera refúgio à irmã do governador deposto Miguel Arraes.[49]

Oficiais do Exército no Recife queriam romper com o arcebispo, mas Muricy conseguiu contê-los e manteve relações cordiais com seu amigo. Os dois trabalharam para evitar o conflito entre a Igreja e o Exército, mas Muricy também começou a ter divergências com dom Hélder quanto à prisão de militantes católicos e a algumas das declarações públicas do bispo.[50]

Em 1966, a amizade entre ambos teve um final abrupto. Em 31 de março, no segundo aniversário da Revolução, os dois se confrontaram. A liderança militar, inclusive Muricy, pressionou dom Hélder a rezar uma missa em ação de graças para as tropas. Porém, os amigos e seguidores do bispo o persuadiram a não realizar a cerimônia. Ele alegou motivo de consciência e recu-

O general Muricy rompeu trinta anos de amizade com dom Hélder por causa da controvertida recusa do bispo em abençoar o regime militar. (Cedohc)

sou formalmente o convite, por considerar o evento relacionado à campanha eleitoral e, assim, sobretudo político, não religioso. (O papa Paulo VI apoiou essa decisão.) Muricy ficou perplexo. Por mera coincidência, uma bomba colocada por esquerdistas explodiu do lado de fora da casa do comandante do IV Exército, general Setúbal Portugal, com quem Muricy se encontrara. Uma outra foi detonada em um posto do correio. No total, foram nove explosões no Recife em 31 de março. Ao aparecer num programa de televisão para comemorar a Revolução, o general Muricy denunciou esses primeiros ataques terroristas contra o regime. Terminou criticando a recusa de dom Hélder em celebrar a missa. Embora dom Hélder não tivesse nada a ver com as explosões, Muricy fez a ligação entre o terrorismo e o protesto moral do arcebispo.

Tempos depois, Muricy afirmou que dom Hélder prometera rezar a missa, mas os biógrafos de dom Hélder demonstram que não houve essa promessa. Mais tarde, ele garantiu que os dois nunca mais se falaram. Ao se referir a reportagens na imprensa nas quais dom Hélder teria declarado que os dois ainda se falavam, Muricy chamou dom Hélder de "mentiroso".[51] Como vimos na Introdução, o general Muricy considerava o rompimento com dom Hélder uma das mais dolorosas experiências de sua vida, que ele lamentou praticamente até sua morte.

As tensões entre dom Hélder e os militares pioraram nos meses seguintes. Com a aprovação do general Portugal, o comandante da 10ª Região Militar em Fortaleza, general Itiberê Gouveia do Amaral, fez circular um panfleto atacando dom Hélder. O incidente gerou uma crise política para Castello Branco, e o general Muricy encarregou-se de arranjar um encontro entre o presidente e o arcebispo, o que reduziu temporariamente as tensões.[52] Depois de fracassar nas tentativas de convencer o Vaticano a remover o arcebispo para Roma, o presidente substituiu o general Portugal pelo general Rafael de Souza Aguiar, um oficial mais amigável em relação a dom Hélder.[53]

A desavença com dom Hélder foi uma das razões para que Castello Branco promovesse Muricy a general de quatro estrelas no final de 1966 e então o removesse do Recife para o Rio de Janeiro.[54] O presidente passou Muricy na frente de vários outros generais considerados mais aptos para promoção e o nomeou chefe do Departamento Geral de Pessoal do Exército. O general Muricy agora estava nos escalões máximos das Forças Armadas e destinado a participar de eventos de importância nacional.[55]

3. Prelúdio à Bipartite: diálogo, tortura e diplomacia, 1968-70

O general Muricy continuou sua ascensão no governo militar. Apesar de castellista, também tinha ligações com o general Costa e Silva, que se tornou o segundo presidente do regime militar brasileiro em março de 1967. Muricy servira sob Costa e Silva no IV Exército em 1962, e os dois conspiraram contra Goulart. Essa conexão e os amplos contatos de Muricy no Exército foram úteis para sua carreira. Em 1967, foi escolhido para fazer o elogio fúnebre de Castello Branco em nome de todas as Forças Armadas. Em abril de 1969, Costa e Silva o promoveu à chefia do EME, uma das mais altas posições nas Forças Armadas. Muricy comandava todos os outros generais, tinha acesso a uma ampla rede militar de informações, e até fazia sombra ao general Aurélio de Lyra Tavares, o ministro do Exército.[1] Embora não fosse um linha-dura, Muricy apoiava claramente a ação vigorosa contra a esquerda revolucionária,[2] e acreditava que, para suprimir a subversão, a democracia deveria ser restringida.[3]

A crise do governo de Costa e Silva deu a Muricy a chance de chegar à Presidência. Quando o presidente teve que deixar o cargo devido a um derrame, em agosto de 1969, Muricy e outros membros do Alto Comando das Forças Armadas negaram o direito de sucessão ao vice-presidente civil, Pedro Aleixo, que se manifestara contra o AI-5. Os ministros do Exército, Marinha e Aeronáutica formaram uma junta temporária. Como o estado de saúde de

O general Muricy (à esquerda) e o presidente Arthur da Costa e Silva (de óculos), em Brasília, agosto de 1967, em um encontro do Alto Comando do Exército. Muricy pertencia à cúpula militar que governou o Brasil depois de 1964 e foi candidato à Presidência depois do derrame de Costa e Silva, em 1969. (*FGV/CPDOC, ACM*)

Costa e Silva não apresentasse melhora, Muricy e outros altos oficiais escolheram um outro presidente. Na eleição militar interna, ele ficou em terceiro lugar, depois de Médici e do general Orlando Geisel. Muricy pessoalmente informou os resultados a Costa e Silva. Médici manteve Muricy como chefe do EME até novembro de 1970, quando ele assumiu o controle da Bipartite.

A essa altura, a tortura já se tornara uma questão política importante. A publicidade sobre a tortura sujava a imagem de progresso econômico do Brasil e deflagrara uma batalha diplomática na Europa. Diante da crescente agressão contra o clero, em 1968 e início de 1969, a CNBB começou a assumir uma postura crítica em relação ao Estado, denunciando o AI-5, as violações aos direitos humanos e a desigualdade produzida pela política econômica do regime. Os generais pressionaram os bispos para estancar o fluxo de más notícias sobre o regime. Um esfriamento das relações — porém, nunca um rompimento — ocorreu entre o Vaticano e o governo brasileiro.

O general Muricy e dom Eugênio foram figuras centrais na tentativa de tirar o Brasil do atoleiro moral e político da violência e do conflito ideológico. O anticomunismo selava a amizade de ambos, mas a repressão a perturbava. Dom Eugênio trabalhou junto com Muricy para melhorar a imagem do Brasil, mas ao mesmo tempo se tornou um crítico severo e franco das arbitrariedades do regime. A luta diplomática gerou uma série de outros diálogos privados entre militares e líderes católicos. Também provocou um debate dentro da Igreja sobre o que teria maior eficácia: a denúncia pública ou a denúncia privada das atrocidades. Esses diálogos serviram tanto de pano de fundo quanto de base para a Bipartite.

A REPRESSÃO DA LINHA DURA E O DIÁLOGO ENTRE MURICY E DOM EUGÊNIO

Em público, dom Eugênio contrastava com seus colegas da CNBB por assumir uma posição mais discreta em relação ao regime. Como já se afirmou, ele preferia atuar por meio de canais privados para evitar o antagonismo com o governo e, portanto, a perda da sua capacidade de resolver conflitos e buscar reparação para os ressentimentos da Igreja. Discrição e diálogo também haviam sido a política adotada por dom Hélder para lidar com a repressão durante os primeiros anos do regime.[4] Patriota que acreditava na manutenção de relações estáveis entre a Igreja e as Forças Armadas, dom Eugênio obtivera o respeito dos militares por seu anticomunismo, mas também por sua ponderação e pela ênfase na obediência à autoridade.

Como foi visto na Introdução, dom Eugênio não apoiava o regime. Apesar de anticomunista, não se alinhava com o setor tradicionalista e direitista do catolicismo, que aplaudira o golpe. Ele tinha compromisso com a reforma da sociedade brasileira. Ajudou a construir os alicerces para o catolicismo progressista no Brasil, embora evitasse seus elementos radicais e confiasse menos nos movimentos populares e mais nas classes altas e médias para a obtenção da mudança social.[5] Como administrador apostólico de Natal em 1964, foi um dos poucos bispos em uma capital de estado a proibir uma celebração religiosa da Revolução em público. Depois do golpe, declarou que sua posição era de "neutralidade e expectativa". Porém dom Eugênio ficara perturbado pe-

Dom Eugênio de Araújo Sales (à esquerda) e dom Avelar Brandão Vilela aguardando um vôo para Roma no Aeroporto Internacional do Galeão, Rio de Janeiro, 1969. A diplomacia transatlântica tornou-se crucial na manutenção da delicada relação entre generais, bispos e o Vaticano. (*Arquivo Nacional*)

los ataques aos padres e pela falta de respeito aos direitos humanos. Em abril de 1964, por exemplo, ele e dom Hélder encontraram-se em caráter privado com Castello Branco para reclamar da violenta repressão contra a esquerda.[6]

Ao tornar-se cardeal, em 1969, dom Eugênio assumiu uma enorme responsabilidade. Seu território não era mais uma pequena diocese do Nordeste (Natal), mas a Bahia, a sede histórica do catolicismo no Brasil. E, porque era cardeal, sua influência se estendia a assuntos nacionais e internacionais. Ele carregava o fardo do poder, o que significava lidar com os ditadores e desempenhar o papel de político e diplomata. Como um visitante freqüente do papa, falava não somente pela Igreja mas também pelo Brasil.

Embora tivesse contato íntimo com algumas pessoas no governo, dom Eugênio continuava a manter certa distância do regime. Dois meses antes do AI-5, por exemplo, o cardeal dom Agnelo Rossi, antecessor de dom Paulo como arcebispo de São Paulo, recusou-se publicamente a aceitar uma medalha do regime, provocando irada resposta em círculos militares de linha dura.[7] Seguindo o exemplo, dom Eugênio recusou a mesma condecoração e praticamente humilhou o general que a oferecera. Como um de seus motivos, o cardeal citou a deterioração das relações entre a Igreja e o Estado. Dom Eugênio também censurou pessoalmente Costa e Silva por usar a cassação contra os inimigos do regime.[8] Depois da promulgação do AI-5, ele negou um pedido do Exército para rezar uma missa em celebração da nova ordem.[9]

Em suas comunicações privadas, dom Eugênio criticava os generais. Na Bahia, no dia de Natal de 1968, semanas antes do protesto público da CNBB, ele escreveu uma carta crítica sobre o AI-5 para o general Muricy. Dom Eugênio começava por declarar que desejava uma conversa longa, "de amigo a amigo, como costumamos fazer". No entanto, impossibilitado de sair de Salvador, pediu a Antônio Carlos Magalhães, o prefeito nomeado de Salvador, governador da Bahia de 1971 a 1975 e logo um dos políticos mais poderosos do país, que entregasse a carta confidencial durante sua viagem ao Rio. "O portador é um prezado amigo", dom Eugênio escreveu. O tom da carta refletia a longa amizade de dom Eugênio e Muricy, mas também expressava as preocupações de um pastor a um companheiro cristão quanto à sociedade brasileira, que se fragmentava em muitas partes.

> Ando profundamente preocupado com os rumos do País. Antes do último Ato e depois dele.
>
> 1. No referente às relações Igreja e Governo, vejo tudo escuro. Estive por duas vezes nos últimos meses com o Santo Padre. Na última reunião da Conferência Nacional dos Bispos ficou constituída uma comissão que se chamou de diálogo. Os caminhos, entretanto, parecem imprevisíveis. As áreas sensíveis se prendem a problemas de conceituação, por exemplo, o que é subversivo, o que é conscien-

tização, o dever ou não dever de denunciar injustiças, etc. Sei de seu espírito cristão e sou testemunha de suas angústias. Você conhece as minhas. Que fazer?

2. No plano meramente civil, por que não se promover autênticas reformas? Esse seria o caminho a ser tomado, o único que reconciliaria a Revolução com o Povo. Fiquei contente quando se anunciou, ultimamente, a Reforma Agrária. Entristeci-me quando se constituiu um Grupo de Trabalho para realizá-la. Quando vejo tantas leis e propósitos desanimo com mais um Grupo de Trabalho.

3. O último Ato afeta a ordem jurídica e isso me preocupa vivamente. Um homem a depender da vontade de outro sem ter para quem apelar é grave. Se as pessoas fossem como você, eu poderia estar momentâneamente tranqüilo. A realidade, entretanto, é outra e não há um prazo para o retorno à normalidade. Como sair dessa situação? Não vejo. Muricy, não deixe tocar no Supremo Tribunal Federal.

4. Aqui na Bahia, minhas relações com o General e o Almirante são boas. O Estado está em paz com a liderança de Luis Viana [Filho, o governador]. É indispensável fortalecê-la para a tranqüilidade geral. Não permita que ela se enfraqueça pois isso terá repercussões também na minha área.

Muricy, escreva-me, diga-me alguma coisa para que eu possa ver mais claro. O sofrimento é grande.[10]

O apelo de dom Eugênio para que se preservasse a Suprema Corte, que se mostrara pouco cooperativa com os militares ao libertar estudantes prisioneiros pouco antes do AI-5, resultou em vão. No mês seguinte, o governo removeu três de seus membros — Hermes Lima, Evandro Lins e Silva e Victor Nunes Leal — e restringiu seus poderes.

O general Muricy respondeu do Rio em 27 de dezembro. Esta é verdadeiramente uma carta extraordinária, pois, como o general declarara na Introdução, ele raramente escrevia e mantinha pouca correspondência.

Em primeiro lugar desejo desde já lhe dizer que não estamos interessados em perseguir adversários e sim em construir um Brasil melhor, principalmente para os menos favorecidos. Continuamos cristãos e humanos e a Deus elevamos nossas preces para que Ele nos ajude a não errar.

Estamos sob o peso de tremenda responsabilidade e sabemos que não podemos fugir dela.

Em 1968 a morte de Edson Luís provocou a oposição estudantil e levou padres e freiras às ruas para protestar as arbitrariedades do regime e proteger os jovens da repressão policial. (Arquivo Nacional)

Antônio Carlos Magalhães, prefeito de Salvador, levou correspondência de dom Eugênio para Muricy. (Almir Veiga, Agência JB)

Naturalmente haverá sanções pois que elas, em vários casos, se impõem. Desejamos, entretanto, usar da maior justiça, e na medida apenas necessária. Conforme pretende o Presidente os casos serão examinados com cuidado.

Mas, antes de mais nada, é necessário um ligeiro retrospecto para colocá-lo a par do que realmente aconteceu.

Por motivos vários, inclusive por erro de pessoas ligadas ao Governo, várias medidas não obtiveram o êxito esperado e permitiram as explorações por parte dos interessados na agitação. São elas, entre outras, as decorrentes das nossas más estruturas educacionais e agrárias. Só a muito curto prazo e, em parte por pressão nossa e em parte pela pressão dos estudantes, foi possível levar à frente a Reforma Universitária. A inoperância e a omissão do Ministro quase levam o País a difícil situação.

Sentimos crescer em todo o Brasil o recrudescimento da subversão agora melhor estruturada e agindo, particularmente, sobre a mente, quer dos jovens, nas escolas, quer dos adultos, nas diferentes áreas, inclusive a Igreja.

Lutamos por evitar um retardamento na marcha para a Democracia plena. A tudo procuramos encontrar um caminho suave e de entendimento. Não foi possível, entretanto, fazer compreender que embora fortes não desejávamos utilizar a nossa força. O Presidente chegou a parecer indeciso e fraco. Quando veio o caso Márcio, não se tinha em conta o homem que, para nós, não tinha maior significação. O que procurávamos era a fixação de um princípio: "em matéria de segurança, nenhum brasileiro poderia se eximir de sua responsabilidade"[...]

A partir desse momento tivemos a certeza de que todo o nosso trabalho desde abril de 1964 estaria perdido se não tomássemos uma decisão drástica. Já estavam em preparativos estudos para anistia, eleições diretas, modificação da lei de segurança, etc.

Não tínhamos escolha — agimos. Embora a contra-gosto, agimos. Agimos para salvar a débil democracia brasileira, embora, paradoxalmente, tivesse o Governo que se armar de poderes extraordinários.

Tenho passado todos esses dias, desde 12 de dezembro, a fazer um profundo e honesto exame de consciência. Estou convencido cada vez mais do acerto da medida. O remédio é amargo, mas era necessário.

Não anima o Governo outro propósito que o de construir.

Por outro lado a questão com os católicos e o clero de esquerda nos preocupava e preocupa tremendamente.

A Igreja e as Forças Armadas são os pilares básicos em que se assenta a Democracia no Brasil. As tentativas de envolvê-las em choque vêm de longe e já conversamos a respeito.

Agora, a prisão de estudantes em Ibiúna, durante o XXX Congresso da ex-UNE veio revelar a ação subversiva do padre Michel Le Ven de Belo Horizonte. Quando o Comandante da Guarnição sentiu a gravidade da situação face aos depoimentos e à natureza do material encontrado, ficou alarmado e chegou a consultar da conveniência de prosseguir nas diligências. O Comandante da Região consultou por sua vez o Ministro e este, face à gravidade do apurado, não tinha outra solução se não prosseguir o inquérito.

Meu bom amigo, dom Eugênio, não pode o Sr. sentir o meu estarrecimento quando tive em mãos parte dos documentos apreendidos com os três sacerdotes. Confesso que não vi no Recife, no tempo de Arraes, nada tão subversivo em matéria de propaganda. A cartilha do M[ovimento] [de] C[ultura] P[opular] parece obra de principiantes se comparada com a que era usada (ou seria usada) para "conscientizar" os operários. Prega ela clara e ostensivamente a violência para solução dos problemas sociais. E pior que isso, documentos para operários, editados em São Paulo, contêm artigos que Marx, Lenine, Stalin ou Mao Tse-Tung de bom grado subscreveriam.

Basta dizer que o padre Soares, num deles, declara que o Socialismo é a solução para as desigualdades e que a Igreja terá que caminhar para um acordo comuno-cristão tal como anteriormente foi feito um acordo aristotélico-tomista. Uma "História do Proletariado Brasileiro" prega abertamente a luta contra o Governo.

Procuramos, em face da gravidade do assunto, mostrá-los às autoridades eclesiásticas e, assim, dom Jayme, dom Agnelo os viram. Depois dom Aloysio Lorscheider veio à minha casa e coloquei-o a par do que ocorria. Pediu-me oportunidade para examinar os documentos. Autorizado pelo Ministro entreguei-lhe cópias dos principais. Conversei com dom Avelar Brandão.

Creio ser essa uma situação calamitosa para todos nós que temos fé, acreditamos no Cristo da bondade e do amor e encontramos em alguns sacerdotes o extravasamento de sentimentos de violência.

Dom Eugênio, precisamos realmente conversar. Precisamos encontrar um caminho. Pelo que vi pessoalmente imagino sua angústia e, ainda mais, a do Sumo Pontífice.

Julgo, porém, que a questão deve ser resolvida principalmente pela própria Igreja. Ela é a maior afetada. Deve ser, por isso, a maior interessada.[11]

Depois dessa correspondência, Muricy continuou seu diálogo com dom Eugênio em um esforço mútuo para reduzir o conflito entre a Igreja e o Estado. Mesmo depois de os dois homens terem congratulado um ao outro por suas respectivas promoções a chefe do EME e a cardeal, a repressão continuou a afastar a cruz da espada. Em 7 de abril de 1969, dom Eugênio escreveu ao general para queixar-se da prisão de Tibor Sulik, acusado de subversão em seu trabalho de presidente da seção internacional da JOC, ligada ao Vaticano. Sulik também pertencia à Comissão Pontifícia Justiça e Paz — Seção Brasileira (CJP-BR) e, a convite de dom Eugênio, participara do histórico encontro de bispos em Medellín, em 1968. "Na atual situação do Brasil, de tensões entre a Igreja e o Estado, a prisão de uma pessoa com estas qualificações causa um profundo mal-estar", escreveu dom Eugênio a Muricy.

Eu, pessoalmente, fiquei muito constrangido. Não desejo pedir-lhe absolutamente nada, mas diante da nossa linha de reflexão mútua, eu creio que esse gesto é inoportuno, servindo apenas para aumentar as áreas de atrito. Para mim,

> designado para o Colégio Cardinalício e desejoso de ter um proveitoso diálogo no sentido de diminuir as tensões entre a Igreja e o Estado, a prisão de Tibor Sulik vem dificultar profundamente qualquer gestão da minha parte.[12]

Sob pressão de dom Eugênio e do núncio apostólico Sebastiano Baggio, o governo soltou Sulik após dez dias na prisão.

Tais incidentes sujaram a imagem internacional do Brasil. Como a elite brasileira do passado, os generais sentiam-se profundamente constrangidos com a publicidade negativa e temiam o julgamento dos países europeus.[13] Recebidos antes com cordialidade, os brasileiros eram agora rotulados de "torturadores" na Europa.[14] Essa percepção contradizia totalmente a noção de progresso social forjada pelo milagre econômico. O governo negava veementemente a existência de tortura e de prisioneiros políticos e descrevia os relatos negativos como uma campanha para denegrir o Brasil.

A LUTA DIPLOMÁTICA EM ROMA

Em Roma, o governo brasileiro e seus críticos na Igreja competiam pela aprovação do papa Paulo VI e do secretariado de Estado do Vaticano, que coordenava as relações diplomáticas da Igreja. A opinião do papa era uma variante-chave na construção da imagem do Brasil.

O Vaticano caminhava na corda bamba. No Brasil e no restante do mundo católico, as relações entre a Igreja e o Estado eram sempre trilaterais, envolvendo a hierarquia local, o governo e a Santa Sé.[15] Ao mesmo tempo, o Vaticano fazia muitas críticas indiretas e nos bastidores contra o regime. Embora os generais cultivassem avidamente a tradição católica do povo e das Forças Armadas brasileiras, o Vaticano rechaçava as tentativas de manipular a Igreja. Por exemplo, o governo tentou convencer Paulo VI a visitar o Brasil em 1970 para a inauguração da nova catedral nacional, construída em Brasília com verbas do governo. Irritado por um falso vazamento para a imprensa, feito por dona Iolanda, esposa do presidente Costa e Silva, da informação de que o pontífice faria a viagem, o secretário de Estado substituto, dom Giovanni Benelli, que trabalhara na nunciatura do Rio no início dos anos 60, comentou particularmente (e de modo sarcástico) que "los brasileños tendrán que bus-

O papa Paulo VI discursa para os fiéis na praça de São Pedro em Roma. Apesar de o papa criticar o uso de tortura no Brasil, o Vaticano manteve relações normais com o regime militar. (*UPI/Aesp*)

car otro 'párroco' para consagrar su Catedral".[16] Mais importante ainda, o Vaticano criticou as violações aos direitos humanos e defendeu o clero e os bispos, inclusive a cada vez mais crítica CNBB. O jornal oficial do Vaticano, *L'Osservatore Romano*, publicou documentos da CNBB que criticavam o regime, e a Rádio Vaticano transmitiu uma mensagem de solidariedade às vítimas de violações no Brasil. Um oficial do secretariado de Estado afirmou que o papa tinha "pruebas irrefutables" de tortura.[17]

Os comentários privados das autoridades do Vaticano foram registrados por Pedro Frías, embaixador argentino na Santa Sé. Ele e outros diplomatas argentinos acompanhavam de perto as relações entre o regime brasileiro e o Vaticano. Suas correspondências, bem como as dos diplomatas brasileiros, são uma fonte valiosa sobre como o Vaticano operava internamente.

José Jobim, embaixador brasileiro acreditado junto à Santa Sé, escreveu no relatório anual da embaixada sobre o Vaticano que:

> As relações com o Brasil se caracterizaram por uma relativa frieza decorrente dos pronunciamentos de Sua Santidade a respeito da denúncia de torturas, assunto cuja veracidade se achava, no entanto, comprometida pela interferência de uma campanha de difamação contra o Brasil. O mínimo que se pode dizer é que o momento escolhido pelas autoridades da Santa Sé para tocarem no problema favoreceu sempre os propósitos dos autores da campanha, inegàvelmente à espreita de qualquer motivo de escândalo.[18]

Em contrapartida, no entanto, o Brasil e o Vaticano mantinham relações normais.

O Vaticano sem dúvida não estava ansioso para denunciar um governo por prática de tortura. Como vimos no Capítulo 1, como um baluarte diplomático, o Vaticano historicamente tem mantido relações com governos bons e maus. Mesmo quando o clero era reprimido, o Vaticano ainda caminhava com cautela. No que foi talvez uma lição importante para os generais brasileiros quanto ao tratamento com o clero local, o embaixador Jobim observou que o ano de 1970 incluíra períodos críticos em virtude das prisões e condenações, inclusive à pena de morte, de padres e bispos católicos. Esses incidentes ocorreram, como ficou notório por meio da imprensa, na Espanha e nos Camarões. A atitude da Santa Sé foi, porém, de prudência e expectativa. No caso da Espanha, em nenhum momento a Santa Sé se pronunciou oficialmente, nem contra os métodos de julgamento do governo espanhol, nem contra o emprego de torturas aos presos políticos, fato este amplamente denunciado pela imprensa européia. Após a concessão da medida de graça aos condenados à morte, a Santa Sé manifestou conforto e emoção pelo desfecho.

O embaixador também observou que a sentença de morte contra dom Albert Ndongmo, bispo de Ncongsamba, causara pouca repercussão. A sentença foi mais tarde reduzida para prisão perpétua.[19]

Paulo VI e o Vaticano temperavam suas críticas ao regime brasileiro com palavras de elogio e discrição, e distanciando-se da esquerda revolucionária. Embora notasse a existência de desigualdade social, Paulo VI reconhecia os esforços do país em desenvolver-se.[20] Em sua condenação à tortura, o papa não fazia nenhuma referência pública direta ao Brasil. O Vaticano também denunciou o terrorismo da esquerda revolucionária e recusou-se a qualquer tipo de associação com movimentos de guerrilha. Por exemplo, o Vaticano mostrou pouca preocupação com os dominicanos presos por colaborarem com o líder revolucionário Carlos Marighella. "La Santa Sede se mantiene atenta, pero a decir verdad, no muy atenta", observou Pedro Frías. "La Santa Sede no quiere [...] ser comprometida en una guerra de guerrillas, para la cual no tiene personal ni autoridad que no sea deteriorada."[21] No início de 1970, depois das constrangedoras denúncias do papa sobre a tortura, o embaixador Jobim começou a deixar de ir a cerimônias e funções sociais diplomáticas. "Su conducta misma es significativa", observou Pedro Frías. "El Embajador permanece ausente desde hace tiempo de casi todas las cerimonias de la Santa Sede, como de los actos sociales a que suele concurrir el Cuerpo Diplomático. Es probable que la acusación sobre torturas, tan difundida, le hayan inducido a apartarse, por discreción."[22] Já em fevereiro de 1971, o secretariado de Estado informou a Jobim que se opunha à campanha contra a imagem do Brasil.[23] Em seu relatório anual, escrito poucos dias depois, Jobim observou a importância da condenação do terrorismo pelo papa na melhoria das relações entre a Igreja e o Estado.[24] O próprio Paulo VI deixou claro que, embora a Igreja tivesse o dever moral e doutrinário de denunciar a injustiça, ela não deveria fazer julgamentos políticos.[25]

A batalha diplomática gerou um debate entre os líderes católicos brasileiros sobre o melhor método de fazer cessar as atrocidades. Moderados e conservadores tendiam para a linha de persuasão e conciliação do Vaticano, enquanto progressistas e radicais favoreciam a denúncia pública. Houve também conflito entre os bispos, que eram mais aptos para tentar a discussão, e alguns líderes leigos e suas bases progressistas, que favoreciam condenações mais fortes e oposição ao governo.

Um exemplo-chave foi o caso do cardeal Agnelo Rossi. Apesar de ter recusado uma medalha militar, dom Agnelo opôs-se à campanha contra a imagem do Brasil, e expressou essa posição em um encontro com Paulo VI.[26] No final de 1970 sua promoção ao cargo de prefeito da Sagrada Congregação para a Evangelização dos Povos, posto importante do Vaticano, gerou muita controvérsia. A base progressista da Igreja fez pressão para afastá-lo do cargo porque acreditava que ele era conservador e mostrara "actitud benévola" para com os militares, como alguns jornais europeus noticiaram. Outros relatos afirmavam o contrário, ou seja, que ele se opunha ao governador do estado de São Paulo e apoiava a subversão (uma interpretação bastante implausível). O papa e outros sacerdotes do alto escalão negaram vigorosamente essas declarações, considerando-as pura especulação da imprensa, e enfatizaram as habilitações de dom Agnelo para seu novo cargo. O incidente ocupou a atenção da imprensa e dos diplomatas de Roma durante meses.[27] Foi um bom exemplo de como a voz pública da hierarquia pôde passar por cima do clamor da dissidência interna. E, o que é mais importante, demonstrou também como os direitos humanos, as relações entre a Igreja e o Estado e o conflito da renovação religiosa giraram em torno da explosiva questão da tortura.

Vozes do Brasil

Os exemplos de três importantes defensores dos direitos humanos personificam as manobras diplomáticas em Roma.

O primeiro foi dom Hélder. Enquanto servia de secretário de Estado de fato do Vaticano nos anos 50, o futuro Paulo VI encorajou dom Hélder a reestruturar a Igreja brasileira. Dom Hélder agora tinha acesso privilegiado ao papa.[28] Tanto o governo quanto a oposição tentaram cortejá-lo para que ele apoiasse suas respectivas causas políticas. Em 1965, por exemplo, o embaixador do Brasil no Vaticano, Henrique de Souza Gomes, advertiu polidamente ao arcebispo que os exilados brasileiros em Paris esperavam explorar seu nome. Quando dom Hélder se mostrou ainda menos cooperativo com o regime, surgiram rumores sobre as pressões diplomáticas para removê-lo do Recife.[29]

Durante o Vaticano II outros bispos davam a entender que dom Hélder logo seria feito cardeal. Mas o governo provavelmente conseguiu bloquear sua nomeação para o grupo mais exclusivo da Igreja. De acordo com Raimundo Caramuru de Barros, assistente de dom Hélder nos anos 60, um dos embaixadores do Brasil na Santa Sé "vangloriava-se" de ter trabalhado com sucesso contra a promoção. Os burocratas do Vaticano também estavam cautelosos quanto à promoção de um bispo tão crítico do poder de Roma como dom Hélder.[30]

No entanto, nas palavras de Pedro Frías, a estrita obediência de dom Hélder à Igreja construiu nele uma "reserva de benevolencia" que o autorizava a falar livremente sobre a situação política no Brasil.[31] Silenciado em seu próprio país, tornou-se o mais importante crítico do regime no exterior. Para deter dom Hélder, o ministro da Justiça Alfredo Buzaid propôs ao presidente Médici que o governo revogasse o passaporte especial do arcebispo. O ministro das Relações Exteriores Mário Gibson Barboza, um moderado, vetou a medida como sendo ilegal. Argumentou que a decisão seria um tiro pela culatra e acabaria fortalecendo a posição de dom Hélder. Em conseqüência, disse a Médici, era melhor permitir aos bispos que agissem livremente para que não fossem criados mártires.[32] Foi um sábio conselho, mas obviamente ignorado, desde que o regime e seus aliados continuavam a atacar a Igreja. Em outro episódio, os opositores de dom Hélder alegaram que os comunistas sustentavam financeiramente suas freqüentes viagens.[33] O governo provavelmente investigou-as.[34]

Adotando uma postura mais sutil, o embaixador Jobim conversou com dom Hélder sobre como melhorar as relações entre a Igreja e o Estado. Jobim concluiu que dom Hélder estava aberto para o diálogo, mas que as constantes tensões entre a Igreja e as Forças Armadas e a pressão da base radical sobre os bispos o desencorajavam.[35]

Apesar da sua boa vontade com o Vaticano, dom Hélder encontrava resistência lá também. Por causa das queixas dos bispos que discordavam de suas declarações, ele recebeu instruções do secretariado de Estado para pedir a permissão desses bispos antes de falar em suas dioceses. O secretariado, porém, negou que tivesse requerido aprovação prévia dos discursos de dom Hélder.[36] Além disso, em 1971 um observador do Vaticano relatou que Paulo VI avisara dom Hélder para que se concentrasse em sua própria diocese.[37]

Na avaliação de Pedro Frías, o fato pôs o Vaticano em uma situação ambivalente: "por una parte, temor sobre los movimientos que Don Hélder puede inspirar, que van más allá muchas veces de su propio deseo; aprecio, por otra parte, por algunas contribuciones que sólo él puede prestar entre sacerdotes y laicos 'progresistas', como por ejemplo, cuando propicia vías no violentas".[38]

Outra fonte de informação sobre a repressão foi Branca de Mello Franco Alves, mãe do deputado exilado Márcio Moreira Alves. Líder da Ação Católica, em meados de 1968, Branca Alves foi nomeada para o Pontifício Conselho dos Leigos, uma organização nova e experimental, criada sob a inspiração do Vaticano II com o objetivo de dar voz aos fiéis em assuntos internacionais da Igreja. (O Conselho tornou-se mais tarde uma comissão permanente.) Sua indicação e subseqüente militância representaram um importante avanço para as mulheres e para os latino-americanos, dois grupos com pequena representação na burocracia, sobretudo européia e masculina, do Vaticano.[39] Acreditando que o conselho deveria estender-se a questões de paz e justiça,[40] Branca Alves usou sua posição para denunciar a repressão no Brasil. No Rio, em maio de 1970, por exemplo, foi anfitriã do secretário do Conselho, monsenhor Marcel Uylenbroeck, que manteve encontros com membros importantes da esquerda católica e produziu um relatório confidencial sobre a "tendance fasciste" do regime, incluindo a tortura e a proibição do exercício da cidadania.[41] Depois dos pesados ataques à JOC em agosto e setembro, ela propôs ao Conselho que um representante pessoal do Santo Padre fosse enviado ao Brasil como uma forma de pressão sobre o regime.[42]

Branca Alves encontrou oposição no governo e na Igreja. Logo após a promulgação do AI-5, teve dificuldade em obter passaporte para uma viagem para falar ao Conselho sobre a Igreja brasileira.[43] Mais tarde, em março de 1970, escreveu ao cardeal Jean Villot, secretário de Estado do Vaticano, e reclamou que o núncio apostólico dom Umberto Mozzoni bloqueara sua tentativa de enviar dossiês delicados para Roma no malote diplomático da Igreja, para driblar a segurança militar:

> Nós conversamos quando Sua Excelência [Mozzoni] me deu três envelopes que continham dossiês necessários ao nosso trabalho de Roma e que eu enviava à Nunciatura, como sempre fizera, para evitar a censura postal que existe no meu país. Sua Excelência me declarou: "Eu não posso mais enviar esses dossiês porque eu quero guardá-los comigo mesmo, para poder dizer ao governo brasileiro que essas informações não chegam ao Vaticano por meu intermédio". Eu lhe fiz sentir que meu trabalho sofreria enormemente, porque me parecia impossível que eu mesma transportasse esses documentos. Ele me respondeu: "A senhora tem o seu trabalho e eu tenho o meu". Ao que eu repliquei: "Sim, Excelência, cada um tem sua consciência". Eu apanhei os documentos, que eu remeteria em seguida para a CNBB, que me havia confiado [os documentos]. Me acompanhando, o núncio me disse: "Senhora, eu não desconfiarei da sua inteligência se você não levar em conta este incidente". "Excelência", disse eu, "nós somos filhos do mesmo pai e o Cristo nos ensinou: 'Em cada um nós podemos nos reconhecer, amai uns aos outros, eu não posso te querer mal'."[44]

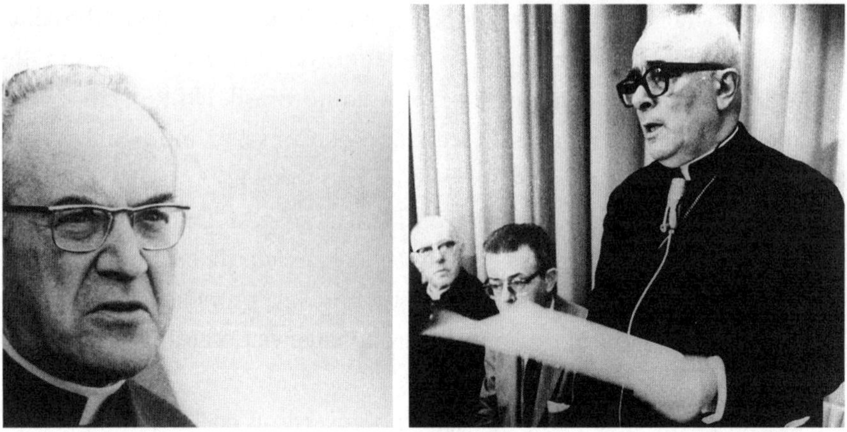

Dois estilos de lidar com os generais. Dom Sebastiano Baggio (à esquerda), o núncio apostólico, enfureceu os generais por defender dom Hélder e supostos comunistas. Seu substituto, dom Umberto Mozzoni, trabalhou persistentemente para abrandar as dificuldades entre a Igreja e o Estado. (Arquivo Nacional)

Mozzoni viera da Argentina para o Brasil em meados de 1969 para substituir dom Sebastiano Baggio. Dom Baggio defendera dom Hélder e encorajara outros clérigos a esconder da polícia suspeitos de subversão, levando os militares a considerá-lo praticamente *persona non grata.*[45] Mozzoni, mais cauteloso, sofreu a oposição de um grande número de bispos progressistas brasileiros, mas o Vaticano o via como a melhor opção para um posto desafiador como o Brasil, dificultado ainda mais pelas contendas civis. Os argentinos foram os primeiros a observar as habilidades de Mozzoni. Pedro Frías escreveu sobre as qualidades do núncio e os desafios que ele enfrentaria no Brasil. Sua descrição demonstrou por que Mozzoni desempenharia mais tarde um importante papel na Bipartite.

> Ha prevalecido, sin embargo, en la Santa Sede, el deseo de contar con la experiencia latinoamericana de Mons. Mozzoni, su maneja de la lengua portuguesa, su capacidad de negociación con el Gobierno en las frecuentes situaciones de tensión que allí se dan, la habilidad con que el Nuncio pueda eludir algunas resistencias personales y las simpatías que pueda crearle el facil aceso que deja a todos los que quieren tratar con él. En suma, la Santa Sede no ha encontrado un candidato mejor dotado para una situación tan excepcionalmente crítica como el Brasil [...]
>
> En el actual lenguaje de la Santa Sede, el nombramiento en Brasil no es ni si-

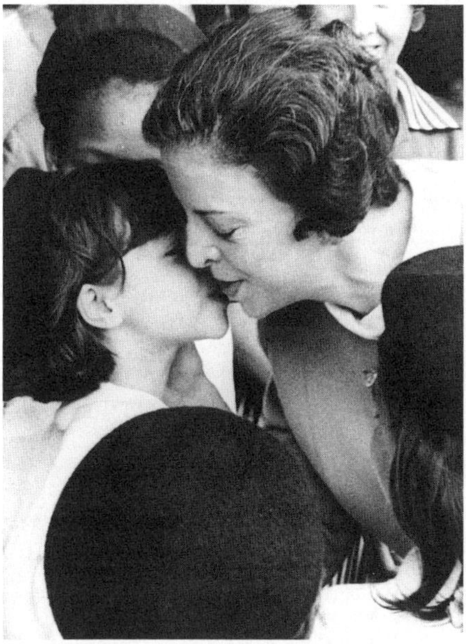

Branca Alves usou seu prestígio de líder católica para denunciar as violações aos direitos humanos no Brasil. (*Arquivo Nacional*)

José Jobim, embaixador de Médici na Santa Sé, observou que dona Branca "não agrada a algumas autoridades eclesiásticas". (*Aesp*)

> quiera una "promoción": es un nuevo "servicio" — el más delicado que a nadie se le puede requerir en este momento — porque debe tratar con casi cuatro veces más Obispos que en Argentina, muchos de los cuales asumen directamente la responsabilidad de intervenciones más o menos equívocas en la vida temporal del Brasil. "Promoción" es siempre ser llevado a una responsabilidad más delicada, pero también es — menos espiritualmente — una "prueba" o un "castigo".[46]

Dom Mozzoni não era a única barreira ao trabalho de Branca Alves. Em um despacho de junho de 1971 para Brasília, o embaixador Jobim comentou que ela deveria ser removida do Conselho Pontifício. "Posso assegurar que a presença da referida senhora no Conselho dos Leigos não agrada a algumas autoridades eclesiásticas com voz no capítulo", escreveu Jobim.[47]

O terceiro exemplo era Alceu Amoroso Lima. Como vimos, Alceu escrevera reservadamente a dom Aloísio, insistindo que a Igreja deveria trabalhar pacificamente para acabar com a ditadura. Alceu atuava em uma nova comissão do Vaticano para denunciar a tortura e a ditadura. Paulo VI nomeou-o para a Comissão Pontifícia Justiça e Paz em 1967. Composta de representantes de nacionalidades e perspectivas ideológicas diferentes, essa comissão visava, na ótica do Vaticano II, defender os direitos humanos e promover o desenvolvimento socioeconômico. A Comissão Pontifícia levou à fundação de comissões nacionais ao redor do mundo, que incluía a importante seção brasileira e suas ramificações locais. Como se tratava de uma estrutura nova, a Comissão Pontifícia pôde deslocar-se dos canais diplomáticos tradicionais do secretariado de Estado do Vaticano, e assim proporcionar uma voz maior aos leigos e rapidamente levando questões referentes aos direitos humanos à atenção da imprensa.[48] Alceu fez dela uma fonte de publicidade negativa do governo.[49]

Parando com a tortura: protesto silencioso ou publicidade exagerada?

Tanto Alceu como Branca exigiam condenação pública do regime na questão da tortura. Em 1970 debateram a posição da Igreja com dom Eugênio e o cardeal Vicente Scherer, arcebispo de Porto Alegre. Uma carta de junho de 1970 de dom Eugênio para Branca Alves revela as questões do momento:

> Acuso o recebimento de sua carta de 7 de junho. Embora esteja em envelope e papel com timbre da Comissão Pontifícia "pro Laicis", espero que expresse sua opinião pessoal e não como membro dêsse Organismo da Santa Sé.
>
> Creio que a Sra. se equivocou em dizer que, depois de Deus, só eu poderia ajudar a resolver o problema da tortura. Não me julgo tão poderoso. Se eu pudesse, não haveria torturas nem terrorismo, nem tão pouco, luta contra o govêrno, como é feita aqui no Brasil. Haveria, sim, dentro de uma harmonia cristã, um esforço para resolver os problemas em função do maior progresso de nossa Pátria. Continuarei na mesma posição, diante de Deus, contra as torturas, as prisões, seqüestros, certa orientação ideológica que não pode ser confirmada com o Evangelho. Também continuo firmemente contra, prezada Dona Branca, tôda deformação da Opinião Pública, a respeito de nossa Pátria. Se há fatos verídicos, são apresentados de forma não verídica no exterior.[50]

Dom Eugênio rejeitava claramente a luta de classes marxista e a esquerda revolucionária, e, em um mundo polarizado, ficava fácil para as pessoas o verem como "pró-militar".

Alceu recebeu uma carta similar de dom Vicente após ter mandado ao cardeal um relatório sobre a tortura. Dom Vicente, sem dúvida, opunha-se à tortura e ouvira testemunhos de abusos durante uma visita a prisioneiros políticos na Prisão Tiradentes, em São Paulo, e em um encontro da Comissão Central da CNBB. Escreveu dom Vicente:

> Não percebo bem a razão porque VS. me enviou o relatório. Meu pensamento sobre torturas é o mesmo que se acha expressa no "documento pastoral" que o episcopado publicou após sua 11ª assembléia geral em Brasília, no mês de maio passado [...] Censuro e condeno o que se faz na Europa, a saber, a divulgação de noticiário de que no Brasil as torturas são uma instituição oficial e se praticam abertamente por toda a parte.

Dom Vicente não sabia, ou ignorava de propósito, que esta descrição não estava longe da verdade: o regime havia feito da tortura, de fato, sua política não declarada e a usava amplamente, embora de forma secreta. "Mas não me parece o regime a causa única nem principal do fenômeno do terrorismo", dom

Como os generais, dom Vicente Scherer, o cardeal-arcebispo de Porto Alegre, acreditava que as notícias sobre tortura distorciam a imagem do Brasil no exterior. (Arquivo Nacional)

Vicente continuava. "Seria fácil acumular provas. Temos um exemplo próximo, no vizinho Uruguai. Uma das 'manchetes' do 'Correio do Povo' de hoje diz: 'Atuação dos Tupamaros leva Uruguai a virtual estado de guerra civil'."[51]

Em uma carta de setembro de 1970 para dom Eugênio, Alceu rejeitava os argumentos dos bispos e explicava a campanha pública contra o governo. Endereçada ao "meu eminente amigo dom Eugênio", a carta era respeitosa porém firme. Revelava a intimidade e a franqueza com as quais os membros da elite intelectual católica e eclesiástica podiam falar entre si sobre problemas políticos delicados.

> É duplo o pior horror moral das torturas. Em primeiro lugar, tôda testemunha invocada nega oficialmente ter assistido a torturas em presos ou verificado, quando médico ou enfermeiro, sinais evidentes delas nas vítimas. Sabem, perfeitamente, que, se o fizerem, o mínimo que lhes pode suceder é perder o emprego. Ou então sofrer o mesmo que sofreram as vítimas a cujos sofrimentos elas tenham assistido. Recorrer, portanto, às autoridades para confirmar torturas é bater em portas que jamais se abrirão.
>
> Em segundo lugar, será rara a vítima de torturas que confirmará publicamente aquilo que, em particular, confiaram. Quando Márcio Moreira Alves esteve em Recife, em 1964, para fazer, por conta própria, uma verificação sôbre torturas, várias vítimas, que haviam sofrido na prisão horrores, e já estavam em liberdade, lhe diziam: "Se o senhor invocar publicamente o meu testemunho, eu o negarei. Não estou disposto a sofrer de novo o que já sofri".
>
> Além disso, todos os que passaram pela prisão e assistiram ou sofreram torturas, como a mim próprio confiaram, são unânimes em dizer que lá nunca se pronuncia um nome de carcereiro ou algoz. Nem mesmo dos oficiais responsáveis. Tudo se passa no mais completo anonimato exatamente para que nunca possa se fazer prova juridicamente invocável.
>
> Esse silêncio, essas negações, essa impossibilidade de se fazer prova, é que torna a tortura ainda mais tenebrosa. É mil vezes preferível, portanto, que haja exageros nas denúncias do que haja, de nossa parte, um silêncio que possa ser confundido com cumplicidade.
>
> Estou convencido de que, atualmente, as torturas nos presos políticos têm diminuído, graças, exatamente ao escândalo universal provocado pelas denúncias exageradas da imprensa. E o nosso grande dom Hélder vem sendo arrastado pela

> rua da amargura exatamente porque enfrentou a terrível opção entre silenciar ou então denunciar escudado apenas nas confidências das vítimas, de pessoas de seus familiares ou de amigos a quem confiaram os horrores por que passaram.
>
> Enquanto não houver ampla publicidade sôbre o tratamento de presos, habeas corpus e as demais garantias constitucionais realmente postas em prática, viveremos nesse drama de ataques e desmentidos, no terreno dos exageros recíprocos, tanto nas acusações como nos desmentidos.

Alceu terminava expressando a esperança de que ele e dom Eugênio pudessem discutir pessoalmente "êsses e outros temas do nosso dramático presente" no próximo encontro da Comissão Pontifícia. Também agradecia o arcebispo "pelas providências que tomou junto às autoridades e redundaram, seguramente, na libertação das pessoas [...] e [que] certamente influirão muito para que cessem os terríveis abusos policiais que todos conhecemos, embora sem poder comprová-los".[52]

A campanha antitortura começou lentamente nos anos 60 e ganhou força depois do AI-5. A Igreja desempenhou um papel de destaque no seu fortalecimento. Com raras exceções, combatentes revolucionários e exilados, a princípio, menosprezavam a defesa dos direitos humanos, alguns referindo-se a isto como "trabalho de mulher". Somente depois de sua derrota no Brasil e sobretudo depois da queda do governo socialista do Chile, em 1973, é que a esquerda passou a abraçar a campanha e então, basicamente, apenas como tática política contra o governo.[53] Até então a Igreja e uns poucos grupos de direitos humanos, como a Anistia Internacional, jornalistas e um grupo de exilados, mostravam preocupação com os direitos humanos. Esses grupos deram depoimentos detalhados sobre as atrocidades no Brasil. As reportagens apareciam na mídia estrangeira e tornaram-se proveitosas para a ação política e legal contra o governo brasileiro.[54] Manchetes sobre o Brasil nos Estados Unidos, por exemplo, freqüentemente mencionavam a tortura.[55] Exilados brasileiros publicavam reportagens descrevendo o sistema repressivo no Brasil e listando nomes de torturadores e vítimas.[56] Por causa da censura, essas reportagens externas eram com freqüência a única fonte pública a referir-se a abusos no Brasil. A oposição tentou magnificar as atrocidades para minar o regime, enquanto o regime oficialmente as diminuía, mas nos bastidores usava a tortura e infiltrados para tentar solapar a campanha.[57]

Muricy, bispos como dom Eugênio e dom Vicente, e defensores da ditadura corretamente apontavam que as reportagens estrangeiras davam uma visão distorcida da realidade brasileira. O exame das denúncias dos exilados brasileiros por Denise Rollemberg confirma este ponto:

> Como eixo de análise, freqüentemente sustentou-se que a ditadura se mantinha por meio da repressão ao povo ou às classes trabalhadoras ou à classe operária. As ilustrações das revistas são expressivas com militares fortes e broncos, muitas vezes gorilas, oprimindo figuras miseráveis. Esta representação simplificadora resumia dois grandes equívocos de avaliação da esquerda: a incompreensão das relações da sociedade com a ditadura e a incapacidade de perceber o projeto modernizador dos militares, que estava longe de se reduzir à mera truculência [...]
>
> É difícil saber até que ponto a esquerda exilada acreditava realmente nesta versão ou se recorria a ela para incentivar a luta contra a ditadura.

Denise Rollemberg observa mais adiante que as denúncias dos exilados contra a tortura não incluíam referências ao envolvimento das vítimas em atividades revolucionárias. "Pode-se perguntar se a opinião pública internacional seria capaz de estender sua indignação quanto à violação dos direitos humanos à aceitação das ações de guerrilha."[58] A tortura não era mais do que uma pequena parte da realidade brasileira, e era fácil para jornalistas estrangeiros, e ainda mais para leitores estrangeiros, obter uma visão deturpada da realidade brasileira ao considerar apenas as informações sobre tortura.

Mas Alceu e os ativistas de direitos humanos também demonstraram corretamente ao mundo como a tortura destruía a democracia brasileira. Uma imprensa livre era essencial para proteger as liberdades civis não somente dos revolucionários, mas de todos os brasileiros. Também era essencial para a democracia. Ao amordaçar a imprensa, o Exército praticamente forçava a que as atrocidades fossem denunciadas fora do país.

O anticomunismo de dom Eugênio e sua posição de alto líder da Igreja o levaram a preferir salvaguardar a imagem do Brasil, embora sem abandonar a defesa dos direitos humanos. As posições contrastantes de dom Eugênio e Alceu ressaltavam a existência de idéias antagônicas sobre patriotismo no interior da Igreja, enquanto esta desenvolvia um novo corpo de ensinamentos sociais e tendia a dividir-se nas chamadas facções progressista e conservadora. À medida que crescia na hierarquia da Igreja, dom Eugênio tinha de distanciar-se de seu antigo e controvertido trabalho de organizador sindical no Nordeste.[59] Sua opção pela hierarquia, ordem e disciplina também determinou sua atitude. Todavia, sua posição, prudência e prestígio perante as Forças Armadas faziam dele um intermediário potencial entre a Igreja e os generais.[60] De fato, dom Eugênio acreditava na preservação do relacionamento tradicional entre a Igreja e o Estado como forma de resolver os desacordos. Especialmente em uma ditadura, refletia, canais confidenciais funcionavam melhor, enquanto o protesto aberto só servia para irritar aqueles que estavam no poder.[61] "Ele é uma pessoa que gosta da mediação. Ele tem isso no sangue", comentou dom Paulo certa vez a respeito de dom Eugênio.[62]

Neste ponto, dom Eugênio discordava totalmente de dom Paulo e dom Hélder, que em 1970 abandonaram a discrição para denunciar a tortura. Mas devemos notar que as abordagens também diferiam entre aqueles que se manifestavam. Dom Paulo, por exemplo, era o mais insistente opositor à tortura, porém sempre fazia suas denúncias pessoais em solo brasileiro. "Mas contar torturas lá fora, nunca fiz. E não acho bem direito, porque a gente tem que vencer aqui dentro", recordava-se dom Paulo. "Mas o que acho muito bom do exterior, isso praticamos sempre, cada vez que uma leva entrava na cadeia, a gente comunicava à BBC [British Broadcasting Corporation] e outros órgãos, para noticiar, porque isso protegia o preso."[63]

De acordo com sua versão, dom Eugênio cultivava propositadamente uma dupla imagem, "sacrificando" uma em favor da outra: *publicamente*, parecia, por seu silêncio, favorecer a repressão, mas *particularmente* trabalhava contra o mau tratamento dispensado aos alegados subversivos. Dom Eugênio não chegou a essa decisão facilmente. Consultou Heráclito Sobral Pinto, o altamente respeitável jurista católico conservador que defendera o líder do PCB, Luís Carlos Prestes, durante o Estado Novo e que se manifestara abertamente contra o regime de 1964. O próprio Sobral Pinto foi preso uma vez. Ele insistiu que dom Eugênio continuasse a trabalhar em silêncio para proteger as vítimas da repressão. Durante minha entrevista com dom Eugênio, o cardeal recordou seu encontro com o famoso advogado:

> Eu consultei Sobral Pinto, que era um homem que eu confiava muito, e era um homem muito contra o governo, e eu perguntava sobre a minha posição, que é

que ele achava, se estava certo ou devia ir além, se esse caminho era certo ou devia eu tomar outro caminho. Essa era uma noite. Ele estava aqui no Palácio [São Joaquim]. Ele me disse: "O senhor está certo, porque o senhor tem que proteger as pessoas. Eu não tenho mais ninguém porque meus filhos são casados. Eu só tenho Maria" — Maria era a mulher — "então eu posso protestar contra o governo. Eu sou eu. O senhor não é o senhor. O senhor é o pastor de uma diocese. O senhor tem que proteger as pessoas".[64]

A dupla imagem de dom Eugênio convenceu o CIE de que ele atuava "de modo ambíguo, isto é, apoiando ao Governo e à CNBB".[65] Apesar disso, nada menos que uma figura importante como Alceu reconhecia a contribuição de dom Eugênio aos direitos humanos.[66]

Muricy e dom Eugênio: "Refazendo" a imagem do Brasil

Tanto dom Eugênio como o general Muricy trabalharam para melhorar a imagem do Brasil.

No Brasil, Muricy usava seu poder e a imprensa para expor e interpretar os perigos da influência da esquerda entre os estudantes, que proporcionavam à guerrilha grande número de recrutas. Em seu modo de ver, a ruptura de valores tradicionais entre os estudantes influenciados por ídolos e idéias radicais era típica dos efeitos psicológicos da guerra revolucionária e ameaçava a segurança nacional. Durante seu período como chefe do EME, Muricy mandou fazer três estudos sobre prisioneiros políticos ("terroristas", nas suas palavras) detidos nas cadeias do Rio de Janeiro e em outras áreas do Brasil. Conduzidos por especialistas militares assistidos por psicólogos profissionais, esses estudos empregavam uma bateria de questões e testes e buscavam definir os perfis sociais e psicológicos dos subversivos. Muricy revelou o resultado dessa pesquisa à imprensa em 1970 e em um discurso com ampla publicidade na Associação Brasileira de Educadores em 1971. Nessas ocasiões, fez a importante revelação de que cerca de quinhentas pessoas acusadas de subversão estavam presas. A maioria era de estudantes secundaristas e universitários. Muito impressionáveis, eles haviam entrado para o movimento revolucionário influenciados por radicais infiltrados, professores, membros do sexo oposto e por seu próprio idealismo. O diagnóstico de Muricy sobre o envolvimento de estudantes refletia as preocupações de conservadores e autoridades governamentais em outros países do Ocidente que também tinham dificuldades para lidar com a agitação estudantil e o conflito de gerações no final dos anos 60 e nos 70. Segundo Muricy, os subversivos estavam atacando a moral, a religião e a estrutura familiar dos brasileiros. "Promiscuidade" e "falta de higiene" reinaram no XXX Encontro da UNE, em 1968, em Ibiúna[67] — uma espécie de Woodstock político do Brasil. Um deputado federal elogiou os estudos de Muricy e recomendou "psicoterapia ocupacional" aos indivíduos jovens de classe média, suscetíveis ao chamado revolucionário.[68] Num encontro da Bipartite, Muricy disse aos bispos que o uso de drogas era outra causa do radicalismo dos estudantes[69] (embora, na verdade, a esquerda revolucionária rejeitasse o uso de drogas).

Vários prisioneiros testados declararam que ocorreram abusos ligados a esses exames psicológicos pretensamente voluntários. Receberam garantias de que os resultados dos testes não seriam revelados. Durante o questionamento, alguns foram indagados sobre suas reações à tortura. Os que se recusaram a responder foram intimidados com a ameaça de mais tortura. Dadas as muitas violações dos direitos humanos que ocorreram nas prisões brasileiras naquela época, as afirmações dos prisioneiros têm credibilidade, embora não tenha ficado claro se o general Muricy sabia ou não desses abusos.[70]

O general Muricy também trabalhou no âmbito internacional. Por exemplo, em 1972, publicou longo artigo em um jornal militar alemão elogiando o Exército brasileiro e sua posição contra o comunismo. No artigo argumentava que "noticiaristas estrangeiros que não entendem o Brasil" distorciam falsamente a imagem do país. Comunistas e "maus brasileiros" traíam sua pátria ao apresentar aos europeus e norte-americanos a descrição de um regime totalmente militarizado e antidemocrático, que promovia apenas "o genocídio, as torturas e o cerceamento das liberdades e dos direitos humanos". Ao contrário, escreveu Muricy, o Brasil era um país em evolução, com "um povo forte", uma economia crescente e um Exército que recrutava seus soldados em todos os setores da sociedade. Além disso, a Revolução de 1964 foi "incruenta"; o Brasil gastava relativamente pouco per capita em suas Forças Armadas, e a maioria dos membros militares do governo não era da ativa, mas oficiais da reserva. "Até o ano 2000 deverá existir no país uma sociedade efetivamente desenvolvida, democrática e soberana, que assegure a viabilidade econômica, social e política do Brasil como grande potência", concluiu.[71]

Dom Eugênio cooperava com Muricy. Depois de uma visita ao papa Paulo VI, dom Eugênio relatou ao general, no começo de maio de 1970, que ele trabalhara para "neutralizar o que há de errado no noticiário referente a uma grande perseguição religiosa no Brasil". O cardeal deu entrevistas positivas à imprensa européia e encontrou-se com o embaixador Jobim e com os enviados brasileiros à Bélgica e à Itália. Dom Eugênio escreveu a Muricy:

> Estive com o Santo Padre e pude ter dêle a certeza de que em suas mãos jamais chegaram quaisquer informes que pudessem agravar a situação da Igreja no Brasil, através do Núncio Apostólico. Êle me autorizou a comunicar isto ao Govêrno. Imediatamente, em entendimento com nossos dois embaixadores, em Roma, fiz-lhes saber dessa comunicação.[72]

Mas dom Eugênio também deixou bem claro que ele sabia dos abusos e que o governo só poderia redimir-se acabando com eles.

> A situação, na Europa, é difícil em relação ao Brasil. Confirma aquilo que lhe falei, aqui, em Itapoan. Mantive muitos contatos, tentando restabelecer a verdade. Infelizmente, eu creio que isso só será possível, definitivamente, com a supressão das torturas e um conhecimento mais amplo dessa mesma situação.

Na verdade, dom Eugênio já propusera a Muricy "uma investigação particular" que, presumivelmente sob os auspícios da Comissão Pontifícia Justiça e Paz em Roma ou mesmo do próprio pontífice, pudesse explicar a prática de tortura. Em Roma, porém, dom Eugênio não foi em frente com o assunto, "pois não tive, da sua parte, sinal verde", ele disse a Muricy.

O arcebispo, em seguida, observou a "péssima impressão" causada pela publicação, pelo regime, dos documentos de denúncia, no processo contra os 32 padres de Belo Horizonte que foram acusados de violarem a segurança nacional por seu protesto contra a morte do estudante Edson Luís. "Se não fosse publicado por alguém do Exército, poderia supor que era obra de subversivos desejosos de aumentar os atritos entre Govêrno e Igreja." Ele também se queixava com Muricy da decisão do regime de obstruir a entrada de missionários estrangeiros no Brasil.[73]

Imediatamente após as advertências particulares de dom Eugênio sobre tortura, os bispos aumentaram suas denúncias públicas. Dom Eugênio deu ampla assistência a esse processo, incentivando Candido Mendes a investigar e verificar a existência de abusos. Candido Mendes aceitou somente as queixas para as quais as vítimas e duas testemunhas concordavam em assinar uma declaração. Apesar dos requerimentos extremamente rigorosos e arriscados, Candido Mendes documentou treze casos só no Rio. Anotou dezenas de outros relatos feitos por parentes, amigos e advogados de prisioneiros políticos. Na XI Assembléia Geral da CNBB em Brasília, Candido Mendes apresentou sua informação aos bispos. O episcopado todo viu-se diante de provas consistentes da existência de atrocidades.[74] A evidência foi crucial para convencer os bispos a se tornarem mais críticos em relação ao regime. Eles se manifestaram condenando severamente a violência, a tortura e os males da Justiça Militar.[75] Em Paris, em 26 de maio de 1970, Dom Hélder trouxe mais publicidade negativa com seu discurso mencionado acima, no qual denunciava a tortura.

No entanto, durante uma outra viagem a Roma, em junho de 1970, dom Eugênio continuou sua "atividade, discreta porém intensa, para refazer a verdadeira face do Brasil". Em uma carta de julho, informando Muricy desses esforços, o cardeal solicitou informações ao general para ajudar a refutar críticas potenciais contra o Brasil, num futuro encontro da Comissão Justiça e Paz. Os temores de dom Eugênio se baseavam em documentos que circulavam no Brasil e que presumivelmente criticavam a situação dos direitos humanos. "Acho conveniente que você mandasse [...] elementos para uma resposta a uma possível interpelação", escreveu dom Eugênio ao general. Para atender o cardeal, o general Muricy recorreu às informações do Exército. A pasta que recebeu do CIE esclarece as preocupações do cardeal. Ela continha uma lista de acusações de subversão contra cinco professores do Ibrades, o centro de estudos jesuíta onde dom Aloísio ficaria detido meses depois. Entre os cinco, estava o padre Meneses, que fora preso seis anos antes por ordem do general Muricy. Os suspeitos tinham ligações com organizações populares, com o movimento estudantil, com professores universitários marxistas e Paulo Freire. Uma nota de um oficial do Ministério do Exército assegurava ao general Muricy que a documentação daria a dom Eugênio

> fartos subsídios para rebater as acusações de nossos detratores. Caberá a ele a habilidade e a firmeza de propósitos de realizar tal tarefa que será, sem dúvida, um grande serviço prestado ao Brasil, particularmente se considerarmos a atitude oposta de outro "prelado" nosso conhecido.

Esta última frase era uma clara referência a dom Hélder.[76] (Como veremos, mais tarde dom Eugênio teve importância fundamental na moderação do poder da Comissão Pontifícia para denunciar abusos contra os direitos humanos.)

Dom Eugênio terminou agradecendo ao general Muricy pela ajuda no estabelecimento de uma conexão com o presidente Médici. Enquanto servia de legado papal no VIII Congresso Eucarístico Nacional em Brasília no fim de maio de 1970, dom Eugênio foi recebido pelo presidente com honras de chefe de Estado. Médici também se encontrou com os bispos mais importantes da CNBB, que declararam que "a Igreja católica continuará colaborando com o governo, franca e lealmente, em tudo que diga respeito ao bem-estar do povo brasileiro". A atenção cerimoniosa ao episcopado abrandou o impacto

Dom Eugênio estabeleceu "uma sólida amizade" com o presidente Médici, mas rejeitou o anticomunismo exagerado do regime e o uso da tortura. (Agência Nacional/Aesp)

das declarações da CNBB contra a tortura. De fato, autoridades do governo estavam otimistas quanto ao fato de que o encontro de dom Eugênio assinalasse um maior entendimento entre a Igreja e o Estado.[77] "Os entendimentos iniciados com você [...] foram altamente proveitosos, especialmente com o Presidente da República", disse Dom Eugênio em sua carta a Muricy. "Creio que estabelecemos uma sólida amizade. Há pouco, ao regressar de Roma, eu lhe escrevi, enviando, em caráter reservado e privado, uma mensagem pessoal do Santo Padre."[78]

CONCLUSÃO

Determinada pela tortura e pelo conflito entre a Igreja e o Estado, a luta pela imagem do Brasil foi peça central de um conflito maior entre o governo Médici e a oposição. Dom Eugênio e autoridades do Vaticano buscaram um equilíbrio entre o dever da Igreja de pregar a justiça social e a necessidade de manter relações amigáveis com a maior nação católica da Terra. No mundo da diplomacia, a percepção era com freqüência mais importante do que os fatos reais de tortura. Fatores como o patriotismo, as necessidades institucionais da Igreja e a política eclesiástica ajudavam a dar o tom com o qual a tortura seria interpretada. Como um padre italiano, profundo conhecedor do Brasil, observou, os bispos falavam com uma voz quando estavam dentro do país e com outra quando estavam fora do Brasil.[79] E, nas palavras de um diplomata brasileiro, era necessário "distinguir as relações entre a Santa Sé e o Brasil, e as relações, no Brasil, entre o Estado e determinados representantes do clero".[80]

Dom Eugênio personificava as tensões e contradições da época. Como pastor, reservava-se o direito de criticar os abusos e as insuficiências do regime, mas como político trabalhava com Muricy na tentativa de solucionar as diferenças entre a Igreja e o Exército. Seus esforços ajudaram a manter as relações entre a Igreja e o Estado no Brasil cortês e impediram uma piora nas relações com o Vaticano, cuja palavra tinha grande peso junto ao regime e à média dos brasileiros. Como observou um diplomata argentino em Roma, em outubro de 1971, os gestos-chave de dom Eugênio e outros suplantaram os relatórios da Comissão Pontifícia Justiça e Paz, e tornaram mais favorável a opinião do Vaticano quanto ao regime militar.[81]

A diplomacia episcopal, porém, se tornaria mais difícil à medida que o conflito passou a envolver cada vez mais a hierarquia. Isso se tornou evidente de maneira chocante após a invasão do Ibrades e a prisão de dom Aloísio Lorscheider durante o ataque à JOC, em outubro de 1970.

4. O incidente JOC-Ibrades e o fracasso do diálogo tradicional

A grande ofensiva do regime contra a JOC, entre agosto e outubro de 1970, teria imensas repercussões sobre as relações entre a Igreja e o Estado. As prisões ocorreram no estado do Maranhão e nas cidades do Rio de Janeiro e Volta Redonda. Alguns padres e numerosos jocistas foram torturados.

Iniciada no Brasil em 1947, a JOC tornou-se uma das mais radicais organizações na Igreja brasileira. Seus membros vinham sobretudo de famílias da classe trabalhadora. Profundamente religiosa por natureza, ela também enfatizava a justiça social para os trabalhadores. Padres conhecidos como "assistentes eclesiásticos" organizavam e aconselhavam o movimento. No final dos anos 60, a JOC passou a defender o socialismo. Uma canção da JOC escrita em 1967, intitulada "Meu Brasil analfabeto", convocava "tôda a gente prá fazer revolução".[1] Em 1968, alguns jocistas participaram de importantes greves contra o regime em Contagem e Osasco. A JOC, porém, não tinha ligações reais com organizações revolucionárias, as quais viam os ativistas católicos como meramente reformistas. Depois da declaração do AI-5, o Exército se empenhou sistematicamente em destruir a organização. "Por volta de 1970, ela se tornara um dos alvos principais da repressão do regime militar por sua liderança junto aos movimentos populares, sua crítica radical ao regime e seu compromisso com o socialismo", escreve Scott Mainwaring. Os ataques daquele ano, mais a diminuição do apoio por parte dos bispos, constituíram o assalto final, que praticamente destruiu a organização. A experiência da JOC exerceu profunda influência no desenvolvimento da Igreja progressista nos anos 70. A repressão militar ao movimento ajudou a convencer os bispos a assumir uma posição mais aberta contra o regime.[2]

Os ataques à JOC foram uma das razões principais para a criação da Bipartite. Enquanto alguns autores, como Mainwaring, descrevem em detalhe a história da JOC e sua perseguição pelos militares, pretendo enfatizar a importância de sua repressão como um ponto de virada na ótica dos bispos — e dos generais — da relação entre a Igreja e o Estado e do diálogo tradicional entre as duas instituições. A nova evidência documental apresentada aqui acrescenta uma importante dimensão a esse episódio crucial. Ela ressalta especialmente as manobras de bastidores feitas pelos bispos.

O ATAQUE E OS PROTESTOS

No Rio, padres da JOC e militantes leigos foram especialmente ativos no morro de São Carlos, uma favela no bairro operário de Catumbi, não muito longe do centro da cidade. Padre Agostinho Pretto e outros clérigos jocistas haviam criado um estreito relacionamento com a comunidade de São Carlos; padre Agostinho, um homem enorme, até transportara favelados doentes nas costas. A sede nacional da JOC ficava na favela, em frente a uma residência de freiras. No ataque contra o movimento no final de 1970, a polícia invadiu os dois prédios e deteve temporariamente alguns moradores do morro.[3]

Durante essa operação, agentes do Dops da Guanabara e do Primeiro Exército invadiram o Ibrades. Dirigido por jesuítas, o Ibrades treinava jocistas e outros militantes de movimentos populares com a finalidade de implementar o movimento da Igreja por justiça social. Também servia de assessoria intelectual da CNBB. Vários dos mais importantes jesuítas do país viviam nesse edifício, que ficava na rua Bambina, em Botafogo. Quando entraram no centro de estudos, os agentes maltrataram vários religiosos, inclusive o padre Pedro Belisário Velloso Rebello, provincial da ordem, e o padre Ormindo Viveiros de Castro, reitor da PUC-RJ. Os soldados também vasculharam os quartos privativos dos padres à procura de escritos subversivos, até mesmo os do diretor, padre Ávila, intelectual que anteriormente fora considerado pelos generais como possível ministro da Educação e que era visto por alguns dos membros do regime como um veemente anticomunista e "anti-Hélder".[4] (Helmo de Azevedo Sussekind, o juiz que cuidava do processo contra o Ibrades na Justiça Militar, qualificou o órgão de contrário à Revolução de 1964 e pediu ao governo que expurgasse seus "elementos confessadamente marxistas e seguidores de ideologias exóticas".[5]) Em seguida padre Ávila protestou energicamente com o comandante do ataque. Quando o entrevistei em 1995, reviveu a sua indignação. Ele se recordou de seu diálogo com o oficial. "Isto não é sindicância, isto é molecagem", disse padre Ávila. O oficial respondeu: "Eu não tenho diplomatas para fazer isto, eu tenho soldados".[6]

Para as relações entre a Igreja e o Estado, o pior de tudo foi a detenção de dom Aloísio, secretário-geral da CNBB. Os agentes o mantiveram incomunicável por mais de quatro horas. Dom Aloísio era um moderado inofensivo, que não pertencia ao grupo de bispos abertamente críticos ao regime e perseguidos pelo Exército como elementos radicais extremistas. Na verdade, o inciden-

Considerado pelos generais como um possível ministro da Educação, o padre Fernando Bastos d'Ávila se tornou um alvo da repressão, junto com outros jesuítas. "Isto é molecagem", ele disse a respeito das atividades das forças de segurança. (Arquivo Nacional)

A detenção de dom Aloísio Lorscheider, secretário-geral e futuro presidente da CNBB, exacerbou a crise entre a Igreja e o Estado. (Arquivo Nacional)

O Ibrades, onde agentes de segurança mantiveram dom Aloísio incomunicável. (*Ademar Veneziano/Abril Imagens*)

te o impediu de ir a um encontro com o ministro da Justiça, Alfredo Buzaid, um expoente civil da linha dura. Os ataques à JOC e ao Ibrades ressaltavam a arbitrariedade da violência do regime e o crescente desrespeito do Exército pela Igreja como instituição. A Igreja e o regime estavam à beira da ruptura.

Os protestos contra os ataques unificaram a Igreja em suas denúncias de violações aos direitos humanos e de autoritarismo.[7] A Comissão Central da CNBB denunciou o ataque. Ela criticava o comunismo e reconhecia as realizações econômicas do governo, mas defendia as políticas sociais da Igreja. "O terrorismo da subversão não pode ter como resposta o terrorismo da repressão", declararam os bispos.[8] Contudo, por causa da censura à imprensa poucas pessoas no Brasil ficaram sabendo das prisões na JOC e da detenção de dom Aloísio. Protestos no exterior foram mais importantes e quase provocaram um desastre diplomático para o regime. Na Europa, milhares de jocistas fizeram demonstrações de rua, congestionaram as linhas telefônicas das embaixadas brasileiras e inundaram suas caixas postais com protestos.[9] Em Roma, a Rádio Vaticano e o jornal oficial *L'Osservatore Romano* juntaram-se ao coro de críticas contra a repressão, sendo que o jornal também publicou a declaração da CNBB. O papa Paulo VI declarou seu apoio à Igreja brasileira e condenou o uso da tortura.[10] Essas reações mancharam ainda mais a imagem do Brasil como violador dos direitos humanos e enraiveceram os hipersensíveis generais. Embora se tenha afirmado que o presidente Médici ficara irritado com as ações de seus subordinados no episódio Ibrades, ele atribuiu a piora da imagem do país a "maus brasileiros".[11]

Em uma demonstração incomum de unidade e protesto de prelados majoritariamente conservadores, os cinco cardeais do país — dom Agnelo, dom Jaime, dom Vicente, dom Eugênio e dom Carlos Carmelo de Vasconcelos Motta — protestaram em uma carta particular a Médici:

> Nós, Presidente da Conferência dos Bispos do Brasil e Cardeais da Santa Igreja neste país, sentimo-nos no doloroso dever de protestar respeitosa, mas veementemente, contra a detenção do Secretário Geral da nossa Conferência Nacional dos Bispos, Dom Aloísio Lorscheider [...]
>
> Excelentíssimo Senhor Presidente, êste fato inédito na história republicana do Brasil nos constrange a êste gesto.
>
> Embora reconheçamos os nobres sentimentos pessoais de V. Excia., não podemos deixar de nos afligir profundamente com a deterioração do relacionamento entre a Igreja e o Estado, não obstante nosso esfôrço por corrigir falhas existentes em nossa área.
>
> Apelamos para os sentimentos cristãos de V. Excia. no sentido de que fatos constrangedores como êste da detenção e incomunicabilidade de um Bispo da Santa Igreja, sem motivo plausível, não surjam mais em nossa querida Pátria.[12]

AS EVASIVAS DO GOVERNO

Em setembro e início de outubro, os bispos usaram ao máximo seu prestígio na tentativa de localizar os clérigos e leigos militantes presos, mas se frustravam progressivamente à medida que oficiais de todos os níveis só lhes apresentavam evasivas. Padres, bispos, cardeais e até dom Jaime, um anticomunista ferrenho e grande amigo dos militares, se encontraram com coronéis, generais e o ministro Buzaid, mas receberam poucas informações ou só notícias contraditórias sobre os prisioneiros, sem nenhuma indicação de quando seriam soltos. Dom Alberto Trevisan, um respeitado ex-capelão militar com excelentes contatos nas Forças Armadas e no SNI, também não conseguiu nada.[13] Com grande esforço, os clérigos ficaram sabendo que as prisões na JOC foram realizadas por autoridades do Dops por ordem do I Exército[14] e que as investigações ocorreram no temido DOI-Codi,[15] um dos centros de tortura do Rio. "Em companhia de dom Alberto Trevisan estive no Comando do I Exército, na tentativa de um contato com o coronel Vieira Ferreira, encarregado do interrogatório dos processos", afirmou dom Lucas em um relatório de 30 de setembro para os bispos brasileiros. Como secretário nacional do Apostolado dos Leigos, dom Lucas era responsável pelo trabalho e bem-estar de todos os movimentos leigos no Brasil, inclusive pela sitiada JOC. "Após longa espera, frustrada a possibilidade de qualquer entrevista e portanto de qualquer esclarecimento, tive indícios certos de que não seria pessoalmente recebido." Ele também relatou aos bispos um encontro, ocorrido no dia 28 de setembro, entre dom Jaime, ele próprio e o general Sizeno Sarmento, comandante do I Exército e um dos homens mais poderosos das Forças Armadas. Dom Lucas queixou-se ao general da "total dificuldade em obter as mais simples informações". Ameaçou o general com a possibilidade de um desastre de relações públicas: "Não posso impedir que o assunto, prolongando-se indefinidamente, tome dimensões internacionais e caia na opinião pública com tôdas as conseqüências desagradáveis".[16] No dia 1º de outubro, dom Jaime, o cardeal que aplaudira o golpe, falou publicamente sobre a "guerra contra a Igreja".[17]

No dia seguinte, dom Jaime encontrou-se com o general Médici no palácio das Laranjeiras, a residência presidencial no Rio. O encontro foi sugerido por dom Lucas, que acompanhou o cardeal. Os três homens ficaram juntos por mais de meia hora. Dom Lucas informou aos bispos que Médici "ouviu com atenção e tomou boa nota das palavras do cardeal Câmara e minhas". No entanto, o presidente não ofereceu nenhuma ajuda e concordou apenas em se corresponder com dom Lucas.[18]

No mesmo dia, dom Lucas escreveu a Médici para reforçar suas queixas orais. Localizada nos arquivos da JOC na PUC-SP, essa importante carta revela um dom Lucas em sua melhor forma diplomática, mas também firme em sua oposição aos ataques à Igreja e sem medo de confrontar-se com a máxima autoridade do sistema repressivo brasileiro. Dom Lucas recorreu à honra eclesiástica, ao patriotismo e ao direito exclusivo da Igreja de disciplinar seus próprios membros como motivações primárias à resolução do conflito entre a Igreja e o Estado. Também deixou clara a distância ideológica que tinha em relação a seus companheiros dominicanos e outros acusados de subversão. Essa carta é publicada pela primeira vez neste livro:

> Na rara oportunidade dêste encontro com o digno chefe da Nação, era meu desejo — estou certo de que era também o do Senhor Cardeal — reafirmar quanto é importante para nós, Bispos, mas também para o Govêrno e o Povo, que todos os problemas envolvendo a Igreja ou pessoas a ela vinculadas, sejam tratados em estreita ligação com os seus Pastores. Esta foi, desde o começo, parece-me, a sábia orientação de Vossa Excelência.
>
> Como responsável nacional pelo apostolado dos leigos, lastimo vivamente que assim não se esteja procedendo em um acontecimento que é destas horas.
>
> Saberá Vossa Excelência que, em uma série de diligências policiais-militares, já foram detidas nove pessoas ligadas à JUVENTUDE OPERÁRIA CATÓLICA (JOC) e pertencentes à sua direção nacional e latino-americana: sacerdotes, jovens e até uma senhora no sétimo mês de gravidez [...]
>
> Vinte e um dias decorridos da primeira dessas prisões e não obstante esforços, buscas e longas esperas em ante-câmeras, encontramo-nos ainda sem a mínima indicação sôbre quem ordenou as prisões, por que motivos e onde se encontram os detidos. Para mim continua impossível, tais os obstáculos que encontro, prestar as informações elementares que, de acôrdo com minha pesada responsabilidade, devo aos Bispos do Brasil, à JOC Internacional e até ao Consilium de Laicis e à Secretaria de Estado, no Vaticano, que, em repetidos telegramas e mensagens, me manifestam suas preocupações.
>
> Como Brasileiro, preocupa-me, Senhor Presidente, a imagem do Brasil que hoje se projeta no estrangeiro. Ora, sei com certeza que, a estas horas, o tratamento infligido ao Comitê Nacional da JOC, ao seu Assistente Latino-Americano e até, indiretamente, ao seu Presidente Mundial e o modo de tratar o Bispo responsável pelo apostolado dos leigos já está repercutindo lá fora e criando, outra vez, na opinião pública mundial a imagem de uma verdadeira perseguição à

Igreja, em seus sacerdotes e leigos, em nosso País — ao menos por parte de alguns escalões do Govêrno ou de pessoas que se dizem a seu serviço. A total liberdade com que se enxovalha todos os dias, pelos jornais ou pela TV, a dignidade dos bispos isolados ou de tôda a CNBB, a dificuldade que esses encontram para se defenderem, e agora este episódio mais, tudo isso deixa-me muito mal para desfazer, por minha parte, aquela imagem.

Como Bispo da Igreja, tenho outra preocupação: a de colaborar com minha parte para que cada vez mais os princípios básicos do Evangelho, os Direitos Humanos fundamentais e a capacidade de servir o Povo, sobretudo o mais humilde, paute tôda a atividade do Govêrno do meu País. Neste sentido construtivo é que me permito despertar a atenção daqueles que têm a pesada tarefa de governar este País e me alegro em aplaudir o muito que já se tem feito. Neste sentido faço votos e orações e ofereço minha humilde contribuição.

Quero, Senhor Presidente, que Vossa Excelência creia neste episódio como outros não nos empenhamos em assumir e defender posições erradas defendidas por quaisquer pessoas ou grupos, mesmo ligados à Igreja. Nem nos ocorre pedir privilégios, impunidade ou exceção à Justiça, quando houver crime. Nem escondemos que haja problemas no interior da própria Igreja, neste delicado momento em que ela procura acertar o seu caminho, com todos os riscos próprios desses momentos. Reclamamos apenas que não se veja crime em qualquer esforço de conhecer os problemas dos mais desamparados. Que a Justiça se faça com o maior empenho[,] lisura e presteza possíveis. Que a Igreja guarde seu direito de tomar conhecimento, julgar e, se fôr o caso, punir cada vez que estiver em jôgo seu fôro interno: sua teologia, sua pastoral, sua disciplina, já que este é o terreno próprio (e tão delicado) de seus Bispos e Pastores.[19]

A documentação indica que Médici não respondeu a essa carta. O protesto dos cardeais contra a detenção de dom Aloísio também foi malsucedido.

Em outubro e novembro, os bispos continuaram seus contatos privados com autoridades do governo na tentativa de ajudar os jocistas e acalmar a crescente crise entre a Igreja e o Estado. Dom Aloísio encontrou-se duas vezes com o ministro da Justiça Alfredo Buzaid, o que levou *O Estado de S. Paulo*, que na época era simpático ao regime, a negar a existência de uma crise. Logo em seguida, dom Eugênio, dom Vicente e vinte outros bispos permitiram que Júlio de Rosen, um enviado especial do presidente Médici, participasse de suas deliberações antes de redigirem o severo protesto da Comissão Central da CNBB contra o ataque ao Ibrades.[20] Os bispos acreditavam, porém, que todas as esperanças de entendimento haviam se esgotado.[21] Finalmente, o presidente Médici autorizou dom Vicente, acompanhado por oficiais, a visitar os padres presos no DOI-Codi, mas não os militantes leigos. Os bispos quase recusaram a minguada concessão, que não levou à libertação de nenhum dos prisioneiros. Dom Trevisan recebeu permissão de visitar Maria Irony Bezerra Cardoso, a jocista grávida, que fora presa e depois levada a um hospital militar.[22]

"O ambiente aqui é de muito desalento", escreveu o padre Celso José Pinto da Silva, assistente de dom Lucas e participante dos esforços para a libertação dos jocistas, a dom Eugênio no final de outubro. "Padres, leigos, pessoas das famílias dos presos, me procuram constantemente e eu mesmo não sei mais o que dizer. A resposta de que tudo continua na mesma, com o passar do tempo, começa a ser decepcionante para muitos e já revoltante para alguns."[23] Só em 6 de novembro a imprensa foi autorizada a publicar uma lista de nomes dos padres e jocistas presos. O padre Celso José escreveu a dom Vicente que duas jocistas leigas foram libertadas, mas tiveram que permanecer sob a custódia da CNBB e apresentar-se ao Ministério do Exército a cada duas semanas. "Elas se encontram com os nervos muito abalados, e uma delas mais por causa dos maus-tratos sofridos", escreveu o padre. "A situação jurídica delas é totalmente anormal, pois sua prisão não consta oficialmente e foram 'aconselhadas' sob algumas ameaças a negar que estiveram presas."[24]

Em meados de novembro, o advogado Heleno Fragoso, defensor dos direitos humanos, ainda não recebera permissão para visitar os jocistas, o que o levou a entrar com um processo na Justiça Militar contra o general Sizeno por violação das regras do próprio regime sobre prisioneiros políticos.[25] Os padres foram finalmente libertados em 22 de novembro. Os militantes leigos não ganharam a liberdade até 7 de dezembro. Ao serem soltas, imediatamente três testemunhas presas pediram asilo à embaixada chilena.

Depois da libertação dos jocistas, os bispos encontraram-se reservadamente com padre Pretto e meia dúzia de outros indivíduos para ouvir seus relatos pessoais de tortura no DOI-Codi. Dom Aloísio, dom Vicente Scherer, dom Avelar, dom Lucas, dom Trevisan e o padre Celso Queiroz, um assessor da CNBB e futuro secretário-geral da organização, estavam presentes. Depois de ouvir os detalhes sobre a tortura, dom Trevisan declarou: "Se fizessem isso com uma irmã minha, eu fuzilava". Os bispos queriam saber como poderiam ajudar as vítimas. Os jocistas responderam que queriam que os bispos ajudassem com urgência os que ainda estavam na prisão. Dom Vicente perguntou a padre Pretto se ele repetiria sua história na televisão. O padre disse que sim, desde que o cardeal concordasse em aparecer com ele.[26] A gravação na tevê não aconteceu; nem os militares teriam permitido isso.

CONCILIAÇÃO REJEITADA

A verdade nua e crua é que os bispos não tinham nenhum poder de persuasão diante de uma determinação militar de esmagar o mais leve indício de subversão. Esse era o ponto principal de um relatório interno escrito pelos jocistas em algum dia do final de 1970. Agora parte dos arquivos da JOC, esse documento fornece uma descrição detalhada do episódio JOC-Ibrades e é o único da coleção que apresenta os eventos do ponto de vista dos militantes de base. Escrito no calor dos acontecimentos, revela a paixão e o sofrimento dos jocistas nesse momento crucial da história de sua organização e da Igreja brasileira. O relatório é ainda mais notável por sua crítica à conduta dos bispos durante a crise. É uma demonstração clássica da frustração que membros da Igreja brasileira sentiam quando seus superiores faziam política com a liderança militar. Isso evidencia como tanto a ditadura quanto as tentativas de reforma eclesiástica aumentavam as tensões entre a base e a cúpula da Igreja. (Essas tensões permaneceram mesmo depois do fim do regime militar.) A JOC se tornara subversiva aos olhos dos generais e, na verdade, de muitos bispos. Por exemplo, dom Geraldo de Proença Sigaud, o bispo de Diamantina, anticomunista, ultraconservador e muito atuante, denunciou as atividades da JOC. Como resultado da percepção negativa da JOC, os bispos se distanciaram da organização. Temerosos de serem associados com os revolucionários, confiando ingenuamente no sentimento religioso dos generais e acostumados ao privilégio social, os bispos levaram anos para entender a natureza violenta do regime, que os jocistas e outros militantes de movimentos populares conheciam muito bem por causa dos horrores dos centros de tortura. Os jocistas faziam cruzada pela justiça social, enquanto os bispos tentavam salvaguardar o prestígio e o poder da Igreja institucional. O relatório da JOC é uma peça-chave de evidência para a compreensão do desejo dos bispos em dialogar sistematicamente com o governo.

> Os acontecimentos contribuíram para que aumentasse um pouco dentro da Hierarquia a consciência de sua responsabilidade frente à realidade brasileira. Parece que vai crescendo a "desconfiança" de que há uma perseguição generalizada ao trabalho da Igreja na linha da Promoção Humana. Isto leva os Bispos a contribuir mais na purificação da própria Igreja. Não parece chegar ao ideal, mas é um passo à frente.
>
> No conjunto de fatos a Hierarquia pode descobrir que sua autoridade não pesa quase nada frente às autoridades governamentais.
>
> Com a detenção de Dom Aloísio, sentiu-se diretamente ferida. Forçando os Bispos a tomar uma posição de defesa de um trabalho de Evangelização, mesmo que esta defesa tenha sido feita um tanto indiretamente.
>
> Mesmo assim a Hierarquia demonstrou mais uma vez seu forte clericalismo, tomando posição mais séria depois de ser atingida mais diretamente, através de um Bispo.
>
> Continua tendo sua linha de conciliação, mesmo sendo rejeitada na maioria das vezes que tentou alguma coisa com as autoridades.
>
> Na Nota da Comissão Central tomou a defesa só da Igreja e não de todos os homens que se encontram no mesmo caso e nos mesmos ideais.
>
> Com relação ao Movimento, notaram-se duas coisas: de um lado não se deu nenhuma importância ao Movimento. Era como se não houvesse um movimento em linha nacional, pois nenhum dirigente foi procurado, em nenhuma ocasião. Somente a linha internacional conseguiu se impor e apresentou o pensamento da JOC no Brasil junto à Hierarquia e não se vê bem quanto isto pesou.
>
> De outro lado, o Movimento se projetou diante dos Bispos. Foram forçados a tratar bastante longamente sobre a JOC, na reunião da Comissão Central. Dom Lucas tomou bôa defesa na imprensa. Dom Aloísio disse [...] que os Bispos tinham encarregado Dom Lucas de chamar a atenção de Dom Sigaud e de responder suas acusações.
>
> Além disso notamos que ainda há reservas com relação ao Movimento. Isto transpareceu na imprensa e até na própria reunião da Comissão Central. Queremos esclarecer isto e esperamos que sejam ditas primeiro a nós, o que não vem acontecendo.
>
> Achamos que o Movimento tem que refletir seriamente sobre seu relaciona-

mento com a Hierarquia. Temos, porém, que continuar fiéis à nossa missão, porque nosso compromisso é em primeiro lugar com a realidade operária.[27]

O relatório mais adiante observava que dom Lucas deixara o Brasil durante parte da crise. Documenta também os esforços de seu assistente, padre Celso José, para descobrir o paradeiro dos prisioneiros e assisti-los durante a presença e a ausência de dom Lucas. Embora bispos como dom Trevisan tivessem ajudado nesses esforços e procurado contato com os prisioneiros, dom Lucas preferia contatos de alto nível e aparentemente se esforçou pouco para ver os prisioneiros. Ao mencionar a visita de dom Vicente ao DOI-Codi, dom Lucas declarou aos bispos que ele mesmo não tivera a mesma oportunidade. Para explicar-se, usou uma expressão passiva — "lamentou-se" —, o que não deixava claro se lhe havia sido recusado acesso aos prisioneiros ou se ele meramente não estivera disponível.[28] Esse comportamento era coerente com a recusa anterior de dom Lucas de testemunhar sobre a tortura de frei Tito. Os militares, sem dúvida, teriam reparado numa insistência maior de sua parte para ver os prisioneiros.

Em suas negociações privadas com Médici, dom Lucas censurou claramente o governo. Querendo ou não, porém, acabou ficando preso entre o desejo — e a necessidade — de influência política e a lealdade aos fiéis. Lidar com a subversão tornou-se uma tarefa difícil em um ambiente político polarizado como aquele. Em carta ao padre Agostinho, dom Lucas enfatizou sua tentativa de moderar a crise por meio do diálogo com ambos os lados:

> Procurei constantemente distinguir, de um lado a correção paterna e pastoral e até as reservas que, como Bispo, senti-me na obrigação de fazer à JOC e aos jocistas, e, de outro lado, as acusações, juízos e sanções, objetivamente equivocadas e descabidas, da autoridade policial e militar.[29]

As tentativas da Igreja de renovar-se tornavam a situação ainda mais difícil. Dom Lucas queria a conciliação com o governo, mas também tinha de manifestar-se quanto às repercussões ideológicas e políticas do apoio radical da JOC à classe operária e à noção de fé como uma luta por justiça social. Depois que a crise da JOC assentou, dom Lucas voltou sua atenção para os militantes, na tentativa de moderar suas posições e comportamento. Enquanto preparava sua partida do Secretariado Nacional dos Leigos, em janeiro de

1971, dom Lucas compôs uma longa análise da JOC, endereçada à liderança da entidade no morro de São Carlos. Seu tom era respeitoso, até mesmo encorajador, mas paternalista. Descrevia a profunda desconfiança que se desenvolvera entre os bispos e os jocistas, em parte por causa do receio daqueles de que a organização tivesse caído sob a influência dos comunistas. Insistiu que a JOC deveria retornar o quanto antes à sua missão original de "evangelização" e renovar seus laços com os bispos. A JOC enfraquecera, ele assegurava, porque seus líderes impeliram os militantes para o ativismo social. "Receio muito [...] que numerosos Assistentes, sem notar e sem que o notem também os jocistas, façam violência aos militantes, queimando etapas, impondo opções ideológicas, pastorais, teológicas e inclusive projetando neles crises pessoais ou institucionais." A JOC precisava focalizar os "temas que respondem às necessidades gerais dos jovens trabalhadores e que fogem da mera perspectiva política ou econômica para atender o operário em seu todo". A ação da JOC tinha que ser "mais precisa e delimitada".[30]

Alguns bispos rejeitavam a abordagem conciliatória em relação ao governo. Por exemplo, dom José Maria Pires, arcebispo de João Pessoa, expressava sua preocupação em uma carta ao padre Celso José:

> Estou solidário com você não só por causa dos presos mas também por causa de nossa inércia e de nossa "prudência". Estamos nos destruindo. E estamos sendo infiéis ao Espírito de profecia. Além disso, desencorajamos os que têm a coragem de denunciar o Erro. Apegamo-nos a pequenos exageros dêles ou impropriedades de linguagem e contribuímos com aqueles que querem aniquilá-los. Reze por nós que nosso pecado de pastores é grande.[31]

Dom Pires estava claramente pedindo denúncias públicas mais vigorosas dos ataques contra a Igreja. O contraste entre público *versus* privado, aparente no debate entre dom Eugênio e leigos como Alceu e Branca Alves, começava a tornar-se mais agudo.

CONCLUSÃO

O incidente JOC-Ibrades marcou uma reviravolta na posição da Igreja.

Expôs diretamente os cardeais e outros bispos importantes à repressão e aprofundou a desconfiança desses religiosos em relação ao governo. Os militares iludiram os bispos exatamente como iludiam parentes de prisioneiros, desaparecidos e opositores políticos assassinados: fazendo o clero zanzar para cima e para baixo na hierarquia marcial, e de uma instalação para outra, em longas e infrutíferas buscas de prisioneiros. O governo humilhava os bispos. Enquanto isso, Médici e generais importantes podiam lavar suas mãos alegando ignorar as ações de seus subordinados. A mensagem que por fim se delineava é que uma parte significativa do Exército não respeitava mais a Igreja.

Baseado em mútua admiração, o diálogo tradicional entre a Igreja e o Estado estava rapidamente se desintegrando. Nem os bispos nem os generais poderiam justificar tal incidente como apenas um mero mal-entendido que pudesse ser imputado aos subversivos ou aplacado com cartas polidas ou conversas tête-à-tête. Era necessária uma estratégia mais sistemática para resolver o conflito.

No meio da crise, *O Estado de S. Paulo* publicou que o governo iria examinar "todos os problemas que possam dificultar o relacionamento, inclusive apreciando casos individuais".[32] O embaixador Jobim ofereceu a melhor síntese da visão do governo das relações entre a Igreja e o regime no final de 1970. Em seu relatório anual para Brasília sobre o Vaticano, Jobim discutiu alguns dos principais motivos, objetivos e desafios que os dois lados enfrentavam:

> O motivo fundamental para a distensão entre a Igreja e o Estado brasileiros deve ser buscado, entretanto, nos fatôres internos do Brasil: a atitude das autoridades brasileiras sempre prontas ao diálogo; a fundamentação das medidas coercitivas e a solução dos casos em que os réus não tinham culpa, através da absolvição; os entendimentos de alto nível.[33]

Dom Avelar Brandão Vilela, que em breve se tornaria o arcebispo primaz do Brasil, declarou sucintamente: "Chegou o momento de sentarmos numa mesa, num diálogo para valer. Precisamos saber o que está interferindo em nossas relações de maneira franca, para equacionar todos os problemas, sob pena de que os conflitos se multipliquem indefinidamente".[34]

5. Diálogo na sombra: definindo a Bipartite

Apenas o diálogo em si não era a novidade da Bipartite. Como vimos no Capítulo 1, o diálogo fazia parte do repertório histórico da Igreja. Nos anos que se seguiram ao Vaticano II, a importância do diálogo cresceu, e aos bispos parecia totalmente lógico conversar com o regime militar. De 1964 a 1970 as formas tradicionais de negociação e cooperação continuaram. Um mecanismo como a Bipartite era desnecessário sob o governo do presidente Castello Branco porque os bispos geralmente apoiavam o regime e levavam suas queixas diretamente ao presidente,[1] um católico praticante e leal. Liberdades civis e de imprensa e o debate político ainda existiam. Na verdade, até o início dos anos Médici, ambos os lados trabalharam muito para projetar uma aura de boas relações,[2] e os bispos falavam continuamente da necessidade de colaboração e diálogo.[3]

A começar por Costa e Silva, porém, o regime endureceu, e os ataques à oposição e à Igreja se intensificaram. A proposta para um diálogo formal e sistemático entre a Igreja e o Estado se tornou mais premente. No final de 1967 e começo de 1968, por exemplo, dom Avelar trabalhou pela criação de uma comissão Igreja/Estado de alto nível para estudar as causas do conflito civil-religioso. O bispo se encontrou com autoridades governamentais de alto escalão, inclusive o próprio Costa e Silva. Porém, o governo rejeitou o plano, pois militares da linha dura defendiam o controle sobre o clero e até mesmo sobre os bispos.[4] Entretanto, a idéia de dom Avelar lançou as sementes para futuras tentativas de diálogo. No início de 1970, o embaixador Jobim propôs que o Ministério das Relações Exteriores estabelecesse um assessor para assuntos eclesiásticos que servisse de canal de comunicação com os bispos em nível nacional.[5] Mais tarde, naquele mesmo ano, o cardeal Baggio, o ex-núncio, assegurou em entrevista na Itália que a Igreja brasileira e o Estado "saben que no pueden prescindir la una de la otra en la búsqueda del objetivo común representado por el desarrollo del país".[6]

Durante três semanas, em fevereiro de 1969, um grupo de cinqüenta empresários, autoridades militares e clérigos mantiveram uma série de encontros informais com o objetivo de reduzir o antagonismo entre a Igreja e o Estado. Financiados por um grupo de empresários preocupados, os chamados Encontros Tripartites esperavam construir entendimento mútuo e reduzir tensões entre os três setores. Um representante de cada setor apresentava sua história, objetivos, métodos de recrutamento e operação, contribuições sociais e dificuldades políticas. O programa incluía também discussões sobre a democracia.[7] A Tripartite se reunia na residência de dom Jaime, no Alto do Sumaré, Rio de Janeiro. Entre os participantes, estavam o coronel Octávio Costa, dom Eugênio, dom Aloísio, dom Agnelo, o empresário Augusto Antunes, Erick de Carvalho, presidente da Varig, e representantes das linhas aéreas Cruzeiro do Sul e das Furnas Centrais Elétricas.[8] A Tripartite passou sem deixar nenhum efeito aparente, mas depois do ataque ao Ibrades, o coronel Octávio Costa sugeriu que ela fosse retomada para dar à Igreja "um quadro mais correto da guerra revolucionária".[9] A Tripartite refletia a tentativa malsucedida do regime de cooptar a Igreja para a nova ordem militar-tecnocrática, que via o clero cada vez mais como desnecessário à organização dos setores mais modernos da sociedade brasileira.[10]

Dom Hélder expressou um desejo similar de cooperação entre a Igreja e o Estado. A princípio neutro em relação ao golpe, ele em seguida passou a ser o alvo freqüente de católicos conservadores e militares da linha dura. Mesmo assim, manteve contato com vários oficiais e continuou a ter considerável boa vontade em relação ao regime. Por incrível que pareça, dom Hélder foi a princípio neutro também quanto ao AI-5. Acreditava que o ato poderia ajudar no combate contra a corrupção e na obtenção de "reformas de estrutura". Citando a correspondência pessoal de dom Hélder, Nélson Piletti e Walter Praxedes, os biógrafos do bispo, afirmam o seguinte:

> No início de 1969 dom Hélder achava que, a princípio, não se devia rejeitar ou apoiar o AI-5 e que "grande serviço prestaria a AJP (Ação, Justiça e Paz) ao país e ao continente, se obtivesse, de todos os seus integrantes, quebra de preconceitos antimilitaristas (todo preconceito é fraqueza intelectual, ou primarismo cultural...) e especializasse alguns de seus membros, os mais qualificados, de modo a conquistarem o direito de rever, com militares-chaves, conceitos básicos para a marcha do desenvolvimento e da paz, como os de segurança nacional e ordem social".[11]

Como observava o relatório secreto de Henry Kissinger, dom Hélder "ressaltava que ele preferia trabalhar com o governo do que contra ele".[12]

A Bipartite foi um começo completamente novo. Na tentativa de evitar mais atritos ainda entre a Igreja e o Estado, o professor Tarcísio Padilha estabeleceu um contato entre o general Muricy e Candido Mendes. O primeiro encontro aconteceu no Retiro da Gávea, dos jesuítas, em 3 de novembro de 1970. Dom Vicente Scherer, presidente interino da CNBB, chefiou a delegação da Igreja, que os militares chamavam de "Grupo Religioso". Dom Vicente estava acompanhado de dom Aloísio, dom Avelar, dom Eugênio e Candido Mendes. Muricy trouxe representantes dos mais importantes setores militares, ideológicos e políticos do regime: general Paula Couto do EME, coronel Omar do SNI, Padilha e Dantas Barreto, assessor do ministro Buzaid e estagiário da ESG. Os militares chamavam seu próprio contingente de "Grupo da Situação", o grupo do poder (nome mais tarde modificado para "Grupo Leigo").

Ambos os lados encaravam com otimismo a possibilidade de resolver suas diferenças por meio do diálogo. Para facilitar esse objetivo, o Grupo da Situação formulou uma lista de propostas a serem estudadas por Médici e seus assessores. A primeira e mais importante defendia a continuidade dos encontros. Uma outra também sugeria contato entre os bispos e agentes da área de segurança e de informações em nível regional. A Situação recomendava também o "estabelecimento, em nível de assessoria presidencial (CSN [Conselho de Segurança Nacional] ou SNI), de uma seção encarregada de acompanhar o problema do clero e com êle estabelecer ligações quando necessário. Essa seção centralizaria as informações referentes ao clero".[13]

Um conciliador político que delegava responsabilidade a outros, o presidente Médici tinha, inicialmente, aprovado a Bipartite de Muricy na esperança de obter o apoio da Igreja. Muricy contatou primeiro o ministro do Exército, Orlando Geisel, que levou a idéia a Médici. O presidente concordou.[14] No entanto, depois da primeira reunião, a comissão encontrou resistência no Planalto, à medida que emergiam questões sobre seus objetivos e propostas. Tanto o general João Baptista de Oliveira Figueiredo, chefe do Gabinete Militar, quanto o general Carlos Alberto Fontoura, chefe do SNI, se opunham à Bipartite. Esses dois estavam entre os homens mais poderosos da era autoritária. Figueiredo tornou-se chefe do SNI na gestão de Ernesto Geisel e depois o sucedeu em 1979. Sob o governo Médici, Fontoura controlou o mais importante

O presidente Médici, subindo a rampa do Palácio do Planalto no seu primeiro dia de governo, 31 de outubro de 1969, com três de seus mais poderosos assessores. Da esquerda para a direita: general Carlos Alberto Fontoura, chefe do SNI, João Leitão de Abreu, chefe da Casa Civil, Médici, e João Baptista de Oliveira Figueiredo, chefe da Casa Militar. Fontoura e Figueiredo se opunham à Bipartite. (Arquivo Nacional)

dos serviços de informações. Junto com Leitão de Abreu, Figueiredo e Fontoura encontravam-se regularmente com Médici e exerciam grande influência sobre a política interna do regime. O general Muricy, em contrapartida, estava deixando o governo. Ele passou para a reserva compulsória em 25 de novembro de 1970 e em dezembro entregou seu posto de chefe do EME.[15] Muricy acabou por salvar a comissão, mas os termos impostos por Médici e seus conselheiros mantiveram-na sob um status tão informal e ambíguo quanto possível, de modo a evitar fazer concessões à Igreja. Essa situação refletia as tensões entre os linhas-duras e os moderados sobre como lidar com a oposição e, em particular, com os bispos.

Em dezembro, o general Paula Couto, membro da Bipartite, encontrou-se com Figueiredo para defender a comissão. Paula Couto ficara sabendo que Figueiredo e Fontoura consideravam a Bipartite incapaz de trazer resultados positivos para o regime. Em seu relatório para o Grupo da Situação, Paula Couto declarou que "os principais assessôres militares do Presidente (Gab. Mil. e SNI) são contrários [...] e, naturalmente, influenciam o Chefe nesse sentido". Médici achou que o discurso de Dantas Barreto criticando a Igreja fora "a única manifestação válida durante o 1º encontro". O presidente favorecia de modo inequívoco uma posição dura em relação à Igreja. Ele rejeitava a proposta de estender a Bipartite no plano regional. Aos olhos de Figueiredo, esse contato adicional poderia "'oficializar' a posição do Govêrno junto à Igreja, o que estaria contra a idéia do Presidente". Pela mesma razão, o presidente rejeitou o pedido de um assessor presidencial para o clero, embora sem dúvida tenha permitido que o SNI servisse como uma ligação governo-Bipartite, ao deixar que um representante da agência continuasse nos encontros. Paula Couto concluiu:

> A impressão geral que me ficou é que o Presidente não firmou decisão sôbre o problema como um todo e acha que o assunto deve ser melhor estudado. Pelo menos, essa é a impressão, transmitida com muita nitidez, pelo Gen. Figueiredo [...] Procurei explicar que os encontros eram a última oportunidade para se dar à hierarquia católica certos conhecimentos indispensáveis à compreensão da conjuntura de Guerra Revolucionária em que vivemos e à correspondente necessidade de SEGURANÇA, [...] para que êles finalmente compreendam que certas ações de certos padres e bispos, que a hierarquia julga como executadas em obediên-

O general Paula Couto consultava o general Figueiredo sobre os objetivos da Bipartite. (*O Globo*)

> cia às recomendações de MEDELLÍN, são na realidade atos subversivos, que se enquadram dentro das técnicas da Guerra Revolucionária e que vêm a colocar, afinal, tais elementos na situação de "companheiros de viagem dos comunistas".

Com a permissão de Figueiredo, Paula Couto apressou Muricy a se encontrar imediatamente com Médici para "definir bem a finalidade dos encontros".[16]

Muricy mantinha considerável influência. Ele era amigo e forte aliado do presidente. Não apenas ajudara as Forças Armadas a navegar ao longo da difícil transição de Costa e Silva para Médici em 1969, como foi o primeiro oficial a apoiá-lo publicamente para a Presidência. Além disso, Muricy mantinha forte amizade com Orlando Geisel, ministro do Exército, desde que os dois se conheceram na Academia Militar em 1923. Como Muricy e Ernesto Geisel, Orlando também tinha ligações com Golbery.[17] Orlando Geisel era mais poderoso que Figueiredo ou Fontoura.[18] Ao deixar o Exército, Muricy manteve ativo perfil político, concedendo entrevistas a jornais e vencendo, quase por unanimidade, a eleição para um mandato de dois anos na presidência da Adesg.[19] O professor Padilha, secretário da Adesg, estimulou a candidatura Muricy. O professor acreditava que um líder da estatura de Muricy poderia reanimar a fragilizada organização, da qual um general se recusou a participar mais porque ela "respirava 'o clima do Chacrinha'".[20]

Muricy encontrou-se duas vezes com Médici antes da segunda reunião da Bipartite,[21] e em pelo menos duas outras ocasiões teve contato com o presidente para discutir a Bipartite. Em sua entrevista de 1981, Muricy recordou como foi o primeiro encontro:

> Fui a Brasília, conversei com o Médici, expliquei o que eu poderia fazer com um grupo, mas disse que precisava ter credenciais. Ele autorizou. Disse: "Vá falar com o Fontoura" — que era o chefe do SNI — "e acerta com ele". Eu fui, acertei com o Fontoura.[22]

O general Orlando Geisel (ao fundo), o mais poderoso general no governo Médici e supervisor da repressão, apoiava a iniciativa de Muricy (à esquerda) com a Bipartite. (Arquivo Nacional)

Muricy venceu. O até então cético Fontoura aceitou a existência da Bipartite. Com as bênçãos de Médici, Muricy atuou nos assuntos da Bipartite como se ainda fosse um comandante, dando ordens a oficiais da ativa de alta patente em nome do ministro Geisel, do Exército, e do próprio presidente. Uma conversa com o general Milton Tavares, de extrema linha dura, que chefiava o CIE, demonstra esse ponto:

> *Muricy*: Miltinho, faça isso aí.
>
> *Tavares*: Mas General Muricy...
>
> *Muricy*: Teu chefe [Orlando Geisel] mandou fazer, vai fazer. Não pergunte o problema, vai fazer.[23]

Muricy detalhou esses pontos durante minha primeira entrevista com ele em 1993. Declarou enfaticamente que a linha dura não interferira na Bipartite. "Ela [a linha dura] existia, mas ela me respeitava, porque eu atuava ela."[24]

O general Pacífico, que em 1971 era um coronel a serviço do SNI e secretário da Bipartite, confirmou a autoridade de Muricy:

> Ele tinha um canal aberto para se comunicar com os comandos de área. Ele falava, já não só pela autoridade dele, oficial recém-transferido para a reserva. [Era] muito conceituado. Ele conhecia todos os comandantes do Exército. Qualquer dúvida, era fácil a ligação dele com os comandos de área para esclarecer tal ou qual fato.

No entanto, apesar das ligações de Muricy, nunca ficou muito claro onde o Grupo da Situação se inseria na teia nebulosa da administração Médici, nem até que ponto ele representava o presidente. De acordo com o relatório de Paula Couto, Médici e seus principais assessores queriam que fosse assim. "Ficou difícil de definir o que é, o que representa, a Comissão chefiada pelo Gen. Muricy, já que, ao que parece, não deve representar o Govêrno", ele observou.[25] O regime tinha por objetivo controlar o clero por meio dos bispos, mas sem perder o domínio sobre toda a sociedade brasileira. Portanto, embora esperasse melhorar as relações entre a Igreja e o Estado, o governo Médici não queria nenhum acordo formal ou vínculos com o Grupo Religioso ou com a CNBB.

Essa intenção ficou claríssima num informe confidencial enviado pelo general Figueiredo ao ministro Buzaid, que iria despachar com o presidente Médici alguns dias antes do III Encontro Bipartite em 28 de abril de 1971. O propósito desse despacho era determinar a posição do governo sobre a Bipartite e as relações com a Igreja. O informe do general Figueiredo encontra-se entre os papéis da Divisão de Segurança e Informações do Ministério da Justiça, depositados no Arquivo Nacional. No informe fica evidente que Figueiredo queria uma estratégia dúplice e dura:

> A Comissão Bipartite não tem caráter oficial. É constituída por militares, civis de alto nível e elementos do clero que se reúnem periodicamente para trocarem pontos de vista através de palestras sobre as relações entre a Igreja Católica e o Estado. Até agora, na dita Comissão não houve nenhum pronunciamento claro por parte dos elementos da Igreja sobre a participacão dos religiosos em atividades subversivas.
>
> As manifestações públicas da alta hierarquia eclesiástica até esta data não reconhecem como subversivas as atitudes de elementos do clero apontados como tal pelos elementos de Segurança. Eles acham que é um direito da Igreja intervir e participar nos problemas sociais-econômicos [*sic*] do País e usam o Evangelho para contestar o que está estabelecido em nossa Constituição — o regime e, particularmente, o sistema capitalista. Aliás, em todos os documentos oficiais da CNBB, e mesmo do Vaticano, nos últimos anos sobre o assunto, são claras as manifestações condenando o capitalismo e o comunismo. A triste verdade é que a Igreja Católica em sua quas[e] totalidade optou pelo Socialismo, ou pela Socialização, o que dá na mesma.
>
> Mesmo que a alta hierarquia no Brasil, isto é, o Cardeal [*sic*] e a CNBB, qui[s]essem reprimir os padres subversivos faltar-lhes-ia autoridade para isso. Ela está organizada em dioceses, chefiadas por bispos ou arcebispos, que são subordinados diretamente ao Papa. Há mais de 200 dioceses no Brasil. Não seria possível entrar em acordo individualmente com cada um dos seus chefes. Por cima de tudo, já há provas de que a própria autoridade dos bispos está sendo contestada pelos padres. Enfim, a Igreja Católica está em franco processo de deterioração. Mesmo que se chegasse a um acordo, ele seria inó[c]uo e o Governo se enfraqueceria, porque reconheceria o direito de intervenção da Igreja naqueles assuntos.

> Conclusão: não há acordo possível, o Governo não pode e não deve esperar nada da dita hierarquia, o Governo deve manter a iniciativa da repressão contra os subversivos. [...]
>
> PROPOSTA. A. Prosseguir as conversações com a alta hierarquia da Igreja: Papa, Cardeal, CNBB, etc., isto é, em todos os níveis. Na prática, impedir a intervenção da Igreja nos assuntos que não são da sua competência. Se necessário, cortar determinadas subvenções. B. Manter a iniciativa da repressão dando prosseguimento aos IPM [Inquérito Policial Militar, contra o clero] na Justiça [...] Expulsar, ou fazer retirar, os padres estrangeiros que se envolverem com a subversão.[26]

Médici endossou a letra "A" da proposta.[27]

As lembranças de algumas figuras-chave que participaram ou tiveram conhecimento da Bipartite atestam sua importância para o diálogo, mas também sua condição ambígua. Do lado do governo, por exemplo, o general Fontoura acreditava que Muricy representava Médici. Mas Fontoura recordava-se que não existia nenhuma ligação formal entre a comissão e o governo. O general Pacífico fez uma observação similar:

> O Presidente Médici autorizou, apoiou, mas sem interferência [...] O nosso grupo chamava "Grupo da Situação", embora não tivesse nenhuma vinculação direta com o governo [...] [Era] não oficial. Oficiosa, vamos chamar assim, porque jamais dependeu de nomeação. Nenhum membro do Grupo da Situação foi nomeado por instrumento legal, portaria, nada. Era escolha do general presidente do grupo, General Muricy.

O professor Padilha assegurou que Muricy tinha total apoio de Médici. O professor lembrava-se que Médici dissera a Muricy: "Você tem carta-branca para tratar dessa questão". Enfatizou que o objetivo da comissão era criar o diálogo como alternativa à oposição da linha dura à Igreja.

> Quem era radical não gostava da existência de um diálogo entre situação e Igreja. É claro que aqueles poucos que sabiam da existência do diálogo e que não queriam uma abertura política — esses naturalmente eram contra. Mas nunca conseguiram tirar o Muricy. Ele sempre era representante do governo. Sempre teve o respaldo do Médici. Disso não há dúvida nenhuma.

A avaliação de Candido Mendes era diferente, mas consistente. Na visão de Candido Mendes, os esforços de Muricy eram um exemplo de como a velha guarda de generais procurava reduzir os excessos dos jovens da linha dura, porém a eficácia de Muricy fora reduzida, pois ele perdera poder ao passar para a reserva e, portanto, não era mais "insider" do governo Médici. Da mesma forma, dom Eugênio ressaltou a oposição de Muricy aos abusos contra os direitos humanos, mas afirmou que lutas no interior do regime deixavam dúvidas quanto a quem realmente controlava o governo.

O general Muricy, claro, acreditava que tinha o apoio de Médici, mas mesmo ele parecia inseguro quanto ao seu papel na Bipartite. "Eu não era representante de ninguém", declarou Muricy, em sua entrevista de 1981. "Eu presidia uma comissão que queria ajustar os problemas da Igreja. Os bispos também não eram ninguém. A CNBB que vinha discutir os problemas com alguém tinha vontade de ajudar. Oficialmente não consta nada."[28]

Em suma, a Bipartite proporcionou um diálogo *formal* que foi o mais *informal* possível. O general Muricy era a escolha ideal para cuidar dessa tarefa urgente, porém não raro ambígua. Ele representava o cerne da Revolução e mantinha imenso poder dentro do Exército. Mas, à beira da aposentadoria compulsória, estava para perder sua possibilidade de dar ordens formais. Mesmo assim, seu prestígio preservaria sua influência. Na Bipartite, representava o governo — mas até que ponto? A resposta foi propositadamente deixada na penumbra do regime. Junto com o clima de desconfiança da Guerra Fria, essa incerteza levou muitas pessoas cuidadosas, tanto da Igreja como das Forças Armadas, a verem a Bipartite como uma oportunidade não só para o diálogo, mas também para propósitos políticos e de informações.

ESTRUTURAS, OBJETIVOS, TEMAS E LOCAIS DE ENCONTRO

Ao todo, a Bipartite realizaria 24 encontros durante o governo Médici e os primeiros meses da Presidência de Geisel, na tentativa de evitar um conflito ainda pior entre a Igreja e o Estado. De várias maneiras a comissão se diferenciava substancialmente de esforços anteriores de diálogo: sua duração, o fato de ser secreta, a novidade de incluir oficiais do serviço de informações, sua natureza em geral sistemática e a intensidade do debate sobre temas de vital interesse para a Igreja e para o Exército. A Tabela 1, abaixo, fornece uma lista das datas, locais e temas dos principais encontros, geralmente de acordo com os relatórios disponíveis nos documentos de Muricy.

Houve também outras reuniões, bem como muitos contatos informais entre elementos das duas partes. As discussões com o núncio, encontros a dois e almoços relacionados à comissão revelam que essa era uma rede extensa de negociação. Os muitos tipos de contatos ilustravam como a conciliação funcionou na elite brasileira, entre a Igreja e as Forças Armadas, e entre o Estado brasileiro e os representantes do Vaticano. A Situação buscou uma discussão adicional de bastidores com os membros do Grupo Religioso que ela considerava mais confiáveis.

TABELA 1

ENCONTROS DA BIPARTITE E REUNIÕES RELACIONADAS (RIO DE JANEIRO)

Nº	Data	Lugar	Temas
1	3.11.1970	Casa de Retiros Padre Anchieta (pertencente aos jesuítas) (conhecida como Retiro da Gávea)	Discussão do documento de Medellín e necessidade de "descompressão" e "diálogo permanente" entre a Igreja e o Estado.
2	9.1.1971	Colégio Sagrado Coração de Jesus, Alto da Boa Vista	Discussão do documento de Medellín e da guerra revolucionária comunista. Candido Mendes apresenta proposta de colaboração entre a Igreja e o Estado
-	3.4.1971	Hotel Excelsior	Almoço governo/Igreja, incluindo o general Muricy, João Paulo dos Reis Veloso (ministro do Planejamento), Antônio Dias Leite (ministro das Minas e Energia), Antônio de Pádua Chagas Freitas (governador [MDB], estado da Guanabara, e aliado do ministro do Exército Geisel), monsenhor Joseph Grémillion (secretário-geral, Comissão Pontifícia Justiça e Paz), dom Umberto Mozzoni (núncio apostólico), dom

Nº	Data	Lugar	Temas
			Eugênio, dom Aloísio, dom Ivo. Discussão de problemas sociais e econômicos, de segurança nacional, tortura e relações Igreja/Estado.
-	5.4.1971	Gabinete do general Muricy, avenida Graça Aranha, 226, 12º andar	Encontro preparatório do Grupo da Situação para a terceira reunião da Bipartite.
3	28.4.1971	Retiro da Gávea	Discussão da segurança nacional, doutrina social da Igreja, padres acusados de subversão.
4	1.7.1971	Retiro da Gávea	Discussão do documento de Medellín; posições da Comissão Pontifícia Justiça e Paz (Roma), direitos humanos, suposta subversão na Igreja, injustiça social.
5	24.8.1971	Residência do arcebispo no Alto do Sumaré	Documentação incompleta. Na agenda: subversão, a Igreja na Amazônia, desenvolvimento nacional.
6-14	1971-1972	-	Nenhuma documentação disponível.
?	Final de janeiro 1972	-	Nenhuma documentação disponível. Discussão sobre a morte de soldados por tortura em Barra Mansa.
?	28.7.1972	-	Nenhuma documentação disponível.
?	31.8.1972	Villa Venturoza (sede da CNBB, no bairro da Glória)	Encontro especial e informal para neutralizar atividades potencialmente subversivas do clero durante o Sesquicentenário da Independência.
15	25.4.1973	Residência oficial do vice-almirante Roberval, comandante do Corpo de Fuzileiros Navais, ilha das Cobras	Discussão do pronunciamento da CNBB no 25º aniversário da Declaração Universal dos Direitos Humanos das Nações Unidas.

Nº	Data	Lugar	Temas
16	30.5.1973	Villa Venturoza	Discussão de subversão, direitos humanos, declarações de bispos.
17	25.7.1973	Villa Venturoza	Discussão de subversão na Igreja, direitos humanos.
18	3.8.1973	Villa Venturoza	Encontro especial para discutir a carta pastoral de dom Fernando Gomes criticando o governo.
19	29.8.1973	Villa Venturoza	Discussão de pressão de militares contra bispos, direitos humanos, competidores religiosos da Igreja.
20	26.9.1973	Villa Venturoza	Discussão de pressão de militares contra bispos, censura, direitos humanos.
21	5.11.1973	Villa Venturoza	Discussão das críticas da Igreja ao regime, censura, direitos humanos.
22	24.3.1974	Villa Venturoza	Discussão de suposta subversão na Igreja, direitos humanos, interesses institucionais da Igreja.
-	29.5.1974	Gabinete do general Muricy	Encontro preparatório do Grupo da Situação para a XXIII Bipartite.
23	29.5.1974	Villa Venturoza	Discussão de suposta subversão na Igreja, direitos humanos, censura, interesses institucionais da Igreja.
-	26.8.1974	Gabinete do general Muricy	Encontro preparatório do Grupo da Situação para a XXIV Bipartite. Discussão da eleição na CNBB.
24	26.8.1974	Villa Venturoza	Discussão de direitos humanos, interesses institucionais da Igreja.

Fontes: FGV/CPDOC, ACM; entrevista com dom Waldyr (encontro de janeiro de 1972).

As discussões se concentravam na resolução de conflitos em três áreas amplas. Primeiro, os encontros iniciais no final de 1970 e começo de 1971 buscavam diminuir os desentendimentos ideológicos que se desenvolveram entre a Igreja e o Estado desde 1964. Enquanto o Exército declarava que a segurança nacional era dever de todo brasileiro, a Igreja enfatizava uma nova doutrina social baseada nas conclusões do Vaticano II e no trabalho de progressistas católicos como dom Hélder. O objetivo era o entendimento mútuo e, como dom Eugênio e Candido Mendes declararam, a "descompressão" nas tensões entre as duas instituições. Candido Mendes articulou uma proposta de colaboração entre a Igreja e o Estado. Depois, a comissão adotou a sugestão do Grupo da Situação de que na segunda metade de cada encontro fosse focalizada a solução de casos específicos de atrito entre a Igreja e o Estado. À medida que a repressão e a intransigência política se aprofundavam, esse aspecto chegou a obscurecer, ainda que sem eliminar, as preocupações iniciais. Significativamente, como forma de manter sua posição tradicional na sociedade brasileira, o Grupo Religioso se aproveitava da resolução de conflitos para também promover os interesses doutrinários e institucionais da Igreja. Finalmente, com o tempo, os bispos buscavam cada vez mais usar a Bipartite como forma de protesto contra violações de direitos humanos. De fato, quando o ímpeto para resolver discordâncias ideológicas arrefeceu, essa questão se tornou dominante.

Os encontros aconteceram em vários locais. Conforme se observou na Introdução, o general Muricy e Candido Mendes escolheram primeiro o isolado Retiro da Gávea para fazer a reunião inicial em sigilo. Pelo menos dois outros encontros foram realizados lá. A comissão conseguiu locais seguros para outras reuniões. O II Encontro Bipartite teve lugar no Colégio do Sagrado Coração de Jesus no Alto da Boa Vista. Muitas das filhas da elite do Rio de Janeiro estudavam no colégio, que foi aberto em 1908 pelas irmãs do Sagrado Coração de Jesus, uma ordem religiosa francesa. O encontro dos bispos com os generais naquele local quase não chamou a atenção das irmãs, que nunca registravam os rotineiros pedidos do clero para usar o lugar. Um outro ponto de encontro foi a residência de dom Eugênio, no Alto do Sumaré. O Grupo da Situação organizou duas reuniões na residência oficial do vice-almirante Roberval, na ilha das Cobras, sede de uma grande instalação naval próxima ao centro da cidade, na baía de Guanabara.

A maior parte dos encontros realizou-se na sede da CNBB, localizada em um grande edifício conhecido como Villa Venturoza, no bairro da Glória. No início do século, Manuel Mendes Campos, um bem-sucedido comerciante, filho de imigrantes portugueses, construiu a Villa ao lado do Outeiro da Glória como um símbolo da passagem de sua família pelo Brasil. A espaçosa mansão era cercada pela igreja da Glória, a rua do Russel e a ladeira da Glória. Das janelas superiores desse complexo de cinco andares tinha-se uma ampla vista do centro do Rio e do bairro da Glória, inclusive do palácio do arcebispado (palácio São Joaquim), onde dom Leme e, mais tarde, dom Jaime e dom Eugênio residiram, e também do Colégio Angelorum, onde muitos bispos se hospedavam ou faziam refeições. Do teto da Villa, era possível observar as favelas próximas, a estátua do Cristo Redentor sobre o Corcovado e a cidade de Niterói do outro lado da baía. A Villa parecia um navio a vela voltado para a baía. Madeiras nobres como peroba do campo compunham as escadarias e forravam o interior. Em uma grande sala, voltada para a baía, Manuel Mendes Campos instalou vitrais que recontavam a história de sua família e simbolizavam suas novas ligações com o Brasil. Uma janela representava o navio *Venturoza* entrando na baía de Guanabara. Outras mostravam cenas de Portugal. Nessa sala e em uma outra, Campos colocou vitrais com imagens do chefe indígena Aymoré. A Villa Venturoza era conhecida no bairro como um local para folias, onde Manuel e seu irmão Carlos, que nunca se casaram, recebiam mulheres. "Em outras épocas, ficou conhecida como a 'vida venturosa' no sentido de outra aventura", recordava-se Virgílio Rosa Netto, um ex-padre redentorista e ex-assessor da CNBB. Quando morreu em 1955, Manuel deixou a Villa para Carlos, que faleceu em 1961. A casa permaneceu vazia por alguns anos até que a CNBB, uma organização em crescimento que necessitava de mais espaço, a comprou dos herdeiros da família Campos em 1964. Ao chegarem, os clérigos encontraram garrafas de champanhe vazias ainda espalhadas pelos jardins. Algumas pessoas de dentro da Igreja temiam as implicações potencialmente escandalosas da mudança da CNBB para a Villa.[29]

Instalada na Villa em maio de 1965, a equipe da CNBB se dedicou imediatamente à tarefa de dirigir uma instituição que buscava implementar a renovação organizacional e espiritual preconizada pelo Vaticano II. Em contraste com a Igreja tradicional, o clero pós-Vaticano II buscava uma existência mais simples e menos materialista. Isso ocorreu especialmente nos países do Terceiro Mundo. Nesse sentido, o clero brasileiro foi exemplar. Os padres, bispos e outros que ocuparam a Villa mantiveram seu interior elegante, mas a decoraram simples e ecleticamente, coletando móveis e outros itens de uma varie-

A maioria dos encontros da Bipartite aconteceu na sala de dom Ivo (janela grande à direita) no quartel-general da CNBB, na Villa Venturoza. (Foto do autor)

Vista geral da Villa Venturoza. (Arquivo particular de Agláia Bleggi Peixoto)

Residência do cardeal do Rio de Janeiro no Alto do Sumaré, cenário da Tripartite sob dom Jaime, e da Bipartite sob dom Eugênio. (Antonio A. Fontes/Abril Imagens)

dade de doadores e outras fontes.[30] As paredes permaneceram praticamente nuas. "Todos sabemos o que significou e o que significará de sacrifício para a CNBB a compra e a manutenção da Villa Venturosa", declarava o regulamento interno preparado para a nova casa. "Não nos esqueçamos de que, morando em casa suntuosa, maior ainda deve ser o nosso esfôrço para viver o espírito de pobreza, o espírito da Igreja servidora e pobre." Os administradores organizaram a Villa para ser auto-suficiente. Nenhuma apara de papel poderia ser desperdiçada, nenhuma luz deixada acesa durante a noite. Além do refeitório, instalaram uma assessoria de imprensa, uma sala para mimeógrafos, uma cantina, uma farmácia e uma biblioteca, localizada na sala do vitral com o navio *Venturoza*. Trazidas do Rio Grande do Sul por dom Aloísio, freiras da Ordem das Filhas do Sagrado Coração de Jesus administravam a arrumação, a limpeza e a cozinha. Elas viviam em uma ala da mansão. Juntamente com os padres que residiam ou trabalhavam na Villa e as eficientes mulheres leigas que trabalharam anteriormente para dom Hélder, as irmãs davam à Villa um ambiente de grande seriedade. Como no regime de conventos, mosteiros e seminários — e casernas militares —, os regulamentos impunham um esquema rígido e exigiam que os indivíduos observassem respeito mútuo. A movimentação interna era cuidadosamente controlada. Visitas eram desencorajadas, exceto as que tinham assuntos oficiais a tratar e que eram levadas diretamente ao escritório certo pela recepcionista. Os regulamentos também determinavam: "Será observado o silêncio: em hora de expediente e dentro das salas de serviço se falará apenas o necessário e em voz baixa". A Villa possuía também uma capela, onde uma missa comunitária era rezada toda quarta-feira à tarde. "Somos, antes de tudo, uma família. Tanto mais que essa nossa família resume a Igreja em nossa pátria, da qual a CNBB é o coração e o centro vital", diziam os regulamentos. "Qualquer ato nosso repercutirá em tôdas as dioceses do Brasil. Da perfeição do nosso trabalho dependerá muito a ação da Igreja em qualquer ponto do país."[31] A Villa Venturoza era uma fortaleza eclesiástica. Quando Albino Luciani, cardeal de Veneza e futuro papa João Paulo I, veio ao Brasil em 1975, passou uma noite na mansão.

A CNBB não poderia ter feito um arranjo melhor, pois durante a década seguinte a Villa se tornaria um dos mais importantes focos de atividade política no Brasil. Muitos aspectos dos programas pastorais da Igreja progressista foram ali lançados e de lá coordenados. Uma grande quantidade de bispos e padres de destaque passavam por ali para discutir as crescentes dificuldades da Igreja com o governo militar. No início dos anos 70, famílias de prisioneiros políticos e de indivíduos desaparecidos dirigiam-se com freqüência à Villa em busca de assistência dos padres e de dom Ivo. Em algumas ocasiões, o clero abrigou temporariamente pessoas perseguidas pelas autoridades. Os assessores e empregados da CNBB sabiam que não deveriam fazer perguntas sobre esses visitantes misteriosos. Em 1976, os terroristas de direita que seqüestraram dom Adriano Hypólito explodiram o carro do bispo bem às portas da Villa.

O líder da Villa durante esses anos difíceis foi dom Ivo. Como secretário-geral, era responsável pelas operações diárias da CNBB. Dom Ivo residia na Villa e dormia em um quarto ao lado da capela. Trabalhava na sala mais bonita da casa, um espaçoso ex-jardim-de-inverno com um chão de mármore de cor clara. Virgílio Rosa Netto e Maria Luiza Jardim de Amarante, uma leiga que trabalhou muitos anos na mansão, me guiaram em visitas separadas pela Villa em março de 2000. A Villa fora abandonada por um longo tempo e passara por muitas transformações, realizadas por sucessivos proprietários — inclusive um grande galpão adicionado pela CNBB para reuniões —, mas os andares superiores, e especialmente o escritório de dom Ivo, permaneceram bastante preservados. As duas paredes exteriores do jardim-de-inverno, uma delas voltada para o largo da Glória, possuíam vitrais imensos mostrando garças e outros pássaros tropicais alimentando-se em uma floresta colorida às margens de um lago. As duas outras paredes possuíam dois conjuntos de enormes portas corrediças de cerca de três metros de altura, feitas de madeira nobre. Uma das portas externas — a que se abria para a principal área administrativa onde importantes padres administradores como Virgílio Leite Uchôa trabalhavam — era feita de cristal bisotê. Quando estavam todas fechadas, essas portas proporcionavam uma selagem praticamente hermética do jardim-de-inverno. Dom Ivo e seus visitantes tinham completa privacidade quando se sentavam ao redor da mesa de conferência torneada de jacarandá. Esse era o local de encontro da Bipartite.[32]

Cada encontro da Bipartite tinha uma pauta predeterminada. Muitas duravam um dia inteiro. Conforme a descrição do general Sampaio:

> A Bipartite era um encontro como se fosse um encontro social, em que nós éramos recebidos pelo bispo. Éramos conduzidos para uma sala, já preparada, com

uma mesa, com as cadeiras, com documentos. Todo mundo sentava na mesma mesa. Tinha um secretário que botava a pauta do que ia ser tratado e começava então ali a discutir os assuntos. Cada um no seu lado tomava suas anotações.[33]

Segundo vários relatos, o diálogo produziu uma troca de idéias, de acusações e de contra-acusações sem constrangimentos entre os bispos e os oficiais. "Sempre houve uma total liberdade de se falar. Total", recordou dom Eugênio, em nossa entrevista de 1995.[34] A Bipartite era um curioso amálgama de debate acalorado e de cordialidade e conciliação da elite que tradicionalmente marcava a vida política e social brasileira. Como recordou o general Pacífico, "embora os debates fossem ardorosos mas francos, depois no almoço nós nos reconciliávamos no final. E aquilo era importante. Ia nascendo dali uma amizade, uma confiança do grupo".[35]

Os dois lados mostravam um respeito mútuo que era essencial para um diálogo bem-sucedido. Se em 1964 os militares passaram a ver o clero com raiva e desdém cada vez maiores, o general Muricy trouxe para a Bipartite uma longa experiência de devoção ao catolicismo tradicional e de reverência pelos bispos. Eclesiásticos como dom Avelar mostravam estima semelhante pelo prestígio e autoridade das Forças Armadas.

Os participantes da Bipartite compartilhavam os benefícios sociais e econômicos de membros da elite do país. A elite tinha poder, riqueza, educação avançada e status. Em suas fileiras incluíam-se as chamadas "elites funcionais" de categorias profissionais, como a burocracia, os advogados, o clero e as Forças Armadas. No século XX, as origens da elite brasileira se diversificaram, levando a uma competição entre diferentes grupos pelo controle do Estado central. Ao mesmo tempo, o Estado assumiu importância maior na gerência da ação da elite.[36] Embora o Brasil estivesse evoluindo desde os anos 30 rumo a uma sociedade mais dinâmica, com novas vias de ascensão social, a elite mantinha diversas características tradicionais, muitas das quais permanecem ainda hoje. Seus integrantes não realizavam trabalho manual, tinham muitos empregados domésticos e compartilhavam a noção de que o status de família e a hereditariedade são determinantes de posição e sucesso. Mantinham-se distantes das massas e se identificavam fortemente com as idéias e as culturas européia e norte-americana. Valorizavam também a estabilidade social.[37] No caso da Bipartite, os participantes eram todos do sexo masculino, geralmente de pele clara e de educação bem acima da média brasileira.

A cultura política da elite fazia parte de uma realidade mais ampla por trás da história da comissão. Historicamente, a sociedade brasileira tem dado ênfase não a instituições públicas fortes, mas ao paternalismo e a laços pessoais. A Bipartite tornou-se possível graças a uma ligação pessoal entre Muricy e Padilha.

A Bipartite personificava a conciliação das elites. Historicamente, a conciliação prevenia a reforma social e política e mantinha as massas fora do conflito. Até a era pós-Segunda Guerra Mundial, as massas brasileiras tiveram envolvimento moderado em política e eleições, e os partidos políticos e movimentos sociais tinham relativamente pouca importância. Decisões-chave não eram discutidas com o povo, mas negociadas entre as várias facções da classe dominante.[38] Antes e depois do regime militar, a política brasileira permaneceu altamente autoritária e hierárquica.[39] A forma de governo, despótica ou democrática, era menos importante do que a criação de clientelas por quem estava no poder.[40] Embora envolvesse alguma atividade política junto a grupos populares e disposições constitucionais, a concordata moral não escrita entre a Igreja e o Estado foi basicamente uma forma de conciliação de elite — um entendimento entre homens influentes.

O Exército rompera o pacto da elite brasileira ao tomar o poder, criando conflito aberto entre diferentes setores e obstruindo a possibilidade de acordos. De um lado, ficaram os generais, os grandes empresários e os tecnocratas; de outro, políticos de oposição, a Igreja e os líderes do operariado urbano. Mais do que qualquer outro grupo, inclusive o MDB, os bispos contestaram a participação das Forças Armadas na política e no governo, em parte porque a liderança militar e os tecnocratas haviam tentado reduzir o espaço político tradicionalmente ocupado pela Igreja. Os militares violaram as regras das relações entre as elites e chegaram até a mudá-las. Isso era inaceitável para os bispos. Normalmente à margem dos assuntos dos civis, a Igreja e o Exército agora se colocavam em posição de combate um contra o outro.[41]

A Bipartite tentou restaurar o diálogo entre a Igreja e o Estado e definir novas regras para ele. Era uma variedade do que alguns cientistas políticos têm chamado de "arranjo da elite", por meio do qual representantes de facções da elite usavam negociações secretas para superar um impasse.[42] Por exemplo, a comissão estabeleceu o direito de os bispos se queixarem do regime privadamente. Qualquer membro da elite brasileira teria exigido tal direito. Na Bipartite, isso levou a um duro debate sobre reforma socioeconômica e tortura.[43]

Nenhum dos lados hesitou em atacar as posições do outro. Enfrentando diretamente seus oponentes, os bispos repetiram com freqüência suas críticas públicas contra o regime. Dom Ivo Lorscheiter foi particularmente franco. Por exemplo, na quarta reunião, em julho de 1971, o general Muricy protestou contra as queixas públicas de dom Ivo sobre desigualdade econômica no governo Médici. Dom Ivo respondeu que o povo tinha "sempre menos" enquanto o governo tentava impor um clima de "euforia ingênua". O economista e magnata da construção civil Moacyr Gomes de Almeida, estagiário da ESG, discordou da opinião do bispo. Afirmou que os salários estavam subindo e argumentou que "é muito importante que haja euforia e ingenuidade" para mobilizar a população em favor do desenvolvimento.[44] (Essa declaração refletia a natureza simultaneamente assertiva e apologética das próprias declarações públicas do regime autoritário.) De sua parte, o Grupo da Situação freqüentemente avisava os bispos sobre padres subversivos. Na verdade, a Bipartite constituía um novo conjunto de regras para o diálogo da elite em uma circunstância autoritária. Os bispos podiam criticar livremente, mas só se o fizessem em particular.[45]

A Tabela 2 descreve a composição do Grupo Religioso. É significativo que não apenas bispos ligados a militares, como dom Eugênio e dom Vicente, tenham participado da Bipartite. (Na verdade, dom Vicente esteve apenas nos dois primeiros encontros.) O progressista moderado dom Aloísio participou mais do que qualquer outro membro do Grupo. Em 1971, derrotou dom Vicente na eleição para a presidência da CNBB. Como presidente da CNBB até 1979, dom Aloísio apoiou a crescente militância da organização. Seu primo dom Ivo foi outro participante assíduo. Os dois eram do Rio Grande do Sul, um dos centros mais importantes do progressismo católico. Dom Ivo começara sua carreira episcopal como bispo auxiliar de dom Vicente em Porto Alegre, mas foi afirmando cada vez mais sua independência até tornar-se um dos líderes mais respeitados do episcopado brasileiro. Dom Paulo participou duas vezes da Bipartite. Em outras ocasiões, sua diocese foi representada por dom Lucas. Outros bispos importantes e até o núncio apostólico juntaram-se às conversações. Outro participante freqüente foi dom Avelar, vice-presidente da CNBB, que tentaria tirar dom Aloísio da presidência na eleição de 1974. Diante da ameaça militar, a mistura ideológica do Grupo Religioso refletia a solidariedade episcopal conquistada em uma Igreja que, em outros aspectos, estava dividida na era pós-Vaticano II. A CNBB personificava essa unidade quando se manifestava sobre assuntos nacionais. Esse importante papel representativo ajuda a explicar a aparente contradição entre o ceticismo de líderes moderados e progressistas da CNBB em relação ao regime e seu domínio sobre a Bipartite. Naturalmente, assuntos específicos, como interesses institucionais e direitos humanos, também levaram os bispos a participar da comissão.

TABELA 2
O "GRUPO RELIGIOSO"
(em ordem de freqüência de participação)

Nome	Cargos
Dom Aloísio Lorscheider	Secretário-geral da CNBB, 1968-71; presidente da CNBB, 1971-79; nomeado arcebispo de Fortaleza, 1973; designado cardeal, 1976.
Candido Antonio José Francisco Mendes de Almeida (Candido Mendes)	Secretário-geral da Comissão Pontifícia Justiça e Paz — Seção Brasileira; representante latino-americano na Comissão Pontifícia Justiça e Paz (Roma); subsecretário-geral para ação social da CNBB; advogado, filósofo, cientista político, educador, político.
Dom José Ivo Lorscheiter	Secretário-geral da CNBB, 1971-79.
Dom Avelar Brandão Vilela	Nomeado arcebispo de Salvador e primaz do Brasil após a transferência de dom Eugênio para o Rio em 1971; vice-presidente da CNBB; presidente do Celam; designado cardeal, 1973.
Dom Lucas Moreira Neves	Bispo auxiliar de São Paulo; chefiou a comissão de comunicação da arquidiocese e da CNBB; representou a arquidiocese de São Paulo na Bipartite; nomeado vice-presidente do Pontifício Conselho para os Leigos e transferido para Roma no início de 1974; designado cardeal, 1988.
Dom Eugênio de Araújo Sales	Arcebispo de Salvador e primaz do Brasil, 1968-71; nomeado cardeal, 1969; transferido para o Rio de Janeiro em 28 de abril de 1971.
Dom Alfredo Vicente Scherer	Cardeal-arcebispo de Porto Alegre; presidente

Nome	Cargos
	interino da CNBB, 1970-71, após a transferência de dom Agnelo Rossi para Roma.
Dom Fernando Gomes dos Santos	Arcebispo de Goiânia; expoente progressista e crítico do regime militar.
Dom Paulo Evaristo Arns	Nomeado arcebispo de São Paulo em 1970, após a transferência de dom Agnelo Rossi para Roma; nomeado cardeal, 1973; um dos mais influentes bispos do Brasil e uma das figuras maiores da Igreja progressista.
Dom Alerto Gaudêncio Ramos	Arcebispo de Belém; membro da Comissão Episcopal da Pastoral (CEP) da CNBB.
Dom Gilberto Pereira Lopes	Bispo, Ipameri, Goiás; substituto de dom Lucas na Bipartite.
Dom Umberto Mozzoni	Núncio apostólico.

Fontes: FGV/CPDOC, ACM; *Membros da Conferência Nacional dos Bispos do Brasil* (1984).

A unidade, entretanto, não produziu uma opinião uniforme sobre a Bipartite. Muito embora se opusessem ao regime, alguns padres acolheram as conversações como se fossem um raio de esperança num momento em que todas as possibilidades de diálogo pareciam condenadas ao fracasso. Na avaliação desse grupo, Muricy tinha a mente aberta e era inteligente, e possuía uma visão da sociedade que não se restringia à caserna.[46]

Bispos, padres e agentes de pastoral da esquerda radical católica criticavam a Bipartite porque se opunham por princípio ao contato com o inimigo e o consideravam contraproducente.[47] Dom Pedro Casaldáliga e seus padres pertenciam a esse grupo. Constantemente sob ataque das forças de segurança, temiam que a Bipartite permitisse aos generais passar uma imagem de diálogo entre os líderes enquanto ordenavam a repressão sobre as bases. (De fato, o informe do general Figueiredo de abril de 1971 sugeria exatamente essa estratégia.) Em 1995, dom Pedro me concedeu uma entrevista sobre a Bipartite durante um encontro da Igreja latino-americana que se realizava em Belo Horizonte. Afirmou que:

> Nós, eu e outros, não tínhamos nenhum tipo de confiança no diálogo. Sabíamos que por parte deles [os militares] não era diálogo. Agora, o fato de termos aí presença de gente de muita confiança para nós, como Dom Aloísio, Dom Ivo, Dom Fernando, nos dava uma grande tranqüilidade. Seriam suficientemente lúcidos e suficientemente enérgicos. Por outra parte, não deixa de ser uma atitude legítima da Igreja possibilitar o diálogo, sempre, desde — e eu sei que Dom Fernando percebia muito bem — que o diálogo não fosse um "nhém, nhém, nhém", como que mantendo iludida a Igreja. Essa era uma preocupação: será que enquanto eles hipocritamente dialogam na cúpula, continuam golpeando na base e reprimindo? Então, não havia uma confiança plena, uma satisfação total [...] Quando nós soubemos como estava montado, não podíamos duvidar da honestidade e da lucidez e da firmeza, pelo menos de vários elementos. Só que quem estava na base tinha sempre uma dúvida justificada demais. Porque nós percebíamos muito bem o argumento que os nossos repressores usavam. Eu lembro de casos concretos, de tenente tal, o coronel qual: "ordens superiores"[...] Na base realmente havia, pelo menos nas bases que eu poderia dizer mais comprometidas, ou mais de esquerda [...] havia uma suspeita permanente.[48]

Um ex-assessor de dom Paulo, Luiz Viegas de Carvalho, também sabia da Bipartite. Ele não levava Muricy a sério. Classificava o general e seus oficiais simplesmente de "os porteiros do poder", e a Bipartite de "uma alcova muito sem prestígio".[49] Os jocistas também expressaram profundo ceticismo quanto ao diálogo.

Dentro do próprio Grupo Religioso o grau de comprometimento com a Bipartite variava. Por exemplo, dom Ivo discordava da existência da comissão e irritou-se com os repetidos convites de Candido Mendes para que dela participasse. Dom Ivo não tinha fé de forma alguma no Exército. Durante os anos Médici, pessoas iam à CNBB quase diariamente para denunciar casos de tortura ou buscar ajuda para encontrar familiares ou amigos desaparecidos. Na verdade, dom Ivo acreditava que Candido Mendes comprometia as posições da Igreja durante os encontros.[50]

O prestígio e a persistência de Candido Mendes mantiveram vivo o diálogo. Como membro da elite, ele podia ser audacioso, não convencional e até quixotesco. Dedicara-se totalmente a servir à Igreja e parecia acreditar que tinha o papel histórico de melhorar a relação dessa instituição com o Estado.[51] Candido Mendes era a cola da Bipartite.

Diferenças entre os bispos também afetavam a Bipartite. Um exemplo foi o conflito entre dom Ivo e dom Eugênio. Atento à política interna da Igreja, o Grupo da Situação notou "discordâncias pessoais" entre os dois bispos.[52] Dom Eugênio era, na lembrança de Candido Mendes, "o príncipe da Igreja". As Forças Armadas o respeitavam e admiravam mais do que qualquer outro bispo. Candido Mendes observou que:

> Dom Eugênio sabia muito bem criar as distâncias e definir um comportamento idêntico aos militares no sentido da preservação da hierarquia e das aproximações de conversa. Mantinha a cerimônia necessária para o respeito das reuniões, e sabia também excepcionalmente ter os seus momentos de intimidade, que valiam inclusive para uma certa descompressão das reuniões [...] Ele ria! Sabia falar também [...] Ele tinha um sentido de pontualidade e de realização das suas tarefas num tipo de disciplina que era profundamente sensível também para os militares [...] Pouco a pouco também passava a influir nessa ascendência de Dom

Dom Ivo (em pé) se sobressaiu como o bispo mais crítico dos militares, tanto em público como nas reuniões da Bipartite. Sentados, dom Aloísio e dom Lucas. (Arquivo Nacional)

> Eugênio a vinculação íntima com Roma e a sua possibilidade de ir diretamente a qualquer momento aos ouvidos do papa.[53]

Em outras palavras, dom Eugênio podia se comportar como um general. Ele também via a campanha pelos direitos humanos de modo diferente de seus colegas bispos.

Homem de temperamento forte, dom Ivo também era do tipo militar e cioso da autoridade. Esse bispo do Rio Grande do Sul possuía um caráter prussiano e grande compleição física. "É o 'Geisel de batina'", me disse Octávio Costa.[54] Como o ministro do Exército, era muito decidido e determinado a impor sua vontade. Virgílio Rosa Netto descreveu dom Ivo como "impassível". Entretanto, as idéias progressistas de dom Ivo não eram bem recebidas nem por dom Eugênio nem pelo Exército. Durante nossa visita à Villa Venturoza, Virgílio recordou-se da tensão que era sentida ali: "A proximidade ali do arcebispado era um problema na vida de dom Ivo. O outro lá [dom Eugênio] não aceitava muito que existisse do outro lado da rua um centro de poder da Igreja [...] A gente sabia desses pequenos atritos porque as pessoas vinham cá e não iam lá". Em 1977, dom Ivo recebeu entusiasticamente a mudança da sede da CNBB para Brasília como forma de distanciar a organização e a si próprio de dom Eugênio. Ironicamente, dom Ivo tornou-se um dos mais assíduos membros do Grupo Religioso, participando por um senso de dever com a Igreja.[55]

A Tabela 3 descreve o Grupo da Situação. Mostra a subcultura intelectualizada do Exército em ação. Muitos dos participantes tinham fortes ligações com a ESG. O general Muricy possuía duas décadas de experiência com a escola e com seu teórico, o general Golbery, que apoiou e até apareceu na Bipartite. Padilha era tanto um diplomado quanto um professor da ESG. No início dos anos 70, ele e Muricy chefiaram a Adesg, que tinha centenas de membros. O final dos anos 60 e início dos 70 marcaram o ápice da influência da ESG no Brasil. Outros membros da Situação também tinham ligações com a ESG. A Marinha estava representada, igualmente, mas a ausência de representação da Força Aérea era intrigante. O Exército dominava o regime e tinha vários membros ligados à Igreja para controlar a Bipartite.[56]

TABELA 3

O "GRUPO DA SITUAÇÃO"

(em ordem de freqüência de participação)

Nome	Cargos
General Antônio Carlos da Silva MURICY	Chefe do EME, abril 1969-dezembro 1970; general-de-exército da reserva (quatro estrelas); presidente da Adesg; indicado por Médici para chefiar a Bipartite.
Tarcísio Meirelles Padilha	Membro do Conselho Federal de Educação; secretário da Adesg; formado pela ESG (1969) e professor; membro do Centro Dom Vital. Filósofo, professor universitário. Amigo pessoal e afilhado de casamento do general Muricy.
Tenente-coronel Roberto PACÍFICO Barbosa	Secretário da Bipartite; assistente da agência do SNI na Guanabara. Mais tarde chefiou as agências do SNI em Belo Horizonte e no Rio. Encerrou a carreira como general-de-divisão (três estrelas).
Coronel Mário Orlando Ribeiro SAMPAIO	SNI. Conduziu a investigação feita pelo Exército sobre as mortes de Barra Mansa. Depois, comandante do CIE. Nos anos 80 tornou-se general-de-exército.
Major Leone da Silveira LEE	CIE; da equipe do ministro do Exército Orlando Geisel. Depois promovido a general. Nos anos 90 assumiu a liderança do Comando do Leste (antigo I Exército) no Rio de Janeiro. Chegou a general-de-divisão.
Vice-Almirante ROBERVAL Pizarro Marques	Comandante dos Fuzileiros Navais. Formado pela ESG (1966).
General Adolpho João de PAULA COUTO	General-de-divisão; subchefe da 4ª Seção (guerra psicológica) do EME; terminou a carreira como general-de-exército.
Dantas Barreto	Assessor do ministro da Justiça Alfredo Buzaid; estagiário da ESG.
Coronel OMAR Diógenes de Carvalho	Chefe da agência do SNI na Guanabara.
Tenente-coronel Sérgio Mário PASQUALI	Subchefe-adjunto da 4ª Seção (guerra psicológica) do EME.

Major Carlos de Souza SCHÉLIGA	Secretário-adjunto da 5ª Seção (relações públicas) do EME.
Major José Carlos DUARTE	Assistente do general Paula Couto.
Moacyr Gomes de Almeida	Economista; estagiário do ESG.

Fontes: FGV/CPDOC, ACM; Muricy, *Depoimento*; entrevistas (O nome militar de cada oficial está em letras maiúsculas).

A composição do Grupo da Situação demonstrava a proposital ambigüidade da comissão. Enquanto a Igreja mandava seus líderes principais para a Bipartite, a Tabela 3 mostra que o governo não fazia o mesmo. Esperava-se que os bispos negociassem com o general Muricy e com o vice-almirante Roberval Pizarro Marques, mas certamente não com os coronéis e majores que trabalhavam como assistentes. No entanto, esses oficiais de nível médio desempenhavam um papel importante. Eles vinham do SNI, do CIE, do EME e do Ministério do Exército. Alguns eram especialistas em guerra psicológica.

O general Muricy convocara especialistas da área de informações para verificar as denúncias da Igreja sobre violações de direitos humanos. Essas organizações, especialmente o CIE, tiveram papel de destaque no combate às guerrilhas e a outros atos subversivos. Assim, os bispos se confrontavam com homens das mesmas agências que eram acusadas de violação dos direitos humanos e outros atos condenáveis. Alguns desses agentes forneciam as informações usadas pela Situação para atacar as posições da Igreja. Também eram eles que faziam análises sobre a Bipartite e os bispos. Seus postos na comunidade de informações e nos altos escalões da burocracia militar sublinhavam sua importância. Depois, pelo menos três — Pacífico, Lee e Sampaio — foram promovidos a general. Sampaio participara do SNI desde sua fundação em 1964. Antes de juntar-se à Bipartite, ajudara a combater a tortura no Exército, ao investigar os oficiais acusados de assassinar soldados no quartel de Barra Mansa. Como general, chefiou o CIE em meados dos anos 80 e, por fim, se tornou general-de-exército, a mais alta patente no Exército.

"Uma operação de guerra": sigilo, inteligência e política

A Bipartite era um instrumento de estratégia política para o regime. O serviço de informações era crucial nesse processo. Anos mais tarde o general Muricy negaria de modo veemente que o objetivo da Bipartite fosse coletar informações para o governo. A Bipartite era "pura".[57] Ainda assim, a própria documentação do general confirma o uso de serviços de informações na tentativa de influenciar os bispos. Demonstra também como a Situação trabalhava nos bastidores para fortalecer a posição do governo diante da Igreja.

Os bispos aprenderam a não cultivar ilusões quanto aos objetivos dos militares, que viam o clero brasileiro como altamente suscetível à influência da esquerda. O general Muricy adotou essa atitude na Bipartite assim como fazia no seu trabalho contra a subversão no Nordeste. Durante os anos Médici, violência, intriga, censura e denúncias de tortura eram abundantes. O clero brasileiro sabia que as forças de segurança estavam de olho na Igreja. Como Virgílio Rosa Netto recordou, a Bipartite se tornou uma "operação de guerra".[58]

Sigilo

O sigilo era um dos principais fatores que permitiam à Situação explorar a Bipartite para fins políticos. Mas até que ponto os encontros eram secretos? E por que os bispos concordaram em mantê-los em sigilo?

Contatos privados de cúpula não eram uma novidade. Figuras como Muricy, Candido Mendes e Tarcísio Padilha pertenciam a uma classe dominante muito pequena e entrelaçada. A importância dessa classe aumentou com o fato de que ainda somente uma minoria de cidadãos (devido à exigência de alfabetização) estava qualificada para votar na última eleição presidencial livre, em 1960. A ditadura eliminara boa parte da participação política e da liberdade de expressão e elevara a importância da negociação por meio de canais informais e privados. A Bipartite institucionalizara, de modo conveniente, os contatos entre a Igreja e o Estado.

Nenhum dos dois grupos desejava que ocorressem vazamentos. A Bipartite exigia sigilo para proteger sua condição de câmara de resolução das disputas entre a Igreja e o Estado. A imprensa estava sob censura, mas o controle do regime sobre ela não era absoluto. O professor Padilha recordava a necessidade do sigilo:

> O momento em que um estranho entrasse ali terminaria com a Bipartite. Os religiosos foram muito claros e pediram absoluto sigilo. A reunião mudava de lugar. Não tinha data certa. Não era anunciada com muita antecedência. Foi fundamental o sigilo para poder falar abertamente sem repercussão externa.[59]

Como fator prático, a confidencialidade permitia a troca de informações e denúncias sobre as delicadas questões de violação de direitos humanos e subversão, sem com isso causar escândalo público ou criar pretexto para retaliações da oposição armada.[60] Da mesma forma, o Grupo da Situação precisava responder às denúncias de atrocidades feitas pelos bispos sem despertar a ira da linha dura. De sua parte, os bispos aceitavam o sigilo como maneira de facilitar o contato com os militares quanto às questões dos direitos humanos.[61] O sigilo também ajudava os bispos a se proteger do ceticismo quanto ao diálogo por parte do clero e de ativistas leigos de base e que eram alvo das forças repressivas. Além disso, a hierarquia não queria ser publicamente atingida por alegações de subversão feitas pelo regime e por grupos de direita.

Um exemplo de discussão a respeito do tema do sigilo ocorreu no XXII Encontro Bipartite, em março de 1974. O relatório registrou a seguinte conversa:

> Prof. CANDIDO MENDES: Toca na questão dos pedidos de informações, sobre casos de pessoas envolvidas em subversão, recebidos através de parentes dessas pessoas. Com a solicitação à CNBB, cria-se um problema social e fica-se na dúvida se se pode, ou não, responder se a pessoa está presa.
>
> Gen. MURICY: Responde que, a princípio, pode-se responder a verdade.
>
> Gen. PAULA COUTO: Concorda, lembrando, porém, casos de necessidade de manutenção de sigilo para facilitar as investigações.[62]

Poucas pessoas sabiam da Bipartite. A Situação, zelosamente, guardava segredo, permitindo que apenas os mais altos oficiais militares e seus assessores tivessem acesso aos relatórios dos encontros.[63] Mesmo dentro do Planalto, havia pouco debate sobre a comissão.[64] Por exemplo, o ministro Gibson Barboza, das Relações Exteriores, não sabia da Bipartite. Nem Jarbas Passarinho, ministro da Educação e ex-oficial do Exército. Nem a unidade de informações do Dops da Guanabara.[65] De vez em quando, o Exército permitia que notas pequenas e discretas sobre a comissão aparecessem na imprensa.[66] Depois do ataque ao Ibrades, por exemplo, o colunista político do *Jornal do Brasil*, Carlos Castello Branco, aludiu brevemente à formação de uma comissão mas não escreveu sobre o primeiro encontro. Um boletim de notícias da Igreja também fez referências indiretas a uma "solução" do conflito entre a Igreja e o Estado, como o fez também dom Avelar em uma declaração à imprensa.[67]

No XX Encontro Bipartite, em setembro de 1973, o general Muricy ressaltou a preocupação com o sigilo. Criticou, de forma contundente, dom Fernando Gomes, arcebispo de Goiânia, por ter fornecido detalhes substanciais sobre a comissão a uma publicação da Igreja, o *Boletim Informativo*, do Centro de Informações Ecclesia. Os mais importantes jornais do país recebiam esse boletim e de vez em quando publicavam seu material. Nessa ocasião, o diário de Buenos Aires *La Nación* usou os comentários de dom Fernando para escrever uma longa matéria que revelava a existência da Bipartite. De acordo com o relatório do encontro, Muricy "disse não ter gostado da divulgação extensa que fez o bispo D. FERNANDO, daquilo que classificou de 'ata' da XVIII reunião, uma vez que tal procedimento havia causado a quebra de sigilo necessário a estas reuniões". A análise dos militares sobre a sessão afirmou que o deslize de dom Fernando pusera em risco a sobrevivência da comissão.[68]

Tempos depois, durante o XXII Encontro Bipartite, em março de 1974, o major Lee lembrou ao Grupo Religioso a exigência de manter sigilo. Enquanto discutia a repressão contra membros do Movimento Popular de Libertação (MPL), Lee "recomendou expressamente a necessidade de reserva que deveria ser observada pelos participantes [...] tendo em vista que a investigação prossegue e [...] pedia, ainda que fosse dado o devido crédito ao Governo na sua atividade relacionada com as investigações". Candido Mendes "disse estranhar o pedido de reserva para o assunto, uma vez que todos ali conheciam a gravidade do problema e a necessidade de sigilo". Lee "esclarece que foi levado a fazer aquela recomendação tendo em vista experiência anterior em que seu nome apareceu citado em uma publicação do Bispo Casaldáliga tratando de assunto que havia sido comentado sigilosamente em reunião com religiosos de confiança".[69]

Na Igreja, uma "grapevine" de contatos estendeu-se da Bipartite aos militantes católicos de direitos humanos e algumas famílias de vítimas que procuraram a assistência da Igreja.[70] O núncio apostólico dom Mozzoni participou da Bipartite e fez um relato dela a Paulo VI.[71] Outros bispos talvez mencionassem os esforços da comissão em suas periódicas visitas *ad limina* ao papa.[72] Além disso, para mostrar que o diálogo entre a Igreja e o Estado estava funcionando, o Grupo da Situação queria que os bispos transmitissem a seus companheiros prelados uma avaliação do que estava acontecendo. No entanto, poucas pessoas ficaram sabendo do conteúdo real das conversas. Os reticentes bispos não contavam muita coisa a seus assessores ou a outros padres.[73] Para desânimo dos militares, os bispos também fizeram pouca divulgação sobre a Bipartite entre seus colegas.[74] Eles discutiam o essencial das conversas apenas em pequenas sessões fechadas de conselhos de alto nível da CNBB.[75] Só no final de 1976, dois anos após o término da Bipartite, é que dom Ivo revelou a Bipartite à imprensa brasileira em uma breve declaração.[76] Depois disso, a hierarquia não divulgou mais nenhum detalhe. Dom Paulo Evaristo Arns, por exemplo, se manteve reticente quando foi questionado por jornalistas.[77]

Informações: buscando vantagem política

A Situação colheu, disseminou e usou informações de várias maneiras. Uma preocupação central eram as próprias reuniões. Elas constituíam excelente oportunidade para observar os bispos de perto e conhecer suas idéias. Na verdade, ambos os lados esperavam que tal contato melhorasse as relações. Os secretários produziam relatórios e os distribuíam à comunidade de informações e ao Planalto. Além disso, a Situação realizava encontros preliminares para planejar estratégias sobre como lidar com o Grupo Religioso. Já no início, o professor Padilha apontara a necessidade da "adoção de táticas políticas adequadas" para alcançar os objetivos da Situação.[78]

O Grupo Religioso atuava em clara desvantagem, no contexto de um sistema autoritário repressivo e poderoso. Os bispos nunca viam os relatórios da Situação. Nem possuíam eles os recursos, o tempo ou a intenção de equiparar-se à especialização de tarefas e amplitude de preparação e revisão dos militares. Para os bispos, a Bipartite era uma entre as muitas obrigações pastorais em uma agenda cheia.[79] Porém, os bispos não estavam indefesos, pois eles tinham sua própria rede de comunicações.

A base naval na ilha das Cobras, Rio de Janeiro, onde os bispos tiveram suas declarações secretamente gravadas durante reuniões da Bipartite. (*Fabio Motta/Abril Imagens*)

Gravações em áudio era outro instrumento da Situação. No II Encontro Bipartite, o coronel Omar Diógenes de Carvalho, do SNI, tocou a gravação de um ex-comunista que entrara em um seminário como parte de um suposto complô de infiltração na Igreja. Dom Eugênio respondeu explicando que os bispos compartilhavam as preocupações do governo em relação ao comunismo. Citou o exemplo de um estudante suspeito, expulso de um seminário em Salvador, e acrescentou que a Igreja, por sua vez, conseguira infiltrar-se entre os comunistas.[80] O general Muricy e o vice-almirante Roberval também gravaram secretamente os bispos em dois encontros realizados na residência de Roberval, na ilha das Cobras. Se tivessem caído em mãos de falsificadores de provas usados pelo regime, as fitas poderiam ter se tornado material para ataques distorcidos à Igreja na imprensa.[81]

O conhecimento que os militares tinham a respeito do Grupo Religioso e da CNBB cresceu com a ajuda de um bispo que atuava como informante. Já em 1968 alguns padres suspeitavam que indivíduos de dentro da conferência dos bispos passavam informações ao SNI.[82] Durante a Bipartite, dom Luciano José Cabral Duarte, o contato arquiconservador do governo entre os bispos, supria a Situação com informações. O general Paula Couto também se encontrou com dom Vicente Scherer para obter informações sobre a assembléia de

1973 da CNBB.[83] Dom Eugênio era visto como outro contato confiável fora da Bipartite, embora não tenha ficado claro se ele de fato proporcionou informações úteis. É extremamente duvidoso que dom Eugênio tenha passado alguma informação que pudesse comprometer outro bispo ou qualquer outro aspecto da Igreja institucional.

No final das contas, o objetivo do trabalho de informações era ganhar vantagem política sobre o Grupo Religioso e a Igreja. A Situação pressionava os bispos para que segurassem os padres ativistas e até se retratassem por críticas feitas ao regime. A Situação estava particularmente interessada em ver uma chapa de bispos mais conservadores substituir dom Aloísio e dom Ivo na liderança da CNBB. Depois que o regime fechou a estação de rádio da Arquidiocese de São Paulo, a Situação tentou reabri-la como forma de dar apoio aos conservadores dentro da CNBB. Dom Luciano trabalhou na organização de uma chapa de conservadores e manteve a Situação informada de seus progressos.[84] A Situação, porém, não foi bem-sucedida, pois dom Aloísio e dom Ivo ganharam a eleição para seus segundos mandatos.

CONCLUSÃO

A Bipartite foi um desdobramento singular na história brasileira. Por quase quatro anos, representantes das duas mais importantes instituições do país encontraram-se sistematicamente. À beira da ruptura, concordaram em fazer uma tentativa séria e definitiva de resolver suas diferenças. Mas a Bipartite também personificou muitas das características tradicionais da política brasileira, sobretudo a prática da conciliação de elite. Homens poderosos, levados pela fé e pelo desejo de exercer poder e influência, juntaram-se para prevenir um conflito aberto, que poderia ter sérias implicações para a sociedade brasileira.

A Bipartite foi um diálogo na sombra. Realizou seus encontros nos interstícios do mais sério conflito entre a Igreja e o Estado (e a Igreja e o Exército) da história do Brasil. Os generais queriam um diálogo com os bispos com o objetivo de apaziguar e até mesmo controlar a Igreja. Mantiveram sua participação a mais ambígua possível, não somente para atingir esses objetivos, mas também para evitar o risco de fazer concessões desnecessárias aos bispos e comprometer, assim, sua guerra contra os revolucionários e a oposição. Médici não enviou altos representantes ou ministros. Mandou, em vez disso, o general Muricy, que embora mantivesse certo prestígio e poder no Exército, perdera comando formal ao passar para a reserva. A linha dura estava no poder, mas seu representante máximo, o general Médici, permitia que os moderados e os intelectuais do regime tentassem negociar com a Igreja. A presença de homens dos órgãos de repressão ressaltava a obsessão do governo Médici com subversão e segurança nacional. O mesmo regime, que encorajava torturadores a prosseguir com suas rotinas no anonimato dos rostos ocultos, mantinha o diálogo equívoco e na sombra.

Os bispos concordaram com esse diálogo porque não tinham alternativa. Queriam conversar com Muricy e com os outros oficiais para poder reafirmar os interesses de sua instituição e, literalmente, protegê-la dos ataques das forças de segurança. Mas os bispos também participaram por causa da necessidade mais ampla de se fazer ouvir na arena política brasileira. A Bipartite veio a existir precisamente quando a CNBB se tornava um opositor maior do governo militar e quando a Igreja tentava forjar uma nova visão para a sociedade brasileira.

O diálogo era tão antigo quanto a história. Os militares brasileiros e a Igreja do Brasil geraram uma nova versão do diálogo quando vieram a competir sobre a noção de uma nova visão nacional. Ambos os lados concordavam que esse item deveria ter prioridade nas discussões secretas.

6. Justiça social ou subversão?

Na primeira reunião da Bipartite, em 3 de novembro de 1970, dom Avelar expôs a questão central do conflito Igreja × Exército no Brasil: "Onde termina a justiça social e começa a subversão?". A Igreja embaraçou-se no nó dessa questão quando as Forças Armadas passaram a apertar as malhas da segurança nacional e a assumir o controle da economia e do sistema político do país. A questão estava implícita na dialética entre ativismo social e repressão que existia desde 1964. Em 1967, a Igreja pediu explicitamente uma definição de subversão.[1]

As duas expressões — "justiça social" e "subversão"— abrangiam um largo espectro de atividades e interpretações que variavam de acordo com as circunstâncias e a perspectiva. Justiça social significava a tentativa de a Igreja estabelecer uma sociedade mais igualitária na qual os direitos humanos e democráticos fossem respeitados. Para alguns católicos, justiça social significava aderir aos comedidos ensinamentos dos papas, enquanto para outros implicava muito mais, inclusive a implantação do socialismo. Sem dúvida, algo da justiça social era de fato "subversão", no sentido de que ela ameaçava perturbar ou transformar o status quo. Subversão tinha uma definição ainda mais difusa do que justiça social. Podia se referir especificamente a ações revolucionárias ou políticas proibidas pelo regime, como, por exemplo, seqüestro, assaltos a bancos e a criação de movimentos oposicionistas armados. Mas, durante os anos Médici, ela se tornou uma expressão polivalente para os militares, servindo para tudo que cheirasse a esquerdismo, que ameaçasse o status quo político ou que implicasse crítica ao regime, como por exemplo, organizações de camponeses, movimentos estudantis e canções de protesto. A subversão podia ser um crime ou alguma alegação atribuída a indivíduos como se fosse a violação de um código e de um sistema moral, religioso e político maiores — a ordem social, tal como o regime a definia. De acordo com uma escritora, a subversão era a inimiga do regime, mas também a justificativa para sua existência.[2] Um subversivo era alguém considerado como tal pelo regime, independentemente de qual tivesse sido a infração alegada contra ele ou o tipo de prova apresentada. Os militares e as forças de segurança usavam a noção de subversão para lançar acusações contra seus inimigos. A Igreja questionava a noção, mas com freqüência também a veracidade dos atos alegados.

Esses termos, definidos de modo vago, com freqüência ambíguos, foram discutidos por bispos e militares na Bipartite. Queriam esclarecer o relacionamento entre a Igreja e o regime buscando definições mais precisas de subversão e de outros temas polêmicos, como capitalismo, socialismo, nacionalismo e participação política.[3] As discussões giravam em torno de declarações radicais sobre justiça social divulgadas na segunda assembléia geral do Celam em Medellín, Colômbia, em 1968.

Nos quatro primeiros encontros da Bipartite, no final de 1970 e início de 1971, os bispos e as autoridades se concentraram na questão do desenvolvimento socioeconômico. A comissão pretendia preservar a colaboração entre a Igreja e o Estado nessa área-chave de interesse nacional. Tanto a Igreja como as Forças Armadas já tinham uma história substancial de promoção do desenvolvimento. Cada lado também já possuía significativa tradição de nacionalismo. A Guerra Fria e o nacionalismo econômico do Terceiro Mundo dos anos 60 exacerbaram as controvérsias sobre o nacionalismo brasileiro. No Brasil pós-1964, o clero e as Forças Armadas lutavam pelo direito de defini-lo. Por meio da Bipartite, os bispos tentaram afirmar seu direito de propor e implementar noções católicas de desenvolvimento. A despeito da abordagem tecnocrática do regime, os bispos acreditavam que a nova doutrina social da Igreja deveria servir de quadro teórico para o desenvolvimento nacional.

Candido Mendes, em particular, vislumbrava uma sociedade em que a

Igreja e o Exército trabalhassem juntos pelo progresso econômico e social. Ele esperava chegar a uma fórmula de cooperação trabalhando com diplomados da ESG e membros das Forças Armadas que tivessem inclinação intelectual. As discussões levaram os dois grupos a debates sérios sobre ideologia e democracia. Esse intercâmbio ajuda a explicar como a Igreja e o Exército viam um ao outro e como tentavam construir um entendimento mútuo durante os anos de chumbo. Esse objetivo deu um caráter um tanto acadêmico à Bipartite em seus estágios iniciais, embora a comissão também procurasse resolver disputas específicas que surgiam da repressão a padres e ativistas.

COMPONDO A PAUTA: A COLABORAÇÃO ENTRE A IGREJA E O ESTADO NO DESENVOLVIMENTO

Em um encontro sigiloso, o general Muricy e Candido Mendes decidiram que Candido deveria coordenar o I Encontro Bipartite, a se realizar no Retiro da Gávea. Candido Mendes se concentrou em estruturar um efetivo diálogo entre a Igreja e o Estado. Estabeleceu o rumo quando distribuiu cópias da declaração de Medellín ao Grupo da Situação. Leu, então, dois textos que interpretavam o importante documento do Celam e as relações entre a Igreja e o Estado à luz da crise brasileira. O secretário-geral da CJP-BR acreditava que a cruz e a espada deveriam colaborar pelo benefício do Brasil. Candido Mendes foi tão enfático que Dantas Barreto o acusou de ignorar "o regime de separação entre a Igreja e o Estado no Brasil". Nenhuma "concordata" existia entre eles, Dantas Barreto acrescentou. "A Igreja no Brasil não goza de nenhum privilégio jurídico, muito menos do chamado privilégio de 'cânon'."[4] Ainda assim, a Bipartite trabalhou claramente dentro do modelo de concordata moral que vinha vigorando desde os anos 30. A Bipartite buscava renovar aquele relacionamento à luz de Medellín.

Os representantes episcopais em Medellín foram responsáveis pelo documento mais radical já produzido pela Igreja na América Latina, que resultou da convocação do papa Paulo VI para que se implementasse a liberalização eclesiástica do Vaticano II na região. Também fez parte de uma estratégia para esvaziar uma revolução violenta na América Latina, oferecendo aos leigos um papel maior na Igreja e trazendo elementos radicais para debaixo de suas asas.[5] O documento era uma nova versão da terceira via da Igreja entre comunismo e capitalismo, o último de uma longa série de declarações sobre justiça social datando do final do século XIX. Mas ia além da doutrina tradicional, ao clamar por mudanças estruturais na sociedade latino-americana. O documento era religioso, mas também político. Os bispos declaravam:

> Não basta refletir, obter maior clareza e falar. É preciso agir. Esta não deixou de ser a hora da *palavra*, mas tornou-se, com dramática urgência, a hora da *ação* [...] O subdesenvolvimento latino-americano, com características próprias nos diversos países, é uma injusta situação promotora de tensões que conspiram contra a paz [...] Denunciamos aqui o imperialismo de qualquer tipo ideológico, que se exerce na América Latina, de forma indireta e inclusive chegando a intervenções diretas [...] O episcopado latino-americano não pode ficar indiferente perante as tremendas injustiças sociais.[6]

Os bispos expandiram a noção de pecado para incluir a "violência institucionalizada", um poderoso conceito, dadas as opressivas estruturas sociais e políticas dos países latino-americanos. Era significativo que os bispos condenassem a violência tanto da esquerda quanto da direita. Eles notavam a atitude questionadora de "revolucionários" pacíficos (como intelectuais e professores universitários), encorajavam uma conscientização religiosa e política do povo e conclamavam os cristãos a se engajar na transformação da sociedade.[7] Esse documento tornou-se a Magna Carta do catolicismo progressista latino-americano, ensejando o desenvolvimento da teologia da libertação, da chamada opção preferencial pelos pobres e das CEBs. A declaração de Medellín exacerbou as divisões na Igreja. Levou os conservadores a iniciar uma campanha contra a teologia da libertação e o envolvimento do clero em ativismo social.

Os bispos brasileiros tiveram um papel de liderança em Medellín. Entre os principais enviados estavam dom Hélder, a quem geralmente se atribui (juntamente com o bispo chileno dom Manuel Larraín) a inclinação do Celam à esquerda; dom Avelar, presidente do Celam; dom Aloísio; e dom Eugênio, que chefiou a Comissão de Paz e Justiça da conferência e — em contraste com a imagem que muitos têm dele — assumiu uma posição progressista ao escrever a parte do documento sobre justiça social.[8]

Candido Mendes apoiava Medellín com empenho. Intitulada "Princípios fundamentais do documento de Medellín sobre o desenvolvimento", sua primeira exposição na Bipartite oferecia uma crítica da sociedade latino-americana baseada no nacionalismo desenvolvimentista e na adesão do documento de Medellín à teoria da dependência, que nos anos 60 entrara em voga na esquerda como explicação do subdesenvolvimento. Ele defendia a igualdade na ordem econômica internacional, a descentralização dos sistemas políticos latino-americanos, a formação de cooperativas e sindicatos urbanos e rurais e a autonomia nacional como mecanismo de integração de todos os indivíduos ao processo de desenvolvimento. A Igreja deveria tomar a iniciativa de formar "uma '*consciência política*' nacional". Candido Mendes também ressaltava o tom contrário à violência da declaração dos bispos.[9]

Seu segundo texto, intitulado "Perspectivas para o diálogo entre a Igreja e o Estado no relance do desenvolvimento", descrevia a tarefa maior da Bipartite: como evitar um conflito entre a Igreja e o Estado e, em seu lugar, construir a cooperação por meio do diálogo. Essa exposição era mais criativa do que a primeira. Nela, Candido Mendes não só analisava a realidade brasileira como também defendia "uma visão cristã do desenvolvimento".

O subdesenvolvimento era agora "uma obrigatória preocupação da Igreja e um dever específico de ação do seu magistério e testemunho [...] É na assunção integral da complexidade dos fatores econômicos, sociais, políticos ou culturais, que o desenvolvimento é hoje assumido pela doutrina social da Igreja". A Igreja deve não só denunciar, mas estudar "as inter-relações que explicam o subdesenvolvimento como um fator social total". Ele enfatizava que o pensamento social católico e a estratégia pastoral haviam entrado em uma nova fase, mais "concreta", na qual a Igreja promoveria ativamente o desenvolvimento:

> Há a falar [...] num mandamento novo de participação da Igreja na análise da realidade sócio-econômica que se encontra à sua volta e, nela, no recurso cada vez mais exigente e atualizado de arsenal de categorias que lhe emprestem as várias Ciências Sociais.

A dívida externa e a ação das empresas multinacionais foram dois temas enfocados pela nova doutrina social católica.

A Doutrina de Segurança Nacional ameaçava o processo de mudança social. Para combater a subversão ao seu próprio plano de desenvolvimento, o regime impôs a racionalidade e empregou a repressão. "O poder governamental vai encontrar a Igreja hoje também, e pela primeira vez no plano da questão social, com uma doutrina igualmente altamente 'positiva' e ligada à defesa extremamente concreta de determinados valôres no desenvolvimento", escreveu Candido Mendes. A Igreja e o Estado precisavam "*evitar que tais cursos venham a, desnecessàriamente, colidir*". Tal desdobramento era possível porque "não se evidenciou nenhum esforço análogo de *informação recíproca*" em questões de desenvolvimento; os dois lados ficaram presos no modelo liberal clássico de tratar somente questões de direitos violados, e não questões sociais maiores.

O diálogo era a chave. Ambos precisavam estudar cuidadosamente a ideologia e os esforços de desenvolvimento de um e de outro. A batalha contra a subversão levara a "uma interpretação errônea" dos esforços da Igreja de promoção humana. Na abordagem do governo, qual foi a troca entre "sacrifício" e benefícios reais para o povo? Uma comparação de valores poderia ajudar a responder a essa questão. Candido Mendes estava otimista quanto à possibilidade de a Igreja e o Exército concordarem com uma visão comum. Sua preocupação mais profunda era com um conflito resultante de diferentes "estratégias" e "tempos" de cada lado em busca do desenvolvimento.

Em vez de competir, a Igreja e o Estado deveriam juntar esforços. Candido Mendes falou em "adotar práticas comuns de mobilização", "cooperação pelo desenvolvimento" e "recíproca informação entre o Govêrno e a Igreja". Ele definia a Comissão Bipartite como uma "busca de paradigmas", como "um sistema de intercâmbio e consultas" em favor do desenvolvimento social e econômico, como um "estudo de eventuais programas de colaboração nas tarefas simultâneas de 'tomada de consciência'". Além disso, o diálogo tinha que ocorrer seguidamente para evitar uma "fase slogâmica", "estereótipos", e a "obsolescência" de idéias velhas.[10]

Essa proposta era a mais audaciosa na Bipartite. Em retrospectiva e à luz da bibliografia existente sobre o catolicismo brasileiro, a idéia de unidade entre a Igreja e o Estado em um tempo de conflito crescente parece ilógica e contraproducente. E cooperação no progresso socioeconômico parecia irrealista.

Entretanto, o relacionamento entre Igreja e Estado envolvia mais do que a questão do apoio político. Uma série de fatores tornava a proposta de Can-

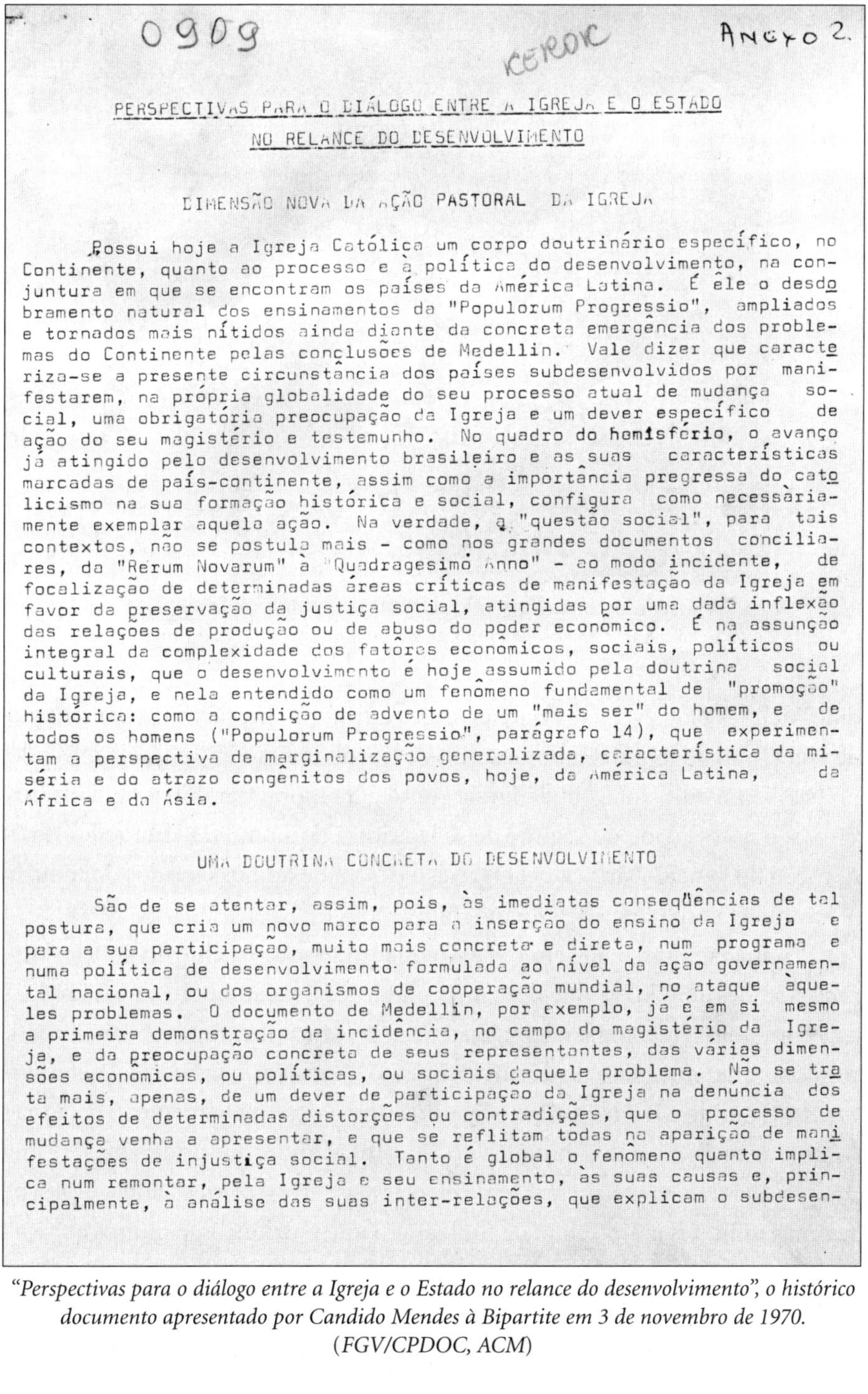

0909 CEROK ANEXO 2.

PERSPECTIVAS PARA O DIÁLOGO ENTRE A IGREJA E O ESTADO
NO RELANCE DO DESENVOLVIMENTO

DIMENSÃO NOVA DA AÇÃO PASTORAL DA IGREJA

Possui hoje a Igreja Católica um corpo doutrinário específico, no Continente, quanto ao processo e à política do desenvolvimento, na conjuntura em que se encontram os países da América Latina. É ele o desdobramento natural dos ensinamentos da "Populorum Progressio", ampliados e tornados mais nítidos ainda diante da concreta emergência dos problemas do Continente pelas conclusões de Medellin. Vale dizer que caracteriza-se a presente circunstância dos países subdesenvolvidos por manifestarem, na própria globalidade do seu processo atual de mudança social, uma obrigatória preocupação da Igreja e um dever específico de ação do seu magistério e testemunho. No quadro do hemisfério, o avanço já atingido pelo desenvolvimento brasileiro e as suas características marcadas de país-continente, assim como a importância pregressa do catolicismo na sua formação histórica e social, configura como necessàriamente exemplar aquela ação. Na verdade, a "questão social", para tais contextos, não se postula mais - como nos grandes documentos conciliares, da "Rerum Novarum" à "Quadragesimo Anno" - ao modo incidente, de focalização de determinadas áreas críticas de manifestação da Igreja em favor da preservação da justiça social, atingidas por uma dada inflexão das relações de produção ou de abuso do poder econômico. É na assunção integral da complexidade dos fatores econômicos, sociais, políticos ou culturais, que o desenvolvimento é hoje assumido pela doutrina social da Igreja, e nela entendido como um fenômeno fundamental de "promoção" histórica: como a condição de advento de um "mais ser" do homem, e de todos os homens ("Populorum Progressio", parágrafo 14), que experimentam a perspectiva de marginalização generalizada, característica da miséria e do atrazo congênitos dos povos, hoje, da América Latina, da África e da Ásia.

UMA DOUTRINA CONCRETA DO DESENVOLVIMENTO

São de se atentar, assim, pois, às imediatas conseqüências de tal postura, que cria um novo marco para a inserção do ensino da Igreja e para a sua participação, muito mais concreta e direta, num programa e numa política de desenvolvimento formulada ao nível da ação governamental nacional, ou dos organismos de cooperação mundial, no ataque àqueles problemas. O documento de Medellin, por exemplo, já é em si mesmo a primeira demonstração da incidência, no campo do magistério da Igreja, e da preocupação concreta de seus representantes, das várias dimensões econômicas, ou políticas, ou sociais daquele problema. Não se trata mais, apenas, de um dever de participação da Igreja na denúncia dos efeitos de determinadas distorções ou contradições, que o processo de mudança venha a apresentar, e que se reflitam tôdas na aparição de manifestações de injustiça social. Tanto é global o fenômeno quanto implica num remontar, pela Igreja e seu ensinamento, às suas causas e, principalmente, à análise das suas inter-relações, que explicam o subdesen-

"Perspectivas para o diálogo entre a Igreja e o Estado no relance do desenvolvimento", o histórico documento apresentado por Candido Mendes à Bipartite em 3 de novembro de 1970. (*FGV/CPDOC, ACM*)

Candido Mendes acreditava que a Igreja e o regime militar poderiam cooperar entre si para promover o desenvolvimento socioeconômico no Brasil. (*Arquivo Nacional*)

dido Mendes plausível, talvez até possível: a tradição brasileira de conciliação de elites, o diálogo e a colaboração no desenvolvimento entre Igreja e Estado no passado, a auto-imagem da Igreja como guia moral, certa ingenuidade dos bispos, a necessidade do regime de se legitimar do ponto de vista religioso, a devoção do general Muricy pela Igreja, o desejo de ambos os lados de reduzir o conflito e a esperança de redemocratização.

Cientista político que endossava o quadro teórico da elite do poder, Candido Mendes acreditava que o regime militar poderia ampliar sua base política e combinar a ideologia nacionalista com o planejamento tecnocrático para produzir uma nova fase de desenvolvimento.[11] Em *Nacionalismo e desenvolvimento*, Candido Mendes notara a ligação entre o desenvolvimento, o nacionalismo e a emergência dos militares no Terceiro Mundo, que poderiam ser "minorias criadoras" na emancipação de ex-colônias.[12] Na América Latina, os novos regimes militares eram acima de tudo altamente patrióticos, e muitos abraçavam alguma forma de nacionalismo desenvolvimentista.[13] A Igreja também era patriótica.

O histórico e a personalidade de Candido Mendes eram dois fatores-chave a mais. Em um regime autoritário, somente uma figura como Candido Mendes — aristocrata cordial e intelectual de prestígio internacional com a autoconfiança e a habilidade para fazer contatos e plantar suas idéias ao longo do espectro político — poderia formular tal proposta e ser levada a sério. A idéia de juntar forças era verdadeiramente extraordinária — e compreensível.

Um esforço paralelo de Candido Mendes reforça a credibilidade histórica de seu trabalho nas relações entre a Igreja e os militares. Enquanto orquestrava a Bipartite, tornou-se um dos principais proponentes da descompressão geral, ou liberalização política, do regime militar. A descompressão levou à abertura nos governos Geisel e Figueiredo. Candido Mendes trabalhava para promover a descompressão nos mais altos níveis do governo e enfatizava a importância de dar à oposição um papel nesse processo.[14] A seu pedido, em 1972, o chefe do gabinete civil de Médici, João Leitão de Abreu, iniciou discussões internas sobre liberalização. Candido Mendes usou sua amizade com José Guilherme Merquior, um dos maiores filósofos políticos brasileiros e assessor de Leitão de Abreu, para estabelecer contato com esse virtual vice-rei para assuntos políticos. Em 1973, Candido Mendes convenceu Leitão de Abreu a discutir a liberalização com o cientista político Samuel Huntington, especialista em política militar no Terceiro Mundo, da Universidade Harvard. Huntington também se encontrou com Antônio Delfim Netto, ministro da Fazenda. Essas conversas suscitaram o debate sobre a descompressão no governo e na oposição, e por algum tempo Leitão de Abreu promoveu a idéia de um civil (potencialmente ele próprio) como sucessor de Médici para desmilitarizar o regime.[15] Essas discussões realizaram-se enquanto o presidente designado Ernesto Geisel preparava seus próprios planos de liberalização.

Na reunião da Bipartite, Candido Mendes expôs como a cooperação entre a Igreja e o Estado poderia evoluir. A Igreja e o Estado precisavam evitar que tensões surgissem dos contrastes sociais que haviam aparecido no desenvolvimento brasileiro. A mudança social e política deixara de acompanhar o impressionante desempenho econômico do país. Será que essa "alteração sincrônica" de objetivos implicava uma crise no paradigma de desenvolvimento adotado pela maioria dos países pobres? Ou será que isso significava que novas formas de participação política e mobilidade social deviam ser encontradas para substituir as do velho modelo? A solução estava na compreensão dos objetivos do governo para o desenvolvimento de longo prazo à luz de Medellín (e da *Populorum Progressio*).

> Há que encontrar os caminhos inovadores de uma conjugação de esforços que, iniciando-se ao nível de uma informação comum, permitam que venha o presente esfôrço de desenvolvimento a se transformar num primeiro exemplo dos ensinamentos da "Populorum Progressio" e do seguimento que lhe deu o Conselho Episcopal Latino-americano.

O ativismo social católico poderia remover as distorções sociais de desenvolvimento, enquanto uma efetiva cooperação entre a Igreja e o Estado poderia fazer do Brasil o primeiro exemplo vivo dos novos ensinamentos da Igreja.[16] Candido Mendes esperava sintetizar a doutrina social católica, inclusive as conclusões de Medellín, com o plano de progresso nacional do governo Médici.

O Grupo da Situação deu às idéias de Candido Mendes uma recepção ambígua. Todos os oficiais e seus colaboradores civis concordavam que a Igreja e o Estado compartilhavam o mesmo objetivo de desenvolvimento do Brasil, mas não os meios para atingi-lo. De acordo com o general Muricy, "O documento [...] demonstra que não há divergência entre o Govêrno e a Igreja". Mas ele tinha críticas contra a Igreja.

> Existe por parte de alguns membros da Igreja um desconhecimento do que vêm fazendo o Govêrno Federal. Há impaciência quanto aos efeitos do trabalho governamental. Todos desejam ver resultados positivos a curto prazo. A doutrina cristã do desenvolvimento é muito teórica, faltando por vêzes à Igreja conhecimento adequado da máquina governamental e da estrutura do país para entender suas dificuldades.

O professor Padilha criticou como algo "ultrapassado" o entendimento de Candido Mendes sobre a segurança nacional. O progresso político e social já estava ficando para trás do desenvolvimento econômico quando o Exército assumiu o poder, argumentava ele.

A crítica mais dura veio de Dantas Barreto, funcionário do Ministério da Justiça. Ele afirmou que o documento de Candido Mendes "dá muita ênfase no campo econômico. Deveria ter sido focalizado em têrmos de evangelização". A Constituição garantia liberdade de religião. "Equívocos e mal-entendidos se devem, na sua quase totalidade, a incursões indevidas de homens da Igreja no *domínio temporal*, próprio do Estado", concluiu Dantas Barreto. "O Govêrno da Revolução jamais interferiu, nem pretende interferir, no *campo específico do espiritual*, de inteira competência da Igreja."[17]

A RESPOSTA DO EXÉRCITO: MEDELLÍN COMO SUBVERSÃO

Enquanto Candido Mendes e os bispos enfatizavam a justiça social por meio do desenvolvimento econômico e da participação política, os militares tentavam conduzir o debate para sua preocupação principal: a subversão da ordem política e socioeconômica estabelecida pelas Forças Armadas. Os oficiais esperavam restabelecer a compatibilidade de ponto de vista das duas instituições. Apesar da posição anticomunista da Igreja, acreditavam que ela tinha pouca compreensão da guerra revolucionária e dos métodos usados pela esquerda para cooptar grupos suscetíveis, como os estudantes e o clero. Na visão dos oficiais, os bispos deixaram ingenuamente de considerar esses perigos enquanto levavam adiante sua nova doutrina social.[18]

As preocupações do Exército foram destacadas na primeira reunião Bipartite pelo general Paula Couto, da seção de guerra psicológica do EME. Na interpretação de Paula Couto, o Ocidente embarcara em "uma fase de neo-capitalismo, bem diferente daquela em que Marx escreveu suas obras básicas. Tudo indica que o neo-capitalismo se ajusta às novas idéias da Igreja". A falta de conhecimento das realidades econômicas, por parte da Igreja, permitia que ela fosse manipulada pelo Movimento Comunista Internacional (MCI). Paula Couto afirmou que o desafio para o regime brasileiro era evitar que a democracia cometesse "suicídio" com excesso de liberdade, mas também sem "desfigurá-la" com muita "contenção" de liberdade. "A linha do Govêrno e da Igreja é a mesma", concluiu Paula Couto. "A diferença é que a Igreja carece de informações sôbre o inimigo."[19]

No II Encontro Bipartite, no Colégio Sagrado Coração de Jesus, em janeiro de 1971, o general Paula Couto apresentou um estudo intitulado "A guerra revolucionária e a Igreja, à luz dos documentos de Medellín". Foi uma resposta mais elaborada à explicação de Candido Mendes sobre Medellín. "As hierarquias católicas ignoram, pelo menos de forma sistemática, o processo revolucionário comunista denominado Guerra Revolucionária, como de resto o ignoram as demais elites civis", começava a exposição de Paula Couto. Ao usar táticas insidiosas e sutis, o MCI "explora sentimentos altruísticos e humanitários e desperta consciências para causas aparentemente nobres". Ele ainda advertia os bispos a procederem cuidadosamente com o novo objetivo da Igreja de estudar o marxismo, uma "ideologia indesejável" que era facilmente "inoculada insensìvelmente nos desatentos e desprevenidos".[20]

O cerne da crítica de Paula Couto referia-se ao uso, pelo documento de Medellín, de conceitos análogos aos da guerra revolucionária. Dessa forma, Medellín podia fornecer "precioso auxílio" à causa comunista. Citando os alertas do fervoroso anticomunista dom Vicente Scherer, Paula Couto explicava que muitos documentos da Igreja subscreviam a estratégia marxista de fomentar a luta de classes. Se a Igreja não enfrentasse esse perigo, os atritos com o Estado continuariam, pois o governo não poderia mais identificar comunistas reais e padres subversivos que pensavam estar simplesmente seguindo a doutrina social católica. Os bispos precisavam explicar com mais clareza o significado "construtivo" de seus ensinamentos para distinguir "Igreja e subversão".[21]

Paula Couto ia adiante nas críticas ao documento de Medellín. Ele focalizava primeiro o "nacionalismo", uma das muitas "ideologias intermediárias" usadas pelos comunistas para infiltrar-se na Igreja e em outros grupos. O nacionalismo "constitui a maior fonte de energia revolucionária de nossa era", afirmava. "Realmente, o nacionalismo tem grandes potencialidades passionais, que podem fàcilmente ser dirigidas, como são, contra os E.U.A., que constituem o maior obstáculo à expansão comunista no mundo; sua atuação no Vietnam é o maior exemplo disso." Medellín jogava com o sentimento nacionalista, ao denunciar a "dependência" da América Latina como produtora de bens primários para o Primeiro Mundo. Ao condenar o "imperialismo internacional do dinheiro", Medellín atacava os Estados Unidos sem reconhecer a liderança desse país sobre "o mundo ocidental e cristão". A luta da América Latina por "libertação" refletia as próprias orientações de Josef Stalin para o MCI, ao ressaltar as contradições entre nações ricas e pobres e, ao final, levá-las a rejeitar os Estados Unidos e se voltar para Moscou.[22] Na verdade, Paula Couto associara a nascente teologia da libertação com o comunismo. Esse tipo de análise repercutia a crítica conservadora à teologia da libertação, reação da direita que começava a surgir na América Latina.

Paula Couto passou das tensões internacionais para as domésticas. Os comunistas buscavam a "desmoralização" interna dos regimes democráticos do Terceiro Mundo ao exagerar suas desigualdades sociais. A Igreja fortalecia o poder dos comunistas, ao deixar de admitir que o "neocapitalismo" evoluíra para além das economias do *laissez-faire* do século XIX, para se tornar um sistema socialmente responsável.

> Os documentos doutrinários da Igreja pós-conciliar são também pródigos na exacerbação das mesmas "contradições internas" e na condenação do capitalismo, sem manifestar a preocupação, que parece essencial, em diferençar a sua atitude e as suas intenções daquelas que marcam a ação revolucionária comunista.

O manifesto de Medellín, por exemplo, deixava de expressar seu pedido por mudanças estruturais em termos democráticos. Além disso, Paula Couto afirmou, os bispos defendiam a formação de sindicatos e grupos de jovens sem se darem conta de que tais organizações eram o alvo principal dos comunistas. "O documento de Medellín, favorecendo a oposição entre diversas classes, pode prestar-se, de forma excelente, ao trabalho comunista de inocular o ódio entre elas, ódio que segundo êles, constitui uma alavanca mais poderosa do que o amôr." Medellín manifestou-se contra a "civilização burguesa" que enfatizava o "hedonismo" e o "erotismo", mas não contra as causas reais da decadência social, que constituíam os ensinamentos de líderes radicais como o famoso filósofo Herbert Marcuse. Os bispos haviam abandonado sua busca por "uma terceira opção" entre capitalismo e comunismo. Paula Couto apelou para o discurso de abertura de Paulo VI em Medellín, no qual o papa criticara sistemas econômicos injustos mas também rejeitara a violência e a anarquia, táticas comunistas óbvias que eram reprimidas pelo regime.[23]

Paula Couto criticou ainda o "uso de jargão comunista" pelo documento de Medellín, como "opressão", "imperialismo", "burguesia", "ação de massa" e "libertação". Medellín encorajava a formação de "*organizações de base*" (uma referência às CEBs) fundamentadas nos reprimidos movimentos da Ação Católica. Ele também atacou o documento por fazer da "*violência um ideal nobre, um heroísmo glorioso, uma teologia complacente*" por meio de "referências simpáticas" ao idealismo dos revolucionários.[24] Para apoiar os argumentos de Paula Couto, o coronel Omar, do SNI, apresentou aos bispos a fita gravada de um ex-seminarista que supostamente comprovava a infiltração comunista na Igreja.

Ainda que reafirmando uma harmonia básica entre as preocupações do governo e da Igreja, dom Eugênio encontrou inconsistências nas palavras do general. Um nacionalismo legítimo, o cardeal observou, estava de fato enraizado nas Forças Armadas brasileiras, embora ele concordasse que os comunistas tentavam usar isso para separar o Brasil dos Estados Unidos. O documento de Medellín era como o Evangelho: ambos podiam ser usados na guerra revolucionária. Mas "o próprio Govêrno brasileiro admite elementos socialistas em vários campos, orientando o desenvolvimento e abandonando a teoria da 'livre iniciativa'", disse dom Eugênio. Também minimizou a importância do anticomunismo para o Brasil. Ele mantinha que, para discutir o problema da subversão, o termo "não a favor do comunismo" era melhor do que "anticomunismo". A ênfase excessiva no "espantalho comunista" desviava a atenção da reforma social.

Paula Couto e Muricy fizeram objeções a essas declarações. Paula Couto assegurou que nenhum socialista estava no governo. Socialismo, disse, significava a "posse dos meios de produção pelo Estado e do contrôle da distribuição dos bens, conduzindo ao Estado totalitário, o que não ocorre no caso brasileiro". Muricy acrescentou que "o planejamento global e o contrôle do Govêrno sôbre a economia não significa socialismo, mas uma solução moderna para resolver problemas no campo econômico". Paula Couto lembrou aos bispos que a reforma social já era parte da estratégia do regime para combater a guerra revolucionária.[25]

Dom Avelar admitiu que havia "têrmos equívocos no documento de Medellín, o que seria de esperar, pois vivemos numa sociedade em transformação, que fala uma linguagem ambígua". Da mesma forma, a exposição de Paula Couto também carecia de clareza e continha erros. Dom Avelar resumiu o significado do manifesto de Medellín:

> A teologia que inspirou o documento de Medellín é humanística e defende o homem integral. O documento é um apêlo para uma tomada de consciência urgente com vistas à solução de problemas. O texto é temperado, dentro do contexto atual do mundo. Êle não admite a violência, mas concita a todos para estudarem

os problemas buscando novas soluções. Interpretá-lo como convite à violência é um êrro, que não coincide com a interpretação oficial do documento.[26]

Candido Mendes apresentou o comentário mais incisivo. Ele (corretamente) previa um agravamento do conflito entre a ideologia de Medellín e as políticas do regime. Colocou então três questões relacionadas. Primeiro, não seria a liderança do Brasil muito rígida em suas premissas? Não teria a idéia de guerra revolucionária começado a dar mostras de "esclerose"? E, fazendo eco a dom Eugênio, não teria esse conceito recebido "enfatização excessiva" dentro da estratégia militar?

O Grupo da Situação achava que não. Paula Couto explicou que ele baseara sua fala em um cenário de guerra revolucionária "ortodoxo e completo". Algumas das suas "técnicas sutis e insidiosas" foram bem-sucedidas no Brasil; outras não, graças à ação do governo. Ele citou o exemplo do Chile, onde o socialista Salvador Allende (1970-73) vencera a eleição para a Presidência pacificamente. Allende fora capaz de usar os instrumentos psicológicos e políticos da guerra revolucionária porque o governo chileno deixara de manter "vigilância". O general Muricy acrescentou que a política de segurança nacional exigia a "derrubada de antagonismos de tôda a natureza". O professor Padilha também discordava de Candido Mendes. "O problema da segurança está ligado ao desenvolvimento", ele declarou. "A G[uerra] Rev[olucionária] é uma realidade e tem que ser combatida com a intensidade adequada."[27]

Religião e política

Dantas Barreto tentou radicalizar o debate, ao desviar a atenção de Medellín e da subversão e voltar à teoria das relações entre a Igreja e o Estado. Ele foi agressivo. Começou por reafirmar a "intenção profunda do govêrno em colaborar com a Igreja para o desenvolvimento do País". Repetiu, no entanto, a estrita distinção entre a responsabilidade temporal e a espiritual, a cargo respectivamente do governo e da Igreja.[28] Em seu próprio documento, Dantas Barreto atacava tanto o estilo como o conteúdo da exposição de Candido Mendes:

Vazado num estilo intrincado e obscuro, o documento proposto como base para o diálogo entre a Igreja e o Estado afigura-se-nos como o mais impróprio possível para o objetivo que se propõe. Essa linguagem que nada afirma senão de viés, que supõe ou insinua proposições de princípio, ou postulados, para logo se fixar numa sentença aparentemente inócua, incidental, não é a linguagem dos papas, nem tampouco a dos teólogos; não é a da filosofia, muito menos é a da ciência, mas a linguagem rebuscada da sofística.

Citando encíclicas papais, Barreto afirmou que os bispos poderiam apenas falar sobre a esfera social, não agir nela. "Religião e política são esferas distintas", declarou Dantas Barreto. "Não compete à Igreja promover o bem comum temporal."

Mais ainda, Barreto afirmou que, embora a pobreza fosse "inmerecida", ela não era "injusta", pois o governo estava trabalhando para eliminá-la. (Ele distribuiu cópias das "Metas e bases para a ação do govêrno", da gestão Médici, um ambicioso plano de desenvolvimento industrial, integração nacional e progresso social.) Descreveu como fanáticos os ativistas católicos que haviam perdido sua fé:

> Dão a entender que possuem a chave do progresso e que detêm o segrêdo, a fórmula exata do desenvolvimento; e que só por egoísmo conservador e malícia imperialista deixam os govêrnos de usá-la [...] O certo é que pretendem servir-se da Igreja e revestir-se das suas imunidades a fim de pregar, proteger ou exercer uma ação ilegal e subversiva que não recua diante da violência, do assalto, do terrorismo e do seqüestro.

Citou como exemplo o Chile, onde padres radicais colaboraram com o regime de Allende.[29]

As colocações de Dantas Barreto "provocaram reações violentas" dos bispos, segundo o relatório secreto do Exército sobre a reunião. Dom Eugênio qualificou a apresentação de "profundamente infeliz". O cardeal expressou total apoio ao documento de Candido Mendes. Como Dantas havia definido *a priori* as respectivas áreas de competência da Igreja e do Estado, dom Eugênio sugeriu que "as reuniões deveriam ser encerradas". O general Muricy tentou acalmar o ambiente afirmando que a exposição de Dantas era "pessoal" e "não reflete o pensamento do grupo" das autoridades. Mas dom Avelar juntou-se a dom Eugênio no questionamento da utilidade da Bipartite. Dantas Barreto "tem esquemas mentais muito rígidos e um tom polêmico e magisterial", declarou dom Avelar. A Igreja não interferira nas questões de Estado, o bispo acrescentou. "A Igreja está em processo de renovação e todos temos que aceitá-lo. A renovação está existindo como processo oficial, comandado pelo papa. Há, lamentavelmente, equívocos." O professor Padilha fez outro esforço de conciliação. "É difícil dissociar o homem religioso do cidadão", afirmou. "A perspectiva de angústia cristã é que levou o DR. DANTAS a uma afirmação tão veemente."[30]

Essa discussão revelava as divisões internas do regime sobre como lidar com a Igreja. Enquanto Muricy, Padilha e a maior parte do Grupo da Situação ressaltavam o diálogo, a posição de Dantas Barreto refletia a dos linhas-duras e tecnocratas, que acreditavam que o clero deveria exercer uma função tradicionalmente espiritual. Dantas tinha o apoio tanto de Médici quanto do ministro Buzaid.[31] Sua apresentação quase fez malograr a Bipartite. De fato, foi sua última participação, pois ele estava claramente fora de sintonia com o objetivo de diálogo e conciliação do general Muricy. Deixando má impressão, Dantas Barreto saiu da Bipartite. Atuou, porém, como importante porta-voz, à medida que a comissão estabelecia parâmetros de debate e possibilidades para um entendimento mútuo. Deixou claro para os bispos que o regime não toleraria a interferência deles. Enquanto isso, os bispos davam uma demonstração de unidade ao defenderem Candido Mendes vigorosamente.

A TENTATIVA DE ESVAZIAR MEDELLÍN

A guerra revolucionária se mantinha como um obstáculo, enquanto os dois grupos continuavam a procurar maneiras de unir a teologia de Medellín com os objetivos desenvolvimentistas do regime.

O relatório da reunião de abril de 1971 está faltando entre os documentos do general Muricy. Anotações sobre a sessão de planejamento para a reunião revelam que o Grupo da Situação preparara cuidadosamente refutações aos argumentos anteriores do Grupo Religioso. Em um rascunho da estratégia para o encontro, o general Paula Couto salientava a necessidade de refutar a crença de dom Eugênio de que a insistência no tema do anticomunismo estava causando mal ao Brasil. "O verdadeiro democrata tem que ser 'anti-comunista' e não apenas 'não a favor do comunismo'", ele escreveu. "Se tal agressão não houvesse, a democracia poderia ser menos HOSTIL, como quer D. EUGÊNIO. Não é ela que quer conquistar os países comunistas, mas a recíproca é definitivamente verdadeira." Além disso, Paula Couto queria definir melhor temas controvertidos, como capitalismo, neocapitalismo, socialismo, segurança e participação. Ele citou especificamente a declaração de Candido Mendes de que "NACIONALISMO é a consciência política do Desenvolvimento". Outro exemplo foi a observação de dom Avelar sobre a obscura distinção entre justiça social e subversão.[32]

Além disso, o Grupo da Situação esboçou uma crítica ao texto de Candido Mendes sobre Medellín e a cooperação entre a Igreja e o Estado. Segundo essa análise, a "participação da Igreja na informação e conscientização do povo [...] oferece perigo, pois o MCI faz idêntico movimento explorando temas semelhantes aos da Igreja, isso é, [...] explorando as 'contradições internas'". A Situação questionava o uso, por Candido Mendes, de termos como "transformações globais, audazes, urgentes e profundamente renovadoras", que soavam revolucionários. O relatório desconsiderava a defesa de Candido Mendes das liberdades civis tradicionais. O governo brasileiro superara o "sistema político clássico" para tornar-se uma "democracia social, onde a necessidade de defesa da ordem social exige certas restrições àquelas liberdades, aparando-lhes os excessos que vinham sendo aproveitados como arma do MCI para a derrocada do regime". Além do que, a proposta de Candido Mendes para que a Igreja ajudasse a formar "uma consciência política nacional" significaria invasão das responsabilidades do governo. O novo ativismo pastoral da Igreja e sua decisão de denunciar a injustiça estavam transformando a instituição em um "verdadeiro partido político", que poderia vir a se "chocar" com o interesse nacional. A Igreja e o Estado agora competiam sobre questões de desenvolvimento.

> Se dois organismos de natureza intrinsecamente política, compostos de pessoas diferentes, mesmo que da mesma ideologia, não podem chegar a acôrdo perfeito quanto a um programa de desenvolvimento, o que dizer-se quando essa concorrência se dá entre um órgão político competente e outro de natureza completamente diferente, como é o caso da Igreja?[33]

Apesar dessa avaliação bastante pessimista, o documento dava eco às esperanças de Candido Mendes em melhores relações entre a Igreja e o regime. Em retrospectiva, essa tarefa parecia fútil, mas toda a motivação da Bipartite era a de que o clero e o Exército poderiam, e de fato deveriam, colaborar um com o outro.

Outro estudo da Situação, apresentado na reunião de abril de 1971, expunha as possibilidades. Foi escrito por uma equipe da Adesg chefiada pelo general Golbery, o grande teórico da DSN, fundador do SNI e colega político tanto do general Muricy como de Candido Mendes. *Persona non grata* nos governos linhas-duras de Costa e Silva e Médici, Golbery continuou ativo no setor privado como presidente da Dow Química. Retornou ao governo como chefe do Gabinete Civil na gestão Geisel e se tornou um importante arquiteto da abertura. Os outros membros da equipe da Adesg eram o desembargador José Murta Ribeiro, o economista José Garrido Tôrres, o embaixador Geraldo Eulálio do Nascimento e Silva, e o padre jesuíta Francisco Leme Lopes, que apoiara o golpe.[34] A equipe de Golbery assumiu uma abordagem conciliatória com a Igreja. Seu estudo, por exemplo, reconhecia a recém-descoberta necessidade da Igreja de envolver-se em assuntos temporais como resultado da maior preocupação pastoral adotada pelo Vaticano II.

Intitulada "Doutrina social da Igreja e diretrizes do govêrno do Brasil", o documento de Golbery tentava descobrir se as causas do conflito entre a Igreja e o Estado estavam enraizadas em diferenças doutrinárias ou em outros fatores. Comparando o *Populorum Progressio* do papa Paulo VI com os pronunciamentos do governo Médici, a equipe concluiu que existia harmonia nas questões de desenvolvimento, controle populacional, saúde, política salarial, desarmamento e várias outras áreas. Ambos os lados concordavam que uma reforma era necessária no comércio internacional e nas estruturas agrárias do Brasil. Como os outros documentos analisados aqui, esse estudo não fazia referência a exemplos reais de subversão ou atrocidades do regime. A equipe concluía que as tensões entre a Igreja e o regime tinham origem não no nível da liderança, mas entre os escalões mais baixos do clero e das Forças Armadas. Nas palavras da equipe, havia "uma impressionante analogia de pensamento [...] compreendida perfeitamente pelos membros da mais alta hierarquia eclesiástica e pelos homens responsáveis pelo destino do Brasil".[35]

O estudo de Golbery era superficial porque falava somente de intenções, não de resultados. O quadro de harmonia era, em geral, verdadeiro no período anterior a 1968, mas as duas hierarquias começaram claramente a colidir dali em diante. No papel, era fácil mostrar que nenhum conflito existia entre a Igreja e o governo militar. Portanto, o documento de Golbery era menos uma descrição das relações entre a Igreja e o Estado do que um apelo pela continuação de um diálogo baseado em princípios amplos.

A questão mais difícil ainda era como fazer Medellín deixar de inspirar a subversão. Esse era um assunto complicado porque, apesar de todos os seus debates, os dois lados nunca resolveram, ao menos teoricamente, o enigma expressado por dom Avelar sobre justiça social e subversão. O Grupo da Situação tentava convencer os bispos a publicar uma interpretação anti-subversiva suplementar de Medellín em nome da CNBB e distribuí-la em todos os milhares de paróquias do país. A equipe de Golbery observara que os documentos da Igreja não raro eram redigidos de modo vago para serem atraentes à sua ampla clientela multinacional. Os militares desejavam que o suplemento de Medellín falasse especificamente sobre o Brasil e refletisse a "perfeita compatibilidade" entre a Igreja e o Estado expressa no estudo de Golbery.[36] Essa declaração desencorajaria e tiraria a legitimidade das ações do clero radical.

Dom Eugênio era condescendente com a Situação apenas em parte. No encontro da Bipartite de julho de 1971, fez um comentário positivo sobre Medellín. Ao contrário das apresentações de Candido Mendes, dom Eugênio não distribuiu cópias dessa "análise pessoal". A declaração de Medellín não era um documento oficial da Igreja, mas era reconhecido pelo papa, afirmou o cardeal. Também não era um "documento social", mas religioso. Era válido para todos os países da América Latina. Medellín deveria ser interpretado como um todo, dom Eugênio advertiu, e não de acordo com algumas poucas frases ruins, isoladas. Ele admitia que "houve e há abusos por parte de elementos isolados da Igreja, desfigurando o Documento". Mas o documento também "apresenta profundas divergências com o marxismo". Além disso, somente bispos — e não padres — poderiam interpretá-lo. Dom Eugênio disse aos oficiais que Medellín era "original, com profundo espírito realístico para a América Latina". Ele foi "uma das melhores coisas que a Igreja já fêz". Dom Eugênio não via "perigos em MEDELLÍN" e expressava "admiração pelo dinamismo sadio que o Doc[umento] provocou na Igreja".[37]

Mas dom Eugênio também tentou diminuir os receios da Situação sobre frases potencialmente subversivas de Medellín. Deu aos oficiais cópias de um relatório secreto da Igreja que resumia um encontro de presidentes de comissões episcopais de ação social de dez países latino-americanos. O encontro acontecera no bairro de Itapoã da cidade de Salvador, em abril de 1971. Dom Eugênio deu cópias do documento para a comissão. O cardeal ressaltou que o documento era "RESERVADO, que não foi divulgado pela Imprensa, em face das possíveis reações que poderiam ocorrer, particularmente no PARAGUAI e em EL SALVADOR". Explicou que o encontro de Itapoã "foi fruto da desconfiança que o Doc[umento de] MEDELLÍN provocou em vários países". Os bispos queriam "verificar o que havia de errado no Doc[umento] e procurar introduzir as correções que se fizessem necessárias, para superar o clima que se criou em tôrno do mesmo".[38]

Esse extraordinário documento revelava como os centristas do Celam estavam reagindo às críticas conservadoras contra Medellín, tentando controlar em silêncio seu impacto dentro da Igreja. Essa ação precedeu a famosa eleição de 1972, na qual dom Alfonso López Trujillo, bispo conservador colombiano, conquistou a presidência do Celam e iniciou uma campanha para reverter Medellín. Na verdade, os bispos na Bahia estavam tentando obter para toda a América Latina o que o Grupo da Situação queria que a CNBB fizesse no Brasil. Eles repercutiam as conclusões críticas de Medellín sobre dependência, subdesenvolvimento e violações dos direitos humanos. Porém, também buscavam moderar o clero progressista e os objetivos radicais de Medellín, ao defender uma abordagem pastoral mais tradicional. Primeiro, criticavam os agentes de pastoral que se concentravam em assuntos sociais à custa da salvação religiosa. Segundo, defendiam uma abordagem de cima para baixo para moldar a mudança social na América Latina. Os melhores grupos para atingir esse objetivo eram da elite: universitários, empresários, políticos, oficiais militares e líderes de organizações para os pobres dos meios urbano e rural. Terceiro, e mais importante, eles avisavam aos demais bispos sobre "el hecho y peligro reales que existen de infiltración de ideologías marxistas en los cuadros más dinámicos de la Acción Pastoral en la mayoría de nuestros países y pedir a los Obispos tomar una actitud firme y clara al respecto". Mas os bispos também rejeitavam "la ligereza con que se tilda de comunistas a los cristianos que buscan soluciones a los problemas sociales, aun dentro de esquemas capitalistas". Aconselhavam vigilância contra "las insidiosas maniobras de quienes detentan el poder y la riqueza para anular la obra promotora de la Iglesia".[39]

Havia uma grande distância entre linguagem colaboradora e cooperação de fato. Os ataques dos militares à implementação da doutrina social dos católicos radicais, considerada subversiva, levaram os dois lados na Bipartite a discutir as ramificações práticas do conflito sobre justiça social e subversão. Em particular, tentaram reduzir as tensões buscando um mecanismo para resolver os casos de padres acusados de subversão. Tanto bispos como militares viam a necessidade de a Igreja controlar o clero ativista, embora por diferentes razões. O Grupo da Situação identificava esses homens como opositores ao regime. Os bispos procuravam proteger padres e ativistas e remover obstáculos ao diálogo com os generais.

Os bispos e os generais concordavam que a maior causa de atritos entre a Igreja e o Estado era a falta de controle sobre suas respectivas bases. Embora tivessem estilos diferentes, tanto a Igreja como as Forças Armadas se apoiavam na hierarquia, disciplina e obediência. A Igreja estava particularmente vulnerável nestes pontos por causa da crise do clero desencadeada pela liberalização pós-Vaticano II. Muitos padres rejeitavam a autoridade e a disciplina, inclusive o celibato obrigatório. No Brasil, centenas deixaram o sacerdócio no final dos anos 60. A falta de controle fazia a Igreja parecer fraca e desorganizada. Ao levar a instituição a renovar a si própria e a eliminar o apoio ao *status quo*, os danos à autoridade causados pela crise clerical reduziram ainda mais a capacidade de os bispos negociarem com o regime. Um influente boletim da Igreja descrevia a harmonia entre a base e a hierarquia como "fundamental" para um diálogo bem-sucedido. "Sem isso, novas *crises* se repetirão, levando pa[u]latinamente a conflitos e rupturas mais profundas."[40]

Os militares enfrentaram desafio semelhante nos turbulentos anos do início da década de 60, quando muitos soldados e marinheiros chegaram a se amotinar em favor dos apelos da esquerda por reformas de base. Depois do golpe, milhares de homens foram removidos das Forças Armadas. Quando a linha dura assumiu o poder com o AI-5, foi a vez de as forças de segurança da direita ficarem fora de controle. O presidente Médici reservadamente expressou sua frustração a dom Eugênio pela impossibilidade de exercer de forma efetiva o comando contra os abusos que ocorriam nos escalões baixos das Forças Armadas.[41]

Bispos e oficiais identificavam-se com as dificuldades de cada grupo. Para que a descompressão entre a Igreja e o Estado pudesse funcionar, os bispos necessitavam de "um entendimento prévio" com o regime sobre as medidas contra o clero ou no mínimo uma subseqüente explicação dos motivos. Essa comunicação fortaleceria a autoridade.[42]

No seu primeiro encontro, a Bipartite trabalhou para construir esse vínculo. De acordo com o relatório do Exército, o professor Padilha observou que a estrutura de segurança do governo era variada e complexa, o que tornava difícil resolver "problemas locais" e, portanto, necessária a centralização do contato entre a Igreja e o Estado.[43] O relatório da Situação sobre o encontro recomendava maior comunicação entre a CNBB e os "elementos-chaves do dispositivo de informação e segurança". Sugeria ainda o estabelecimento do diálogo entre a Igreja e o governo no plano regional e a criação da assessoria presidencial para assuntos da Igreja.[44] Os bispos, a Situação observou depois, queriam "assumir a responsabilidade de controlar os padres cujas ações possam ser consideradas prejudiciais, pelo Govêrno". Como dom Aloísio declarara, "a Igreja gostaria de ser informada a respeito da atuação de seus integrantes no que concerne à segurança, com a idéia de promover as correções necessárias".[45]

Esse tipo de discussão com os bispos era um assunto controvertido no interior do regime. Em 1964, a Igreja e o presidente Castello Branco fizeram a primeira tentativa de estabelecer uma central de informações para casos contra o clero. Depois de encontrar-se com uma delegação de bispos, Castello Branco enviou telegramas a todo o episcopado com a sugestão de que contatassem o Ministério da Justiça para saber de padres que tivessem problemas com as autoridades. Castello Branco ofereceu essa medida como um gesto de paz para a Igreja, que sofrera muito nos primeiros meses da ditadura.[46] Isso teve evidentemente pouco efeito, pois padres, ativistas leigos e até bispos continuaram sendo alvos das forças de segurança. Muitos no Exército não sabiam do acordo ou simplesmente preferiam ignorá-lo. A transição atabalhoada da administração Castello Branco para a de Costa e Silva enfraqueceu ainda mais a obediência.[47]

O presidente Médici vetou a assessoria presidencial e os diálogos regionais, mas permitiu que oficiais do SNI, CIE e do Estado-Maior do Exército continuassem na Bipartite. Porém, no encontro da Bipartite de janeiro de 1971, Dantas Barreto revelou que Médici aprovara a sugestão do ministro Buzaid sobre a "possibilidade de proporcionar à CNBB conhecimento dos processos referentes a religiosos, a fim de ajudar o govêrno a resolvê-los". As conclusões secretas da Situação defendiam até mesmo colocar sob o cuidado dos bispos, os "religiosos suscetíveis de prisão, sempre que isso não prejudicar essencialmente a segurança".[48] A Igreja já fornecera um precedente para esse tipo de solução. Por exemplo, em 1964, dom Geraldo Proença Sigaud, o arcebispo ultraconservador de Diamantina, manteve um padre radical preso na residência do arcebispado.[49] A polícia encaminhou outros homens da Igreja para seus bispos.[50] Conforme comentado mais adiante, em 1972, dom Eugênio tentou proteger um padre da prisão, mantendo-o numa dependência da Igreja. Na Bipartite, dom Ivo pressionou pela "montagem de [um] esquema para [a] troca de informações rápidas para [a] solução de problemas envolvendo religiosos", mas Fontoura, chefe do SNI, seguindo o desejo de Médici de evitar contato oficial dos militares com os bispos, restringiu o contato aos canais civis como o Ministério da Justiça e a Polícia Federal.[51] Fontoura, assim, vetou as esperanças da Situação de criar uma ligação direta da CNBB com a comunidade de informações.

A própria Bipartite tornou-se crucial para a mediação de casos. Os dois lados aceitaram a proposta do tenente-coronel Sérgio Mário Pasquali, do EME, para que a comissão dividisse seus encontros em duas partes: primeiro, discussão de "assuntos doutrinários" e, segundo, de "casos concretos, práticos" do conflito Igreja × regime.[52]

Um exemplo foi o esforço de dom Eugênio para desarmar as atividades do clero e de leigos militantes no Rio de Janeiro ao assumir a arquidiocese no início de 1971. No encontro de abril da Bipartite, Muricy levantou o caso de padre Artola, o vigário da favela Brás de Pina no Rio de Janeiro que já fora preso por ter resistido a um plano do governo de mudar seus paroquianos para um distante conjunto habitacional público. Artola foi solto, mas em outubro de 1970 foi preso outra vez depois de juntar-se, segundo se alegou, a um grupo de pessoas para destruir um escritório do governo em protesto contra um novo imposto para a melhoria da favela. Dom Eugênio, Alceu Amoroso Lima e líderes da oposição defenderam o padre contra acusações de marxismo e subversão. Artola foi libertado em 1971 ainda aguardando julgamento.[53] O general Muricy reclamou do "procedimento pouco digno" do padre, e o cardeal prometeu transferi-lo para outra paróquia depois de enviá-lo de férias para a Espanha.[54] Artola foi condenado depois, mas não teve que cumprir a pena.

Na mesma reunião, dom Eugênio anunciou que iria "introduzir modificações na estrutura e no trabalho da JOC e do Ibrades, no sentido de uma orientação religiosa". Ele pediu ao Exército que não interferisse nesse esforço. O general Muricy apoiou a iniciativa, mas também solicitou que o cardeal esperasse "confirmação".[55] Esse diálogo, ao ocorrer logo após os ataques das Forças Armadas a essas duas organizações da Igreja e a intervenção do general Muricy a favor deles, indicava que o general estava negociando o apoio para o plano de dom Eugênio dentro das Forças Armadas e possivelmente tentando prevenir novas ações contra os jocistas e os participantes do Ibrades. Essa discussão ressaltava a condição da Bipartite como um fórum de comunicação e de negociação privilegiado entre a Igreja e o regime.

Outro caso envolvia o padre François Jentel, um missionário francês que trabalhava com camponeses do Mato Grosso desde 1954. Em 1972, uma companhia agrícola tentou expulsar os moradores da paróquia de Santa Teresinha no município de Luciara, onde Jentel trabalhava. A disputa acabou em conflito armado depois que o gerente da companhia destruiu uma clínica que o padre estava construindo. Embora não estivesse presente durante o pior confronto, padre Jentel foi preso, culpado de violação à LSN e condenado a dez anos de prisão. Ele passou um ano na cadeia. Alegando que Jentel distribuíra armas aos camponeses, os membros do Tribunal Militar o rotularam de "elemento perigoso", que fomentava a luta de classes e o conflito com as Forças Armadas. Um juiz civil discordou, declarando que "Jentel merece um prêmio, não a prisão" por mostrar "solidariedade" aos pobres. Durante o julgamento, o advogado de Jentel apontou que a segurança nacional era um "assunto mal estudado nesse país". Dom Ivo, outros bispos e católicos de todas as partes do Brasil protestaram contra o veredicto. Padre Jentel foi declarado inocente num Tribunal de Recursos e partiu imediatamente para a França. O bispo de Jentel, o espanhol dom Pedro Casaldáliga, também foi envolvido no incidente e quase expulso do país.[56]

Sigilosamente, a Bipartite ajudou a facilitar a saída do padre Jentel do Brasil e orquestrou seu eventual — embora breve — retorno. A partida de Jentel se tornou necessária depois que ele recusou uma oferta de dom Eugênio para trabalhar sem alarde na arquidiocese do Rio de Janeiro.[57] (O ministro Buzaid também tentara mandar embora o padre Jentel por meio de pressões ao núncio dom Mozzoni e à embaixada francesa.[58]) No encontro da Bipartite

Padre François Jentel: um teste para a cooperação entre Igreja e militares com o objetivo de controlar o clero causador de problemas. (*Aesp*)

de 29 de maio de 1974 na Villa Venturoza, Candido Mendes revelou que a CNBB "manteve estreita e freqüente ligação com o Gen[eral] Golberi e Campo Grande, procurando, sempre, conduzir a questão de modo a facilitar as ações e decisões do governo". Para evitar novas dificuldades, Jentel escreveu uma carta a Golbery "na qual manifestava desejo de visitar parentes na França, facilitando, assim, a solução do problema", afirmou Candido Mendes. O general Muricy reclamou que o padre concedera uma entrevista ao *Le Monde* sobre suas experiências no Brasil. Dom Aloísio contou à comissão, entretanto, que o padre Jentel "prometeu manter a maior discrição, aqui e no exterior, sobre os fatos de que foi a figura central, evitando declarações à imprensa, impedindo, assim, a exploração indevida do episódio".[59] Candido Mendes pediu ao general Muricy que o governo considerasse o retorno de Jentel ao Brasil. O general concordou em tratar do assunto, mas só depois que o furor sobre o incidente tivesse passado. "Poucas vezes a CNBB teria sido posta à prova como na sua participação no caso do Pe. Jentel", afirmou Candido Mendes.[60] Em um de seus relatórios secretos sobre a Bipartite, o Grupo da Situação observou que Candido Mendes e a CNBB estavam profundamente interessados em "cooperar com o governo". Se o padre Jentel se manifestasse mais sobre o episódio, "será instrumento a ser usado pelo Grupo Leigo para forçar o Grupo Religioso a reconhecer uma falta de controle absoluto sobre determinados problemas".[61] Em dezembro de 1975, o padre Jentel retornou brevemente ao Brasil, para ser expulso em seguida por ordem de Geisel. Foi escoltado ao Aeroporto Internacional do Galeão por dom Eugênio.

O desejo de controlar os subordinados tinha limites. Usando seus contatos nas Forças Armadas, dom Eugênio impediu a prisão de ativistas leigos e de clérigos no Rio de Janeiro e em outros lugares. Dom Eugênio tinha uma linha direta, virtualmente 24 horas por dia, com o tenente-coronel Pacífico, do Grupo da Situação, o que permitia ao cardeal levantar questões sobre os problemas Igreja × Exército em qualquer lugar do país. Pacífico, por exemplo, contatava imediatamente comandantes de área para obter informações sobre padres detidos.[62] Em janeiro de 1972, porém, as autoridades violaram o acordo que permitia ao próprio cardeal cuidar dos casos de alegada subversão. Esse incidente teria um efeito deletério sobre a Bipartite.

O caso dos dominicanos

A prisão dos freis dominicanos por seu envolvimento com Marighella e a ALN inevitavelmente passou a pairar como pano de fundo das discussões sobre padres supostamente subversivos. No país, o assassinato de Marighella foi uma grande vitória para o regime militar. Marcou o começo do fim da curta vida do movimento de guerrilhas no Brasil. Mas prejudicou muito a imagem do Brasil no exterior. Nos Estados Unidos, por exemplo, a revista *Look* publicou um artigo sobre o caso, intitulado "Brazil: Government by Torture". Um dos dominicanos, frei Tito de Alencar Lima, descreveu em pormenores sua horrível tortura pelo DOI-Codi de São Paulo e sua subseqüente tentativa de suicídio.[63] O incidente colocou os bispos na difícil (e, para alguns, embaraçosa) posição de ter de defender homens acusados de ajudar a mais perigosa ameaça armada ao regime.

O cerne da questão para as relações entre a Igreja e o Estado girava em torno de dois dominicanos que foram brutalmente torturados até revelarem o local e o código para encontrar Marighella. Fleury e o Deops-SP usaram os dois homens para atrair Marighella para uma emboscada. Os detalhes exatos são objeto de controvérsia até hoje. O padre diocesano francês Charles Antoine, o escritor dominicano frei Betto (Carlos Alberto Libânio Christo), o historiador comunista Jacob Gorender e o jornalista Emiliano José, por exemplo, escreveram sobre o incidente. Em particular, Gorender e frei Betto têm discordado sobre as circunstâncias da morte de Marighella e o papel dos dominicanos no caso. Gorender atribuiu a queda do líder guerrilheiro a informações prestadas pelos frades presos, enquanto frei Betto defendeu seus ex-colegas e alegou que a CIA desempenhara algum papel na morte de Marighella. O relatório secreto do governo dos EUA para Henry Kissinger, do final de 1969, faz alusão ao caso dos dominicanos, mas não oferece nenhuma prova do envolvimento da CIA.[64]

De qualquer forma, o regime e seus aliados tentaram usar esse incidente para desmoralizar a Igreja progressista, demonstrando ligações entre o clero e os revolucionários armados. Tentaram até envolver dom Hélder. A versão do regime recebeu grande cobertura da imprensa, e a polícia, a justiça militar e colunistas católicos de direita atacaram os dominicanos, acusados como se fossem virtuais hereges, que deveriam ser expulsos da Igreja. Não há dúvida de que a Ordem Dominicana no Brasil ajudou a ALN de várias formas importantes, por exemplo, ao dar passagem segura para fora do país a militantes perseguidos e ao investigar uma frente potencial de guerrilha na Amazônia. Mas o regime não conseguiu vincular os dominicanos ou qualquer outro religioso ou funcionário da Igreja a atos violentos.

Alguns bispos se recusaram a defender os dominicanos. Dom Vicente Scherer, por exemplo, julgava que eles deveriam ser punidos se fossem culpados. Em particular, dom Vicente, dom Agnelo Rossi e dom Lucas (ele próprio um dominicano) pareciam insensíveis à sorte dos prisioneiros, mesmo depois de tomarem conhecimento das torturas. Dom Paulo, em contrapartida, deu seu apoio aos prisioneiros. Representantes da Ordem Dominicana também vieram de Roma para o Brasil a fim de pressionar por uma solução do caso e demonstrar solidariedade.[65]

A Bipartite discutiu o caso dos dominicanos apenas superficialmente. Os bispos se recusaram a aceitar as alegações dos militares de que os dominicanos haviam colaborado com a polícia contra Marighella. Nesse momento, o caso foi posto de lado.[66] Nos documentos do general Muricy não existe a mínima alusão ao incidente. Os dois lados certamente tiveram ampla oportunidade e muitos motivos para discutir ainda mais o caso. Os frades e outros clérigos e seminaristas envolvidos no episódio em São Paulo e no Rio Grande do Sul foram presos em novembro de 1969, um ano antes do início da Bipartite. A condenação dos três frades aconteceu menos de dois meses antes do início do diálogo, e eles não foram libertados até outubro de 1973, um ano antes do fim da Bipartite. Nesse meio tempo, o advogado deles, Mário Simas, recorreu da sentença e eles participaram, com outros prisioneiros políticos, de duas greves de fome. No exterior, católicos pressionavam o regime para que os prisioneiros recebessem melhor tratamento. Em agosto de 1974, mês final da Bipartite, frei Tito, banido do Brasil, se enforcou na França.[67]

Por que o Grupo Religioso não tentou ajudar esses clérigos? O resultado já era um fato consumado no início da Bipartite; numa entrevista, o general Pacífico me contou que o assunto estava "ultrapassado". Os procedimentos dúbios da investigação militar sobre o episódio violaram até as próprias normas do regime. Esses julgamentos políticos eram usados rotineiramente contra a oposição desde 1964. Além disso, o clima político constituía um entrave contra qualquer mudança na situação dos dominicanos. Por fim, como foi ressaltado no Capítulo 3, o próprio Vaticano não se interessou muito pelo assunto. No seu relatório anual sobre o Vaticano, o embaixador Jobim descreveu as condições que dificultavam simpatizar com os frades:

> [...] o isolamento dos religiosos de tendência subversiva através do repúdio popular ao terrorismo; a condenação do Santo Padre ao terrorismo e aos sequestros [...], desautorizando os subversivos que se acolhiam à sombra da Igreja; a atitude firme das autoridades, definindo uma linha de conduta clara.[68]

Tentar reverter uma das maiores vitórias do governo contra a Igreja teria sido inútil.

Insisti com dom Paulo explicitamente nessa questão quando o entrevistei em julho de 1999. Perguntei se ele ou alguém mais da Igreja tentara obter a libertação dos dominicanos por meio de contatos com autoridades do governo ou usando a influência do papa. Dom Paulo disse:

> Isso era completamente impensável. Era totalmente alheio. Ninguém saía da prisão. O que nós queríamos e fizemos era ter um bom advogado que conseguisse

isso através das leis do próprio movimento revolucionário. E esse advogado se chama doutor Mário Simas. Ele foi o advogado dos dominicanos e ele estava sempre em contato conosco. Mas tirar assim, isto era impensável, [...] politicamente impossível.[69]

O caso dos dominicanos foi outro exemplo dos limites da Bipartite, e também da falta de desejo ou da incapacidade dos bispos para pressionar bastante o regime. Dom Lucas, por exemplo, recusou uma solicitação de Simas para que, no julgamento dos dominicanos, testemunhasse ter visto marcas de tortura em frei Tito.[70] Além disso, no começo da Bipartite o presidente da CNBB era dom Vicente, um dos bispos que menos simpatia demonstrava pelos dominicanos. Vale mencionar que outros casos espinhosos — por exemplo, o assassinato do padre Henrique no Recife e a expulsão do Brasil do padre Joseph Comblin, assessor de dom Hélder — não foram assunto da comissão.

CONCLUSÃO

A Bipartite começou com otimismo quanto às perspectivas de colaboração entre a Igreja e o regime. Como o general Muricy diria mais tarde, era "inadmissível a separação entre o espiritual — da alma do brasileiro — e o temporal!".[71] A cooperação entre a Igreja e o Estado estava no centro da realidade brasileira, e no final de 1970 e começo de 1971, os bispos e os generais acreditavam que continuaria assim. A comissão capacitava os dois lados a discutir suas divergências ideológicas. O Grupo da Situação estava tão confiante que até considerou a "realização oportuna de encontros não sigilosos entre elementos do Govêrno e membros da Igreja, de sorte a fornecer à opinião pública a verdadeira dimensão do recíproco entendimento entre a Igreja e a Revolução".[72]

O momento era extraordinário. A *intelligentsia* eclesiástica e militar agia para conciliar suas respectivas instituições. É surpreendente que o catalisador da Igreja tenha sido não um bispo próximo dos militares, como dom Eugênio — embora seu papel tenha sido de destaque —, mas um importante membro da esquerda católica, Candido Mendes. Ele e os bispos progressistas da CNBB debatiam idéias com os arautos da segurança nacional. O debate envolvia discussões filosóficas de alto nível sobre o sentido de justiça social, atividades pastorais, doutrina da Igreja, encíclicas papais e democracia. Muricy, Paula Couto, Golbery e outros membros da Situação demonstravam a seriedade da crença do Exército de que seu papel ia além do simplesmente militar e se estendia para as questões sociais e políticas. Tanto os militares como a Igreja se viam na vanguarda do desenvolvimento do Brasil. Ambos reafirmavam sua condição de membros da elite política.

Sem imprensa livre nem sistema político aberto, bispos e oficiais se encarregaram de construir os termos do debate político e de digladiar neles. Em conseqüência da repressão, que castrara a política brasileira, a Bipartite foi um substituto parcial para o sistema político. Debates que normalmente poderiam ter ocorrido na imprensa, no Congresso e nas ruas ficaram restritos a uma câmara secreta da Igreja e do Estado.

As análises que ambos os grupos faziam da inovação pastoral católica e da situação política brasileira revelavam sérias discordâncias sobre os meios para alcançar o progresso socioeconômico. Por décadas, a Igreja e as Forças Armadas vinham trabalhando para estabelecer modelos para a sociedade brasileira. Ambos concordavam, em princípio, a respeito da necessidade de justiça social como fora definida pelo papa e pelos bispos. Mas a existência de conceitos muito diversos de catolicismo reforçava o contraste entre os dois grupos. A mentalidade de segurança nacional da Guerra Fria exigia que todos os esforços pela justiça social tivessem que provar antes que não eram subversivos. Na hiperpolarização daquela época, os militares viam como inimigos tudo que não se declarasse explicitamente anticomunista. É irônico que o manifesto de Medellín, um marco da própria alternativa da Igreja às mudanças violentas, tenha caído na categoria dos inimigos das Forças Armadas. A polarização confundia as distinções entre justiça social e subversão. Levou os militares a igualar as duas porque, numa sociedade fundamentalmente desigual como a brasileira, até a menor mudança poderia ser interpretada como ameaça à ordem social.

Assim, embora a Bipartite tornasse mais sensível a visão que um tinha do outro, foi apenas parcialmente bem-sucedida no estabelecimento de um meio-termo entre a Igreja e as Forças Armadas. Seus objetivos eram pesos que se anulavam: a Igreja era *pela* justiça social; o regime era *contra* a subversão. Os bispos reconheciam os perigos da subversão, mas se recusavam a abrir mão da doutrina de Medellín. Advogavam a democracia pela ênfase na necessidade de participação política mais ampla na sociedade brasileira. Os militares apoiavam a justiça social, mas só se ela pudesse caber em sua agenda anticomunista. Sua noção de "democracia social" era autoritária e não tolerava divergência. Para as Forças Armadas, justiça social quase sempre se tornava subversão. O Grupo da Situação via a Igreja como usurpadora das prerrogativas das Forças Armadas, detentoras do poder de Estado e dirigentes do desenvolvimento brasileiro. Incapaz de resolver o quebra-cabeça ideológico e político, a Bipartite se concentrava cada vez mais na solução de conflitos específicos entre os escalões inferiores.

Os dois lados se empenhavam talvez em exercícios de otimismo ao definir as dificuldades entre a Igreja e as Forças Armadas basicamente como uma questão de insubordinação nas bases. Como dom Eugênio observou aos militares, havia importantes diferenças entre a disciplina religiosa e a militar. A ordem militar dependia de estrita autoridade; mas, porque a Igreja estava tentando renovar suas estruturas e estimular mais a participação laica, exigia que seus líderes dialogassem com as suas bases. Nas palavras de dom Eugênio, esse processo "repousa na paciência e no trabalho lento e continuado".[73] As diferenças se aguçavam à medida que os generais ressaltavam a segurança nacional e os bispos a justiça social. De fato, a repressão contra a oposição continuou mesmo depois de o general Muricy admitir aos bispos e à imprensa que o governo derrotara as ameaças revolucionárias mais sérias. "As Organizações subversivas estão desorganizadas", disse Muricy na IV Bipartite, em 1º de julho de 1971, no Retiro da Gávea.[74] Além disso, a campanha contra a subversão atingira a liderança da Igreja. Os desafios mais sérios da Bipartite envolviam disputas entre as duas hierarquias nas quais o conflito entre justiça social e subversão continuava a ferver.

7. "Algodão entre cristais"

Em sua memória oral, o general Muricy resumiu apropriadamente a Bipartite como um grupo que "serviu de algodão entre cristais".[1] Acima de tudo, a Bipartite foi um mecanismo para a resolução de conflitos. Este capítulo revisita vários incidentes cruciais tratados pela comissão. Primeiro, examina o conflito em torno da comemoração do Sesquicentenário da Independência do Brasil em 1972. Depois, estuda os comentários surpreendentes, na Bipartite, feitos por um dos principais progressistas do país. Nos dois casos, o conflito girou em torno da competição institucional entre a Igreja e as Forças Armadas, das noções de patriotismo e da nova ação social da Igreja nas bases. Terceiro, o capítulo examina a tentativa dos bispos de usar a Bipartite para salvaguardar os privilégios católicos e o prestígio da concordata moral. As questões fundamentais são: como a Igreja poderia manter sua importância na vida brasileira no contexto de um sistema autoritário, que buscava uma rápida modernização do país e via, com freqüência, as tentativas católicas de participar nesse processo como subversivas? Até que ponto os bispos iriam negociar sua missão religiosa em troca de vantagens políticas?

AS COMEMORAÇÕES DA INDEPENDÊNCIA EM 1972: A BATALHA PELO PATRIOTISMO

O caso das comemorações do Sesquicentenário, em 1972, demonstrou de forma dramática a capacidade da Bipartite de neutralizar situações potencialmente explosivas.

Por ser uma festividade nacional, o Dia da Independência (7 de setembro) dava à Igreja e ao Exército a oportunidade de deixar sua marca no país. Soldados marchavam em paradas; padres e bispos rezavam pelo bem-estar do Brasil. Ambas viam a si mesmas como instituições patrióticas, que formavam a base da nacionalidade brasileira.

Depois de 1964, o Dia da Independência ganhou um significado adicional, desde que os generais e seus oponentes passaram a considerá-lo parte de uma batalha pelos corações e mentes dos brasileiros.[2] Em 1967, por exemplo, o regime fechou temporariamente a emissora de rádio da arquidiocese de São Luís do Maranhão depois que esta transmitiu uma mensagem na qual punha em dúvida a independência do Brasil, tendo em vista sua profunda pobreza e exploração por países estrangeiros. No ano seguinte, o deputado Márcio Moreira Alves conclamou os brasileiros a boicotarem o Dia da Independência. Esse incidente enfureceu os militares e levou à declaração do AI-5. Em Goiânia, estudantes tentaram perturbar a tradicional parada do dia 7 de setembro.[3] Em 1969, membros da guerrilha urbana causaram constrangimento ao regime, ao capturar o embaixador dos Estados Unidos, Burke Elbrick, apenas três dias antes da festividade. O governo cumpriu as exigências dos seqüestradores levando ao ar declarações dos revolucionários e enviando prisioneiros políticos para o México no dia 7 de setembro. No mesmo ano, subversivos ameaçaram parar as cerimônias em São Paulo.[4] Em 1980, o governo expulsou um padre italiano que, em protesto contra o regime, se recusou a celebrar uma missa pelo Dia da Independência.

Tanto a Igreja como o Estado prepararam-se para usar as comemorações de 1972 como plataforma política. Em janeiro de 1972, a CNBB anunciou a intenção da Igreja de colaborar no programa oficial do Sesquicentenário,[5] e em abril revelou que o episcopado prepararia um documento especial para a data. Houve especulação da imprensa sobre o impacto político do anúncio.[6] O ano possuía um significado adicional para o clero porque marcava o centenário do início da Questão Religiosa, um dos mais sérios conflitos Igreja × Estado da história do Brasil. A arquidiocese de Olinda comemorou a instalação de dom Vital, um protagonista da crise dos anos 1870. Seu lugar, ironicamente, era ocupado em 1972 por dom Hélder, o símbolo das novas dificuldades entre a Igreja e o Estado.[7] Enquanto isso, o presidente Médici declarava, em rede nacional de televisão, que o governo traria de Portugal os restos mortais de dom Pedro I, que seriam levados a diversos pontos do país. Além disso, o general Antônio Jorge Corrêa, coordenador oficial do Sesquicentenário, planejava uma grande presença militar durante toda a semana de celebrações. O historiador Carlos Fico descreve esse uso das comemorações públicas como uma tentativa de "cidadania decorativa".[8] Celebrando seu próprio 50º aniversário, o PCB chamou os planos de Médici de "manobra de propaganda".[9]

A CNBB nomeara o arcebispo dom Paulo Evaristo Arns para supervisionar a preparação da missa nacional do Sesquicentenário em São Paulo, onde dom Pedro I proclamara a separação de Portugal, em 1822. Dom Paulo cooperou com as autoridades estaduais e municipais. Em agosto, no entanto, o controle do evento tornou-se uma luta de poder entre a CNBB e o Exército, quando se chegou a um impasse quanto às datas e os locais. O regime pressupôs que a Igreja participaria de um serviço nacional de ação de graças marcado para 7 de setembro, mas os generais não consultaram a CNBB, que escolhera 3 de setembro para o *te deum*. Um editorial do jornal arquidiocesano *O São Paulo* reconhecia que alguns poderiam achar estranha a separação de cerimônias, mas explicava que a CNBB queria evitar misturar religião com "o tom festivo, profano e até marcial" da comemoração do governo. A data anterior permitiria também que centenas de bispos, vindos a São Paulo de todo o Brasil, pudessem retornar para suas dioceses de origem a tempo para as missas de 7 de setembro.[10] Além disso, a Igreja e o governo discordavam quanto ao local para as cerimônias religiosas. Dom Paulo obtivera permissão por escrito do gabinete do prefeito para realizar a missa da CNBB no monumento do Ipiranga, que comemorava a declaração de independência de dom Pedro às margens do rio Ipiranga.[11] Em agosto, o general Corrêa passou por cima da decisão da cidade. Afirmava que a remodelação do local para as cerimônias do governo não permitiria que ele fosse usado antes do dia 7. Quando dom Ivo tentou um acordo em particular com Corrêa, o general insistiu para que os bispos mudassem o *te deum* para 7 de setembro, a fim de cumprir o programa oficial.[12] De acordo com o jornal *O Estado de S. Paulo*, o trabalho no Parque da Independência ficou pronto no final de agosto.[13] Nesse ínterim, dom Agnelo Rossi e o núncio dom Umberto Mozzoni encontraram-se com o presidente Médici e fecharam um acordo para a celebração de um *te deum* do Sesquicentenário em Roma.[14]

A batalha sobre o programa refletia as crescentes diferenças entre a Igreja e o Exército. Em 1972, a competição entre suas visões de patriotismo emergia com clareza. Em um esboço de sua declaração oficial sobre o Sesquicentenário, por exemplo, a CNBB enfatizava as contribuições históricas da Igreja à identidade nacional brasileira. Em nenhum outro lugar do mundo moderno a Igreja se identificara tão de perto com a história de um povo, o documento continuava. Seria "impossível eliminá-la sem desfigurar essencialmente a imagem da nacionalidade".[15] *O São Paulo* enfatizava "o vínculo indissociável existente entre Igreja e Independência, já que o grito libertador e soberano do Ipiranga contou com a decisiva ação de padres, freiras e bispos, seus precursores e até mártires".[16]

Em um artigo de jornal, Alfredo Buzaid, o ministro da Justiça, censurou os bispos por suas atitudes impatrióticas:

> Pouco importa se muitos dos que deveriam preservar as tradições cristãs do País fazem sua opção pelo anticristianismo, ou mesmo se entregam a um horizontalismo secularizador que representa, por si só, a negação da própria espiritualidade. Pouco importa se esses marginalizados por vontade própria já não se sentem irmanados com a família brasileira e se dedicam até à utopia de celebrações concorrentes do Sesquicentenário, como se o Brasil tivesse duas histórias diversas e paralelas.[17]

As tensões cresceram quando o Grupo da Situação ficou sabendo que o documento da Igreja sobre o Sesquicentenário e outras publicações conteriam "críticas", "conotações políticas de ataque ao Governo" e "notícias ambíguas de conotação esquerdista".[18] Durante meses, a esquerda explorara a comemoração com propósitos políticos, e via a Igreja como uma aliada contra o regime.

O ministro Buzaid insinuava que os bispos haviam optado pelo "anticristianismo".
(Arquivo Nacional)

Um artigo do jornal do PCB, *Voz Operária*, observava que "a posição contestatória do regime político, tomada por setores eclesiásticos, é paulatinamente assumida pela Igreja como um todo". O mesmo artigo citava comentários críticos contra o governo feitos por dom Paulo em uma entrevista coletiva. Dom Paulo referira-se ao AI-5, à "mística de segurança nacional" do regime e à existência de tortura como pontos de discordância com o governo. Citou o papa Paulo VI: "'Gostaria de falar em favor do Brasil', disse-me o papa, 'mas sempre me chegam rumores de que lá nem tudo anda bem'". Na mesma página, o jornal publicava notícias sobre o caso dos dominicanos.[19] Enquanto isso, Alceu Amoroso Lima pedia a anistia para todos os prisioneiros políticos e a volta ao estado de direito.[20] Nesse clima, a Situação temia que as palavras dos bispos pudessem causar comoção em São Paulo.

Fortes precedentes de problemas já existiam. Sob o general Humberto de Souza Mello, São Paulo suportava a pior repressão. Souza Mello era batista e um linha-dura que apoiara com entusiasmo as famigeradas forças de segurança. José Canavarro Pereira, o comandante anterior do II Exército, avisara

O general Souza Mello queria "botar a bota em cima da cabeça orgulhosa dos paulistas".
(Acervo Última Hora/Folha Imagem)

dom Paulo de que seria difícil lidar com Souza Mello porque ele era "um homem que quer mostrar serviço e vai combater muito o senhor". Como dom Paulo se recordou em diversas ocasiões, Souza Mello gostava de dizer que iria "botar a bota em cima da cabeça orgulhosa dos paulistas".[21] Dom Paulo emergia como o principal porta-voz dos direitos humanos no país. Em junho de 1972, em um encontro dos bispos do estado de São Paulo, em Brodósqui, ele liderou a preparação de "Testemunho de paz", um dos mais fortes protestos da Igreja contra a tortura. Os bispos conclamavam todos os brasileiros, inclusive o governo, a usar o Sesquicentenário como um momento para "um sincero exame de consciência". O documento pedia especificamente às autoridades públicas que respondessem por ataques "à integridade física, à integridade psíquica, à dignidade da pessoa humana no seu valor moral e religioso [...] Não é lícito utilizar no interrogatório [...] tortura física, psíquica ou moral [...] Está isso em frontal desacordo com a Constituição".[22] O "Testemunho de paz" não apareceu na imprensa graças ao trabalho da censura militar, mas a arquidiocese distribuiu 50 mil cópias do documento. Outras dioceses também imprimiram cópias. O serviço de informações do Exército observou que o protesto circulou entre estudantes e o considerou "um documento demagógico, provocador, que semeia o ódio e instiga à luta, de caráter nitidamente subversivo".[23]

No final de agosto de 1972, dom Paulo confirmou os temores dos militares. Anunciou que o documento de 3 de setembro, a ser intitulado "A Igreja e o Sesquicentenário da Independência do Brasil", pediria aos brasileiros para refletirem sobre o verdadeiro significado da Independência. Além disso, lembrou que a Primeira República deixara a Igreja fora das celebrações oficiais do Centenário da Independência em 1922. "Os organizadores pareciam esquecer-se da contribuição da Igreja, em particular do clero, na formação da Pátria brasileira", declarou dom Paulo, acrescentando que, em 1972, os padres eram mais uma vez mal interpretados em suas ações a favor do desenvolvimento do país.[24] Essas observações relembravam os dominicanos presos que, durante seu julgamento, foram comparados aos muitos padres que tomaram parte na luta pela independência do Brasil.[25]

Outro motivo de apreensão dos militares foi o documento da Igreja *Celebrações litúrgicas*, um folheto de missa especialmente produzido para o Sesquicentenário. A Comissão Nacional de Liturgia da CNBB aprovara oficialmente as *Celebrações* e as estava distribuindo por todo o país para a missa de 3 de setembro. O CIE, o Cenimar, os dois escritórios do SNI, do Rio e de São Paulo, e o general Muricy revisaram o conteúdo, depois de obterem uma cópia de dom Ivo. As Forças Armadas concluíram que *Celebrações* encerrava "textos perigosos, ambíguos e de fácil exploração por elementos subversivos".[26]

Celebrações continha frases da teologia da libertação que poderiam facilmente ser interpretadas como contestação inflamatória contra o regime. Um tema claro era a luta de classes. Por exemplo, uma reflexão sobre o clássico texto de libertação, o "Êxodo", lamentava a exploração dos trabalhadores brasileiros. A "Missa para os operários" falava das contribuições dos trabalhadores à civilização brasileira e da "guerra às ambições de domínio social de uma classe por outra". Cristo era o "libertador da humanidade e redentor das escravidões". Escrita para o padre celebrante dizer, outra passagem afirmava:

> Cristo, [...] perdoai-nos pelas inúmeras vezes que, de alguma forma, escravizamos algum de nossos irmãos. Patrão para com o operário, pai para com o filho, esposo para com a esposa, colega para com o colega, líder sindical para com os associados, ofendemos a liberdade do outro.

A parte da missa conhecida como a "Oração dos fiéis" incluía um pedido:

> Para que nosso País continue indefinidamente no processo progressivo de sua independência total, libertando seus filhos de todas as formas de escravidão, antigas e modernas [...] Para que a classe operária se conscientize da responsabilidade de sua atuação na vida do País, e para isto se esforce a fim de que sua voz se sintonize com a verdadeira independência nacional.

O texto chamado "Celebração da palavra para a juventude" elogiava a grandeza do Brasil mas também censurava suas injustiças sociais: a "incultura e ignorância de nosso povo", a "miséria intelectual que é a violação dos direitos do homem, "uma sociedade cheia de contrastes em que uma pequena porção vive fartamente, enquanto outros mal sobrevivem", a "falta de assistência médico-hospitalar em nosso interior", e a "injustiça salarial que ainda persiste em nosso meio". Este texto questionava ainda os valores refletidos nas frases ardilosas da publicidade do governo: "Patriotismo não é barulho. Não consiste só em gritar, em crer-se maior que os outros, em sacudir bandeiras... Se é verdadeiro, tem seu fundamento em realidades e verdades".[27]

Uma crise de grandes proporções se avizinhava. Temendo o impacto de *Celebrações* e de outras declarações, membros da Situação protestaram com o Grupo Religioso e tentaram obter mais informações sobre as intenções da Igreja. Nos últimos dias de agosto, Muricy encontrou-se uma vez com dom Eugênio e o núncio apostólico dom Umberto Mozzoni, e três vezes com Candido Mendes. "O que desejavam os bispos?", perguntou Muricy a Candido Mendes. "Ninguém sabia aonde queriam chegar!" O general afirmou que a situação era "muito grave [...] a se confirmar tais informes e que a responsabilidade da Igreja era muito grande diante de tal quadro!". Muricy falou da "interrupção de nossos Encontros Bipartites se se confirmassem aqueles informes sobre a ação violenta e provocadora da Igreja na Semana da Pátria!". A pedido de Candido Mendes, ele concordou com uma reunião especial da Bipartite em 31 de agosto de 1972. O encontro aconteceu no momento em que a crucial Comissão Representativa da CNBB, que falava em nome de todos os bispos, se reunia no Rio para esboçar a controvertida e muito esperada declaração do Sesquicentenário. Chegando a extremos para preservar a confidencialidade, o general Muricy enfatizou a Candido Mendes que o encontro de emergência da Bipartite seria "particular e pessoal", sem "qualquer caráter oficial". Dom Aloísio, dom Ivo, dom Avelar, dom Eugênio, dom Paulo e dom Mozzoni representaram a Igreja; o general Muricy, o professor Padilha, o tenente-coronel Pacífico, do SNI, e o major Leone da Silveira Lee, do CIE, se apresentaram pelo governo.[28]

A atmosfera estava tensa. Segundo as notas secretas do Exército, o general Muricy afirmou estar "preocupado com o que poderia ocorrer nas comemorações do Sesquicentenário e que seria muito grave e perigoso se houvesse um choque entre a Igreja e o Governo". Dom Ivo queixou-se de que "nenhuma solicitação de colaboração nos festejos do Sesquicentenário havia sido formulada à Igreja". Era tarde demais para mudar as datas. Dom Eugênio concordou, acrescentando que a mesma falta de consideração por parte das autoridades ocorrera em sua arquidiocese.[29] Dom Paulo tinha suas próprias lembranças sobre o encontro. Ele chegou atrasado e ainda pensava no aviso de um informante do Exército, que afirmava que assassinos poderiam atacá-lo no Rio. Dom Paulo foi imediatamente saudado com um desafio do general Muricy. "O sr. sabe que o sr. pode ser processado, pode ir para a cadeia", Muricy disse em referência ao documento de Brodósqui. Dom Paulo respondeu: "General, gostaria que me processassem, mas fizessem como com Jesus, fizessem de público, porque, para todas as coisas que afirmamos, nós temos provas".[30]

À medida que as atenções se voltavam para o assunto mais grave do momento — as publicações da Igreja sobre o Sesquicentenário —, a posição inicial dos bispos deu notável virada em direção à conciliação. Dom Ivo confirmou à comissão que, embora cópias das *Celebrações* tivessem chegado a cada um dos bispos do país, ele solicitara que não fossem entregues ao povo. Dom Eugênio (junto com Candido Mendes) revelou então o que dissera antes ao general Muricy em particular: as arquidioceses do Rio de Janeiro e de São Paulo imprimiram, cada uma, 90 mil cópias das *Celebrações*, mas omitiram os comentários da Bíblia considerados mais perigosos pela Situação. O general Muricy, então, revisou uma lista de outras preocupações, todas tratadas pelos bispos de forma apaziguadora. Mais significativo, dom Avelar, vice-presidente da CNBB, revelou que ele "pessoalmente havia controlado a redação" da declaração dos bispos sobre o Sesquicentenário. Segundo o arcebispo, o documento era "de conteúdo limpo e nada tem que possa proporcionar causa de atritos". O prelado, em seguida, concordava em fornecer uma cópia da declaração assim que estivesse datilografada.[31] Dessa forma, em 1º de setembro de 1972, a Igreja anunciou publicamente que seu documento estava sendo substituído por uma simples "mensagem" da CNBB. O jornal conservador *O Estado de S. Paulo* elogiou a CNBB por sua

> prudência e espírito cristão deixando de publicar qualquer documento polêmico em relação à realidade nacional na passagem do Sesquicentenário [...] Em seu favor a Igreja, como no passado, está disposta à colaboração que todos têm o direito de esperar, afirmam os bispos.[32]

Um exame dos debates da Comissão Representativa da CNBB ressalta ainda mais a seriedade do confronto sobre o Sesquicentenário. Reunidos no bairro das Laranjeiras, no Rio, no convento conhecido como o Cenáculo, de 29 a 31 de agosto, os clérigos se digladiaram, reservadamente, a respeito do texto do comunicado oficial da Igreja sobre a Independência. Dom Ivo lembrou a seus colegas que o conteúdo era "confidencial". As atas publicadas pela Igreja sobre o encontro não mencionam a Bipartite, mas os bispos estavam claramente preocupados com as desgastadas relações entre a Igreja e o Estado. Todas as pessoas-chave do Grupo Religioso estavam lá para defender a cautela aconselhada pela Bipartite. Nas palavras de dom Cláudio Colling, bispo de Passo Fundo, existia uma "angústia reinante sobre o nascimento ou não do documento", que levara meses para ser escrito. As opiniões iam desde não dizer nada até a publicação de um comentário pesado sobre a realidade brasileira. Até um progressista firme como dom Hélder acreditava que era "melhor não sair esse documento, que poderá agravar divisões e não agradar a ninguém". Dom Ivo e outros ressaltaram que os fiéis esperavam que seus bispos se manifestassem nesse momento histórico. Dom Mário Gurgel, bispo de Itabira, declarou que "a falta de um documento da Igreja, nesta hora, significaria ausência, divisão, medo; que a estrita unidade requerida por alguns somente seria alcançada limitando-nos a citações evangélicas". A posição majoritária buscava atingir um equilíbrio entre o significado político do documento e a necessidade da Igreja de seguir "critérios supremos", como colocou o padre Ávila.[33]

A discrição dos bispos foi uma conquista importante para a Situação. Dom Luciano José Cabral Duarte — bispo arquiconservador de Aracaju e simpatizante do regime — contribuiu para esse sucesso. Durante a era Médici atuou como informante para a Situação. Dom Luciano, mais tarde, tornou-se conhecido por seus esforços em articular a oposição conservadora ao catolicismo progressista. Ganhou má fama em 1979, quando um jornal mexicano publicou o texto de uma carta que lhe fora enviada pelo bispo colombiano Alfonso López Trujillo. A carta conclamava dom Luciano a "preparar seus aviões bombardeiros" para o importante encontro do Celam em Puebla, México, onde proponentes e oponentes do catolicismo progressista lutaram pelo controle da estratégia pastoral da Igreja na América Latina.[34] No início dos anos 70, dom Luciano participava da Comissão Representativa da CNBB e tinha, portanto, acesso regular ao processo de tomada de decisões dos mais importantes bispos brasileiros. Ele informou o professor Padilha sobre a política interna da Igreja, os bispos progressistas e as eleições da CNBB de 1974.[35] O bispo e o professor eram amigos e trabalharam juntos no Conselho Federal de Educação.

Em meados de setembro de 1972, dom Luciano passou a Padilha informações confidenciais sobre as deliberações da Comissão Representativa em relação ao Sesquicentenário. Incluídos no relatório secreto da Situação, os comentários de dom Luciano oferecem um quadro mais claro do debate sobre o documento da CNBB acerca do Sesquicentenário. Esses comentários não apareceram nas atas oficiais publicadas pela CNBB.

Dom Luciano e Padilha encontraram-se no Hotel Pálace, em Aracaju, durante um curso da Adesg. Dom Luciano contou a Padilha que "houve justo temor de que o texto contivesse acusações ao Governo, toldando, pois, o bom relacionamento sempre desejável entre Igreja e Governo". Alguns bispos no Cenáculo "propuseram uma formal condenação a torturas, prisões arbitrárias, etc.", disse. Dom Luciano declarou que

> não daria sua adesão a um documento assim redigido, pois entendia que seria indisfarçável seu significado político. Isto porque não via qualquer referência ou expressa condenação aos assaltos que ocorrem diariamente nas grandes cidades e a outros crimes. A delimitação e restrição a torturas e a prisões tinham um sabor claramente unilateral e, certamente, manifestava propósitos políticos incompatíveis com um documento do episcopado, mormente ao ensejo das celebrações do Sesquicentenário.

Na avaliação de dom Luciano, a Igreja tinha três alternativas. As duas primeiras — total indiferença em relação ao governo ou confronto direto — contradiziam a estratégia de sobrevivência da instituição "até em países dominados por regimes totalitários, visando assim a preservar alguns valores, mesmo ante óbices tidos como intransponíveis". A terceira e melhor alternativa era a colaboração. De acordo com dom Luciano, vários bispos reagiram veementemente à sua sugestão, mas, ponderava, a cooperação era a política exercida havia longo tempo pela CNBB. E era a tradição histórica da Igreja brasileira.

> Por que deixaria de assim proceder num momento de extraordinária importância quando o país se lança decididamente na trilha do desenvolvimento, delineando no horizonte sua condição de grande potência? Será lógica a omissão da Igreja, sua indiferença ante tal realidade? A Igreja de há muito condenou o maniqueísmo, isto é, a divisão rígida entre o Deus bom e o Deus mau. Tal heresia não tem, pois, respaldo teológico. Pois bem, alguns parecem ver no Governo a incarnação [*sic*] do Mal e a Igreja como a incarnação [*sic*] do Bem. Não tem qualquer sentido esta posição. O Governo não é a incarnação [*sic*] do Mal.

A moção de dom Luciano foi aprovada, levando os bispos a descreverem o Sesquicentenário como uma "hora de se estabelecerem a extensão e os limites da colaboração entre Igreja e Governo". A aceitação do documento por dom Hélder, de acordo com dom Luciano, significava uma vitória adicional, "porquanto, ao subscrever a tese de que a Igreja deve colaborar com o Governo, criou seguramente sérias dificuldades para o Arcebispo de Olinda, especialmente no que se refere à sua posição já definida no cenário internacional".[36]

No entanto, a Comissão Representativa ainda buscava uma fórmula de repreender o governo por causa da tortura. Dom Luciano revelou a Padilha que os bispos designaram um subcomitê para estudar se a CNBB deveria publicar um documento detalhando a declaração de junho de dom Paulo e outros bispos paulistas em Brodósqui. A votação do subcomitê foi três a dois a favor da publicação. Mas dom Luciano convenceu o subcomitê de que a pequena maioria não justificava um documento. Aos olhos da Situação, mais outra crise fora evitada.[37] O importante papel de dom Luciano na Comissão Representativa é confirmado pelas atas que a CNBB publicou. As atas também mostram que alguns dos presentes, inclusive dom Lucas, se preocupavam com a possibilidade de que a referência à colaboração entre a Igreja e o Estado, no documento, pudesse dar a impressão de que a Igreja queria uma concordata formal com o Estado. O texto foi mudado para impedir tal interpretação.[38]

Dom Luciano ajudou a interromper as críticas da Igreja contra o governo durante o Sesquicentenário. (*Salomon Cytrynowicz/Abril Imagens*)

O relatório interno da Situação sobre a conferência de emergência da Bipartite tinha um tom triunfante. Ela obtivera a retirada de passagens controvertidas de *Celebrações*, a moderação da mensagem da CNBB sobre o Dia da Independência e, "através dos próprios membros do Grupo Religioso", cópias de cinco documentos da Igreja *antes* da publicação. A Bipartite atingira os objetivos do regime, os de evitar um conflito e melhorar as relações entre a Igreja e o Estado. "A realização, há quase dois anos, de reuniões com a participação dos dois grupos, produziu resultados positivos, já agora inegáveis." Demonstrando a crescente confiança da Situação, o professor Padilha chegou a sugerir que as futuras declarações dos bispos "poderiam passar antes pelos integrantes do Grupo da Situação, não como uma censura prévia, e sim como uma forma de se evitarem interpretações capazes de gerar adiante maiores dificuldades recíprocas".[39] Na verdade, Padilha queria um veto militar às ações da Igreja. Isso era censura negociada.

A análise dos militares observava ainda que a "ação moderadora" de dom Eugênio e do núncio influenciara dom Paulo e ajudara a criar "um ambiente de calma e tranqüilidade" em São Paulo. Segundo dom Paulo, a informação de que o jornal da arquidiocese, *O São Paulo*, atacaria o governo em sua edição de 3 de setembro, fora apenas um boato, pois ele próprio fizera a revisão com todo o cuidado. Em 2 de setembro, enviou duas cópias para a Situação. Também assegurou ao general Muricy que uma nova edição de *O clero e a Independência*, publicada cinqüenta anos antes pelo arcebispo dom Duarte Leopoldo e Silva, não continha críticas ao regime. Dom Paulo esperava que as comemorações em São Paulo fossem pacíficas. O Grupo da Situação estava convencido de que o arcebispo verdadeiramente desejava melhores relações com o comando militar de São Paulo. Durante o encontro, o general Muricy aproveitou a oportunidade para perguntar ao arcebispo sobre suas relações com o general Souza Mello. Dom Paulo respondeu que "não iam bem nem mal", já que ainda não tivera nenhum contato com o oficial, apesar de já haver visitado o comando do II Exército três vezes. Ele insistia que "o que estava faltando era comunicação!". O relatório da Situação recomendou que fossem feitos esforços para "reduzir, senão eliminar, a prevenção existente entre as autoridades e o Arcebispo de São Paulo". Era um momento crucial. Dom Paulo participara de duas reuniões da Bipartite e descrevera a Bipartite como "muito útil". Nas palavras da Situação, ele estava "pronto para qualquer ação de aproximação e em condições de ser conquistado para o Grupo dos bispos moderados". Dom Luciano confirmou as conclusões dos militares, assegurando que dom Paulo era "um homem sério, mas ingênuo. Foi assim envolvido por esquerdistas que, porém, em face de suas novas atitudes, o estão abandonando, o que indica a necessidade de uma aproximação destinada a recuperá-lo inteiramente".[40]

Mas a negociação de emergência também confirmava que outros bispos não eram cooperativos. O relatório militar destacava dom Lucas e dom Ivo, que "ainda permanecem como elementos de difícil entendimento e não merecedores de plena confiança".[41] O primeiro supervisionava o altamente crítico *O São Paulo* e o segundo era combativo e atacava publicamente a política econômica do regime.

Depois do encontro, o professor Padilha chamou a atenção de dom Ivo por declarar que a Igreja e o Estado estavam em "confrontação". Padilha fez um comentário tendencioso porém instrutivo sobre o panorama da hierarquia desde 1964. A Igreja estava criticando o governo "como se tal fosse sua missão precípua, atitude tão mais estranhável, quanto se observara em passado recente, imediatamente anterior à Revolução, a presença ostensiva de altos prelados da Igreja em banquetes palacianos". A brusca virada da Igreja para a oposição era "ilógica e sem respaldo na história da pátria". Além disso, as declarações públicas dos bispos eram injustificáveis à luz da existência da Bipartite e das conquistas do regime na área do desenvolvimento econômico e dentro da linha das encíclicas papais. Reservadamente, no entanto, dom Luciano notou que mesmo dom Ivo havia "melhorado bastante" de sua "intransigência inicial".[42]

A solução dada à crise do Sesquicentenário convenceu a Situação de que encontros informais entre membros da Bipartite poderiam trazer bons resultados tanto quanto as próprias reuniões. O relatório da Situação observava que a comunicação pessoal ajudava a planejar estratégias eficientes porque permitia uma franqueza maior do que nas conferências grandes e mais formais, em que as rivalidades, as interpretações individuais e preocupações institucionais poderiam impedir a sinceridade. A Situação, claro, tinha que escolher as pessoas certas. Dom Eugênio, dom Mozzoni e Candido Mendes usaram as conversas particulares para apaziguar as diferenças. O relatório secreto da Situação observava, por exemplo, a "atuação eficiente do Professor CANDIDO MENDES junto a todos os membros da cúpula da Igreja no BRASIL para chegar-se a uma solução satisfatória do impasse".[43] Esses contatos explicavam por que os bispos fizeram concessões durante o encontro de emergência.

Por que, afinal de contas, os bispos voltaram atrás, no que diz respeito às suas publicações? Será que o medo do general Muricy de um conflito em torno do Dia da Independência era uma indicação de que ele sabia de um ataque iminente por parte das forças repressivas, caso a Igreja decidisse radicalizar? Os relatórios são omissos a esse respeito. Além disso, se soubesse, o general Muricy não poderia revelar tal informação sem comprometer seriamente o regime. Ele parecia colocar sua preocupação naquela nebulosa região entre a ameaça velada e a advertência amigável. De qualquer forma, o clima de terror no Brasil e especialmente em São Paulo era suficiente para manter os dois lados dialogando. Embora discordassem em muitos pontos, seu denominador comum era evitar o conflito. Para isso, os bispos moderavam suas críticas em público com o entendimento em particular.[44]

Outro fator na crise era o mal-entendido ou o exagero dos militares quanto às intenções da Igreja. Para a linha dura e os ultraconservadores, qual-

As Forças Armadas na avenida Paulista. (*Agência Estado/Alfredo*)

No alto, bispos celebrando a missa pelo Sesquicentenário na praça da Sé. (*Rolando/Agência Estado*) *Abaixo, o ufanismo das campanhas publicitárias do regime nem sempre representava a realidade do país, vista nas expressões dos jovens. Dom Paulo mostra cartaz da missa, criticada pelo regime.* (*Arquivo Nacional e Folha Imagem*)

quer crítica que a Igreja fizesse em público poderia ser considerada uma ameaça. Eles queriam a adesão completa dos bispos. Mas algumas vezes a liderança do regime agia da mesma forma que os oficiais de nível mais baixo e os soldados, que não tinham a sofisticação necessária para entender os esforços de renovação da Igreja. O receio, por parte da Situação, do impacto da nova edição de *O clero e a Independência* foi um exemplo de preocupação fora de lugar. O relatório da própria Situação registrou as risadas de dom Paulo com as preocupações dos militares sobre frases supostamente subversivas no livro. O arcebispo explicou que o editor da nova edição era "um Prof. de história e um homem de mais de 70 anos cuja preocupação única na vida é rezar e estudar História".[45] Assim, a Situação era, algumas vezes, vítima de seus próprios receios — ou daqueles criados pelos supervigilantes serviços de informações. E, no entanto, é importante lembrar que em uma situação política polarizada, o que parece trivial pode rapidamente passar à condição de assunto significativo e sensível.

As orquestrações da Bipartite continuaram desconhecidas da maioria dos brasileiros e a semana das celebrações da Independência aconteceu sem distúrbios. Jornalistas estrangeiros fizeram reportagens favoráveis aos eventos. No dia 3 de setembro de 1972, a CNBB promoveu sua missa nacional pelo Sesquicentenário na praça da Sé, ao lado da catedral, no centro da cidade de São Paulo. Segundo *O São Paulo*, entre 60 mil e 70 mil fiéis compareceram. Pelo Brasil afora, o povo compareceu a outros atos litúrgicos. Ao contrário dos controvertidos textos de *Celebrações*, as leituras bíblicas não continham conotações políticas.[46] O celebrante principal foi dom Aloísio. No altar estiveram outros membros da Bipartite: dom Avelar, dom Eugênio, dom Mozzoni e dom Paulo.[47] No início da semana da Independência, o presidente Médici comparecera ao *te deum* celebrado no Congresso Nacional. No dia 3 de setembro, ele viajou a São Paulo para assistir a uma corrida de cavalos, mas não apareceu na praça da Sé. No dia 7, assistiu às cerimônias oficiais, que incluíam um desfile de armamentos pesados e de 18 mil membros das Forças Armadas na avenida Paulista, o coração financeiro da capital.[48] A aparente calma estava em contradição com o contraste de estilos e símbolos escolhidos pelo clero e pelas Forças Armadas. No entanto, nas palavras do arcebispo dom Carlos Carmelo Vasconcelos Motta ao general Corrêa, estava "tudo bem" nas relações entre a Igreja e o Estado.[49]

Dom Pedro Casaldáliga (de óculos) com lideranças indígenas na Amazônia.
(Arquivo do Estado de São Paulo)

Destacado progressista, dom Fernando Gomes (segundo à esquerda) mesmo assim disse à Bipartite que os militares deveriam manter o poder por causa da inabilidade dos civis para governar. (Agência Estado)

DOM FERNANDO GOMES: DEFININDO A OPOSIÇÃO

A participação de dom Fernando Gomes dos Santos na Bipartite ilustra como um bispo que se opunha publicamente ao regime podia agir de modo bem diferente durante o diálogo com seus representantes. A convite dos bispos, dom Fernando participou de um encontro especial da Bipartite em agosto de 1973 em uma tentativa de resolver tensões com as autoridades na arquidiocese de Goiânia, a capital de Goiás. Dom Fernando chegou a um entendimento com o Grupo da Situação e, para satisfação deste último, refreou sua veemente retórica. Sua história exemplifica alguns dos temas centrais deste livro: a dicotomia entre o público e o privado na abordagem que os bispos faziam da ditadura, a inadequação da fórmula progressista × conservador para o entendimento da Igreja brasileira e a flexibilidade dos bispos e seu duplo papel como clérigos e políticos.

Dom Fernando possuía credenciais progressistas impecáveis. Ele trabalhou em sua região natal, o Nordeste, onde a Igreja foi mais aberta para a reforma nos anos 40 e 50, até sua promoção para o arcebispado de Goiânia, em 1957. Um defensor da Ação Católica, dom Fernando pertencia à nata do grupo de bispos socialmente conscientes que controlaram a CNBB desde seu começo, em 1952, até 1964. Naquele ano, perdeu a eleição para a presidência da CNBB, quando os conservadores pela primeira vez assumiram o controle da conferência. Continuou a apoiar reformas sociais básicas e defendeu dom Hélder. Do mesmo modo que para muitos outros, o ano de 1968 foi um momento decisivo para dom Fernando. Em seguida à morte do estudante Edson Luís, no Rio, militares em Goiânia reprimiram duramente as manifestações estudantis, invadiram a catedral enquanto outros jovens se encontravam com o arcebispo, e atiraram em várias pessoas, matando uma. Dom Fernando cortou todo o diálogo com as autoridades locais e enviou um irado telegrama ao presidente Costa e Silva exigindo o fim de "tamanha e sacrílega arrogância" das autoridades.[50] Nos anos 70, dom Fernando apoiou firmemente seus colegas em conflitos com o Exército. Em 1975, apoiou a formação da CPT em Goiânia. A CPT foi uma das mais importantes inovações pastorais da era pós-Vaticano II e se chocava freqüentemente com a ditadura em relação à reforma agrária.[51] Nas palavras de Carlos Rodrigues Brandão, um perspicaz observador da vida religiosa no Centro-Oeste, Goiânia se tornou "um dos mais corajosos e persistentes centros católicos de resistência ativa ao regime militar".[52]

Em 1973, dom Fernando entrou na mira do Grupo da Situação. Marcando o 25º aniversário da Declaração Universal dos Direitos Humanos das Nações Unidas, em 6 de maio de 1973, a CNBB e grupos regionais de bispos publicaram documentos que mais uma vez atraíram a atenção internacional para o Brasil. Em sua *Marginalização de um povo*, por exemplo, dom Fernando e outros bispos do Centro-Oeste declararam o capitalismo "o mal maior, o pecado acumulado, a raiz estragada, a árvore que produz esses frutos que nós conhecemos: a pobreza, a fome, a doença, a morte da grande maioria". Na análise de um pesquisador, esse e um pronunciamento análogo dos bispos do Nordeste, "foram provavelmente as declarações mais radicais já divulgadas por um grupo de bispos em qualquer lugar do mundo".[53] Esses documentos eram ataques teológicos, mas também políticos, ao regime. O Grupo da Situação analisou esses documentos cuidadosamente e os debateu com o Grupo Religioso.

A profundidade do compromisso progressista de dom Fernando é talvez mais evidente em seu perseverante apoio a dom Pedro Casaldáliga, um dos bispos mais radicais do Brasil. Dom Fernando agia como padrinho político de dom Pedro. Dom Fernando ordenou bispo seu colega mais jovem em 1971 e defendeu-o contra os ataques da direita. Em 1972, os dois se juntaram a outros bispos do Centro-Oeste no apoio à declaração contra a tortura de Brodósqui.[54] Eles mantiveram laços estreitos durante os anos seguintes de conflito, e dom Fernando informava o companheiro mais novo dos resultados das conversas da Bipartite.[55]

É importante examinar a história de dom Pedro e as críticas contra ele na Bipartite para se poder ter idéia do significado da presença de dom Fernando na comissão. Dom Pedro era um alvo principal da repressão. Na visão dos generais, era o típico católico radical ludibriado pelo movimento comunista. Missionário espanhol e poeta, ele fora no passado um religioso conservador. No Brasil, opôs-se ao regime e se tornou um líder profético na Igreja progressista. Chamou sua primeira carta pastoral *Uma Igreja da Amazônia em conflito com o latifúndio e a marginalização social*, um libreto de 120 páginas descrevendo as atrocidades da região. Na prelazia de São Félix do Araguaia, Mato Grosso, dom Pedro e seus agentes de pastoral defendiam índios e posseiros do Nordeste e de outros lugares que lutavam pela terra contra o governo, empresas agrícolas e fazendeiros. Em muitos casos, os posseiros haviam escapado de fazendas que usavam trabalho forçado. Em 1976, o próprio dom Pedro quase foi morto. Por engano, policiais que atuavam como assassinos mataram o padre jesuíta João Bosco Penido Burnier, depois que ele e dom Pedro protestaram contra a prisão e a tortura de pessoas em São Félix. Dom Pedro também atraiu a ira de católicos arquiconservadores.[56] Ironicamente, padre Burnier era primo do general linha-dura João Paulo Moreira Burnier, chefe do Cisa e comandante da base aérea no Rio.[57]

No início dos anos 70, o conflito rural crescia no Centro-Oeste, na Amazônia e no Nordeste. Um reino de terror se instalou em São Félix. Em 1972, o Exército iniciou exercícios de treinamento de antiguerrilha lá e nas cidades vizinhas.[58] Essa presença formava o flanco sulista de uma guerra secreta na selva do CIE contra as guerrilhas, ao longo do rio Araguaia, nos estados vizinhos do Pará e Goiás. Cinco mil soldados participaram dessa ação. O Exército prendeu e torturou muitas pessoas que não pegaram em armas, inclusive um padre e uma freira, e molestaram dom Estevão Cardoso Avelar, bispo de Marabá. Só depois de vários anos de luta no Pará foi que o Exército conseguiu derrotar o que fora a guerrilha mais bem organizada da era autoritária.[59]

O regime suspeitava que outros combatentes estavam agindo em São Félix. De fato, os esforços de conscientização da Igreja se assemelhavam demais às táticas políticas das guerrilhas.[60] O regime tentava abrandar a presença do Exército instalando ali clínicas de saúde. Em junho e julho de 1973, reforçou a área com centenas de soldados e policiais, com o fim de neutralizar o trabalho pastoral de dom Pedro e seus seguidores. O ataque abriu caminho para novas agressões de grileiros e grandes firmas que queriam dominar a área. As forças de segurança espancaram camponeses e militantes da Igreja e colocaram dom Pedro sob prisão domiciliar, após vasculharem sua casa. Os soldados levaram oito prisioneiros para o quartel de Campo Grande, onde todos foram torturados para confessarem supostas ligações da Igreja com a guerrilha. Dom Ivo, dom Fernando e dom Mozzoni viajaram até São Félix para verificar a situação junto com autoridades militares e do governo, mas os prisioneiros só foram libertados semanas depois.[61]

O Grupo da Situação monitorou cuidadosamente a situação em São Félix. No encontro da Bipartite do dia 23 de julho de 1973, na Villa Venturoza, a Situação criticou as idéias e as ações de dom Pedro. O general Muricy acusou padres e ativistas leigos de "agitação" em São Félix. A Situação conseguira cópias de dezenas de páginas de cartas, documentos legais, boletins internos da Igreja, petições, a transcrição de uma fita da ordenação por dom Pedro de um padre radical, e outros materiais confiscados pela polícia. Muricy pediu ao major Lee, do CIE, que lesse passagens desses "documentos comprometedores", visando desprestigiar dom Pedro e seus agentes de pastoral.[62]

A rápida transferência dos documentos de São Félix para a Bipartite foi uma ilustração do excelente acesso da Situação aos serviços de informações. Os relatórios da Bipartite sugerem que os bispos não tiveram nenhum acesso a esses documentos. Assim, a Situação mantinha poder sobre a prova e também sobre a sua interpretação.

De acordo com a Situação, os documentos provavam que a Igreja em São Félix tencionava montar um contra-ataque revolucionário às forças governamentais. Entre outras acusações, o clero se dera o direito de realizar "excomunhões pedrísticas" de posseiros que não quisessem cooperar com a estratégia fundiária da prelazia. Pior ainda, disse Muricy, dom Pedro usurpara os poderes legislativos do país ao criar a "Lei do Posseiro". Esse documento definia os direitos e obrigações dos posseiros para assegurar o controle de suas terras. Isso fazia Muricy lembrar-se do panfleto politizado de alfabetização que ele apreendera no Nordeste antes do golpe. O major Lee acrescentou que dom Pedro estava tentando incitar a população.[63] Um "salmo" escrito em São Félix dizia:

Livra-me senhor
Do Dops, da Oban e Codi, do SNI
Livra-me de seus conselhos de guerra
Da ira de seus juízes e seus guardas
Tu julgas as grandes potências
Tu és o juiz que julga os ministros da justiça
E as cortes supremas de justiça
Defende-me senhor do processo falso
Defende aos exilados e os deportados
Os acusados de espionagem
E de sabotagem

Condenados a trabalhos forçados
As armas do senhor são mais terríveis

Que armas nucleares
Os que roubam serão roubados
Mas eu cantarei a Ti porque és justo
Cantar-te-ei em meus salmos
Em meus poemas.[64]

Aos olhos da Situação, dom Pedro simplesmente não compreendia a natureza do regime. O tenente-coronel Pacífico ressaltou que o bispo protestava contra a condenação de um simpatizante dos camponeses, o padre Jentel, mas ignorava a absolvição nos casos de dezenas de outros padres.[65]

Embora os documentos apreendidos demonstrassem claramente esforços intensos da Igreja para organizar e atender os posseiros, não ofereciam nenhuma prova de subversão violenta. Dom Avelar admitia que as "excomunhões pedrísticas" eram "ridículas", e pediu à Situação que registrasse sua "desaprovação por essas medidas e atitudes dos religiosos (padres e irmãos) e leigos da área". Dom Ivo concordou mas também afirmou que "o problema dos posseiros é muito difícil e complexo". Criticou severamente o Exército por bater em padres e prender os oito indivíduos, que ele classificava desaparecidos, e por outras violências contra o clero e dom Pedro. Dom Ivo citou os nomes dos oficiais responsáveis por maus-tratos contra prisioneiros: capitão Monteiro da Aeronáutica e coronel Eudo, comandante da Polícia Militar de Mato Grosso. Além disso, dom Ivo reclamara pessoalmente com autoridades federais e militares em Brasília a respeito da situação em São Félix, mas foi mal recebido. A CNBB fez planos para processar os oficiais violentos na Procuradoria da Justiça Militar. "Todo o território de MATO GROSSO está vendido a Grupos diversos, inclusive estrangeiros", acrescentou dom Ivo.[66]

No final de julho de 1973, dom Fernando divulgou seu próprio ataque contundente contra o governo.

Essa declaração e sua atitude subseqüente na Bipartite devem ser entendidas no contexto das visões de dom Fernando sobre desenvolvimento e democracia. Dom Fernando tinha raízes na Igreja da neocristandade e havia tempo que acreditava na cooperação entre a Igreja e o Estado e entre a Igreja e o Exército. Adepto do desenvolvimentismo, manteve boas ligações com Juscelino, apoiou a construção de Brasília e ajudou a expandir a presença da Igreja em novas áreas abertas pelo progresso econômico do país. Embora tivesse

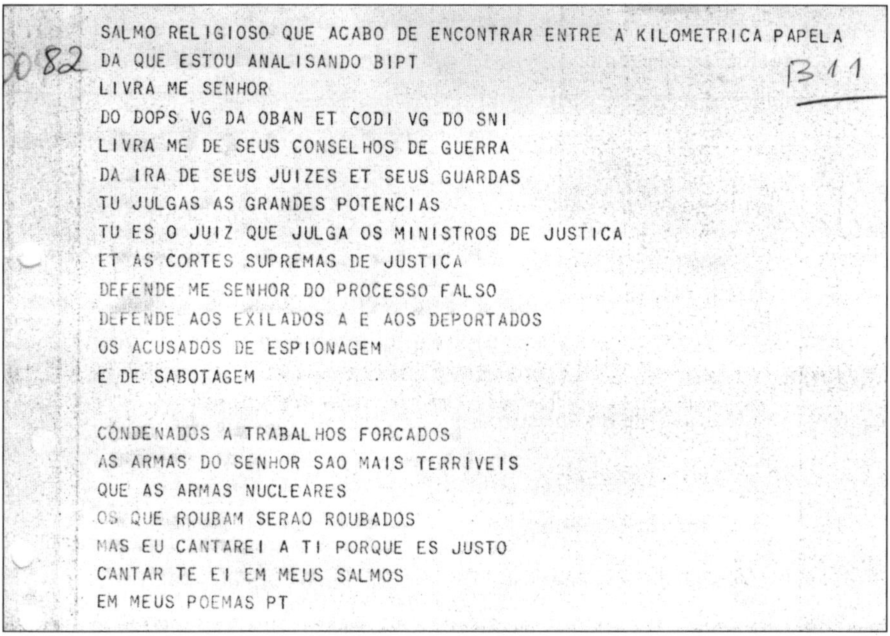

SALMO RELIGIOSO QUE ACABO DE ENCONTRAR ENTRE A KILOMETRICA PAPELA
DA QUE ESTOU ANALISANDO BIPT
LIVRA ME SENHOR
DO DOPS VG DA OBAN ET CODI VG DO SNI
LIVRA ME DE SEUS CONSELHOS DE GUERRA
DA IRA DE SEUS JUIZES ET SEUS GUARDAS
TU JULGAS AS GRANDES POTENCIAS
TU ES O JUIZ QUE JULGA OS MINISTROS DE JUSTICA
ET AS CORTES SUPREMAS DE JUSTICA
DEFENDE ME SENHOR DO PROCESSO FALSO
DEFENDE AOS EXILADOS A E AOS DEPORTADOS
OS ACUSADOS DE ESPIONAGEM
E DE SABOTAGEM

CONDENADOS A TRABALHOS FORCADOS
AS ARMAS DO SENHOR SAO MAIS TERRIVEIS
QUE AS ARMAS NUCLEARES
OS QUE ROUBAM SERAO ROUBADOS
MAS EU CANTAREI A TI PORQUE ES JUSTO
CANTAR TE EI EM MEUS SALMOS
EM MEUS POEMAS PT

A Bipartite tinha rápido acesso a documentos de São Félix do Araguaia que supostamente demonstravam o envolvimento de dom Pedro em atividades subversivas. Aqui, mostra-se o telegrama militar que relatava o "salmo" contra o governo achado em São Félix e enviado a autoridades da Bipartite. (FGV/CPDOC, ACM)

se oposto com veemência aos aspectos laudatórios da declaração da CNBB após o golpe, ele, no entanto, apoiara a destituição de Goulart. Dom Fernando mantinha distância da esquerda radical, por exemplo, opondo-se à Ação Popular. Em um sermão de 1968, ao comemorar o golpe, ele ainda pregava a unidade entre a Igreja e o Exército. Como Candido Mendes, dom Fernando acreditava que a Igreja e o regime militar deveriam colaborar em prol do desenvolvimento. Para dom Fernando, a principal preocupação não era o tipo do regime, mas o direito da Igreja de guiar o progresso brasileiro.[67]

A repressão, no entanto, estava corroendo essa esperança. Divulgada em Goiânia e entre os bispos brasileiros, a carta pastoral de dom Fernando ousadamente afirmava que o regime se baseava no uso da força e da propaganda.

> A base mais forte do sistema está na força das armas que dispõe de todos os meios para o povo suportá-lo. São os serviços secretos de informações, a absorção dos meios de comunicação, a censura à imprensa escrita e falada, a negação do di-

> reito de defesa, a supressão, em muitos casos, do habeas corpus, a propaganda teleguiada e inegavelmente bem-feita, o populismo em torno dos esportes, o escondimento sistemático dos crimes oficiais ou cometidos à revelia das autoridades, mas por elas acobertados pela impunidade, para salvaguardar o bom nome do regime que se considera onisciente, onipresente, onipotente, infalível e irreversível.

A carta também demonstrava que embora dom Fernando estivesse associado a causas esquerdistas, rejeitava completamente o comunismo. Citando encíclicas papais, dom Fernando afirmou que o comunismo era "intrinsecamente mau" por causa de sua substituição da revelação divina pelo partido. Ao combater essa ameaça, o próprio regime adotara "a moral comunista".

> Para o regime é bom ou mau, certo ou errado, o que concorda ou discorda de sua filosofia ou de seus interesses. Surge, deste modo, um novo tipo de comunismo prático, em que o Estado, as Instituições, as Pessoas e a própria Religião têm valor relativo, na medida em que servem ao Regime. Comunismo arrogante, mas disfarçado, com a agravante de não usar este nome e transferi-lo a quem não quiser acomodar-se subservientemente ao sistema.

Assim, o regime baniu, torturou e matou pessoas que nunca foram comunistas mas que se recusaram a aceitar um sistema "aético e arreligioso". Embora a Igreja não aderisse a nenhum partido e aceitasse o regime como uma "realidade", ela continuaria a denunciar esses excessos e a lutar por justiça social por meio da conscientização dos pobres.[68]

A carta desencadeou outra crise. Apesar de sua retórica, dom Fernando ainda era visto como pessoa ligada à esquerda. O deputado de direita Clóvis Stenzel, vice-líder da Arena e membro da Comissão de Segurança Nacional na Câmara dos Deputados, escreveu uma coluna de jornal descrevendo dom Fernando como outro dom Hélder tentando "marxicizar" a Igreja.[69] No mesmo encontro da Bipartite em julho, no qual os incidentes de São Félix foram debatidos, o general Muricy referiu-se à carta de dom Fernando como "um documento muito violento contra o Governo, eivado de inverdades e afirmações injustas". Em viagem a Brasília com dom Ivo para exigir providências quanto à situação em São Félix, Dom Fernando recebeu um aviso do major Lee para que não publicasse o documento porque "poderia criar problemas". (Lee conseguira sub-repticiamente um rascunho da carta no início de junho, mas não disse aos bispos como a obteve.) Preocupados com possíveis repercussões, tanto no Brasil como no exterior, o general Muricy e outros membros da Situação exigiram que o Grupo Religioso impedisse a distribuição mais ampla da carta pastoral. Os oficiais lembraram aos bispos que a CNBB solicitara a seus membros que não fizessem declarações individuais. Candido Mendes e dom Ivo concordaram, e o primeiro propôs um encontro especial da Bipartite para incluir dom Fernando.[70]

Temendo a prisão de Dom Fernando, alguns dos seus seguidores se opuseram à sua viagem ao Rio.[71] Em 3 de agosto de 1973, enquanto os fiéis rezavam em vigília por sua segurança, dom Fernando chegou à Villa Venturoza sem incidentes. O general Muricy quis saber o que levara dom Fernando a publicar sua carta pastoral. "Quando houve a Revolução de 64, nunca ouvira falar tanto que Deus era brasileiro e que Nossa Senhora tinha salvado o Brasil", disse dom Fernando. No entanto, o governo renegou sua promessa de realizar as reformas sociais básicas propostas pela CNBB. "Tivesse a Revolução brasileira apreendido o espírito do Vaticano II [...], teríamos hoje (como ainda podemos ter) a possibilidade de construir a mais vigorosa Nação do mundo." Dom Fernando acusou a Revolução de cair sob a influência dos maçons. A luta entre a Igreja e a maçonaria se tornara irrelevante a partir dos anos 20, mas dom Fernando levantou o espectro da Questão Religiosa como maneira de centralizar a discussão na violação sistemática, pelo regime, dos interesses da Igreja.[72]

Em resposta, o general Muricy afirmou que dom Fernando dera um quadro impreciso da administração porque "generaliza" a partir de incidentes específicos. Sua carta continha "veneno" contra o governo. Na verdade, a Revolução de fato trabalhava para resolver os problemas sociais do Brasil. Nunca cessara de batalhar contra o comunismo. A restrição ao *habeas corpus* existia somente para os subversivos, Muricy lembrou aos bispos. "Houve alguns excessos nos escalões executantes, mas o Governo tem agido com energia contra os excessos", explicou Muricy. "Às vezes se torna necessário realizar prisões de elementos envolvidos na subversão, a fim de se descobrir a 'rede de colaboradores.'" A batalha contra a subversão proporcionara "condições de tranqüilidade ao Governo e às empresas privadas, para pensarem e trabalharem. Esse direito de tranqüilidade do povo é que a subversão perturba!". Dom Fernando precisava ver os esforços da Bipartite para chegar a "soluções conciliatórias", disse Muricy. Repetindo uma das solicitações principais do Grupo da Situação, ele instou os bispos a dirigirem suas reclamações diretamente às autoridades para evitar mais agitação política. Por fim, perguntou a dom Fernando o que esperava conseguir ao publicar a carta pastoral — "chocar com o Governo" ou "obter melhora para suas ovelhas?".[73] O general Muricy reduzira convenientemente a questão das relações entre a Igreja e o Estado a um assunto de política *versus* religião. A Igreja deveria se concentrar na segunda, aparando silenciosamente suas diferenças políticas com o regime, enquanto os dois colaboravam para resolver os problemas do país.

Dom Fernando contemporizou. Ele gostava de "franqueza" e estava "contente por sentir isto do Grupo e do próprio General". Explicou que não estava acusando o governo de quaisquer violações específicas. O problema não era o presidente Médici ou o seu governo; era a filosofia do regime e o fato de que alguns oficiais se recusavam a tomar atitudes contra os abusos, declarou dom Fernando. "Todos nós respeitamos e admiramos" o presidente Médici, acrescentou. E quanto ao "comunismo" do regime, ele se referia ao senso "prático" de arrogar-se todo o poder, não ao sentido marxista-leninista. Falava como pastor, não como economista, sociólogo ou mesmo teólogo. "O bispo é uma espécie de sanduíche", explicou dom Fernando, acrescentando que pressões de diferentes grupos influenciavam suas atitudes.[74]

O arcebispo recuou em várias frentes. Leu uma declaração moderando as afirmações da carta pastoral. O conflito Igreja × Estado traumatizara o Brasil, mas a Bipartite poderia consertar o estrago, disse, sublinhando a necessidade de continuar o diálogo e a "mútua e respeitosa colaboração".

> É muito difícil entender as pessoas e interpretar os acontecimentos, se nos colocarmos em perspectivas diferentes das que motivam o comportamento dos homens e o desenrolar dos fatos. Nesse sentido, a nosso ver, o primeiro passo para desanuviar os espíritos e encontrar soluções para os conflitos inevitáveis é o diálogo aberto e leal, franco e honesto, sem subterfúgios, segundas intenções ou segredos.

Dom Fernando citou a conhecida máxima de Cristo: "Dai a César o que é de César e a Deus o que é de Deus". Igreja e Estado tinham valores interdependentes, mas eram autônomos. O general Muricy concordou com a análise de dom Fernando.[75]

Dom Fernando contemporizou ainda mais, ao enfatizar sua posição anticomunista. Afirmou que, antes do golpe, ninguém lutara contra o comunismo mais do que ele. Opusera-se à visita de Luís Carlos Prestes a Goiânia e fora às rádios refutar o discurso do líder comunista. Antes do golpe, um grupo de comunistas e estudantes chegaram a encenar o enterro do bispo. Na época de sua ruptura com as autoridades de Goiás, em 1968, ele sugerira que a polícia prendesse agitadores comunistas em Goiânia. O relatório da Bipartite atribuiu as seguintes declarações a dom Fernando:

> Até 1968 o clima em GOIÁS era de paz e solidariedade, sem problemas, chegando mesmo a haver um culto com assembléia dos bispos e todos os padres no aniversário da Revolução, causando admiração em outros Governadores presentes à solenidade. Quando mostraram relação de elementos comunistas que estavam agitando os estudantes, D. FERNANDO achou que a Polícia deveria prendê-los, em ação de surpresa em suas residências, etc. A Polícia, porém, preferiu agir com violência em reunião de estudantes com bispos, etc....

Dom Fernando explicou que a repressão contra estudantes fez com que ele evitasse cerimônias públicas.

> Somente há pouco tempo, quando da visita do Presidente MÉDICI a Goiânia, decidiu comparecer às solenidades, a convite do Governador LEONINO CAIADO, sendo por este apresentado a um Brigadeiro que o desacatou, de saída, afirmando que havia muitos comunistas na Igreja, etc. — o que resultou numa discussão veemente.

Dom Fernando rejeitou como ilógicas as alegações de líderes militares de infiltração comunista na Igreja. "Se eu concordar com a Revolução e me atrelar a ela, não serei comunista!", afirmou, acrescentando que nada denegria "mais a dignidade de um bispo do que chamá-lo de comunista!"

Mais significativo foi o bispo ter expressado *apoio* ao governo. Ele afirmou que "no início, era natural mais rigor" por parte do regime. Dom Fernando não gostava de um "governo fraco" e era "favorável a um governo forte". Ele se autodenominou "um cumpridor da lei". Embora discordasse de boa parte do AI-5, dom Fernando evitou declarações públicas contra o ato institucional. Falou em defesa de prisioneiros políticos e desaparecidos apenas quando suas famílias imploraram, e mesmo assim somente dentro dos muros da catedral. Evitou ainda envolvimento político, ao recusar um pedido de políticos do MDB para ser intermediário entre eles e o governador de Goiás.

A mais surpreendente declaração de dom Fernando aflorou durante um diálogo com o general Muricy. O tenente-coronel Pacífico produziu a seguinte versão:

> *Dom Fernando*: Acha que não seria justo fazer censura ao Governo, pois na situação em que o País se encontra, uma mudança seria fatal! Por conseguinte, não é contra o Governo! Acha que, infelizmente, os civis não estão capacitados para o Governo. Afirmou não atacar o Governo ou pessoas, e sim a filosofia do regime.
>
> *General Muricy*: Fez um histórico dos governos da Revolução de 1964 e sobre a sucessão presidencial, concluindo que as Forças Armadas terão que assumir, por mais algum tempo ainda, essa responsabilidade de dirigir os destinos do País, não sabendo quando será passado o bastão!
>
> *Dom Fernando*: Respondeu estar de pleno acôrdo com o General MURICY.[76]

O contraste entre a carta pastoral e os comentários de dom Fernando na Bipartite é extraordinário. Publicamente e para sua clientela católica, ele externava críticas ao regime. Particularmente, entre quatro paredes, na Villa Venturoza, declarava ser a favor da continuação do regime militar. Isso aconteceu após quase dez anos de repressão, desrespeito pela Igreja e manipulação do sistema político.

Tornadas públicas, as palavras de dom Fernando teriam posto em risco sua liderança na Igreja progressista. Ainda assim, como bispo católico, ele era obrigado a ver a luta anticomunista como legítima. De seu ponto de vista, o Brasil precisava de um governo forte para se tornar uma nação mais estável e justa. Nesse sentido, concordava com muitos trabalhadores brasileiros, para quem um regime autoritário promovia seus interesses melhor do que um regime democrático.[77]

A dificuldade residia no mal feito contra brasileiros durante a luta anticomunista. Em vez de reforma verdadeira, o regime se voltara para a violência. Dom Fernando tinha que conciliar a busca por mudança social com os inconvenientes de um Estado forte, neste caso um Estado forte e muito imperfeito, que se tornara uma ditadura severa. Em público, atacava o governo como sendo incoerente com os ensinamentos da Igreja sobre justiça social, enquanto privadamente o apoiava como a única forma de mudar o Brasil. Dom Fernando estava expressando as muitas vozes de um bispo: patriota, anticomunista, líder religioso, político. As circunstâncias determinavam quem falava mais alto em algum momento em particular.

Embora a carta pastoral de dom Fernando ainda ameaçasse causar repercussões negativas para o governo, a Situação acreditava que a Bipartite mais uma vez aliviara sérias tensões. Segundo o Exército, dom Fernando aceitara a crítica feita à sua carta pastoral. Embora se recusasse a retirá-la, concordou em publicar uma retratação parcial — a declaração mais "ponderada" lida na Bipartite. (De fato, ele publicou a nova declaração em um importante boletim da Igreja e distribuiu cópias a agentes de pastoral e outros em Goiânia, mas, como se viu no Capítulo 5, também enfureceu o general Muricy ao revelar a existência da Bipartite.[78]) No dia seguinte ao encontro da Bipartite, dom Fernando escreveu que o encontro fora "útil e até agradável [...] Ao despedir-me, todos foram muito atenciosos e gentis. O Almirante convidou-me para, na primeira oportunidade, almoçar em sua casa. O Coronel Pacífico, goiano de Bela Vista, manifestou-se muito prestativo". A Situação concluiu que dom Fernando "mostrou desejo de conviver em harmonia com o Governo".[79]

Como em outros casos, no entanto, os militares expressaram ceticismo quanto à capacidade de dom Fernando para compreender suas políticas. O relatório final do Grupo da Situação afirmava que ele não entendia de marxismo-leninismo, subversão ou segurança nacional. Os oficiais atribuíam o conflito com dom Fernando em parte a fatores pessoais. O prelado era "uma personalidade profundamente vaidosa" que adquirira "uma atitude agressiva contra o regime" por ter se sentido "desprestigiado" pelo governo em Goiânia. As condições para um melhor relacionamento incluiriam a "aproximação e ligação das autoridades da área com o citado bispo, em ambiente de muita habilidade no trato das relações humanas!".[80] O general Muricy então tomou providências para que as autoridades de Goiás pedissem desculpas a dom Fernando pelas agressões do passado.[81]

Outro tema central da Bipartite era a tentativa de preservar a concordata moral. Enquanto o regime desejasse a bênção política dos bispos, estes buscavam, por sua vez, salvaguardar privilégios tradicionalmente considerados cruciais para a Igreja. Devido aos constrangimentos políticos e à repressão dos anos Médici, os esforços de cooperação nem sempre corresponderam ao que era esperado. Mas a história não diz respeito apenas a resultados; as intenções também contam. As tentativas de resgate dos tradicionais laços entre a Igreja e o Estado, portanto, merecem uma investigação.

Restrição política e salvação de uma subvenção

A concordata moral proporcionava à Igreja ajuda financeira para seu vasto leque de obras educacionais e de assistência social. Depois de 1964, o Estado começou a cortar a ajuda aos seminários, universidades católicas e outras iniciativas como o MEB. Porém, interessados em acalmar os bispos, a liderança militar continuou a financiar outros projetos da Igreja. Por exemplo, o governo assumiu a construção da catedral nacional em Brasília.[82]

Em julho de 1971, dom Aloísio e dom Ivo recorreram a seus laços políticos na Bipartite para salvar o apoio do Estado a uma das escolas mais importantes da Igreja, o Pontifício Colégio Pio Brasileiro. O Pio Brasileiro foi inaugurado em 1934 como residência e centro espiritual para seminaristas brasileiros que estudavam na Pontifícia Universidade Gregoriana, em Roma. A escola preparava a elite eclesiástica brasileira para ocupar postos importantes como professores de seminário e administradores diocesanos. Várias dezenas de graduados do Pio Brasileiro chegaram ao episcopado. Dom Ivo, por exemplo, viveu lá no início dos anos 50 enquanto fazia a graduação e depois o curso de doutorado em Teologia na Gregoriana. Durante os anos 50 e 60, o governo brasileiro deu ao Colégio centenas de milhares de dólares.[83] Dom Aloísio e dom Ivo temiam, porém, que Médici vetasse a subvenção anual, embora esta já tivesse sido aprovada pelo Ministério das Relações Exteriores. Logo depois do IV Encontro Bipartite, eles buscaram o auxílio do general Muricy.[84] Uns dias depois, dom Ivo enviou ao general uma carta na qual explicava a importância do Pio Brasileiro. "O Brasil, como maior nação católica do mundo, deverá também manter, em Roma, êste Instituto que cuida da formação, aprimoramento, especialização e reciclagem do clero que trabalha em nosso país", escreveu dom Ivo.[85]

Mas existia um problema. Desde 1964, o Pio Brasileiro se enredara na mesma combinação de renovação eclesiástica e política de oposição que envolvia muitos militantes da Igreja e membros do clero. Como antigo reitor do seminário altamente politizado de Viamão, no Rio Grande do Sul, dom Ivo conhecia muito bem a dificuldade de supervisionar rapazes em uma atmosfera de agitação estudantil contra o regime e de diminuição da disciplina após o Vaticano II. A polícia política invadiu Viamão em várias ocasiões para interrogar seminaristas e procurar literatura subversiva,[86] e o SNI reuniu informações sobre a escola.[87] Em Roma, o embaixador Jobim investigou mas não pôde comprovar afirmações de que o Pio Brasileiro "hospeda elementos subversivos de passagem pela Itália a caminho da União Soviética e Tchecoslováquia". Tais suspeitas soavam mais como produto da imaginação fértil de um especialista do serviço de informações do que a realidade do cotidiano do Pio Brasileiro. Mas o Exército tinha motivo para se preocupar: dom Ivo e dom Aloísio admitiram ao general Muricy que, sem o conhecimento de algumas autoridades eclesiásticas, o Pio Brasileiro operava como "ponto de reunião de elementos que criticavam o Gov[erno] Brasileiro".[88] A escola também estava convidando bispos progressistas como conferencistas.[89]

Dom Ivo e dom Aloísio enfatizavam uma "nova orientação" para o Pio Brasileiro. O reitor, por exemplo, já rejeitara a proposta de ingresso de um padre dominicano que fora denunciado pelo regime.[90] Preocupados com os excessos juvenis de seus estudantes, os diretores da escola passaram a admitir candidatos mais velhos e mais maduros, que não abusariam da "liberdade" de estudar fora do país.[91]

O regime trabalhou com a Igreja para mudar a imagem do Pio Brasileiro, uma vez que poucos países tinham uma residência especial em Roma para seminaristas. Surgiu a tradição de cardeais, bispos, embaixadores e outros brasileiros de destaque visitarem o Colégio. Ele se tornou uma vitrine do Brasil. Durante o auge da crise do Ibrades, em outubro e novembro de 1970, dom Agnelo Rossi decidiu que o Pio Brasileiro deveria sediar um Centro de Estudos sobre o Brasil a fim de combater a má reputação do país causada pelos incidentes de tortura e ataques à Igreja. Ficou chocado com o número de padres, freiras e jovens brasileiros em Roma "envenenados por informações deformadoras da imagem do nosso país". Para a formação do Centro, dom Agnelo apelou a todos os brasileiros para que contribuíssem com documentação.[92] O general Muricy solicitou bibliografia e material a autoridades militares e civis. O governo do estado de São Paulo, a Embratur e o SNI enviaram artesanato brasileiro e publicações do governo. Além disso, o coronel Fernando Cerqueira Lima, um adido militar da embaixada brasileira em Roma, pediu que se despachasse uma quantidade adicional de "livros de bom teor ideológico". Depois de sua inauguração em novembro de 1972, brasileiros e estrangeiros visitaram o Centro e compraram alguns dos novos itens.[93] (No governo Geisel, Cerqueira Lima tornou-se general de quatro estrelas e chefiou a investigação que decidiu classificar a morte do jornalista Wladimir Herzog de suicídio.[94]) Padres e seminaristas brasileiros, porém, se opuseram à iniciativa de dom Agnelo por causa do conservadorismo do cardeal.[95]

Os esforços de Muricy e dos bispos foram em parte bem-sucedidos. Os documentos do general indicam que ele defendeu o subsídio diante de Médici, de Mário Gibson Barboza, ministro das Relações Exteriores, e de outras altas autoridades do governo.[96] Em novembro de 1971, o padre jesuíta Frederico Laufer, reitor do Pio Brasileiro, escreveu ao general Muricy para lhe agradecer por ter obtido "parte da verba consignada no orçamento" para 1970-71.

> Com prazer e consciência tranqüila posso comunicar a V. Excia. que a Direção e os 80 alunos, sacerdotes e estudantes teólogos, provenientes dos diversos Estados do Norte ao Sul do Brasil, temos a sincera vontade de empenhar-nos pelo bem do povo brasileiro, na linha da Igreja que acompanhou a Nação do ano de 1500 até hoje.[97]

No entanto, com menos recursos governamentais, o Pio Brasileiro entrou em uma crise financeira, o que acabou por forçar o episcopado a reconsiderar sua decisão de não aceitar doações dos fiéis. Em 1975, o governo já cortara os financiamentos completamente. Da mesma forma que a Igreja brasileira como um todo, o Pio Brasileiro começou a buscar ajuda da abastada comunidade católica da Alemanha.[98]

O aspecto mais significativo não era o dinheiro, mas as expectativas dos bispos. Apesar das crescentes críticas públicas ao regime, os bispos ainda esperavam receber os benefícios outorgados rotineiramente no auge da concordata moral. Como um pilar moral da sociedade brasileira, a Igreja acreditava que tinha direito a esses privilégios, independentemente de sua posição teológica. Os bispos viam a Bipartite como um canal para salvaguardar esses importantes interesses institucionais. O Pio Brasileiro moderou sua posição e em troca o governo manteve parte da subvenção.

Anticomunismo, controle populacional e divórcio

A Bipartite tocou em outros assuntos cruciais para a identidade religiosa e os interesses institucionais da Igreja. Em relação a alguns deles, os dois lados concordavam com facilidade. Um era o anticomunismo. Nos anos 70, a Igreja se aliou à esquerda na luta pela democracia e teólogos da libertação, e bispos radicais abraçaram o socialismo como solução para os males sociais e econômicos do Brasil. Mas, como o caso de dom Fernando demonstra, mesmo alguns progressistas se opunham fervorosamente ao comunismo. No encontro final da Bipartite, em agosto de 1974, o Grupo Religioso quis saber os motivos da decisão do governo Geisel de romper com Formosa e restabelecer vínculos com a China comunista. O general Muricy explicou que o enorme tamanho da China e sua filiação ao Conselho de Segurança das Nações Unidas tornaram o reconhecimento diplomático inevitável. O Brasil, porém, não aceitaria a ideologia da China. "A atitude do Brasil visava à abertura de novos mercados comerciais, dentro de um sadio pragmatismo", observou o professor Padilha. Embora não se opusesse às relações com a China, dom Avelar não deixou de perceber a ironia. Em um fórum no qual o Grupo da Situação com tanta freqüência alegara infiltração comunista na Igreja, ele inverteu os papéis: como a nova política se enquadrava com a preocupação do regime em relação à guerra revolucionária no Brasil? A única resposta que Padilha pôde esboçar é que o Brasil continuaria vigilante contra o comunismo.[99]

De qualquer forma, a Igreja parecia estar muito à frente do regime em termos de diálogo com países comunistas. No início de 1971, o embaixador Jobim lembrou a seus superiores no Itamaraty que

> A Santa Sé procura não se imiscuir no *diferendo político-ideológico entre leste e o oeste*, pois, se de um lado condena formalmente o comunismo, de outro faz ques-

> tão de esclarecer que tampouco o capitalismo corresponde às exigências da doutrina social da Igreja [...] Como Estado soberano, a Santa Sé procura manter relações normais com todos os demais Estados, quaisquer que sejam seu regime e sua doutrina oficial. Esta última posição [...] resulta numa aproximação aparente com os países socialistas dos quais a Santa Sé estêve afastada enquanto as perseguições políticas aos católicos e à religião em geral colocaram em crise as relações com a Igreja. Não se exclui dêste quadro nem mesmo a República Popular da China [...] com a qual a Santa Sé poderia pròximamente procurar um *modus-vivendi.*[100]

A. B. L. Castello Branco, sucessor de Jobim, observou em um relatório de maio de 1974 para Brasília que o Vaticano estava levando adiante sua *Ostpolitik* e começara a cultivar relações com o governo comunista do Vietnã do Norte. A possibilidade de relações com a China também existia.[101]

Notando a alteração da política de Geisel quanto à China, o Grupo Religioso sugeriu que o governo estudasse a possibilidade de reabrir relações diplomáticas com Cuba. Os documentos do general Muricy não oferecem detalhes sobre essa discussão. De qualquer modo, o Exército se opunha a essa medida. Foi apenas em 1986, um ano depois que as Forças Armadas deixaram o poder, que o Brasil restabeleceu relações com Cuba.

Controle populacional e família eram outros temas críticos. Nesse caso, a Igreja usava a Bipartite, não para contemporizar suas posições públicas, mas para *reforçar* seu papel de guardiã moral do Brasil.

Na era pós-Segunda Guerra Mundial, os pronunciamentos papais passaram a defender o planejamento familiar, mas mantiveram a proibição do aborto e dos métodos anticoncepcionais artificiais. Inesperadamente, em 1968, Paulo VI refreou a tendência rumo a um ensinamento mais liberal de controle da natalidade, ao reafirmar a proibição dos métodos artificiais em sua famosa encíclica *Humanae Vitae.* Como em outros lugares, esse documento provocou reações negativas no Brasil, que passava pelo dramático impacto da revolução sexual e da introdução das pílulas anticoncepcionais. Castello Branco, Costa e Silva e Médici apoiaram publicamente os ensinamentos da Igreja, e Costa e Silva fez elogios ao pontífice por condenar "métodos anticristãos". O governo Geisel manteve o passo, ao seguir as recomendações da CNBB na Primeira Conferência Mundial sobre População, que aconteceu em Bucareste, em 1974.[102] Para Candido Mendes, que participou da Conferência em Bucareste, a posição do Brasil e do Vaticano era "das mais difíceis [...] porque os Movimentos Feministas Internacionais estão em tremenda oposição às idéias de ambos". Mais do que nunca, o Brasil e a Igreja ficaram juntas na questão da população.[103]

Porém as declarações oficiais ocultavam o que era na verdade uma ambígua política militar sobre o crescimento populacional. De um lado, apelando para a segurança nacional, o regime se juntou à esquerda, à Igreja e a outros grupos na denúncia a supostas conspirações internacionais para impedir o Brasil de povoar seus vastos territórios desabitados. Mas, de outro, tecnocratas e alguns líderes militares asseguravam que o crescimento populacional descontrolado na verdade criava *insegurança* nacional, porque ultrapassava a criação de empregos. O fato foi que o regime assumiu uma abordagem de não-interferência. Em 1965, por exemplo, permitiu que um grupo de médicos fundasse a Sociedade de Bem-Estar Familiar do Brasil (Bemfam). A Bemfam abriu dezenas de clínicas por todo o país e distribuiu milhares de dispositivos anticoncepcionais. Em 1971, obteve status oficial de entidade sem fins lucrativos, uma importante vantagem para qualquer organização de serviço social que operasse no Brasil. A Bemfam ainda recebeu permissão para assinar acordos com governos estaduais. A comercialização das pílulas se disseminou durante os anos Médici, e o governo Geisel enfureceu os bispos ao distribuí-las gratuitamente.[104]

Geisel foi o primeiro presidente protestante do Brasil a cumprir um mandato inteiro. No entanto, como seus antecessores, procurou manter boas relações com a hierarquia católica. O presidente aceitaria a "colaboração desinteressada" de "organismos intermediários". Porém, se recusaria a admitir críticas ou "pressões insistentes" de quem estivesse de fora da esfera pública.[105]As palavras de Geisel tanto encorajavam como restringiam a concordata moral. Portanto, o Grupo da Situação concluiu que os bispos poderiam usar a Bipartite para contornar as restrições de Geisel.[106]

À medida que o governo Geisel avançava, em 1974, o Grupo Religioso propôs que a Igreja e o Estado conduzissem estudos em conjunto ou colaborassem em várias áreas: meio ambiente, crise energética, posição do Brasil sobre o colonialismo português, educação básica, o problema dos índios, conflitos de terra e a luta contra o uso de drogas. O Exército interpretou o súbito desejo dos bispos por maior cooperação como uma reação à mensagem de posse do presidente Geisel. O controle populacional e a Bemfam sobressaíam entre as preocupações dos bispos.

Os bispos usavam a Bipartite para manter a pressão contra a Bemfam. No encontro de agosto de 1974, dom Ivo fez pressão para que continuasse a adesão do Estado às posições da Igreja sobre crescimento populacional.[107] Suas declarações refletiam os protestos da CNBB e de grupos menores de bispos contra a Bemfam. Em maio, por exemplo, dom Eugênio definia a questão populacional como religiosa e ética, mas também como econômica, política e social. "O que gera a miséria não é a fertilidade do miserável, mas a injustiça social", escreveu um dos assessores de dom Eugênio em um estudo arquidiocesano que criticava o uso, pela Bemfam, da doutrina social da Igreja para justificar suas atividades. Além disso, o estudo assinalava, o Brasil não se encaixava na categoria de países com "crescimento descontrolado", pois o censo de 1970 já indicara desaceleração.[108] Um mês depois, um grupo de dezesseis bispos progressistas pediu à CNBB que o ajudasse a desviar o foco do problema da "moralização" para concentrá-lo em suas raízes socioeconômicas e políticas.[109] Acima de tudo, a Igreja queria famílias que fossem capazes de cuidar do bem-estar de seus filhos. Portanto, dom Ivo perguntou se o governo brasileiro poderia lidar com o espectro levantado em Bucareste, o de um colapso mundial caso as populações em crescimento não fossem alimentadas. Adotando a posição da segurança nacional, o coronel Mário Orlando Ribeiro Sampaio, do SNI, concordou com as preocupações de dom Ivo. Depois do encontro, o Grupo da Situação observou que os temas demográficos ofereciam uma plataforma para a cooperação entre a Igreja e o Estado.[110]

A oposição dos bispos ao movimento pró-divórcio no Congresso Nacional constituiu outro exemplo da pressão da Igreja. Desde os anos 30, o Estado correspondera às solicitações da Igreja para manter o divórcio fora da lei brasileira. Em 1960 e 1962, leis de anulação do casamento não conseguiram ser aprovadas por causa da oposição da Igreja e, em 1971, o governo Médici instruiu deputados arenistas a votarem contra uma medida semelhante. O Congresso finalmente mudou a lei em 1977, em um momento em que o governo, por motivos políticos (o chamado Pacote de Abril), tornara mais fácil a aprovação de emendas constitucionais, mas com o compromisso de que a lei permitiria a uma pessoa divorciar-se apenas uma vez. O Congresso também rejeitou uma proposta de promover um plebiscito nacional sobre o divórcio. Em ambos os casos, a influência da Igreja desempenhou papel importante.[111] Durante todo esse período, a hierarquia católica se opôs publicamente ao divórcio. No encontro da Bipartite de 1974, os bispos também pressionaram nos bastidores: dom Ivo expressou seu desapontamento pelos 21 projetos de lei sobre o divórcio em tramitação no Legislativo, e o general Muricy prometeu levar as preocupações da Igreja ao governo e solicitar ao ministro da Justiça, Armando Falcão, que consultasse a CNBB sobre o assunto.[112]

Protegendo o monopólio católico

Os bispos também pressionavam pela continuação do reconhecimento do catolicismo como a religião semi-oficial do Brasil. O Grupo da Situação concordou prontamente. Na era pós-Vaticano II, a Igreja se comprometeu a estabelecer relações ecumênicas com outras religiões, mas nenhum representante de organizações não católicas participou da Bipartite. Depois da Segunda Guerra Mundial, o pentecostalismo protestante, bem como religiões espíritas (especialmente a umbanda), aumentaram sua popularidade. No encontro de agosto de 1973, dom Aloísio referiu-se à "proliferação" dessas religiões. O general Muricy e o coronel Sampaio, do SNI, comentaram que os espíritas tinham conquistado espaço nas Forças Armadas. Tarcísio Padilha advertiu os bispos de que a Igreja não deveria se deixar ultrapassar por seus competidores. Além disso, uma pequena igreja cismática, conhecida por Igreja Católica Brasileira, também surgira. Quando dom Ivo informou à Bipartite que a CNBB se reuniria para discutir a interferência dessa organização "nas atividades da Igreja Apostólica Romana", o general Muricy concordou "com a necessidade de uma reação por parte da CNBB contra essa falsa Igreja".[113]

Os desacordos em torno de uma nova estrutura religiosa em Brasília ilustravam os esforços da Igreja para manter sua hegemonia. Nos últimos meses do governo Médici, o ministro do Exército Orlando Geisel decretou que os militares construiriam um templo ecumênico no qual soldados de todas as fés poderiam orar. Sendo um agnóstico que mostrava pouca simpatia pela Igreja, Geisel não consultou os bispos sobre sua decisão. Imediatamente os bispos se opuseram ao caráter universal do templo. A hierarquia da Igreja já convencera o governo a fazer a nova catedral nacional católica, e não ecumênica.

Agora que Ernesto Geisel assumia as rédeas do poder, dom José Newton de Almeida Baptista Pereira, o arcebispo de Brasília, assumiu o comando dos esforços para mudar os planos para o novo templo.[114] O envolvimento de dom Newton teve implicações políticas, pois em 1964 ele fora acusado de comunismo e de defender João Goulart em uma transmissão nacional de rádio no dia do golpe. Dom Newton queixou-se ao presidente Geisel e afirmou que o templo proposto deveria ser estritamente católico. Outros prelados exprimiram seus sentimentos no encontro da Bipartite de março de 1974. Dom Aloísio, por exemplo, declarou que a idéia poderia levar as pessoas a pensar o inconcebível: "que poderia ser interpretado como templo onde se realizaria culto comum a diversas religiões". Além disso, dom Ivo temia que a definição da administração do templo seria ambígua e, assim, propunha que ela estivesse sob o exclusivo controle da Igreja Católica.[115]

O presidente Geisel ordenou ao ministro do Exército, Sylvio Frota, que negociasse uma solução com a Igreja. Enquanto isso, a Bipartite também determinou que o major Lee, do CIE, contataria dom Newton. Lee foi talvez o mais importante especialista do Exército em Igreja. Estudou as diferentes facções e se familiarizou com o direito canônico. Como membro do CIE, Lee trabalhava no gabinete do ministro do Exército. Juntou-se ao coronel Octávio Costa — assessor de relações públicas de Médici e intermediário de Frota com dom Newton — nas difíceis negociações com o arcebispo. Para os dois oficiais, a situação era especialmente delicada porque tinham que encontrar uma solução aceitável, não apenas para o general Frota, mas também para o ex-ministro Orlando Geisel. Finalmente, os dois lados chegaram a um compromisso. A estrutura ecumênica seria construída. A Igreja poderia usar imagens católicas, mas elas tinham que ser removíveis. Ao lado dessa estrutura, porém, o Exército construiria uma pequena capela somente para as celebrações católicas. Além disso, dom Newton e os oficiais chegaram a um acordo quanto ao nome do complexo, que deveria implicar neutralidade religiosa, ao contrário de compartilhamento. Assim, o que começou como "templo" tornou-se um composto designado por Oratório do Soldado. Dom Newton, mais tarde, convenceu o Departamento de Trânsito a colocar sinais de tráfego em Brasília que indicavam o caminho para a "capela" católica, em vez de para o Oratório. Com medo da reação de Orlando Geisel, o coronel Octávio Costa mandou mudar os sinais. No entanto, a Igreja mais tarde asseguraria o controle sobre o Oratório; de fato, pelo que o coronel podia se recordar, jamais se realizou ali uma atividade protestante.[116]

O resultado da disputa sobre o templo foi uma vitória simbólica da Igreja e uma indicação de seu poder de negociação por meio da Bipartite. A Igreja ainda usou sua influência para ganhar o acesso decisivo às ondas de rádio e tevê. Durante os anos Médici, dom Aloísio pediu a intervenção do coronel Costa para que o governo cedesse tempo de seu serviço público na televisão para peças de propaganda da Campanha da Fraternidade, realizada anualmente pela CNBB durante a Quaresma. A campanha envolvia um tema religioso e era uma boa fonte de recursos financeiros. O governo atendeu às solicitações de dom Aloísio.[117]

Defendendo a honra eclesiástica

A defesa dos interesses da Igreja incluía a preservação da honra eclesiástica, um componente intangível, porém altamente importante da concordata moral. Os bispos eram autoridades religiosas, mas também figuras públicas e líderes. Os ataques do Exército contra eles desde 1964 levantavam dúvidas quanto à sua proeminência pública, sem contar os sentimentos de rancor, perplexidade e até dor que muitos devem ter experimentado depois de anos de respeito e colaboração com o Estado e o Exército. A Bipartite focalizou vários desses casos. O mais notável foi o de dom Avelar.

O arcebispo primaz era um moderado consumado com uma curiosa mistura de ar aristocrático e apelo popular. Vinha de uma família de senhores de engenho de Alagoas. Nos anos 30 e 40, padre Avelar exerceu posições de prestígio, como professor de seminário e secretário do bispado de Aracaju, Sergipe. Tinha apenas 34 anos de idade quando a Santa Sé o nomeou bispo da cidade de Petrolina, no interior de Pernambuco, em 1946. Dom Avelar colheu numerosas honrarias reservadas à elite, como, por exemplo, sua participação na Academia de Letras da Bahia e do Piauí.[118] Nos anos 60 e 70, manteve laços estreitos com o Exército e até discursou na ESG. Apesar de sua condição de patrício, dom Avelar se preocupava com questões sociais e tinha muitos seguidores no meio do povo. Como padre, criou uma organização para ajudar empregadas domésticas, tornou-se líder da Ação Católica e, em Petrolina (1946-55) e mais tarde em Teresina (1955-70), trabalhou entre os sertanejos. Dom Avelar era conhecido especialmente por sua habilidade em oratória sagrada. Diante de uma multidão ou na rádio, começava a falar suavemente e depois levantava a voz de maneira dinâmica que cativava seus ouvintes. Este era um talento natural, que ele compartilhava com seu irmão Teotônio, o senador que deixou o partido do governo em 1979 para proferir tempestuosos discursos contra o regime, pelo movimento em favor da democracia. Os modos aristocráticos e o estilo retórico tradicional de dom Avelar faziam com que clérigos progressistas o rejeitassem. Já no Nordeste, onde desafios com freqüência juntavam multidões de pessoas pobres, o povo adorava dom Avelar por sua oratória.[119] "Sempre me preocupei pela justiça social e defendi os direitos da pessoa humana", disse dom Avelar em 1973. "Não sou fixista petrificado nem um sonhador utópico. Por isso, os mais avançados não conseguem entender-me suficientemente, nem os conservadores podem contar-me entre os seus."[120]

Em 23 de agosto de 1973, o governador de Pernambuco, Eraldo Gueiros Leite, anunciou que dom Avelar, nomeado cardeal em maio, receberia a Medalha de Ouro do Mérito do Estado, em reconhecimento à sua liderança espiritual e dedicação à Igreja e à juventude do Estado. Uma semana depois, porém, Gueiros cancelou repentinamente o prêmio. De forma semelhante, a Câmara de Vereadores de Salvador revogou os planos de conceder cidadania honorária a seu arcebispo por causa de "ordens superiores". Embora as autoridades não tivessem revelado os motivos, a retirada das honrarias de dom Avelar resultara claramente de suas tentativas públicas de oferecer ao regime orientação moral. Em uma entrevista, por exemplo, ele declarara a necessidade de justiça no programa do governo de desenvolvimento da Amazônia. Também apoiara *Eu ouvi os clamores do meu povo*, o documento radical sobre a pobreza divulgado pelos bispos do Nordeste. A afronta a dom Avelar causou protestos de políticos da oposição. Ele próprio exigiu explicações sobre qual tinha sido o papel do governo nos cancelamentos. Altas autoridades civis e militares, incluindo o Grupo da Situação, negaram responsabilidade. Orlando Geisel, o ministro do Exército, e João Figueiredo, o chefe do Gabinete Militar, ignoraram o questionamento do cardeal.[121] Dom Avelar enviou telegramas ao presidente Médici e ao ministro Buzaid. Ambos responderam que não tinham nada a ver com o problema.[122]

A magnitude da humilhação de dom Avelar aparece nas suas cartas particulares ao general Muricy. Ele estava especialmente angustiado porque suas tentativas de obter uma visão equilibrada da situação política atraíram ataques contra sua pessoa. No início de setembro, o cardeal escreveu:

> Sinto muita confusão a rondar os homens encarregados da informação e da execução de ordens governamentais. E estou me convencendo de que estão querendo me caracterizar como alguém que não corresponde à minha realidade [...] Passei a ser, de um momento para o outro, um elemento perigoso.

Os bispos não podiam mais se manifestar e, se o fizessem, seriam mal interpretados, afirmou dom Avelar em seguida. O general Muricy respondeu que "com estupefação tomei conhecimento da atitude do Governador de Pernambuco". As investigações de bastidores feitas por Muricy não levantaram nenhuma evidência de participação federal na decisão de Gueiros, mas ele prometeu ir ainda mais fundo.

O caso não acabou ali. Dom Avelar escreveu, em outra carta, que agira com "muita prudência e dignidade, ao longo desse episódio desagradável [...] A maneira como fui tratado foi muito rude e violenta. Se não fosse um homem experimentado, teria havido uma comoção em nossos meios religiosos [...] O Clero me pede uma reunião". Ele reclamou que os censores do governo em Salvador o impediram de publicar sua versão da história, enquanto o general-comandante da cidade evitou um encontro oficial com ele. Em outra carta, no final de setembro, o arcebispo escreveu:

> Passei por um *test* difícil. Penso estar saindo bem da prova. Procurei zelar por mim, pela Igreja e também pelo Governo, até onde podia fazê-lo. A verdade é que o acontecido não se explica. De minha parte, dou por encerrado o episódio. Mas resta aprofundar o assunto. E esse aprofundamento cabe ao Governo fazê-lo [...] Espero que, se não houver explicações oficiais, não me apareçam ataques encomendados [...] Seria a renovação de uma ferida que tende a fechar, a desaparecer. Espero assim que seja respeitada a minha conduta para com o Governo. Sofri muito. Demais mesmo. Sua carta foi um dos bons lenitivos que recebi.[123]

A intervenção da Bipartite no caso acabou revertendo a decisão de Salvador.[124] Dez meses depois, o desejo de dom Avelar foi atendido quando a cidade o tornou cidadão honorário. Autoridades municipais e militares ficaram observando enquanto o arcebispo recebia o título em uma cerimônia formal.[125]

CONCLUSÕES

A Bipartite ajudou as duas mais importantes instituições brasileiras a coexistirem durante alguns dos momentos mais tensos e delicados de seu relacionamento histórico. A Situação obteve uma substancial moderação das críticas dos bispos, enquanto a Igreja evitou o potencial de uma repressão maior. Os dois lados agarraram-se à esperança — ou à ilusão — de preservar a colaboração tradicional entre a Igreja e o Estado.

Os bispos fizeram concessões para salvaguardar interesses institucionais. Então, a história da Bipartite exige que reinterpretemos a noção dos bispos como sendo quase exclusivamente da oposição. Com o general Muricy e os oficiais pressionando-os a reduzir o tom de suas críticas e a conter o clero ativista, os bispos tomaram muito cuidado para evitar a aparência de defesa da suposta subversão e até trabalharam para detê-la. *Publicamente*, por meio de seus famosos pronunciamentos, a CNBB radicalizava a oposição dos bispos, mas, *particularmente*, a liderança contemporizava para evitar o confronto. A oposição não era absoluta, e estava apta para negociação. A Bipartite era uma lembrança valiosa de que os líderes freqüentemente desenvolvem duas faces: uma, idealista, para o público, e outra, pragmática, para a *Realpolitik*.

Foram os bispos muito longe no cumprimento das exigências do general Muricy? Sua missão religiosa ficou comprometida? Sabotaram o trabalho da base pela conscientização e pelos direitos humanos?

De um lado, a Bipartite permitiu ao regime estudar de perto o pensamento e o processo de decisão da hierarquia católica, seu mais formidável oponente. Muito mais do que a Situação, o Grupo Religioso revelou suas intenções durante os encontros. A atitude pública da Igreja era tão importante que primeiro era discutida em particular. A Situação acreditava que estava de fato modificando as atitudes dos bispos e até controlando seu comportamento.

De outro lado, os militares estavam talvez confiantes em demasia na avaliação de pelo menos alguns dos bispos. Essa certeza se enraizava por meio da autoconfiança ou mesmo do seu desejo daquilo que gostariam que fosse o conflito Igreja × Estado. De qualquer forma, a Situação nem sempre teve uma idéia clara das tendências ideológicas dos bispos e subestimava suas habilidades políticas. Em parte, essa leitura incorreta da situação era produto das diferenças básicas culturais e institucionais existentes entre clérigos e soldados. Às vezes, também parecia resultar da incompetência ou do medo exagerado da parte dos serviços de informações. A imprecisão servia bem aos interesses da linha dura. Esta é a natureza dos regimes autoritários ou totalitários: a verdade é com freqüência irrelevante.

Dom Paulo acabaria por ser o melhor exemplo das más interpretações da Situação em relação aos bispos. A Situação acreditava que o arcebispo estava se tornando mais moderado. Porém, menos de um ano após sua posição conciliatória quanto ao Sesquicentenário, ele arriscaria um confronto enorme com o Exército, ao rezar uma missa em memória de um estudante que fora torturado até a morte no DOI-Codi.

Uma conclusão semelhante segue-se ao caso de dom Fernando. Ele difamava o regime, mas também recuava quando necessário. Ele e outros bispos mostraram um enorme "jogo de cintura". Esses homens não eram apenas bispos, mas políticos hábeis e flexíveis, que trabalhavam para salvaguardar a Igreja institucional e sua tradicional influência sobre a sociedade brasileira. A participação na Bipartite deu tempo para a Igreja, que pôde assim dar forma à sua resposta ao regime enquanto resolvia seus próprios conflitos internos. Os bispos exercitavam uma acomodação estratégica.

Algumas vezes, flexibilidade significava criticar as atitudes dos movimentos sociais na presença do Grupo da Situação. No entanto, o Grupo Religioso ainda defendia o direito do clero de realizar sua missão religiosa.

Mas a Bipartite foi mais do que uma batalha de estratégias políticas. Ela envolvia um processo no qual duas instituições tentavam delinear suas responsabilidades em um regime de exceção de longo prazo decidido a modernizar o país. Os comentários de dom Fernando expressavam um desafio principal: como temperar o imperativo do crescimento econômico com justiça social. Assim, no interior e fora da Bipartite, a Igreja e o regime lutavam por novas definições de patriotismo à luz da competição entre a segurança nacional e a libertação religiosa. No contexto histórico mais amplo de uma rápida mudança socioeconômica e política, a Bipartite tinha por alvo proteger, mas também redefinir, e até mesmo limitar, a concordata moral.

A Bipartite poderia extinguir confrontos isolados ou incipientes, mas, uma vez que os incidentes ganhavam proeminência nacional e até internacional como conflitos decisivos, sua eficácia era limitada. O contraste entre os casos de dom Fernando e dom Pedro é instrutivo. A Bipartite, temporariamente, neutralizou o primeiro, mas não produziu nenhum efeito sobre o segundo. A questão da terra era um assunto estrutural maior, que afetava profundamente a sociedade brasileira e gerava um conflito amplamente disseminado — inclusive a decisão de dom Pedro de ficar do lado dos posseiros. Com efeito, a questão da terra era um assunto complexo e extenso demais para ser negociado por uma comissão secreta no contexto de um sistema autoritário. O "algodão" da Bipartite era apenas uma proteção parcial.

Tanto o Grupo Religioso como o Grupo da Situação tinham uma clara percepção das limitações da Bipartite. Por ocasião do XXI Encontro, em novembro de 1973, estabeleceu-se certa insatisfação em ambos os lados. Falando na Villa Venturoza, dom Aloísio propôs "uma revisão dos trabalhos da Bipartite, [...] tendo em vista torná-la mais objetiva". Candido Mendes concordou e falou da necessidade de "testar a validade dessas reuniões". Sugeriu tópicos como os atritos entre dom Aloísio e o Exército em Fortaleza e a censura da Igreja pelo regime. O Grupo da Situação concordava com a necessidade de revisão. O professor Padilha notou certa decadência na Bipartite. "Saiu-se da busca da conjugação e estudo de princípios para a situação 'de varejo', isto é, exame de problemas casuísticos", declarou. "O Grupo Leigo tem saído destas reuniões sem respostas adequadas para as suas angústias e perplexidades." O major Lee lembrou à Comissão que era membro do gabinete do general Orlando Geisel. Na Bipartite, ele não estava obtendo "respostas para os anseios e problemas existentes na área militar em suas relações com o clero". Apesar desses comentários, as conclusões secretas da Situação notavam "o consenso geral de que a Bipartite é importante, útil e necessária, devendo prosseguir". Nos três encontros seguintes, os dois grupos continuaram a encaminhar assuntos importantes, inclusive o desejo da Igreja de colaborar com o governo, prestes a iniciar-se, de Ernesto Geisel.

À medida que a Bipartite progredia, porém, ia ficando claro que o tema mais importante — e ponto mais difícil do relacionamento — eram os direitos humanos, ou, nas palavras de Candido Mendes, a "assistência e conhecimento da situação de elementos presos".[126]

8. A luta contra a censura e a violação aos direitos humanos

As violações aos direitos humanos foram uma das principais razões de ser da Bipartite. A preocupação com elas se originava do objetivo inicial da comissão de aliviar os conflitos resultantes da repressão aos ativistas católicos. Ela cresceu até se tornar o mais importante tema do Grupo Religioso e posteriormente se estendeu e incluiu pessoas de fora do meio eclesiástico.

Embora os bispos ficassem na defensiva quanto à subversão, partiam para a ofensiva quando o assunto eram os direitos humanos. Do ponto de vista da Igreja, os atritos diminuiriam se o governo libertasse pessoas injustamente acusadas e pusesse um fim aos maus-tratos contra seus prisioneiros. O ponto fraco da Igreja eram os padres radicais e bispos excessivamente francos, o do regime, torturadores e carrascos. Especialmente nos dois últimos anos da Bipartite, Candido Mendes, dom Ivo e outros bispos insistiam para que os militares explicassem o paradeiro de desaparecidos e as circunstâncias de fatalidades. O general Muricy e os oficiais dos serviços de informações defendiam a versão dos acontecimentos divulgada pelo regime. Nesse sentido, mostravam-se menos sinceros do que os bispos, que estavam mais dispostos a reconhecer os erros dentro da sua instituição.

A importância da Bipartite para os direitos humanos não estava tanto na libertação em si dos prisioneiros, mas na sua função de servir de voz de oposição. Em contraste com suas posições às vezes contraditórias quanto a questões políticas, o que a Igreja dizia privadamente sobre direitos humanos reforçava de modo consistente o seu discurso público. Não podia haver nenhuma concessão. E quando o regime tentava silenciar as declarações públicas da Igreja, o Grupo Religioso pressionava o Exército nos bastidores. A cultura política facilitava esse processo: um setor da elite, privadamente, apontava os erros do outro. Só depois do começo do governo Geisel a opinião pública passou a se expressar com mais vigor e a ter impacto sobre a política, como ficou evidente nos importantes protestos de dom Paulo e sua arquidiocese de 1975 em diante. Nessa ocasião, o regime já começara a usar a repressão mais seletivamente, não apenas porque as forças de segurança já haviam efetivamente sufocado a oposição,[1] mas também porque a Igreja expusera a existência da tortura. A Bipartite desempenhou um papel fundamental na transformação da tortura em uma questão política.

A tortura não era novidade ou exclusividade do Brasil pós-1964. Ela já fora bastante documentada ao longo da história das civilizações, inclusive algumas presumivelmente avançadas. Os britânicos a empregaram no Quênia, e os franceses a utilizaram na Argélia, por exemplo. O governo dos Estados Unidos, sem fazer alarde, treinou e equipou pesadamente a polícia e o Exército brasileiros para combater as ameaças à segurança interna. Também fez pouco, ou nada, para deter a tortura e os esquadrões da morte; na verdade, funcionários dos Estados Unidos colaboraram com as forças repressoras e forneceram material, como os geradores usados por torturadores brasileiros para aplicar choques elétricos em suas vítimas.[2] A tortura também ecoava poderosamente do passado distante da Igreja. Como o livro *Brasil: nunca mais* reconheceu, os métodos do Estado para lidar com a questão da segurança nacional se pareciam demais com as técnicas da Inquisição, na Idade Média.[3] Os torturadores da América Latina dispunham de fartos exemplos na longa história de suas próprias sociedades. A tortura aparecia de modo proeminente nas sociedades escravocratas toleradas pela Igreja e pelas autoridades durante centenas de anos. No Brasil, a polícia usava rotineiramente a tortura contra os pobres muito antes de 1964 e continuou a agir assim depois de 1985. Incidentes como os ataques de 1997 da polícia contra os residentes da Favela Naval e Cidade de Deus mostram como o problema é profundo.

Os mais importantes líderes militares afirmavam que a tortura não era uma política oficial e que ela não existia ou acontecia raramente. Por duas vezes, Médici deu ordens explícitas contra a tortura a seu ministério:

> Os nossos estão morrendo e têm o direito de revidar com as armas. Esta é uma guerra em que se mata ou se morre. Mas prender alguém para depois submetê-lo à tortura é de tal modo covarde e ignóbil que não posso encontrar palavras adequadas para condenar prática tão sórdida. Proíbo, terminantemente, torturas em meu governo.[4]

As forças de segurança, ou nunca receberam essas ordens, ou as ignoraram por conveniência, pois a tortura se tornou parte da sistemática caça às bruxas do regime contra a oposição. Exceto por um caso (discutido no capítulo seguinte), a tortura praticada pelas Forças Armadas ficou impune durante e após o regime.

No Brasil, nenhuma instituição, inclusive a Igreja, jamais se incomodara em levantar a voz contra a tortura, que se tornou um problema depois de 1964 por uma série de razões. Uma conscientização maior quanto aos direitos humanos se desenvolveu no Ocidente depois das horríveis atrocidades da Segunda Guerra Mundial. No Vaticano II, a Igreja oficialmente adotou a causa dos direitos humanos. A era Médici foi decisiva na construção do compromisso da Igreja brasileira com a luta pelo respeito aos direitos humanos. A tortura afetou profundamente a *intelligentsia* (inclusive a mídia), a classe média e o clero pela primeira vez na história do país, embora o autoritário Estado Novo de Vargas tivesse usado a tortura contra os comunistas e outros supostos inimigos do regime. Além disso, a tortura aconteceu em um ambiente político altamente polarizado, e a oposição se valeu da tortura para criticar o regime dentro e fora do país. A tentativa do regime de minimizar a tortura como um "excesso" excepcional só fez crescer a indignação moral e a habilidade da oposição em aproveitar-se dela.

A BATALHA PELOS DIREITOS HUMANOS NO RIO DE JANEIRO

No início dos anos 70, o Grupo Religioso se tornou parte de um crescente mosaico de grupos da Igreja e de outros, nacionais e estrangeiros, que trabalhavam na defesa dos direitos humanos no Brasil. (O MDB, a Associação Brasileira de Imprensa e integrantes da Ordem dos Advogados do Brasil também assumiram a causa dos direitos humanos, assim como os estudantes e membros de organizações revolucionárias — mas principalmente em meados ou no final da década de 70.) A maior parte das análises sobre a Igreja brasileira aponta corretamente para a Arquidiocese de São Paulo como líder na luta pelos direitos humanos, mas organizações baseadas no Rio de Janeiro também contribuíram de forma significativa. Três dos mais importantes grupos estavam localizados a poucos quarteirões um do outro no Rio — a sede da CNBB na Villa Venturoza; a Cúria da Arquidiocese do Rio de Janeiro no Palácio São Joaquim, e a CJP-BR, a Comissão Pontifícia Justiça e Paz — Seção Brasileira, sediada no escritório de Candido Mendes na praça XV de Novembro. Por causa do prestígio internacional dessas organizações, o Rio de Janeiro se tornou um tipo de central dos direitos humanos. Cada uma tinha um representante na Bipartite.

A CNBB

Nos anos 70, a CNBB tornou-se a voz nacional da Igreja brasileira, divulgando declarações críticas contra as violações dos direitos humanos e a injustiça social e econômica. Dom Aloísio e dom Ivo eram os líderes mais importantes. Seu poder de arbítrio era enorme, pois a CNBB normalmente operava não como uma assembléia geral ou um subcomitê representativo, mas como uma pequena unidade administrativa dirigida pelo presidente, secretário-geral e um pequeno número de assessores. Eles recebiam denúncias de violência quase que diariamente.[5] Além disso, como foi observado nos Capítulos 1 e 5, a sede da CNBB era um dos mais importantes contatos na rede clandestina de informação da Igreja sobre direitos humanos. Minha análise aqui difere da maioria dos estudos sobre a CNBB, que destacam a evolução ideológica da organização de acordo com o que se expressava em pronunciamentos oficiais, dando pouca ênfase às ações concretas em defesa dos direitos humanos.

O núcleo do trabalho de direitos humanos da CNBB era o assim chamado Grupo Não-Violência, inspirado pelas pregações de dom Hélder contra a violência. Como o regime proibira qualquer alusão pública a dom Hélder, os militantes da Igreja propuseram dom Paulo, o novo arcebispo de São Paulo, como líder do grupo. No início de 1971, dom Paulo, dom Waldyr e mais de uma dúzia de outros bispos e membros da Igreja se encontraram na residência do arcebispo em São Paulo, para ratificar a decisão. O combatido dom Hélder também compareceu, passando o cetro a dom Paulo. O grupo estabeleceu o Centro Informativo e Não-Violência e um boletim clandestino sobre direitos humanos. O Grupo Não-Violência encontrava-se anualmente na véspera da assembléia geral da CNBB e chegou a contar com sessenta bispos. Representantes de Igrejas protestantes também participavam.[6]

Dom Eugênio e a Arquidiocese do Rio de Janeiro

O trabalho dos direitos humanos na Arquidiocese do Rio de Janeiro refletia a liderança discreta de dom Eugênio, cuja influência se estendia para dentro da CNBB e da CJP-BR. A atitude de dom Eugênio irritava e confundia pessoas da Igreja e do regime. De um lado, sua abordagem diplomática e mais tradicionalmente patriótica das relações entre a Igreja e o Estado e sua tentativa de "refazer" a imagem que se tinha do Brasil na Europa em relação ao tema dos direitos humanos fizeram com que dom Eugênio ficasse impopular entre os católicos progressistas. Quando se tornou cardeal-arcebispo do Rio de Janeiro, após a morte de dom Jaime de Barros Câmara em 1971, ele assumiu por completo o papel de "príncipe" da Igreja brasileira.[7] Um grande grupo de padres, no Rio, protestou contra a indicação, porque o consideravam muito conservador.[8] Ele irritava os progressistas ainda mais porque insistia em representar a instituição em solenidades cívicas, ao lado de líderes militares. Em contrapartida, o CIE acreditava que dom Eugênio estava "agindo de modo ambíguo, isto é, apoiando ao Governo e à CNBB".[9] Afirmava também que ele, junto com a CNBB, procurava "projetar" Candido Mendes como elo entre a Igreja e o Estado e que isso não passava de um "ardiloso meio empregado pelo Clero progressista".[10] Sua posição pública não engajada permitiu que dom Eugênio se movimentasse em círculos diferentes, nas suas tentativas de proteger pessoas.

O cardeal, algumas vezes, mostrava total hostilidade contra os agentes de segurança. Em 1975, por exemplo, enfrentou agentes do Dops na porta do Palácio São Joaquim, e os proibiu de retornar para fazer perguntas sobre padres radicais. Um dos agentes declarou que foi "dura e hostilmente recebido pelo próprio cardeal d. Eugênio Salle [*sic*], na presença do Chanceler da Cúria Metropolitana, Pe. CANTARELLE". Segundo esse agente, dom Eugênio declarara o seguinte:

> Não adianta insistir a vinda de vocês aqui em minha casa, pois além de não querer prestar informações e colaboração a vocês, do Dops, e outras autoridades, proíbo também que o Padre CANTARELLE preste as devidas informações e colaborações. E ademais, não permito a entrada de vocês em quaisquer partes da "Minha Casa". A não ser só a do Gen. DOMINGUES; pois todos os meus assuntos ou de outra natureza, sempre converso diretamente com o referido General.[11]

Durante os anos Médici, dom Eugênio ajudou dezenas de pessoas, inclusive padres, que foram presas ou ameaçadas pelas forças de repressão.[12] O cardeal foi sempre muito cuidadoso, recusando-se a agir quando não dispunha de todos os fatos. Por exemplo, quando um membro da Federação de Órgãos de Assistência Social e Educacional (Fase), um centro de estudos católico progressista e de oposição ao regime, foi torturado, dom Eugênio decidiu não intervir porque não tinha informações claras. Porém, quando agia, era eficiente.[13] Em alguns casos, recebeu indivíduos em sua casa ou fez com que passassem a noite na residência de funcionários da arquidiocese. Dom Eugênio freqüentemente usava padres idosos acima de qualquer suspeita para ajudarem nessas missões. Às vezes, o próprio cardeal ou um membro da Igreja escoltava pessoalmente, da arquidiocese até o aeroporto internacional do Galeão (hoje chamado Tom Jobim), onde dom Eugênio se movimentava sem a interferência dos homens da segurança, subversivos procurados pela repressão.[14] Além disso, apesar das diferenças ideológicas dos dois bispos, dom Eugênio, não raro, recebia pedidos de ajuda de dom Paulo para libertar pessoas da prisão.[15]

Dom Eugênio protestou com Médici sobre o uso da tortura. Médici admitiu que a tortura existia, mas culpou a desobediência na linha de comando — um modo nada incomum com que os líderes do regime explicavam a violência. Dom Eugênio compreendia as dificuldades de Médici porque, como disse ao general, "eu também tenho ordens minhas que não são cumpridas na minha diocese". No entanto, embora o cardeal buscasse manter o diálogo com Médici, em nenhum momento permitiu que isso fosse considerado aprovação das desculpas que o presidente oferecia sobre a tortura.[16] Em uma ocasião, deixou pessoalmente com o presidente um recado que falava da "importância de localizar um grupo de prisioneiros que havia desaparecido". A solução do caso iria "provar as intenções do governo a respeito dos direitos humanos".[17]

Dom Eugênio era capaz de falar diretamente com os líderes militares sobre violação dos direitos humanos porque eles confiavam no seu bom senso. Durante nossa entrevista de 1995, Candido Mendes explicou esta habilidade:

> *Candido Mendes*: Mas o mais importante é que ele, em matéria de direitos humanos, sabia distinguir muito bem o que eram problemas da chamada guerra revolucionária e problemas do abuso militar frente aos direitos humanos. Isso não para deixar de sustentar a posição religiosa no primeiro, mas para não se expor a um desmentido do que ele disse como essencial à posição da Igreja. Quero dar o testemunho de que todas as vezes que eu levei a ele casos, indistintamente ele forçou a tomada de posição dos militares.
>
> *KS*: Todas as vezes?
>
> *Candido Mendes*: Todas as vezes.[18]

Durante o governo Geisel, dom Eugênio estendeu sua defesa dos direitos humanos aos refugiados políticos da Argentina, Chile e Uruguai. Entre eles, havia guerrilheiros, como os montoneros argentinos. Dom Eugênio recebia os refugiados na residência oficial episcopal. No início de 1976, quando o número de pessoas pedindo asilo aumentou, o cardeal organizou uma rota clandestina para despachar pessoas para o exílio nos Estados Unidos e na Europa. A arquidiocese alugou 62 apartamentos — principalmente em bairros de classe média do Rio, como Flamengo, Botafogo e Copacabana — para abrigar temporariamente os refugiados. No início, cada exilado recebia um pseudônimo, depois um número. Logo depois do começo do programa, as Nações Unidas ofereceram apoio financeiro. Até o final da década, cerca de 6 mil pessoas deixaram o continente por meio desses esforços.[19]

Certa vez, dom Eugênio negociou com um grupo de refugiados políticos que invadiram a embaixada da Suíça à procura de asilo e pediam a intermediação de dom Paulo e dom Hélder. Dom Eugênio prometeu segurança aos refugiados e os levou em seu carro oficial ao Sumaré, à casa do cardeal que ficava no alto da cidade. Lá, eles ficaram por vários meses até que dom Eugênio os escoltou pessoalmente ao aeroporto internacional do Galeão para um vôo para a Suíça.[20]

Ao ajudar refugiados, dom Eugênio sabia que estava violando as leis do regime. Ele atrapalhava a luta contra a subversão bem no quintal do I Exército, o contingente militar mais importante do país, e no meio de um enxame de operações de coleta de informações executadas por órgãos de polícia, o SNI e os três ramos das Forças Armadas. A situação era ainda mais complicada porque o Brasil se recusara a assinar um protocolo de 1967 das Nações Unidas sobre refugiados. Dom Eugênio avisou pessoalmente ao governo sobre a operação com os refugiados. Graças a seu prestígio, o Exército não retaliou nem interferiu.

Em nossa entrevista de 1995, dom Eugênio explicou como ele veio a estabelecer o programa de refugiados:

> Eu comecei a receber os Tupamaros e Montoneros aqui na minha casa. O primeiro chegou à noite, à tarde, e o responsável pelo trabalho social, de Caritas, veio a mim e me disse, "Chegou um Montonero, um Tupamaro", não me recordo, um argentino ou um uruguaio, pedindo ajuda da diocese. Eu sabia que isto era ilegal. Então à noite fiquei sozinho pensando, e foi um dos momentos difíceis para mim tomar uma decisão. Tinha até um grande crucifixo na minha sala. Eu disse, "Vou seguir meu dever de pastor, embora isso contrarie a lei do Brasil". Mas no dia seguinte o chamei e disse, "Pode atender". Então nós atendíamos os refugiados políticos uruguaios, mas eu antes tomei o telefone vermelho que eu tinha aqui. Liguei para o comando militar, e como eu mantinha relação de amizade pessoal — muitas vezes eu tratava por "você", como também me tratava de "você" — eu chamei: "General, quando você souber, quando chegar ao conhecimento dos serviços secretos da Revolução, que os comunistas estão na minha casa, eu estou recebendo os comunistas, eu quero lhe dizer que eu sou o responsável". Ponto final. Então, eu não podia pedir permissão ao general para cumprir meu dever de bispo. Ao mesmo tempo, eu tomei a prudência, e isto é muito dentro de uma linha de evitar área de atrito enquanto possível. Então eu comuniquei isso. Passaram dois a três mil políticos e refugiados aqui na minha casa, e depois as Nações Unidas vieram me ajudar. Continua. Hoje eu tenho 1.800 angolanos aqui no Rio. Hoje é com o ACNUR das Nações Unidas, a diocese do Rio. Então nós atendíamos esses refugiados políticos, e o governo fechava os olhos.

Vista dos jardins do interior do Palácio São Joaquim. No palácio dom Eugênio recebeu refugiados políticos de ditaduras sul-americanas. (*Odir Amorin/Agência JB*)

Então muita gente foi atendida enquanto eles iam para outro país, ficavam aqui meses. [21]

O regime brasileiro nunca aceitou oficialmente os refugiados. A Polícia Federal brasileira, a Interpol (organização policial internacional) e a embaixada argentina sabiam da operação de dom Eugênio e tentavam obter informação da Arquidiocese sobre os refugiados. A polícia chegou a seguir um dos assessores de dom Eugênio até sua casa porque acreditavam erroneamente que essa pessoa estava abrigando estrangeiros. Algumas vezes, mandavam listas de nomes para a cúria. Mas a Arquidiocese se recusava a cooperar. Por exemplo, quando era contatado sobre um indivíduo que estava sendo protegido, dom Eugênio negava informação e mandava essa pessoa embora imediatamente para evitar que fosse preso.[22]

A posição do regime brasileiro ficou mais difícil por causa de seus esforços em cooperar com países vizinhos na caça aos subversivos. O general Muricy ajudou a orquestrar essa cooperação internacional. A partir dos anos 60, a ditadura do presidente paraguaio Alfredo Stroessner colaborou com as autoridades brasileiras. Stroessner recebeu treinamento militar no Brasil no final dos anos 30 sob o oficial Orlando Geisel. Como chefe do EME, Muricy visitou Stroessner para fortalecer os laços entre as Forças Armadas dos dois países. O Brasil forneceu equipamento militar a Stroessner,[23] que deu suporte às advertências de Muricy sobre a infiltração de subversivos entre os jovens.[24] Uma das vítimas da varredura paraguaia contra a esquerda foi Henrique Mariani Bittencourt, detido por duas semanas em 1973 pelo fato de portar literatura subversiva. Bittencourt era filho de Clemente Mariani, presidente do Banco da Bahia e ministro da Fazenda no governo Quadros.[25] Em 1975, Brasil e Paraguai juntaram-se à Argentina, Bolívia, Chile e Uruguai para formar a Operação Condor, um esforço de cooperação policial para capturar subversivos.[26] Dom Paulo e outros ativistas em prol da defesa dos direitos humanos tentaram contra-atacar o Condor por meio do Clamor, uma organização de solidariedade que se concentrava no compromisso com as vítimas de subversão na América do Sul.[27]

Muricy (à esquerda), dona Virgínia e o ditador paraguaio Alfredo Stroessner, em agosto de 1970. Muricy e Stroessner compartilhavam preocupações sobre subversão, e o Brasil forneceu assistência militar ao Paraguai. (FGV/CPDOC, ACM)

Em janeiro de 1972, dom Eugênio deu talvez sua mais forte demonstração de independência dos militares. A polícia queria prender o padre João Daniel de Castro Filho por suspeita de atividades subversivas na paróquia suburbana de Oswaldo Cruz.[28] Segundo um jornal clandestino de oposição, um delegado do Dops torturara uma mulher que fora detida sob a suspeita de distribuir panfletos em nome do padre.[29] Dom Eugênio explicou, em sua entrevista comigo, como ele tentara usar seus contatos de costume para proteger o padre Daniel:

> Houve um problema com ele, e quiseram prender. E eu disse, "Não prendam"[...] Sabiam que estava na minha casa, eu o trouxe para minha casa [...] Nós consideramos o padre em retiro. Mas não havia retiro tão longo, que tem um mês, quinze dias! O padre estava na minha casa. Depois na evolução pediram para o padre dar um depoimento sobre aqueles assuntos. "Pois não." Foi com um bispo, foi à secretaria do Dops dar um depoimento e eles não deixaram o padre sair. Aprisionado.[30]

Dom Eugênio tentou, mas não conseguiu encontrar o general Muricy e outros generais importantes para registrar sua queixa.[31] Em protesto, deixou a Bipartite.

> Eu imediatamente rompi e não fui mais a essa Bipartite. Essa Bipartite terminou assim porque eu me neguei a ir porque não tinham cumprido, não a palavra oficial, mas o *modus vivendi*. Esse *modus vivendi* que eu estou falando [...] Havia toda uma espécie de acordo tácito.[32]

Depois, um juiz mandou soltar o padre Daniel e suspeitos relacionados com ele, e o regime demitiu o delegado que detivera o padre.[33] Vários generais importantes visitaram dom Eugênio na tentativa de convencê-lo a retornar à Bipartite. Ele se recusou.

Em seu relatório secreto sobre o episódio, o general Paula Couto revelou algumas das iniciativas tomadas com o intuito de trazê-lo de volta. E também analisou os motivos da irritação de dom Eugênio. Candido Mendes, escreveu Paula Couto, procurara o professor Padilha e o tenente-coronel Pacífico para transmitir as "aflições" do cardeal resultantes da prisão de padre Daniel.

> Êste fato em si não era o motivo das preocupações de D. EUGÊNIO, mas sim as dificuldades que teve posteriormente para manter o diálogo com as autoridades, diálogo êste necessário para manter seu prestígio junto aos seus subordinados eclesiásticos, atentos para a sua atuação no episódio e para a consideração dada a seu chefe espiritual nos entendimentos decorrentes da prisão.

Em visita ao cardeal no Palácio São Joaquim, Paula Couto tentou saber mais sobre as queixas de dom Eugênio e deu a ele "um certo confôrto moral, assegurando-lhe a possibilidade de um diálogo, pelo menos com um dos membros mais graduados da Bipartite". Dom Eugênio reconheceu as "culpas" do padre Daniel, mas continuava preocupado com a falta de atenção dos generais mais importantes. Uma série de "recados [...] desatenciosos" dos investigadores de polícia preocuparam ainda mais o cardeal.[34]

O comandante do I Exército, general João Bina Machado, e outro general fizeram mais uma tentativa de trazer dom Eugênio de volta para a Bipartite. Dom Eugênio recordou as tentativas de Bina Machado:

> O pacto fechou. Eu protestei. Não fui mais. O general veio aqui [...] Almoçou comigo. Conversou muito comigo. Eu fui irredutível. E era o comandante do I Exército, que hoje se chama Comando Leste, mudou o nome. Mas esse general é irmão de um outro general que eu conheci em Natal, muito católico. Esse não era católico. Era uma pessoa boa. Veio aqui e eu disse que não, eu não iria mais. Insistiram. Não fui. Não fui. Então eu tinha uma posição muito dura nessas coisas.

A saída de dom Eugênio foi um golpe devastador para a Bipartite. Muricy e dona Virgínia ficaram "chocados" após tomarem conhecimento da decisão do cardeal.[35] Dom Waldyr comentou como o incidente afetou o restante da Comissão:

> Eles faziam questão da presença de Dom Eugênio. Já tinha a CNBB como representante, mas Eugênio também participava pois era o homem de confiança deles, e dialogante. Mas chegou um certo tempo que Dom Eugênio rompeu. "Não vou mais lá porque é inútil". [...] Eu sei que, naquela época, quem participava disso era Dom Ivo e ele me comunicou: "Eugênio acha que não adianta mais e não vem mais". Ali começou a comissão a ficar sem força, que a força era a presença dele.[36]

Como tantos outros aspectos do histórico de dom Eugênio, esse incidente diretamente contradiz a visão de que ele era um conservador pró-militar. Também ressalta seu apoio incisivo, embora não raro pragmático, à causa dos direitos humanos. Ele exigia do regime resultados imediatos. Seu protesto veio sem hesitação. O homem de quem as Forças Armadas mais necessitavam, em seu diálogo com a Igreja, saíra de cena.

A Comissão Pontifícia Justiça e Paz — Seção Brasileira

O terceiro grupo importante da Igreja no Rio era a CJP-BR, criada em 1968 como resultado da preocupação do Vaticano II com os assuntos de justiça e paz. Para evitar represálias, a Comissão incluiu em seu nome as palavras "Pontifícia" e "Seção Brasileira", para associar-se à Comissão Pontifícia Justiça e Paz de Roma e, dessa forma, ao prestígio do Vaticano.[37] O primeiro representante brasileiro na entidade romana foi Alceu Amoroso Lima, sucedido no começo de 1970 por Candido Mendes. Dom Eugênio também se tornou membro dessa entidade.

Segundo o critério do Vaticano, o CJP-BR deveria dedicar-se exclusivamente ao estudo dos problemas sociais e outros assuntos relacionados de forma ampla à paz e à justiça. Em março e abril de 1971, o Rio de Janeiro sediou o IV Encontro Latino-Americano Justiça e Paz e o I Seminário Brasileiro Justiça e Paz. Importantes intelectuais de centro-esquerda, como Hélio Jaguaribe, antigo líder do Iseb, e Paul Singer, juntaram-se a Candido Mendes, clérigos proeminentes e outros para discutir assuntos sociais e políticos. Trabalhadores rurais, proletários e demais representantes de movimentos populares foram convidados a falar sobre suas experiências.[38]

Do lado de fora do auditório, um testemunho mais dramático do sofrimento dos brasileiros convenceu o enviado do Vaticano da necessidade de uma defesa dos direitos humanos mais direta e enérgica. Como pessoas chamassem Marina Bandeira, integrante da CJP-BR, para o corredor a fim de pedir ajuda para seus parentes presos, ela convidou dom Joseph Grémillion, o secretário-geral da Comissão em Roma, para ouvir suas histórias sobre a repressão.[39] Esse contato fez com que dom Grémillion autorizasse a CJP-BR a oferecer assistência a prisioneiros políticos, a vítimas de tortura e a suas famílias. Ele aprovou ainda a proposta dos brasileiros de estabelecer novas comis-

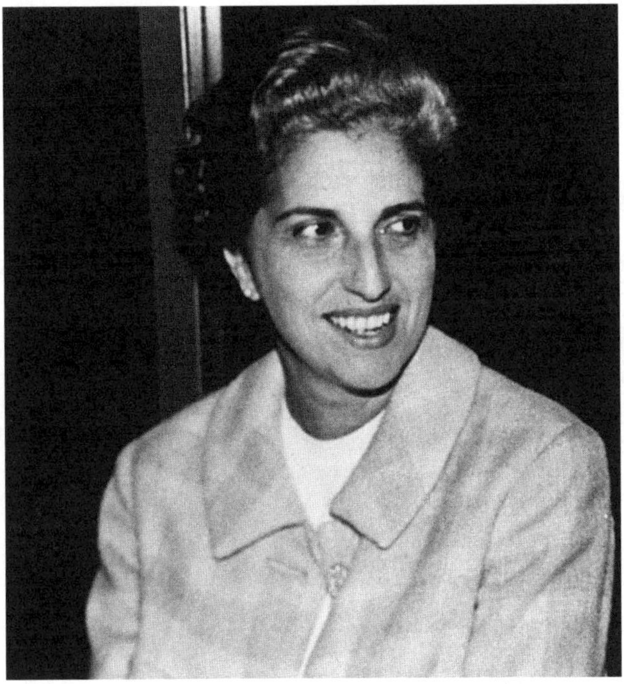

Marina Bandeira, assistente de dom Hélder e de Candido Mendes, ajudou a CJP-BR a se concentrar em violações aos direitos humanos. (Foto pessoal)

sões regionais para cobrir de modo mais eficiente o imenso território do país.[40] Dessa forma, um ano depois de Paulo VI haver feito seu primeiro comentário público sobre a tortura no Brasil, no início de 1970, a CJP-BR recebeu autorização para assumir uma abordagem ativista.

No último dia do encontro, realizou-se uma espécie de versão expandida da Bipartite, na qual o governo teve que trabalhar para rebater imagens negativas do Brasil e, sem dúvida, os testemunhos sobre tortura dados nos corredores. Dom Grémillion, dom Mozzoni, dom Eugênio, dom Aloísio e dom Ivo participaram de um almoço com o general Muricy, oficiais da Situação, Antônio de Pádua Chagas Freitas, o governador da Guanabara, e dois membros do ministério de Médici, João Paulo dos Reis Veloso (ministro do Planejamento) e Antônio Dias Leite (ministro das Minas e Energia). Eles discutiram os problemas sociais e econômicos do Brasil, a segurança nacional, as relações entre a Igreja e o Estado e a publicidade dada à tortura. O general Muricy

O I Seminário Brasileiro de Justiça e Paz, Rio de Janeiro, março de 1971. Na foto de cima, dom Eugênio (em pé) discursa para os participantes. Na mesa, da esquerda para a direita, padre Jesus García, membro da Comissão Pontifícia Justiça e Paz; Alceu Amoroso Lima; dom Umberto Mozzoni; dom Eugênio; dom Aloísio; padre desconhecido; dom Avelar, e Candido Mendes. Na foto de baixo, Marina Bandeira, bispos e jocistas perseguidos pelo regime marcam presença na reunião. (Fotos pessoais de Marina Bandeira)

acreditava que o encontro dera a dom Grémillion uma impressão positiva do regime militar, pois o bispo expressara o desejo de manter o diálogo entre a Igreja e os militares e prometera informar o papa Paulo VI sobre "o crescimento do sentimento da consciência social do militar brasileiro".[41]

A CJP-BR desenvolveu um grande currículo em defesa dos direitos humanos. Ela recebeu e avaliou denúncias de violações de todo o Brasil, acumulando fichas sobre cerca de 2 mil pessoas.[42] O secretário-geral da CJP-BR, Candido Mendes, levou várias dessas acusações para a Bipartite. A CJP-BR trabalhava com os bispos, para localizar prisioneiros políticos e, em alguns casos, ajudá-los a deixar o Brasil, e dava assistência legal a suas famílias. Chefiada pelo advogado Heleno Fragoso, uma rede nacional de 25 bacharéis em direito lidava com os casos da CJP-BR. O trabalho da CJP-BR era não somente religioso, mas político. Ela queria denunciar violações dos direitos humanos ao restante da Igreja e demonstrar que as vítimas não tinham sido esquecidas. Essa abordagem serviu posteriormente de modelo para comissões similares em outros países.[43]

A CJP-BR ajudou a estimular a criação de comissões regionais. Membros desses grupos pertenciam à CJP-BR, que coordenava atividades em nível nacional e conciliava diferenças de abordagem. O mais proeminente era a CJP-SP, fundada por dom Paulo em janeiro de 1972. Por operar na cidade que tinha a repressão mais pesada, a CJP-SP acabou por obscurecer o trabalho das outras, inclusive a CJP-BR. A equipe de bons advogados da CJP-SP ajudou as famílias de centenas de prisioneiros, enquanto o cardeal visitava freqüentemente as prisões e exigia visitas com os prisioneiros. Dom Paulo enfatizava a denúncia pública das violações dos direitos humanos e, entre meados e o final dos anos 70, a CJP-SP liderou a campanha nacional contra a repressão e pela redemocratização.[44] Em contraste, a CJP-BR adotou uma abordagem de discrição inspirada pela diplomacia de dom Eugênio e pela ênfase de Candido Mendes no diálogo. As duas comissões discordavam de forma clara quanto ao estilo e se engajaram ocasionalmente em lutas de poder, mas cooperavam entre si na defesa dos direitos humanos.[45]

O papel vital de Candido Mendes na defesa dos direitos humanos foi além do encerramento da Bipartite em agosto de 1974. Como a ligação com Muricy perdesse importância, o secretário-geral da CJP-BR passou a levar reclamações ao general Golbery, que retornara ao governo como chefe da Casa

Civil de Geisel. Candido Mendes tinha aberto esse canal ao conseguir um longo encontro privado entre Golbery e dom Paulo, um pouco antes da posse de Geisel.[46] Ele foi também anfitrião de um almoço particular com Golbery, dom Ivo e dom Aloísio. Depois Golbery e dom Eugênio se encontraram no Sumaré.

A reunião entre Golbery e dom Paulo animou temporariamente as esperanças por melhores relações entre a Igreja e o Estado e levou a novos contatos entre Golbery e a liderança episcopal. Em meados de 1974, por exemplo, Candido Mendes foi com dom Paulo e outros a Brasília para protestar contra violações de direitos humanos com uma lista de 22 recentes desaparecidos. Um deles era Paulo Stuart Wright, um deputado estadual cassado pelos militares nos anos 60 e mais tarde executado e "desaparecido" no DOI-Codi de São Paulo, devido à sua associação com a Ação Popular Marxista-Leninista, organização revolucionária decorrente da Ação Popular. A vítima era o irmão do ministro protestante Jaime Wright, íntimo colaborador de dom Paulo na luta pelos direitos humanos e suspeito de subversão.[47] De acordo com Jaime Wright, Golbery ficou impressionado com a documentação apresentada por dom Paulo.[48] O general prometeu localizar treze pessoas desaparecidas em São Paulo. No

O general Golbery voltou ao poder durante o governo Geisel e manteve encontros secretos com bispos na tentativa de superar os atritos entre a Igreja e o regime. (Carlos Namba/Abril Imagens)

entanto, quando uma delegação da CJP-BR retornou, um mês depois, Golbery não encontrara uma só pessoa. Ele admitiu que o Exército não tinha controle sobre seus escalões intermediários, nos quais os abusos estavam ocorrendo. O general declarou a Candido Mendes que, a fim de acabar com a repressão, ele iria cortar o orçamento militar e, dessa forma, reduzir a quantia dirigida aos setores repressivos.[49] A pressão da Igreja levou Golbery, um arquiteto da abertura, a tentar influenciar Geisel para acabar com a tortura praticada pelas Forças Armadas.[50]

A BIPARTITE E OS DIREITOS HUMANOS

Porque as campanhas pela defesa dos direitos humanos incentivavam a oposição e manchavam a imagem internacional do Brasil, o governo as classificava de uma tática da guerra revolucionária. Na ótica militar, os campeões religiosos dos direitos humanos se alinhavam com a esquerda e, portanto, com o movimento comunista internacional. *Ipso facto*, a Igreja era subversiva. Por meio da Bipartite, o Grupo da Situação tentava convencer os bispos a baixar o tom das suas mensagens sobre direitos humanos. Do outro lado, o Grupo Religioso exigia que a Situação explicasse e resolvesse casos de violações de direitos humanos.

A crítica militar aos direitos humanos

A Situação mantinha sua postura atacando as declarações dos bispos sobre os direitos humanos. Um exemplo típico foi a análise feita pelo general Adolpho João de Paula Couto do documento de 1973 da CNBB em comemoração do 25º aniversário da Declaração Universal dos Direitos Humanos da Organização das Nações Unidas. Formado na Doutrina de Segurança Nacional, Paula Couto receava que o documento episcopal inspirasse a oposição e criasse mais tensão entre a Igreja e o Estado. O documento "dá força aos contestadores, respaldando a sua nefasta atuação com o apoio oficial da CNBB", escreveu Paula Couto. Depois de consultar dom Vicente Scherer, um conservador que estava descontente com a CNBB,[51] o general concluiu que um pequeno grupo de progressistas orientara erroneamente a maioria desinformada da XII Assembléia Geral da CNBB, levando-a a adotar a "técnica comunista", ao defender os direitos humanos.

Paula Couto criticou quase todos os aspectos do documento — ou encontrando falhas em sua linguagem ou apontando como ele podia ser usado em benefício da oposição. O dever da Igreja de informar a opinião pública ou seu desejo de ajudar os trabalhadores pobres a se sindicalizar, na avaliação de Paula Couto, serviam aos interesses do movimento comunista. A defesa dos direitos humanos se tornou um mero instrumento dos comunistas. Os bispos entenderam mal os métodos anticomunistas do governo. Paula Couto explicou a necessidade da repressão — uma declaração que combinava com a política não declarada do regime de permitir a tortura de prisioneiros políticos:

> O grau de repressão tem de ser proporcional à natureza dos delitos. Se esses são violentos, como os praticados por terroristas, não é lógico que a repressão seja branda. A violentação das mentes, característica da subversão ideológica, também exige repressão, ainda que não implique em violência física. São necessidades elementares da segurança interna em defesa do estado democrático. Invocar tal direito sob o pretexto utilizado representa mais uma contradição do documento, que pretende lutar pela democracia liberal protegendo os maiores inimigos de qualquer democracia.

A crítica dos prelados ao capitalismo encorajava a subversão da democracia liberal, defendida fortemente pela Igreja. O apoio da CNBB a sindicatos, cursos de treinamento teológico, medidas em favor dos pobres e a militância leiga, tudo isso encorajava a "luta de classes" e ameaçava fazer o Brasil retornar à instabilidade política do período pré-1964. O documento dos direitos humanos reforçava a guinada para a esquerda da Igreja por meio da proposta de eliminação de "discriminações existentes dentro da própria Igreja".

> Entre elas, está a "discriminação contra os teólogos que lançam novas idéias". Suspeitamos que a proposição vise os teólogos da libertação, que estão na vanguarda do chamado progressismo católico e que mais têm trabalhado pela esquerdização da Igreja. Defendê-los contra os eclesiásticos que se batem por uma posição correta para a Igreja está bem dentro do espírito geral do documento.

Abandonando sua missão religiosa, a CNBB estava à beira de se tornar um movimento político que ao mesmo se opunha e competia com o governo.

Paula Couto recomendou que o regime neutralizasse a "monstruosa resolução" persuadindo os bispos moderados a reconsiderar seu apoio aos progressistas. Se isso não desse certo, o regime deveria então colocar a Igreja "na defensiva", publicando críticas dos pronunciamentos da CNBB e pressionando o Vaticano a desautorizar as declarações dos bispos sobre direitos humanos.[52] O governo optou por banir o documento dos meios de comunicação de massa, mas a Igreja driblou a proibição fazendo circular mais de 1 milhão de cópias de um panfleto sobre a Declaração da ONU em paróquias e comunidades eclesiais de base (CEBS).[53] Jaime Wright propôs a inclusão de frases da Constituição brasileira, mas dom Ivo rejeitou a idéia como uma provocação desnecessária ao regime. Na quarta edição, foi impresso1,8 milhão de cópias.[54]

Em maio de 1973, o Grupo da Situação criticou com dureza outro documento-chave, o dos bispos do Nordeste intitulado *Eu ouvi os clamores do meu povo*. Esse manifesto denunciava a extrema pobreza do Nordeste, o fracasso do governo na tarefa de diminuir a desigualdade social e as táticas manipulatórias e abusivas do regime.[55] Os integrantes da Situação descreveram o documento como "tendencioso" e "agressivo". O general Muricy informou aos bispos que "é com pesar que o Grupo da Situação vê a elaboração do documento e que, considerando o objetivo de criar um clima alarmante, o Governo impediu sua divulgação". O major Lee disse que o documento "não orienta nem colabora, mas incita e cria antagonismos". O vice-almirante Roberval criticou a menção no manifesto de "terrorismo oficial", "tortura" e "opressão e injustiça". Dom Ivo rebateu declarando que "o Documento tem expressões fortes como terrorismo oficial, mas como chamar a situação de prisões, etc., existentes no RIO e em SÃO PAULO?". O relatório da Situação sobre o pronunciamento concluía que os bispos radicais redigiram o documento para incentivar a esquerda católica brasileira e a opinião internacional sobre dom Hélder em sua luta contra o governo. No encontro seguinte, o general Muricy ressaltou que o documento recebera cobertura da imprensa em Cuba, no Chile e na Europa.[56]

A Situação se esforçou para amortecer outros esforços do Grupo Religioso. Por exemplo, negou um pedido de Candido Mendes para que um bispo fosse admitido no Conselho Nacional dos Direitos do Homem do Ministério da Justiça. Com apoio dos Estados Unidos, o Conselho de fato obstruía a investigação de violações dos direitos humanos. Como alternativa, o general Muricy recomendou que a Igreja inscrevesse padres na ESG e fizesse parte dos seminários da Adesg sobre os problemas nacionais.[57] Depois, a Situação se opôs aos esforços de dom Cândido Padim para criar um "tribunal" de bispos para julgar atos do governo brasileiro. A Situação acreditava que o grupo iria tomar como exemplo o tribunal de crimes da guerra do Vietnã, liderado pelo filósofo e pacifista britânico Bertrand Russell. O tribunal também foi sugerido na declaração da CNBB sobre direitos humanos de 1973. "Parece inacreditável que um conjunto de bispos católicos brasileiros tenha aprovado proposição tão monstruosa, que assume as proporções de um verdadeiro atentado de lesa-pátria", escreveu o general Paula Couto.[58] Um segundo tribunal Russell acabou se reunindo em 1974. Ele criticou as violações dos direitos humanos no Brasil.[59]

Em outro exemplo, o general Muricy expressou receio de que o trabalho da Comissão Pontifícia Justiça e Paz em Roma pudesse gerar atrito entre a Igreja e o Estado. Em vez de tomar posições, ela deveria se concentrar na "conciliação". De seu ponto de vista, ela fizera progressos, ao estabelecer um protocolo que requeria que as denúncias locais do Brasil fossem canalizadas por intermédio da CNBB e reforçadas por ela antes de serem enviadas a Roma. Candido Mendes indicara que os contatos informais entre o Grupo da Situação e dom Grémillion contribuíram para a criação desse mecanismo.[60] Em continuidade a seus esforços para "refazer" a imagem do Brasil em Roma, dom Eugênio teve um papel importante no estabelecimento do protocolo. Num despacho secreto para Brasília, o embaixador Jobim escreveu:

> Numa das últimas reuniões da Comissão Justiça e Paz, logrou o Cardeal Dom Eugênio Sales que êsse órgão não mais se manifestasse pùblicamente sôbre a situação de país algum sem antes ser ouvida a respectiva Conferência Episcopal. Com isso, quis Sua Eminência evitar que órgãos da Cúria Romana de composição heterogênea fizessem manifestações apressadas e em muitos casos infundadas. A moção proposta por Dom Eugênio Sales foi adotada não apenas pela Comissão de Justiça e Paz como também pelo Conselho dos Leigos. Monsenhor Benelli, Substituto da Secretaria de Estado, disse-me ter ficado muito satisfeito com a providência acauteladora do prestígio da Santa Sé sugerida pelo Arcebispo do Rio de janeiro.[61]

O protocolo já surtia efeito. Um pároco escrevera a Roma sobre "irregularidades na área de engenhos em Pernambuco", mas Maurice Cardeal Roy, o presidente da Comissão Pontifícia, encaminhou o caso para a CNBB para avaliação.[62]

As mudanças na Comissão Pontifícia provocaram repercussões na imprensa e nos círculos eclesiásticos e diplomáticos. O embaixador Jobim fez um relatório classificado de "secreto-urgentíssimo". Ele afirmava que a "reorganização" da Comissão "foi apresentada por muitos comentários da imprensa como um ato arbitrário da Santa Sé", numa tentativa de "anular a autoridade daquela Comissão no tocante à defesa dos direitos humanos". Dois membros da Comissão, o padre francês Philippe de la Chapelle e o padre holandês Mark Reuver, colaboraram "contra o Govêrno brasileiro, acumulando material tendencioso contra o nosso Govêrno, material êsse que não poderia deixar de influir contra nós perante as altas autoridades da Santa Sé, que assessoram diretamente o Santo Padre". Esses padres eram os "instigadores dos ataques deturpadores que visaram à reorganização da Comissão Justiça e Paz". Jobim se referia ao padre Chapelle como "um desequilibrado" e desqualificava os dois clérigos como rebeldes contra a hierarquia da Igreja, afirmando que ambos haviam mantido relações com mulheres em Roma.[63]

A Igreja exige uma contabilidade das atrocidades

As disputas mais sérias na Bipartite envolviam reclamações específicas de abusos levantadas pelo Grupo Religioso. Cruzando referências dos documentos do general Muricy com dados do projeto "Brasil: nunca mais" e outras fontes, a Tabela 4 descreve as circunstâncias dos casos discutidos. A maioria dos exemplos aconteceu depois de 1972, quando a Bipartite efetuara uma mudança definitiva do debate ideológico para a resolução de conflitos concretos. À medida que a repressão se aprofundava e as esperanças de colaboração se desvaneciam, a ênfase nos direitos humanos crescia. Embora Candido Mendes e os bispos freqüentemente procurassem ajudar clérigos e militantes leigos, eles também defendiam os membros da oposição secular. Por exemplo, dom Ivo levantou o caso de Joaquim Pires Cerveira, ex-major do Exército que se tornara um revolucionário. A menção a Cerveira ergueu o espectro do incansavelmente perseguido capitão Carlos Lamarca, considerado um traidor por ter se voltado contra o regime. Confirmou-se, mais tarde, que Cerveira estava morto, embora seu corpo nunca tivesse sido recuperado. Os bispos pressionaram a Situação, principalmente no caso de Alexandre Vannucchi Leme, membro da ALN e líder estudantil popular. O Grupo Religioso expandiu o conceito de direitos humanos nele incluindo a preocupação com os parentes das vítimas e com a situação de pessoas comuns pegas em conflitos típicos da época, como camponeses que combatiam empresas agrícolas.

TABELA 4

CASOS DE DIREITOS HUMANOS EXAMINADOS PELA BIPARTITE

Data da discussão	Vítima(s)	Atividades	Comentários
1º de julho de 1971	Empregados de plantações de cana	Nenhuma mencionada	Candido Mendes pediu ao general Muricy para ajudar a resolver o problema.
1º de julho de 1971	Rubens Paiva	Ex-deputado "desaparecido" pelas forças de segurança	Candido Mendes informou à Situação sobre a preocupação de dom Grémillion com o caso.
1º de julho de 1971	Padre Fernando Bastos de Ávila	Diretor do Ibrades	Quarto violado durante a invasão do Ibrades. Mais tarde excluído da investigação militar.
24 de janeiro de 1972	Geomar Ribeiro da Silva, Juarez Monção Virote, Roberto Vicente da Silva, Wanderley de Oliveira	Soldados do 1º Batalhão de Infantaria Blindada em Barra Mansa	Mortos por torturas durante investigação interna alegadamente contra o tráfico de maconha no quartel. Caso denunciado por dom Waldyr e dom Ivo (ver Capítulo 9).
30 de maio, 25 de julho, 29 de agosto de 1973	Alexandre Vannucchi Leme	Líder estudantil da Universidade de São Paulo, membro da ALN	Morreu após tortura no DOI-Codi de São Paulo (ver Capítulo 10)

Data da discussão	Vítima(s)	Atividades	Comentários
25 de julho de 1973	Dom Pedro Casaldáliga, clérigos, agentes de pastoral leigos e numerosos camponeses e índios	Acusados de subversão por envolvimento em atividades da Igreja e conflitos de terra	Dom Ivo denunciou violações aos direitos humanos.
29 de agosto de 1973	Antônio Vieira dos Santos, Benedito Pereira da Silva	Trabalharam pela Operação Esperança, programa social da Igreja no Recife	Presos e mantidos incomunicáveis por vários meses. Localizados por meio da Bipartite e libertados com outros trabalhadores pastorais mantidos como prisioneiros.
26 de setembro de 1973	Numerosos camponeses no Maranhão	Dificuldades com empresas agrícolas	Dom Ivo trouxe o problema para a Situação.
26 de setembro de 1973	Várias	Nenhuma mencionada	Dom Aloísio propõe cuidado pastoral de subversivos presos. O general Muricy promete estudar o pedido.
5 de novembro de 1973	Padre Virgílio Leite Uchôa	Assessor da CNBB e ativista dos direitos humanos, absolvido de acusações, junto com 31 outros clérigos, por ter protestado contra a morte do estudante Edson Luís, em 1968.	Dom Ivo informou que o Dops-GB tinha cortado o passaporte do padre.

Data da discussão	Vítima(s)	Atividades	Comentários
5 de novembro de 1973	Prisioneiros não identificados mantidos no Nordeste	Nenhuma dada	O general Muricy confirmou que as pessoas estavam presas, mas em bom estado de saúde.
5 de novembro de 1973	Todos os prisioneiros	Nenhuma dada	Candido Mendes citou a ênfase em direitos humanos como fundamental para a Bipartite.
24 de março de 1974	Cristina Schroeter Simeão	Ex-freira	Presa durante blitz contra o MPL e interrogada em Petrópolis. Maltratada após transferência para o Deops-SP.
24 de março, 29 de maio de 1974	Waldemar Rossi	Líder operário, membro da CJP-SP	Preso em São Paulo por suposto envolvimento com MPL. Posteriormente libertado.
24 de março de 1974	Maria Nilde Mascelani	Agente de pastoral e professora removida do serviço público. Trabalhou para o Conselho Mundial de Igrejas	Presa em São Paulo durante blitz contra o MPL. Acusada de autoria de literatura subversiva. Torturada no Deops-SP. Por fim, absolvida e libertada.
24 de março de 1974	Parentes em busca de informações sobre prisioneiros por meio da CNBB	Nenhuma mencionada	Candido Mendes obteve consentimento do general Muricy para contar às famílias que seus parentes estavam presos.
24 de março de 1974	Joaquim Pires Cerveira	Ex-major do Exército. Fundou a Frente de	Prisioneiro político exilado do Brasil, depois capturado na Argentina

Data da discussão	Vítima(s)	Atividades	Comentários
		Libertação Nacional, movimento de guerrilha vinculado à ALN e a outros grupos	pela polícia brasileira e aprisionado no DOI-Codi do Rio. Dom Ivo apontou a repercussão negativa do caso na Argentina. Testemunhas relataram que Cerveira foi torturado. Desaparecido, depois confirmado como morto.
24 de março de 1974	João Batista Pereda, também conhecido como João Batista Rita	Nenhuma dada. Pertencia ao movimento guerrilheiro M3G (Marx, Mao, Marighella e Guevara)	Junto com Cerveira, capturado na Argentina e trazido para o Brasil. Desaparecido.
29 de maio de 1974	Fernando Augusto de Santa Cruz Oliveira, Eduardo Collier Filho	Nenhuma dada na Bipartite. Ambos pertenciam à Ação Popular Marxista-Leninista, organização revolucionária decorrente da Ação Popular.	Candido Mendes pediu informações sobre seu paradeiro. Presos pelo DOI-Codi no Rio em fevereiro de 1974. O regime afirmava que Oliveira ainda estava clandestino. Ambos desaparecidos.
29 de maio de 1974	Padre François Jentel	Missionário francês, defendeu camponeses em conflitos de terra com uma grande	Julgado e condenado por violar a LSN. Absolvido após julgamento. Deixou o Brasil depois de Candido Mendes ter negociado

Data da discussão	Vítima(s)	Atividades	Comentários
		empresa em São Félix do Araguaia	com o general Golbery. Após ter retornado, expulso do Brasil em 1975 (ver Capítulo 6 para detalhes)
26 de agosto de 1974	22 casos não identificados	Nenhuma dada	Candido Mendes afirmou que dom Eugênio e dom Paulo encontraram “boa receptividade” com respeito a “casos pendentes”, dos quais restavam 22. Referência ao encontro anterior com Golbery.
26 de agosto de 1974	Sérgio Rubens de Araujo Torres	Membro do MR-8 (Movimento Revolucionário 8 de Outubro)	Candido Mendes perguntou sobre o paradeiro de Torres, que se temia ter sido capturado por agentes em São Paulo numa blitz contra o MR-8. Torres participara do seqüestro do embaixador americano em 1969. Torres estava livre, mas outros membros do MR-8 foram presos.
26 de agosto de 1974	Casos não especificados	Nenhuma dada	Dom Ivo reclamou de “alguns mistérios” em São Paulo “que desmoralizam as afirmações do governo, com a realização de prisões e desaparecimento de pessoas, de forma estranha”.

Data da discussão	Vítima(s)	Atividades	Comentários
26 de agosto de 1974	Theodomiro Romeiro dos Santos	Nenhuma dada na Bipartite. Tinha participado de grupos católicos antes de se juntar ao Partido Comunista Brasileiro Revolucionário	Dom Avelar pediu a redução na pena de prisão perpétua do prisioneiro, inicialmente detido na Bahia e condenado à morte quando era adolescente por matar o sargento da Força Aérea e agente do DOI-Codi Valder Xavier de Lima, quando estava sendo preso por homens da segurança. A Igreja tinha protestado antes contra a adoção da pena de morte pelo regime. Sentença comutada pelo Superior Tribunal Militar para trinta anos ao final de 1974.
Numerosas	Dom Hélder Câmara	Líder dos direitos humanos	Defendido pelos colegas bispos.

Fontes: FGV/CPDOC, Arquivo Antônio Carlos Muricy; Escariz 1980; Arquidiocese de São Paulo 1988; Comissão de Familiares de Mortos e Desaparecidos Políticos et al. 1996; Miranda e Tibúrcio 1999; entrevista com dom Waldyr (1); Sydow e Ferri 1999.

Um dos casos mais proeminentes da Bipartite tratou do político de centro-esquerda Rubens Paiva, que teve seu mandato de deputado cassado depois do golpe. Em 1971, ele foi capturado pelo DOI-Codi no Rio e torturado. Depois do desaparecimento de Paiva, o governo declarou que ele fora seqüestrado das forças de segurança do Exército, mas muito pouca gente acreditou nessa afirmação ultrajante. Quando Candido Mendes transmitiu a preocupação de dom Grémillion em relação a Paiva, o general Muricy disse que nada poderia ser feito porque o caso estava nas mãos dos tribunais. No seu relatório confidencial sobre a Bipartite, a Situação declarou que o assunto estava fora da área de competência da Igreja.[64] Paiva, de fato, fora assassinado na Casa de Petrópolis, um centro de morte do Exército. Seu corpo foi cortado em pedaços e jogado em diversos lugares.[65]

Em meados de 1974, os dois grupos se confrontaram por causa do Movimento Popular de Libertação (MPL), um grupo cristão-marxista fundado por brasileiros no exílio. Como dezenas de outras organizações revolucionárias, o MPL lutava no final dos anos 60 para derrubar o regime. No início da década de 70, no entanto, ele perdeu seu ímpeto original e pode até ter se dissolvido. Mesmo assim, os militares acreditavam que ainda estava ativo e, em janeiro de 1974, as forças de segurança desencadearam uma blitz contra o grupo. No Rio, em São Paulo e em outros lugares, prenderam e torturaram membros da Pastoral Operária e de outros grupos católicos supostamente vinculados ao MPL.[66] Numa completa revelação documentada da tortura, um interrogador do DOI-Codi escreveu que Joaquim Arnaldo Albuquerque, suspeito de ser um dos fundadores do MPL, não podia continuar sendo questionado "por causa do estado de saúde do depoente". Essa declaração está registrada num documento do DOI-Codi passado para o Dops-GB.[67]

Os ataques, aos quais a polícia se referia como "Operação Rapa da Igreja", tinham o claro objetivo de minar a atividade política das bases e a defesa dos direitos humanos.[68] No Brasil, a censura manteve a operação fora do noticiário, mas o jornal *The New York Times* publicou matéria que interpretava as ações dos militares como uma "limpeza" contra a Igreja. "Serviços de segurança mostram um excesso de zelo, influenciando o presidente eleito, general Ernesto Geisel, a manter uma linha dura com a Igreja que abertamente tem criticado o governo militar."[69] Pelo menos vinte militantes da Igreja foram envolvidos. Dom Lucas e dom Paulo enviaram cartas ao clero para denunciar as prisões. Junto com advogados da Igreja, os clérigos conseguiram localizar e obter a libertação da maioria dos prisioneiros.[70] O caso se provou, afinal, mais um exemplo das táticas de escamoteamento empregadas pelos militares.

No encontro da Bipartite de março de 1974, o Grupo Religioso protestou vigorosamente contra as prisões e mostrou preocupação especial com a segurança de Waldemar Rossi, um líder da Pastoral Operária e membro fundador da CJP-SP. O caso de Rossi ficou nas mãos do infame delegado Fleury, um torturador brutal e que dirigiu um esquadrão da morte em São Paulo. Candido Mendes acreditava que a designação de Fleury para o caso Rossi não fora simples coincidência. Dom Lucas notou o "clima de ansiedade" em relação a Rossi e falou de "antecedentes graves de rancor à Igreja e fama, no Dops, de ser eficiente e mau. Assim, as declarações de Waldemar Rossi poderiam ter sido obtidas sob esse clima de medo e coação". A Situação contestou esses relatos.[71] Em maio, Candido Mendes e os bispos exortaram a Situação a obter informações sobre Rossi e outros suspeitos do MPL presos.[72]

Rossi afinal foi libertado, mas outros apanhados pelo arrastão policial desapareceram. No encontro de maio de 1974, Candido Mendes procurou saber do paradeiro de Fernando Augusto de Santa Cruz Oliveira e Eduardo Collier Filho, militantes da Ação Popular Marxista-Leninista. Nenhum deles fora visto desde sua prisão em fevereiro de 1974. Era o segundo encontro de Collier Filho com o regime porque, quando estudante, em Salvador, fora preso em 1969 por atividades subversivas. Candido Mendes entregou ao general Muricy cópia de uma petição feita pelas famílias das vítimas ao general Golbery. Numa resposta típica, Muricy afirmou que requisitara à polícia e às organizações de segurança dados sobre os desaparecidos e não havia registro de sua prisão. Ele sustentou que Oliveira e Collier Filho provavelmente tinham caído na clandestinidade após terem ouvido falar da operação contra o MPL. Nenhum deles jamais foi encontrado.[73]

A intransigência dos militares quanto aos direitos humanos significava que a maioria dos casos não era resolvida. Mesmo a campanha pública pelos direitos humanos realizada pela Igreja em São Paulo libertou uns poucos prisioneiros, embora provavelmente tenha prevenido abusos.[74]

Por meio da Bipartite, no entanto, o Grupo Religioso localizou dois trabalhadores de pastoral que desapareceram do Recife em julho de 1973. Os parentes e colegas de Antônio Vieira dos Santos e Benedito José Pereira procuraram por eles sem sucesso na polícia local, na Polícia Militar, em hospitais públicos e no necrotério. Dom Hélder contatou um juiz da região, que relatou, vários dias depois, que a Polícia Federal não tinha nenhuma informação. Depois que dom Hélder notificou a CNBB no Rio, o Grupo Religioso levantou o assunto duas vezes na Bipartite. Na primeira, a Situação não tinha conhecimento do caso; mais tarde, o general Muricy, cujo passado no Recife lhe dava certa autoridade ali, revelou que os homens estavam presos no quartel do Exército na cidade. Dom Hélder usou a resposta de Muricy para pressionar o comandante local, general Walter Menezes Paes, a fornecer mais detalhes sobre a situação dos dois homens.[75] Eles foram libertados mais tarde, bem como outros agentes de pastoral presos na mesma instalação.[76] Muricy realizara uma tarefa nada desprezível, considerando o tamanho do Brasil, a insubordinação entre as numerosas unidades de segurança, as constantes alterações de identidade e localização de prisioneiros e a falta de acesso a eles da parte do próprio governo central.[77]

CENSURA: A TENTATIVA DE CALAR A "VOZ DOS QUE NÃO TÊM VOZ"

O governo Médici aumentou o controle sobre os meios de comunicação de massa como parte da política de segurança nacional e dos esforços propagandísticos a favor do milagre econômico. Em um nível, o Estado investia maciçamente em infra-estrutura de telecomunicações e ajudava a estimular o crescimento dos meios de comunicação, em particular da televisão. Os poderosos interesses da mídia apoiavam o regime. Em outro nível, o Estado combatia a subversão com numerosas táticas: plantava notícias falsas; fazia pressão financeira sobre donos de veículos de comunicação que não se dispunham a cooperar; intimidava e prendia jornalistas; invadia, jogava bombas e praticava outras formas de violência tanto contra jornais do *establishment* quanto contra os de oposição. O instrumento mais utilizado era a censura. As autoridades enviavam centenas de ordens escritas e orais para que fossem cortadas matérias dos jornais e dos noticiários de rádio e de tevê. O teatro, o cinema, as artes plásticas, a música e a literatura também foram atingidos. Censores apreendiam edições inteiras de jornais e fechavam estações de rádio. Diante das ordens do governo, praticamente todos os jornais concordaram com alguma forma de autocensura. Em casos extremos, os militares, e mais tarde agentes da Polícia Federal, ocupavam as redações e as gráficas de alguns jornais. Entre os tópicos mais freqüentemente censurados estavam as forças de segurança, a guerra de guerrilha, a política interna dos militares, as dissidências pacíficas com o regime, as violações contra os direitos humanos, as relações entre a Igreja e o Estado e líderes específicos da oposição, como dom Hélder.[78]

Lutar contra a censura era uma novidade para o catolicismo. Como inimiga da modernidade, a Igreja tinha uma história secular de oposição a heresias e idéias que ameaçassem o monopólio intelectual do clero. No século XIX, o famoso *Syllabus* de Pio IX ressaltou os erros do mundo moderno, entre eles a liberdade de pensamento e de expressão. Só depois da Segunda Guerra Mundial a Igreja se declarou a favor da liberdade de imprensa e da importância da opinião pública como instrumento de garantia da democracia. E só em 1953 o papa Pio XII renunciou à censura papal ou estatal sobre a imprensa. Mesmo assim, a Igreja ainda tentava exercer controle moral sobre as formas emergentes de comunicação de massa. Em 1971, a instrução pastoral *Communio et Progressio*, de Paulo VI, marcou uma mudança abissal no pensamento católico sobre os meios de comunicação. Pela primeira vez, a Igreja viu a comunicação moderna como uma força a ser entendida — e, mais importante, usada — no processo de evangelização. No Brasil, isso levou à expansão e à profissionalização da mídia católica. Assim, em 1971, a CNBB acrescentou um departamento de comunicação a suas mais importantes atividades pastorais. Além disso, por coincidir com os piores anos da repressão, a nova atitude fomentou a proliferação de publicações populares e redes de notícias informais.[79]

A Igreja brasileira foi um alvo preferencial da censura. O governo fechou diversas estações de rádio, impediu a publicação e distribuição de documentos episcopais, e usou a Bipartite para pressionar os bispos para que evitassem, baixassem o tom ou voltassem atrás em suas declarações. A campanha contra a Igreja se tornou mais intensa quando o clero assumiu seu papel de ser "a voz dos que não têm voz". Um exemplo perfeito foi o semanário arquidiocesano *O São Paulo*, sujeito a censura prévia de 1971 a 1978. Sob a égide de dom Paulo, o jornal publicava comentários políticos e notícias das atividades da Igreja. Toda semana, um assessor do comando do II Exército era uma das primeiras pessoas a comprar um exemplar.[80] Os censores primeiro telefonavam para os editores com ordens que proibiam diversos assuntos (São Félix do Araguaia e JOC, por exemplo). Depois, por ordem do ministro da Justiça Buzaid, a Polícia Federal colocou um agente na gráfica. A agência retirou dezenas de matérias das páginas de *O São Paulo*. Essas ações tiveram impacto sobre os mais altos escalões da Igreja porque os cortes incluíam comunicados oficiais da CNBB . Dom Aloísio e dom Ivo protestaram a Buzaid, e dom Aloísio ameaçou reportar os incidentes diretamente à imprensa estrangeira.[81] Em 1977, *O São Paulo* tentou, sem êxito, acabar com a censura na Justiça sob o argumento de que era inconstitucional.

Dom Lucas criticou o regime por censurar o jornal católico O São Paulo *e fechar a Rádio Nove de Julho, da arquidiocese de São Paulo.* (*Acervo Última Hora/Folha Imagem*)

O Grupo Religioso entrava em confronto com a Situação por causa do controle das notícias. Durante o debate a respeito do documento episcopal *Eu ouvi os clamores do meu povo*, na reunião da Bipartite de maio de 1973, o major Lee atacou dom Lucas por não levar em conta seus avisos sobre *O São Paulo*. O jornal "insiste em veementes críticas ao Governo" e foi o único a desobedecer a proibição à veiculação de *Eu ouvi os clamores*. "Fez um editorial e de modo desairoso para o governo", reclamou Lee. "Não é possível 'O São Paulo' prosseguir neste procedimento". Dom Lucas liderava a área de comunicações da Arquidiocese de São Paulo e também da CNBB e, assim, falava em nome do episcopado inteiro sobre assuntos de imprensa. Ele descreveu o comentário de Lee como "veemente" e interpretou as palavras do major "como um ultimatum". Dom Lucas preferia "O SÃO PAULO fechado do que amordaçado". Lee retorquiu: "O Jornal teve uma atitude de provocação, pois sua Direção sabia que o Documento estava impedido de circulação e, no entanto, fez publicar um Editorial daquele teor". Dom Lucas respondeu de novo, declarando que o jornal tinha interpretado "o Manifesto como um documento da Igreja, razão pela qual julga que devesse publicá-lo".[82]

Na reunião da Bipartite de julho de 1973, dom Ivo apresentou exemplos de ordens por escrito de censores como prova de como se proibiam reportagens sobre os bispos e sobre a CNBB. O general Muricy afirmou concordar com algumas das decisões dos censores, embora alegasse ignorância a respeito das razões por que se estava silenciando a CNBB. O general contestou as reclamações dos bispos afirmando que o governo censurava filmes, peças de teatro e publicações pornográficas que ameaçavam a Igreja. "Tudo que desorganiza a família deve ser censurado", disse Muricy. "Esta tem sido a preocupação do Governo."[83] Num encontro subseqüente, Muricy distribuiu cópias de normas para os censores de cinema como prova complementar do "respeito às normas da moral e à Igreja" por parte do regime. Essas declarações refletiam as convicções religiosas de Muricy, mas também a maneira pela qual os militares conservadores usavam a moral tradicional como forma de regular o conflito entre a Igreja e o Estado.[84]

O general Sampaio se recordou, mais tarde, como o Grupo da Situação trouxe material apreendido para a reunião da Bipartite de julho de 1973, na Villa Venturoza, para demonstrar sua seriedade na luta contra a disseminação da pornografia:

> Me lembro [...] [da] justificativa do SNI em estar brecando ou bloqueando a chegada daquelas publicações pornográficas que chegavam através das embaixadas e dos correios, e que uma vez até houve um constrangimento muito grande do Muricy. Aquilo era umas revistas escabrosas com fotografias muito indecentes. O Muricy ficou tão afobado com o problema. E que estava mostrando ali, bateu, caiu uma no chão, espalhou aí, e veio o Dom Ivo ajudar catar aquilo com aquelas fotografias. Você imagina! Um bispo lendo aquelas coisas todas! [rindo].[85]

As explicações de Muricy a respeito dos controles do governo enfraqueceram os argumentos dos bispos contra a censura porque alguns, como dom Eugênio, de fato acreditavam que material imoral deveria ser proibido.[86] A implicação era de que, se a Igreja queria a ajuda do Estado contra a depravação, deveria aceitar também a campanha contra a subversão.

O incisivo dom Ivo não se deixou enredar por esse tipo de argumenta-

Dom Ivo rejeitou o pretexto de Muricy sobre o banimento da pornografia e exigiu o fim da censura às publicações da Igreja. (*Arquivo Nacional*)

ção. Em agosto de 1973, ele reclamou contra a censura à CNBB. O general Muricy explicou que conversara com as autoridades federais em Brasília, as quais afirmaram

> não haver qualquer ordem ou recomendação para que tal censura fosse realizada. Ficaram essas autoridades de falar com o General BANDEIRA para recomendá-lo sobre a necessidade de fazer cessar essa prática. Ficou esclarecido, no entanto, que deveriam ficar bem conhecidas as responsabilidades de quem publicasse artigos tendenciosos.

O general Antônio Bandeira, um linha-dura, era o chefe da Polícia Federal. Dom Ivo respondeu com uma ameaça. Afirmou que sabia quem era o responsável pela censura à CNBB, "mas que evitava mencionar seu nome pois não desejava 'ver a caveira' desse cidadão; somente em último caso, revelaria sua identidade, caso não cessasse a censura".[87]

O debate sobre a censura esquentou de novo no encontro da Bipartite de setembro de 1973, na Villa Venturoza. O general Muricy criticou *O São Paulo* por seu comentário desfavorável em relação ao orçamento federal de 1974. "Segurança primeiro, depois o homem", dizia o título.

> O Exército receberá mais que o Ministério da Educação, segundo aquinhoado entre os demais. Cada brasileiro contribuirá com 10 dólares para o orçamento militar do País. Esses dados não exigem muita reflexão, para provar que estamos supervalorizando os gastos militares em detrimento das despesas sociais, que visam à promoção das massas trabalhadoras e dos mais carentes da população brasileira. Mais uma vez, o critério segurança nacional vem à frente do critério homem. Nossa consciência humana e cristã não pode aplaudir tal situação.[88]

O general Muricy argumentou que as verbas para as Forças Armadas não se destinavam apenas a armamentos, mas também ao desenvolvimento econômico do Brasil. O comentário de *O São Paulo* deveria ser reconsiderado, acrescentou. Dom Lucas disse que desaprovara o artigo e dissera isso ao autor. Ele deu seqüência a essa resposta tímida com um protesto contra as restrições a *O São Paulo*, assim como ao jornal *O Estado de S. Paulo*, proibido de publicar assuntos controvertidos a respeito da Igreja. Pediu ao general Muricy para que intercedesse junto ao general Bandeira pela Igreja ou para que arranjasse um encontro com ele.[89]

O major Lee defendeu o governo. Falou aos bispos que eles deveriam criticar a censura muito mais rígida da União Soviética, que não tolerava nenhuma notícia negativa sobre o país; no Brasil, os censores realmente permitiram a publicação de críticas como as publicadas por *O São Paulo*. Lee ainda relembrou o Grupo Religioso que a censura política às vezes beneficiava a Igreja. Citou o exemplo de um católico do Recife que escreveu uma carta à imprensa atacando o clero local por ter se recusado a sepultar o corpo do pai desse fiel. Os censores impediram que a carta saísse nos jornais "a fim de que a imagem da Igreja fosse preservada". Dom Lucas e dom Fernando Gomes discordaram e afirmaram que a carta deveria ter saído para que dom Hélder "pudesse tomar as providências cabíveis". Lee disse que o arcebispo já possuía uma cópia.[90]

A abordagem brutal contra *O São Paulo* se estendeu à rádio da Arquidiocese, a Nove de Julho, cujo nome era uma homenagem à rebelião malsucedida do estado de São Paulo contra o governo central em 1932. A Arquidiocese ganhou a rádio de presente do governo em 1954, durante as comemorações do quarto centenário da cidade de São Paulo. Em 1973, a burocracia em Brasília praticamente aprovara a rotineira renovação da licença da rádio por dez anos.[91] Em 3 de outubro de 1973, véspera do terceiro aniversário de dom Paulo como arcebispo, o presidente Médici subitamente ordenou que a estação fosse fechada. A Rádio Nove de Julho tinha o segundo mais poderoso transmissor entre os das estações de rádio católicas do Brasil. Sua importância crescia pelo fato de a maioria das outras 117 rádios católicas terem um sinal muito fraco e, por isso, pequena cobertura geográfica. A Igreja esperava que os direitos para a Rádio Nove de Julho operar em ondas curtas internacionais fossem cortadas sob as novas regras do regime, mas o cancelamento da freqüência nacional foi uma surpresa absoluta. A ordem de Médici veio sem nenhuma explicação. O coronel Hygino Caetano Corsetti, ministro das Comunicações, primeiro citou motivos "técnicos" e depois fez a absurda acusação de que a estação, aprovada pelos regulamentos do governo, estivera transmitindo "clandestinamente". Uma resposta mais clara foi dada pelo deputado Clóvis Stenzel, um inimigo visceral da Igreja. Ele citou "motivos políticos", provocados pelo fato de a estação transmitir críticas contra o governo em vez de programas dedicados "à salvação das almas, à conversão dos incrédulos ou mesmo à educação e recreação do povo".[92] Protestos de ouvintes fiéis — inclusive anúncios publicados em *O São Paulo* e um telegrama assinado por quinhentos padres e enviado a Médici — foram inúteis. Dom Paulo teve que vender o equipamento da estação e arrumar dinheiro por intermédio de uma campanha especial de doações para pagar direitos trabalhistas no valor de quase 100 mil dólares aos funcionários que ficaram sem emprego.[93] Esse incidente prejudicou ainda mais as relações entre o governo e o Vaticano.[94]

Na reunião da Bipartite em 5 de novembro de 1973, último dia de operação da rádio, dom Lucas protestou. Dom Aloísio acrescentou que circulavam rumores sobre a possibilidade de ser fechada a sua estação arquidiocesana em Fortaleza. Dom Ivo e dom Lucas lembraram à Situação que as rádios católicas ajudavam a integração nacional do Brasil.[95]

Depois, numa carta aos fiéis de São Paulo, dom Lucas atacou duramente o raciocínio do regime. Ele abandonou sua cuidadosa mineirice e revelou substancial poder literário e indignação:

> Devo perguntar a quem de direito de uma emissora clandestina se daria ao trabalho de pleitear, através de um complicado e volumoso "dossier", a renovação de sua concessão [...] Se o Ministério da Educação solicitaria a uma emissora clandestina a veiculação gratuita de matéria sobre recrutamento militar e figuras das Forças Armadas. Se a Aerp (Assessoria Especial de Relações Públicas da Presidência da República) confiaria a uma emissora clandestina matéria publicitária inclusive sobre obras governamentais. Se uma emissora clandestina transmitiria a VOZ DO BRASIL.[96]

A Igreja insistiu, mas não obteve nenhuma justificativa oficial para o fechamento da rádio. O governo teve claramente o objetivo de punir a Arquidiocese devido à franqueza de dom Paulo. Ainda assim, o Grupo da Situação era mais flexível e de fato esperava fazer com que o episódio se transformasse em vantagem adicional para o regime. Numa reunião particular na manhã de seu encontro de maio de 1974 com os bispos, a Situação soube, pelo general Muricy, que ele estava tentando obter permissão para a Arquidiocese abrir uma outra estação de rádio. Os outros membros da Situação concordaram, mas com a condição de que o poder dos transmissores fosse limitado. Argumentaram que essa solução poderia ser favorável aos candidatos "mais conservadores" nas eleições da CNBB que se aproximavam.[97] Se tivesse ocorrido tal resultado, poderia ter causado a volta da conferência à política de aquiescência do período entre 1964 e 1968. Os progressistas como dom Ivo perderiam sua plataforma para denunciar o regime.

No entanto, Muricy não foi bem-sucedido. A Arquidiocese de São Paulo continuou sem estação de rádio até o fim da ditadura. Três meses depois, em agosto de 1974, a Bipartite realizou seu último encontro. O pior da repressão passara, e a oposição começava a ganhar força. Finalmente, em 1978, o governo acabou com a censura, permitindo o surgimento de várias publicações de oposição e restaurando a liberdade para *O São Paulo* e outros jornais. Só em 1996, entretanto, a Arquidiocese de São Paulo reconquistou o direito de transmissão da Rádio Nove de Julho.

Na área dos direitos humanos, os bispos não conseguiram o tipo de concessões que eles próprios fizeram nas questões políticas. Isso não é surpreendente, dada a força dos linhas-duras e das forças de repressão nesse momento da história do regime. Mesmo assim, o Grupo Religioso desafiou, sem descanso, a Situação no tema dos direitos humanos e conquistou algumas vitórias políticas.

A luta da Bipartite na área dos direitos humanos e da censura complementava a disputa pública mais ampla entre a Igreja e o Estado. Enquanto o medo e a guerra contra a subversão afligiam o Brasil entre 1970 e 1974, a Igreja levantava cada vez mais a sua voz contra os abusos. Como a repressão e a censura com freqüência abafassem essa voz, restou o Grupo Religioso para fazer frente aos militares, nos bastidores, exigindo informações sobre prisioneiros políticos e vítimas de tortura. Com a linha dura no poder, o Grupo da Situação não cedia. Mas o Grupo Religioso manteve a pressão sobre o regime. Os bispos revelaram a política de dissimulação dos generais na área dos direitos humanos. Uma das mais expressivas frases da Situação em seus relatórios após as reuniões pode ser encontrada na última ficha após o encontro final da Bipartite em 26 de agosto de 1974: "Ficou patenteada a firme intenção do Grupo Religioso, nesse caso liderado pelo Prof. CANDIDO MENDES, em persistir na busca do paradeiro de elementos citados como 'casos pendentes', isto é, de pessoas que consideram como desaparecidas ou foragidas".[98] Como uma colaboradora de Candido Mendes recordaria anos mais tarde, a participação dos bispos na Bipartite impediu que os militares pudessem afirmar não ter conhecimento das violações aos direitos humanos.[99] Como o próprio Candido Mendes lembrou, a circulação de informações sobre os abusos provocou crescente *awareness* sobre os direitos humanos. A acumulação de denúncias feitas pelo Grupo Religioso e outros da Igreja ajudou a demonstrar que a violência atingira seu "ponto de saturação", fazendo Geisel reagir contra ela.[100] No começo de seu mandato, Geisel chamou o general Milton Tavares, o chefe do CIE sob o governo Médici, para que ele lhe fizesse um relatório completo sobre a repressão.[101] A partir daí, pediu relatórios mensais sobre a prisão e a libertação de prisioneiros políticos.[102] A autonomia das forças de segurança era um assunto que dividia os militares e ajudou Geisel a dar início à liberalização política. O Grupo Religioso confirmou e reforçou o compromisso da Igreja com os direitos humanos que se transformaria num marco da abertura.[103]

Como os militares corretamente perceberam, os direitos humanos eram uma questão profundamente política. Os dois lados tendiam na direção de seus próprios interesses. A Igreja, no entanto, enfrentava limites à freqüência e ao caráter de seus protestos. Reiteradas vezes, a Situação tentou, de todas as formas, abrandar suas críticas, estivessem elas expressas em linguagem escrita, oral, ou simbólica. A Igreja selecionava bem os seus casos e se fortalecia com os equívocos das forças de repressão na escolha de suas vítimas e com suas explicações despropositadas para prisões, desaparecimentos e mortes.

O general Muricy demonstrava algumas tentativas de boa vontade. Mas assim como a Igreja tinha suas restrições, o general Muricy também tinha as dele. Se a comissão concedesse demais ou parecesse ser muito amiga da Igreja, a linha dura poderia facilmente justificar a sua extinção.

9. Morte em Barra Mansa: a admissão e a punição da tortura

A Bipartite e outros canais secretos de diálogo desempenharam papel significativo, ao denunciarem um dos mais horrorosos incidentes do regime e, de fato, de toda a história das Forças Armadas brasileiras — a morte por tortura de quatro soldados no quartel de Barra Mansa. Sob a alegação de estarem investigando uso ilegal de drogas, oficiais do serviço de informações no 1º Batalhão de Infantaria Blindada (1º BIB) detiveram os soldados Geomar Ribeiro da Silva, Juarez Monção Virote, Roberto Vicente da Silva e Wanderley de Oliveira. Os quatro morreram de uma variedade de torturas. Tinham apenas dezenove anos. Os assassinos algemaram suas vítimas, socaram-nas com mãos enluvadas, chicotearam-nas com cintos e fios elétricos, furaram suas unhas, queimaram seus dedos, bateram nelas com um cano de ferro e uma palmatória com dimensões de um tacape de índio, aplicaram-lhes choques elétricos, submeteram-nas ao suplício das latinhas e usaram uma prensa manual para esmagar os pés dos soldados e as cabeças de Vicente e Geomar. Para acobertar o crime, simularam uma cena de fuga, afirmando que Wanderley e Monção desertaram após terem matado os outros dois. Na realidade, os criminosos decapitaram o corpo de Wanderley e o jogaram dentro de uma represa; queimaram e despejaram o corpo de Monção em Bananal, no estado de São Paulo. Outros onze soldados também foram torturados.

Este capítulo examina a história de violências no batalhão de Barra Mansa e as denúncias do bispo local, dom Waldyr Calheiros de Novaes. Violência e tortura nas Forças Armadas não ocorreram apenas nesse período; no começo dos anos 50, por exemplo, a hierarquia militar reprimira febianos nacionalistas.[1] Em 1964 um sargento do Exército morreu, provável vítima de torturas dentro da unidade onde atuava.[2] No entanto, esse incidente oferece especial ilustração sobre como os abusos contra os subversivos começaram a minar a instituição militar exatamente porque a tortura por parte das forças de segurança se generalizara tanto durante os anos Médici. A apresentação das acusações de dom Waldyr na Bipartite impediu o acobertamento das mortes e contribuiu para forçar os militares a investigar, revelar e punir a prática da tortura — o único episódio em que fizeram isso durante os 21 anos de seu regime. Aqui, pela primeira vez na literatura histórica do Brasil, os detalhes desse incidente e das conversações secretas a seu respeito vêm à luz.[3]

Fui o primeiro pesquisador a descobrir provas documentais das investigações de Barra Mansa, que foram realizadas em segredo. O conjunto completo de documentos militares sobre o caso provavelmente foi destruído ou está trancafiado; em muitas ocasiões, jornalistas brasileiros e eu mesmo fomos incapazes de ter acesso a ele. Em março de 1997, entrevistei o juiz militar aposentado que presidiu o caso, Helmo de Azevedo Sussekind, em seu apartamento em Ipanema. Civil, o juiz Sussekind dedicara 41 anos à Justiça Militar e, para sua grande frustração, caiu na aposentadoria compulsória em 1994, quando atingiu a idade de setenta anos. Ele a descrevia como uma "aposentadoria violenta". Ainda falava com paixão sobre seu trabalho e me explicou pacientemente a história e os procedimentos do sistema. Enfatizou que a Justiça Militar era "democrática". No começo de nossa entrevista, o juiz Sussekind me contou que revirara sua casa de campo em Petrópolis no fim de semana anterior e descobrira uma cópia da sentença redigida por ele. Agora, 24 anos depois, ela se transformara em valioso documento histórico — a única cópia conhecida da sentença. Ele gentilmente permitiu que eu a fotocopiasse. Ela contém os detalhes das atrocidades, a investigação subseqüente feita pelo Exército e o sumário das atas do processo feito pelo juiz.[4] Detalhes adicionais sobre as atrocidades estão disponíveis em documentos da Justiça Militar e da Igreja, que dom Waldyr guardara no arquivo de sua diocese.[5]

O desafio de entender esse incidente me levou a visitar a região de Barra

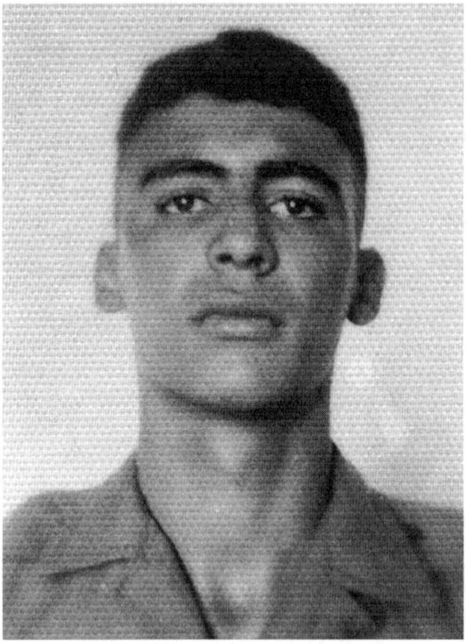

Geomar Ribeiro da Silva foi esmagado até a morte pelos seus superiores do Exército. (Foto de família)

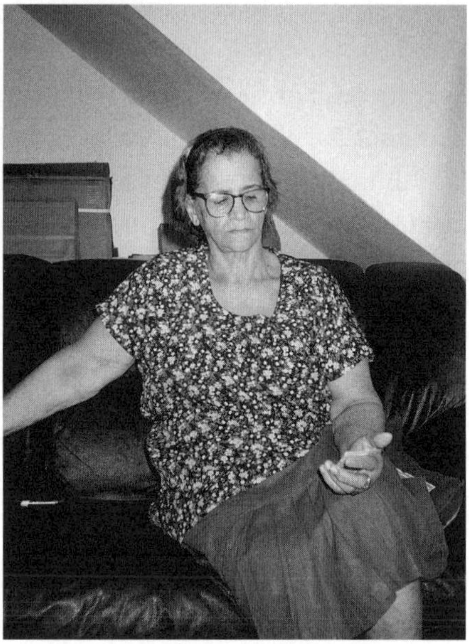

Evangelina de Assis Ribeiro olha uma foto de seu filho Geomar. (Foto do autor)

Os torturadores do soldado Juarez Monção Virote incendiaram seu corpo. (Foto de família)

O acobertamento do crime pelo Exército impediu que o pai de Juarez, Pedro Paulo Virote, soubesse da morte do filho durante semanas. (Foto do autor)

Acusado inicialmente de ter usado maconha, o recruta Roberto Vicente da Silva foi mais tarde enterrado com todas as honras militares. (*Foto de família*)

A mãe de Vicente, Maria Aparecida de Jesus da Silva, lavava roupas para sobreviver. (*Foto do autor*)

Mansa e Volta Redonda em várias ocasiões para entrevistar parentes das vítimas e para visitar o local do que antes fora o 1º BIB. Os detalhes do incidente permaneciam vivos nas mentes dessas pessoas, e a dor e a tristeza de suas perdas apareceram em nossas conversas. Lembrando as ameaças dos militares contra eles, alguns ainda demonstravam receio em discutir o assunto. Também falavam com profundo senso de terem sido vítimas de injustiças. Talvez a mais impressionante tenha sido Geralsélia Ribeiro da Silva. Ela tinha boa memória e demonstrava firmeza de convicção e força interior — qualidades que a ajudaram a sobreviver aos difíceis momentos da prisão e morte de seu irmão Geomar. Todos eram pessoas simples das classes trabalhadoras. Dona Maria Aparecida de Jesus da Silva, lavadeira, tinha apenas uma foto desbotada e embolorada de seu primeiro filho, Vicente, que nela trajava seu uniforme militar. Também entrevistei dom Waldyr, conhecido em Barra Mansa e Volta Redonda como firme defensor das causas dos trabalhadores e crítico do governo e dos militares. Conforme suas convicções políticas, as pessoas o amam ou o odeiam. A morte dos quatro soldados permanece um assunto delicado para outras pessoas na comunidade de Barra Mansa e Volta Redonda. Quando concordei em falar sobre o incidente na Universidade de Barra Mansa, algumas pessoas ficaram apreensivas quanto à possível reação da platéia. Fui bem recebido, mas também percebi que tocara num assunto difícil. No Rio de Janeiro, encontrei o general Mário Orlando Ribeiro Sampaio, que, como coronel, liderara a investigação das mortes, e o general Augusto César da Fonseca Lessa, um dos oficiais que participaram do julgamento dos acusados de tortura. Ambos demonstraram relutância, mas finalmente concordaram em falar sobre o caso.

TORTURA NOS QUARTÉIS

A região de Barra Mansa-Volta Redonda tem ocupado um lugar importante no imaginário nacional desde a construção da Companhia Siderúrgica (CSN) na década de 40. Localizada entre o Rio e São Paulo, essa área tem sido crucial para o progresso econômico do país. Diversos conflitos sociais de importância ocorreram ali. Os confrontos entre a Igreja e o Estado nos anos 60 e 70, a morte de três trabalhadores da CSN pelo Exército durante uma greve em 1988, a subseqüente destruição militar de um monumento em homenagem aos operários mortos e os protestos contra a privatização da CSN na década de 90 foram todos incidentes que incorporaram as principais tendências da vida política brasileira. Não é de surpreender que os militares tenham considerado a região como área de segurança nacional. Embora a maioria dos brasileiros saiba pouco sobre o episódio no 1º BIB, ele foi um passo importante no processo dos contatos secretos entre os militares e a Igreja e na construção de um movimento em defesa dos direitos humanos patrocinado pela Igreja.

Como outras unidades militares pelo Brasil naquele tempo, o 1º BIB caçara comunistas e outros supostos subversivos. Essa missão, a relevância da região e a população relativamente pequena da área davam ao batalhão prestígio e imenso poder nos assuntos locais. Em 1969, por exemplo, vereadores de Barra Mansa visitaram o quartel e almoçaram com o comandante.[6] Moradores locais eram convidados para festas no quartel e os militares assumiam uma espécie de poder policial, mediando disputas locais, cobrando notas promissórias e desligando a eletricidade de casas de pessoas que não pagassem suas contas.[7] Em meados de 1971, o batalhão assumiu a incomum responsabilidade de prender um indivíduo acusado de tráfico de drogas.[8] "Colocar um civil preso dentro do quartel não é normal. É estranho. Isso aí é problema da polícia", observou o general Sampaio em retrospecto.[9] Como recordava Geralsélia, o Exército era "a lei" em Barra Mansa e Volta Redonda.[10] Além disso, o envolvimento de oficiais em contrabando veio à luz durante as investigações da tortura.[11] Suas atividades faziam parte de uma tendência maior, em que unidades de repressão usavam as atribuições que lhes eram dadas em nome da defesa da segurança nacional para se engajar em atividades ilegais altamente lucrativas. No Rio de Janeiro, por exemplo, o I Exército descobriu uma enorme operação de contrabando e roubo que envolvia integrantes do DOI-Codi, da Polícia Militar, da Polícia Marítima, autoridades da alfândega e civis. O episódio fez prosperar a carreira de Ailton Guimarães Jorge, hoje o capitão Guimarães do jogo do bicho.[12]

Em 1972, as tensões entre a Igreja e o Exército e as suspeitas de tortura já eram temas antigos no 1º BIB. Dom Waldyr entrara em conflito com as autoridades pela primeira vez em 1967, depois que soldados entraram em sua casa e detiveram padres e integrantes de um grupo da Igreja sob acusação de subversão. A investigação foi chefiada pelo tenente-coronel Gladstone Pernasetti Teixeira. Dom Waldyr criticava o comandante por se concentrar no combate à subversão enquanto a política do regime mantinha os salários e as condições de trabalho em Volta Redonda inadequados. No começo de 1969, dom Waldyr se declarou prisioneiro no 1º BIB, em protesto contra a detenção de dois professores. Depois, ele e dezessete padres denunciaram a prática de tortura no batalhão. O Exército iniciou uma investigação das denúncias de dom Waldyr, mas o juiz Sussekind arquivou o caso por falta de provas. Em represália a dom Waldyr, o Exército abriu o primeiro de diversos Inquéritos Policiais Militares (IPMs) concebidos para intimidá-lo e ao seu clero. Numa ocasião, dom Waldyr foi interrogado por 25 horas. O juiz Sussekind negou a requisição do próprio promotor militar para que o primeiro desses inquéritos fosse arquivado e louvou a contenção do 1º BIB para evitar uma "Belfast brasileira". Em novembro de 1970, o 1º BIB atacou de novo, prendendo cerca de trinta jocistas, inclusive dois padres, em ligação com o ataque contra a JOC e o Ibrades no Rio de Janeiro. Dom Waldyr relatou oficialmente a tortura de várias dessas pessoas ao núncio apostólico dom Mozzoni no Rio de Janeiro. O tenente-coronel Gladstone

O autor de pé na entrada do 1º BIB, onde a "disciplina" virou tortura. (*Terry Vincent McIntyre*)

negou as acusações.[13] O presidente Médici estimulou o prosseguimento das investigações contra dom Waldyr. Segundo o general Figueiredo, "As atitudes de dom WALDIR CALHEIROS têm sido acintosas e provocadoras, deixando bem clara a intenção de desmoralizar as autoridades civis e militares".[14] Esses confrontos incentivavam o apoio episcopal de todo o país para dom Waldyr e elevava a importância política do que estava em jogo em Volta Redonda, mas também faziam dele um dos bispos mais odiados pelos militares, ao lado de dom Hélder e dom Paulo. Em 1976, os seqüestradores e torturadores de dom Adriano Hypólito, bispo de Nova Iguaçu, o informaram de que a próxima vítima seria dom Waldyr. Dom Waldyr recebeu depois freqüentes ameaças de terroristas da extrema-direita.[15]

Em dezembro de 1971, a seção de informações e segurança interna do 1º BIB, a S2, começara uma investigação em relação ao próprio quartel. De acordo com o pronunciamento público do Exército sobre as mortes de Barra Mansa, a S2 suspeitava que um grupo de recrutas estivesse usando e traficando maconha.[16] A sentença contra os torturadores, todos membros da S2, não questionou as razões da unidade,[17] provavelmente porque as instruções dadas ao oficial responsável pela investigação o haviam levado a se concentrar exclusivamente nas acusações de tortura, não nas atividades das vítimas.[18] Pelo menos duas das vítimas contaram a suas famílias que atividades incomuns estavam acontecendo no quartel. O soldado Geomar, por exemplo, dissera aos pais que vira colegas matarem um homem quando estavam em patrulha numa madrugada em Volta Redonda. Motorista do caminhão da patrulha, Geomar narrara a cena em que os outros soldados jogaram a vítima dentro do veículo e a espancaram. Eles atacaram esse homem, um favelado, porque ele estava pintando um anúncio para uma loja local — aparentemente julgaram de forma errônea que se tratava de um *slogan* político subversivo — na encosta de uma colina. Outras pessoas no quartel avisaram Geomar, que tinha fama de ser "grande mas mole" de coração, para deixar de bancar o "frouxo" e para esquecer o incidente.[19] Geomar também sabia de contrabando de drogas, armas e uísque.[20] Mais ou menos nessa altura, o 1º BIB assumiu outra vez a incomum responsabilidade de abrigar um civil suspeito de crime, Expedito Botelho, identificado como "traficante de maconha". O juiz local requisitara a transferência ostensivamente porque Botelho fora maltratado pela polícia, mas essa razão é difícil de aceitar devido à já conhecida má reputação por violência do 1º BIB e a subseqüente onda de torturas. Ao final de dezembro de 1971, a S2 começou a prender e espancar soldados na investigação sobre o suposto tráfico de maconha.[21]

Geomar foi detido na véspera de Ano-Novo, mantido incomunicável e forçado a escrever bilhetes para sua mãe nos quais dizia não estar correndo perigo. Ela o viu brevemente em 1º de janeiro de 1972 e já notou marcas em seus braços. Quando levou comida ao filho, soldados a roubaram dela e comeram na sua frente. A irmã de 21 anos de Geomar, Geralsélia, visitava diariamente o quartel, na tentativa de vê-lo, mas só uma vez teve sucesso, em 2 de janeiro. Ela e a mãe também visitaram o comandante do 1º BIB, coronel Arioswaldo Tavares Gomes da Silva, que lhes respondeu que "o Exército não mata".[22] Geomar jurou que não fumara maconha e que se recusaria a confessar um crime que não cometera.[23]

Diversos soldados testemunharam as condições deploráveis que os torturadores impingiram a Geomar. Uma testemunha declarou: "Geomar já não conseguia permanecer de pé, chorando e gemendo durante a noite, e pedindo para chamar o cabo FREITAS que dormia numa das dependências da Enfermaria; que o cabo FREITAS não atendeu aos gritos de seus companheiros". Outra testemunha disse: "Geomar pediu ao Cabo [Eugênio Gonzaga] Thomaz (o enfermeiro) muitas vezes, para levá-lo para a enfermaria, porque iria morrer, limitando-se o Cabo Thomaz a levar uns comprimidos".[24]

Uma das testemunhas e vítimas da tortura foi o soldado Célio Ferreira, que era motorista e ordenança de um oficial do 1º BIB. Recentemente ele contou para a imprensa o que passou dentro do quartel:

> Meu joelho foi estourado num torno de bancada, diante de outros quatorze soldados que também eram torturados. Os militares riam enquanto apertavam a minha perna. Antes passei dois dias nu, com os pés descalços, em pé sobre duas latinhas de massa de tomate que entravam em minha carne. Por mais de um mês fui torturado com choque elétrico e espancado com um cano de ferro e um porrete de madeira [...] Até agora tinha medo de morrer e mantinha o bico calado. Pensei até em fugir para o exterior.[25]

No dia 13 de janeiro de 1972, a família de Geomar foi subitamente chamada ao quartel para retirar o cadáver do filho. Embora sinais de tortura cobrissem o corpo — equimoses, dentes quebrados, dedos queimados, unhas arrebentadas, ossos expostos, pele arrancada, queimaduras de cigarro no rosto, mãos, pés e cabeça esmagados pela prensa —, o laudo do legista relacionou problemas de coração, fígado e rins como causas da morte. O pai de Geomar requisitou outro laudo, mas o comandante do batalhão recusou.[26]

Um clima de medo e raiva dominou Volta Redonda quando a notícia da morte de Geomar se espalhou rapidamente. Dom Waldyr visitou a família de Geomar para oferecer apoio e saber mais sobre o incidente. Preocupado com a vigilância militar sobre sua família, seu Arlindo, pai de Geomar, perguntou a identidade do bispo:

> *Arlindo*: Quem é o senhor?
> *Dom Waldyr*: Sou bispo, dom Waldyr.
> *Arlindo*: Ah, dom Waldyr! eu queria falar muito com o senhor, mas os solda-

dos me ameaçaram, que se eu falasse com o senhor, seria demitido do meu trabalho na Companhia Siderúrgica Nacional.

Dom Waldyr: Você, caso eles saibam que eu estive aqui, diga que a iniciativa foi minha, que você nem me conhecia, contanto que pediu a minha identidade.

No dia seguinte, os soldados voltaram para intimidar a família mais uma vez e o amaldiçoaram por ter falado com o bispo. Outras famílias começaram a temer o mesmo desfecho mortal para seus filhos detidos.[27] O incidente chocou ainda mais porque no ambiente de cidade pequena de Volta Redonda as famílias dos soldados e das vítimas eram praticamente vizinhas. Por exemplo, o líder da S2, capitão Dálgio Miranda Niebus, vivia perto da família do soldado Monção, e os dois com freqüência iam juntos para o quartel. Monção ingressara com orgulho no serviço militar e sua mãe adorava o seu uniforme reluzente.[28] A mãe de Vicente lavava roupas para a família Niebus, e sua irmã trabalhava lá como babá.[29] Os assassinatos romperam a confiança local no Exército como instituição. O pai de Geomar arrancou a bandeira nacional de cima de seu caixão e a atirou numa sarjeta; depois, o tio de Monção, pastor metodista, fez com que o Hino Nacional fosse omitido no funeral do sobrinho. Na igreja lotada, dom Waldyr se recusou a ficar ao lado dos oficiais militares.[30] "Fui convidado a ficar em cima juntamente com os militares", dom Waldyr recordou. "Me neguei porque achava uma presença hipócrita dos militares numa celebração litúrgica de fé sendo eles os próprios criminosos."[31]

Em 14 de janeiro de 1972, dia do enterro de Geomar, a família do soldado Vicente foi informada de que ele fora transferido para o Hospital Central do Exército no Rio de Janeiro. Essa notícia veio só dois dias depois de ela ter sabido da sua prisão no 1º BIB. Com dificuldade, os parentes de Vicente conseguiram ter acesso a seu quarto. Dom Waldyr também o visitou. A cabeça de Vicente e boa parte de seu corpo estavam envoltos em gaze. Ele perdera muito de sua pele por causa das queimaduras e dos choques elétricos.[32] Como o inquérito militar revelou depois, os torturadores da S2 também tinham posto a cabeça de Vicente na prensa manual.[33] Antes de morrer, em 24 de janeiro, Vicente revelou detalhes das atrocidades.[34] Aos olhos dos militares, ele não era mais um suspeito de consumir maconha; agora era uma vítima da violência. Foi enterrado com honras militares, inclusive salva de 21 tiros e a bandeira nacional sobre seu caixão. Enquanto isso, as outras duas vítimas, Monção e

Wanderley, eram considerados desertores pelo Exército. Como parte da operação para encobrir a verdade, o 1º BIB publicou editais e as estações locais de rádio (Rádio Sul Fluminense, Rádio do Comércio e Rádio Siderúrgica Nacional) irradiaram reportagens em que se pedia o retorno dos dois soldados.

AS DENÚNCIAS DE DOM WALDYR

Havia pouca esperança de justiça para as famílias das vítimas. Eram todas de origem humilde. A família de Vicente, por exemplo, vivia numa área pobre nos subúrbios de Volta Redonda. Ele e sua família eram também negros — uma grande desvantagem no Brasil. O clima de repressão e de chauvinismo militar tornava ainda mais difícil que trabalhadores parentes de meros recrutas pudessem ter seus direitos respeitados.

Dom Waldyr se angustiava com a decisão de atacar de novo os militares. Ele foi a uma capela e rezou. Pensava na oferta que recebera da Igreja de ser promovido a arcebispo de Teresina, Piauí. Os militares e as altas autoridades eclesiásticas o queriam fora de Barra Mansa. Se ele aceitasse, livraria ambos, Igreja e Exército, de uma situação espinhosa. Mas sabia que partir eliminaria a chance de justiça para as famílias dos soldados.[35]

Dom Waldyr estava determinado a não deixar que mais uma violação dos direitos humanos no quartel de Barra Mansa fosse esquecida. Ele tinha agora ampla evidência — dois soldados brutalizados e membros da comunidade indignados — para provar que o 1º BIB era um centro de tortura. Em 16 de janeiro de 1972, dom Waldyr visitou o coronel Arioswaldo. Durante o governo Costa e Silva, Arioswaldo tinha vínculos próximos com a Presidência por causa de sua amizade com a primeira-dama, dona Yolanda. "A Dona Yolanda tinha uma espécie de amor maternal por ele", recordava o general Sampaio. Em seu recente livro, o coronel Hernani D'Aguiar descreve Arioswaldo como um "assessor" de Costa e Silva.[36] Arioswaldo estava em férias durante as atrocidades no quartel, tendo passado o comando ao tenente-coronel Gladstone. Quando dom Waldyr visitou a casa de Arioswaldo, o comandante apareceu à porta com um rosário nas mãos. O coronel Arioswaldo insistiu desesperadamente na versão que alegava que Monção e Wanderley fugiram depois de atacar seus colegas soldados.

Dom Waldyr Calheiros de Novaes em entrevista ao sair do Palácio das Laranjeiras no Rio de Janeiro em 1967, após encontro com o presidente Costa e Silva sobre a crise entre a Igreja e o Estado na sua diocese. O bispo e seus seguidores foram perseguidos com freqüência pelo 1º BIB. Dom Waldyr pôs fim aos abusos ao denunciar a morte de quatro soldados em 1972. (*Braz Bezerra/Agência JB*)

Dom Waldyr: Mas comandante, quem quer matar não coloca a cabeça na prensa e vai imprensando até...

Arioswaldo: Mas Dom Waldyr, é difícil hoje comandar, é difícil—.

Dom Waldyr: É difícil, mas não podemos mentir no nosso serviço.

Pego numa mentira, Arioswaldo aceitou a versão de dom Waldyr.[37]

Tentei entrevistar o coronel Arioswaldo para este livro. Primeiro, telefonei-lhe em sua casa no Flamengo, depois no endereço comercial no Leblon. Arioswaldo recusou educadamente uma entrevista. O período da Revolução era "muito contestado", explicou. Não importava o que dissesse, alguém sempre apareceria para interpretá-lo mal, declarou. "Cumpri minha obrigação." O incidente fora "muito desgastante" e, quando se reformou, ele prometera à família que não iria falar sobre o assunto. "Seria uma facada para a minha família." Polidamente, tentei convencê-lo de que era no melhor interesse da história que ele deveria dar sua versão dos fatos. Muitas pessoas disseram que ele fora "injustiçado", por exemplo. Com a voz mais nervosa, Arioswaldo recusou de

Geralsélia Ribeiro da Silva insistia em obter justiça para seu irmão morto, Geomar, e acompanhou dom Waldyr em um encontro com dom Mozzoni e dom Ivo no Rio de Janeiro. (Foto do autor)

novo. Deixei-lhe meu número telefônico e disse que poderíamos até conversar anonimamente, se ele quisesse. Ele nunca ligou de volta.[38]

As famílias que perderam seus filhos para a tortura e tiveram suas vidas praticamente destruídas também ficaram nervosas e até receosas das conseqüências de falarem. Mas conseguiram coragem para fazê-lo.

Durante seu encontro com Arioswaldo, dom Waldyr soube que o Exército iniciara oficialmente uma investigação do incidente.[39] O inquérito, no entanto, era comandado pelo tenente-coronel Gladstone, antiga nêmese do bispo e um dos participantes nas mortes.

Para desmascarar a trama, dom Waldyr tentou outras formas de protesto. Profundamente irada, a irmã de Geomar, Geralsélia, estava determinada a obter justiça. Dom Waldyr a levou para um encontro privado com dom Mozzoni na nunciatura, no Rio, e também a colocou em contato com Sobral Pinto, católico devotado e advogado dos direitos humanos.[40] O cauteloso dom Mozzoni contatou o governo. Ele temia pressionar demais os militares e tentou convencer dom Waldyr a deixar de ir atrás do caso.[41] Em 21 de janeiro, o núncio enfatizou suas preocupações em carta a dom Waldyr:

O fato teria acontecido no interior de uma caserna; os pormenores dados por gente não segura variam. Creio que Vossa Excelência tenha já feito o seu dever de pastor, alertando a atenção do Comandante sôbre os comentários que correm pela cidade. O caso, quanto parece, será levado à presença da Comissão [Conselho] dos Direitos do Homem, que é a sua sede própria.

Esse Conselho era uma farsa (ver Capítulo 8). No parágrafo seguinte, o núncio revelava por que não queria que dom Waldyr continuasse a investigar o caso:

> Portanto, [s]eria do parecer de que ficasse tranqüilo: tanto mais que, repensando bem no "desejo de justiça como consolação dos pais do morto", tenho a impressão — digo-lhe claramente — de que Vossa Excelência possa ser, sem o querer, instrumentalizado.[42]

Não obstante, o contato de dom Waldyr com o núncio abrira um canal de protesto até os mais altos níveis do governo e criara pressão para uma investigação mais séria dos crimes.

Com crescentes provas contra a S2, em 21 de janeiro de 1972, o general Walter Pires de Carvalho e Albuquerque encerrou a investigação de fachada do tenente-coronel Gladstone e ordenou um novo inquérito sob o comando do coronel Sampaio. Comandante da Divisão de Infantaria Blindada, o general Pires foi chefe-de-gabinete do general Muricy durante o golpe e se tornou ministro do Exército durante o governo Figueiredo. O superior de Pires, o comandante do I Exército Sílvio Frota, também acompanhava o caso com assiduidade, telefonando a Sampaio todas as noites.[43] Um linha-dura, Frota foi o ministro do Exército do governo Geisel até ser forçado a renunciar em 1977. Como já se observou no Capítulo 5, Sampaio se tornou, mais tarde, um membro da Bipartite. A pedido do general Golbery, ele ajudara a fundar o SNI em 1964 e passou boa parte da carreira no serviço de informações, tendo se tornado chefe do CIE como general no início dos anos 80. Em 1972, comandou o Esquadrão de Reconhecimento Mecanizado, o Recmec, sediado na região de Campinho, no Rio de Janeiro. Uma de suas primeiras ações foi visitar o soldado Vicente um dia antes de sua morte, quando viu inconfundíveis sinais de tortura.[44]

Naquele momento, no entanto, as mortes de Barra Mansa ainda eram um assunto interno do Exército, conhecido apenas por uns poucos integrantes de sua liderança. A possibilidade de ocultamento dos fatos ainda existia.

Dom Waldyr continuava a pressionar por uma explicação. Insatisfeito com a resposta do núncio, em 24 de janeiro ele levou a irmã de Geomar e um relatório do incidente para a CNBB. O bispo e Geralsélia falaram com dom Ivo. A Bipartite iria se reunir naquele dia, mais tarde, e dom Ivo convidou dom Waldyr a apresentar um relato sobre Barra Mansa à Comissão. Dom Waldyr recusou. Ele temia que sua relação rancorosa com os oficiais do 1º BIB pudessem comprometer seu testemunho. Em vez de dom Waldyr, quem apresentou o relato foi dom Ivo. Sua apresentação tinha a vantagem adicional de vir de um líder da CNBB e membro do Grupo Religioso. O general Muricy duvidou da denúncia, sobretudo porque ela se originara do questionável dom Waldyr. Mas dom Ivo respondeu: "Eu desafio o senhor a desmentir Dom Waldyr, bispo de Volta Redonda".[45] Naquele ponto, a investigação do coronel Sampaio ainda estava no escuro; em 30 de janeiro, por exemplo, o pai do soldado Monção ainda não sabia do paradeiro de seu filho, supostamente desertor, e viajou ao Rio de Janeiro para ver se o localizava em algum necrotério.[46]

Em 1º de fevereiro de 1972, o general Muricy viajou a Brasília para se encontrar com o presidente Médici. A imprensa relatou que eles haviam discutido o banal assunto da reorganização da Adesg.[47] O real objetivo era a crise emergente em Barra Mansa. Depois de alguns dias, dom Mozzoni se encontrou com Médici.[48] Em 4 de fevereiro, o núncio escreveu a dom Waldyr num tom diferente do que usara em sua cautelosa carta anterior: "Acho que a esta hora já foram tomadas medidas severas".[49] De volta ao Rio, Muricy deixou de lado seu ceticismo anterior e admitiu a dom Ivo que as atrocidades em Barra Mansa eram de fato verdadeiras. Pela primeira vez na sua história, o Exército iria publicar uma nota em que se autocriticava, acrescentou Muricy.[50]

Em 6 de fevereiro de 1972, os principais jornais brasileiros publicaram em páginas internas um comunicado à imprensa do Centro de Relações Públicas do Exército. Nele, o Exército admitia que oficiais não identificados, em busca de tráfico de droga no quartel de Barra Mansa,

> agiram de forma condenável e deformada, provocando a morte dos soldados. Tal procedimento, totalmente contrário à lei e às determinações em vigor no Exército, conta com o total repúdio da instituição e a justa repulsa de seus integrantes. Foi determinado o máximo rigor na sua apuração, pois jamais fatos dessa natureza, resultantes de deturpações individuais, poderão ter a complacência do Exército.[51]

O Exército fizera uma extraordinária admissão da existência de tortura e maus-tratos em seus quadros precisamente no momento em que tentava negar a avalanche de acusações no país e no exterior de violações de direitos humanos contra a esquerda.

Por meio da Bipartite, dom Waldyr forçara a mão do regime, praticamente eliminara qualquer possibilidade de encobrimento dos fatos e elevara um incidente de assunto militar local e interno para o de um caso sob o escrutínio da mais alta liderança do Exército e da imprensa. Numa carta ao ministro Orlando Geisel, elogiou os generais por terem removido qualquer indicação de cumplicidade do Exército com as mortes.[52]

Dom Waldyr usou com cautela sua liderança religiosa para incentivar debates locais sobre o caso. Numa entrevista, ele recordou quando planejava sua estratégia com dom Paulo:

> Na questão da morte dos soldados presos, eu fui a São Paulo conversar com ele sobre o que fazer, como fazer. Nós trocávamos idéias de como fazer. Por exemplo, quando estourou o negócio aqui, que o governo aceitou finalmente processar os criminosos desses quatro soldados e obrigou ao pessoal entregar os corpos, eu dizendo, "Vamos trocar idéias. Nós não podemos de maneira alguma manifestar qualquer sentimento assim de gozação, de vitória, nós não temos nenhuma vitória, temos derrota, ali tem um troféu da morte e o fato de ter chegado à conclusão daquela". Então, a gente chegou a um acordo assim, por exemplo, chamar a missa de sétimo dia, chamava o pessoal todinho, mas não era nem uma palavra que era o morto lá no quartel. Quer dizer, a gente trocava idéias de uma prática. E o pessoal, por si mesmo, ia perguntando quem matou, morreu por quê, "o bispo convidou todo mundo para a missa, mas quem matou?" E eles mesmos se encarregavam de dizer. O sermão não tocava em nada daquilo, tocava mais no conforto, contra a violência, morte morrida, morte matada, aquela discussão que a gente faz, mas nunca fazendo uma referência como se estivéssemos vitoriosos em cima da morte. Isso aí, a gente trocava idéias na prática. E depois Paulo, quando tinha um problema lá, também me telefonava. Ele dizia: "Olha, você é meu referencial. Eu quero saber disso, como fazer". E eu dizia: "Ué, eu estou indo aí sempre, trocando idéias".[53]

A investigação do coronel Sampaio se tornou um dos inquéritos mais longos e difíceis em quase dois séculos da justiça militar brasileira. Um inquérito normalmente levava menos de um mês, mas, nesse caso, foram pedidos dois adiamentos. Ele fez um relatório final depois de 108 dias de investigação. O coronel recebeu a assistência do promotor militar José Manes Leitão, conhecido pelo seu trabalho de acusação contra suspeitos de subversão.[54]

Os corpos dos soldados Wanderley e Monção foram descobertos cedo na investigação, fornecendo provas cruciais contra a S2. Apesar de tão brutal como qualquer outra unidade do serviço de informações (com quinze vítimas e quatro mortes em apenas dezenove dias), os torturadores não tinham o profissionalismo dos agentes de segurança de São Paulo e do Rio de Janeiro, que deixavam menos marcas em suas vítimas, as mantinham vivas por mais tempo e faziam os mortos "desaparecer" com mais eficiência. Sampaio rapidamente prendeu os suspeitos principais: Niebus, o chefe da S2, o tenente da reserva Paulo Reynaud Miranda da Silva, e os sargentos Ivan Etel de Oliveira, Rubens Martins de Souza e Sideni Guedes. Os cabos José Augusto Cruz e Celso Gomes de Freitas Filho logo se juntaram a eles. O coronel Sampaio também encontrou provas de tráfico de contrabando no 1º BIB. Ele completou seu inquérito em 8 de maio.[55]

Entrevistei Sampaio, agora um general de quatro estrelas, duas vezes em abril de 1997. No primeiro encontro, que o general solicitara para avaliar meu pedido de entrevista, ele recordou a triste ironia expressada pelo angustiado pai de Wanderley, ao ver o filho mutilado: "Quando os pais do soldado, que eram pessoas humildes do campo, sem sapatos, foram reclamar o corpo, o pai falou: 'Pois é coronel, nós demos nosso filho para servir com orgulho à pátria e o senhor nos devolve isso'". Esse foi "provavelmente o momento mais difícil e mais triste" da sua carreira, Sampaio me disse, seus olhos enchendo de lágrimas. Ele não gostava de rememorar os fatos do caso.[56]

Sampaio se lembrou de outros aspectos difíceis do caso. "Conhecia muito bem, até por infelicidade, o subcomandante [...] Gladstone. Foi meu colega de quarto na Escola Preparatória de São Paulo. Houve um constrangimento inicial. Ele até foi nesse ponto muito decente: 'Olha, Sampaio, faça o que tem de fazer'". Nos primeiros estágios do inquérito, os acusados de tortura da S2 tentaram intimidar Sampaio, seus assistentes e os soldados do 1º BIB chamados como testemunhas. Ele recebeu telefonemas ameaçadores contra sua família.

> O Niebus, com os membros da seção de informações, a S2, procurou incutir através de um terrorismo mental para os seus soldados que eles não tinham que falar nada. Só falariam o que ele dissesse que podiam falar. Fora isso eles estavam impedidos de cooperar, de fazer qualquer coisa. Eu me lembro que o meu motorista, o Cabo Orlando Sales, soube, porque ele andava no meio dos outros cabos, os outros soldados, enquanto eu estava fazendo o inquérito lá dentro, [...] que havia um clima de terror, de amedrontar os soldados no sentido de não falarem nada [...] E até mais. Que alguma coisa poderia até acontecer a nós: eu, meu escrivão e ele, o motorista, [...] dando a idéia de que poderia haver um desastre, uma coisa qualquer, para que essa coisa que estavam sentindo, que eu estava entrando a fundo no problema, pudesse ser evitada. Porque eles já estavam sentindo que iam ser descobertos e iam ser ferrados.

Para evitar essas pressões, o coronel levou as testemunhas para o seu próprio quartel, no Recmec, em Campinho, onde lhes garantiu segurança até a prisão dos oficiais acusados.

Sampaio mantinha os homens do 1º BIB e suas próprias tropas a par do caso, e o usava para ilustrar como a tortura era errada.

> A tropa ficou sabendo bem do que estava acontecendo. Houve até um entrosamento entre os soldados que foram chamados para lá com os outros, porque com essa ligação eles puderam se sentir mais à vontade para se abrir e contar o que sabiam. Criei um clima deles terem liberdade [...] Quando havia oportunidade de se falar alguma coisa, ou que alguma coisa já podia ser esclarecida através do inquérito, [...] eu aproveitava para dizer, "Olha o que fizeram lá no batalhão!" Era para aproveitar os fatos e tirar ensinamentos.[57]

Horrorizado pela violência, o general Frota e outros membros da hierarquia militar deram apoio ao julgamento. O juiz Sussekind e quatro coronéis formaram o "conselho especial" (ou júri) para ouvir as provas contra os catorze homens acusados no caso. Inicialmente, o sorteio do júri resultara na se-

Coronel Mário Orlando Ribeiro Sampaio (à esquerda na frente) passando em revista seus soldados. Depois do caso de Barra Mansa, ele foi escalado para a Bipartite. (Arquivo Nacional)

leção de três médicos do Exército, mas eles se recusaram a tomar parte por acharem os crimes repugnantes demais.[58] Os trabalhos eram envoltos em segredo por causa da censura, dos regulamentos da Justiça Militar e pela insistência dos advogados de defesa. Passando por cima do juiz e aprovando uma moção do advogado de Niebus, os quatro coronéis também votaram que o próprio julgamento fosse secreto. A moção fora apresentada por Augusto Sussekind de Moraes Rêgo, primo do juiz, e, ironicamente, um defensor de prisioneiros políticos.[59]

Duas dúzias de pessoas depuseram durante o processo anterior ao julgamento, inclusive sobreviventes da tortura e testemunhas oculares das violências contra os mortos. Geralsélia foi acareada com todos os acusados. Uma escolta de soldados a impediu de falar com jornalistas. As testemunhas revelaram que o capitão Niebus dera ordens ao carpinteiro do batalhão para fazer duas palmatórias. Para escapar de mais torturas, soldados confessavam que usavam drogas e davam nomes de seus colegas recrutas. O médico do batalhão não cuidava de nenhuma das vítimas, em parte porque Niebus o proibia de fazê-lo. A S2 ameaçou outros integrantes do 1º BIB que viram as vítimas ou tentaram ajudá-las. Niebus e o tenente Miranda acusaram um ao outro de ter esquartejado o corpo do soldado Wanderley; ambos afirmavam ter apenas segurado uma lanterna para iluminar o trabalho do outro. Niebus tentou alegar defesa por insanidade, mas os legistas que o examinaram o consideraram apto para enfrentar o julgamento. Em 10 de julho de 1972, o juiz Sussekind, os coronéis e os advogados inspecionaram o quartel de Barra Mansa. Na câmara de tortura conhecida como "arquivo", eles viram a palmatória, canos de metal, a bateria para dar choques e outros instrumentos.[60]

Na corte, o advogado Moraes Rêgo argumentou que o capitão Niebus e seus homens estavam engajados numa "guerra santa", na qual estavam simplesmente "cumprindo ordens superiores". "Estes homens foram treinados para a guerra, não são homens comuns, são homens especializados para enfrentar a Guerra Revolucionária", declarou Moraes Rêgo. Referindo-se às acusações de tráfico de drogas, Moraes Rêgo ressaltou que o líder chinês Mao Tsé-tung acabara com o uso de drogas ordenando que os consumidores fossem sumariamente decapitados em público. O advogado então comparou Niebus ao tenente William L. Calley, o oficial americano julgado responsável pelo massacre cometido por uma unidade do Exército contra civis desarmados no vilarejo vietnamita de My Lai, em 1971. Moraes Rêgo concluiu, a respeito dos homens da S2, que "ou são todos responsáveis ou ninguém é responsável". Os advogados de defesa argumentaram, além disso, que as mortes não foram intencionais.[61]

Provas esmagadoras levaram à condenação dos réus em 22 de janeiro de 1973. Em sua sentença, o juiz Sussekind comentou "que quanto aos bárbaros espancamentos infligidos aos quatro soldados que vieram a falecer, é de se notar a total e calculada insensibilidade de seus frios executores, que, interrogados no IPM ou em juízo, jamais admitem tê-los agredido".[62] Sob ruidosos aplausos dos parentes das vítimas que tiveram permissão para entrar no tribunal no último dia, Niebus recebeu uma sentença de 84 anos por homicídio e perdeu a patente. O tenente-coronel Gladstone, que ordenara a Niebus e Miranda que mutilassem e escondessem os corpos de Wanderley e Monção, também foi condenado junto com outros seis oficiais e dois policiais civis. O tenente Miranda recebeu pena de 77 anos. (O general Sampaio se lembrava de Miranda como "o elemento mais malvado, mais sanguinário [...] que torturou mais".) Os sargentos Souza e Oliveira e o cabo Cruz receberam penas de 62 anos, e o sargento Guedes e o cabo Freitas Filho, de 58 anos. Gladstone foi condenado a sete anos. O conselho recomendou ainda que Gladstone, um médico, um enfermeiro, o coronel Arioswaldo e outro oficial fossem processados por crimes adicionais. A corte encontrou, em particular, "indícios veementes no[s] autos de que o Cel. Arios[w]aldo teria, por intermédio do Cap. NIEBUS[...], tomado conhecimento dos espancamentos ocorridos no interior do Quartel do 1º BIB, omitindo-se deliberadamente de tomar qualquer providência". As sentenças estavam entre as mais altas da história militar brasileira, embora tenham sido reduzidas por tribunais de recursos. Niebus e outros cumpriram pena de prisão. Arioswaldo, nas palavras do juiz Sussekind, seria "punido suficientemente" com "a perda do Comando da Unidade e a discreta passagem para a Reserva". Isso foi, de fato, o que o Exército fez com ele.[63]

As condenações exemplares contrariavam a má imagem do regime na área dos direitos humanos. De acordo com o juiz Sussekind, os crimes eram "únicos na longa crônica da Justiça Militar" e causavam "repercussão negativa" para o Exército e para a "sociedade democrática". Assim, eles "receberam

Juiz Helmo de Azevedo Sussekind: crimes "únicos" na Justiça Militar. (*Arquivo Nacional*)

a repulsa unânime dos escalões superiores do Exército".[64] Apesar do segredo em torno dos trabalhos, o regime permitiu que a imprensa publicasse a notícia das condenações e, como resultado, obteve comentários favoráveis em editoriais. *O Estado de S. Paulo* e o *Jornal do Brasil*, por exemplo, fizeram eco a Sussekind, declarando que o julgamento demonstrava a oposição do Exército à tortura e a vigorosa punição dos que a praticam.[65]

CONCLUSÃO

Apesar do corajoso trabalho do coronel Sampaio e do tribunal, o episódio de Barra Mansa foi uma exceção isolada, investigada de forma restrita, quase surreal em relação à impunidade vigente nos anos Médici. A acusação foi de fato vigorosa, mas esse foi o *único* julgamento e a *única* condenação de torturadores entre 1964 e o anúncio da anistia de 1979 (a qual bloqueou processos por violação de direitos humanos no período do regime militar).[66] O Exército não fez qualquer ligação do episódio com denúncias anteriores de tortura feitas por dom Waldyr. Pelo menos um e provavelmente vários dos homens condenados tinham participado de episódios anteriores de maus-tratos em Barra Mansa.[67] Ninguém perguntou como, quando ou por que o "arquivo" fora construído ou por ordens de quem. Ninguém examinou as origens e as conseqüências da tortura no Exército. Além das advertências feitas pelo coronel Sampaio no quartel do Recmec, ninguém pareceu interessado em incluir as lições do incidente na ética e na história militar.[68]

Além disso, o Exército não investigou as numerosas outras acusações de tortura feitas pela Igreja e por ativistas dos direitos humanos pelo Brasil. O Exército também não questionou a alegação original de tráfico de drogas como o motivo para a tortura, apesar de pelo menos duas famílias acreditarem que seus filhos tinham morrido por saberem demais a respeito de atividades ilícitas no quartel. Em retrospecto, dom Waldyr observou: "A sessão de torturas foi para os quatro soldados a pretexto — a pretexto porque a gente não acredita nas autoridades criminosas —, a pretexto de busca de tráfico, como é hoje o refrão das autoridades para justificar todos os crimes: busca de tráfico".[69] Além da insistente Geralsélia, nenhum parente dos homens torturados ou mortos foram chamados a testemunhar ou a tomar parte na investigação. "Foi uma grande queima de arquivo", disse Geralsélia recentemente sobre a morte dos quatro soldados.[70] As famílias receberam justiça parcial. Só duas famílias receberam a pensão de seus filhos e só uma obteve indenização, e ainda assim insignificante, uma década depois.[71] Em 2001 a família de Wanderley ainda não recebera uma indenização do Ministério do Exército, determinada em 1983 pela Justiça Federal. O valor é de mais de R$ 500 mil.[72]

Embora tivesse falhado a estratégia da defesa de apelar para a segurança nacional como justificativa para os crimes, ficou claro que o papel da S2 nessa área lhe dera imenso poder — a ponto de seus membros quase praticarem a insubordinação.[73] Quando o julgamento terminou, o tenente Miranda ameaçou publicamente vingar-se de Geralsélia por causa de seu testemunho.[74] Com sentenças reduzidas, os torturadores foram libertados após alguns anos de cadeia, e as alegações adicionais contra o coronel Arioswaldo e outros foram arquivadas. Niebus, inclusive, começou a trabalhar na Telerj, a companhia pública de telefones do Rio de Janeiro, em 1981. A documentação dos arquivos do Dops revela que a companhia telefônica, o Ministério das Comunicações e o Ministério de Minas e Energia tinham conhecimento de sua condenação.[75] As forças de segurança do regime protegeram seus colegas torturadores. Niebus, que reside em Niterói, se recusou a ser entrevistado.

Na análise final, os militares puniram Niebus e os outros porque a tortura praticada contra os inimigos do regime voltara agora sua face feia contra o próprio Exército; o incidente forneceu prova irrefutável e terrível, que não podia ser ignorada pela hierarquia. O Exército, oficialmente, se opunha à tortura. Quando se tratava de violações aos direitos humanos contra os seus inimigos políticos, no entanto, ele fingia não ver. O juiz Sussekind ressaltou que a Justiça Militar absolveu muitos acusados de subversão quando ficava claro que eles tinham sido torturados. Os próprios militares, no entanto, fizeram "vista grossa" a violações de direitos humanos.[76] (Em 1975, o Exército ocultou a vergonhosa morte por tortura do jornalista Vladimir Herzog, mas em 1995 o então ex-presidente Geisel afirmou que "aquilo foi um verdadeiro assassinato".[77]) Na mesma página em que publicou as condenações de Barra Mansa, *O Estado de S. Paulo* editou a notícia do "suicídio" por enforcamento da revolucionária Anatália de Souza Alves de Melo, que de fato fora queimada até a morte em sua cela no Dops do Recife.[78] Não se fez nenhuma investigação sobre esse caso.

O incidente de Barra Mansa ilustra brutalmente por que os militares e seus torturadores de aluguel tinham que esconder ou falsear a maioria dos outros crimes violentos cometidos contra a oposição política. Algum dia, alguém poderia investigar esses outros crimes e tentar colocar seus autores na cadeia. Um parágrafo na sentença do juiz Sussekind resume esse ponto: "Verifica-se que a materialidade destes atos delituosos encontra-se cumpridamente comprovada nos autos".[79] Os torturadores profissionais não podiam correr o risco de serem exaustivamente investigados — ou julgados. Eles sabiam que seus atos eram errados.

As denúncias de dom Waldyr por meio da Bipartite foram cruciais para trazer o incidente de Barra Mansa a público e evitar o ocultamento dos fatos. Como o juiz Sussekind observou, em retrospecto, o caso de Barra Mansa não provocava as inferências "políticas" de inquéritos que envolviam acusações de subversão.[80] Os militares investigaram de um modo vigoroso mas altamente legalista e restrito, perdendo a chance de estender a apuração a outras unidades do serviço de informações e de acabar com a máquina da tortura. Em sua sentença, Sussekind escreveu que o Exército sofrera "grande prejuízo moral".[81] A esquerda ignorou o incidente porque ninguém de suas fileiras estava envolvido, e deixou de compreender o potencial para usar o caso para defender os direitos humanos. (Numa chocante omissão, grupos de defesa dos direitos humanos que defendem a esquerda têm deixado de incluir os quatro soldados mortos e seus onze colegas torturados como vítimas da ditadura. As histórias dessas vítimas estão ausentes, por exemplo, de dois dos mais recentes e abrangentes estudos sobre a violência durante o regime militar.[82]) Só a Igreja se deu conta do significado da morte de quatro jovens que eram meros recrutas, mas também símbolos das massas sem poder que com a maior freqüência ficam esquecidas nas lutas políticas da história brasileira. Lembrou o soldado Célio Ferreira: "Nós sobrevivemos à chacina porque o bispo começou a suspeitar das mortes. Acho que todos nós estávamos condenados". Eletricista-montador aposentado por invalidez, Célio tem só 48 anos, mas sente dores de cabeça e enxerga mal. Vai exigir uma indenização do governo.[83]

Para o Exército, que tinha imenso poder naquela altura, era fundamental vencer a guerra contra a Igreja e contra a esquerda. A morte ainda de um outro jovem, debatida na Bipartite, revelou até que extremos os militares estavam dispostos a ir.

10. Anatomia de um crime: o caso de Alexandre Vannucchi Leme

Em 1973, a Igreja realizou protestos que duraram meses contra o assassinato de Alexandre Vannucchi Leme, um estudante da Universidade de São Paulo (USP), de 22 anos, que morreu na cadeia horas depois de ter sido preso e torturado por agentes de segurança. Um dos episódios mais chocantes dos anos Médici, a morte de Alexandre em 17 de março levou estudantes e clérigos católicos a desafiar as tropas de choque e reunir 3 mil pessoas para ouvir dom Paulo criticar o governo em uma missa de sétimo dia. Quando os protestos públicos e legais não foram suficientes para fazer o regime investigar o crime, o Grupo Religioso levou o caso para a Bipartite.

Esse episódio fica geralmente esquecido nas discussões sobre os militares no Brasil.[1] A maior parte dos textos sobre a ditadura militar destaca outro importante protesto religioso como o grande despertar da oposição para a luta pelos direitos humanos e pela democracia: o assassinato por tortura do jornalista Vladimir Herzog, em 1975. Nas palavras do colega jornalista e também vítima da tortura Paulo Markun, "A morte de Vladimir Herzog mudou o Brasil. Provocou a primeira grande reação popular contra a tortura, as prisões arbitrárias, o desrespeito dos direitos humanos".[2] Esse incidente, no entanto, aconteceu *depois* de o presidente Geisel ter iniciado a liberalização do regime e a contenção das forças repressivas. O caso Herzog marcou virtualmente o fim

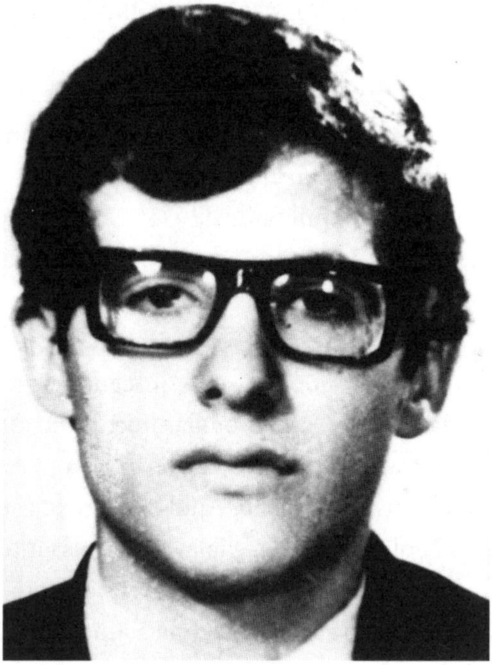

Estudante de geologia e militante da ALN, Alexandre Vannucchi Leme foi torturado até a morte no DOI-Codi de São Paulo. Três mil pessoas compareceram à missa em memória de Alexandre, que desencadeou uma campanha da Igreja a favor dos direitos humanos. (*Foto de família*)

dos assassinatos em cadeias das forças de segurança. A morte de Alexandre ocorreu em meio à pior repressão. A detenção rotineira de um jovem militante se transformou num sério problema político para o regime, detonando o que verdadeiramente foi o *primeiro* protesto antigovernamental de grande porte da década de 70 e *abrindo um precedente* para a reação ocorrida após a morte de Herzog. O episódio Vannucchi Leme marcou um ponto decisivo do período Médici, a partir do qual a oposição começou a se reafirmar sob a liderança da Igreja. Tornou-se o mais importante caso de direitos humanos debatido na Bipartite. Como o incidente de Barra Mansa, ele serve de estudo de caso sobre como a Igreja e o regime tentaram dialogar para resolver suas diferenças mais profundas e como os bispos, no final, transferiram o foco principal da Bipartite para os direitos humanos.

Houve muita controvérsia em torno da morte de Alexandre. Embora muita gente na USP e na Igreja visse Alexandre basicamente como um estudante e duvidasse da versão dos fatos oferecida pelo regime, as forças de segurança o acusaram de ser um destacado militante da ALN. Na minha pesquisa, esforcei-me para resolver as difíceis e delicadas questões sobre as atividades políticas de Alexandre e as circunstâncias da sua morte.

O assassinato de Alexandre chocou o campus da USP e a Igreja de São Paulo. Considerado estudante-modelo, ele conseguira as notas mais altas no vestibular de Geologia na USP. Como popular líder estudantil, defendeu o sistema universitário contra a interferência governamental e se opôs aos esforços para acabar com o ensino gratuito. Ajudou a organizar grupos de teatro que encenavam peças políticas na rua e falava sobre assuntos nacionais, criticando a drenagem dos recursos brasileiros, pela exportação de riquezas minerais, e a construção da Rodovia Transamazônica, um símbolo do milagre econômico de Médici. Significativamente, Alexandre vinha de uma importante família católica de Sorocaba. Três de suas tias eram freiras; seu tio Aldo Vannucchi era um proeminente padre em Sorocaba. Padre Aldo tinha freqüentes contatos com o clero da Arquidiocese de São Paulo, a maior do Brasil, e conhecia dom Paulo. Alexandre manifestava entusiasmo por dom Hélder e outros bispos progressistas.[3]

O governo via Alexandre como um "terrorista" do grupo tático armado da ALN, que era ativo principalmente em São Paulo. Estudantes e outros jovens formavam a maioria dos recrutas da ALN.[4] A polícia acusou Alexandre de assalto à mão armada, roubos e de ter ajudado a planejar o assassinato de Manoel Henrique de Oliveira, um português dono de restaurante, que se tornara alvo da ALN por ter dado informações ao DOI-Codi sobre três de seus militantes, que depois foram mortos.[5]

Discordância análoga ocorreu em relação à morte de Alexandre. As autoridades disseram que um caminhão o atingiu quando ele fugia de seus captores na movimentada esquina da rua Bresser com a avenida Celso Garcia, no bairro do Brás. A Igreja declarou que ele foi torturado até a morte. Estudantes, advogados da família e clérigos apontaram erros na versão da polícia e obtiveram provas decisivas de morte por tortura. Como o fizeram está descrito abaixo. Aqui, basta dizer que a versão da polícia levantou suspeitas imediatamente. Não era a primeira vez, nem a última, que a polícia usava histórias de acidentes, suicídios ou trocas de tiros para explicar a morte de prisioneiros políticos. O melhor exemplo foi o canhestro enforcamento forjado de Herzog após algumas horas de prisão. Além disso, a polícia impediu que o corpo de Alexandre fosse examinado para verificar se tinha sinais de maus-tratos, enterrando-o às pressas, sem caixão, no cemitério de indigentes de Perus, na periferia da cidade, e cobrindo-o com cal para apressar a decomposição.[6] As forças de segurança usaram esse cemitério para ocultar os corpos de outros prisioneiros políticos.[7] Depois de passar dias numa busca frenética por seu filho em delegacias de polícia, unidades do Exército e no Instituto Médico-Legal, José de Oliveira Leme soube do enterro de seu filho pelo delegado Fleury, o notório torturador.[8] Egle Maria Vannucchi, a mãe de Alexandre, foi a Perus, onde um funcionário lhe mostrou o lote.

Provas policiais dão algumas pistas sobre aspectos inexplicados da morte de Alexandre. Como em muitos casos, os investigadores se valeram fortemente de depoimentos obtidos sob tortura e com a ausência de advogados. Na sua maioria estudantes da USP e amigos de Alexandre, essas testemunhas depois negaram seus depoimentos quando se apresentaram diante de um tribunal militar, onde seus advogados estavam presentes. No entanto, mentiras policiais e maus-tratos não invalidam todas as evidências.[9] Uma questão importante envolve a participação de Alexandre na ALN. De acordo com a polícia, ele era o "cérebro" da organização na USP. Fazia proselitismo político entre estudantes, distribuía jornais e recrutava simpatizantes. Alexandre elogiava as denúncias de abusos do regime feitas pela Igreja e supostamente contatava "padres preparados para engajamento na ALN".[10]

De fato, Alexandre era um coordenador político da ALN. Como a polícia alegava, tinha contato próximo com Ronaldo Mouth Queiroz, um estudante de Geologia que ingressara na clandestinidade para atuar na guerrilha pela ALN. Na sua maior parte vindos do interior, muitos estudantes de Geologia eram de um estrato social inferior ao de outros estudantes da USP. Eles gostavam de se sujar no trabalho de campo e de viver em condições rudes. Também tendiam a ser mais francos ao falar de política por causa do estudo que faziam de problemas relacionados com a exploração dos recursos naturais do país.

Queiroz elogiava a habilidade política de Alexandre, que acabou por sucedê-lo no Conselho de Centros Acadêmicos, organização estudantil semiclandestina da USP. A polícia matou Queiroz pouco depois da morte de Alexandre.[11]

Em meados de 1972, Alexandre teve um encontro decisivo com um líder de alto nível dos grupos táticos armados, Carlos Eugênio Sarmento Coelho da Paz, um homem duro, treinado pelo Exército no uso de armas, que enganou as forças de segurança e quase matou o delegado Fleury. Alexandre e Carlos Eugênio discutiram a estratégia política da ALN sentados em um carro de combate. Alexandre era, para revolucionários crescentemente isolados, uma ligação crucial com o mundo exterior. Depois das devastadoras derrotas sofridas pela ALN, Carlos Eugênio esperava que ele aumentasse o tão necessário recrutamento estudantil, e o número de membros de fato cresceu. Alexandre relatava a Carlos Eugênio que a desilusão com o regime estava crescendo no campus e na Igreja. Marighella incluíra a Igreja em seu plano de unir vários grupos sociais na luta de libertação nacional contra os militares e o imperialismo norte-americano. Com sua presença nacional, a Igreja podia prover excelente rede de apoio. Depois da debacle dos dominicanos, a ALN contava com Alexandre para renovar seus vínculos com os católicos progressistas.[12] Embora Alexandre apoiasse a ALN por meio de atividades legais, ele endossava a luta armada e a considerava congruente com suas profundas crenças a respeito da libertação cristã.[13] Sua morte foi um sério golpe para a organização.[14] Um panfleto do Movimento de Libertação Popular (Molipo) o elogiou postumamente como um "combatente popular".[15]

Mas Alexandre também percebia a necessidade de interromper o crescente isolamento da ação estudantil e da dizimada resistência por meio do estabelecimento de vínculos com outros movimentos, comunidades e a Igreja. Como parte desse plano, ele e outros distribuíam panfletos contra o regime em igrejas de bairros pobres.[16]

Exceto por uma declaração vaga e curta de um estudante torturado, a polícia não tinha nenhuma prova que ligasse Alexandre a ações violentas. Primeiro, seu relatório nem o mencionava na descrição de assaltos e roubos supostamente praticados por Queiroz e outros.[17] Segundo, o principal investigador do Deops-SP no caso, detetive Edsel Magnotti, citou documentos achados com os integrantes da ALN que assassinaram Oliveira, vinculando Alexandre ao crime,[18] mas esses documentos não foram encontrados em lugar nenhum nos arquivos do Deops-SP ou entre os da investigação. Mais ainda, era muito improvável que guerrilheiros carregassem consigo informação que pudesse colocar em risco um companheiro. Terceiro, Carlos Eugênio, que ordenara a morte de Manoel de Oliveira, deu a tarefa de seguir o dono de restaurante não a Alexandre, mas a Francisco Penteado. A ALN não podia se dar ao luxo de expor um valioso organizador estudantil à violência.[19] Carlos Eugênio se recordou de que Penteado, que comia habitualmente no restaurante para observar Manoel de Oliveira, ouvira o comerciante se vangloriar de ter telefonado ao DOI-Codi para informar sobre a presença de membros da ALN em seu estabelecimento. Penteado supostamente participou do assassinato de Oliveira em fevereiro de 1973 e foi morto pela polícia, junto com outros dois militantes, apenas alguns dias antes da prisão de Alexandre.[20] Ainda mais significativamente, o arquivo do Deops-SP não tem nada a respeito de Alexandre *anterior* à sua morte. A vasta documentação da polícia política comprova sua vigilância cuidadosa até de grupos e pessoas inofensivas. Alexandre era, aparentemente, inexpressivo demais ou muito pouco notável em seu trabalho pacífico pela ALN para atrair a atenção da polícia antes de 1973.[21]

Como exatamente as forças de segurança tomaram conhecimento de Alexandre e o prenderam permaneceu um mistério por muito tempo. Em seu livro *Dos filhos deste solo*, o deputado Nilmário Miranda, membro da Comissão Especial do Ministério da Justiça sobre os mortos e desaparecidos, e o jornalista Carlos Tibúrcio afirmam que Alexandre foi denunciado pelo infame "Jota", João Henrique Ferreira de Carvalho, um antigo militante transformado em "cachorro", ou alcagüete.[22] O general Adyr Fiúza de Castro, importante líder das forças de segurança, se recordava de que "era muito fácil infiltrar no movimento estudantil, porque eles eram muito amadores".[23] A participação de um informante é pelo menos parcialmente sustentada por um relatório do serviço de informações da ALN levado a Carlos Eugênio, que estava em Cuba realizando mais treinamento de guerrilha. O relatório dizia que Alexandre e outros militantes da ALN caíram por causa de uma ignorada brecha na segurança do movimento estudantil.[24] Também é possível que a polícia tenha sabido de Alexandre numa violenta blitz contra a ALN por causa do assassinato, em 25 de fevereiro, de Octávio Gonçalves Moreira Júnior, o delegado Otavinho, um torturador do DOI-Codi com vínculos com o ultradireitista Comando de Caça aos Comunistas e com o grupo católico extremista Tradição, Família e Propriedade,[25] o qual denunciava clérigos progressistas como sendo comunistas. O DOI-Codi precisava se reafirmar porque seu futuro era sombrio com a proximidade da presidência de Geisel, um defensor da liberalização do regime. Cerca de uma semana antes de sua detenção, Alexandre notou que estava sendo seguido.[26] Ele foi, sem dúvida, preso pelo DOI-Codi.[27] Lá, duas equipes de interrogatório o brutalizaram em seguida, nos dias 16 e 17 de março. Quando o carcereiro foi buscar Alexandre para mais uma sessão, surpreendeu-se ao encontrá-lo morto.[28]

Se apenas umas poucas centenas de pessoas pereceram, entre as dezenas de milhares presas durante o regime militar brasileiro, por que Alexandre morreu? Só os torturadores sabem os detalhes mais íntimos de seu calvário. O único participante da morte de Alexandre identificado (os outros são conhecidos apenas por apelidos), o comandante do DOI-Codi, major Carlos Alberto Brilhante Ustra, não fez comentários sobre o caso no seu livro de 1986 sobre a repressão. Ele negou ter participado de tortura, embora Bete Mendes, ex-militante que depois se elegeu deputada, o tenha acusado de ter sido o seu algoz.[29] Ustra era um dos mais notórios perseguidores da esquerda.[30]

Ustra recusou meus pedidos de entrevista e não respondeu a uma carta que lhe enviei por meio de seu irmão Renato, também oficial da reserva do Exército. "Estou feliz porque estou esquecido", disse Carlos Ustra a Renato em relação a meu pedido. "Sempre saio desgastado. [Estou] muito cansado de ser usado." Renato Ustra enfatizou que seu irmão e outros que reprimiram a esquerda eram "profissionais" e tinham todo o apoio do governo para derrotar as organizações revolucionárias brasileiras. Renato concluiu: "Se tem que dar, a gente dá porrada".[31]

Presume-se que Ustra e seus agentes não pretendiam matar Alexandre, pelo menos não em 17 de março de 1973. Embora a tradição sádica da polícia brasileira prosperasse nos anos 70, as forças de segurança usavam a tortura basicamente para obter informação. Os torturadores se tornaram profissionais de teste dos limites físicos e psicológicos de suas vítimas, às vezes com o auxílio de médicos e psicólogos.[32] Entretanto, não há prova de que esse tipo de ajuda tenha sido prestada nos interrogatórios de Alexandre.

Talvez os torturadores não soubessem que Alexandre sofrera uma cirurgia de apêndice em janeiro daquele ano. Estava com a saúde debilitada e isso pode ter contribuído para a sua morte. Os prisioneiros políticos que viram

Alexandre no DOI-Codi afirmaram que seu corpo "sangrava abundantemente na região do abdômen".[33] Essa explicação para a presença de sangue, no entanto, é improvável porque na época da tortura já deveria ter se formado uma cicatriz suficiente no local. Uma explicação alternativa é oferecida abaixo.

Talvez os carrascos de Alexandre tenham aplicado força selvagem por causa das atividades políticas de seus parentes. Padre Aldo, que tratava Alexandre como a um filho, trabalhara com a JOC e fora detido por algum tempo pela polícia de Sorocaba em 1964, por suspeita de comunismo.[34] As forças de segurança também torturaram dois primos de Alexandre, os estudantes revolucionários José Ivo e Paulo de Tarso Vannuchi. Paulo pertencia à ALN. Alexandre o visitava na prisão e discutia assuntos políticos com ele. Muito preocupados com a sua segurança, os parentes de Alexandre tentaram convencê-lo a reduzir a atividade política. Outro fator foi a orgulhosa atitude de desafio dos jovens. Alexandre não desistia de uma luta com facilidade.[35] Dias antes de sua morte, disse a um colega estudante que resistiria à prisão.[36] No DOI-Codi, foi colocado numa cela-forte, que só tinha uma pequena abertura para a comida passar e para o manter sob observação. Enquanto muitos prisioneiros cediam informações, Alexandre se recusou. De acordo com testemunhas, Alexandre, carregado por carcereiros de volta para a cela depois de uma sessão de tortura, gritou: "Meu nome é Alexandre Vannucchi Leme. Sou estudante de Geologia. Me acusam de ser da ALN. Eu só disse o meu nome".[37] Um agente do DOI-Codi se referiu a Alexandre como "um louco".[38] Arlete Diogo, uma amiga, que também foi presa e torturada, disse o seguinte:

> Os torturadores ficaram muito impressionados porque ele não disse nada [...] Ficavam muito enraivecidos quando a gente dizia que ele era cristão. Eles queriam muito conversar sobre o Alexandre [...] Sempre a preocupação deles foi incriminar o Alexandre, dar uma impressão de ateu, sectário, violento. Mas essa imagem não batia com a imagem que a gente tinha.[39]

Qualquer que tenha sido a razão para a morte de Alexandre, os agentes do DOI-Codi não estavam preparados para lidar com ela. Eles se apressaram em inventar duas histórias. A primeira foi para os que sabiam que Alexandre morrera no DOI-Codi: prisioneiros, agentes não envolvidos no interrogatório, legistas que assinavam relatórios falsos e outras autoridades policiais. Nessa versão, Alexandre cometera suicídio ao cortar a sua garganta com uma gilete na enfermaria. Para autenticar essa história, os interrogadores e seus comandantes cortaram o pescoço de Alexandre de orelha a orelha enquanto ele ainda estava jogado no chão da cela. Foi por isso que os outros prisioneiros viram o corpo coberto de sangue quando os agentes o levaram embora.[40] Os guardas inventaram então uma busca por navalhas em outras celas.[41] A segunda versão, o acidente com o caminhão, foi para a imprensa. Ela se tornou imperativa, depois que um estudante da USP telefonou para a família para contar da prisão, o que levou José Leme a buscar seu filho. Os agentes de segurança não conseguiram sustentar as duas histórias ao mesmo tempo. Fleury deu ao pai de Alexandre a versão do acidente, apesar de momentos depois Magnotti insistir que fora suicídio.[42] Em carta para um graduado promotor, o diretor do Deops-SP, Lúcio Vieira, que era sobrinho do respeitado jesuíta padre Arlindo Vieira, misturou as duas versões, ao se referir ao acidente com o caminhão como um "suicídio".[43] (Uma outra versão, que não circulou, afirmava que Alexandre fora atropelado depois de ter escapado de um veículo da polícia.[44]) Depois de a imprensa ter tardiamente noticiado o "acidente" em 23 de março, um homem do DOI-Codi se vangloriou diante de prisioneiros: "Nós damos a versão que queremos".[45] Acobertamento e acusações falsas permitiam que o regime colocasse o foco da atenção em Alexandre como um perigoso "terrorista".

As implicações políticas do incidente levaram a polícia a tentar justificar a morte de Alexandre investigando-o postumamente. Prenderam outros estudantes da USP para dar apoio à sua alegação de que existia uma grande rede da ALN no campus.[46] Só depois de os advogados da família terem pedido ajuda à Justiça foi que a polícia incluiu Alexandre no episódio da morte de Oliveira. No seu relatório, Magnotti revelou a preocupação fundamental do regime: estudantes e a Igreja estavam protestando por causa da morte de Alexandre.[47] O comunicado público oficial aumentou a mentira, ao acusar Alexandre de crimes que nem mesmo a polícia lhe imputara. Também dizia que Alexandre revelara nomes de outros subversivos,[48] mas nenhum depoimento com esse teor aparece na documentação policial. Documentos do Deops-SP também mostram que o delegado Romeu Tuma, chefe do serviço de informação do Deops-SP, se envolveu na investigação. Tuma conhecia o major Ustra e o delegado Fleury e servia de ligação entre o Deops-SP e o DOI-Codi. Depois, ele se tornou diretor do Deops-SP e o mais alto responsável pela aplicação das leis do país como diretor da Polícia Federal nos governos de José Sarney (1985-90) e Fernando Collor de Mello (1990-92) e também como secretário da Receita Federal de Collor.[49] Hoje é senador da República.

A REAÇÃO À MORTE DE ALEXANDRE: À BEIRA DO ABISMO E A CONSTRUÇÃO DA OPOSIÇÃO

Alexandre representou um desafio maior ao regime depois de morto do que vivo. Seu assassinato testou o novo compromisso dos bispos com os direitos humanos. Em fevereiro de 1973, eles comemoraram o 25º aniversário da Declaração Universal dos Direitos Humanos das Nações Unidas e promoveram uma campanha nacional sem precedentes, durante a qual distribuíram mais de 1 milhão de cópias desse documento. A teoria se tornou ação.

A Igreja e os estudantes protestaram contra o episódio não apenas por Alexandre ter sido um popular líder estudantil. Significativamente, a sua morte foi uma das poucas, se não a única, de um ativista da USP que não fora para a clandestinidade juntar-se às guerrilhas.[50] Não havia nenhum vínculo de Alexandre com ações violentas. Assim, a oposição se mostrou ainda mais obstinada em descobrir a verdade sobre as circunstâncias de seu fim. A morte dele também contribuiu para aumentar a percepção entre estudantes e na Igreja de que a repressão atingira seus limites. Alexandre se tornou um símbolo contra a repressão.

O primeiro grande protesto partiu do bispo de Sorocaba, dom José Melhado Campos, que era vizinho da família Leme, e do conselho de padres que emitiu uma nota devastadora com críticas à polícia. Ela foi lida durante as missas e publicada na imprensa de Sorocaba, em boletins da Igreja e em *O São Paulo*.

> Por que a família não foi avisada do "atropelamento"? Por que não lhe foi entregue o corpo do rapaz? Quem dos familiares fez o devido reconhecimento do cadáver, antes de ser sepultado? Por que a família veio a saber do ocorrido através dos jornais, na sexta-feira, dia 23, sendo que, segundo a nota policial, Alexandre morreu no sábado anterior, dia 17? [...] Não nos compete desmentir aqui as acusações assacadas pela Polícia contra o jovem universitário. Deus o sabe e julga.

> Mas é líquido e certo que foi eliminado barbaramente quem poderia, num processo legal, explicar-se e defender-se e, se fosse o caso, reconhecer seus atos e responder por eles.[51]

Vários dias depois, dom José e o Conselho Presbiteral publicaram outro protesto no jornal local. Eles basearam sua ação no documento da CNBB de fevereiro de 1973. Também pediram ao presidente Médici para que melhorasse a proteção dos direitos humanos.[52]

Essas declarações desafiaram o regime. No entanto, não revelavam as tensões por trás da decisão de dom José de se manifestar. Ele não hesitava em tomar posições públicas fortes, como a de defender as causas dos trabalhadores no Primeiro de Maio, por exemplo.[53] Mas, como a maioria dos bispos, dom José se opunha firmemente ao comunismo. Ele foi pego entre os dois extremos daquela era, o que fez alguns padres radicais o considerarem como "pusilânime" para tomar atitudes. Esses padres convenceram dom José a denunciar a morte de Alexandre.[54] De fato, a primeira declaração não foi escrita nem por dom José, nem pelo Conselho Presbiteral, mas por padre Aldo. Seu rascunho inicial exigia justiça agressivamente. Como uma concessão aos conservadores do Conselho, ele abrandou o texto final, deixando aberta a questão do envolvimento de Alexandre em atividades subversivas. Para dar maior credibilidade ao manifesto, padre Aldo não o assinou.[55] À medida que cartas de apoio chegavam do exterior, dom José se sentiu justificado por ter emitido as declarações.[56]

Enquanto isso, estudantes na USP e em outras universidades protestavam contra a morte de Alexandre. A USP fervilhava de atividades no final de março e em abril com reuniões, panfletagens, discussões e mesas de informação e interrupções de aulas. Estudantes usavam braçadeiras pretas de luto e desfraldavam bandeiras negras pelo campus.[57] Os colegas de Alexandre, da Geologia, organizaram um comitê conjunto de professores e estudantes para investigar as circunstâncias da morte e estabelecer a prova de sua inocência.[58] Estudantes da USP e de outras escolas divulgaram um comunicado em que citavam a "excelente reputação entre os alunos e professores de Alexandre" e suas qualidades como líder.[59] Os estudantes de Geologia declararam estado de luto e propuseram uma missa em memória de Alexandre. A polícia monitorava os estudantes por meio de um agente infiltrado e obtinha cópias de seus manifestos.[60] O

Presidente Médici (à esquerda) encontra dom Paulo antes de expulsar o arcebispo de seu escritório. (*Luís Humberto/Abril Imagens*)

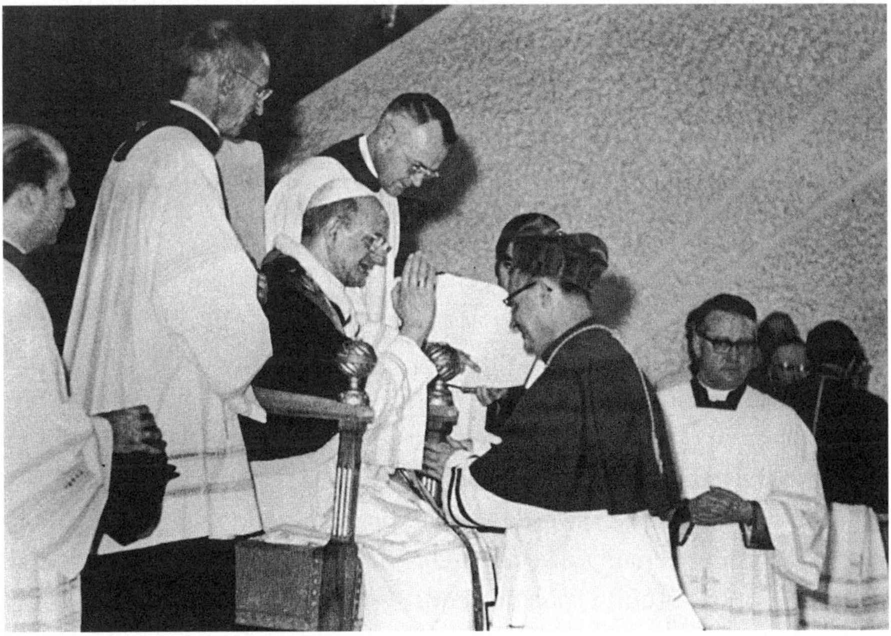

Papa Paulo VI confere o status de cardeal a dom Paulo, Roma, 5 de março de 1973, alguns dias antes da morte de Alexandre. (O São Paulo)

clero também planejava rezar missas. Em 29 de março de 1973, dom José rezou uma em Sorocaba. Outra foi marcada para 30 de março em São Paulo.

Como realizá-la era uma questão delicada. São Paulo era o centro explosivo do movimento de guerrilhas e da repressão. O comandante do II Exército, general Souza Mello, batista e linha-dura, dava total apoio às forças de segurança e se recusava a dialogar com o arcebispo. Em 1971, o presidente Médici expulsara dom Paulo de seu gabinete após uma reunião que durara apenas uns poucos momentos, na qual o arcebispo tentou levantar a questão das violações dos direitos humanos.[61] Por meio da Bipartite, os militares conseguiram baixar o tom de alguns dos protestos da Igreja durante as comemorações do Sesquicentenário da Independência e até tentaram cooptar dom Paulo, como vimos no Capítulo 7. Mas dom Paulo era teimoso na defesa dos direitos humanos. Ele visitava prisioneiros (inclusive os dominicanos presos), denunciava torturas e formou a CJP-SP para investigar abusos. Em junho de 1972, liderou os bispos do estado de São Paulo numa denúncia vigorosa da tortura durante sua reunião em Brodósqui. A raiva dos militares contra dom Paulo só crescia. Em março de 1973, o papa Paulo VI prestigiou os esforços de dom Paulo ao torná-lo cardeal. O governo brasileiro, que normalmente oferecia passagens aéreas, transporte local e vestimentas a bispos que fossem a Roma para cerimônias de investidura, agiu desse modo em relação a dom Avelar, mas se recusou a fazê-lo no caso de dom Paulo.[62] O novo cardeal retornou a São Paulo em 18 de março, o dia seguinte ao da morte de Alexandre. Duas semanas mais tarde, com as emoções em alta, o incidente ameaçava se transformar numa grave crise.

Dom Paulo tinha que trabalhar com cuidado. Era o arcebispo da maior cidade da América do Sul. Celebrar missa para um suspeito de subversão só poderia aborrecer as autoridades. Mas dom Paulo também era um pastor para os estudantes. Vinte e dois de seus líderes o procuraram em sua casa. Eles o informaram de que a polícia cercara a USP. Exigiram que ele rezasse missa para 10 mil estudantes que deveriam comparecer. Dom Paulo temia que os jovens iniciassem um quebra-quebra se ele não atendesse ao seu pedido. Ele se recordava: “Eles queriam sair em marcha. Eu disse: ‘Não, é suicídio, não dá’. Aí, eles disseram: ‘A única coisa que pode sossegar a nossa turma é uma missa’. Perguntei onde, eles queriam na USP. Eu disse que não iam deixar”. Claramente, ir à USP só iria provocar ainda mais os generais. Dom Paulo e os estudantes procuravam uma alternativa não violenta. Ele os convenceu de que uma missa na Catedral da Sé, no centro de São Paulo, seria um ato para o Brasil inteiro testemunhar.[63]

Era a véspera do nono aniversário do golpe. Apesar da proibição imposta pela censura a qualquer anúncio da missa, das tentativas de bloquear o tráfego, da presença de tropas de choque nas imediações da Sé e na USP, 3 mil pessoas estiveram presentes ao serviço religioso. À entrada da catedral, cada uma recebia uma folha de missa, que também servia para cobrir o rosto das câmaras dos policiais.[64] A polícia distribuiu uma versão falsificada do manifesto da liderança estudantil.[65] Enquanto as sirenes da polícia soavam do lado de fora, dom Paulo, dom José e 24 padres conduziam as pessoas em orações e canções, inclusive "Caminhando" ("Pra não dizer que não falei de flores"), a canção de protesto do compositor exilado Geraldo Vandré, que fora proibida pela censura.[66] Usando passagens bíblicas, dom Paulo admoestou as autoridades:

> Só Deus é dono da vida. D'Ele a origem, e só Ele pode decidir o seu fim [...] O próprio Cristo quis sentir a ternura da Mãe e o calor da Família ao nascer. E mesmo depois de morto, o cadáver foi devolvido à mãe e aos amigos e familiares. Esta justiça lhe fez o representante do Poder romano, embora totalmente alheio à Sua missão de Messias [...] "Onde está teu irmão? A voz do sangue de teu irmão clama da terra por mim!" [...] Quem fez justiça — pergunta o Juiz Supremo — quem cuidou que a verdade fosse dita e o amor tivesse vez? [...] Os homens sofrem prisões! Quem os pôde visitar e de lá os tirou?[67]

Depois da missa, as pessoas cantavam e deixavam calmamente a catedral, enquanto as forças de segurança se postavam numa área de cem quadras, prontas para reprimir qualquer tentativa de manifestação política.

Nem todos os estudantes e clérigos apoiavam dom Paulo. Dom Vicente Marchetti Zioni, o bispo conservador cuja chegada a Botucatu provocou a saída de muitos clérigos, recusou um pedido de estudantes para rezar uma missa. A polícia ficou satisfeita.[68] Em São Paulo, organizações de extrema-direita distribuíram panfletos contra a missa. Um grupo na extremamente conservadora Faculdade de Direito da USP, por exemplo, chamou Alexandre de "terrorista" e a missa em sua memória de "ridícula". O grupo concluía: "As cabeças vão rolar, e podem estar certos, colegas, de que não serão as nossas".[69]

Uma irada troca de cartas entre dom Paulo e o ministro da Educação Jarbas Passarinho revelou como cada lado acreditava que o outro chegara a extremos. Por dois anos, o cardeal e o ministro se corresponderam secretamente por meio de um padre que levava as cartas entre São Paulo e Brasília. O caso Leme cortou essa relação.[70] Dom Paulo reclamou que as forças de segurança estavam fazendo "justiça com as próprias mãos" e ignoravam "os mais elementares princípios dos direitos humanos". "Não se pune um crime — se existiu — com um crime ainda maior", acrescentou dom Paulo. Ele continuava:

> Vossa Excelência, Senhor Ministro, sabe tanto quanto eu, o que o Brasil espera dessa juventude [...] e à qual lições desse jaez, partindo especialmente de onde partem, não são as mais aptas a fazer com que as gerações confiem no futuro nem se preparem para assumir-lhe a condução. A violência, parta de onde partir, é a mais fecunda semente de cujo seio os ódios se multiplicarão e, através de cuja brutalidade e estupidez, se prepara a ruína das Nações. Ela é mais grave, incompreensível e imperdoável, se parte, exatamente, dos que têm como altíssima missão a salvaguarda da paz, a proteção das famílias, a tolerância e a compreensão em relação aos que a idade ainda não conferiu maturidade e que, muitas vezes, confundem os sadios ideais com os ímpetos de generosidade de seus verdes anos [...] Houve um tempo em que possuir um filho na Universidade era motivo de justificado orgulho e de serena tranqüilidade para os pais. Hoje, com freqüência redobrada, é motivo de ansiedade e de medo.

Dom Paulo pediu a Passarinho para usar seu prestígio dentro do governo para esclarecer as muitas dúvidas sobre o caso.[71]

A resposta de Passarinho foi severa. Ele alegou que o episódio não dizia respeito ao Ministério da Educação, embora a documentação do Deops-SP mostrasse que o serviço de espionagem do Ministério estava observando a situação na USP.[72] De acordo com o ministro, Alexandre morreu porque estava tentando derrubar o regime. "Alexandre era estudante terrorista [...] Pertencia ao Grupo Tático Armado da ALN, cuja missão, como se sabe, é de combate armado. Não foi atingido enquanto estudante, mas enquanto terrorista." Passarinho, então, criticou a campanha da Igreja pelos direitos humanos:

> Eminência, não consigo atinar com a justiça (prefiro chamá-la simulacro da justiça) que consista em só invocar as razões indeclináveis de defesa das prerroga-

tivas da pessoa humana, quando elas são guerrilheiras. Não entendo que se não fale em direito à vida para aqueles como o comerciante português, metralhado graças à denúncia do próprio Alexandre e de outros, segundo afirmam as autoridades de segurança.

Passarinho elogiou a denúncia contra a violência feita por dom Paulo e o instou a defender sua posição publicamente, mas criticou o cardeal por ter realizado a missa.

> A missa, rezada à hora em que as atividades do labor diário se encerram e as aglomerações no centro de São Paulo são inevitáveis; a missa cercada de intensa expectativa, dada a divulgação, por ativistas, em tom de desafio ao Poder temporal; a missa marcada por homilia extremamente severa para com os responsáveis (julgados, assim, à revelia) pela segurança do Estado, essa missa, Senhor Cardeal, poderia ter provocado um rio de sangue, agora sim de inocentes e de piedosos! Mercê de Deus e graças à prudência das autoridades, felizmente, não aconteceu. Mas a sua probabilidade era extremamente alta. Creio que Vossa Eminência considerou essa possibilidade, mas preferiu correr o risco, por motivos decerto ponderáveis, que me escapam.[73]

O governo reagiu com firmeza. A censura proibiu notícias sobre o sermão de dom Paulo,[74] embora algumas reportagens tenham escapado, o que resultou na adoção de censura prévia contra o jornal oposicionista *Opinião*, editado no Rio mas de circulação nacional.[75] Na Câmara dos Deputados, o deputado Lysâneas Maciel, do MDB, criticou asperamente o governo, mas nenhum jornal publicou seu discurso nem o pedido de um colega para que o Congresso investigasse violações de direitos humanos.[76] As forças de segurança prenderam dezenas de pessoas numa busca por organizadores do evento. Estudantes também foram presos no Rio.[77] No DOI-Codi, o major Ustra e seus torturadores espancaram prisioneiros, num espasmo de raiva e medo provocado pela missa.[78] O episódio teve repercussões pelo estado de São Paulo inteiro, mantendo o Deops-SP e as unidades dos serviços de informações em alerta por meses. Num desdobramento incomum, a Assessoria Especial de Relações Públicas do presidente Médici recebeu uma nota a respeito do caso. Como já ocorria com o comunismo, a menção do nome de Alexandre imediatamen-

O ministro da Educação Jarbas Passarinho acusou dom Paulo de quase ter provocado "um rio de sangue". (*Arquivo Nacional*)

te levantava suspeitas e levou à abertura de fichas sobre vários indivíduos. Como afirmou um relatório, o regime agora tinha um "problema Alexandre Vannucc[h]i Leme".[79]

O governo temia e os campi esperavam uma coisa: o renascimento do movimento estudantil. A missa foi a primeira grande reunião política de estudantes desde 1969.[80] Um panfleto afirmava que ela mostrara a "força da mobilização e união, que deixa a repressão de mãos atadas para uma repressão em massa".[81] Outro chamava a demonstração de "um ato firme e claro de repúdio" contra as medidas repressivas do governo.[82] Os serviços secretos no Rio de Janeiro e em todo o estado de São Paulo analisaram o "recrudescimento de atividades esquerdistas" em faculdades e escolas, algumas das quais experimentavam agitações pela primeira vez. Ativistas organizavam reuniões, greves, passeatas e murais, distribuindo literatura e procurando vínculos com o clero progressista.[83] Em São Carlos, estudantes iniciaram um abaixo-assinado para requisitar a exumação do corpo de Leme.[84] Autoridades dos serviços de informações em Bauru, Botucatu, Marília, Piracicaba, Presidente Prudente, Ribeirão Preto, Rio Claro, Sorocaba e Votorantim fizeram relatórios sobre questões ligadas ao caso Leme. O mesmo fizeram autoridades no Rio de Janeiro.[85] Com medo do alastramento da influência comunista, a Polícia Federal viu a necessidade de todas as agências de espionagem "fazer um acompanhamento generalizado de todo movimento estudantil".[86]

A BIPARTITE: A PRESSÃO NOS BASTIDORES

Nas semanas seguintes à morte de Alexandre, a oposição continuou a pressionar o governo para que o caso fosse resolvido. Em resposta às exigências de estudantes e professores, o reitor da USP, Miguel Reale, enviou um pedido lacônico, formal, de explicações ao general Sérvulo Mota Lima, o secretário de Segurança Pública do Estado de São Paulo.[87]

O general Lima participara da investigação das mortes de Barra Mansa[88] e, por isso, não era um novato nos horrores da tortura. Mesmo assim, numa resposta pública a Reale, o general tentou apagar todas as suspeitas de erro no caso de Alexandre. A declaração apareceu com grande destaque na imprensa. Lima reafirmou as acusações, bem como a história de acidente. Acrescentou que Alexandre revelara nomes de outros membros da ALN e *confessara* sua participação em dois assaltos e no assassinato de Manoel de Oliveira. No entanto, Alexandre se recusara a revelar sua ocupação ou endereço, onde guardava documentos subversivos. Além disso, Lima disse que as forças de segurança retardaram a divulgação pública da morte por necessitarem de segredo a fim de poder estourar uma "célula terrorista" na USP. Lima afirmou que tinha testemunhas para provar que Alexandre morrera num acidente. O enterro ocorrera depressa para prevenir o que acontecera no Recife, onde "terroristas" tentaram roubar do necrotério o cadáver de um companheiro para explorar politicamente sua morte.[89] Como os encontros secretos da Bipartite revelaram em seguida, os militares receavam que Alexandre se tornasse um outro Edson Luís, o estudante vítima da repressão, cujo corpo, exposto em público, motivou protestos nacionais em 1968.[90]

Após o comunicado de Lima, a família Leme e a Igreja abriram uma outra frente com a ajuda de dois advogados da CJP-SP, Mário Simas, que defendera os dominicanos, e José Carlos Dias. Eles requisitaram à polícia, aos tribunais e aos militares que devolvessem o corpo e investigassem o incidente por completo. Os pedidos subiram todos os degraus da cadeia hierárquica até o general Souza Mello.[91] Ele não respondeu nem enviou o caso às autoridades civis, o que significava o reconhecimento implícito de que a morte ocorrera em uma instalação militar, como o DOI-Codi.[92]

O episódio ganhou dimensões internacionais quando a mãe de Alexandre escreveu uma carta ao papa Paulo VI na Sexta-Feira Santa, o dia da morte de Cristo. "Meu filho Alexandre, todo ideal e doação, foi sumariamente assassinado pelos órgãos de repressão do governo, justamente por lutar pela vigência dos Direitos Humanos no Brasil e por se colocar ao lado da Justiça e da Liberdade", afirmou. Ela pediu ao pontífice para ajudar a trazer "paz e justiça" ao Brasil.[93] A imprensa estrangeira também noticiou o caso.

No entanto, o Vaticano pouco fez para responder ao apelo de dona Egle. Três meses depois, o cardeal Jean Villot enviou uma carta a dona Egle, na qual ressaltava a "palavra de alento à signatária" da parte de Paulo VI.[94] Em seu relatório de final de ano para Brasília, A. B. L. Castello Branco, embaixador brasileiro junto à Santa Sé, não fez uma referência sequer a Alexandre ou a qualquer outro caso de mortos ou desaparecidos no Brasil. "As relações entre o Vaticano e o Brasil, no ano de 1973, decorreram normalmente, podendo-se dizer que, neste ponto, não se registraram, por parte da Santa Sé, manifestações específicas que tivessem sido suscitadas por tensões ocorridas, no Brasil, nas relações entre o Estado e o representante do clero."[95]

Com todas as possibilidades de protesto público esgotadas, os bispos levaram o caso Alexandre para a Comissão Bipartite. O Grupo Religioso pressionou com insistência para que a Situação prestasse contas do episódio. Na reunião de 30 de maio de 1973, Candido Mendes declarou que "estamos diante de um teste de grande profundidade no diálogo da Bipartite".[96] Ele apresentou as petições de Dias e Simas, que enumeravam inconsistências na versão oficial, entre elas a afirmação de que Alexandre fora sepultado como indigente anônimo porque nada se sabia dele, enquanto o atestado de óbito trazia informações completas. Os requerentes pediram a exumação do corpo de Leme e uma autópsia detalhada na presença do médico, dentista e advogados da família.

O advogado Mário Simas queria "a descoberta da verdade". (*Pedro Martinelli/Abril Imagens*)

Explicaram que seu motivo não era político. Queriam apenas a "descoberta da verdade".[97]

O general Muricy declarou que o governo queria esclarecer o incidente. Ele leu os depoimentos das supostas testemunhas que diziam ter visto Alexandre ser atropelado. E, então, o major Lee tentou responder à petição ponto por ponto, usando os mesmos argumentos do general Lima. Por trabalhar no CIE, Lee sabia mais sobre a repressão do que talvez todos os outros membros da Situação.[98] Ele negou que as forças de segurança soubessem que Alexandre ou os que ele supostamente denunciou fossem estudantes. A polícia queria saber de atividades subversivas, não se interessava pela profissão das pessoas. Além disso, não havia "nada de estranho" no fato de o comunicado do general Lima ter dito que a morte de Alexandre acontecera às 11 horas, quando o certificado de óbito declarava que fora às 17 horas. Ainda mais significativo foi o fato de Lee ter dito que o horário, o local e as circunstâncias da prisão de Alexandre não eram importantes.[99] Candido Mendes insistiu que o governo deveria ordenar ao Judiciário que aprovasse a petição, mas o professor Padilha recusou a idéia como "interferência de um Poder em outro". O relatório do encontro da Situação afirmou que o caso Alexandre "polarizou" os dois lados. Ainda assim, os militares estavam confiantes de que sua versão iria, ao final, se provar correta, forçando assim dom José e outros clérigos a retirar suas críticas.[100]

O Grupo Religioso foi bem preparado para argumentar contra as posições dos militares no encontro da Bipartite de 25 de julho de 1973. Dom Lucas apresentou documentos para comprovar que Alexandre passara por uma cirurgia de apêndice no fim de janeiro e se recuperara em Sorocaba em parte de fevereiro. Essa evidência contradizia a menção que as forças de segurança fizeram a uma "incisão antiga" no cadáver e a declaração de que Alexandre tomara parte em atividades subversivas em São Paulo no mês de fevereiro. Assim, a exumação poderia mostrar que o corpo era de uma outra pessoa. (Como dom Ivo observou, as forças de segurança trocavam a identidade de prisioneiros para impedir sua localização por amigos ou familiares. Dom José levantara essa possibilidade durante a missa de Sorocaba.) Se o corpo fosse mesmo de outra pessoa, casos de outros prisioneiros desaparecidos poderiam ser resolvidos. Dom Lucas fez referência ao DOI-Codi, indicando assim que o Grupo Religioso tinha boa informação sobre quem estava desencadeando a repressão. O bispo também afirmou que a família de Alexandre estava recebendo telefonemas ameaçadores. Candido Mendes acrescentou que a petição valia não apenas para o sistema de justiça civil, como também para os tribunais militares que julgavam casos de suposta subversão. O general Muricy tentou rebater esses argumentos. A família não se apresentara ao Exército com a sua petição, disse. O episódio estava "praticamente encerrado", mas Candido Mendes estava "pressionando a família e, pois, alimentando o caso". Os bispos fizeram com que o assunto continuasse em discussão, com a defesa que dom Ivo fez do papel de Candido Mendes no incidente como representante da CNBB e da CJP-BR. Mesmo dom Avelar, mais conciliador, entrou no debate, afirmando que "esse caso deveria ser levado até a última conseqüência, na apuração da verdade, pois estava envolvendo honorabilidades da CNBB e do bispo de Sorocaba, que fizera declarações". Se dom José estivesse errado, a CNBB reconheceria que ele fora usado. Se estivesse certo, a polícia teria que corrigir seus métodos.[101]

Então, dom Lucas soltou uma bomba: pelo menos um prisioneiro testemunharia que Alexandre morrera de uma forma diferente da apresentada pela versão militar. Candido Mendes sugeriu que o advogado Simas fosse trazido à Bipartite. O general Muricy recusou, declarando que Simas era "elemento contra o governo". Ele preferia um membro da família Leme. Padilha acrescentou que a família desistira de sua petição.[102] (De fato, não desistira.) Mas as provas continuavam a se avolumar contra a Situação. Na Bipartite de agosto, dom Ivo mostrou à Comissão depoimentos de cinco testemunhas que declararam, num Tribunal Militar, que Alexandre morrera na sua cela, depois de sofrer tortura de agentes do DOI-Codi.[103]

As palavras de dom Ivo foram as últimas sobre a morte de Alexandre registradas pela Bipartite. Como os militares previram, eles ganharam uma batalha contra o Grupo Religioso porque a versão oficial se manteve. Nem o corpo foi exumado, nem qualquer satisfação ou explicação posterior foi dada à família ou ao público. A Situação tomara parte na escamoteação do caso. De acordo com a Situação, os bispos persistiram porque esse era "um caso polêmico que lhes dá determinados trunfos".[104]

A vitória moral final foi obtida pela Igreja em 1985, quando ela publicou testemunho sobre a morte de Alexandre em *Brasil: nunca mais.* Uma testemunha no DOI-Codi falou que vira "muitas pessoas sendo torturadas". E acrescentou que "o caso mais grave deu-se com um jovem de nome Alexandre Vannucchi. Durante dois ou três dias, ouvi os seus gritos e, por fim, [...] vi o seu cadáver ser retirado da cela-forte, espalhando sangue por todo o pátio da carceragem".[105]

CONCLUSÃO

Como sua morte produziu repercussões ao longo de toda a década de 70, o nome de Alexandre se tornou um símbolo de resistência para a oposição, mas também um sinal de alerta para a polícia sobre novos atos de subversão. Em 1974, a Anistia Internacional incluiu uma descrição da morte de Alexandre em seu relatório sobre direitos humanos no Brasil.[106] O Diretório Central dos Estudantes (DCE) da USP foi rebatizado com o nome de "DCE Alexandre Vannucchi Leme". Em março de 1978, estudantes por todo o Brasil organizaram um dia de protesto para comemorar o quinto aniversário da morte de Alexandre e o décimo do incidente de Edson Luís. Eles usaram a ocasião para protestar contra o presidente Geisel e a visita do presidente dos Estados Unidos, Jimmy Carter.[107] Os pais de Alexandre se tornaram símbolos no amplo movimento pela anistia para os exilados e prisioneiros políticos. Com a abertura, vários candidatos da oposição tentaram recrutar o casal para apoiar suas campanhas.[108] O caso de Alexandre também apareceu em denúncias contra médicos acusados de assinar certidões de óbito falsas para esconder a tortura.[109] Muitas dessas e outras recordações de Alexandre despertaram a atenção de agentes do Deops-SP. Assim, diferentes interpretações de sua importância ajudaram a criar a memória histórica do incidente. A oposição tratava Alexandre como um mártir, enquanto a polícia o via como uma pessoa perigosa que, quando relembrada, provocava mais subversão.

A justiça se fez aos poucos. No final de 1978, o Superior Tribunal Militar, que ouvira todos os recursos de casos que envolviam prisioneiros políticos, reviu o testemunho de seis pessoas que presenciaram as seqüelas da tortura de Alexandre no DOI-Codi. Um dos juízes, general Rodrigo Octávio Jordão, propôs uma investigação, mas foi derrotado por treze votos a um. Encorajado pela iniciativa de Jordão, o advogado Simas fez outra petição na Justiça Militar. Essa também foi negada.[110] Em 1983, quando o Brasil se encaminhava para o governo civil, a família Leme finalmente recebeu permissão para remover os ossos de seu filho do cemitério de Perus. Com a ajuda de um molde dental feito no começo de 1973, dois dentistas confirmaram que os ossos eram de Alexandre.[111] Eles foram enterrados no jazigo da família em Sorocaba, depois de uma cerimônia em São Paulo, durante a qual também foram recebidos os restos de frei Tito, o dominicano brutalmente torturado que cometeu suicídio na França. Em dezembro de 1995, o presidente Fernando Henrique Cardoso assinou a Lei 9140/95, que tornava possível a indenização pelo governo a famílias de vítimas da ditadura. O nome de Alexandre foi aprovado quando a Comissão Especial do Ministério da Justiça sobre os mortos e desaparecidos começou a rever casos em 1996. A família recebeu o pagamento em 1997.

A grande indignação contra a morte de Alexandre levou a Igreja a exercer sua nova política de defesa dos direitos humanos. Ela se tornou "a voz dos que não têm voz" para a família e para milhares de enlutados proibidos de protestar. A noção de direitos humanos passou de abstração a ação concreta. Os gestos de dom José e de dom Paulo não representavam posições individuais, mas o consenso nacional dos bispos.

A posição da Igreja estava eivada de riscos. Ela andava na corda bamba entre o desejo de justiça e a necessidade de evitar mais violência. Nessa ocasião, o potencial para a violência era grande. A Igreja enfrentou represálias por ter se aproximado demais da esquerda revolucionária, o principal inimigo do regime, porque a missa para Alexandre identificou a Igreja com a subversão e colocou em perigo sua atitude historicamente apartidária. Se soubesse o real envolvimento de Alexandre na ALN, a Igreja poderia ter agido de maneira mais cautelosa.[112]

Paradoxalmente, a posição da Igreja aumentava sua força política pela defesa firme dos direitos humanos. O incidente de Alexandre forjou um vínculo mais forte entre ela e os estudantes. A crescente confluência da Igreja com a esquerda formou a base para a coalizão estratégica que ajudaria a manter unida a oposição durante a passagem para a democracia.[113] Alexandre estava morto, mas sua visão de uma aliança de forças estava se tornando realidade.

As ações de dom Paulo demonstraram as complexidades e tensões envolvidas na tarefa de construir a oposição. Ele foi com os estudantes até à beira da confrontação com o governo, mas, sem o conhecimento do regime, também desempenhou um papel moderador, ao permanecer distante do caldeirão político do campus da USP e ao insistir no protesto não violento. Dom Paulo compreendia bem como testar os limites da paciência dos generais. Ele foi prudente, mas firme ao se opor à repressão. O protesto pela morte de Alexandre removeu qualquer dúvida sobre a possibilidade de que dom Paulo pudesse ser cooptado. Foi um momento decisivo para ele e para a Igreja. Ao manter a instituição intacta, ele habilmente a conduziu para a oposição. Dom Paulo ajudou a definir as alternativas e os limites do protesto público contra o regime.

A missa para Alexandre serviu de ensaio para o culto ecumênico decisivo em memória do conhecido jornalista judeu Herzog, em 1975. Esse protesto representou um desafio ainda maior para o regime porque uniu a oposição — não apenas estudantes e clérigos católicos, mas judeus, profissionais de comunicação, intelectuais e outros membros da elite. Trinta mil estudantes da USP entraram em greve e 42 bispos assinaram uma declaração denunciando a violência do regime. Dois rabinos e um ministro protestante ajudaram a presidir à cerimônia em memória de Herzog na catedral, à qual 8 mil pessoas compareceram, apesar das tentativas feitas pelas autoridades para impedir o evento. Dom Hélder, um pária do regime, também compareceu. A morte de

Herzog aconteceu depois de Geisel ter criado novas expectativas sobre o fim da repressão. De fato, àquela altura o regime começara a usar a repressão de maneira mais seletiva, o que foi possível como resultado do efetivo esmagamento da oposição realizado por Médici. A violência diminuiu ainda mais depois do incidente de Herzog e da crescente pressão de Geisel contra os linhas-duras. O debate a respeito do caso ocorreu em público. Os censores, por exemplo, não impediram mil jornalistas de publicarem uma petição nos jornais pedindo uma investigação. A condição de Herzog como membro da elite jornalística fez com que aumentasse ainda mais a indignação com sua morte.[114] O protesto contra o assassinato de Herzog marcou um ponto de inflexão na luta pela democracia.

Dois anos e meio antes, no entanto, a missa para Alexandre serviu de precedente decisivo ao atrair 3 mil pessoas em protesto durante um dos mais sangrentos períodos do regime e *antes* de o governo Geisel tentar reduzir os abusos contra os direitos humanos. A abertura do sermão de dom Paulo na cerimônia por Herzog fez eco a seu comentário anterior: "Deus é dono da vida".[115] O caso Alexandre não teve impacto maior porque o regime impôs uma grande mentira em relação à sua morte. Fernando Jordão, colega de Herzog, observou que dom Paulo denunciara as violações dos direitos humanos ao longo dos anos Médici de forma regular, mas "nós, jornalistas, por pressão da censura ou dos patrões, por comodismo, incompetência profissional ou inconsciência política, muitas vezes deixamos de dar cobertura ou divulgação".[116]

Outra tensão resultou da confluência da Igreja com a esquerda. A maneira como dom Paulo se engajou no caso Alexandre e outras ações similares tomadas pela Igreja marcaram certo viés resultante da polarização aguda na sociedade brasileira. Defensores do regime se queixavam de que direitos humanos com freqüência significavam a defesa dos esquerdistas mas não dos que, na direita, também eram vítimas de violências. O ministro Passarinho expressou essa opinião a dom Paulo, e esse também foi um importante tema subjacente à investigação policial do caso Alexandre. O delegado Magnotti escreveu que

> elementos de esquerda da Igreja Católica, elementos estes que souberam protestar, embora sem justificativa, pela morte de Alexandre Vannucchi Leme, [...] não levantaram sequer uma palavra nos púlpitos da Igreja, para protestar contra o

bárbaro homicídio praticado pelos agentes subversivos da ALN contra um [...] simples e humilde comerciante.[117]

A direita também sofria perdas e realizava suas cerimônias em memória dos seus.[118]

O tratamento que a Comissão Bipartite deu ao caso Alexandre mostrava um preconceito de classe. Um ponto crucial foi decidir se os agentes de segurança sabiam ou não que Alexandre era um estudante. Outro fator fundamental foi a ligação de Alexandre com a Igreja por meio de seus parentes. Essas considerações implicam que o status social e os vínculos institucionais de algum modo tornaram a violação mais séria — mais hedionda para a Igreja, mais politicamente problemática para os militares. Como no caso Herzog, a indignação correspondeu à fama e à importância da pessoa. Tanto os militares como a Igreja refletiam, assim, o sistema de classes altamente estratificado existente no Brasil. Nem todos tinham os mesmos direitos humanos.

A Bipartite demonstrou que, enquanto a Igreja lutava para desenvolver uma atitude pública sobre os direitos humanos, ela também recorria ao diálogo de bastidores. O papel de Candido Mendes como intermediário significava que o diálogo não tinha que parar depois de o general Muricy ter se recusado a falar com Simas, o advogado da CJP-SP. Ainda mais importante, quando os esforços públicos fracassaram e a repressão e a censura sufocaram a voz pública da Igreja, o Grupo Religioso manteve a pressão sobre o regime, ao exigir informações sobre prisioneiros políticos e vítimas de tortura. As denúncias eram um sinal de que a oposição começara a se erguer. Esse desdobramento provocou temor nas forças de segurança, que castigavam a Igreja e o movimento pelos direitos humanos e pela democratização.[119]

O caso Alexandre sublinhou a importância política dos direitos humanos. O regime trabalhou para apresentar Alexandre como um terrorista. A Igreja usou o episódio para denunciar as violações dos direitos humanos. Embora ameaçada de sofrer violência, a Igreja se aproveitou da abertura provocada a partir do incidente para desafiar a repressão.

Conclusão

Enquanto o governo punha um fim nos guerrilheiros urbanos em 1973, um grupo de castellistas manobrava dentro das Forças Armadas para nomear Ernesto Geisel como o sucessor de Médici. Geisel queria devolver o Brasil ao governo civil e iniciou uma campanha pela distensão, ou liberalização, do sistema político. Ele controlou os torturadores e a linha dura, revogou o AI-5, restaurou as liberdades civis e relaxou a censura à imprensa. Quando Figueiredo assumiu o poder em 1979, a abertura já estava a caminho. Mas, como Geisel determinara, foi uma abertura gradual, lenta e segura — especialmente segura para as Forças Armadas. Em agosto de 1979, o governo Figueiredo concedeu anistia aos prisioneiros políticos, exilados e revolucionários — mas também aos torturadores. Depois de uma década de cuidadoso controle do processo político pelo Exército, em 1985 um civil ocupou novamente o Palácio do Planalto.

Geisel começou o seu governo na esperança de melhorar as relações com a Igreja. Luterano de linhagem germânica, foi o primeiro presidente protestante a cumprir um mandato inteiro.[1] Ele reconhecia, no entanto, a importância da hierarquia católica. Todos os cardeais brasileiros ocuparam um lugar proeminente em sua cerimônia de posse em 15 de março de 1974 (na verdade, o grupo inteiro de cardeais não comparecera à posse de nenhum dos quatro presidentes militares católicos). Antes da posse, o general Golbery, o principal assessor de Geisel no que se referia à distensão, se encontrou com Candido Mendes, dom Paulo e outros líderes da Igreja. Em janeiro de 1976, Geisel exonerou o comandante do II Exército, general Ednardo D'Ávila Mello, por não ter impedido a morte de Herzog e Manoel Fiel Filho, um ativista sindical católico assassinado no DOI-Codi de São Paulo. Em uma aparente demonstração de solidariedade, Geisel visitou dom Geraldo Maria de Moraes Penido, primo do jesuíta morto João Bosco Penido Burnier (ver Capítulo 7).[2]

Uma parte significativa da estratégia de Geisel em relação à Igreja era acabar aos poucos com a Bipartite. O general Muricy queria manter os encontros, e fez um apelo a seu amigo Geisel. Ele era um dos pouquíssimos oficiais que podiam chamar o presidente de "Ernesto" ou por seu apelido, "Alemão". Na época da posse, Muricy procurou Geisel para falar sobre a Bipartite. Também se encontrou com Golbery, com o ministro da Justiça, Armando Falcão, e com os ministros da Marinha e Exército. Ofereceu-se para continuar na chefia da Comissão.[3] Significativamente, Golbery também apoiava a continuação da Bipartite.[4] O presidente declarou que "deveria ser mantida a mesma orientação do Governo anterior com relação à Bipartite até que fosse necessário estabelecer modificações". O general Muricy informou aos bispos sobre essa decisão, e ambos os lados estavam ansiosos para continuar seu trabalho. Entretanto, quando o Grupo Religioso pressionou para colaborar com o governo, Muricy não quis se comprometer, afirmando que precisava "solicitar orientação da área governamental".[5] Estava claro que ele não recebera de Geisel o mesmo tipo de autoridade que tivera sob o governo Médici. Geisel estava freando a Bipartite. A comissão reuniu-se em março, maio e agosto de 1974. Então, Geisel decidiu que os comandantes de área do Exército deveriam estabelecer contato com os bispos de modo a melhorar as relações em nível local.[6] O diálogo continuou, mas não era mais necessário escondê-lo, pois a imprensa tinha mais liberdade e o governo estava de certa forma mais aberto. Em 1977, por exemplo, a chamada "Missão Portela", coordenada pelo senador Petrônio Portela, abriu contatos entre o governo e a oposição, incluindo a Igreja.[7] Depois de 26 de agosto de 1974 a Bipartite deixou de existir, abandonando a cena política tão secretamente como entrara, em novembro de 1970.

Três dias mais tarde, o general Muricy foi admitido no U.S. Army Command and General Staff College Allied Officer Hall of Fame (Galeria de Ofi-

O presidente Ernesto Geisel (à esquerda) encontra com dom Eugênio e dom Avelar e o núncio dom Carmine Rocco no dia da sua posse. Geisel acabou com a Bipartite e lidou com a Igreja por meio da hierarquia tradicional. (Agência Estado)

ciais de Honra da Escola de Comando e Estado-Maior do Exército Americano). A cerimônia aconteceu no Rio e teve a participação de oficiais brasileiros e norte-americanos, inclusive o embaixador dos Estados Unidos, John Crimmins, e o general-de-divisão Maurice W. Kendall, chefe da delegação norte-americana da Comissão Militar Mista Brasil-Estados Unidos. Muricy juntou-se a Castello Branco, Orlando Geisel, marechal Oswaldo Cordeiro de Farias e outros proeminentes generais brasileiros homenageados na Galeria, localizada em Fort Leavenworth, onde Muricy recebera treinamento durante a Segunda Guerra Mundial. A Galeria concedeu honra ao mérito aos "Oficiais Aliados Diplomados que alcançaram posições de maior relevância em suas carreiras militares, a serviço de seus respectivos países". O general Kendall descreveu o serviço de Muricy como "brilhante carreira militar desempenhada como soldado e chefe militar".[8] A extensão extra-oficial da carreira militar de Muricy chegara a um fim adequado.

Agora era a vez de Geisel lidar com os bispos. Ele via as relações com a Igreja como uma questão de dois Estados — Brasil e Vaticano — e preferia lidar por intermédio da hierarquia tradicional, em vez de legitimar a mais contenciosa CNBB. Geisel reconhecia a autoridade do papa dentro da Igreja e acreditava que a CNBB, que tomava as atitudes mais fortes na Bipartite, questionava aquela autoridade. Considerava o núncio apostólico o representante apropriado da Igreja no Brasil.[9] Depois do núncio, preferia lidar primeiro com os cardeais e depois com os bispos. Geisel delegou alguns desses contatos ao general Golbery. Se a CNBB precisasse falar com o governo, agora teria de fazê-lo diretamente.[10]

A princípio, os bispos receberam bem os planos de Geisel para a distensão e estavam ansiosos por um diálogo aberto. Porém, as relações entre a Igreja e o Estado continuavam difíceis. Geisel restringiu tanto os militares da linha dura quanto seus oponentes civis para poder controlar a abertura. Ele era tão ditatorial quanto qualquer um de seus antecessores. Além do assassinato de Burnier, ocorreram numerosos ataques violentos contra a Igreja, inclusive o seqüestro e a tortura de dom Adriano Hypólito, bispo de Nova Iguaçu. Os conflitos aconteciam principalmente no meio rural, onde o clero defendia os pobres contra os interesses dos poderosos e contra as autoridades. Generais e políticos conservadores ainda acusavam a Igreja de subversão e de ter abraçado o comunismo, enquanto as críticas crescentes dos bispos ajudavam a dirigir a opinião pública contra o regime. As relações melhoraram de certa forma sob o governo Figueiredo, mas no campo os conflitos continuavam.[11]

AS CONQUISTAS DA BIPARTITE: REDUZINDO O CONFLITO IGREJA × ESTADO

Depois de quatro anos de diálogo secreto, o que a Bipartite havia conquistado? Qual era seu significado para a Igreja Católica, o Exército e a era Médici? O que isso sugere para o estudo da história recente do Brasil?

No século XX, a Igreja e o Exército, duas das instituições mais importantes do país, cooperaram e colidiram enquanto tentavam se modernizar, influenciar o desenvolvimento da sociedade e contribuir para a criação da identidade nacional brasileira. O Exército aumentara sua proeminência política, culminando com o regime de 1964-85. A Igreja também se tornou profundamente envolvida em política ao se reconstruir e restaurar sua influência sobre o Estado. Embora cultural e ideologicamente bastante diferentes, no período de 1930 a 1964 a Igreja e as Forças Armadas construíram uma relação de cooperação baseada em grande parte no seu anticomunismo comum. Algumas das lideranças militares que amadureceram nesta era abraçaram fortemente o catolicismo como uma base para a identidade e o patriotismo brasileiros. O general Muricy exemplificava essa atitude. Muricy certamente sofrera uma crise de culpa ao ver a Igreja sendo criticada por seus camaradas de armas. Da mesma forma, bispos, como dom Jaime Câmara, mantinham as Forças Armadas em alta consideração. Esse relacionamento é essencial para compreender o Brasil moderno.

A cruz e a espada entraram em conflito depois da revolução dupla que começou em 1964. A Igreja ressaltava cada vez mais a justiça social, enquanto o Exército lutava contra o comunismo e a subversão em nome da civilização cristã ocidental. As forças de segurança tinham cada vez mais a Igreja como alvo, produzindo a pior crise entre a Igreja e o Estado da história do Brasil. Alguns bispos e padres reagiram desenvolvendo uma rede de resistência política. Enquanto a maior parte das obras ressalta a retórica pública da Igreja contra o regime, a forma mais ativa mas não violenta de oposição examinada neste livro é igualmente importante para entender o conflito Igreja × Estado.

Ativismo católico, ataques à Igreja e tortura tornaram-se temas centrais que se disseminavam dentro da arena diplomática em Roma e em outras partes da Europa. O general Muricy e dom Eugênio esforçaram-se para salvar a imagem deteriorada do Brasil. A crise envolvia a luta ideológica, mas também a competição pelo direito de dar forma ao futuro da sociedade brasileira. Também ressaltou as diferenças entre a Igreja e o Exército e o quão pouco eles entendiam os motivos, a cultura institucional e os esforços de modernização de cada um. O conflito foi exacerbado pela polarização política da Guerra Fria. Dentro desse contexto, existia uma vasta área de ambigüidade teológica e política apreendida no enigma de dom Avelar: "Onde termina a justiça social e começa a subversão?".

A solução brasileira foi a Bipartite. A Igreja e o Estado ostensivamente excluíram o debate durante a era Médici. O arquivo crucial do general Muricy revelou, porém, que a Bipartite institucionalizara o diálogo precisamente quando a repressão e o conflito Igreja × Estado se aprofundavam. Os encontros eram sérios e sistemáticos, com agendas estabelecidas e um escol fixo de participantes. Significativamente, os encontros duraram quatro anos. Ambos os lados, é óbvio, tinham interesse em manter contato. Tanto o debate duro como a conciliação marcaram o trabalho da Comissão.

A Bipartite serviu de ponte entre uma era de apoio episcopal ao regime e a distensão. Foi uma solução política para uma crise cada vez mais violenta. Em vez da ruptura, a Bipartite representava em grande parte a continuidade — e a inovação — no relacionamento entre a Igreja e o Estado que evoluíra durante meio século. O diálogo era um último recurso precioso para evitar uma fissura entre a Igreja e o Estado. Assim, a Bipartite foi um episódio central na história do Brasil autoritário.

O Grupo Religioso e o Grupo da Situação encontraram-se nas sombras de um regime que governou sob ufania econômica, o medo e a violência. A Bipartite envolveu a coleta de informações secretas, pelos militares, por exemplo, a gravação dos bispos sem o conhecimento deles. A Bipartite foi um diálogo secreto, e um diálogo formal mantido da maneira mais informal possível. Não foi um encontro de cúpula entre a Igreja e o Estado. O general Muricy prevaleceu sobre os inimigos da Bipartite, dentro do regime, mas Médici manteve a Comissão à distância e manteve a postura de não-comprometimento com a

Igreja. No governo nebuloso de Médici, nunca era totalmente claro quem Muricy e o Grupo da Situação representavam ou quanto poder detinham.

A Bipartite encaminhou assuntos religiosos, ideológicos, morais e políticos. Os três mais importantes temas sobrepostos eram desenvolvimento, resolução dos conflitos Igreja × Estado e violação dos direitos humanos.

Candido Mendes lançou a Bipartite com sua proposta audaciosa de estabelecer a cooperação entre a Igreja e o Estado no desenvolvimento do país — uma notável revelação sobre a disposição da Igreja em trabalhar com o regime. Otimista demais, o plano de Candido Mendes atolou por causa do aprofundamento da repressão, da oposição dos linhas-duras e da discordância sobre qual tipo de democracia era melhor para o Brasil. Contudo, o plano era uma demonstração de como a Igreja via a si própria como guia moral para a economia política brasileira. Candido Mendes esperava fundir o impulso tecnocrático dos militares pelo desenvolvimento com as radicais noções católicas de justiça social. A Bipartite foi, enfim, um fórum para a compreensão das diferenças e a negociação de concessões em uma luta ampla pelo controle da identidade nacional e do futuro socioeconômico do Brasil.

Candido Mendes vislumbrara uma nova e mais moderna versão da concordata moral. A Igreja manteria seu papel político importante, só que agora em nome da justiça social, em vez de interesses puramente institucionais e religiosos. Para atingir esse fim, a Igreja iria firmar uma aliança com os setores mais poderosos e dinâmicos da nova ordem socioeconômica projetada pelo Exército. O plano era nacionalista e dirigido pelo Estado. Uma vez mais, a Igreja estava promovendo uma "terceira via" para o desenvolvimento entre o comunismo e o capitalismo. O plano era um atestado do grau de confiança mútua que, apesar da repressão, ainda existia entre a Igreja e uma parte do Exército. Em suma, os bispos flertavam com a ditadura como forma de desenvolver o Brasil. Se essa aliança tivesse acontecido, a história das relações entre a Igreja e o Estado e, de fato, do próprio regime teriam tomado um caminho bem diferente.

A proposta de Candido Mendes era surpreendente mas não completamente nova. Na história do Brasil, a Igreja com freqüência buscou associar-se com o poder, cooperar com o Estado e influenciar a sociedade. A Bipartite revelava a continuidade nos motivos e intenções tanto do Exército como dos bispos. O conflito Igreja × Estado era um tema freqüente na América Latina dos séculos XIX e XX, mas, no Brasil, a Igreja superou o anticlericalismo entre as Forças Armadas e a elite para construir uma das maiores e mais sofisticadas infra-estruturas eclesiásticas e filantrópicas do continente. Assim como os homens da Igreja e os oficiais mantiveram com freqüência laços próximos no passado, eles buscaram preservar aquele relacionamento durante os conflituosos anos 70. Mesmo dom Hélder Câmara, um dos mais importantes fundadores da Igreja progressista e considerado um pária pelo regime, procurou a colaboração entre a Igreja e o Estado. Significativamente, a Bipartite encaminhou alguns dos interesses institucionais da Igreja como religião semi-oficial. E só os católicos participaram da delegação religiosa, embora a Igreja estivesse lutando para construir relações ecumênicas com membros das religiões protestantes, que se tornaram suas aliadas contra a repressão.

Depois que a Bipartite fracassou na sua tentativa de estabelecer a colaboração entre a Igreja e o Estado, os bispos e os oficiais se voltaram para o objetivo mais pragmático de resolver conflitos específicos e manter a paz entre as duas instituições. Alguns desses incidentes envolveram a repressão da suposta subversão na base da Igreja. Os oficiais ressaltaram as conquistas socioeconômicas do governo e advertiram os bispos sobre a ameaça revolucionária armada. Os bispos aceitaram o pedido do Grupo da Situação para controlar o ativismo de base. Os casos mais importantes, porém, referiam-se aos bispos. Pressionados pelo Grupo da Situação, eles baixaram o tom ou eliminaram algumas de suas declarações sobre o regime. A Bipartite evitou incidentes, como a disputa sobre as celebrações potencialmente explosivas do Sesquicentenário da Independência. O conflito foi canalizado para o diálogo. O resultado foi a diminuição das tensões entre a Igreja e o Estado e a prevenção de uma ruptura mais profunda, o que nenhum dos dois lados desejava. Os bispos receberam poucas concessões, mas o diálogo salvou a Igreja de uma represália ainda mais dura e a beneficiou por manter assuntos católicos e eclesiásticos na agenda governamental. A Bipartite permitiu que a Igreja e o Estado coexistissem durante o pior momento de seu longo e complexo relacionamento.

As visões de alguns dos participantes proporcionam uma medida da eficiência da Bipartite em reduzir o conflito. Ironicamente, dom Eugênio, o campeão da discrição, dos contatos privados e da diplomacia telefônica, acabou ficando cético a respeito dessa tentativa secreta de resolver problemas políticos:

> Houve eficácia, grande eficácia? Não. Houve alguma eficácia? Houve. Porque era um canal de comunicação. Eles reclamavam as coisas da Igreja, e a Igreja reclamava as coisas do governo, com muita liberdade, total. Sempre houve total liberdade de se falar. Total. Agora, o que é que isso resolveu para o problema do país? Não creio. Não dou importância à Bipartite como sendo uma grande contribuição para o país. Não creio isto, porque não tinha uma influência maior, não tinha [mais generais] quatro estrelas. Era um outro nível. Fortaleceu um tipo de relacionamento que teve efeitos, alguns. Mas efeito decisivo, não.[12]

Os católicos progressistas, que agüentaram o peso dos ataques militares sobre a Igreja, assumiram uma visão muito mais crítica, até mesmo cínica, da Bipartite. Dom Pedro Casaldáliga concluiu que a criação da Comissão confirmou a visão do Exército sobre a Igreja como "o inimigo maior [...] A Igreja era o grande veículo para a opinião pública mundial". No final, dom Pedro acreditava que a Comissão "não deu em nada". Ele acreditava que Muricy e o regime fizeram somente pequenas concessões e promessas vazias de examinar as queixas da Igreja. "Eu não teria agüentado muito tempo comandando a Bipartite", afirmou. Dom Pedro admitiu, entretanto, que a Bipartite ajudou os bispos a entenderem os motivos do regime militar. "Tem um ditado espanhol: 'del enemigo el consejo'", disse. "Da nossa parte tinha gente esperta." Padre Agostinho Pretto, um líder da JOC, vítima da tortura e um dos poucos padres que soube da existência da Bipartite, observou que a "Igreja por estrutura é de abençoar o poder constituído". Ele acreditava que a Bipartite conquistou "entendimento interno, mas poucas conseqüências externas [...] A lei do cão continuava".[13]

Marina Bandeira, observadora de perto da Bipartite e assistente de Candido Mendes, rejeitou as críticas dos progressistas:

> Esses contatos foram criticados por pessoas que não entendiam a situação e achavam que se tratava de "conchavo" entre a cúpula e o Governo. No meu entender, tratava-se de tremenda injustiça contra Dom Aloísio e Dom Ivo [...] Pelo que sei eram reuniões duras, desgastantes.[14]

Outros enfatizaram as conquistas da Bipartite, em particular a prevenção de uma crise mais profunda entre a Igreja e o Estado. O general Muricy, o general Sampaio, Candido Mendes e dom Aloísio declararam que a Comissão criou um entendimento político entre os bispos e os generais. "Mantivemos um ambiente de entendimento muito grande, e muitos casos foram resolvidos ou contornados", declarou Muricy. Candido Mendes observou ainda que a Bipartite permitiu esses resultados positivos, ao remover o controle do regime de informações secretas sobre a Igreja dos comandantes militares locais e centralizá-lo em nível nacional.

> Muitos dos atritos derivavam de estereótipos, desinformação, e, sobretudo, de preconceitos entre ambos os pólos. Esse contato íntimo e continuado por força desmontava os estereótipos, ou a ficarem, postulava o fato de que já então surgiam de uma situação de má fé [...] Acho que antes da Bipartite a impressão que tinha a presidência da República da ação da Igreja refletia muitíssimo a expressão dos diversos comandos militares. A Bipartite retirou isso e criou através do general Muricy uma espécie de ministro para os [assuntos] religiosos.[15]

Dom Paulo declarou que a Bipartite "teve grande importância, porque dos dois lados havia pessoas muito influentes [...] dos dois lados as pessoas eram ouvidas".[16] Segundo dom Aloísio, "Conseguimos evitar muitos acontecimentos desagradáveis".[17]

O professor Padilha forneceu talvez a avaliação mais perspicaz dos resultados da Bipartite. Ele comentou a aparente falta de um grande impacto da Bipartite sobre a situação política:

> Agora a verdade é o seguinte: as pessoas gostam de ver na vitrine o resultado. Mas esse grupo não podia apresentar resultados. É a tal história; foi talvez mais importante pelo que evitou do que pelo que ele fez. O que se evita, não se pode comprovar. Só pode resultar da convicção daqueles que participaram.

Em termos concretos, Padilha afirmou, a Bipartite evitou realmente confrontos abertos entre a Igreja e o Estado, e portanto eliminou pretextos para os linhas-duras atacarem a Igreja.

> A importância desta comissão é que ela teve um caráter de catarse. A Igreja trazia as suas queixas com relação ao fato de se sentir cerceada. E os militares se

> queixaram de alguns religiosos que pregavam uma rebelião, incitavam o povo contra o governo [...] Queríamos evitar que os radicais [militares] [...] se sentissem com razão, pela ocorrência de fatos que representassem uma radicalização do processo político por parte da Igreja.

Padilha concluiu: "Evitamos a ruptura entre as duas instituições mais sólidas naquele momento no país".[18]

A solução dos conflitos ajudou o regime a conquistar seus objetivos políticos domésticos e internacionais. Os militares temiam a influência do clero sobre o povo e precisavam da aprovação dos bispos (e do papa) para legitimar o governo autoritário. Ao abrir um canal secreto com a Igreja, Médici expandiu suas opções políticas além da repressão direta e física. Dessa forma, o governo Médici foi mais flexível em relação à Igreja do que se tem admitido. Sem comprometer o regime publicamente, Muricy apresentou aos bispos a possibilidade de colaboração. A Situação projetou a idéia de um Estado interessado na conciliação e no bem-estar de todos os brasileiros. O diálogo permitiu que os generais, confidencial e persuasivamente, apresentassem seus pontos de vista sobre a segurança nacional aos bispos. Os generais apelaram aos bispos para que se distanciassem das interpretações radicais do documento de Medellín, para que baixassem o tom de suas declarações políticas, e para que controlassem os militantes de base. Nesse sentido, a Bipartite praticou o que podia ser chamado de censura e repressão negociadas.[19] Na Bipartite, o regime adquiriu um pouco da legitimação religiosa que buscava tão ardentemente na Igreja. Além disso, a Bipartite proporcionou um ponto de escuta militar para a compreensão das posições e motivações dos bispos. Por fim, os generais eram extremamente sensíveis quanto à manutenção de uma imagem positiva no exterior. Os bispos e o Vaticano criticavam o governo, mas não cortaram relações com ele.

A Igreja, aparentemente, ganhou menos. Mas ela via vantagens no diálogo. Na verdade, insistia no diálogo havia anos. Os bispos estavam interessados em preservar a concordata moral e os privilégios do catolicismo como religião semi-oficial do Brasil. Sua agenda incluía temas como o divórcio, o controle da natalidade, a assistência financeira do Estado e a competição com outras religiões. Também pressionavam os generais quanto aos direitos humanos. A Bipartite intensificou a força política da Igreja. É significativo que a gestão

Médici tenha escolhido negociar sistematicamente com os bispos, mas não, até o ponto em que sabemos, com a OAB, os líderes sindicais, os grupos revolucionários, ou outras entidades importantes na sociedade civil.

A Bipartite era uma ferramenta política que cada lado utilizou para sua própria vantagem. Ela permitiu que ambos os lados examinassem as idéias e táticas um do outro em grande detalhe. Os bispos, por exemplo, puderam avaliar mais profundamente a política interna do Exército e compreenderam quais facções estavam abertas ao diálogo. Os extremistas dos dois lados — zelosos católicos progressistas e oficiais-chave próximos a Médici — criticaram a Bipartite.[20] Mas a Igreja e o Exército não eram monolíticos. Cada um deles possuía grupos que queriam terminar com a crise entre a Igreja e o Estado. O general Muricy e Candido Mendes formaram a ponte necessária.

A Bipartite conseguiu tempo para a Igreja reconstituir-se dos ataques do regime e esperar pelo advento da redemocratização. O general Muricy desapareceu da cena política depois da Bipartite, mas dom Ivo, dom Aloísio e outros membros do Grupo Religioso caminhavam para o seu auge como líderes e políticos. A produção contínua de declarações pastorais, a luta contra a tortura e a censura, e a briga pela volta da democracia eram batalhas políticas difíceis. A Bipartite proporcionou experiência e impulso para vencê-las.

A solução dos conflitos não se estendeu além das relações entre a Igreja e o Estado. A lógica do sistema autoritário fazia, afinal, com que algumas de suas diferenças com a Igreja fossem irreconciliáveis. A Bipartite não afetava, por exemplo, os problemas estruturais da sociedade brasileira, tais como a extrema concentração de riqueza e de terra. Esses temas requeriam muito mais do que uma comissão secreta. Da mesma forma, a Bipartite não teve nenhum efeito sobre a distensão engendrada por Geisel. A comissão não discutiu a distensão, que, pelo menos no começo, era iniciativa sobretudo da alta cúpula militar, viabilizada no final da oposição armada, e que depois se tornou necessária porque as forças de segurança se tornaram um câncer dentro das Forças Armadas.

A Bipartite, porém, mostrou algumas tendências liberalizantes. A impressão histórica geral dos anos Médici é de um autoritarismo inflexível e de mão pesada em relação a todos os setores da sociedade. Mas a existência da Comissão Bipartite demonstra que bem antes da distensão da presidência Geisel, os bispos e oficiais se engajaram em uma discussão sobre suas diferenças e na procura de pontos de entendimento recíproco.[21] A Bipartite não foi uma causa da distensão, mas tentou obter um consenso entre a Igreja e o Exército sobre o desenvolvimento, debateu a ideologia e proporcionou um excelente exemplo de descompressão entre o regime e um dos principais grupos de oposição. Além disso, alguns dos participantes da Bipartite queriam a distensão e a apoiariam durante o governo Geisel. Candido Mendes foi um dos primeiros defensores da distensão. Ele e dom Eugênio levantaram a necessidade da descompressão entre a Igreja e o Estado no primeiro encontro, em 1970, e Candido Mendes ajudou a introduzir o conceito na arena política mais ampla ao convencer Leitão de Abreu, chefe do Gabinete Civil de Médici, a ponderar sobre a liberalização em 1972. Golbery, o arquiteto intelectual da abertura, apoiou a Bipartite e até fez uma apresentação em um dos encontros. No início de 1974, Candido Mendes pôs dom Paulo e Golbery juntos em um encontro importante para as relações entre a Igreja e o Estado e o início da distensão.[22] Candido também se encontrava sigilosamente com Golbery e dom Eugênio para debater os rumos da abertura.[23]

REINTERPRETANDO O PAPEL DA IGREJA: OS SIGNIFICADOS DO DIÁLOGO

A Bipartite demonstra que a Igreja brasileira, durante a era Médici, estava envolvida em muito mais do que oposição ao regime e inovações pastorais. Continuidades históricas, necessidades institucionais e política intramilitar também afetaram o desenvolvimento da Igreja. O conceito de "a voz dos que não têm voz", que guiou a Igreja no início dos anos 70, tinha uma forma pública e outra privada. Tradições de oposição *e* acomodação eram ambas eficazes. A Igreja claramente tornou-se mais popular, mas também buscou influência e poder na Bipartite. Os bispos eram mais pragmáticos do que o idealismo religioso do período indicava. O progressismo católico não impediu os bispos de verem a si próprios como intermediários entre o povo e o Estado. Eles buscavam libertar os pobres da exploração socioeconômica, mas também preservar a instituição. Expresso na Bipartite, este último objetivo contradizia a ala mais radical da Igreja progressista, que criticava os interesses da instituição tradicional e focalizava primariamente a organização política dos movimentos populares.[24] Como se viu nos exemplos da JOC e dom Pedro Casaldáliga, este grupo era, na melhor das hipóteses, cético sobre a Bipartite. Dom Ivo, ao mesmo tempo um progressista e um líder-chave da instituição, também tinha dúvidas. Mesmo assim, ele participou.

Dessa maneira, a Bipartite refuta a noção de que autoridades católicas que se opunham publicamente a regimes autoritários não faziam gestos conciliatórios nem procuravam tratamento preferencial. Enquanto alguns vêem uma tendência à cooperação entre a Igreja e o Estado somente na ausência de conflitos sérios,[25] a Bipartite demonstra que a busca por um campo comum pode ocorrer mesmo durante os momentos mais tensos.

A busca por um meio-termo era extremamente difícil e politicamente arriscado para a Igreja, que procurava pregar para todos os grupos sociais.[26] A intensa polarização ideológica da Guerra Fria aumentou as tensões entre a Igreja e os regimes por toda a América Latina, criando uma lógica de guerra *versus* uma lógica da política.[27] Segurança nacional, militarismo e catolicismo tradicional combinavam com o autoritarismo anticomunista. Revolução, ativismo social e a Igreja progressista encontravam afinidade com o antiamericanismo e o apoio do bloco soviético ao Terceiro Mundo.[28] Assim, ficara difícil para a Igreja continuar sua busca histórica por um terceiro caminho entre o capitalismo e o comunismo. No Brasil, os bispos caminhavam sobre uma corda bamba, entre o ativismo social e a luta contra a subversão. Eles também correram o risco de serem vistos ou como conciliatórios em excesso, ou críticos demais do governo.[29] Assim, por exemplo, dom Lucas se posicionava firmemente contra o regime em seus encontros com Muricy e Médici, ao mesmo tempo em que evitava compromisso com o trabalho de direitos humanos nas cadeias. Era mais seguro e mais prudente trabalhar na cúpula do que na base.

A Bipartite forneceu uma ilustração especialmente boa de como os bispos temperavam seus críticos pronunciamentos públicos com entendimentos na esfera privada. Dom Fernando Gomes, um progressista que duvidava da habilidade dos civis para governar, personificava esse fenômeno. Os bispos estavam particularmente preocupados em negar acusações de comunismo e subversão dirigidas à Igreja. A CNBB e a Igreja progressista desafiaram a ordem social sustentada pelos generais, mas a instituição ainda precisava evitar a aparência de subversão porque isso estaria em contradição com as noções católicas de inclusão, corporativismo e, claro, anticomunismo. Além disso, o ativismo político talvez aparecesse como um envolvimento profundo demais no terreno temporal, o que implicaria uma perda de identidade da Igreja como instituição transcendente.[30] A inconsistência resultava da necessidade de máxima flexibilidade política.[31] Como a Bipartite demonstrou, o diálogo é possível mesmo durante os piores momentos dos oponentes. Dependendo das circunstâncias, as posições públicas e privadas poderiam contradizer ou reforçar umas às outras. A dicotomia público/privado ajudava a Igreja e o Exército a negociar a fronteira ambígua entre a justiça social e a subversão.

Entendendo um paradoxo: compromisso e posições públicas versus *posições privadas*

A dicotomia público/privado colocou os bispos diante de um paradoxo. Como poderiam fazer concessões em suas atitudes públicas em relação a certos assuntos políticos, mas simultânea e teimosamente se manter leais ao seu compromisso com a defesa dos direitos humanos? Como poderiam buscar colaboração enquanto criticavam a violência do regime? E por que entrar em conversações que prometiam muito aos generais, mas punham em risco a posição moral da Igreja? Em outras palavras, por que os bispos arriscavam seu compromisso com a justiça social dialogando com um governo que torturava pessoas? Por que dialogar com o inimigo? Resolver este paradoxo esclarece os motivos dos bispos e expõe as complexidades e ambigüidades do conflito entre a Igreja e o Exército.

Olhando para trás, o diálogo com um governo militar violento e insensível parece algo incompreensível, até mesmo lamentável. Mas retornemos na história. A Bipartite começou antes dos piores momentos do governo Médici. No final de 1970, a repressão era severa, mas ninguém podia prever quão profunda ela se tornaria nem quanto duraria. E ela de fato ficou pior. O diálogo surgia como uma nova perspectiva para acabar com a tensão entre a Igreja e o Estado. Como religiosos, os bispos acreditavam na esperança. A princípio, eram um tanto ingênuos quanto ao desejo declarado do governo na colaboração entre a Igreja e o Estado, o que parecia bastante plausível levando-se em conta a harmonia das relações anteriores. Inicialmente eram também ingênuos quanto à repressão, que acreditavam poder reduzir por meio da cooperação. Os bispos estiveram bem à vontade com o apoio e a colaboração com o governo na era pré-1964. Então, à medida que as diferenças ideológicas e políticas permaneciam sem solução, o foco principal da Bipartite mudou para os direitos humanos. A mudança coincidiu com a intensificação da oposição pública e moral da Igreja. Portanto, ao mesmo tempo em que criticava o regime, a Igreja tentava preservar as influências políticas das quais havia desfrutado. A concordata moral se tornou oposição moral. Somente a Igreja possuía a autoridade — e a obrigação — moral de entrar no que alguns críticos poderiam ter chamado de diálogo com o diabo.[32]

A estratégia dos bispos brasileiros se tornava mais clara quando comparada ao comportamento da Igreja em outras situações históricas. Nos anos 30, o Vaticano negociou com muitos tipos de governo, inclusive o fascismo europeu. Em meados dos anos 70, a maior parte da América Latina caíra sob o controle de regimes autoritários que freqüentemente atacavam a Igreja. A nova ênfase da Igreja nos direitos humanos foi influenciada pelas circunstâncias nacionais particulares. Como resultado, ela assumiu posições quanto às ditaduras que iam da oposição à colaboração total com as forças repressivas. No Chile, a experiência da Igreja se assemelhou de certa forma à resistência pública dos bispos brasileiros ao autoritarismo. Durante o governo socialista de Allende, os bispos chilenos seguiram a estratégia usual da Igreja em situações políticas difíceis: enfatizavam a moderação e a reconciliação ao mesmo tempo em que defendiam o prestígio eclesiástico. Depois que o general Pinochet depôs Allende, os bispos a princípio apoiaram o ditador e não protestaram muito contra a repressão. Porém rapidamente começaram a criticar o governo, à medida que as forças de segurança continuavam a matar e a desaparecer com um grande número de pessoas. O cardeal Raúl Silva Henríquez montou "La vicaría de solidaridad" para defender os direitos humanos e ajudar os pobres. Esse programa unia motivos religiosos, humanitários e políticos para oferecer um dos mais incisivos exemplos de oposição moral ao autoritarismo na América Latina.[33] A Igreja ajudou a derrubar o ditador paraguaio Alfredo Stroessner[34] e o déspota nicaragüense Anastasio Somoza. O arcebispo Oscar Arnulfo Romero e alguns padres pregaram o direito de insurreição contra o governo militarista de Salvador. Romero foi assassinado em março de 1980.

Um contraste agudo ocorreu na Argentina, onde os bispos mais conservadores apoiaram abertamente a "guerra suja" das Forças Armadas contra a oposição. Milhares morreram ou desapareceram, inclusive alguns padres e bispos oposicionistas. Privilégios para o clero, conservadorismo doutrinário e laços íntimos entre capelães e soldados no vicariato militar levaram a essa posição extrema.[35] Aqueles bispos que se opuseram à repressão registraram seus protestos reservadamente — ao que parece, com poucos resultados.[36]

Facções dentro da Igreja costumavam contestar a decisão da maioria de apoiar ou de se opor a um regime, o que causou, algumas vezes, a formação de profundas divisões. Na Nicarágua, por exemplo, a Igreja popular colaborou abertamente com o governo revolucionário sandinista, enquanto conservadores o criticavam de forma dura.[37] A Igreja também ajudou a atingir a paz entre governos e guerrilheiros, como por exemplo em El Salvador, em 1991 e 1992, e depois da rebelião zapatista em Chiapas, no México, em 1994.

A repressão e a polarização política no Brasil fizeram com que o contato entre o Exército e os moderados e progressistas da Igreja parecesse improvável, mas a Bipartite demonstrou que mais uma vez a Igreja escolhera o diálogo para proteger seus interesses seculares e promover seus valores. Essas prioridades diferentes não eram sempre incompatíveis. Os bispos procuravam preservar a influência histórica da Igreja, mas a inovação teológica do Vaticano II e a investida violenta do autoritarismo na América Latina também fizeram dos direitos humanos um interesse vital da instituição. A Igreja esforçava-se para redefinir seus propósitos na sociedade brasileira. Diferentes aspectos de seu papel poderiam ser defendidos de formas diferentes.

O mosaico histórico mais amplo do catolicismo no Brasil revela a contínua primazia das preocupações institucionais e a adaptabilidade da Igreja ao clima sociopolítico em mudança. Quando o governo civil retornou, a Igreja retirou-se da política pública, à medida que partidos, organizações não-governamentais e outros grupos se tornavam a nova voz da justiça social. O radicalismo católico perdeu apelo por causa da queda do comunismo e das críticas do papa João Paulo II, que liderou uma reação neoconservadora no catolicismo. Também a crescente competição de outras religiões começou a minar o status de religião quase oficial da Igreja Católica. Essas mudanças levaram os bispos a se concentrar mais em objetivos tradicionais, como o de formar seus rebanhos e reviver a espiritualidade ortodoxa.[38] A continuidade do seu próprio passado realçou os interesses religiosos institucionais de longo prazo e o caráter internacional da Igreja. Vista isoladamente, a Bipartite não fazia sentido. Mas, em perspectiva histórica, era bastante lógica.

A mudança conservadora no catolicismo brasileiro dos últimos vinte anos é com freqüência ressaltada em termos de batalhas teológicas sobre figuras como Leonardo Boff, ou lutas eclesiásticas internas em relação ao trabalho pastoral de bispos como dom Paulo. Esse processo, no entanto, teve origem na política do período Médici — origens que refletiam a necessidade da Igreja de lidar com os poderosos. A ausência de um protesto papal mais vigoroso contra a violação dos direitos humanos e da democracia, por exemplo, já ilustrava a tentativa do Vaticano de cortar pela raiz a Igreja progressista. Entender essas origens nos oferece um quadro mais claro do caráter político das lutas sociais em que o catolicismo progressista se envolveu no final dos anos 70 até os dias atuais.

Influência por meio do diálogo

Uma circunstância importante da Bipartite foi a imensa assimetria de poder entre os generais e os bispos. O Exército monopolizava a força; restringia severamente as liberdades, e torturava e matava seus opositores. Ele usou seu poder para manipular os bispos. A Igreja era não-violenta; além da resistência pacífica e a denúncia das violações aos direitos humanos, a Igreja podia fazer pouco para enfrentar a dominação militar. Não tinha muita escolha, além de dialogar com o regime. Então, os bispos juntaram-se à Bipartite. Porém os bispos não estavam desamparados. A Igreja brasileira era institucionalmente forte, contando com cerca de 250 bispos durante os anos 70. Eles com freqüência discordavam entre si, mas a liderança da CNBB, uma das conferências episcopais mais bem organizadas do mundo, se manifestava desembaraçadamente como a voz única dos bispos para assuntos nacionais. A Igreja era uma instituição de prestígio, influente e transnacional — mas também nativa —, que via a si própria necessariamente como a pastora de todos os brasileiros. Dentro da Igreja, os bispos, em especial os participantes da Bipartite, mantinham um poder substancial.

Os bispos, astutamente, reconheciam sua desvantagem. Tentar influenciar o regime por meio da promoção dos valores da Igreja e dos direitos humanos era melhor do que ignorar os generais. O diálogo apresentava aos bispos a possibilidade de influência moral e política.[39] Na Bipartite podiam tentar a persuasão e até mesmo a denúncia sem deslegitimar publicamente o regime

— um dos piores temores do governo. A recusa ao diálogo teria aumentado ainda mais as tensões e diminuído sensivelmente as possibilidades de entendimento mútuo e de proteção aos direitos humanos.[40]

A BIPARTITE E OS DIREITOS HUMANOS

Os direitos humanos passaram a ser a razão principal que compeliu os bispos a participarem da Bipartite. As posturas públicas seguidas de concessões podiam servir para alguns assuntos, mas a defesa dos direitos humanos era um compromisso importante da Igreja pós-conciliar e, no contexto brasileiro, algo pelo qual era preciso agir rapidamente. A tortura era a encarnação do autoritarismo, e o regime a praticava amplamente. Os direitos humanos, portanto, exigiam uma mensagem consistente e direta. Tornaram-se um ponto central de disputa.

Na Bipartite os bispos reforçavam sua denúncia pública contra os abusos. Sob a liderança de Candido Mendes e dom Ivo, pressionavam as autoridades a explicarem as prisões, os desaparecimentos e as violações cometidas pelas forças de segurança contra uma variedade de vítimas, inclusive camponeses, religiosos e membros da esquerda. O general Muricy e sua equipe geralmente sustentavam as mentiras do governo ou a negação dos erros cometidos. Nesse assunto, a Bipartite servia de barreira privada entre Médici e a Igreja, especialmente a liderança da CNBB.

Há pouca evidência de que a Bipartite tenha conseguido acabar com os abusos no curto prazo. Os bispos se encontravam com os enviados das forças de segurança, mas os religiosos não tinham nenhuma influência sobre unidades às quais um ditador militar dera carta-branca.

Marina Bandeira acreditava que, ao dialogar com os generais, os bispos "salvaram muitas vidas, evitaram que mais pessoas fossem violentadas, tiraram do governo a oportunidade de dizer que não sabia o que estava acontecendo".[41] Estas declarações fazem sentido. A Bipartite salvou ao menos algumas pessoas da tortura e, talvez, até da morte. Como vimos no Capítulo 8, o general Muricy ajudou a assegurar a libertação de alguns presos políticos que haviam desaparecido e que poderiam nunca ter sido encontrados. Dado o imenso poder das forças de segurança, essa conquista foi extraordinária. A Bipartite também evitou incidentes potencialmente explosivos que poderiam ter causado muitas mortes. Marina Bandeira chegou a afirmar que a Bipartite ajudou o Brasil a evitar uma violência bem pior, como a que ocorreu na Argentina, Chile e Uruguai.[42] Na opinião de alguns, os membros da linha dura, em especial aqueles que trabalhavam diretamente com a repressão, queriam de fato aumentar a violência. O ex-revolucionário e preso político José Genoíno Neto observa que "o aparato de segurança dos DOI-Codi era contra a abertura. Aliás, eu acho que se não fosse o Geisel, eles tinham ido, aqui, para o modelo argentino [...] Eliminação indiscriminada de gente, por aí afora". O general Leônidas Pires Gonçalves, um comandante do DOI-Codi e ministro do Exército no governo de José Sarney, se recorda de que "o esquema todo não queria que aquilo mudasse".[43]

A evidência disponível, entretanto, não oferece nenhuma prova segura dos efeitos diretos da Bipartite sobre a repressão. Como apontou acima o professor Padilha, "O que se evita, não se pode comprovar". É impossível saber se a repressão teria aumentado, caso a Bipartite não houvesse existido. Podemos somente especular. A chave é ver a Bipartite em um contexto histórico.

É importante lembrar que a campanha pública da Igreja também teve pouco sucesso imediato. Sob o governo Médici, o Exército permitiu que as forças de segurança investigassem, prendessem e torturassem vítimas sem restrição. Somente após a decisão do presidente Geisel de iniciar a abertura é que os torturadores foram contidos.

Como Marina Bandeira assinala, a Bipartite foi um canal-chave para a denúncia de violências ao regime. Os bispos também criticavam a censura às publicações católicas e à imprensa. Enquanto a censura e a repressão tornavam impossível aos brasileiros protestar contra os abusos do governo, nos bastidores o Grupo Religioso defendia os direitos humanos com o mesmo vigor com que o Grupo da Situação levantava acusações de subversão. A Bipartite permitiu aos bispos que se manifestassem livremente sobre os direitos humanos. Eles contestaram e até mesmo desmascararam as negações de abusos dos militares. Os bispos não tinham nenhuma influência sobre os torturadores, mas por intermédio da Bipartite transmitiam um recado fortíssimo aos superiores desses militares. Os casos dos soldados de Barra Mansa e de Alexandre Vannucchi Leme são exemplos significativos. Cada um desses casos adquiriu forte, porém limitada, dimensão pública. O canal de fato para a solução desses problemas foi a Bipartite.

Os bispos construíram aos poucos uma causa contra a repressão. A Bipartite obrigou o Exército a ouvir e responder às acusações dos bispos. Por detrás das portas fechadas, as Forças Armadas demonstraram uma necessidade ressentida de discutir direitos humanos. A disposição para discutir direitos humanos era uma admissão implícita — e às vezes explícita — de que o regime não os estava respeitando. As acusações dos bispos desacreditavam os linhas-duras da repressão e ajudavam a demonstrar ao regime que a violência chegara a um ponto de saturação. Essa foi uma vitória política extraordinariamente importante para os bispos. A Bipartite revelou a verdadeira face do Exército. Em particular, o regime aceitava o que absolutamente recusava em público: a discussão dos desaparecimentos e das mortes. Isso foi também uma ilustração extraordinária do faccionalismo militar em ação. Os linhas-duras teriam se recusado a encontrar-se com os bispos em um fórum como aquele, mas Muricy, Golbery e outros acreditavam que era essencial para o governo e para o Brasil. Dessa forma, a Bipartite ajudou a Igreja a ganhar superioridade moral. Algumas áreas estavam abertas para a negociação — mas não a dos direitos humanos. Embora fossem manipulados, os bispos conseguiram virar a Bipartite contra o regime.

O caso de Barra Mansa demonstra como os militares lidavam internamente com a questão da tortura. O incidente provou de forma inequívoca é que a liderança militar sabia da existência da tortura até os mínimos detalhes. Como esse caso incluiu um julgamento militar e testemunhos detalhados de militares, ele apresentou a prova mais inegável das atrocidades do Brasil autoritário, inclusive o projeto "Brasil: nunca mais". Na história inteira do regime, aquele foi o único exemplo de julgamento e punição de torturadores militares. A publicação das sentenças na imprensa significou um exercício de autocrítica do Exército. A investigação do coronel Sampaio era arriscada e exemplar. Ele desvelou um dos casos mais violentos dos anos Médici. Sua presença na Bipartite demonstrava a seriedade do general Muricy e do regime na escolha de oficiais realizadores e respeitados para o diálogo com os bispos.

O julgamento de Barra Mansa foi uma exceção que provou a regra. O governo perdera o controle dos torturadores. Dom Waldyr e a Bipartite demonstraram isso claramente aos militares. A disciplina institucional, o cerne da vida marcial, se quebrara. A tortura foi um tiro pela culatra que não deixou aos generais outra escolha senão punir os culpados de Barra Mansa. Mas a maior parte das violências foi dirigida contra os membros da oposição. A liderança militar ignorou propositadamente essas atrocidades. Ao não estender o inquérito de Barra Mansa a todos os quartéis do Brasil, o Exército perdeu a oportunidade de construir uma imagem mais positiva de si mesmo. A tortura custou às Forças Armadas a confiança de boa parte da nação.[44]

A Bipartite desempenhou um papel importante no movimento pelos direitos humanos e esclareceu as origens da política dos direitos humanos. Primeiro, fez dos direitos humanos uma questão eminentemente política, embora dentro de um quadro de conciliação privada de uma elite política. Os bispos conquistaram esse objetivo ao transformar incidentes em assunto de debate entre a Igreja e o Exército. As atividades da Comissão deram uma medida do nível de tolerância militar às violações dos direitos humanos e o uso dessas pela Igreja como alavanca política. Os bispos escolheram suas batalhas com sabedoria e usaram com habilidade os direitos humanos contra a Situação. Segundo, a Bipartite ajudou a construir o compromisso da Igreja com os direitos humanos. Esse compromisso cresceu durante os anos 70, floresceu na forma de outras iniciativas políticas e se traduziu em liderança da oposição. As campanhas atuais pelos direitos humanos no Brasil são em parte um legado da luta da Igreja contra a tortura durante a era autoritária. Direta ou indiretamente o discurso de Igreja informa o debate sobre o contínuo problema da brutalidade policial, sobre a estrutura da justiça e, finalmente, sobre as fundações da democracia brasileira.[45]

A história da Bipartite também demonstra os limites políticos, sociais e históricos do movimento sobre os direitos humanos. A Igreja trabalhou para educar a população em direitos humanos, mas uma série de fatores — repressão, a máquina de propaganda do regime, censura e manipulação da imprensa e polarização ideológica — bloqueou ou distorceu a verdade sobre esse esforço e sobre os abusos que denunciava. A imprensa transformava opositores assassinados, como Alexandre, em "terroristas". Familiares, amigos e advogados não tinham nenhuma chance de fazer o desmentido pela imprensa ou pelas ondas de rádio e televisão. Os vieses políticos de cada lado deram forma à percepção dos direitos humanos. A Igreja e os grupos de direitos humanos percebiam a necessidade, nas palavras de Alceu Amoroso Lima, de "exagerar" as atrocidades do regime para contrabalançar as mentiras, a censura e o ilimitado poder do Exército. Mas o exagero era também um sintoma de polarização. Visões conflitantes de patriotismo e a luta sobre a imagem externa do Brasil causaram uma distorção no tema dos direitos humanos. A defesa do patriotismo exigia que a percepção se sobrepusesse ao fato. Essas muitas distorções levaram facilmente ao mau entendimento de aspectos ligados aos direitos humanos. O impacto da era Médici ainda está presente. Os brasileiros ainda não chegaram a um consenso sobre essa questão e alguns, inclusive elementos da imprensa, ainda vêem os direitos humanos como subversão.[46]

Outra limitação era o reforço do tratamento desigual perante a lei. O estabelecimento do respeito universal aos direitos humanos teria significado uma transformação substancial na maneira com que os brasileiros compreendem o conceito geral de direitos individuais e cidadania e teria requerido mudanças maiores em instituições como a polícia e os tribunais. Claro que impedimentos a esse objetivo são anteriores à ditadura.[47] O regime os reforçou e, na verdade, fez o Brasil dar vários passos para trás ao suspender os direitos legais e políticos de milhares de indivíduos e ao usar a polícia, o tribunal e a lei para propósitos políticos e repressivos. É irônico que os assassinos de Alexandre continuem ocultos e protegidos pela Lei de Anistia de 1979, que impediu o julgamento de torturadores. Por causa do suposto caráter apolítico de suas ações, os assassinos de Barra Mansa foram praticamente os únicos indivíduos punidos por violação aos direitos humanos.

O viés de classe foi outro grande obstáculo ao tratamento igualitário. Em 1996, a Comissão Especial do Ministério da Justiça sobre os mortos e os desaparecidos aprovou uma indenização à família de Alexandre, enquanto os quatro soldados de origem humilde que foram torturados até a morte em Barra Mansa não foram considerados vítimas do regime. Os militantes de esquerda que defendem a causa dos pobres e das vítimas da tortura deixaram de perceber o significado do episódio de Barra Mansa para sua própria causa. Da mesma forma, a defesa de prisioneiros políticos fez sombra às violações mais comuns aos direitos humanos, que têm ocorrido há tempos nas prisões brasileiras. Estudantes da USP chamaram a atenção para esses abusos cotidianos, da mesma forma que um proeminente membro da Comissão Justiça e Paz de São Paulo.[48] Embora a tortura política de militantes de classe média tenha acabado, os maus-tratos aos pobres continuam sendo um sério problema estrutural. Ao defender os direitos humanos, tanto no caso de Alexandre como no de Barra Mansa, a Igreja começou a derrubar alguns dos preconceitos sociais inerentes às noções de justiça dos brasileiros.

Em suma, a história da Bipartite ilustra a gradual, difícil e complexa história do movimento dos direitos humanos no contexto brasileiro e no internacional. Também demonstra os desafios enfrentados pelas instituições religiosas quando tentam deixar uma impressão moral nas sociedades. Na condição de instituição transnacional, a Igreja tinha uma posição única para fazer avançar o movimento dos direitos humanos no Brasil, mas também estava sujeita às peculiaridades da situação do Brasil e a seus próprios interesses seculares substanciais de instituição grande e antiga. O debate sobre direitos humanos na Bipartite revelou como a luta pelos direitos humanos está constantemente repleta de considerações políticas, históricas e culturais.

REPENSANDO O PARTIDARISMO

A Bipartite demonstrou a existência de uma multiplicidade de vozes e estratégias às vezes contraditórias, tanto na Igreja como no regime. Na mesma cena, o Grupo Religioso tocava em assuntos que iam desde justiça social e tortura até a colaboração com o Exército. O general Muricy defendia a revolução que ajudara a realizar, mas também falava de diálogo e de solução das disputas referentes aos direitos humanos. Expressos publicamente, esses conjuntos dicotômicos de posições poderiam ter provocado rupturas internas na Igreja e no Exército. O regime, em especial, rejeitou qualquer discussão pública sobre direitos humanos. Mas, em segredo, a Igreja e o Exército reconheciam as complexidades e o partidarismo de cada um e também discutiam suas preocupações institucionais e políticas.

Entre os observadores da Igreja brasileira e latino-americana tem havido a tendência de ignorar a multiplicidade e, em vez disso, de dividir o episcopado nas facções progressista e conservadora, tendo como base atitudes políticas e orientação teológica. Essas são categorias poderosas, úteis e inevitáveis. Mas não explicam totalmente o comportamento dos bispos. A especificidade histórica, a evolução pessoal e o ambiente social de um bispo também são ingredientes importantes. A Bipartite confirma essa complexidade.

Dom Eugênio oferece um exemplo interessante, que desafia qualquer classificação fácil. Durante décadas, ele foi uma das mais controvertidas, embora menos estudadas, figuras da Igreja brasileira. Foi retratado freqüentemente como um conservador pró-militar. Essa interpretação é incorreta. Nos anos 50, dom Eugênio trabalhou pela reforma social e eclesiástica. Em 1964, foi chamado de comunista. Depois disso, manteve uma atitude crítica em relação ao governo. Ele próprio um anticomunista, dom Eugênio censurou os generais por exagerarem no anticomunismo em detrimento do Brasil. Criticou as violações aos direitos humanos, ajudou muitos prisioneiros políticos, deu assistência a milhares de refugiados políticos de outras ditaduras latino-americanas e trabalhou para proteger os interesses da Igreja. Ele podia dizer o que pensava e fazer o que fazia porque os líderes militares o respeitavam mais do que a qualquer outro bispo. Precisamente por causa de seu prestígio nos quartéis, foi capaz de fazer a ponte entre a Igreja e o Estado. Cultivou relações públicas e privadas com o Exército não por razões ideológicas, mas devido a um senso de serviço para com a Igreja, ao Brasil e aos direitos humanos. Reconhecia o valor do acesso ao poder, especialmente em uma ditadura. (Não foi por acaso que se tornou um dos cardeais mais influentes da Igreja.) Dom Eugênio favorecia o diálogo, mas não a "aliança". Seguia seu próprio caminho, sabendo que isso o tornaria impopular na Igreja popular.[49] A polarização política tornou a vida difícil para qualquer um tido como moderado ou intermediário. Embora ele tenha se oposto, mais tarde, ao trabalho de alguns teólogos da libertação, as raízes das diferenças de dom Eugênio com os progressistas na verdade não estavam na visão teológica — dom Eugênio era um entusiasta de Medellín —, mas nas percepções de patriotismo e da hierarquia da Igreja.[50] Os progressistas denunciavam as injustiças em público e no exterior, enquanto dom Eugênio trabalhava em silêncio e dentro do Brasil. Ao deixar a Bipartite, ele mostrou seu ceticismo quanto ao regime e demonstrou os limites de seu estilo de bastidores.

O trabalho de dom Eugênio exige que o movimento da Igreja pelos direitos humanos seja remapeado, de modo que o Rio de Janeiro seja incluído como um de seus centros importantes. Também sugere que se deve dar mais atenção a fatores históricos e pessoais que moldaram a política dos bispos. E, mais importante ainda, mostra os limites interpretativos das categorias "progressista" e "conservador".

O que, então, explica a mudança de dom Eugênio na direção de posições eclesiásticas mais conservadoras nos anos 70 e 80? Na avaliação de um padre, dom Eugênio "foi fisgado pela Cúria romana".[51] A diplomacia de alto nível e as responsabilidades de trabalhar no topo de uma das mais poderosas organizações do mundo o impeliram para uma posição em que tinha de defender o status quo político e eclesiástico.

Dom Waldyr, que se refere a seu colega de Igreja simplesmente como "Eugênio", observou esse homem por mais de quatro décadas e sentiu o impacto de seu poder eclesiástico. Dom Waldyr explicou a natureza daquele poder e o contrastou com o resultado muito diferente que dom Paulo experimentou após combater publicamente o governo:

> A outra dimensão é mais internamente dentro da Igreja, na questão litúrgica, em questão de doutrina interna, esse zelo [...] dele [Dom Eugênio]. O fato dele ter lidado muito de perto, como cardeal, com a Cúria romana, tornou-o bastante assim, como a turma costuma dizer, muito ortodoxo [...] Cardeal é homem de confiança do papa e ele então se adaptou. Não digo que obrigatoriamente tinha que ser isso. Não se deu isso por exemplo com Dom Paulo Evaristo. A atitude dele foi de enfrentar, denunciar, de encarar. Talvez o resultado não fosse tão imediatista, mas em vez de ser o resultado de uma prática dialogante restrita quase aos membros da Igreja, tornou-se um outro tipo de prática que não era restrita, mas que era aberta quantitativamente para todo aquele que era cidadão [...] Era outro tipo de trabalho, não obstante ser cardeal. E pelo fato disso, eu acredito que também repercutiu dentro dele a *não persona grata* dentro do próprio Vaticano. Então, começaram com ele algumas atitudes bastante repressivas dentro da própria Igreja. A Igreja estava usando métodos similares aos que usavam as ditaduras militares.[52]

Muitos poderiam desqualificar dom Eugênio como um colaborador do regime militar simplesmente por discordarem de suas posições mais recentes. Mas as discordâncias de um período mais recente não podem explicar as ações do passado. Tentar tal interpretação resulta em má história. Devemos todos manter a mente aberta com respeito ao passado. Se não, estamos condenados a distorcê-lo para nossos próprios propósitos. O registro histórico mostra que dom Eugênio não foi o homem retratado pelos seus críticos durante o regime militar. Os testemunhos de importantes progressistas dão apoio a essa posição. "Eu duvido que ele fosse a favor do regime militar", declarou dom Waldyr enfaticamente.[53] As palavras de dom Paulo na introdução deste livro merecem ser repetidas aqui: "Dizem que dom Eugênio é mais conservador, que eu sou mais progressista. Isso é tudo conversa. Nós temos outra maneira de proceder, mas sempre a mesma finalidade, só que outro estilo totalmente diferente".[54] Alceu Amoroso Lima, o avô do catolicismo progressista brasileiro, também reconheceu as contribuições de dom Eugênio para a luta pelos direitos humanos, embora discordasse da abordagem de bastidores adotada pelo cardeal.

Denúncia ou discrição — qual estratégia era mais eficiente? É difícil dizer. Estudiosos veteranos da Igreja, Michael Fleet e Brian Smith notam que, no caso chileno, dom Juan Francisco Fresno contribuiu da maneira mais eficaz para o diálogo entre o regime e a oposição "não como um crítico público, mas como uma pessoa que juntava os outros e um interlocutor *entre* os críticos", e que o episcopado chileno "teve mais influência quando foi menos profético, quando trabalhou nos bastidores na defesa de um compromisso em vez de denunciar os males e os abusos em público".[55] No Brasil, dom Eugênio e dom Paulo usaram abordagens diferentes para ajudar milhares de pessoas. Juntos, os dois homens encarnaram o dilema perene da necessidade que a Igreja tem tanto de pastores prudentes como de profetas ousados para liderar a maioria, que pode não ser nem uma coisa nem outra, assim como pode ser uma mistura de ambas. A polarização da Guerra Fria dificultou extremamente a obtenção de um equilíbrio entre as duas abordagens. Contraste análogo existia entre dom Eugênio e Alceu na esfera diplomática. O cardeal queria salvaguardar a imagem do Brasil, enquanto o intelectual queria exagerar as atrocidades do regime. Talvez uma pergunta melhor seja como as abordagens de diferentes setores da Igreja se complementavam entre si na medida em que a instituição passava a se opor ao regime. Dom Paulo e Alceu atuavam na esfera pública, dom Eugênio na esfera privada.

A dicotomia progressista/conservador é necessária, mas também é, com certeza, insuficiente para entender esses homens e o período. A conduta aparentemente surpreendente de outros progressistas na Bipartite reforça o ponto: Candido Mendes propunha o diálogo e a cooperação entre a Igreja e o Estado, enquanto dom Fernando queria um governo forte e duvidava da capacidade dos civis para exercê-lo. Essas posições, na verdade, constituem contradições do progressismo só para aqueles que exigem uma classificação rígida.[56]

A presença de Candido Mendes, dom Fernando, dom Ivo e dom Aloísio na Bipartite destrói a noção prevalente de que só os conservadores dialogavam com os militares. Ao se juntarem à Comissão, os progressistas continuaram a trabalhar dentro do quadro histórico da cooperação entre a Igreja e o Estado. Embora se opusessem ao militarismo, fossem favoráveis a um sistema socioeconômico mais justo e, teoricamente, rejeitassem vínculos com a elite, reconheciam a necessidade de a Igreja ter influência e poder. Assim, a Bipartite reforça parcialmente a interpretação apresentada por acadêmicos como Vanilda Paiva e Roberto Romano de que a Igreja progressista foi menos uma proposta para libertar o povo do que manobra populista ou modo de garantir a autoridade dos bispos na sociedade brasileira.[57]

Se o partidarismo é superenfatizado no caso da Igreja, não é suficientemente apreciado no das Forças Armadas sob a gestão Médici. A Bipartite convida à reavaliação do regime. Revela que o governo Médici foi mais diversificado em sua abordagem em relação à Igreja do que se imaginava. Enquanto os castellistas e os linhas-duras lutavam pelo controle do regime, eles sempre coexistiram no poder e, em público, se apresentaram como uma frente unida.[58] Essa frente foi mais forte durante os anos Médici, mas, por trás dela, existiam tensões. De um lado, o governo Médici era truculento. Os linhas-duras dominavam, encorajando a repressão às novas idéias da Igreja e aos programas pastorais. De outro, em contraste com a suposição comum, o seu domínio não era completo. O veterano jornalista Carlos Castello Branco descreveu Médici

> como homem discreto, de atuação serena. Dali, naturalmente, fez relações na área política, e os parlamentares que o freqüentaram dizem que, embora muito discreto nos assuntos oficiais, trava conversa fácil e interessante quando o contato se dá na distensão da vivência social.[59]

Médici permitiu que os moderados tentassem a persuasão. A criação da Bipartite por Muricy sugere que os castellistas tiveram mais influência na formulação de políticas do que normalmente se lhes atribui.[60]

Os integrantes do grupo castellista tinham uma visão mais moderada da Igreja do que outros setores do regime, por exemplo, os linhas-duras e tecnocratas que consideravam o clero ou um inimigo ou como não mais essencial para o progresso do Brasil. Esses castellistas eram leais à Igreja tradicional e a queriam como parceira na estabilidade — não como uma adversária feroz. A Bipartite envolvia maquinação política, e seu líder militar, o general Muricy, claramente aprovava a repressão à esquerda revolucionária e aos católicos radicais militantes. Mas a Bipartite era não-violenta. Ali, os militares revelaram seu bloco mais conciliatório em diálogo com a oposição, inclusive na busca de contínua colaboração entre a Igreja e o Estado. Os dois lados tinham completa liberdade de expressão. Significativamente, a proposta de Muricy de criar a Bipartite derrotou as objeções de adversários no interior da liderança do governo Médici. As facções tinham importância, mas os objetivos também eram importantes. Muricy permitiu que os direitos humanos entrassem na agenda dos militares. Até conseguiu retirar alguns prisioneiros políticos desaparecidos das garras do aparato de segurança. Essa abordagem das relações entre a Igreja e o Estado desafiava os métodos típicos, brutos, da linha dura da era Médici.

A Bipartite mostra com nitidez como havia dentro do regime visões diferentes das relações entre a Igreja e o Estado. Assim, a Comissão sublinha uma nuança importante nas atitudes e estratégias dos militares. Ressalta a especificidade histórica e adverte contra as interpretações monolíticas. Tenho em mente a importante descrição que Guilhermo O'Donnell fez dos regimes militares da Argentina, Brasil e outros países ao chamá-los de "burocrático-autoritários". Seus princípios básicos eram a racionalização da economia em favor da elite e a exclusão do restante da população do processo decisório.[61] Acho que a análise de O'Donnell é correta nos seus limites. Mais recentemente, no entanto, João Roberto Martins Filho o criticou (e a outros) por salientar a burocracia e ignorar as distinções internas e o caráter dos militares dentro desse sistema.[62] Além disso, o regime não era completamente "burocrático" no sentido de que ele não conseguiu despolitizar a sociedade e o Estado.[63] Ao confrontar outro estereótipo sobre o regime, Peter Houtzager demonstrou como os militares incentivaram a ampliação de um movimento sindicalista rural independente, entre 1964 e 1979, como um modo de projetar o poder do Estado central no campo.[64]

A BIPARTITE, OS ANOS MÉDICI E A HISTÓRIA BRASILEIRA

A Bipartite é um capítulo decisivo na narrativa histórica dos anos Médici. Ela também ressalta alguns pontos importantes sobre o Brasil moderno. A maioria dos textos se concentra em dois desdobramentos consideráveis do período Médici: crescimento econômico espetacular e forte repressão política e militar. Outras tendências, como o diálogo e a conciliação, têm sido menosprezadas e deveriam ser acrescentadas ao retrato dessa época como seus tons sutis. Nem tão sutis foram os episódios de Barra Mansa e Alexandre Vannucchi Leme. Foram eventos importantes, violentos, que confirmaram a importância do diálogo secreto. Os protestos públicos e privados contra a morte de Alexandre colocaram a Igreja em evidência, como um ponto de mobilização para a oposição. Como a missa por Alexandre demonstrou, o ressurgimento da oposição ocorreu muito antes do momento identificado pela maioria dos observadores. Assim, uma periodização da oposição deveria começar em 1973, não em 1975 com o caso Herzog. Esse ponto de vista desafia a divisão mais tradicional, mecânica, de cima para baixo, que se faz do regime segundo os mandatos presidenciais. Sugere, em seu lugar, que as tendências devem ser encaradas como processos que não obedecem a datas de posse de presidentes. O período Médici é rico em tendências e eventos que deverão ser explorados com mais profundidade à medida que surgirem novas provas documentais.[65]

A Bipartite salientou o fato de que o conflito entre a Igreja e o Estado era antes de tudo uma questão das relações entre a Igreja e os *militares*. Embora o Brasil tenha sido historicamente uma sociedade de instituições políticas frágeis, o estudo dessas duas organizações-chave, em especial das relações entre elas, aclara temas importantes da história social e política do Brasil moderno. Exceto pelo conflito, no entanto, os estudos sobre o Brasil raramente discutem as experiências comuns de soldados e padres. As do general Muricy e a Bipartite demonstraram contato próximo entre a cruz e a espada. Os estudos da Igreja se concentram em seu relacionamento com o Estado, e os militares, que normalmente fazem parte do Estado, o dominaram depois de 1964.[66] Como a Igreja, as Forças Armadas são um tipo especial de instituição, com sua hierarquia, métodos de recrutamento e treinamento e história peculiares.

A Bipartite revela uma imagem complexa das duas instituições e estimula a análise da seriedade com que se viam e com que encaravam sua missão na sociedade brasileira. Os bispos eram pastores, mas também políticos, preocupados com o desenvolvimento socioeconômico, os direitos humanos e sua influência sobre a sociedade do país. A raiz dessas preocupações estava nas suas convicções religiosas e na longa história da Igreja brasileira — e na ainda mais longa história da Igreja como organização mundial. A Bipartite sublinhou também a amiúde observada importância da religião na política brasileira.

É mais difícil entender e simpatizar com os militares porque usaram a violência e a tortura. Para muitos brasileiros e pelo menos alguns autores, os generais eram apenas um pouco melhores do que os "gorilas", como Brizola descrevia o general Muricy. Ainda assim, as Forças Armadas tinham tanta confiança nas suas convicções quanto a Igreja. Desde meados do século XIX, e especialmente entre 1964 e 1974, o corpo de oficiais brasileiros acreditava ser mais competente do que os civis para governar. Essa é uma crença tradicionalmente compartilhada por militares de muitos outros países da América Latina e, de fato, de muitos países ao longo da história. No caso brasileiro, os generais estavam interessados no poder, mas também no desenvolvimento do país e no estabelecimento do que consideravam ser o melhor modelo de política e governo. O general Muricy e outros membros da Situação estavam convencidos de que podiam atrair os bispos para o seu modo de pensar. Eram a *intelligentsia* militar em ação, as faces cordiais e professorais do autoritarismo.

Mudanças na visão interna e externa da Igreja e do Exército explicaram a dificuldade de resolver o conflito pós-1964. O debate sobre justiça social e subversão evidenciou as similaridades e as diferenças entre as duas instituições. Eles admiravam reciprocamente sua hierarquia e a ênfase na disciplina. Ambas queriam poder. Ambas queriam implementar seus programas para a sociedade brasileira. Mas, no fim, não puderam concordar com uma visão comum. Os bispos queriam um sistema mais justo, democrático e igualitário, no qual continuariam, de qualquer maneira, a ter um papel importante como juízes morais. Os generais concebiam uma democracia limitada, autoritária, a qual continuariam a proteger, ao aniquilar a subversão. Outro exemplo de mudança de visão dizia respeito ao patriotismo. Esse era um assunto particularmente complexo devido à composição *nacional* das Forças Armadas e à composição *transnacional* da Igreja. Patriotismo para os militares significava apoio inquestionável ao governo, em casa e no exterior. Para os bispos, significava aplicar a doutrina social da Igreja, a qual era determinada internacionalmente. Competição e conflito resultavam dessas duas posições em evolução.

À medida que o regime enfraquecia o sistema político, ao eliminar as liberdades civis e políticas, a importância da Igreja e das Forças Armadas crescia proporcionalmente. Durante os anos Médici, elas foram transformadas nos mais importantes árbitros políticos. Seu lugar de encontro era a Bipartite.

Apesar dos riscos e fracassos, o diálogo fazia sentido, dada a tradição brasileira de acomodação entre as elites. Os militares não só deixaram de ter sucesso em seu objetivo de expurgar a política tradicional do Brasil, como a adotaram, reforçando a natureza elitista da sociedade.[67] A Bipartite exemplificou a conciliação das elites e a natureza altamente personalista da política brasileira. Os participantes — bispos, generais, intelectuais — representavam o estrato superior da sociedade. Eram todos homens, de pele clara, de meia-idade ou idosos. A maioria tinha vida privilegiada devido à tradição familiar ou ao sucesso profissional. Muitos eram católicos profundamente devotos. Mulheres, protestantes, camponeses, operários, políticos e vítimas da repressão e suas famílias não tinham nenhum acesso à Bipartite. Na medida em que era um "arranjo de elite", a Bipartite excluía o povo de suas deliberações.[68] O golpe militar causara danos ao consenso da elite no Brasil, ao jogar dois dos principais pilares da sociedade um contra o outro. A Bipartite foi uma tentativa de restaurar o consenso e estabelecer novas regras para a conciliação. Ela se tornou possível graças aos vínculos pessoais do professor Padilha, intelectual importante e filho de governador. Ele reuniu Candido Mendes e o general Muricy. A Comissão refletia o processo de decisão da política e do governo brasileiros, com debate e decisões ocorrendo a portas fechadas (e distantes da imprensa), durante refeições e em encontros informais, ao telefone ou por meio de correspondência particular como as cartas que o general Muricy e dom Eugênio trocaram, ou como a carta de dom Lucas ao presidente Médici. Em jogo estavam não só as relações entre a Igreja e o Estado, mas também questões de honra entre cavalheiros, como na humilhação a que o governo submeteu dom Avelar. Os militares encontraram, em Muricy, um general bastante enérgico — mas também suficientemente culto e afável — para lidar com os bispos. Candido Mendes se tornou a cola da Bipartite por meio de sua *noblesse oblige*, capacidade de estabelecer redes e a conclusão de que a Igreja precisava do Estado e da elite para forjar uma nova versão da concordata moral.

A Bipartite foi uma oportunidade para a discussão livre no contexto de um regime repressivo, e o Grupo Religioso a utilizou para promover os direitos humanos e os valores democráticos. Mas a Bipartite como estrutura de negociação não ajudou a democracia. Portas fechadas mantinham o debate distante do povo. Aqui, talvez, seja onde a abordagem de dom Paulo possa ser vista como mais saudável para a democracia brasileira. Ele forçou a divulgação de assuntos que os militares e, de fato, alguns dos bispos prefeririam relegar à tradição da conciliação da elite. Apesar dessa observação, é um fato da história que a tendência para deixar de lado processos democráticos e fazer negociações e compromissos secretos existe de alto a baixo em todas as sociedades modernas. É função da imprensa, dos intelectuais, dos políticos da oposição e outros descobrir esses arranjos e revelar seu conteúdo. No Brasil de Médici, a censura e a cumplicidade entre a Igreja e os militares mantiveram o debate fechado. Nas palavras de Pedro Virote, pai de Juarez Monção Virote, um dos soldados de Barra Mansa, os brasileiros vivem hoje numa "democracia consentida".

Boas relações entre a Igreja e o Estado eram costumeiras no Brasil moderno. Do entendimento entre dom Leme e Vargas na década de 30 à Bipartite nos anos 70, a concordata moral foi apenas mais uma conciliação de elite. O conflito e a cooperação entre a Igreja e o Estado estavam enraizados profundamente na história latino-americana. No Brasil, a cooperação tomou uma forma peculiar. Como o tenente-coronel Pacífico colocou, a Bipartite foi uma "solução 'sui generis' de nosso País" para a crise entre a Igreja e o Estado.[69] Ela premiava o diálogo em detrimento do conflito — um diálogo tornado possível pelo status social dos participantes. Essa noção pode ser aplicada integralmente às relações entre a Igreja e o Estado no Brasil moderno. Na década de 50, a liderança católica acreditava que "diante do mundo o Brasil está conseguindo uma experiência singular com respeito às relações entre Igreja e Estado". Não existiam vínculos oficiais, mas, sim, harmonia e colaboração.[70] O embaixador Jobim reproduzia esse otimismo logo depois do início da Bipartite em 1970:

> O Brasil é um país realmente afortunado, pois nada melhor do que o sistema de relações que mantemos com a Igreja: Estado livre ao lado da Igreja livre, o que permite, pelo menos em princípio, que cada qual desempenhe o seu papel à base do respeito mútuo, sem interferências descabidas.[71]

A ditadura representou um interlúdio durante o qual uma Igreja em transformação se defrontou com a destruição desse relacionamento. A Bipartite surgiu como uma forma pela qual a Igreja podia manter seu domínio moral e religioso e tratar de suas preocupações institucionais. Exclusivamente católico numa época de ecumenismo, o Grupo Religioso preservava a tradição brasileira de manter o papel privilegiado da Igreja no processo de decisão da elite. À medida que o regime enfraquecia, a Igreja começou a se retirar da oposição política e a se concentrar de novo na cooperação com o Estado. Durante todo o período moderno, a Igreja manteve uma imagem de si própria como criadora e protetora da identidade católica do Brasil e como guardiã moral do país.

A singularidade dessa solução se destaca numa perspectiva comparativa. Na Argentina autoritária, alguns líderes da Igreja colaboraram com a repressão, enquanto no Chile ela se levantou em defesa dos direitos humanos, mas não teve qualquer entendimento secreto sistemático com a ditadura. No Brasil, a Bipartite trabalhou para atenuar ou explicar a suposta subversão católica, para manter a influência da Igreja e para denunciar as violações de direitos humanos. A Bipartite foi um notável desdobramento na história dos regimes ditatoriais na América Latina contemporânea.

À medida que a era autoritária desaparece, o surgimento de outras fontes primárias conduzirão a uma melhor compreensão do período. Esse processo é essencial numa sociedade pós-autoritária em que a maior parte das pessoas ouvira apenas a versão dos militares sobre eventos importantes ou deles não tomou conhecimento devido à ação da censura. A abertura política produz uma abertura documental que, por sua vez, aclara o passado. O grau de acesso que os pesquisadores terão a documentos altamente sensíveis e ainda secretos das forças de segurança militares dará uma medida do grau de compromisso existente para com a construção de uma democracia duradoura no Brasil. A Igreja também possui um tesouro em documentação não divulgada que pode explicar melhor a história do regime militar.

Na ordem pós-Guerra Fria, as tensões entre o Leste e o Oeste diminuíram conforme os antigos regimes comunistas se tornaram capitalistas. Lutas étnicas e religiosas e outras contradições sociais passaram para a linha de frente, e novas variações de autoritarismo emergiram. O ataque terrorista aos Estados Unidos em 11 de setembro de 2001 criou novas tensões mundiais e ameaçou desencadear uma longa onda de violência e medo em toda a humanidade.

Já se vislumbram novas polarizações. A luta por justiça social vai permanecer como um tema central da história. O terrorismo e novas formas de subversão serão sem dúvida enfrentados por exigências de repressão. O padrão histórico sugere que o militarismo está muito longe de ter desaparecido na América Latina, nos Estados Unidos e em muitas outras partes do mundo. Instituições como a transnacional e influente Igreja Católica e as poderosas Forças Armadas nacionais considerarão como seu dever influenciar nos conflitos e moldar as agendas sociais. Como fizeram na Guerra Fria, líderes militares e religiosos devem continuar a repensar seus papéis na sociedade e o relacionamento entre eles. Os bispos brasileiros e os oficiais da Bipartite são testemunhas do fato de que, em situações altamente tensas e obscurecidas pela polarização e pela ambigüidade, a solução começa com o diálogo.

Seja nos Estados Unidos, no Brasil ou em qualquer outro lugar, o processo democrático requer tolerância. A história deste livro é um apelo a todos — os da esquerda, da direita e do centro políticos; os religiosos progressistas, conservadores e moderados — para afirmar que o diálogo, ainda que imperfeito, é melhor do que o silêncio ou a escalada da violência. Tolerância inclui respeito por estilos políticos diversos, como se viu nas abordagens de diversas figuras complexas que participaram da Bipartite. O diálogo pode levar ao entendimento mútuo quanto a um plano de ação, como Candido Mendes e o general Muricy tão ardentemente esperavam quando se aproximavam do Retiro da Gávea na manhã de 3 de novembro de 1970. Embora suas realizações tenham ficado longe do ideal, eles nos relembram uma importante lição: a humanidade não pode se dar ao luxo de não cooperar, se deseja superar os novos desafios e manter viva a esperança da justiça social.

Notas

PREFÁCIO [PP. 9-16]

1. Ver, por exemplo, a excelente coletânea de entrevistas com militares em D'Araujo, Soares e Castro 1994.

2. Fagen 1995.

3. D'Araujo, Soares e Castro 1994a:13 (citação), 14-31; ver também Dassin 1992:167; Loveman 1999, capítulo 8.

4. Um dos exemplos mais celebrados é Gabeira 1979, que reconta aventuras da esquerda revolucionária, inclusive o seqüestro de Burke Elbrick, embaixador dos Estados Unidos, em setembro de 1969. *O que é isso, companheiro?*, um filme controvertido baseado no livro, foi lançado em maio de 1997. Para críticas ao filme, ver Reis Filho et al. 1997. Para uma discussão das memórias de esquerdistas, ver Ridenti 1997, especialmente nota 10; Dassin 1992; Rollemberg 1999:16.

5. Arquidiocese de São Paulo 1985; sobre a pesquisa para o livro, ver Weschler 1998; Wright 1989:70-1. O projeto "Brasil: nunca mais" foi notável. Na maior parte dos demais países latino-americanos, esse tipo de documentação não esteve disponível, muito menos compilado por organizações de direitos humanos. Uma exceção é o extraordinário Centro de Documentación y Archivo para la Defensa de los Derechos Humanos, o assim chamado "Arquivo do Terror" da polícia política do ditador paraguaio Alfredo Stroessner, descoberto em Assunção em 1992. Ver o capítulo 8 para discussão sobre a relevância desse arquivo para o Brasil. Na tradição dos julgamentos de Nuremberg e outros do gênero, de pós-guerra, o fim dos governos militares e guerras civis nas décadas de 80 e 90 fez surgir as chamadas "comissões da verdade". As comissões relatavam os abusos contra os direitos humanos, mas não tinham o poder de julgar. Uma exceção foi a Argentina, onde generais foram para a cadeia pelo papel que desempenharam na "guerra suja" do país. O Brasil não teve uma "comissão da verdade" a não ser uma,

muito limitada, até o final de 1995, dez anos após o retorno do governo civil e dezesseis depois da Lei da Anistia, que protegia os violadores dos direitos humanos de serem processados. Antes disso, "Brasil: nunca mais" e grupos como "Tortura nunca mais" desempenharam o papel de "comissões da verdade". Para um estudo sobre a compilação secreta, pela Igreja, de informações sobre direitos humanos no Chile, ver Lowden 1996:38-43, 75-84; sobre violações dos direitos humanos naquele país, ver também *Report of the Chilean National Comission* 1993. Em 1998, o general Pinochet foi detido na Inglaterra quando um juiz espanhol pediu a sua extradição na tentativa de processá-lo por violações aos direitos humanos. Pinochet conseguiu voltar ao Chile e até meados de 2001 não fora julgado.

6. D'Araujo, Soares e Castro 1994a, 1994b; Soares, D'Araujo e Castro 1995; D'Araujo e Castro 1997.

7. Por exemplo, Abreu 1979; Mello 1979; Passarinho 1996; D'Aguiar 1999, Silva 1999; Paula Couto 1999.

8. Ridenti 1997a:420.

9. Os únicos tratamentos exclusivos da era Médici estão em McDonough 1981, Silva e Carneiro 1983; ver também Fico 1997. Um relato jornalístico é Drosdoff 1986. Uma história oral muito breve da gestão de Médici está em Médici 1995. Não existem biografias de Médici ou trabalhos que se refiram especificamente à sua administração, o que contrasta com o general Humberto de Alencar Castello Branco, o primeiro presidente da ditadura; ver Viana Filho 1976; Dulles 1978; sobre as administrações de Castello Branco e do general Arthur da Costa e Silva, o segundo presidente militar, ver Mello 1979, Martins Filho 1995:29-30, D'Aguiar 1999; para uma breve tomada do período Médici, ver Skidmore 1988, Flynn 1978, Schneider 1991, Silva e Carneiro 1975.

10. Para exemplos deste gênero na história dos Estados Unidos, ver Branch 1988; Goodwin 1988. A ausência de uma boa narrativa tornou-se importante assunto de discussão entre os historiadores profissionais norte-americanos. Para uma análise deste problema, ver Limerick 1993. Este tema foi, mais recentemente, objeto de debate em um painel intitulado "Journalists, Scholars and Historical Writing", no CXIV Encontro Anual da Associação Histórica Americana, Chicago, 8 de janeiro de 2000. A importância da narrativa é uma questão-chave para uma nova geração de acadêmicos que procuram interpretar a história do recente período autoritário da história latino-americana e o seu impacto nos acontecimentos políticos atuais. Para exemplos dessa literatura emergente, ver Wilde 1999; Bickford 2000. Também tem se desenvolvido debate sobre a abordagem apropriada do estudo da memória histórica da era ditatorial, que inclui questões de focalização de temas, metodologia, fontes e objetivo. O Social Science Research Council, por exemplo, organizou um programa de treinamento sobre a memória que aborda algumas dessas questões, que têm relevância para acadêmicos e estudantes de toda a América do Sul.

INTRODUÇÃO: ENCONTROS IMPROVÁVEIS [PP. 17-77]

1. "Seleção inicia à noite concentração até a Copa", *Jornal do Brasil* (doravante *JB*), Rio de Janeiro, 22-23 de fevereiro de 1970, 1º caderno, p. 33. Informação sobre segurança, de conversas com Teresinha de Jesus Gallo De Rosa e Otorgamino Dias, Rio de Janeiro, 10 de março de 2000.

2. Sobre o senador, ver Vilaça 1981.

3. Almeida 1943.

4. Citado em Beozzo 1984:20, nota 8.

5. "Cândido Mendes: primeiro tema Justiça", *O Globo*, Rio de Janeiro, 12 de novembro de 1971, p. 11. Dados biográficos de Candido Mendes foram extraídos de seu *curriculum vitae* e também de entrevistas com Candido Mendes (1) e (3), entrevista com Marina Bandeira e "Mendes, Cândido", no prelo.

6. José Jobim para a Secretaria de Estado, Roma, 7 de junho de 1971, Arquivo do Itamaraty, Secretaria de Estado de Relações Exteriores, correspondência especial nº 2497.

7. Almeida 1959, 1963, 1973.

8. Almeida 1972.

9. "Mendes, Cândido", no prelo. Sobre a Semana Social, ver Beozzo 1984:109.

10. Almeida 1977:103.

11. "Informes. D.O.", 15 de outubro de 1968, Arquivo Público do Estado do Rio de Janeiro, Departamento de Ordem Política e Social da Guanabara (doravante Aperj/Dops-GB), setor 33, pasta 23, pp. 73-4. Secretaria de Segurança Pública, Departamento Geral de Investigações Especiais, Pedido de Busca nº 02502, Rio de Janeiro, 20 de setembro de 1977, "Assunto: Candido Antonio José Francisco Mendes de Almeida", Aperj/Dops-GB, setor 29, pasta 1, p. 102.

12. Della Cava 1985:140.

13. Beozzo 1984:110.

14. Padilha 1971:203 (jovem), 199 (bolsões), 201 (teologia e religiosos).

15. Entrevistas com Padilha (1) e (2); e ver Padilha 1971:71-82; 1975. Dados adicionais sobre Padilha disponíveis em seu *curriculum vitae*; ver também "Padilha (Tarcísio)" 1990; Lippmann et al. 1984. Sobre as atividades de Padilha na ESG, ver, por exemplo, Antônio de Arruda, Tarcísio Meirelles Padilha e Danton Pinheiro de Andrade Figueira, "Regimes políticos contemporâneos — soluções democráticas", ESG, Departamento de Estudos, C9-123-72, discurso proferido em 24 de março de 1972, Arquivo Ana Lagôa.

16. Padilha 1975:85, 89 e 90 (força).

17. Muricy 1993:660. Muricy incorretamente identifica como diretor do Ibrades o padre Leonel Franca, que havia falecido.

18. Candido Mendes citado em Muricy 1993:660.

19. Brian Burke e Enrique del Rio, autoridades internacionais da JOC, para padre Celso José Pinto da Silva, Rio de Janeiro, 19 de outubro de 1970, Pontifícia Universidade Católica de São Paulo, Central de Documentação e Informação Científica "Prof. Casemiro dos Reis Filho" (doravante PUC-SP/Cedic), JOC, rolo 9 (microfilme).

20. Paula Couto 1999:12.

21. "Relatório sobre o 1º Encontro 'Bipartite'", Fundação Getúlio Vargas, Centro de Pesquisa e Documentação de História Contemporânea do Brasil, Arquivo Antônio Carlos Muricy (doravante FGV/CPDOC, ACM), rolo 1 (microfilme), doc. nº 906, p. 1, doc. nº 907, p. 1.

22. "Relatório sobre o 1º Encontro 'Bipartite'", FGV/CPDOC, ACM, rolo 1, doc. nº 906, p. 1, doc. nº 907, p. 1

23. "Relatório sobre o 1º Encontro 'Bipartite'", FGV/CPDOC, ACM, rolo 1, doc. nº 906, p. 2. Grifo no original.

24. Entrevista com Candido Mendes (3). Segundo Candido Mendes, o seu é o único título de nobreza do Brasil que permitia herança pelo filho mais velho, trazendo assim o título para o presente.

25. Costa e Silva 1999:33 (excepcional), 149 (honra), 150 (esquecimento, alta sociedade), 152 (Candido Mendes), 93 (esoterismo), 37 (Múcio Leão), 11, 21, 25-8 (natureza apolítica da ABL), 29 (comportamento), 32 (amigos). Grifos no original. Sobre as origens da Academia, ver também Needell 1987:192-6; El Far 2000. Embora as Academias de Letras tenham sido o bastião tradicional da elite cultural brasileira, elas parecem ter perdido importância (ver Conniff 1989:27; Costa e Silva 1999:156-9).

26. Costa e Silva 1999:6.

27. Costa e Silva 1999:88-9.

28. Cardeal Lucas Moreira Neves, O.P., para Kenneth P. Serbin, Salvador, 20 de fevereiro de 1997.

29. Entrevista com Pretto (1).

30. Entrevista com Pretto (2).

31. Romano 1997:258 (citações). Sobre dom Lucas e o Movimento Familiar Cristão, ver Beozzo 1984:106, nota 34.

32. Costa e Silva 1999:2-3.

33. "Relatório sobre o 1º Encontro 'Bipartite'", FGV/CPDOC, ACM, rolo 1, doc. nº 905 (dom Vicente e Muricy), doc. nº 906, p. 1 (Padilha e dom Aloísio), doc. nº 907, p. 1 (descompressão e abertos ao diálogo).

34. "Relatório sobre o 1º Encontro 'Bipartite'", FGV/CPDOC, ACM, rolo 1, doc. nº 907.

35. Mainwaring 1986:74-5, 149, 181. Mesmo os observadores mais céticos das motivações religiosas do antiautoritarismo da Igreja reconhecem sua contribuição à estabilização democrática; ver o trabalho do teórico da escolha racional em Gill 1998:6.

36. A referência mais explícita à Bipartite está em Gomes 1982:240-50. Este trabalho tem sido ignorado pela maioria dos estudiosos. Uma referência muito breve está também em Piletti e Praxedes 1997:397-8, 413-4; Almeida e Bandeira 1996:60-2, 74-5. Esta última fonte incorretamente identifica o general Golbery do Couto e Silva como o líder militar da Bipartite. Para outras referências, ver Bandeira 1994:76-7; "Muricy, Antônio Carlos" 1984; Prandini, Petrucci e Dale 1986-87:5:15-6; ver também as referências indiretas em Romano 1979:186-7; Arns 1978:127; Bittencourt e Markun 1979:63-4. Na versão brasileira de seu livro, Bruneau (1974a:346) faz referência a tentativas de diálogo, mas não se aprofunda no assunto, tampouco discute a Bipartite.

37. Muitos talvez queiram encontrar neste livro uma outra visão da discussão sobre a vibrante religiosidade popular e a transformação que ocorre na base da sociedade brasileira. Cientistas políticos, antropólogos, sociólogos e outros têm produzido uma crescente bibliografia nessa perspectiva; ver, entre outros exemplos, Ireland 1991; Sanchis 1992a, 1992b, 1992c; Burdick 1993; Mariz 1994; Pierucci e Prandi 1996; Machado 1996; Chesnut 1997; Drogus 1997; Vásquez 1998; Nagle 1998. O presente trabalho não nega essa abordagem; na verdade, estuda as relações Igreja/Estado e a elite à luz das lutas que ocorrem nas bases. No entanto, este trabalho é distintivamente histórico e preocupado com as facetas negligenciadas da vida religiosa brasileira, especificamente as discussões secretas e a mediação entre elites.

38. Aqui, minha análise encontra eco, em parte, em De Groot 1996:148-9; ver também Gill 1998:48, 201. Estudiosos anteriores também usaram pouca documentação de arquivo, ou

porque isso não fazia parte de suas metodologias ou porque estavam escrevendo no calor dos acontecimentos e não tinham acesso às fontes primárias (ver discussão sobre documentação abaixo). Uma exceção parcial a essa tendência foi McDonough 1981. Pesquisando no ápice da repressão, ele examinou as relações no seio da elite brasileira e revelou a natureza multidimensional de sua ideologia. Porém, não pôde obter informações sobre os militares e não deu o nome de nenhum de seus 250 entrevistados. Para exemplos dos principais textos sobre o conflito Igreja/Estado durante o regime militar ver Bruneau 1974b, 1982; Mainwaring 1986; Mainwaring e Wilde 1989; Casanova 1994; Alves 1979; Salem 1981; Alves 1985; Della Cava 1989; Couto 1998; Skidmore 1988; Flynn 1978; R. Schneider 1991. Da mesma forma, o assunto do diálogo secreto está praticamente ausente da pesquisa sobre redemocratização; para uma exceção, ver Higley e Gunther 1992. Para uma boa discussão sobre diálogo nos casos chileno e peruano, ver Fleet e Smith 1997:119-29, 277.

39. Bruneau 1974b:173.

40. Alves 1973:156.

41. Alves 1979:120. Esta visão também encontra eco em Lernoux 1980:276, 301.

42. Mainwaring 1986:100, 171.

43. Weschler 1998:25-6.

44. Dom Eugênio de Araújo Sales para o general Antônio Carlos da Silva Muricy, Salvador, 5 de janeiro de 1967, FGV/CPDOC, ACM, rolo 1, doc. nº 783, p. 1.

45. Entrevista com Padilha (1).

46. Sydow e Ferri 1999.

47. Entrevista com dom Eugênio.

48. Entrevista com dom Paulo (1).

49. Entrevista com dom Paulo (2).

50. Entrevista com dom Waldyr (2).

51. Essa visão é reproduzida por Loveman 1999:228: "O saber e a doutrina militar dão forma e justificam missões para [...] os oficiais, da mesma maneira que a ideologia revolucionária o faz para guerrilhas, e os valores religiosos e humanistas o fazem para organizações de direitos humanos. Obviamente, levar estes valores a sério não requer compartilhá-los". Ver também S. Davis 1996.

52. O estudo clássico sobre as Forças Armadas brasileiras é de Stepan 1971. A pesquisa de Stepan ainda não foi igualada. Ela aborda muitos dos pontos levantados aqui, mas é uma análise sociológica um tanto esquemática dos militares, não uma narrativa histórica, como este estudo pretende ser. Escrito antes dos anos Médici, o livro não se dedica a muitos dos temas tratados aqui, como as relações Igreja/Forças Armadas. Sobre crenças na democracia por militares latino-americanos, ver Loveman 1999; para uma abordagem que enfatiza a funcionalidade do sistema eleitoral militar, ver Ben Schneider 1991, especialmente pp. 238-42. Ver também a discussão sobre a tipologia da ditadura militar em Del Vecchio 2000.

53. Fico 1997, cap. 2.

54. Silva 1975.

55. "Depoimento do Antônio Carlos da Silva Muricy (general)", 27 de maio de 1974, FGV/CPDOC, ACM, rolo 1, doc. nº 476, p. 2 a doc. nº 485, p. 1; "Depoimento do Antônio Carlos da Silva Muricy", 20 de fevereiro de 1976, FGV/CPDOC, ACM, rolo 2, docs. nºs 225-61.

56. Muricy 1993:339 (escassa), 458 (rasguei), 661 (preferia).

57. Entrevista com Muricy (2). No começo de 1999, o caso RioCentro foi reaberto depois que oficiais militares admitiram a responsabilidade do Exército pela explosão, antes atribuída a terroristas de esquerda. A Justiça Militar, porém, mais uma vez encerrou o caso.

58. Entrevista com Virgínia Ramos da Silva Muricy.

59. Entrevista com Muricy (3).

60. Entrevista com Virgínia Ramos da Silva Muricy.

61. Entrevista com Muricy (1).

62. Entrevista com Muricy (3).

63. Entrevista com Muricy (1).

64. Entrevista com Muricy (2).

65. Entrevistas com Muricy (1) e (2).

66. Entrevistas com Muricy (1), (2) e (3).

67. Entrevista com Padilha (1).

68. Entrevistas com Padilha (1) e (2).

69. Conversas telefônicas do autor com Padilha, Rio de Janeiro, 22 de março e 27 de março de 1997.

70. Entrevista com Padilha (2) (correndo risco) e conversa telefônica do autor com Padilha, Rio de Janeiro, 27 de março de 1997 (larga e óbvio).

71. Conversa telefônica do autor com Padilha, Rio de Janeiro, 22 de março de 1977.

72. Entrevista com Pacífico. Alguns podem questionar a autenticidade ou a exatidão dos papéis de Muricy. Estes são documentos militares nos quais existem a voz e o viés militares, da mesma forma que existem a voz e o viés eclesiásticos nos documentos da Igreja. Os papéis de Muricy proporcionam fatos novos importantes, mas também exemplos valiosos do discurso militar sobre a Igreja, cuja análise é um dos meus objetivos. Não se deve desprezar documentos por causa de seus autores, da mesma forma que os militantes de direitos humanos não rejeitaram o uso da documentação de antigos arquivos da polícia política na busca de informações sobre mortos e desaparecidos durante a ditadura. Quanto à exatidão, deve-se observar que os relatórios eram secretos e feitos com a intenção de informar os altos escalões do regime sobre as relações entre a Igreja e o Estado. Eles não são literais; o general Pacífico declarou que preparava sinopses dos encontros baseadas em suas anotações. O professor Padilha recordou-se que alguns diálogos importantes não foram mencionados (entrevista com Padilha (1)). E também, diálogos mais íntimos ocorridos fora dos limites da Bipartite também não acabaram constando nos relatórios. Porém, essas considerações não reduzem o valor dos relatórios, que são guias bastante detalhados sobre as conversas que ocorreram entre os oficiais e os bispos. As descrições de indivíduos e eventos mencionados nos relatórios são em geral coerentes com as ações, personalidades e ocorrências observadas em outros componentes de minha pesquisa. A credibilidade dos relatórios é por fim confirmada porque incluíam discussões que eram potencialmente constrangedoras para o regime.

73. Entrevista com Sampaio. Segundo consta, porém, alguns desses papéis foram destruídos. Ver "Papéis destruídos no CIE" 2000.

74. Entrevista com Roberval; entrevista com Muricy (2).

75. "Relatório do XVIII Encontro Bipartite", FGV/CPDOC, ACM, rolo 2, doc. nº 93, p. 1.

76. "Relatório especial do grupo bipartite, sobre problemas surgidos na área Igreja × go-

verno, referentes à participação do clero nas comemorações do Sesquicentenário da Independência do Brasil", FGV/CPDOC, ACM, rolo 1, doc. nº 933; anotações sem título, FGV/CPDOC, ACM, rolo 1, doc. nº 900, p. 2.

77. Muricy 1993:664.

78. Para Candido Mendes, ver "Relatório do 4º Encontro Bipartite", FGV/CPDOC, ACM, rolo 1, doc. nº 977, p. 1; "Relatório do XXII Encontro Bipartite," FGV/CPDOC, ACM, rolo 2, doc. nº 124.

79. Entrevista com Candido Mendes (1).

80. Para informação sobre este arquivo, ver Arquivo Público do Estado do Rio de Janeiro 1996a; 1996b; D. Davis 1996. O Dops-GB é mantido pelo Arquivo Público do Estado do Rio de Janeiro (Aperj). O material do Dops doravante é citado como Aperj, Dops-GB. A antiga capital federal do Rio de Janeiro tornou-se estado da Guanabara em 1960 e permaneceu assim até sua absorção pelo estado do Rio de Janeiro em 1975. Para informação sobre a polícia política no Rio, ver Cancelli 1993, 1999.

81. Para informação sobre este arquivo, ver Pimenta 1995. O Deops-SP é mantido no Arquivo do Estado de São Paulo (Aesp). Doravante, o material do Deops será citado como Aesp, Deops-SP.

82. Na realidade, as unidades do DOI realizaram a repressão. O Codi era um encontro de chefes de segurança da polícia e das Forças Armadas para planejar missões; ver Lagôa 1983:70-1.

83. Para entender a DSI/MJ é imprescindível a leitura de Fico 2001; sobre as DSI ver também Alves 1985

84. A coleção "Brasil: nunca mais" (BNM) está localizada no Centro de Pesquisa e Documentação Social, Associação Cultural Arquivo Edgard Leuenroth (AEL), Instituto de Filosofia e Ciências Humanas, Universidade Estadual de Campinas, Campinas, São Paulo. Doravante esse material será citado como AEL, BNM. O BNM também está disponível em microfilme no Center for Research Libraries, em Chicago. Esse centro recentemente fez o primeiro índice dos processos, o que facilitará a localização de casos específicos entre os mais de quinhentos rolos de filme. A Cedic está localizada na Pontifícia Universidade Católica de São Paulo. Será citada em seguida como PUC-SP/Cedic. Para informações sobre este arquivo, ver Khoury 1995. O Centro Alceu Amoroso Lima situa-se em Petrópolis. Localizado em Roma, o arquivo privado da embaixada argentina contém relatórios diplomáticos argentinos secretos sobre o conflito entre a Igreja brasileira e o Estado. Sou grato a Loris Zanatta do Istituto per le Scienze Religiose, Bologna, por cópias desses relatórios. Agradeço a dom Waldyr Calheiros de Novaes por cópias de documentos do arquivo de sua diocese em Volta Redonda. Os papéis Van der Weid estão no Aperj. Os documentos de Branca Alves estão na Biblioteca Cardeal Câmara, da Arquidiocese do Rio de Janeiro. O Instituto Nacional de Pastoral está na sede da CNBB em Brasília. O Arquivo Ana Lagôa está localizado na Universidade Federal de São Carlos. O Arquivo do Itamaraty está em Brasília. Sou grato a James Green pelas cópias de documentos dessa coleção. O Centro de Documentação Hélder Câmara fica no Recife.

1. A IGREJA E O EXÉRCITO: MODERNIZAÇÃO E A REVOLUÇÃO DUPLA [PP. 79-133]

1. Os termos "militares" e "Exército" são usados como sinônimos neste livro por causa do papel maior exercido pelo Exército na política em comparação com a Força Aérea e a Marinha. Referências a todas as instâncias militares são designadas por "Forças Armadas".

2. Sanchis 1980.

3. McCann 1989:47-8.

4. Della Cava 1976b; sobre Feijó, ver Lustosa 1977.

5. Castro 1990.

6. Carvalho 1987:48-52.

7. Stepan 1971:43-4, 99.

8. Nos anos 20 e 30, a Igreja fez concordatas com países como Itália, Alemanha, Portugal, Polônia e Equador. Esses acordos forneceram uma legislação que protegia normas católicas na família e na educação, e garantiram a liberdade institucional da Igreja. Também incluíam benefícios especiais. Ver Beozzo 1986:275, 287-9, 293-8, 338-40.

9. Serbin 1995.

10. Carvalho 1982.

11. *Irmandade* 1981; *Relatório* 1952.

12. "Dom Sebastião Leme" 1930:26.

13. Entrevista com Octávio Costa (1). Costa foi primeiro-tenente na infantaria da FEB.

14. Palhares 1969.

15. Sobre os "pios anos 50" ver Della Cava 1976a:11-2, 36, incluindo a nota 51.

16. Serbin 1996. Dom Jaime Câmara e dom Hélder Câmara não eram parentes.

17. Calliari 1996:32.

18. Entrevista com Caramuru.

19. Fico 1997.

20. McCann 1998:75.

21. Fico 1997:85-6.

22. Loveman 1999:187-8.

23. D'Araújo, Soares e Castro 1994a:14.

24. Ernesto Geisel notou que as unidades do DOI-Codi freqüentemente tinham melhores informações secretas do que o SNI; ver D'Araújo e Castro 1997:369. O Cenimar existia desde os anos 40. O Cisa e o CIE foram criados no final dos anos 60. Em São Paulo, o DOI-Codi era comumente conhecido durante os anos Médici pelo nome de sua predecessora, a "Oban", ou Operação Bandeirantes (entrevista com Amelinha).

25. Stepan 1988:27; sobre a comunidade de informações, ver também Lagôa 1983.

26. Observação semelhante é feita em Fico 2001:37-8.

27. Sobre o terror de direita, ver Argolo, Ribeiro e Fortunato 1996. Ridenti (1993:61-3) destrói o mito de que a esquerda revolucionária planejou a ação de guerrilha só depois de haver começado a repressão militar.

28. Trindade 1994:136. Para um resumo sobre 1968 e bibliografia sobre o período, ver *Acervo* 1998.

29. Os quatro "Exércitos" referem-se a divisões geográficas dos comandos do Exército do Brasil. O I estava sediado no Rio de Janeiro, o II em São Paulo, o III em Porto Alegre e o IV no Recife.

30. "Organization of Study", National Security Study Memorandum nº 67 (1969-70), Annex P, p. 8 (Charbonneau). "The Political Setting for U.S. Policies and Programs and Factors Likely to Affect this Setting", p. 36, em "Brazil Program Analysis", National Security Study Memorandum nº 67 (1969-70), Annex D, National Security Archive (apoio seletivo). Outros brasileiros entrevistados listados no relatório foram: José Luís Andrade, banqueiro de investimentos de Belo Horizonte; J. C. Fragoso, vice-diretor do Gabinete Civil da Presidência da República; Augusto Frota Lima, executivo de uma companhia de telefone de Minas Gerais e líder do movimento anti-Goulart no Estado; D'Alembert Jaccoud, colunista político do *JB*; vereador João Carlos Meirelles, da Arena de São Paulo; José Cândido Moreira de Sousa, empresário, corretor imobiliário e cunhado do ultranacionalista general Afonso de Albuquerque Lima, o maior oponente militar das forças de Médici na eleição presidencial de 1969; Rubens Nogueira, um deputado federal arenista da Bahia; Trajano Puppo Neto, presidente e diretor da Anderson, Clayton & Co., S.A.; Paulo Mariano dos Reis Ferraz, diretor da Companhia Sorocabana de Material Ferroviário; Aníbal Teixeira de Sousa, ex-deputado estadual do MDB de Minas; e Tiberi Sá, um vereador multimilionário do MDB de São Paulo. Nem todos os nomes foram listados. Ver "Organization of Study", pp. 7-8, Anexo P do relatório de Kissinger. Para informações sobre *national security directives* (ordens para produzir estudos sobre países e situações políticas) dos Estados Unidos, ver Richelson 1994.

31. "Brazil. Program Analysis. NSSM-67", p. 16, em "Brazil Program Analysis", National Security Study Memorandum nº 67 (1969-70), National Security Archive. Grifos no original.

32. "Brazil. Program Analysis. NSSM-67", p. 18 (ineficiente, efeitos diretos), 19 (mínima), 78 (capazes), em "Brazil Program Analysis", National Security Study Memorandum nº 67 (1969-70), National Security Archive.

33. "National Security Council-Interdepartmental Group for Inter-American Affairs. Decision Memorandum nº 69", 14 de agosto de 1970, p. 2, em "Brazil Program Analysis", National Security Study Memorandum nº 67 (1969-70), National Security Archive.

34. "Guerra civil" é como pelo menos algumas das lideranças militares chamavam o conflito; ver, por exemplo, D'Araújo e Castro 1997:223.

35. Nassif 1995.

36. Paula Couto 1999:266.

37. Comissão de Familiares 1996:9-18.

38. Freire, Almada e Ponce 1997:26.

39. Aqueles que testemunharam em tribunais militares sobre o fato de terem sido torturados chegaram a quase 2 mil. O total foi provavelmente bem mais alto; ver Arquidiocese de São Paulo 1985:34-42, 87; ver também Anistia Internacional 1973.

40. Fico 1997:116.

41. Comblin 1979.

42. Fico 1997:129 (espiritualizada), 124 (não-violência); sobre a experiência de Costa, ver D'Araújo, Soares e Castro 1994a:259-81.

43. Rollemberg 1999:47.

44. Sobre salários e desigualdade, ver Alves 1985:74-9, 151-3. Para descrições da exploração da Amazônia e crescimento em São Paulo, ver Page 1995, capítulos 11-2. Para uma visão de um dos ministros econômicos de Castello Branco, ver Campos 1994, especialmente capítulo 12. Sobre a indústria de armas, ver Stepan 1988:82-7.

45. Citado em Paula Couto 1999:287.

46. Para um resumo crítico da economia sob os militares, ver Cysne 1994; ver também Baer 1995:73-88.

47. Couto 1998:39, 99, 116-7; 1999:250-3. Sobre a popularidade do regime, ver também Silva e Carneiro 1983:55; McDonough 1981:237, nota 8; Cohen 1989:46-9; ver também Perlman 1976:175-9.

48. Bernal 1989.

49. Souza 1999.

50. Craig e Loewenheim 1994:4.

51. Sobre Kissinger, ver Gaddis 1994:565-92; Golan 1976; Burr 1998. Para outros exemplos de diplomacia de bastidores, ver Miner 1994.

52. Dietz 1992:242; Sanchez 1992:318. Nos anos 90 o Exército chileno recorreu a contatos políticos informais na tentativa de preservar sua influência; ver Weeks, no prelo.

53. Um argumento semelhante é construído em Crahan 1989:12; 1999. O nível de competição com outras religiões também é um fator importante. Para Gill (1998), o nível de competição com outras religiões foi o mais importante fator a levar a Igreja Católica a se opor às ditaduras em países latino-americanos nos anos 60 e 70.

54. Ramet 1990, 1990a:5.

55. Lowden 1996:14-9; ver também Gill 1998.

56. Hanson 1987:42-5; ver também Lewy 1964:293-4; Cornwell 1999.

57. Blancarte 1992:72-85; Loaeza-Lajous 1990:283-7; Knight 1992.

58. Reich 1995.

59. Lesser 1995, especialmente capítulo 5.

60. Bernstein e Politi 1996.

61. Lowden 1996:13.

62. Serbin 1993a; sobre o catolicismo brasileiro na era pós-conciliar, ver Sanchis 1992a, 1992b, 1992c; sobre a crise do clero, ver também Casanova 1994:125.

63. CNBB, "Reunião extraordinária dos metropolitas", CNBB/INP, doc. nº 4019.

64. Antoine 1970:29-31; para o texto da declaração dos bispos, ver Lima 1979:147-9.

65. Bruneau 1974b:120-1; Mainwaring 1986:80-1.

66. Piletti e Praxedes 1997:296-7, 302-3, 306, 319-20, 329, 342; também "Dom Hélder: país livre com comunistas de fora", *Diário de Notícias*, 26 de maio de 1964.

67. Citado em Carvalheira 1999:42.

68. Frei Betto 1999:49.

69. Ver, por exemplo, Almeida 1994:67; Kehl e Vannuchi 1997:168. Essa afirmação também consta na entrevista com Candido Mendes (2); uma afirmação semelhante surgiu nas entrevistas com Pretto e Marcos Noronha. Ver também Freire, Almada e Ponce 1997:257; Mainwaring 1986:83-4, 110; Utzeri 2000; "Brazil Program Analysis", National Security Study Memorandum nº 67 (1969-70), National Security Archive; B. Smith 1979:182.

70. Entrevista com dom Amaury. Dom Amaury também confirmou a tendência geral entre os bispos de não reconhecerem a existência da tortura.

71. "The Political Setting for U.S. Policies and Programs and Factors Likely to Affect This Setting", p. 28 (força moral, impossíveis de distinguir), 31 (Rossi), em "Brazil Program Analysis", National Security Study Memorandum nº 67 (1969-70), Annex D, National Security Archive.

72. Enquanto os bispos se colocavam mais à distância dos interesses militares do que

qualquer outro grupo de elite, o MDB era, no geral, o mais esquerdista em sua abordagem política; ver McDonough 1981:127, 160, 176-8, 180-1.

73. Viana Filho 1976:530-1.

74. 1ª Região Militar, "Boletim Reservado nº 6", 2 de dezembro de 1967, FGV/CPDOC, ACM, rolo 1, doc. nº 782, p. 2, doc. nº 783, p. 1.

75. Bandeira 1994:81.

76. Cirano 1983; Ferrarini 1992. Sobre o prêmio Nobel, ver Piletti e Praxedes 1997:378, 381-4, 388, 392. Em 1974, Dom Hélder ganhou o prêmio Popular da Paz, na Noruega e na Alemanha, e doou parte do dinheiro para o início da Operação Esperança, um projeto de auxílio aos pobres na Arquidiocese de Olinda e Recife (ver Pinheiro 1999:83).

77. Calliari 1996:638-9; Comissão de Familiares 1996:98-100 (coroa-de-cristo); ver também Miranda e Tibúrcio 1999:58-61.

78. Entrevista com dom Waldyr (2).

79. Para fontes sobre esse caso e sua discussão na Bipartite, ver capítulo 6.

80. Centro Ecumênico 1979. A apresentação mais detalhada do conflito Igreja/regime está em Prandini, Petrucci e Dale 1986-87. Sobre a censura à Igreja, ver também Smith 1997.

81. "Dossier PCB", *c.* 1949, Aperj/Dops-GB, setor "Político", pasta 3-B, p. 610.

82. Dom Eugênio para Kenneth P. Serbin, Rio de Janeiro, 19 de novembro de 1996.

83. Para uma comparação com o funcionamento de outros órgãos de informações, ver Maciel 2000; Fico 2001.

84. Entrevista com Maurano.

85. Entrevista anônima com ex-funcionário do Dops-GB.

86. Entrevista com Maurano.

87. Ver, por exemplo, "Boletim Reservado", nº 6, 11 de março de 1974, Aperj/Dops-GB, setor "Boletim Reservado", pasta 1, p. 1; ver também Aperj/Dops-GB, setor "DGIE", pasta 247; ver também Piletti e Praxedes 1997, capítulo 37.

88. Ver, por exemplo, Francisco Eugênio Santiago, "São Paulo por dentro", Relatório nº 1374, 16 de fevereiro de 1971, Aperj/Dops-GB, setor 34, pasta 1, p. 405. A pasta do Dops-GB sobre dom Paulo inclui fitas cassete de um discurso proferido pelo arcebispo em Volta Redonda; ver Aperj/Dops-GB, setor "Municípios", pasta 152, p. 2766-B.

89. Entrevista com Maurano.

90. Piletti e Praxedes 1997, capítulo 38; Cirano 1983:245.

91. "Dom Hélder Câmara", 15 de fevereiro de 1969, Aperj/Dops-GB, setor "Secreto", pasta 39, pp. 197-9

92. XXXVI Congresso Eucarístico 1955.

93. Piletti e Praxedes 1997, capítulo 38; Cirano 1983:245.

94. Ver, por exemplo, Ministério do Exército, I Exército, Pedido de Busca nº 129/74-E, 11 de março de 1974, "Assunto: Dom Eugênio de Araújo Sales, arcebispo do Rio de Janeiro", Aperj/Dops-GB, setor "Dops", pasta 200, p. 295.

95. "Boletim Reservado", nº 5, 8 de março de 1974, Aperj/Dops-GB, setor "Boletim Reservado", pasta 1, p. 26.

96. Protocolo 6550/71-DI, Aperj/Dops-GB, 12 de novembro de 1971, setor "Dops", pasta 183, p. 430.

97. Ver, por exemplo, Divisão de Operações, Seção de Buscas Especiais, Informação nº

063, 24 de agosto de 1971, Aperj/Dops-GB, setor "Dops", pasta 153, pp. 144-51. Um padre que viajava freqüentemente de sua base no Rio Grande do Sul para vários pontos do Brasil era sempre seguido pelos oficiais do Dops (entrevista com Orestes Stragliotto).

98. Ver a discussão do Movimento Popular de Libertação no capítulo 8.

99. Ministério da Guerra, I Exército, 1ª Região Militar, Estado-Maior da 2ª Seção, Pedido de Busca nº 215/66, 27 de outubro de 1966, Aperj/Dops-GB, setor "Secreto", pasta 10, pp. 239-42.

100. Ministério do Exército, I Exército, 2ª Seção, Informação nº 1022 CH/69, "Assunto: Situação do IPM sobre atividades subversivas na Igreja Católica", Aperj/Dops-GB, setor "Secreto", pasta 48, p. 90.

101. Secretaria de Estado de Segurança Pública, "Informação nº 114/77/DPPS/RJ/Interior", 4 de maio de 1977, Aperj/Dops-GB, setor "DGIE", pasta 247, pp. 296-E a 296-L.

102. Costa 1979.

103. "Lorscheiter, Ivo", no prelo.

104. Entrevista com Evilásio de Jesus.

105. Serbin 1993a, capítulo 8.

106. Ministério da Justiça, DPF-DR/GB, "Assunto: Francisco Rocha Guimarães (padre)", 27 de setembro de 1973, Aperj/Dops-GB, setor "Secreto", pasta 123, pp. 23-5.

107. Prandini, Petrucci e Dale 1986-1987:2:144; sobre os anéis, ver também Piletti e Praxedes 1997:325.

108. Carvalheira 1999:40.

109. Entrevista com Pretto (2).

110. Protocolo 6550/71-DI, Aperj/Dops-GB, 12 de novembro de 1971, setor "Dops", pasta 183, pp. 429-36.

111. Secretaria de Estado da Segurança Pública, DPPS/RJ/Interior, Informação no 114/77/DPPS/RJ/Interior, 5 de abril de 1977, Aperj/Dops-GB, setor "DGIE", pasta 247, pp. 296E-296L. Nos anos 80, agentes do Dops espionaram as CEBS; ver Aperj/Dops-GB, setor "DGIE", pasta 247-B.

112. CIE, "Assunto: Missa Leiga", 1972, Aperj/Dops-GB, setor 25, pasta 177, pp. 243-4.

113. Dops-GB, Divisão de Operações, Serviço de Buscas, Seção de Buscas Especiais, Informe nº 0145-05, "Guerra Revolucionária", "Assunto: A Igreja e o Estado", Aperj/Dops-GB, setor "Secreto", pasta 86, pp. 269-73.

114. Entrevista com Pretto (2).

115. Brown 1994:128, 162-4, 186-7; ver também Della Cava 1985:168-9.

116. Chesnut 1995, capítulo 9. Para uma discussão de táticas similares no Chile, ver Lowden 1996:45.

117. Cavalcanti 1992.

118. Soares, D'Araujo e Castro 1995:204.

119. Entrevista com Octávio Costa (3).

120. Ministério do Exército, I Exército, 2ª Seção, "Assunto: Infiltração de comunistas em seminários católicos", 13 de abril de 1971, Aperj/Dops-GB, setor "Secreto", pasta 86, p. 275. O regime também tentou fazer chantagem com bispos que acreditava serem homossexuais (entrevista com Evilásio de Jesus).

121. Para exemplos da atuação do Ministério da Justiça na área de Igreja, ver Ofício nº 1779, de 13 de julho de 1971, São Paulo, "Justiça Militar Federal. 2ª Auditoria. 2ª CJM. SP. Solicitar providências do MJ, para que a madre Maurina Borges da Silveira, banida do território na-

cional, regresse ao Brasil, a fim de responder processo", Processo nº 56773/76, AN, DSI/MJ, MC, Secom, caixa 589; sobre conflitos no campo, ver AN, DSI/MJ, Questões Fundiárias, processos e documentos avulsos.

122. Entrevista com Pretto (2). Para outros exemplos, ver Kehl e Vannuchi 1997; Muraro 1999:135, 137-9. Como será discutido no capítulo 8, o clero não progressista também ajudou refugiados.

123. Sydow e Ferri 1999:95.

124. Entrevista com Luiz Viegas (2).

125. Entrevista com dom Waldyr (1). Para detalhes sobre a prisão de padre Nathanael, ver Prandini, Petrucci e Dale 1986-7:148-62.

126. Entrevista com Prigol.

127. Entrevista com Ernanne Pinheiro. Prostitutas forneceram à Igreja informações corretas em outras áreas do Brasil (entrevista com Luiz Viegas (2)).

128. Entrevista com Ernanne Pinheiro. Para outro exemplo de oposição militar à tortura, ver Carvalho 1998:56.

129. Entrevista com dom Waldyr (1).

130. Entrevista com dom Paulo (1). Entrevista com dom Paulo (2) (Chapin e PC do B). Três líderes do PC do B morreram na chamada Chacina da Lapa; ver Gorender 1998:241.

131. Queiroz 1994:41; Barros 1994a:170; informação também da entrevista com Virgílio Leite Uchôa (2).

132. Della Cava e Montero 1991:39-42, 216-9; Lopes 1994:133.

133. Entrevista com Luiz Viegas (2).

134. Sobre Alceu, ver Almeida et al. 1993; Almeida 1996a, capítulo 1; Ferreira e Soares 1984; "Alceu: 85 anos" 1978; Lima 1973; Vilaça 1983; Martins 1996; para a vasta bibliografia escrita por Alceu e sobre ele, ver *Alceu Amoroso Lima (1883-1983)* 1987.

135. Para as colunas de Alceu, ver Lima 1964 (que contém o artigo intitulado "Terrorismo cultural", 232-3), 1965, 1968, 1969, 1974, 1977.

136. Alceu Amoroso Lima para dom Aloísio Lorscheider, Fazenda de São Lourenço, 26 de junho de 1969, Centro Alceu Amoroso Lima para a Liberdade (doravante CAALL), pasta nº 46 (Lo a Lz).

137. Entrevistas com Luiz Viegas (1) e (2).

138. Entrevista com Pretto (2).

139. Entrevista com dom Waldyr (2).

140. Entrevista com Pretto (2).

141. Entrevista com Luiz Viegas (2). Dom Hélder foi criticado pela direita, que tentou, sem sucesso, ligar seus recursos a uma conspiração comunista; ver, por exemplo, Prandini, Petrucci e Dale 1986-87:3:35.

142. Entrevista com Pretto (2).

143. Entrevista com Luiz Viegas (2); entrevista com dom Paulo (1); e ver Sydow e Ferri 1999:175-6.

144. Cardoso et al. 1975. Sobre intelectuais de oposição e sua cooperação com a Igreja, ver Leoni 1997, capítulo 9.

145. Comblin 1979, capítulos 5 e 6.

1. Muricy 1993:6-8.

2. "Centenário do general José Cândido da Silva Muricy", *Diário do Paraná*, 11 de agosto de 1963.

3. Muricy 1993:137. Côrtes de Lacerda foi a arquivista de dom Hélder nos anos 40; ver Bandeira 1994:80.

4. Muricy 1993:7, 65.

5. Muricy 1993:304; acerca dos ensinamentos da Igreja sobre sexo e procriação, ver Pierucci 1978.

6. Muricy 1993:304, 593. Informação sobre o papel de confessor na entrevista com Padilha (1).

7. Sem título, FGV/CPDOC, ACM, rolo 2, doc. 581, p. 2, docs. n°s 582-3.

8. Farias 1994.

9. Muricy 1993:203-4.

10. Entrevista com Muricy (1); e ver Ministério do Exército, Estado-Maior do Exército, 2ª Subchefia — 2ª Seção, "Assunto: Terrorismo", 4 de novembro de 1979, FGV/CPDOC, ACM, rolo 1, doc. nº 652, p. 1.

11. Ver, por exemplo, "General Muricy é baleado no coração por assaltantes", *JB*, 18 de fevereiro de 1979, seção 1.

12. Muricy 1993:136.

13. Muricy 1993:184.

14. "Centenário do general José Cândido da Silva Muricy", *Diário do Paraná*, 11 de agosto de 1963.

15. Este parágrafo e o restante desta seção são baseados em Muricy 1993 e "Murici, Antônio Carlos" 1984.

16. Castro 1990:120, 134.

17. Muricy 1993:132, 173-83, 193.

18. Muricy 1993:229, 234-5, 242-3, 247, 255-6.

19. Muricy 1993:296, 298.

20. Para os recibos de pagamento de Muricy, ver FGV/CPDOC, ACM, rolo 1, docs. n°s 78-84.

21. Muricy 1993:360-70.

22. Dom Vicente Scherer para Antônio Carlos da Silva Muricy, Porto Alegre, 12 de outubro de 1961, FGV/CPDOC, ACM, rolo 1, doc. nº 300, p. 2.

23. O texto dos discursos de Muricy estão em Muricy 1971; sobre esse incidente, ver também Dulles 1978:281-3.

24. Dulles 1978:314-5.

25. Muricy 1993:460-503, 540. Informação sobre as boas relações de Muricy dentro do Exército também na entrevista com Moraes Rego. Sobre seu papel conciliador, ver também D'Aguiar 1999:323.

26. Muricy 1993:509-46; ver também Muricy, "O Destacamento Tiradentes e o 31 de março de 1964", *O Globo*, 25 de março de 1979, p. 6.

27. Muricy 1993:334-48; a informação sobre a Ação Católica derivou da entrevista com Virgínia Ramos da Silva.

28. Muricy 1993:345.

29. Callado 1964.

30. Muricy 1993:441; IV Exército, 7ª Região Militar, "Instrução teórica de oficiais sobre guerra insurrecional", FGV/CPDOC, ACM, rolo 1, doc. nºs 323-48. Uma situação similar existiu nos Estados Unidos até o governo Kennedy; ver Huggins 1998:102.

31. Muricy, "A guerra revolucionária e a ação decisiva dos civis", em Muricy 1971:158, 182, 183-4.

32. "Movimento de Cultura Popular do Recife (considerações do gen. Muricy)," FGV/CPDOC, ACM, rolo 1, docs. nºs 362-A, 363.

33. Muricy 1993:423.

34. Muricy 1993:425.

35. Muricy 1993:588.

36. Muricy 1993:424-8.

37. Camargo 1971. Sobre a seca, ver também Callado 1964:21.

38. Entrevista com dom Eugênio.

39. Muricy 1993:422, 437-40. Sobre semelhanças entre os sindicatos rurais influenciados pelo comunismo e os católicos, bem como o impacto a longo prazo do SAR e dos movimentos de sindicalismo rural católicos, ver Houtzager 1998.

40. Alves 1967:93; para uma descrição de incidentes de violência e tortura no Nordeste, ver também Alves 1968, 1973.

41. "Murici, Antônio Carlos", 1984:23, 52; Muricy 1993:553-4, 557, 559-60.

42. Entrevista com Virgínia Ramos da Silva Muricy.

43. Muricy 1993:551.

44. FGV/CPDOC, ACM, rolo 1, doc. nº 800, p. 4. Neste documento, a frase "por ofício do general Muricy" é perceptível sob uma mancha de tinta, sugerindo que alguém, talvez o próprio general, tentou encobrir seu envolvimento na prisão de Meneses.

45. Muricy 1993:548-53, 564-5; sobre a oposição de Muricy à tortura, ver também Alves 1967:57, 61-3.

46. Entrevista com Virgínia Ramos da Silva Muricy. Dom Hélder mais tarde confirmou a assistência de Muricy; ver Piletti e Praxedes 1997:306.

47. Pomar e Melleiro 1997:363-4.

48. Alves 1967; ver também Paulo Rehder, "General Ernesto Geisel não ouviu todos os presos políticos do Recife", *JB*, 20 de setembro de 1964. Para a versão de Muricy sobre a visita de Geisel, ver Muricy 1993:564-5. Ver também "O general Murici contesta as notícias sobre violências e prêsos no Nordeste", *O Globo*, 21 de setembro de 1964, p. 11; "Murici pára tortura de presos no Nordeste", *Tribuna da Imprensa*, 23 de setembro de 1964; "Murici assume 1ª RM e diz que há paz no Nordeste graças à atuação da 7ª RM", *JB*, 30 de setembro de 1966, p. 7.

49. Page 1972:214-5. Em sua autobiografia, Roberto Campos, ministro do Planejamento e Coordenação Econômica de Castello Branco, declara que tentara convencer o presidente a nomear dom Hélder ministro da Reforma Agrária, para "disciplinar seu radicalismo em matéria de reforma agrária, mediante o bafejo quente da realidade". Castello Branco declinou, dizendo que dom Hélder "é um homem respeitável, mas não tem afinidades com a Revolução" (Campos 1994:695). Porém não há nenhuma referência a esta oferta no mais completo traba-

lho biográfico de dom Hélder já feito até hoje; ver Piletti e Praxedes 1997. Também está ausente em Viana Filho 1976.

50. Piletti e Praxedes 1997:327.

51. Para a versão de Muricy sobre esse incidente, ver Muricy 1993:551, 553, 559-60, 581, 587-8, 591-2, 593 (citação), 594-5; para a perspectiva de dom Hélder, ver Piletti e Praxedes 1997:330-3, 335-7, 340-1.

52. Dulles 1980:298.

53. Piletti e Praxedes 1997:340-1; Schneider 1971:235-6.

54. Piletti e Praxedes 1997:340-1.

55. Para uma discussão sobre a promoção de Muricy, ver Flynn 1978:381.

3. PRELÚDIO À BIPARTITE: DIÁLOGO, TORTURA E DIPLOMACIA, 1968-70 [PP. 157-88]

1. Mello 1979:869; ver também Schneider 1971:375; Muricy 1993:638-41.

2. Barboza 1992:161-2; Mello 1979:865; ver também declarações subseqüentes de Muricy em "Guerra revolucionária", *O Jornal*, 17 de agosto de 1969; "Muricy chama atenção para guerrilha", *JB*, 26 de agosto de 1969; "A voz do Exército", *Veja*, 5 de agosto de 1970.

3. "Muricy: plenitude democrática não é sinônimo de democracia liberal", *O Globo*, 9 de dezembro de 1970, p. 14.

4. Piletti e Praxedes 1997:329.

5. Bruneau 1974b:172-3, 218-9. Para uma discussão sobre o subseqüente teor teológico da Arquidiocese do Rio de Janeiro sob dom Eugênio, ver Peritore 1989. Esse estudo conclui que a teologia da libertação era aceita na Arquidiocese, com exceção da menor ênfase daquela teologia na hierarquia da Igreja.

6. Piletti e Praxedes 1997:296; ver também "Bispos fazem apêlo para que os presos sejam tratados com humanidade", *O Jornal*, 15 de abril de 1964.

7. Prandini, Petrucci e Dale 1986-87:2:106-9; Mello 1979:598-9.

8. Entrevista com dom Eugênio.

9. Gaspari 1997b.

10. Dom Eugênio para Muricy, Salvador, 25 de dezembro de 1968, FGV/CPDOC, ACM, rolo 1, doc. nº 784, p. 2.

11. Muricy para dom Eugênio, Rio de Janeiro, 27 de dezembro de 1968, FGV/CPDOC, ACM, rolo 1, docs. nºs 784 e 785. Muricy não menciona os nomes dos "ministros" a quem se refere nesta carta. A primeira referência foi provavelmente ao ministro da Educação Tarso Dutra, a segunda ao ministro do Exército Lyra Tavares.

12. Dom Eugênio para Muricy, Salvador, 7 de abril de 1969, FGV/CPDOC, ACM, rolo 1, doc. nº 789, pp.1-2; antecedentes e prisão de Sulik também da entrevista de Tibor Sulik 1; para a ficha da polícia sobre Sulik, ver Ministério do Exército, I Exército, Pedido de Busca nº 34/74-SCh, 18 de janeiro de 1974, Aperj/Dops-GB, setor "Dops", pasta 200, pp. 183-91.

13. Fico 1997:45-7; Huggins 1998:175.

14. "Entrevista do cardeal D. Agnelo Rossi", Serviço de Documentação 3 (doravante Sedoc), julho de 1970:105.

15. Ramet 1990:23.

16. Dom Benelli citado em Frías para Nicanor Costa Méndez, ministro das Relações Exteriores e Religião, Roma, 19 de maio de 1969, Archivo de la Embajada de la República Argentina ante la Santa Sede (Arquivo da Embaixada Argentina junto à Santa Sé, doravante AEAASS), MREC 154; ver também Frías para Méndez, Roma, 12 de maio de 1969, AEAASS, MREC 154.

17. Embaixador Pedro J. Frías para Juan B. Martín, ministro das Relações Exteriores e Religião, Roma, 4 de abril de 1970, AEAASS, Santa Sede 84.

18. Jobim para a Secretaria de Estado, Roma, 28 de janeiro de 1971, Arquivo do Itamaraty, Secretaria de Estado das Relações Exteriores, correspondência especial 501, p. 3.

19. Jobim para a Secretaria de Estado, Roma, 28 de janeiro de 1971, Arquivo do Itamaraty, Secretaria de Estado das Relações Exteriores, correspondência especial 501, p. 2.

20. Osvaldo M. Brana para Alberto J. Vignes, ministro das Relações Exteriores e Religião, Roma, 31 de agosto de 1973, AEAASS, Santa Sede 366.

21. Frías para Martín, Roma, 29 de janeiro de 1970, AEAASS, Santa Sede 344.

22. Frías para Martín, Roma, 4 de abril de 1970, AEAASS, Santa Sede 84.

23. Embaixador Santiago de Estrada para Luís María de Pablo Pardo, ministro das Relações Exteriores e Religião, Roma, 18 de fevereiro de 1971, AEAASS, Santa Sede 43.

24. Jobim para a Secretaria de Estado, Roma, 28 de janeiro de 1971, Arquivo do Itamaraty, Secretaria de Estado das Relações Exteriores, correspondência especial 501, p. 4.

25. Estrada para Pardo, Roma, 23 de outubro de 1970, AEAASS, Santa Sede 268.

26. Estrada para Pardo, Roma, 23 de outubro de 1970, AEAASS, Santa Sede 268; sobre as tentativas de dom Agnelo de mudar a imagem do Brasil, ver também o capítulo 7.

27. Estrada para Pardo, 30 de outubro de 1970, Roma, AEAASS, Santa Sede 273 (citação); Estrada para Pardo, Roma, 6 de novembro de 1970, AEAASS, Santa Sede 281 e apêndice; Estrada para Pardo, Roma, 21 de agosto de 1971; AEAASS, Santa Sede 220 e apêndice. Ver também a discussão da transferência de dom Agnelo em Sydow e Ferri 1999:100-1.

28. Frías para Martín, Roma, 29 de janeiro de 1970, AEAASS, Santa Sede 27.

29. Piletti e Praxedes 1997:328, 339.

30. Entrevista com Caramuru. Para uma discussão sobre o porquê de dom Hélder nunca ter sido nomeado cardeal, ver Carvalheira 1999:45; Isnard 1999:100; Marques 1999:116, 119-20. Marques relata que Paulo VI estava considerando o nome de dom Hélder para o arcebispado de Salvador.

31. Frías para Martín, Roma, 25 de julho de 1969, AEAASS, Santa Sede 234.

32. Transcrição não editada da entrevista com Mário Gibson Barboza, 1981, FGV/CPDOC, fita 58, lado 1.

33. Prandini, Petrucci e Dale 1986-87:3:35.

34. Estrada para Pardo, Roma, 30 de outubro de 1970, AEAASS, Santa Sede 275.

35. Frías para Martín, 29 de janeiro de 1970, AEAASS, Santa Sede 27.

36. Frías para Martín, Roma, 25 de julho de 1969, AEAASS, Santa Sede 234; ver também Piletti e Praxedes 1997, capítulo 36; Della Cava 1985:118.

37. Estrada para Pardo, Roma, 20 de agosto, 1971, AEAASS, Santa Sede 220. Para uma crítica da noção de que dom Hélder passou tempo demais fora de sua arquidiocese, ver Pinheiro 1999:80.

38. Frías para Martín, Roma, 25 de julho de 1969, AEAASS, Santa Sede 234.

39. Documento sem título discutindo a indicação de Branca Alves, sem data (provavelmente 1968), Biblioteca Cardeal Câmara, Coleção Branca de Mello Franco Alves (doravante BMFA), pasta "Correspondência s/ nomeação para o Conselho de Leigos". Ver também "Consilium de Laicis. Plenary Session XII. October 1-8, 1973. Group on Women in Society and the Church ", BMFA, pasta "Promoção da mulher — XI Sessão — outubro 1972-3", doc. nº AG/XII/687-I. Para mais informações sobre Branca Alves, ver "O sepultamento de Branca Alves" 1978; "Branca Alves levanta a situação do laicato no Brasil para o Vaticano", *JB*, 30 de julho de 1973. Sobre o Conselho, ver BMFA, pasta "Regulamento do Conselho de Leigos".

40. Documento sem título, 25 de novembro de 1971, BMFA, pasta "IX Sessão — março 1971".

41. "Rapport du voyage en Amérique Latine de Mgr. Uylenbroeck (du 14 mai au 1er. juin 1970)", BMFA, pasta "8ª sessão — outubro 1970". Ver também Frías para Martín, Roma, 26 de março de 1970, AEAASS, Santa Sede 72.

42. "Consilium de Laicis. VIII ème Session Plénière. 1-10 octobre 1970", BMFA, pasta "8ª sessão — outubro de 1970"; para outros exemplos de relatórios de Branca Alves para o conselho, ver "Tour d'horizon", BMFA, pasta "XII Sessão"; "Travail des laics. Brésil", BMFA, pasta "Conselho — Ama. Lata. 1974".

43. Carta (nome do autor ilegível) para Branca de Mello Alves, Roma, 4 de fevereiro de 1969, BMFA, pasta "Consilium", doc. nº 250/69/M-14.

44. Branca Alves para o cardeal Jean Villot, secretário de Estado do Vaticano, Roma [?], 11 de março de 1970, BMFA, pasta "Consilium de Laicis — VII Sessão — março 1970".

45. Entrevista com dom Waldyr; e ver Della Cava 1985:45, 57; Prandini, Petrucci e Dale 1986-87:2:142-3; Calliari 1996:613-4. Mais tarde, porém, Baggio deu uma entrevista na qual aludiu às posições de dom Hélder como "extremistas"; ver Estrada para Pardo, Roma, 20 de agosto de 1971, AEAASS, Santa Sede 220 e apêndice.

46. Frías para Nicanor Costa Méndez, ministro das Relações Exteriores e Religião, Roma, 22 de abril de 1969, AEAASS, MREC 122.

47. Jobim para a Secretaria de Estado, Roma, 7 de junho de 1971, Arquivo do Itamaraty, Secretaria de Estado das Relações Exteriores, correspondência especial nº 2497.

48. Frías para Martín, Roma, 29 de janeiro de 1970, AEAASS, Santa Sede 27.

49. Estrada para Pardo, Roma, 30 de outubro de 1970, AEAASS, Santa Sede 275; Estrada para Pardo, Roma, 11 de dezembro de 1970, AEAASS, Santa Sede 320; ver também Frías para Martín, Roma, 29 de janeiro de 1970, Santa Sede 27. Para a visão de Alceu sobre a comissão na época, ver Lima 1974:169-72; Lima 1973:316-22.

50. Dom Eugênio para Branca Alves, Salvador, 19 de junho de 1970, CAALL, pasta nº 26 E/2.

51. Dom Vicente Scherer para Alceu, Porto Alegre, 7 de julho de 1970, CAALL, pasta nº 39.

52. Alceu para dom Eugênio, Rio de Janeiro, 10 de setembro de 1970, CAALL, pasta nº 26 E/2.

53. Rollemberg 1999:56.

54. Ver, por exemplo, Silva e Carneiro 1983:35-6; Della Cava 1985; Rollemberg 1999:245, 251.

55. Drosdoff 1986:86-7.

56. Rollemberg 1999:200, 237-8.

57. Uso da tortura para este propósito afirmado na entrevista de Cecília Coimbra; exemplo de infiltração em Carvalho 1998:73-4. Um dos chefes da repressão também mandou censurar re-

portagens da imprensa brasileira sobre julgamentos de subversivos que em juízo falavam de torturas; ver general Milton Tavares de Souza, chefe do CIE, para Leonardo Griecco, chefe do gabinete do ministro da Justiça, Rio de Janeiro, 5 de abril de 1971, Ofício nº 283/AI, integrante do Processo nº 53599, AN, DSI/MJ, MC, Secom, caixa 590.

58. Rollemberg 1999:201, 237-8; ver também p. 244.

59. Entrevista com Tibor Sulik (2).

60. Sobre o prestígio de dom Eugênio entre os militares, ver capítulo 5. Como preferia contatos de bastidores, o cardeal rejeitou pedidos para que se tornasse mediador oficial entre a Igreja e o Estado.

61. Entrevista com dom Eugênio.

62. Bittencourt e Markun 1979:70.

63. Bittencourt e Markun 1979:68.

64. Entrevista com dom Eugênio. Sobre contatos privados entre bispos chilenos e o Exército, ver Lowden 1996:35-6, 40.

65. Ministério do Exército, Gabinete do Ministro, Centro de Informações do Exército, Informação nº 2260S/102-S3-CIE, "Assunto: 'A cruz'", Aperj, Dops-GB, setor "Dops", pasta 181, p. 185.

66. Para mais exemplos do apoio de dom Eugênio aos direitos humanos, ver capítulo 8; também Gaspari 1997b.

67. "Muricy aponta aliciamento de jovens para o terror", *JB*, 20 de julho de 1970, p. 5; "Muricy: a juventude é vítima de complô", *OESP*, 12 de novembro de 1971, p. 4; "Muricy analisa pesquisa com subversivos presos", *JB*, 12 de novembro de 1971; "Muricy: recuperar jovens que se desviaram é a grande tarefa", *O Globo*, 12 de novembro de 1971(citações). Para uma síntese crítica dos estudos comissionados por Muricy, ver Coimbra 1995:196-204.

68. Coimbra 1995:202; Eurípedes Cardoso de Menezes, "Psicoterapia para os subversivos", discurso na Câmara dos Deputados (1970), FGV/CPDOC, ACM, rolo 1, doc. nº 692.

69. "Relatório do VI Encontro Bipartite", FGV/CPDOC, ACM, rolo 1, doc. nº 975, p. 1.

70. A alegação de tortura veio de ex-prisioneiros políticos entrevistados por Coimbra (1995:202-3). Coimbra não revela os nomes desses entrevistados. Muricy nega veementemente as alegações de Coimbra na entrevista com Muricy (3). Antes da publicação de seu livro, Coimbra deu uma entrevista a um jornal na qual se refere ao pedido de Muricy para fazer a pesquisa com os prisioneiros; ver Cezimbra 1992. Ver o capítulo 2 deste livro para uma discussão sobre as tentativas de Muricy para libertar prisioneiros políticos em 1964.

71. Muricy, "O Brasil e seu Exército", rascunho do artigo em português, FGV/CPDOC, ACM, rolo 1, doc. nº 199-207; Muricy 1972.

72. Dom Eugênio para Muricy, Salvador, 8 de maio de 1970, FGV/CPDOC, ACM, rolo 1, doc. nº 798, pp. 1-2; padre Eugênio Alberto Collard para dom Eugênio, Salvador, 28 de abril de 1970, FGV/CPDOC, ACM, rolo 1, doc. nº 799, p. 1, e recortes de jornais e transcrição de programa de rádio, pp. 2-3.

73. Dom Eugênio para Muricy, Salvador, 8 de maio de 1970, FGV/CPDOC, ACM, rolo 1, doc. nº. 798, pp. 1-2; sobre missionários estrangeiros, ver também dom Eugênio para o ministro das Relações Exteriores, Mário Gibson Barboza, Salvador, 4 de maio de 1970, FGV/CPDOC, ACM, rolo 1, doc. nº 798, p. 3.

74. Para detalhes sobre a assembléia de maio de 1970, ver Alves 1979:189-91. Alves declara que foi dom Aloísio quem encarregou Candido Mendes das investigações de tortura, mas

Candido Mendes (entrevista (2)) disse que foi dom Eugênio. O fato de que dom Eugênio já propusera "uma investigação particular" de tortura ao general Muricy (ver acima) também sugere que o cardeal estava por trás da investigação, embora não tenha ficado claro se a sindicância particular era a mesma que a realizada por Candido Mendes. Há uma outra discrepância: Alves mantém que dom Eugênio determinou a retirada da documentação de Candido Mendes da assembléia para evitar um vazamento para a imprensa, enquanto Candido Mendes (entrevista (2)) assegura que a decisão não foi de dom Eugênio, mas da assembléia. O trabalho de Candido Mendes também foi enviado ao Vaticano; ver Antoine 1970:259, nota 10.

75. Mainwaring 1986:111; para uma interpretação cética, ver Alves 1979:189-90.

76. Dom Eugênio para Muricy, Salvador, 15 de julho de 1970, FGV/CPDOC, ACM, rolo 1, doc. nº 800, p. 2 e pp. 1, 3 e 4 para os documentos do Ministério do Exército. A documentação não indica como nem se dom Eugênio usou esta informação.

77. Sobre Médici, os encontros do Congresso Eucarístico e seu impacto, ver Prandini, Petrucci e Dale 1986-7:3:22 (citação), 23-6.

78. Dom Eugênio para Muricy, Salvador, 15 de julho de 1970, FGV/CPDOC, ACM, rolo 1, doc. nº 800, p. 2.

79. "Declaraciones de Monseñor Arístides Pirovano publicadas en 'Avvenire' del 21.3.1971", apêndice à carta de Estrada para Pardo, Roma, 2 de abril de 1971, AEAASS, Santa Sede 87.

80. A. B. L. Castello Branco para a Secretaria de Estado, Roma, 31 de maio de 1974, Arquivo do Itamaraty, "Índice: Informação global anual. Embaixada junto à Santa Sé", 7.

81. Estrada para Pardo, Roma, 27 de outubro de 1971, AEAASS, Santa Sede 307. Preocupado em proteger a imagem externa do Brasil, dom Mozzoni também desencorajou dom Pedro Casaldáliga a publicar uma carta sobre a opressão dos agricultores pobres no Brasil (Pedro Tierra 1997:381).

4. O INCIDENTE JOC-IBRADES E O FRACASSO DO DIÁLOGO TRADICIONAL [PP. 189-202]

1. "Meu Brasil analfabeto", em "Brasil — Nacional. Eventos (1948-1983). Canção (1967)", PUC-SP/Cedic, JOC, rolo 9.

2. Mainwaring 1986:116 (citação), 117-41.

3. O boletim semanal da CNBB *Notícias* (Rio de de Janeiro), 16 de outubro de 1970; informações sobre as atividades dos padres foram extraídas das entrevistas com Pretto (2) e Prigol.

4. Passarinho 1996:341, 382, 383 (citação); para informações sobre o Ibrades, ver Doimo 1995:163, 171.

5. Helmo de Azevedo Sussekind, "Despacho", 1ª Circunscrição Judiciária Militar, integrante do Processo nº 52437/72, AN, DSI/MJ, MC, Secom, caixa 590, p. 4.

6. Entrevista com o padre Ávila. Tanto o padre Ávila quanto o professor Padilha recordam-se de que o oficial responsável pela invasão do Ibrades foi um coronel chamado Sucupira. Segundo o padre, Muricy chamou Sucupira para um encontro com Candido Mendes a fim de repreender o coronel por ter ignorado as instruções do ministro do Exército, Orlando Geisel, contra ataques à Igreja. Sucupira, entretanto, deu pouca atenção a Muricy, afirmando que tinha o respaldo do poder do SNI e insinuando que o general era complacente com o Ibrades.

Os militares comuns temiam, de fato, o poder do SNI (ver Huggins 1998:127), embora não haja qualquer evidência de que o SNI tenha estado envolvido diretamente no ataque ao Ibrades. O padre Ávila talvez tenha confundido o SNI com o CIE. Independente disso, Padilha, que certa vez fizera um curso com Sucupira, descrevera o coronel como um burocrata pouco inteligente. Durante o encontro com Candido Mendes e Muricy, Padilha criticou Sucupira por confundir o estudo do marxismo (que acontecia no Ibrades) com subversão real. Depois do encontro, Padilha explicou a Muricy que essa falta de sofisticação era um exemplo de por que o Brasil estava em crise (entrevista com Padilha (1)). Esse incidente demonstra quanto os linhas-duras, como Sucupira, e os oficiais mais moderados, como Muricy, discordavam na maneira como a repressão deveria efetuar-se. Isto também demonstrava o poder das forças de segurança de agir independentemente do comando.

7. Esta avaliação é compartilhada por Muraro 1985:75-6.

8. "Bispos encerram no Zacarias reunião extraordinária da Comissão Central da CNBB", *JB*, 17 de outubro de 1970, sec. 1, p. 4; ver também *Notícias*, 9 de outubro de 1970 e 16 de outubro de 1970; "Projeto de declaração dos bispos", *Sedoc* 3, fevereiro 1971:985-6.

9. Alves 1979:205.

10. "Papa condena terror e violência mundial", *JB*, 22 de outubro de 1970, sec.1, p. 2.

11. "Incidentes com o clero irritam o presidente", *JB*, 16 de outubro de 1970, sec. 1, p. 6; "Médici acusa os exilados pela imagem do Brasil", *JB*, 21 de outubro de 1970, sec. 1, p. 3.

12. Dom Agnelo Rossi, dom Carlos Carmelo de Vasconcelos Motta, dom Vicente Scherer, dom Eugênio Sales e dom Jaime de Barros Câmara para o general Emílio Garrastazu Médici, São Paulo, 8 de outubro de 1970, FGV/CPDOC, ACM, rolo 1, doc. nº 845, p. 1.

13. Dom Lucas Moreira Neves para os bispos brasileiros, Rio de Janeiro, 30 de setembro de 1970, PUC-SP/Cedic, JOC, rolo 9. Ver também "CNBB faz gestões por religiosos", *JB*, 24 de outubro de 1970, sec. 1, p. 7; "CNBB dá apoio total a Fragoso", *JB*, 12 de novembro de 1970, sec. 1, p. 4; "Dom Alberto ainda não viu presos", *JB*, 13 de novembro de 1970, sec. 1, p. 13. Contatos de Trevisan mencionados na entrevista com dom Mário.

14. Padre Celso José Pinto da Silva, subsecretário, CNBB, Secretariado Nacional do Apostolado Leigo, para coronel Vieira Ferreira, comandante do Codi, Rio de Janeiro, 14 de setembro de 1970, PUC-SP/Cedic, JOC, rolo 9; "Dom Jaime confirma prisão pelo DOPS de três padres e teve encontro com Siseno", *JB*, 1º de outubro de 1970, sec. 1, p. 4. Enquanto o combate à subversão fora o principal motivo para os ataques do I Exército à JOC e ao Ibrades, uma explicação adicional circulou entre militantes da Igreja: o general Sizeno Sarmento queria criar dificuldades para o governo Médici para vingar-se por ter perdido a eleição militar interna para presidente em 1969. Esta versão é dada na entrevista com Prigol.

15. Padre Celso José Pinto da Silva para monsenhor Marcel Uylenbroeck, secretário, Conselho Pontifício dos Leigos, Rio de Janeiro, 24 de setembro de 1970, PUC-SP/Cedic, JOC, rolo 9; dom Lucas para os bispos brasileiros, Rio de Janeiro, 30 de setembro de 1970, PUC-SP/Cedic, JOC, rolo 9.

16. Dom Lucas para os bispos brasileiros, Rio de Janeiro, 30 de setembro de 1970, PUC-SP/Cedic, JOC, rolo 9.

17. "Dom Jaime confirma prisão pelo Dops de três padres e teve encontro com Siseno", *JB*, 1º de outubro de 1970, sec. 1, p. 4.

18. Dom Lucas para os bispos brasileiros, Rio de Janeiro, 23 de outubro de 1970, PUC-SP/Cedic, JOC, rolo 9; "Relato de fatos da vida jocista (1970)", PUC-SP/Cedic, JOC, rolo 21; ver também Calliari 1996:633.

19. Dom Lucas Moreira Neves para o general Emílio Garrastazu Médici, Rio de Janeiro, 2 de outubro de 1970, PUC-SP/Cedic, JOC, rolo 9.

20. *OESP* citado em Prandini, Petrucci e Dale 1986-87:3;37-9; ver também "Bispos vão reunir-se na quinta-feira", *JB*, 11-12 de outubro de 1970, sec. 1, p. 4; "Bispos instalam amanhã reunião extraordinária no Colégio Maria Zacarias", *JB*, 14 de outubro de 1970, sec. 1, p. 4.

21. "Emissário revela desejo do governo", *JB*, 17 de outubro de 1970, sec. 1, p. 4; "Dom Avelar revela apreensão entre bispos", *JB*, 16 de outubro de 1970, sec.1, p. 4.

22. "Relato de fatos da vida jocista (1970)", PUC-SP/Cedic, JOC, rolo 21; dom Lucas para os bispos brasileiros, Rio de Janeiro, 23 de outubro de 1970, PUC-SP/Cedic, JOC, rolo 9.

23. Padre Celso José Pinto da Silva para Dom Eugênio, Rio de Janeiro, 28 de outubro de 1970, PUC-SP/Cedic, JOC, rolo 9.

24. Padre Celso José Pinto da Silva para dom Vicente, Rio de Janeiro, 6 de novembro de 1970, PUC-SP/Cedic, JOC, rolo 9.

25. "Relato de fatos da vida jocista (1970)", PUC-SP/Cedic, JOC, rolo 21; padre Celso José Pinto da Silva para Enrique del Rio, oficial da JOC Internacional, Rio de Janeiro, 12 de novembro de 1970, PUC-SP/Cedic, JOC, rolo 9.

26. Entrevista com Pretto (2). Tortura no DOI-Codi também confirmada na entrevista com Cecília Coimbra.

27. "Relato de fatos da vida jocista (1970)", PUC-SP/Cedic, JOC, rolo 21.

28. Dom Lucas aos bispos brasileiros, Rio de Janeiro, 23 de outubro de 1970, PUC-SP/Cedic, JOC, rolo 9.

29. Dom Lucas a padre Agostinho, Belo Horizonte, 11 de fevereiro de 1971, PUC-SP/Cedic, JOC, rolo 9.

30. Dom Lucas à equipe e ao Comitê Nacional da JOC, Rio de Janeiro, 30 de janeiro de 1971, PUC-SP/Cedic, JOC, rolo 9.

31. Dom José Maria Pires para padre Celso José Pinto da Silva, Itaici, 28 de novembro de 1970, PUC-SP/Cedic, JOC, rolo 9.

32. Citado em Prandini, Petrucci e Dale 1986-7:3:39.

33. Jobim para a Secretaria de Estado, Roma, 28 de janeiro de 1971, Arquivo do Itamaraty, Secretaria de Estado das Relações Exteriores, correspondência especial 501, p. 1.

34. "Dom Avelar crê no diálogo após o pleito", *JB*, 21 de outubro de 1970, sec. 1, p. 3.

5. DIÁLOGO NA SOMBRA: DEFININDO A BIPARTITE [PP. 203-36]

1. Piletti e Praxedes 1997:319.

2. Alves 1979:201; ver também "Médici lembra o seu pai ao ser recebido na Santa Casa", *JB*, 1º de outubro de 1970, sec.1, p. 3.

3. Bernal 1989:142-51.

4. Prandini, Petrucci e Dale 1986-87:2:43-7; ver também Bruneau 1974a:346.

5. Frías para Martín, Roma, 4 de abril de 1970, AEAASS, Santa Sede 84.

6. Estrada para Pardo, Roma, 20 de agosto de 1971, AEAASS, Santa Sede 220 e apêndice.

7. Prandini, Petrucci e Dale 1986-87:2:122-3; FGV/CPDOC, ACM, rolo 1, doc. nº 788, pp.1-2, nº 898, p. 2 e nº 899, p. 1; "Encontro Tripartite", *Renovação* (Porto Alegre) 22 (maio de 1969), 16-7. Informação sobre a Tripartite está também na entrevista com Octávio Costa (1); Pereira 1996.

8. Entrevista com Octávio Costa (1); entrevista com dom Paulo (2) (dom Agnelo).

9. Prandini, Petrucci e Dale 1986-7:3:39-40.

10. Sobre tecnocratas e militares *versus* a Igreja, ver McDonough 1981:103-4, 241.

11. Piletti e Praxedes 1997:319-20, 353 (combate e reformas), 354 (citação longa), 410; ver também "Comandante do Quarto Exército visitou D. Hélder", *Jornal do Comércio*, 25 de agosto de 1966, p. 2. Para exemplos de correspondência pessoal de dom Hélder com altos oficiais, ver dom Hélder para presidente Humberto de Alencar Castello Branco, Recife, 18 de agosto de 1966, Centro de Documentação Hélder Câmara (doravante Cedohc), correspondência especial; general Rafael de Souza Aguiar a dom Hélder, Recife, 27 de setembro de 1967, Cedohc, correspondência especial; dom Hélder a Souza Aguiar, Recife, 13 de outubro de 1967, Cedohc, correspondência especial.

12. "The Political Setting for U.S. Policies and Programs and Factors Likely to Affect this Setting", p. 31, em "Brazil Program Analysis", Memorando de Estudo de Segurança Nacional nº 67 (1969-70), anexo D, Arquivo de Segurança Nacional; ver também Silva 1984: 463.

13. "Relatório sobre o 1º Encontro 'Bipartite'", FGV/CPDOC, ACM, rolo 1, doc. nº 907, p. 2.

14. Entrevista com Muricy (1). Sobre Médici como conciliador, ver Muricy 1993:749; também sobre esse ponto e o estilo delegatório de governo de Médici, ver Skidmore 1988:105, 108.

15. "Muricy passa à reserva e é alvo de homenagens", *JB*, 26 de novembro de 1970; "Murici, Antonio Carlos", 2352. Muricy foi trabalhar como presidente de duas companhias, Noralage e Companhia Docas de Imbituba.

16. General Adolpho João de Paula Couto, "Bipartite. Resultado do encontro do gen. Paula Couto com o gen. Figueiredo", 29 de dezembro de 1970, FGV/CPDOC, ACM, rolo 1, doc. nº 916, p. 2, doc. nº 917, p. 1. Candido Mendes recordou-se que os militares debateram até se o SNI deveria estar presente à Bipartite (entrevista com Candido Mendes (3)).

17. Sobre as relações de Muricy com Médici e Orlando Geisel, ver Muricy 1993:123-5, 252, 724. Ernesto Geisel também se considerava amigo de Muricy; ver D'Araujo e Castro 1997:214.

18. D'Araújo e Castro 1997:220-1.

19. "Muricy bate recorde na eleição da Adesg", *O Globo*, 11 de dezembro de 1970; "Médici assiste à posse de Muricy na direção da Adesg", *O Globo*, 8 de janeiro de 1971; sobre entrevistas para os jornais, ver capítulo 3; sobre atividades da Adesg, ver Stepan 1988:47.

20. Tarcísio Meirelles Padilha para Muricy, Rio de Janeiro, 16 de junho de 1970, FGV/CPDOC, ACM, rolo 1, doc. nº 276, p. 2.

21. "Reunião com a CNBB", FGV/CPDOC, ACM, rolo 1, doc. nº 916, p. 1. Em sua entrevista de 1981, o general Muricy declarou que ele se encontrara com Médici antes do primeiro encontro da Bipartite; ver Muricy 1993:660. No entanto, documentos como esse citado aqui, bem como o relatório de Paula Couto sobre o encontro com Figueiredo, indicam que os contatos com Médici aconteceram *depois* do início da comissão. Além disso, o próprio Muricy recordara-se que fora Orlando Geisel que levara primeiro a idéia para Médici.

22. Muricy 1993:660.

23. Muricy 1993:662 (citação), 749.

24. Entrevista com Muricy (1).

25. General Adolpho João de Paula Couto, "Bipartite. Resultado do encontro do gen. Paula Couto com o gen. Figueiredo", 29 de dezembro de 1970, FGV/CPDOC, ACM, rolo 1, doc. nº 916, p. 2.

26. Presidência da República, "Informação nº 179," 12 de abril de 1971, integrante do processo nº 53739/71, AN, DSI/MJ, MC, Secom, caixa 588, pp. 9-10.

27. General Carlos Alberto da Fontoura, chefe do SNI, para Alfredo Buzaid, ministro da Justiça, "Aviso nº 223/SI-GAB", 15 de abril de 1971, integrante do processo nº 53739/71, AN, DSI/MJ, MC, Secom, caixa 588, pp. 2-4.

28. Em ordem, entrevista com Fontoura, com Pacífico, com Padilha (1), com Candido Mendes (1) (ele empregou o termo *insider* em inglês; significa "confidente", ou "o mais perto do poder"), com dom Eugênio; Muricy 1993:661.

29. "Vida venturosa", da entrevista com Virgílio Rosa Netto (2). Informações adicionais de "Uma casa na Glória guarda riquezas do Rio antigo", *JB* (*Revista de Domingo*), 26 de novembro de 1987. Esse artigo tem várias imprecisões históricas. Ver também Alvarenga 2001.

30. Entrevista com Agláia Peixoto.

31. "Espírito e funcionamento da Villa Venturosa", março de 1965, CNBB/INP, doc. nº 01340.

32. Descrição do escritório a partir da observação do autor e da entrevista com Agláia Peixoto.

33. Entrevista com Sampaio (2). Não consegui encontrar nenhuma das anotações às quais o general Sampaio se referiu aqui.

34. Entrevista com dom Eugênio.

35. Entrevista com Pacífico.

36. Conniff e McCann 1989a; Conniff 1989.

37. Wagley 1963:100-4. Sobre a elite brasileira, ver também Needell 1987.

38. Rodrigues 1982b; Schmitter 1971, capítulo 14; Cohen 1989; Ben Schneider 1991:245-7; Conniff e McCann 1989a. Para um panorama das elites brasileiras, ver Conniff e McCann 1989b. Elites e conciliação de elite têm sido um tema importante em outras partes da América Latina; ver, por exemplo, P. Smith 1979; Wilde 1982.

39. Hagopian 1996.

40. McDonough 1981:xxxiii-xxxiv, 241.

41. McDonough 1981. O poder dos tecnocratas declinou depois da gestão Médici porque a necessidade do regime de manter uma fachada democrática e obter legitimidade política o levou a voltar-se uma vez mais para os políticos conservadores, que podiam arrebanhar votos por meio do tradicional sistema brasileiro de clientelismo eleitoral; ver Hagopian 1996.

42. Burton, Gunther e Higley 1992:16-7. Como Knight (1992:113-23,144), emprego esse conceito de forma limitada e evito as generalizações amplas buscadas por cientistas políticos.

43. Sobre expressão política da elite, ver McDonough 1981:15, 37, 175; ver também Almeida 1977:43-4, 86-7, 97.

44. "Relatório do 4º Encontro Bipartite", FGV/CPDOC, ACM, rolo 1, doc. nº 974.

45. A questão teórica sobre a expressão da opinião da elite é levantada por McDonough 1981:15, 37, 175.

46. Entrevista com Aldo Vannucchi.

47. Entrevista com Marina Bandeira.

48. Entrevista com dom Pedro Casaldáliga.

49. Entrevista com Luiz Viegas (1).

50. Entrevista com Virgílio Rosa Netto (1). Um assessor de cúpula da CNBB, Netto teve contatos freqüentes com dom Ivo, Candido Mendes e outras autoridades importantes da Igreja nos anos 70.

51. Entrevista com Virgílio Rosa Netto (1).

52. "Relatório especial do grupo bipartite, sobre problemas surgidos na área Igreja × governo, referentes à participação do clero nas comemorações do Sesquicentenário da Independência do Brasil", FGV/CPDOC, ACM, rolo 1, doc. nº 986, p. 1.

53. Entrevista com Candido Mendes (2).

54. Entrevista com Octávio Costa (1).

55. Entrevista com Virgílio Rosa Netto (2).

56. Durante a segunda entrevista com Muricy, o general afirmou que ele não se preocupara com a representação da Força Aérea na Bipartite. Um outro fator provável era a força da linha dura dentro da Força Aérea, em que existiam planos de assassinar membros da oposição e cometer atos terroristas na esperança de impelir o regime ainda mais para a direita. De fato, Médici demitiu seu ministro da Aeronáutica, brigadeiro Márcio de Sousa e Melo, em 1971, devido à posição excepcionalmente dura de Sousa e Melo e por causa de conflitos políticos entre facções do Exército e da Força Aérea; ver D'Araujo, Soares e Castro 1994:210-28. A inclusão de membros da linha dura na Bipartite teria arruinado tentativas de conciliação com os bispos. Finalmente, a Força Aérea e a Marinha também tiveram uma história recente de conflito, inclusive um incidente em que membros da Força Aérea derrubaram um helicóptero da Marinha. O conflito surgiu da competição entre as forças sobre o controle da aviação militar; ver Silva e Carneiro 1975:47-52.

57. Entrevista com Muricy (2).

58. Entrevista com Virgílio Rosa Netto (1).

59. Entrevista com Padilha (2).

60. Entrevista com Muricy (1).

61. Entrevista com Candido Mendes (1).

62. "Relatório do XXII Encontro Bipartite", FGV/CPDOC, ACM, rolo 2, docs. nºs 122, p. 3, e 123, p. 1.

63. Entrevsista com Muricy (1).

64. Entrevista com Octávio Costa (1).

65. Entrevista com Mário Gibson Barboza; entrevista com Jarbas Passarinho; entrevista com Maurano.

66. Entrevista com Marina Bandeira.

67. Castello Branco 1979:3:693-4; "Igreja admite que relações com Estado encontraram o caminho de uma solução", *JB*, 20 de outubro de 1970, sec. 1, p. 7; "Dom Avelar crê no diálogo após o pleito", *JB*, 21 de outubro de 1970, sec. 1, p. 3.

68. "Relatório do XX Encontro Bipartite", FGV/CPDOC, ACM, rolo 2, doc. nº 107, p. 2 e doc. nº 108, p. 1 (citação), doc. nº 110, p. 1; "Arcebispo de Goiânia esclarece autoridades militares sobre sua exata posição", Centro de Informações Ecclesia, *Boletim Informativo* 253 (1973), em FGV/CPDOC, ACM, rolo 1, doc. nºs 903-4; "Brasil: choques y diálogo entre Iglesia y gobierno", *La Nación*, 3 de setembro de 1973, em FGV/CPDOC, ACM, rolo 2, doc. nº 113, p. 2. O *Boletim* conti-

nha todos os artigos que haviam sido excluídos de *O São Paulo* pelos censores do governo; porém o *Boletim*, que tinha apenas uma circulação de cerca de trezentos exemplares, em geral escapava da censura (entrevista com dom Amaury).

69. "Relatório do XXII Encontro Bipartite", FGV/CPDOC, ACM, rolo 2, doc. nº 122, pp. 1-2.

70. Entrevista com Marina Bandeira. Ela usou esse termo em inglês, que se refere à "transmissão de notícias, de pessoa a pessoa". Sobre a importância de redes sociais para os direitos humanos, ver Loveman 1998.

71. Entrevista com Muricy (1).

72. Entretanto, a Bipartite manteve-se como uma iniciativa estritamente brasileira. Por exemplo, o secretário de Estado do Vaticano não interferia nas conversações (entrevista com Candido Mendes (2)). A ausência de qualquer ligação oficial do Vaticano com a Bipartite, além de participação do núncio apostólico, demonstrou mais uma vez a crescente importância e autonomia da CNBB.

73. Entrevista com Virgílio Rosa Netto (1); entrevistas com vários padres e ex-padres.

74. "Relatório do XX Encontro Bipartite", FGV/CPDOC, ACM, rolo 2, doc. nº 110, p. 2.

75. Entrevista com Marina Bandeira; entrevista com Candido Mendes (1).

76. Prandini, Petrucci e Dale 1986-7:5:15-6.

77. Arns 1978:127.

78. "Relatório da reunião preparatória para o 3º Encontro Bipartite", FGV/CPDOC, ACM, rolo 1, doc. nº 941.

79. Entrevista com Candido Mendes (1).

80. "Relatório do 2º Encontro 'Bipartite'", FGV/CPDOC, ACM, rolo 1, doc. nº 912. Esse relatório afirma que o coronel Omar estabeleceu a autenticidade da fita, mas não explica como. Para a transcrição da fita, ver "Infiltração de comunistas na Igreja", FGV/CPDOC, ACM, rolo 1, docs. nºs 931-3.

81. Entrevista com Virgílio Rosa Netto (1). Ex-assessor da CNBB, Netto declarou que dom Ivo também gravou secretamente os encontros da Bipartite. Ele se recordou de outra ocasião em que dom Ivo queria gravar um encontro com general Figueiredo; o general ficou furioso e expulsou o bispo de seu gabinete. Não pude confirmar a gravação da Bipartite com o próprio dom Ivo. Candido Mendes (entrevista (3)) negou que dom Ivo tenha gravado as fitas.

82. Pinheiro 1994:114.

83. "Visita a d. Vicente Scherer", FGV/CPDOC, ACM, rolo 1, doc. nº 870.

84. "Relatório do XXIII Encontro Bipartite", FGV/CPDOC, ACM, rolo 2, doc. nº 125; "Relatório do XXIV Encontro Bipartite", FGV/CPDOC, ACM, rolo 2, doc. nº 132, pp. 2-3.

6. JUSTIÇA SOCIAL OU SUBVERSÃO? [PP. 239-70]

1. Prandini, Petrucci e Dale 1986-7:2:46.

2. Huggins 1998:197.

3. "Relatório sobre o 1º Encontro 'Bipartite'", FGV/CPDOC, ACM, rolo 1, doc. nº 907, p. 1; ver também os comentários públicos de dom Avelar em "Dom Avelar crê no diálogo após o pleito", *JB*, 21 de outubro, 1970, sec. 1, p. 3.

4. "Relatório sobre o 1º Encontro 'Bipartite'", FGV/CPDOC, ACM, rolo 1, doc. nº 906, p. 2.

5. LaRosa 1995:257-62. Ver também o capítulo 1 da presente obra para informação de fundo sobre a evolução da Igreja na era pós-Segunda Guerra Mundial.

6. Celam 1985:41, 56, 59, 145.

7. Celam 1985:61, 95.

8. Dados sobre o papel de dom Eugênio em Medellín, da entrevista com Tibor Sulik (2); da entrevista com dom Waldyr (1); e de LaRosa 1995:282.

9. Almeida, "Princípios fundamentais do documento de Medellín sobre o desenvolvimento", FGV/CPDOC, ACM, rolo 1, doc. nº 908. Grifo no original.

10. Almeida, "Perspectivas para o diálogo entre a Igreja e o Estado no relance do desenvolvimento", FGV/CPDOC, ACM, rolo 1, docs. nºs 909-11. Grifos no original.

11. Sobre nacionalismo e tecnocracia, ver Martins Filho 1995:108-10.

12. Almeida 1963:30 (citação), 31-2.

13. Loveman 1999:188.

14. Sobre a oposição, ver Almeida 1977:103-4.

15. Sobre Leitão de Abreu, Candido Mendes e liberalização, ver Skidmore 1988:108, 151, 164-6, incluindo notas 9-18. Informação sobre a sugestão de Candido Mendes para Leitão de Abreu e as ligações com Merquior e Huntington, da entrevista com Candido Mendes (2). Candido Mendes também trouxe os professores Karl Deutsch e Georges Lavau para falar com líderes brasileiros sobre liberalização política. Ver também a discussão em Couto 1999:86-8, e Góes e Camargo 1984, que não mencionam o papel de Candido Mendes e enfatizam a discussão inicial de liberalização como mera manobra política.

16. Almeida, "Perspectivas para o diálogo entre a Igreja e o Estado no relance do desenvolvimento" FGV/CPDOC, ACM, rolo 1, doc. nº 910, pp. 2-4.

17. "Relatório sobre o 1º Encontro 'Bipartite'", FGV/CPDOC, ACM, rolo 1, doc. nº 905, p. 2, doc. nº 906. Grifo no original.

18. Ver, por exemplo, "A Igreja e a guerra revolucionária", FGV/CPDOC, ACM, rolo 1, doc. nº 919, p. 2, doc. nº 920, doc. nº 921, p. 1.

19. "Relatório sobre o 1º Encontro 'Bipartite'", FGV/CPDOC , ACM, rolo 1, doc. nº 906.

20. General Adolpho João de Paula Couto, "A guerra revolucionária e a Igreja, à luz dos documentos de Medellín", FGV/CPDOC, ACM, rolo 1, doc. nº 923, p. 2.

21. Paula Couto, "A guerra revolucionária e a Igreja", FGV/CPDOC, ACM, rolo 1, doc. nº 923, p. 2 (auxílio), doc. nº 928, p. 1.

22. Paula Couto, "A guerra revolucionária e a Igreja", FGV/CPDOC, ACM, rolo 1, doc. nº 924.

23. Paula Couto, "A guerra revolucionária e a Igreja", FGV/CPDOC, ACM, rolo 1, doc. nº 925, nº 927, p. 2, doc. nº 928, p. 1, doc. nº 930, p. 1.

24. Paula Couto, "A guerra revolucionária e a Igreja", FGV/CPDOC, ACM, rolo 1, doc. nº 928, p. 2, doc. nº 929. Grifos no original.

25. "Relatório do 2º Encontro 'Bipartite'", FGV/CPDOC, ACM, rolo 1, doc. nº. 912.

26. "Relatório do 2º Encontro 'Bipartite'", FGV/CPDOC, ACM, rolo 1, doc. nº 913, p. 1.

27. "Relatório do 2º Encontro 'Bipartite'", FGV/CPDOC, ACM, rolo 1, doc. nº 913, p. 2.

28. "Relatório do 2º Encontro 'Bipartite'", FGV/CPDOC, ACM, rolo 1, doc. nº 914, p. 1.

29. Dantas Barreto, "Simples reflexões a propósito do documento 'Perspectivas para o diálogo entre a Igreja e o Estado, etc.', apresentado ao governo em nome da CNBB", FGV/CPDOC, ACM, rolo 1, doc. nº 934, p. 1; nº 937, p. 2; nº 938, p. 1; também Presidência da República 1970.

30. "Relatório do 2º Encontro 'Bipartite'", FGV/CPDOC, ACM, rolo 1, doc. nº 915, p.1; nº 914, pp. 2-3.

31. "Relatório da reunião preparatória para o 3º Encontro Bipartite", FGV/CPDOC, ACM, rolo 1, doc. nº 941, p. 1.

32. Paula Couto, "Observações para a 3º Bipartite", FGV/CPDOC, ACM, rolo 1, doc. nº 944, p. 2, doc. nº 945, p. 1.

33. "Apreciação sobre pontos do documento apresentado na 1ª reunião pelo prof. Candido Mendes", FGV/CPDOC, ACM, rolo 1, doc. nº 951, p. 2, doc. nº 952, doc. nº 953, p. 1.

34. Sobre Lopes, ver Prandini, Petrucci e Dale 1986-87:1:24-6.

35. Golbery do Couto e Silva, José Murta Ribeiro, Francisco Leme Lopes, José Garrido Tôrres e Geraldo Eulálio do Nascimento e Silva, "Doutrina social da Igreja e diretrizes do govêrno do Brasil", FGV/CPDOC, ACM, rolo nº 1, doc. nº 966.

36. Paula Couto, "Observações para a 3º Bipartite", FGV/CPDOC, ACM, rolo 1, doc. nº 945, p. 1; ver também "Relatório da reunião preparatória para o 3º Encontro Bipartite", FGV/CPDOC, ACM, rolo 1, doc. nº 942, p. 1.

37. "Relatório do 4º Encontro Bipartite", FGV/CPDOC, ACM, rolo 1, doc. nº 968.

38. "Relatório do 4º Encontro Bipartite", FGV/CPDOC, ACM, rolo 1, doc. nº 968, p. 2, doc. nº 969.

39. "Conclusiones de la reunión de presidentes de Comisiones Episcopales de Acción Social del Celam", FGV/CPDOC, ACM, rolo 1, doc. nº 978, p. 2, docs. nºs 979-80 (citações do nº 979, p. 2).

40. *Boletim Informativo*, Centro de Informações Ecclesia, citado em "Igreja admite que relações com Estado encontraram o caminho de uma solução", *JB*, 20 de outubro de 1970, sec. 1, p. 7. Grifo no original.

41. Entrevista com dom Eugênio.

42. "Relatório sobre o 1º Encontro 'Bipartite'", FGV/CPDOC, ACM, rolo 1, doc. nº 905, p. 2, doc. nº 907, p. 1 (citação).

43. "Relatório sobre o 1º Encontro 'Bipartite'", FGV/CPDOC, ACM, rolo 1, doc. nº 906, p. 1.

44. "Relatório sobre o 1º Encontro 'Bipartite'", FGV/CPDOC, ACM, rolo l, doc. nº 907, p. 1 (citação) e p. 2.

45. "Relatório do 2º Encontro 'Bipartite'", FGV/CPDOC, ACM, rolo 1, doc. nº 915, p. 1 (responsabilidade); "Relatório sobre o 1º Encontro 'Bipartite'", FGV/CPDOC, ACM, rolo 1, doc. nº 906, p. 1 (correções). Ver também dom Aloísio Lorscheider para o general Luís de França Oliveira, secretário de Segurança do estado da Guanabara, Rio de Janeiro, 6 de dezembro de 1968, Aperj/Dops-GB, setor "Secreto", pasta 36, p. 30.

46. "Arcebispo de Goiânia esclarece autoridades militares sobre sua exata posição", Centro de Informações Ecclesia, *Boletim Informativo* 253, em FGV/CPDOC, ACM, rolo 1, doc. nº 904, p. 1.

47. Bruneau 1974b:195, inclusive nota 54.

48. "Relatório do 2º Encontro 'Bipartite'", FGV/CPDOC, ACM, rolo 1, doc. nº 913, p. 3, doc. nº 915, p. 2.

49. Serbin 1993a:420-1; Alves 1979:271-4.

50. Della Cava 1985:73.

51. "Relatório da reunião preparatória para o 3º Encontro Bipartite", FGV/CPDOC, ACM, rolo 1, doc. nº 942, p. 2; "3º Encontro Bipartite", FGV/CPDOC, ACM, rolo 1, doc. nº 943, p. 1. O ge-

neral Fontoura deu sua resposta a dom Ivo por meio de uma chamada telefônica para o general Paula Couto.

52. "Relatório da reunião preparatória para o 3º Encontro Bipartite", FGV/CPDOC, ACM, rolo 1, doc. nº 941, p. 2.

53. Alves 1968:213-9. Artola foi investigado com regularidade pelo Dops-GB (entrevista anônima com um ex-oficial do Dops-GB).

54. "Relatório do 4º Encontro Bipartite", FGV/CPDOC, ACM, rolo 1, doc. nº 973, p. 2, doc. nº 974, p. 1.

55. "Relatório do 4º Encontro Bipartite", FGV/CPDOC, ACM, rolo 1, doc. nº 973, p. 2 (Dom Eugênio), doc. nº 974, p. 2, doc. nº 875, p. 1 (Muricy).

56. Auditoria da 9ª Circunscrição Judiciária Militar, "Sentença", 28 de maio de 1973, FGV/CPDOC, ACM, rolo 1, doc. nº 878, p. 1, doc. nº 878, p. 2, doc. nº 879, p. 1, doc. nº 877, p. 2. Para mais informação sobre o caso Jentel, ver Prandini, Petrucci e Dale 1986-7:3:214-9. Sobre dom Pedro, ver capítulos 5 e 7 da presente obra.

57. Entrevista com dom Waldyr (2).

58. Dom Pedro Casaldáliga, "Condenação e testemunha do padre Francisco Jentel, missionário de São Félix, Mato Grosso", 30 de maio de 1973, integrante do processo nº 100676/78, AN, DSI/MJ, Gabinete, anexo 6, p. 2.

59. "Relatório do XXIII Encontro Bipartite", FGV/CPDOC, ACM, rolo 2, doc. nº 127, p. 3, doc. nº 128, p. 1 (Candido Mendes), doc. nº 128, p. 1 (dom Aloísio). O *Le Monde* publicou que Jentel fora solto, mas não uma entrevista com ele; ver Della Cava 1985:195.

60. "Relatório do XXIII Encontro Bipartite", FGV/CPDOC, ACM, rolo 2, doc. nº 127, p. 3.

61. "Relatório do XXIII Encontro Bipartite", FGV/CPDOC, ACM, rolo 2, doc. nº 129, p. 3.

62. Entrevista com Pacífico.

63. "Brazil: Government By Torture" 1970.

64. "Brazil Program Analysis", National Security Study Memorandum nº 67 (1969-70), National Security Archive.

65. Para relatos sobre o envolvimento dos dominicanos no incidente Marighella, ver José 1997; Frei Betto 2000; Simas 1986; Mata 1992; Gorender 1997; Gorender 1998, cap. 25; Mir 1994:435-74; Freire, Almada e Ponce 1997; ver também Prandini, Petrucci e Dale 1986-7:3:203-13; Antoine 1970; Della Cava 1985. Informações de fundo adicionais de entrevista com Ivo Lesbaupin e entrevista com dom Amaury. Para confirmações complementares do envolvimento de dominicanos com atividades revolucionárias, ver Muraro 1999:99, 105, 135-7. Sobre a ausência em geral do clero em grupos revolucionários, ver Ridenti 1993.

66. Entrevista com Candido Mendes (3).

67. Frei Tito e outros 69 prisioneiros políticos foram soltos em troca da libertação do embaixador suíço, que fora seqüestrado por revolucionários.

68. Jobim para a Secretaria de Estado, Roma, 28 de janeiro de 1971, Arquivo do Itamaraty, Secretaria de Estado das Relações Exteriores, correspondência especial 501, p. 4.

69. Entrevista com dom Paulo (2).

70. Freire, Almada e Ponce 1997:258; ver também frei Betto 2000.

71. "Relatório do XVIII Encontro Bipartite", FGV/CPDOC, ACM, rolo 2, doc. nº 86, p. 2.

72. " Relatório sobre o 1º Encontro 'Bipartite'", FGV/CPDOC, ACM, rolo 1, doc. nº 907, p. 2.

Dom Avelar, um dos principais proponentes do diálogo entre a Igreja e o Estado, também pressionava para que o diálogo fosse ampliado para incluir líderes de todas as categorias sociais e culturais. Ele fez essa proposta em setembro de 1971, num discurso para a ESG publicado pela imprensa. Dom Avelar também criticava extremistas tanto nas forças da repressão quanto na oposição; ver Prandini, Petrucci e Dale 1986-7:3:59-62. O comandante da ESG, general Rodrigo Octávio Jordão, foi imediatamente retirado do cargo. O tipo de diálogo proposto por dom Avelar não ocorreu até a assim chamada "Missão Portella", em 1977.

73. "Relatório do 4º Encontro Bipartite", FGV/CPDOC, ACM, rolo 1, doc. nº 969, p. 1.

74. "Relatório do 4º Encontro Bipartite", FGV/CPDOC/ACM, rolo 1, doc. nº 975, p. 1.

7. "ALGODÃO ENTRE CRISTAIS" [PP. 271-317]

1. Muricy 1993:424.

2. Sobre o uso pelo regime do Dia da Independência, ver Fico 1997:126-7, 142-3.

3. Duarte 1998:136-7.

4. "Atas da reunião do Alto Comando do Exército. 43ª reunião", 5 de setembro de 1969, FGV/CPDOC, ACM, rolo 2, doc. nº 197, p. 2.

5. "A Igreja e o Sesquicentenário da Independência", *CM* 232 (janeiro de 1972):11-2.

6. Para o anúncio oficial, ver "O Sesquicentenário da Independência do Brasil", *CM* 235 (abril de 1972):24; para a especulação da imprensa, ver Prandini, Petrucci e Dale 1986-87:3:102; "Comemorações religiosas do Sesquicentenário", *O São Paulo*, 19 de agosto de 1972, p. 1.

7. "Centenário de d. Vital", *Sedoc* 5 (agosto de 1972):241-50; sobre a Questão Religiosa, ver a presente obra, capítulo 1.

8. Fico 1997:93. Sobre as preparações para o Sesquicentenário e o andamento do evento, ver AN, Fundo Sesquicentenário.

9. Fabrício Conceição, "50 anos de Independência: a nossa e a deles", *Voz Operária*, maio de 1972, em "Brasil: nunca mais", coleção de microfilme (doravante BNM), rolo nº 20, caso nº 21, p. 30.

10. "3 de setembro", *O São Paulo*, 12 de agosto de 1972, p. 3; na mesma edição ver também "A Igreja nos festejos do Sesquicentenário da Independência". A CNBB anunciara a data de 3 de setembro em uma divulgação à imprensa em janeiro; ver "A Igreja e o Sesquicentenário da Independência", *CM* 232 (janeiro de 1972):11.

11. "Atas da II reunião da Comissão Representativa", *CM* 239 (agosto de 1972):19.

12. "Relatório especial do grupo bipartite, sobre problemas surgidos na área Igreja × governo, referentes à participação do clero nas comemorações do Sesquicentenário do Brasil" (doravante "Relatório especial"), FGV/CPDOC, ACM, rolo 1, doc. nº 984, p. 2, doc. nº 985, p. 1, doc. nº 986; sobre as preparações da Igreja, ver também Prandini, Petrucci e Dale 1986-87:3:102.

13. "Terminam as obras no Parque", *OESP*, 29 de agosto de 1972, p. 56.

14. "Em Roma, 'Te Deum' pelo Sesquicentenário", *OESP*, 23 de agosto de 1972, p. 46.

15. CNBB, Comissão Representativa, "1ª Redação", rascunho da declaração do Sesquicentenário, agosto de 1972, INP, doc. nº 757, p. 3.

16. "3 de setembro", *O São Paulo*, 12 de agosto de 1972, p. 3.

17. Alfredo Buzaid, "No Sesquicentenário da Independência", *O Globo*, 6 de setembro de 1972, p. 2.

18. "Relatório especial", FGV/CPDOC, ACM, rolo 1, doc. nº 984, p. 2; ver também doc. nº 985, p. 1.

19. "Igreja combate a ditadura", *Voz Operária*, agosto de 1972, em BNM, rolo 20, caso nº 21, p. 206; ver também "Documentos sobre a Independência", *Imprensa Popular* 2, sem data, em BNM, rolo nº 20, caso nº 21, pp. 181-91; "Le Brésil commémore son Indépendance... sans le peuple!", *Solidarité Brésil* 2:3, pp. 3-7, Aperj, Coleção Marc van Der Weid, série 1, dossiê 2, doc. JM, P2, D40.

20. "Entrevista: Tristão de Athayde", *Libertas* 11:4 (agosto-setembro de 1972), 4-5, em Aperj/Dops-GB, setor "Comunismo", pasta 116, p. 87.

21. Citações de Sydow e Ferri 1999:124.

22. "Testemunho de paz", *Sedoc* 5 (julho de 1972):107-9.

23. Ministério do Exército, I Exército, "Informação nº 1345/72-SCh. Assunto: CNBB", 29 de junho de 1972, Aperj/Dops-GB, setor "Dops", pasta 175, pp. 198-202F.

24. "Missa grandiosa, prevê o arcebispo", *OESP*, 29 de agosto de 1972, p. 22; "D. Paulo lembra omissão de 1922", *OESP*, 30 de agosto de 1972, p. 30. Não obstante os comentários de dom Paulo, a Igreja marcou, *sim*, uma forte presença em 1922 ao realizar seu I Congresso Eucarístico Nacional no Rio de Janeiro e inaugurando a construção da famosa estátua do Cristo Redentor sobre o pico do Corcovado; ver Serbin 1996.

25. Simas 1986:111-3.

26. "Relatório especial", FGV/CPDOC, ACM, rolo 1, doc. nº 985. A imprensa também comentou brevemente o conteúdo de *Celebrações*; ver "Médici não irá à missa", *OESP*, 29 de agosto de 1972, p. 56.

27. *Celebrações litúrgicas* 1972:12-5, 45-6.

28. "Relatório especial", FGV/CPDOC, ACM, rolo 1, docs. nºs 985-7 (citações, doc. nº 986, p. 2).

29. "Relatório especial", FGV/CPDOC, ACM, rolo 1, doc. nº 987, p. 2, e nº 988, p. 1.

30. Bittencourt e Markun 1979:63-4. Dom Paulo confirmou este diálogo e também revelou a ameaça de assassinato na entrevista (2).

31. "Relatório especial", FGV/CPDOC, ACM, rolo 1, docs. nºs 985, 988 e 989, p. 1; ver também "Celebração litúrgica por ocasião do Sesquicentenário da Independência do Brasil", *O São Paulo*, 3 de setembro de 1972, pp. 8-11, que contém a versão truncada de *Celebrações*; para uma cópia da declaração da CNBB fornecida por dom Avelar, ver FGV/CPDOC, ACM, rolo 1, doc. nº 996, p. 2, e doc. nº 997.

32. "Igreja não lança o seu documento", *OESP*, 1º de setembro de 1972; "Transcendente e imanente na missão atual da Igreja", *OESP*, 3 de setembro de 1972, p. 44. Para o texto publicado das declarações dos bispos sobre o Sesquicentenário, ver "Mensagem da CNBB", *Sedoc* 5 (outubro de 1972):477.

33. "Atas da II reunião da Comissão Representativa", *CM* 239 (agosto de 1972):17-26 (citações, 20, 24).

34. Lernoux 1982:435.

35. "Relatório especial", FGV/CPDOC, ACM, rolo 1, doc. nº 991, p. 1, docs. nºs 992-3; "Relatório do XXIV Encontro Bipartite", FGV/CPDOC, ACM, rolo 2, doc. nº 132, p. 2; ver também FGV/CPDOC, ACM, rolo 1, doc. nº 899, p. 1, doc. nº 900.

36. "Relatório especial", FGV/CPDOC, ACM, rolo 1, doc. nº 991, p. 2, docs. nºs 992 e 993, p. 3. Reportagens da imprensa sobre o encontro não continham menção aos atritos entre a Igreja e o Estado sobre o Sesquicentenário; ver, por exemplo, "CNBB prepara mini-assembléia", OESP, 24 de agosto de 1972, p. 15. Sobre a questão da tortura, ver também a alusão feita por dom Valfredo Tepe em "Bispos devem denunciar a injustiça", *OESP*, 27 de agosto de 1972, p. 28.

37. "Relatório especial", FGV/CPDOC, ACM, rolo 1, doc. nº 993, p. 1.

38. "Atas da II reunião da Comissão Representativa", *CM* 239 (agosto de 1972):24-5.

39. "Relatório especial", FGV/CPDOC, ACM, rolo 1, doc. nº 990, p. 1, docs. nºs 990 e 989, p. 2.

40. "Relatório especial", FGV/CPDOC, ACM, rolo 1, doc. nº 989, p. 1 (bem nem mal, comunicação, e útil), doc. nº 990, p. 1 (ação, ambiente, reduzir e pronto), doc. nº 993 (homem sério).

41. "Relatório especial", FGV/CPDOC, ACM, rolo 1, doc. nº 990, p. 1.

42. O relatório não gravou as palavras de dom Ivo nem de dom Aloísio, que apareceu no final da discussão. "Relatório especial", FGV/CPDOC, ACM, rolo 1, doc. nº 989, p. 2 (Padilha), doc. nº 993, p. 1 (dom Luciano).

43. "Relatório especial", FGV/CPDOC, ACM, rolo 1, doc. nº 990.

44. Durante os anos Médici, McDonough (1981:37) também notou uma lacuna entre as opiniões tornadas públicas e as visões confidenciais de outros membros da elite.

45. "Relatório especial", FGV/CPDOC, ACM, rolo 1, doc. nº 989, p. 1.

46. "Alguns destaques das comemorações religiosas do Sesquicentenário da Independência", *O São Paulo*, 9 de setembro de 1972, p. 3; "Nesta missa, o sermão é do papa", *OESP*, 3 de setembro de 1972, p. 48. Os textos bíblicos eram Êxodo 34:10-27; Romanos 6:1-4; e Mateus 13:31-3. *O Estado de S. Paulo* estimou a multidão em apenas 20 mil; ver "Paulo VI aponta o dever de todos", *OESP*, 5 de setembro de 1972, p. 50.

47. "Vieram bispos de todo o Brasil para a missa do Sesquicentenário", *Popular da Tarde*, São Paulo, 4 de setembro de 1972, AN, Fundo Sesquicentenário, pasta 68.

48. "Congresso lembra a independência", *OESP*, 2 setembro de 1972, p. 13; "Armas e povo encerram a festa", *OESP*, 8 de setembro de 1972, p. 1; Prandini, Petrucci e Dale 1986-87:3:103. Enquanto a disputa do Sesquicentenário se localizava principalmente no nível federal, representantes do governo local compareceram ao *te deum* da CNBB de 3 de setembro, e a CNBB agradeceu à Prefeitura e ao Estado pela cooperação; ver "Ao arcebispo de São Paulo pela preparação e celebração do 'Dia de Orações pela Pátria'", *CM* 240 (setembro de 1972):26.

49. "Arcebispo diz que vai tudo bem com govêrno", *OESP*, 3 de setembro de 1972, p. 50.

50. Prandini, Petrucci e Dale 1986-7:2:66, 67 (citação), 68; ver também processo nº 53739/71, AN, DSI/MJ, MC, Secom, caixa 588, pp. 13-29.

51. Para mais informações sobre dom Fernando, ver Gomes 1982, e Duarte 1996.

52. Brandão 1992:13.

53. Prandini, Petrucci e Dale 1986-7:3:136 (mal maior). O pesquisador é Mainwaring 1986:93. Para uma análise detalhada dos documentos episcopais, ver Bernal 1989:94-117; sobre as origens dos documentos e o papel de dom Fernando, ver também Lopes 1994:132.

54. Dom Fernando Gomes dos Santos, "Indústria de calúnia?", *O São Paulo*, 19 de agosto de 1972, p. 6; "Declaração da comissão episcopal regional", *CM* 238 (julho de 1972):71-4.

55. Entrevista com dom Pedro Casaldáliga.

56. Para informação sobre dom Pedro e São Félix, ver Salem 1981:190-200; Iokoi 1996:115-23. Sobre a morte de padre Burnier, ver Prandini, Petrucci e Dale 1986-87:4:270-311.

57. Tierra 1997:385.

58. "Opressão cai sobre Igreja do Araguaia", *Libertação*, ano 6, nº 43 (31 de julho de 1973): 3-5, FGV/CPDOC, ACM, rolo 1, doc. nº 681, p. 2, doc. nº 682.

59. Sobre a guerra no Araguaia, ver Richopo 1987; Portela 1979; Cabral 1993; sobre ataques à Igreja, ver também Prandini, Petrucci e Dale 1986-87:3:88-94.

60. Richopo 1987:74-5.

61. Salem 1981:190-200; Prandini, Petrucci e Dale 1986-87:3:142-4.

62. FGV/CPDOC, ACM, rolo 2, doc. nº 40, p. 2 (citações); para os documentos apreendidos, ver docs. nºs 45-82.

63. "Relatório do XVII Encontro Bipartite", FGV/CPDOC, ACM, rolo 2, docs. nºs 40-2 (citações, doc. nº 41, p. 1). O documento de dom Pedro era "Do posseiro", FGV/CPDOC, ACM, rolo 2, doc. nº 67, p. 2, e doc. nº 68, p. 1.

64. FGV/CPDOC, ACM, rolo 2, doc. nº 82, p. 1.

65. "Relatório do XVII Encontro Bipartite", FGV/CPDOC, ACM, rolo 2, doc. nº 42, p. 1; sobre o padre Jentel, ver a presente obra, capítulo 6.

66. "Relatório do XVII Encontro Bipartite", FGV/CPDOC, ACM, rolo 2, doc. nº 41, p. 1 (dom Avelar), doc. nº 41, p. 2, e doc. nº 42, p. 1 (dom Ivo).

67. Duarte 1996, capítulo 1.

68. Dom Fernando Gomes [dos Santos], "Carta pastoral sobre como vemos a situação da Igreja em face do atual regime" (Goiânia, 1973), CNBB/INP, 6-8, 18-9. O Grupo da Situação rapidamente obteve um rascunho da pastoral e uma carta de 27 de junho de 1973 de dom Fernando a outros bispos pedindo comentários; ver "Relatório do XVII Encontro Bipartite", FGV/CPDOC, ACM, rolo 2, docs. nºs 82-4 ("Anexo E"), doc. nº 92.

69. Clóvis Stenzel, "De d. Hélder a d. Fernando", *Diário de Notícias*, 20 de julho de 1973.

70. "Relatório do XVII Encontro Bipartite", FGV/CPDOC, ACM, rolo 2, doc. nº 40, p. 2, doc. nº 42, p. 2 (citações), doc. nº 43, p. 1; sobre a aquisição da carta pelo major Lee, ver Gomes 1982:229.

71. Gomes 1982:240.

72. "Relatório do XVIII Encontro Bipartite (reunião extraordinária)", FGV/CPDOC, ACM, rolo 2, doc. nº 87, p. 1 (Deus); doc. nº 88, p. 1; doc. nº 89, p. 1; e docs. nºs 94-5 ("Anexos") (nação, doc. nº 94, p. 2). Recorro aqui ao detalhado relatório do Exército sobre o encontro. Para o relatório menos detalhado, mas não inconsistente, de dom Fernando, ver "Arcebispo de Goiânia esclarece autoridades militares sobre sua exata posição", Centro de Informações Ecclesia, *Boletim Informativo* 253, em FGV/CPDOC, ACM, rolo 1, doc. nº 903, p. 2 e doc. nº 904; ver também Gomes 1982:240-7.

73. "Relatório do XVIII Encontro Bipartite (reunião extraordinária)", FGV/CPDOC, ACM, rolo 2, doc. nº 89, pp. 1-2, doc. nº 90, p. 1.

74. "Relatório do XVIII Encontro Bipartite (reunião extraordinária)", FGV/CPDOC, ACM, rolo 2, doc. nº 90, p. 1 (franqueza, contente e respeitamos), doc. nº 89, p.1 (comunismo), doc. nº 92, p. 1 (sanduíche).

75. "Relatório do XVIII Encontro Bipartite (reunião extraordinária)", FGV/CPDOC, ACM, rolo 2, doc. nº 94, p. 2 (colaboração e César), doc. nº 95, p. 1 (difícil).

76. "Relatório do XVIII Encontro Bipartite (reunião extraordinária)", FGV/CPDOC, ACM,

rolo 2, doc. nº 88, p. 1 (o clima), p. 2 (há pouco tempo), doc. nº 89, p. 1 (não serei, rigor, fraco e forte), doc. nº 92, p. 1 (dignidade, cumpridor), doc. nº 90, p. 2 (Muricy — Fernando).

77. Cohen 1989:116.

78. "Relatório do XVIII Encontro Bipartite (reunião extraordinária)", FGV/CPDOC, ACM, rolo 2, doc. nº 93, p. 2. Sobre a distribuição em Goiânia, ver Gomes 1982:243.

79. "Arcebispo de Goiânia esclarece autoridades militares sobre sua exata posição", FGV/CPDOC, ACM, rolo 2, doc. nº 904, p. 2 (útil e agradável); FGV/CPDOC, ACM, rolo 2, doc. nº 93, p. 2 (desejo).

80. "Relatório do XVIII Encontro Bipartite (reunião extraordinária)", FGV/CPDOC, ACM, rolo 2, doc. nº 93.

81. Muricy 1993:662.

82. Serbin 1995:162, 165.

83. Serbin 1995:162.

84. "Encontro com d. Aloísio e d. Ivo", FGV/CPDOC, ACM, rolo 1, doc. nº 851, p. 2 e "Pontifício Colégio Pio Brasileiro", doc. nº 852, p. 1.

85. Dom Ivo Lorscheiter, "Pontifício Colégio Pio Brasileiro", FGV/CPDOC, ACM, rolo 1, doc. nº 852, p. 2.

86. Serbin 1993a:392-3, 395, 405, 412, 417, 428-32.

87. Entrevista com Fontoura.

88. Jobim para a Secretaria de Estado, Roma, 9 de novembro de 1970, Arquivo do Itamaraty, Secretaria de Estado das Relações Exteriores, correspondência especial 4429; "Pontifício Colégio Pio Brasileiro", FGV/CPDOC, ACM, rolo 1, doc. nº 852, p. 1.

89. Entrevista com Gervásio Queiroga.

90. "Pontifício Colégio Pio Brasileiro", FGV/CPDOC, ACM, rolo 1, doc. nº 852, p. 1; ver também docs. nºs 853-8.

91. "Resumo do relatório anual do Pontifício Colégio Pio Brasileiro", *CM* 223 (abril 1971):25-9 (citação, p. 28); entrevista com Laufer.

92. "D. Agnelo diz que lutará em Roma pela boa imagem do país", *JB*, 10 de novembro de 1970, sec. 1, p. 4; ver também "D. Agnelo fará centro informativo do Brasil em Roma", *JB*, 24 de outubro de 1970, sec. 1, p. 3.

93. Coronel Fernando Cerqueira Lima para Muricy, Roma, 4 de dezembro de 1972, FGV/CPDOC, ACM, rolo 1, doc. nº 864, p. 2; Lima para Muricy, Roma, 21 de fevereiro de 1973, FGV/CPDOC, ACM, rolo 1, doc. nº 866, p. 1 (citação); ver também o discurso de dom Agnelo no Pio a favor do regime, "'Dia Nacional de Ação de Graças' em 23.XI.72 no Pontifício Colégio Pio Brasileiro de Roma", FGV/CPDOC, ACM, rolo 1, doc. nº 864, p. 3 e doc. nº 865, pp. 1-3.

94. Soares, D'Araujo e Castro 1995:65, 229; sobre o caso Herzog, ver a presente obra, capítulo 10.

95. Entrevista com Gervásio Queiroga; "Pontifício Colégio Pio Brasileiro. Relatório Anual", *CM* 271 (abril de 1975):388.

96. "Encontro com d. Aloísio e d. Ivo", FGV/CPDOC, ACM, rolo 1, doc. nº 851, p. 2.

97. Frederico Laufer para Muricy, Roma, 24 de novembro de 1971, FGV/CPDOC, ACM, rolo 2, doc. nº 516.

98. "Pontifício Colégio Pio Brasileiro", *CM* 278 (novembro de 1975):1152-5; ver também

"Colégio Pio Brasileiro", *CM* 226 (julho de 1971):63-4; "Colégio Pio Brasileiro", *CM* 246 (março de 1973):475; sobre o apoio da Igreja alemã, ver Serbin 1995:165-7.

99. "Relatório do XXIV Encontro Bipartite", FGV/CPDOC, ACM, rolo 2, doc. nº 133, pp. 1, 4, e doc. nº 134, p. 1 (citação), p. 4; sobre a decisão quanto à China, incluindo a oposição da linha dura, ver Couto 1998:158, 229-30; ver também D'Araujo e Castro 1997:363-4. Vários empresários brasileiros apoiavam a abertura para a China como modo de abrir novos mercados para as exportações brasileiras; ver Médici 1995:86.

100. Jobim para a Secretaria de Estado, Roma, 28 de janeiro de 1971, Arquivo do Itamaraty, Secretaria de Estado das Relações Exteriores, correspondência especial 501, pp. 4-5. Grifo no original.

101. A. B. L. Castello Branco para a Secretaria de Estado, Roma, 31 de maio de 1974, Arquivo do Itamaraty, "Índice: Informação global anual. Embaixada junto à Santa Sé", pp. 2-5.

102. Ribeiro e Ribeiro 1994:111, 114, 117 (citação), 118-9, 121, 123; para informação sobre a Igreja e as questões da população, ver Pierucci 1978.

103. "Relatório do XXIV Encontro Bipartite", FGV/CPDOC, ACM, rolo 2, doc. nº 134, p. 2.

104. Ribeiro e Ribeiro 1994:115-8, 129; sobre os bispos, ver Prandini, Petrucci e Dale 1986-7:4:47-8.

105. "Geisel em resumo", *JB*, 20 de março de 1974, sec. 1, p. 5. Presidente João Café Filho (1954-5) também era protestante.

106. "Relatório do XXII Encontro Bipartite", FGV/CPDOC, ACM, rolo 2, doc. nº 123, p. 3, e doc. nº 124, p. 1; "Relatório do XXIII Encontro Bipartite", FGV/CPDOC, ACM, rolo 2, doc. nº 125, p. 1, doc. nº 128, p. 3, e doc. nº 129, p. 1.

107. "Relatório do XXIV Encontro Bipartite", FGV/CPDOC, ACM, rolo 2, doc. nº 133, pp. 1-3; ver também "A respeito da Bemfam", *CM* 228 (setembro de 1971):51; "A Igreja, a questão demográfica e a pastoral familiar", *CM* 263 (agosto de 1974):673-81.

108. "A Sociedade Bem-Estar Familiar (Bemfam) diante da doutrina católica", *CM* 260 (maio de 1974):416.

109. "De vários bispos ao presidente da CNBB", *CM* 261 (junho de 1974):429.

110. "Relatório do XXIV Encontro Bipartite", FGV/CPDOC, ACM, rolo 2, doc. nº 133, pp. 2-3.

111. Ribeiro e Ribeiro 1994:101, 112, 119-20, 126-7. Sobre o divórcio e a votação do Congresso, ver Falcão 1989:366-8.

112. "Relatório do XXIV Encontro Bipartite", FGV/CPDOC, ACM, rolo 2, doc. nº 133, pp. 3-4.

113. "Relatório do XIX Encontro Bipartite", FGV/CPDOC, ACM, rolo 2, doc. nº 98, p. 1 (dom Aloísio), doc. nº 97, p. 2 (dom Ivo e Muricy); sobre protestantismo e espiritismo, ver também Padilha 1975:83-6. Sobre relações ecumênicas, ver Wright 1989:57, 68-70; Berryman 1996.

114. Entrevista com Octávio Costa (1). O general Costa especulou ainda que a iniciativa de Orlando Geisel pode ter sido um esforço deliberado para irritar a Igreja.

115. "Relatório do XXII Encontro Bipartite", ACM, rolo 2, doc. nº 120, pp. 1, 2 (citação), doc. nº 121, p. 1.

116. Entrevista com Octávio Costa (1). Ver também Muricy 1993:663.

117. Entrevista com Octávio Costa (1); para o texto de uma das solicitações de dom Aloísio, ver "Ao sr. presidente da República sobre veiculação da CF-73 nas emissores de rádio e TV", *CM* 239 (agosto de 1972):130-1.

118. CNBB 1984:83-4.

119. Entrevista com Gervásio Queiroga; sobre o senador Vilela, ver também Skidmore 1988:241.

120. Prandini, Petrucci e Dale 1986-87:3:168.

121. Para uma narrativa desses incidentes, ver Prandini, Petrucci e Dale 1986-87:3:163-9 (citação, p. 166); ver também "À opinião pública", *A Arquidiocese em Notícias*, em FGV/CPDOC, ACM, rolo 1, doc. nº 880A, p. 4; "Dom Avelar espera uma explicação", *JB*, 4 de setembro de 1973; dom Avelar, "'Eu ouvi os clamores de meu povo': parecer sucinto sobre o documento", FGV/CPDOC, ACM, rolo 1, doc. nº 900, p. 3; "Relatório do XX Encontro Bipartite", FGV/CPDOC, ACM, rolo 2, doc. nº 108, p. 2, e doc. nº 110, p. 1.

122. Alfredo Buzaid, ministro da Justiça, a general Fontoura, 18 de outubro de 1973, AN, DSI/MJ, MC, documentos avulsos, caixa 3594.

123. Em ordem, dom Avelar para Muricy, Salvador, 2 de setembro de 1972 [1973], FGV/CPDOC, ACM, rolo 1, doc. nº 861, p. 1; Muricy para dom Avelar, Rio de Janeiro, 12 de setembro de 1973, FGV/CPDOC, ACM, rolo 1, doc. nº 880, p. 2; Dom Avelar para Muricy, Salvador, 17 de setembro de 1973, FGV/CPDOC, ACM, rolo 1, doc. nº 880A, p. 3; Dom Avelar para Muricy, 29 de setembro de 1973, FGV/CPDOC, ACM, rolo 1, doc. nº 881, pp. 2-3.

124. "Relatório do XXII Encontro Bipartite", FGV/CPDOC, ACM, rolo 2, doc. nº 120, p. 2; "Relatório do XXIV Encontro Bipartite", FGV/CPDOC, ACM, rolo 2, doc. nº 133, p. 1.

125. Prandini, Petrucci e Dale 1986-87:4:30-1.

126. "Relatório do XXI Encontro Bipartite", FGV/CPDOC, ACM, rolo 2, doc. nº 116, p. 2, doc. nº 117.

8. A LUTA CONTRA A CENSURA E A VIOLAÇÃO AOS DIREITOS HUMANOS [PP. 318-57]

1. Gorender 1998:232.

2. Huggins 1998; Langguth 1978.

3. Arquidiocese de São Paulo 1985:281-90.

4. Barboza 1992:194 (citação); Médici 1995:43-5, 47, 60-2, 73; Gazzotti 1998:79-83.

5. Entrevista com Virgílio Rosa Netto (1).

6. Entrevista com Marina Bandeira; ver também seus comentários em Lopes 1994:132-3.

7. "Une partie du clergé de Rio conteste les 'méthodes autoritaires' de Rome", *Le Monde*, 16 de abril de 1971, p. 10. Sobre o "refazer" da imagem brasileira, ver capítulo 3.

8. "Eleição do nôvo arcebispo do Rio de Janeiro", *Sedoc* 3 (maio de 1971):1393-404; "Une partie du clergé de Rio conteste les 'méthodes autoritaires' de Rome", *Le Monde*, 16 de abril de 1971, p. 10.

9. Ministério do Exército, Gabinete do Ministro, CIE, Informação nº 2260/S/102-S3-CIE, 5 de setembro de 1972, "Assunto: 'A Cruz'", Aperj/Dops-GB, setor Dops, pasta 181, p. 185. Ver também documento confidencial, "Assunto: Publicação 'O que eu posso fazer?'", AN, DSI/MJ, MC, documentos avulsos, UD 092, caixa 3594.

10. Informação nº 24/74/P, "Assunto: Candido Mendes de Almeida. Tentativa de aproximação do clero progressista com o governo", AN, DSI/MJ, MC, documentos avulsos, caixa 4109-34, p. 1.

11. Secretaria de Segurança Pública, Departamento Geral de Investigações Especiais, Informação nº 029-J. Santos/75, 13 de outubro de 1975, Aperj/Dops-GB, setor "DGIE", pasta 247, pp. 125-6. O padre em questão era Boaventura Cantarelli, SDS.

12. Entrevista com Ponte Neto; entrevista com Pretto (2).

13. Entrevista com Virgílio Rosa Netto (1). Sobre a Fase, ver Prandini, Petrucci e Dale 1986-87:3:63-4.

14. Entrevista com Tibor Sulik (1). Segundo Sulik, antes da chegada de dom Eugênio ao Rio, a nunciatura era usada como esconderijo para clérigos procurados pelas forças repressivas.

15. Entrevista com Candido Mendes (2). O próprio dom Eugênio também confirmou contatos com dom Paulo, embora dom Eugênio não se lembrasse do conteúdo das conversas (entrevista com dom Eugênio).

16. Entrevista com dom Eugênio; sobre Médici e direitos humanos, ver Médici 1995:43-5, 47, 73.

17. Gaspari 1997b.

18. Entrevista com Candido Mendes (2).

19. Entrevista com dom Eugênio; entrevista com Ponte Neto. Ponte Neto era o administrador arquidiocesano da Caritas, uma organização católica de assistência. Como tal, ele garantia a operação diária do caminho clandestino. Esses esforços ocorreram em cooperação com um programa similar das arquidioceses de São Paulo e Santiago do Chile. Ver Wright 1989:60; Lowden 1996:31-2. Sobre a operação de dom Eugênio, ver também Utzeri 2000.

20. Entrevista com dom Eugênio.

21. Entrevista com dom Eugênio. ACNUR é o Alto Comissariado das Nações Unidas para Refugiados.

22. Entrevista com Ponte Neto.

23. Muricy 1993:657-8.

24. Alfredo Stroessner para Muricy, Assunção, 18 de setembro de 1970, FGV/CPDOC, ACM, rolo 1, doc. nº 651.

25. Ver CDADDH, ficha policial nº 1931, 22 de fevereiro de 1973; CDADDH, "Declaración informativa formulada por el detenido Pedro Enrique [*sic*] Mariani Bittencourt", bibliorato "L 53-54"; ver também Gregorio López Moreira para o general Francisco A. Brítez, Assunção , 12 de agosto de 1967, CDADDH, bibliorato "C.2. Notas J.I. IV-67 a I-68"; ver também "IV Conferencia Bilateral de Inteligencia entre los Ejércitos de Paraguay y Brasil", CDADDH, bibliorato 1008, pp. 436-48.

26. Sobre a Operação Condor, ver Sannemann 1993, 1994; Paz, González e Aguilar 1994, capítulo 6; "Paraguay: les archives" 1993. Ver também os numerosos artigos na imprensa brasileira em meados de 2000. A abertura de documentação secreta dos arquivos do governo norte-americano comprova que os Estados Unidos auxiliaram a Operação; ver, por exemplo, Schemo 2001.

27. Parte dos arquivos de Clamor está localizada na PUC-SP/Cedic. Samarone Lima de Oliveira está atualmente preparando um estudo detalhado sobre Clamor.

28. Entrevista com dom Eugênio; sobre a suspeita da polícia contra o padre João Daniel, ver Ministério do Exército, I Exército, Informe nº 17/72-H, 12 de janeiro de 1972, "Assunto: Grupo de Amigos de Oswaldo Cruz", Aperj/Dops-GB, setor "Secreto", pasta 98, p. 245.

29. "Professora enlouquece no Dops", *Denúncia* 6 (fevereiro de 1972): 4, em Aperj/Dops-GB, Coleção Jean Marc van Der Weid, série 1, doc. P1, doc. nº 41.

30. Entrevista com dom Eugênio; ver também Prandini, Petrucci e Dale 1986-87:3:68; "Prisão do padre Daniel de Castro", *Sedoc* 4 (abril de 1972):1196-7.

31. Paula Couto, "Relatório 'bipartite'. Assunto: Posição do cardeal d. Eugênio Sales face à prisão do padre Daniel", FGV/CPDOC, ACM, rolo 1, doc. nº 860.

32. Entrevista com dom Eugênio.

33. Entrevista com dom Waldyr.

34. Paula Couto, "Relatório 'bipartite'. Assunto: Posição do cardeal d. Eugênio Sales face à prisão do padre Daniel", FGV/CPDOC, ACM, rolo 1, doc. nº 860.

35. Entrevista com Virgínia Ramos da Silva Muricy.

36. Entrevista com dom Waldyr (2).

37. Para um apanhado da história da CJP-BR, ver Almeida e Bandeira 1996; CNBB 1983; Doimo 1995:81, n. 5, pp. 191-2.

38. Comissão Pontifícia Justiça e Paz — Seção Brasileira 1971.

39. Entrevista com Marina Bandeira.

40. CNBB 1983:18-9.

41. "Relatório da reunião preparatória para o 3º Encontro Bipartite", FGV/CPDOC, ACM, rolo 1, doc. nº 940, pp. 1, 2 (citação); doc. nº 941, p. 1.

42. Bandeira 1994:76.

43. Entrevista com Candido Mendes (2); e ver CNBB 1983.

44. Para um apanhado do trabalho da CJP-SP, ver Pope 1985; ver também Wright 1989. As ações tanto da CJP-BR quanto da CJP-SP contradizem a declaração de Lowden de que o Vicariato da Solidariedade no Chile, fundado anos depois, "era uma estrutura inteiramente nova" na Igreja Católica; ver Lowden 1996:54, 76.

45. Entrevista com Candido Mendes (2). Sobre cooperação, ver também capítulo 10 e Wright 1989:60. Informação adicional sobre cooperação, atritos e diferenças de estilo vem das entrevistas com Dalmo Dallari e Margarida Genevois (ambos pertenciam à CJP-SP). Para uma interpretação que, creio, dá ênfase excessiva a atritos entre a CJP-BR e a CJP-SP, ver Pope 1985:430-1, 434-5.

46. Arruda 1996; ver também *Boletim Reservado*, nº 4, 3 de maio de 1974, Aperj/Dops-GB, setor 38, p. 19; informação adicional sobre o encontro, da entrevista com Candido Mendes (3).

47. Entrevista com Candido Mendes (2). Sobre Paulo Wright, ver Wright 1993; Arquidiocese de São Paulo 1988:37, 256-7.

48. Skidmore 1988:169, inclusive nota 28.

49. Entrevista com Tibor Sulik (1); e, sobre a falta de controle nas forças de segurança, ver Couto 1998:174-94, 253-4; ver também D'Araújo e Castro 1997:227-8, 377-9.

50. Entrevista com Candido Mendes (2); ver também Huggins 1998:177, 179.

51. "Visita a d. Vicente Scherer", FGV/CPDOC, ACM, rolo 1, doc. nº 870, p. 2. Entre os documentos do general Muricy, há também uma cópia de uma carta de dom Vicente Scherer a dom Aloísio, criticando duramente a declaração da CNBB sobre direitos humanos; ver FGV/CPDOC, ACM, rolo 2, doc. nº 6; ver também dom Vicente Scherer, "Cardeal analisa decisões da última reunião da CNBB", *Correio do Povo*, Porto Alegre, 24 de abril de 1973.

52. Adolpho João de Paula Couto, "Proposições aprovadas pela XIII Assembléia Geral da

CNBB. Análise sumária das *proposições aprovadas* consideradas como sendo as mais graves", FGV/CPDOC, ACM, rolo 1, doc. nº 872, p. 1 (técnica), doc. nº 873, p. 1 (grau de repressão); doc. nº 871, p. 1 (luta de classes); doc. nº 874 (discriminações); doc. nº 876, p. 1 (monstruosa e defensiva). Ver também as anotações da Situação na margem de um comunicado à imprensa da CNBB a respeito do documento dos direitos humanos, em FGV/CPDOC, ACM, rolo 2, doc. nº 1, p. 2, docs. nºs 2-5. O Cisa também produziu uma análise fortemente crítica desse documento; ver Costa 1979:4-5. Para o texto da CNBB, ver CNBB 1973. A Bipartite debateu a declaração no seu encontro de abril de 1973. No entanto, o relatório não está no arquivo de Muricy.

53. Della Cava e Montero 1991:40-1.

54. Sydow e Ferri 1999:153-4.

55. Câmara et al. 1973.

56. "Relatório do XVI Encontro Bipartite", FGV/CPDOC, ACM, rolo 2, docs. nº 12-3 (citações), doc. nº 16, pp. 2-3; "Relatório do XVII Encontro Bipartite", FGV/CPDOC, ACM, rolo 2, doc. nº 42.

57. "Relatório sobre o 1º Encontro 'Bipartite'", FGV/CPDOC, ACM, rolo 1, doc. nº 907, pp. 1-2; "Relatório do 2º Encontro 'Bipartite'", FGV/CPDOC, ACM, rolo 1, doc. nº 907, p. 3; sobre a ineficácia da Comissão Nacional, ver Huggins 1998:175-6; Silva 1984:475-6; Silva e Carneiro 1983:25, 103-11, 118-26; Della Cava 1985:181; "La dictadura militar de Medici a Geisel", *Campanha*, nºs 15-6, 15 de abril de 1974, pp. 19-23, Aperj, Coleção Jean Marc van Der Weid, série 1, dossiê 2, doc. JM, P2, D25; Lima 1974:179-81; confirmação adicional da entrevista com Candido Mendes (3).

58. "Relatório do XVII Encontro Bipartite", FGV/CPDOC, ACM, rolo 2, doc. nº 43, p. 1, doc. no 44, p. 1; Paula Couto, "Proposições aprovadas pela XIII Assembléia Geral da CNBB. Análise sumária das proposições aprovadas consideradas como sendo as mais graves", FGV/CPDOC, ACM, rolo 1, doc. nº 875, p. 1 (citação). Ver CNBB 1973:14. Ver também Russell 1967.

59. *Actes* 1974:46-50. Sobre a preparação do tribunal, ver carta do comitê Contra a Repressão no Brasil para amigos, Hyattsville, Maryland, 30 de agosto de 1972, Aperj, Coleção Jean Marc van Der Weid, série 1, dossiê 2, doc. JM, P2, D-12, D-13, D-16. Para uma visão geral sobre o tribunal, ver Rollemberg 1999:231-45.

60. "Relatório do 4º Encontro Bipartite", FGV/CPDOC, ACM, rolo 1, doc. nº 972, p. 2 (Muricy), doc. nº 973, p. 1; para o texto do protocolo, ver "Anexo E (ao relatório do 4º Enc. Bip.)", FGV/CPDOC, ACM, rolo 1, doc. nº 981, p. 2, doc. nº 982, p. 1.

61. Jobim para Secretaria de Estado, Roma, 7 de junho de 1971, Arquivo do Itamaraty, Secretaria de Estado das Relações Exteriores, correspondência especial nº 2497.

62. "Relatório do 4º Encontro Bipartite", FGV/CPDOC, ACM, rolo 1, doc. nº 972, p. 2.

63. Jobim para Secretaria de Estado, Roma, 12 de julho de 1971, Arquivo do Itamaraty, Secretaria de Estado das Relações Exteriores, correspondência especial nº 3534.

64. "Relatório do 4º Encontro Bipartite", FGV/CPDOC, ACM, rolo 2, docs. nºs 12-3; doc. nº 973, p. 1; doc. nº 977, p. 1.

65. Expedito Filho 1992:29.

66. Arquidiocese de São Paulo 1988:116.

67. Ministério do Exército, I Exército, Informação nº 405/74-H, 19 de fevereiro de 1974, "Assunto: depoimentos prestados no DOI/IEX", Aperj/Dops-GB, setor "Comunismo", pasta 126, p. 194.

68. Sydow e Ferri 1999:166.

69. Citado em Bittencourt e Markun 1979:22.

70. "Cartas sobre presos", *Sedoc* 6 (junho de 1974):1412-4.

71. "Relatório do XXII Encontro Bipartite", FGV/CPDOC, ACM, rolo 2, doc. nº 121, p. 2., doc. nº 122, p. 3 (citação). Sobre Rossi, ver Pope 1985:433, 437.

72. "Relatório do XXIII Encontro Bipartite", FGV/CPDOC, ACM, rolo 2, doc. nº 126, pp. 2-3, doc. nº 127, pp. 1-2.

73. "Relatório do XXIII Encontro Bipartite", FGV/CPDOC, ACM, rolo 2, doc. nº 127, p. 2. Sobre Collier Filho, ver Arquidiocese de São Paulo 1988:189-90; sobre Oliveira, ver Arquidiocese de São Paulo 1985:292.

74. Pope 1985:437.

75. Dom Hélder para o general Walter Menezes Paes, Recife, 4 de outubro de 1973, FGV/CPDOC, ACM, rolo 1, doc. nº 882. Sobre as discussões a respeito dos prisioneiros na Bipartite, ver "Relatório do XIX Encontro Bipartite", FGV/CPDOC, ACM, rolo 2, doc. nº 96, p. 2.

76. Piletti e Praxedes 1997:397-8.

77. Barboza 1992:168, 174.

78. Para um apanhado geral da censura à imprensa, ver Smith 1997, Gazzotti 1998, Aquino 1995, e também Cotta 1997. Ver também processo nº 53599/72, AN, DSI/MJ, MC, Secom, caixa 590. Sobre a censura de outros meios de comunicação e das artes, ver Couto 1998:168-9; para uma defesa da censura, ver Médici 1995:52-4.

79. Della Cava e Montero 1991, esp. pp. 136-8.

80. Entrevista com dom Amaury.

81. Prandini, Petrucci e Dale 1986-87:3:83-6. Informação sobre a censura, também da entrevista com dom Amaury (dom Amaury editou *O São Paulo* durante os anos Médici). Para uma análise detalhada da censura de *O São Paulo*, ver Pereira 1982. O *Boletim Informativo* do Centro de Informações Ecclesia, uma circular que publicava notícias censuradas de *O São Paulo*, em geral escapava da censura, mas em pelo menos uma ocasião ele recebeu uma ordem para não publicar um artigo; ver "Governo censura editorial católico", *Denúncia* 2:9 (maio de 1972):4, Aperj, Coleção Jean Marc van Der Weid, série 1, doc. P1, 40.

82. "Relatório do XVI Encontro Bipartite", FGV/CPDOC, ACM, rolo 2, doc. nº 12, p. 2, doc. nº 13, p. 1; "Os clamores do povo", *O São Paulo*, 19-25 de maio de 1973, p. 3.

83. "Relatório do XVII Encontro Bipartite", FGV/CPDOC, ACM, rolo 2, doc. nº 42.

84. "Relatório do XX Encontro Bipartite", FGV/CPDOC, ACM, rolo 2, doc. nº 106, p. 1

85. Entrevista com Sampaio (2); "Relatório do XVII Encontro Bipartite", FGV/CPDOC, ACM, rolo 2, doc. nº 42, p. 2.

86. Soares, D'Araújo e Castro 1995:60.

87. "Relatório do XIX Encontro Bipartite", FGV/CPDOC, ACM, rolo 2, doc. nº 96.

88. "Orçamento federal para 74: segurança primeiro, depois o homem", *O São Paulo*, cópia xerocada em FGV/CPDOC, ACM, rolo 2, doc. nº 112, p. 2.

89. "Relatório do XX Encontro Bipartite", FGV/CPDOC, ACM, rolo 2, docs. nºs 105 e 106, p. 2; doc. nº 107, p. 1. Não encontrei nenhum registro de encontro entre dom Lucas e o general Bandeira.

90. "Relatório do XX Encontro Bipartite", FGV/CPDOC, ACM, rolo 2, doc. nº 106, p. 1, doc. nº 107 (Lee), doc. nº 107, p. 2 (dom Fernando e dom Lucas). Lee citou uma reportagem de jornal sobre a censura soviética; ver "Moscou censura a imprensa", *O Estado de S. Paulo*, 17 de ju-

lho de 1973, em FGV/CPDOC, ACM, rolo 2, doc. nº 113, p. 1. Numa ocasião, a própria Igreja exerceu censura em *O São Paulo*. Uma série de artigos que era particularmente crítica ao regime foi interrompida por ordens do núncio dom Mozzoni (entrevista com dom Amaury).

91. Entrevista com dom Amaury.

92. "A Rádio Nove de Julho", *Sedoc* 6 (abril de 1974):1115-22 (citações de Corsetti, p. 1120; Stenzel, pp. 1121-2); ver também Prandini, Petrucci e Dale 1986-87:3:220-2. Sobre as estações de rádio católicas, ver Della Cava e Montero 1991:223-34.

93. Entrevista com dom Amaury; sobre o telegrama, a campanha de doações e o custo da compensação, ver Sydow e Ferri 1996:160.

94. Consejero Osvaldo M. Brana para D. Alberto J. Vignes, ministro das Relações Exteriores e Religião, Roma, 22 de fevereiro de 1974, AEAASS, Santa Sede 82.

95. "Relatório do XXI Encontro Bipartite", FGV/CPDOC, ACM, rolo 2, doc. nº 116, p. 2.

96. "A Rádio Nove de Julho", *Sedoc* 6 (abril de 1974):1119-22.

97. "Relatório do XXIII Encontro Bipartite", FGV/CPDOC, ACM, rolo 2, doc. nº 125, p. 2 (citação), doc. nº 127, pp. 2-3. Dom Avelar perdeu a eleição para a presidência da CNBB para dom Aloísio.

98. "Relatório do XXIV Encontro Bipartite", FGV/CPDOC, ACM, rolo 2, doc. nº 134, p. 4.

99. Bandeira 1994:77.

100. Entrevista de Candido Mendes (2) (*awareness* foi dito em inglês).

101. Entrevista com Octávio Costa (3); Couto 1999:129.

102. Couto 1998:174, 220-1.

103. Ver, por exemplo, Stepan 1988:13.

9. MORTE EM BARRA MANSA: A ADMISSÃO E A PUNIÇÃO DA TORTURA [PP. 358-81]

1. Smallman 1997, 1998.

2. Fico 2001:45.

3. Há breves referências ao caso em Gorender 1998:260, D'Araujo, Soares e Castro 1994a:274, e Weschler 1998, mas nenhum trabalho investigou o episódio em detalhe.

4. "Sentença", processo 17/22, Justiça Militar, 1ª Circunscrição Judiciária Militar, 2ª Auditoria do Exército, 22 de janeiro de 1973. Em abril de 1997, o presidente do Superior Tribunal Militar, general Antonio Joaquim Soares Moreira, me deu permissão para examinar a documentação do incidente de Barra Mansa. No entanto, a permissão foi rapidamente revogada depois de artigos de jornal sobre o caso terem divulgado que eu havia descoberto a sentença (ver Gaspari 1997a, Melo 1997a). O general Lessa relatou ter tido acesso a uma cópia particular da sentença guardada por um policial, mas nunca revelou o nome desse policial (entrevista com Lessa).

5. Dom Waldyr Calheiros de Novaes, "Relatório geral sobre a morte e o desaparecimento de soldados no 1º BIB, sediado em Barra Mansa-RJ"(doravante "Relatório geral sobre a morte e o desaparecimento de soldados"), Arquivo da Diocese de Barra do Piraí — Volta Redonda (doravante ADBPVR); ver também José Manes Leitão, procurador da Justiça Militar, para o exmo. sr. dr. auditor da 2ª Auditoria do Exército da 1ª CJM (Helmo de Azevedo Sussekind), denúncia, Rio de Janeiro, 24 de março de 1972, ADBPVR.

6. "Vereadores foram almoçar no BIB", *Folha Mercantil* (Barra Mansa), 15 de agosto de 1969, p. 1.

7. Entrevista com Pedro Virote.

8. "Despacho", Justiça Militar, 1ª Circunscrição Judiciária Militar, 2ª Auditoria do Exército, 29 de julho de 1971, Aperj/Dops-GB, setor "Prontuário", pasta 3338-RJ, p. 3.

9. Entrevista com Sampaio (2).

10. Entrevista com Geralsélia.

11. Entrevista com Sampaio (2).

12. "Ref.: Contrabando. Inquérito Policial Militar, instaurado no I Exército", Aperj/Dops-GB, setor "Secreto", pasta 155, pp.180-363. Sobre o capitão Guimarães, ver Gaspari 2000b.

13. Prandini, Petrucci e Dale 1986-87:2:137-62; Bruneau 1974b:188-96. Ver também o material extensivo das pastas sobre dom Waldyr no arquivo do Dops-GB, por exemplo, "Relação nominal e respectiva qualificação de indivíduos envolvidos em movimento subversivo", 22 de janeiro de 1971, Aperj/Dops-GB, setor 1, pasta 50 481, pp. 5-6. Sobre decisões de Sussekind, ver também "Despacho", Justiça Militar, 1ª Circunscrição Judiciária Militar, 2ª Auditoria do Exército, 29 de julho de 1971, Aperj/Dops-GB, setor "Prontuário", pasta 3338-RJ. Sobre a investigação da tortura, ver também "Bispo prestou ontem depoimento no IPM", *Folha Mercantil*, 8 de agosto de 1969, p. 1; "Comandante do BIB diz que bispo é extremista", *Diário de Notícias*, Rio de Janeiro, 16 de agosto de 1969. Para informação adicional sobre dom Waldyr, ver o capítulo 1.

14. General Carlos Alberto da Fontoura, chefe do SNI, para Alfredo Buzaid, ministro da Justiça, "Aviso nº 223/SI-GAB", 15 de abril de 1971, integrante do processo nº 53 739/71, AN, DSI/MJ, MC, Secom, caixa 588, p. 3; Presidência da República, "Informação nº 179", 12 de abril de 1971, integrante do processo nº 53 739/71, AN, DSI/MJ, MC, Secom, caixa 588, pp. 7 (citação), 8.

15. Entrevista com dom Waldyr (1). Sobre o envolvimento militar no seqüestro de dom Adriano, ver Argolo, Ribeiro e Fortunato 1996:218, 234. Para uma descrição do seqüestro, ver Prandini, Petrucci e Dale 1986-87:4:240-69. De acordo com Octávio Costa, as Forças Armadas nutriam insinuações sexuais negativas sobre dom Waldyr como forma de denegrir ainda mais a sua imagem; entrevistas com Octávio Costa (2) e (3).

16. "Investigação mata soldados", *OESP*, 6 de fevereiro de 1972, p. 30.

17. "Sentença", Processo 17/72, Justiça Militar, 1ª Circunscrição Judiciária Militar, 2ª Auditoria do Exército, 22 de janeiro de 1973, p. 1.

18. Entrevista com Sampaio (2).

19. Entrevista com dom Waldyr (1) (frouxo); entrevista com Geralsélia (mole). A mãe de Geomar recordou que fora a morte de um outro homem no quartel que o perturbara (entrevista com Evangelina). O recruta Monção também contou à família que testemunhara uma situação de tumulto no quartel (entrevistas com Pedro Virote e Efigênia Virote).

20. Entrevistas com Geralsélia e Evangelina.

21. "Sentença", Processo 17/72, Justiça Militar, 1ª Circunscrição Judiciária Militar, 2ª Auditoria do Exército, 22 de janeiro de 1973, pp. 1, 4-5. Sobre a transferência de Botelho, ver Manes Leitão a exmo. sr. dr. auditor, Rio de Janeiro, 24 de março de 1972, ADBPVR. Uma explicação para a transferência, que me foi sugerida informalmente por um dos parentes do recruta Geomar, foi que a presença de Botelho era um pretexto para investigar o tráfico de drogas no quartel a fim de atacar aqueles soldados que não concordassem com as atividades ilícitas que ocorriam ali. Dá crédito a essa versão o fato de que o irmão de Botelho, Hélio, era soldado no

1º BIB. De acordo com os documentos citados nesta nota, Expedito Botelho denunciou seu próprio irmão por envolvimento em tráfico de drogas no quartel. Hélio foi então torturado, mas sobreviveu e escapou. Sua fuga deu aos torturadores a idéia da falsa história de deserção, usada para explicar a morte dos recrutas Wanderley e Monção.

22. Entrevista com Geralsélia; informação sobre a visita de 1º de janeiro, da entrevista com Evangelina.

23. Dom Waldyr, "Relatório geral sobre a morte e o desaparecimento de soldados", ADBPVR; negação da maconha confirmada em entrevista com Geralsélia.

24. "Sentença", Processo 17/72, Justiça Militar, 1ª Circunscrição Judiciária Militar, 2ª Auditoria do Exército, 22 de janeiro de 1973, pp. 21-2.

25. "Caso da morte" 2001.

26. Dom Waldyr, "Relatório geral sobre a morte e o desaparecimento de soldados", ADBPVR; informação sobre sinais de supostas causas da morte e detalhes adicionais de sinais de tortura, também da entrevista com Geralsélia.

27. Entrevista com dom Waldyr (1).

28. Entrevista com Efigênia Virote.

29. Entrevista com Maria Aparecida.

30. Entrevista com Efigênia Virote.

31. Entrevista com dom Waldyr (1).

32. Entrevista com dom Waldyr (1); dom Waldyr, "Relatório geral sobre a morte e o desaparecimento de soldados", ADBPVR.

33. "Sentença", Processo 17/72, Justiça Militar, 1ª Circunscrição Judiciária Militar, 2ª Auditoria do Exército, 22 de janeiro de 1973, pp. 16-7.

34. Entrevista com Geralsélia.

35. Costa, Pandolfi e Serbin 2001:109-10.

36. Entrevista com Sampaio (2); D'Aguiar 1999:9.

37. Entrevista com dom Waldyr (1).

38. Conversa telefônica do autor com o coronel reformado Arioswaldo, Rio de Janeiro, 7 de maio de 1997.

39. Dom Waldyr, "Relatório geral sobre a morte e o desaparecimento de soldados", ADBPVR.

40. Entrevistas com dom Waldyr (1) e Geralsélia. Por causa da desconfiança e do ódio em relação a dom Waldyr e das investigações em andamento contra o bispo, Geralsélia teve que jurar no processo subseqüente contra os torturadores de Barra Mansa que não o conhecia.

41. Entrevista com dom Waldyr (1).

42. Dom Umberto Mozzoni a dom Waldyr, Rio de Janeiro, 21 de janeiro de 1972, ADBPVR

43. Entrevista com Sampaio (2); ver Sergio de Ary Pires, "Perfil de um soldado"(publicidade), *JB*, 12 de novembro de 1990, p. 2. Para informações complementares sobre Pires, ver esse artigo e também Albuquerque 1985. O juiz no caso atribuiu a escolha de Sampaio a Frota (entrevista com Sussekind). A importância maior de Frota também foi expressada pelo general Octávio Costa; ver D'Araújo, Soares e Castro 1994a:274; entrevistas com Octávio Costa (2) e (3).

44. Entrevista com Sampaio (2).

45. Entrevista com dom Waldyr (1). Para uma cópia do relatório de dom Waldyr, ver dom Waldyr, "Fatos que recentemente impressionaram a população de Volta Redonda", 24 de janeiro de 1972, ADBPVR. A reunião de 24 de janeiro de 1972 na CNBB é confirmada em carta parti-

cular de dom Waldyr aos bispos brasileiros, Volta Redonda, 11 de fevereiro de 1972, ADBPVR. Confirmação adicional da conversa de dom Waldyr, Geralsélia e dom Ivo vem da entrevista com Geralsélia.

46. "Relatório geral sobre a morte e o desaparecimento de soldados", ADBPVR. Desde cedo, autoridades da Justiça Militar pediram à irmã do recruta Geomar, Geralsélia, a única parente das vítimas a se envolver com a investigação, para que não informasse à família do recruta Monção de sua morte. Só em março de 1972 a família soube do verdadeiro destino de Monção (entrevista com Geralsélia).

47. "Médici recebe Murici", *JB*, 1º fevereiro de 1972, seção 1, p. 3; "Muricy trata da ADESG com Médici", *JB*, 2 de fevereiro de 1972, seção 1, p. 3. De acordo com a segunda matéria jornalística, o professor Padilha, membro da Bipartite, também tomara parte na discussão sobre a Adesg. No entanto, Padilha diz não se recordar de ter se encontrado com Médici nessa ocasião e duvida de que Muricy tenha ido a Brasília para discutir um assunto tão insignificante quanto a organização interna da Adesg (entrevista com Padilha(2)). Outro líder da Adesg que, segundo a imprensa, esteve no encontro, também não se recorda disso (entrevista com Araken Faissol).

48. Entrevista com dom Waldyr (1).

49. Dom Mozzoni para dom Waldyr, Rio de Janeiro, 4 de fevereiro de 1972, ADBPVR.

50. Entrevista com dom Waldyr (1).

51. Ver, por exemplo, "Investigação mata soldados", *OESP*, 6 de fevereiro de 1972, p. 30.

52. Dom Waldyr para o general Orlando Geisel, Volta Redonda, 21 de fevereiro de 1972, ADBPVR.

53. Entrevista com Dom Waldyr (2).

54. Descrição de Manes Leitão, da entrevista com Sussekind.

55. Entrevista com Sampaio (2). As acusações contra os homens incluíam infrações sob os seguintes artigos do Código Penal Militar: 53 (co-autoria), 205 (homicídio simples, incluindo o emprego de tortura), 209 (lesão corporal), 264 (danos em estabelecimentos militares) e 352 (inutilização, sonegação ou descaminho de material probante); ver Oliveira 1996. O general Pires entregou as acusações de contrabando a outro coronel. Não descobri qualquer documentação sobre esse inquérito.

56. Entrevista com Sampaio (1).

57. Entrevista com Sampaio (2).

58. Entrevista com Sussekind. Outra versão diz que o general Frota escolheu o júri (versão de resposta por escrito a questões do autor ao general Augusto César da Fonseca Lessa, Rio de Janeiro, 22 de abril de 1997).

59. "Ata nº 01 — sessão de Conselho Especial de Justiça", 17-22 de janeiro de 1973, ADBPVR; ver também "Sentença, Processo 17/72, Justiça Militar, 1ª Circunscrição Judiciária Militar, 2ª Auditoria do Exército, 22 de janeiro de 1973; "Oito militares são punidos com rigor", *OESP*, 23 de janeiro de 1973, p. 21. Informações sobre as atividades de Moraes Rêgo, da entrevista com Sussekind e de Carvalho 1998:232.

60. "Sentença", Processo 17/72, Justiça Militar, 1ª Circunscrição Judiciária Militar, 2ª Auditoria do Exército, 22 de janeiro de 1973; detalhes da visita, da entrevista com Sussekind.

61. "Sentença", Processo 17/72, Justiça Militar, 1ª Circunscrição Judiciária Militar, 2ª Auditoria do Exército, 22 de janeiro de 1973, p. 9 (guerra santa), 11 (treinados, todos ou nin-

guém); "Ata nº 01 — sessão de Conselho Especial de Justiça", 17-22 de janeiro de 1973, p. 3 (Mao, My Lai), ADBPVR.

62. "Sentença", Processo 17/72, Justiça Militar, 1ª Circunscrição Judiciária Militar, 2ª Auditoria do Exército, 22 de janeiro de 1973, p. 16

63. Entrevista com Sampaio (2); "Sentença", Processo 17/72, Justiça Militar, 1ª Circunscrição Judiciária Militar, 2ª Auditoria do Exército, 22 de janeiro de 1973, pp. 27, 32 (Reserva).

64. "Sentença", Processo 17/72, Justiça Militar, 1ª Circunscrição Judiciária Militar, 2ª Auditoria do Exército, 22 de janeiro de 1973, p. 28.

65. "Um julgamento que honra o Exército", *OESP*, 24 de janeiro de 1973, p. 3; "Justiça exemplar", *JB*, 24 de janeiro de 1973, p. 22; para mais cobertura da sentença, ver "Auditoria condena a 473 anos réus do I BIB, de Barra Mansa", *O Globo*, 23 de janeiro de 1973, p. 10; "Oito militares são punidos com rigor", *OESP*, 23 de janeiro de 1973; "Mais longo julgamento da Justiça Militar condena 10 acusados a 291 anos", *JB*, 23 de janeiro de 1973; "Militares do BIB e agentes policiais condenados pela auditoria", *Zero Hora*, Porto Alegre, 27 de janeiro-3 de fevereiro de 1973; "Oficiais punidos", *Veja*, 31 de janeiro de 1973, p. 25.

66. Em 1971, Médici demitiu seu ministro da Aeronáutica por não ter controlado um oficial que brutalizava prisioneiros políticos; em 1976, Geisel removeu o comandante do II Exército por razões similares. No entanto, nem julgamentos nem punições de torturadores resultaram desses episódios. Ver D'Araújo, Soares e Castro 1994a:210-28.

67. O tenente Miranda fora denunciado antes por dom Waldyr; ver Prandini, Petrucci e Dale 1986-87:2:153-4; ver também Melo 1997b. Um ex-prisioneiro político declarou que o tenente-coronel Gladstone coordenava sessões de tortura no 1º BIB; ver Melo e Noel 1997. Enquanto esteve preso no 1º BIB, em 1971, tempo em que foi torturado, o padre Nathanael de Moraes Campos viu que diversos dos acusados no caso de Barra Mansa tinham testemunhado atrocidades anteriores (entrevista com padre Nathanael).

68. Sobre a histórica tendência das Forças Armadas brasileiras de criar uma espécie de "amnésia coletiva" sobre violência contra seus próprios membros, ver Smallman 1997.

69. Entrevista com dom Waldyr (1).

70. Entrevista com Geralsélia.

71. Melo 1997b.

72. Ver "Caso da morte" 2001.

73. De acordo com o general Sampaio, os integrantes da S2 se viam como os "donos" da segurança no 1º BIB (entrevista com Sampaio (2)). Não há prova que sustente a implicação do advogado de defesa de Niebus, repetida mais explicitamente anos depois no elogio fúnebre, que o general Ary Pires fez a Walter Pires, de que a S2 estava envolvida em operação anti-subversiva na época das atrocidades; sobre as declarações de Ary Pires, ver seu "Perfil de um soldado" (publicidade), *JB*, 12 de novembro de 1990, p. 2.

74. Entrevista com Geralsélia.

75. P[edido de] B[usca] nº 1039/81/ASI/Telerj (DI/9369/81), DSI/Ministério das Comunicações, Aperj/Dops-GB, setor "Informação", pasta 167, pp. 316-7; P[edido de] B[usca] no 1039/81/ASI/Telerj (Prot. DI-9369/81)), DSI/M. Minas e Energia, Aperj/Dops-GB, setor "Informação", pasta 167, p. 153; ver também "Sem punição", *Veja*, 2 de setembro de 1987. Essa matéria afirma incorretamente que Niebus passou onze anos na prisão. O período entre sua prisão inicial, em

1972, e o começo de seu emprego na Telerj, em 1981, é de aproximadamente nove anos, se é que ele saiu diretamente da prisão para o trabalho.

76. Entrevista com Sussekind. Uma opinião similar foi expressa na entrevista com Octávio Costa (2); ver também Gazzotti 1998:80-1. Outras interpretações dizem que alguns no Exército realmente tentaram parar com a tortura. Ver, por exemplo, a discussão sobre o general Frota em D'Araújo, Soares e Castro 1994a:62, 67-73, 105, 175-6; D'Araújo e Castro 1997:224, 362; Couto 1998:219. Sobre julgamentos na Justiça Militar, ver também Pereira 1998.

77. Couto 1998:181-2.

78. "Anatália Alves se suicida no Recife", *OESP*, 23 de janeiro de 1973, p. 21; Comissão de Familiares 1996:178.

79. "Sentença", Processo 17/72, Justiça Militar, 1ª Circunscrição Judiciária Militar, 2ª Auditoria do Exército, 22 de janeiro de 1973, p. 23.

80. Entrevista com Sussekind.

81. "Sentença", Processo 17/72, Justiça Militar, 1ª Circunscrição Judiciária Militar, 2ª Auditoria do Exército, 22 de janeiro de 1973, p. 28.

82. Comissão de Familiares 1996; Miranda e Tibúrcio 1999. Ver também um comentário em Gaspari 2001.

83. "Caso da morte" 2001.

10. ANATOMIA DE UM CRIME: O CASO DE ALEXANDRE VANNUCCHI LEME [PP. 382-407]

1. Por exemplo, o caso Alexandre não recebeu nenhuma menção em Skidmore 1988, ou em Couto 1998, e só uma pequena referência em Mainwaring 1986:106.

2. Markun 1988:10; ver também Stepan 1989.

3. Informações sobre o Alexandre, de entrevistas com Egle e José Leme e de *Meu filho Alexandre Vannucchi*, s. d.

4. Sobre a ALN, ver capítulos 1 e 6; também Paz 1996, 1997; Arquidiocese de São Paulo 1988; Ridenti 1993; Mir 1994. Sobre o movimento estudantil, ver Martins Filho 1987. Para uma visão militar do período, ver Ustra 1986.

5. "Terrorista morre atropelado no Brás", *Folha de S. Paulo*, 23 de março de 1973.

6. Comissão de Familiares 1996:174.

7. Prado 1990; Prado e Fragelli 1990. Ver também o documentário *Vala comum*, dirigido por João Godoy (1994); José 1997:101-2.

8. Entrevista com José Leme. Para uma descrição básica dos fatos publicamente conhecidos sobre o caso Leme, ver "Síntese cronológica" 1973; *Meu filho Alexandre Vannucchi*, s. d.

9. Jacob Gorender 1998:261.

10. Superior Tribunal Militar, Apelação 40 425, AEL, BNM, caso nº 670, vol. 1, pp. 1A, 1E, 1H, 94-5, vol. 3, pp. 300, 348, 350, 352.

11. Informação sobre a avaliação de Queiroz, da entrevista com Paulo Vannuchi. (Um ramo da família Vannucchi usa a grafia alternativa "Vannuchi".) Informação sobre o contato, das entrevistas com Lázaro. Sobre a morte de Queiroz, ver Comissão de Familiares 1996:202.

12. Entrevista com Carlos Eugênio Paz, único líder da guerrilha da ALN que sobreviveu à repressão. Para uma descrição de suas atividades, ver Paz 1996, 1997. Gorender (1998:228) es-

tima que, na média, os guerrilheiros urbanos viviam só um ano. Sobre as mudanças estratégicas da ALN em 1972 e 1973, ver Arquidiocese de São Paulo 1988:48; Mir 1994:658-9.

13. Entrevista com Arlete Diogo.

14. Entrevista com Carlos Eugênio Paz.

15. Ministério da Educação e Cultura, Divisão de Segurança e Informações, Encaminhamento nº 1034/Aesi/USP/73, 11 de abril de 1973, "Assunto: Panfletagem na Universidade de São Paulo", Aesp, Deops-SP, série "Dossiês", doc. nº 50E/30/159.

16. Entrevistas com Adriano e Arlete Diogo.

17. O estudante foi Alberto Alonso Lázaro; na sua primeira entrevista comigo, Lázaro negou a informação atribuída a ele. Sobre seu testemunho e outros crimes, ver Superior Tribunal Militar, Apelação 40 425, AEL, BNM, caso nº 670, vol. 1, pp. 1B, 1C, 1D, vol. 3, pp. 348, 452-3.

18. Magnotti para Lúcio Vieira, diretor do Deops, São Paulo, 12 de abril de 1973, Aesp, Deops-SP, série "Dossiês", doc. nº 30Z/165/38.

19. Entrevista com Carlos Eugênio Paz.

20. Entrevista com Carlos Eugênio Paz. Sobre o assassinato dos três militantes, ver Miranda e Tibúrcio 1999:93-8.

21. Ver nota 23 para discussão de outras possíveis fontes a respeito de Alexandre.

22. Miranda e Tibúrcio 1999:94-5, 98. Sobre Jota, ver Expedito Filho 1992:29.

23. D'Araujo, Soares e Castro 1994a:40. Para um exemplo de infiltração, ver abaixo a discussão da reação de estudantes à morte de Alexandre. A documentação do Deops-SP e do Dops-GB mantém o anonimato dos infiltrados. Informação de arquivos do DOI-Codi ainda selados poderia fornecer a identidade de alguns importantes informantes e o seu modo de agir e/ou os depoimentos de prisioneiros que podem ter revelado informações sobre Alexandre. Cópias dos depoimentos ao DOI-Codi de outros casos de fato existem nos arquivos do Dops-GB e do Deops-SP, mas não revelam o nome nem dos interrogadores nem dos informantes. Ver, por exemplo, Ministério do Exército, I Exército, Informação nº 404/74-C, "Assunto: depoimentos prestados no DOI/I Ex", Aperj, Dops-GB, setor "Comunismo", pasta 128, pp. 1-26. Sobre infiltrados e militantes que se tornaram informantes, ver Expedito Filho 1992:20-32.

24. Entrevista com Carlos Eugênio Paz.

25. Agentes do DOI-Codi manifestaram sua raiva a respeito desse episódio a prisioneiros políticos (entrevista com Lázaro (1)). Para uma descrição detalhada do assassinato, ver Ustra 1986:212-8. Sobre Moreira Júnior como torturador e militante da extrema direita, ver Arquidiocese de São Paulo 1988:48; ver também Mir 1994:659.

26. Entrevista com Lisete; entrevista com Lázaro (1).

27. Edsel Magnotti para Lúcio Vieira, diretor do Deops-SP, São Paulo, 12 de abril de 1973, Aesp, Deops-SP, série "Dossiês", doc. nº 30Z/165/38.

28. Comissão de Familiares 1996:173.

29. Diversos ex-prisioneiros políticos entrevistados para este livro afirmaram ter sido espancados ou torturados por Ustra; outra confirmação veio na entrevista com Marival Chaves.

30. Gorender 1998:272; ver também Wright 1993.

31. Conversa telefônica do autor com Renato Ustra (Brasília), Rio de Janeiro, 1º de fevereiro de 1997.

32. Ver, por exemplo, Coimbra 1995:99-107, 194-206; Expedito Filho 1992; Comissão de

Familiares 1996:33; Arquidiocese de São Paulo 1985. Para uma confissão de colaboração feita por um médico, ver Lobo 1989.

33. Comissão de Familiares 1996:174.

34. Padre Aldo foi rapidamente liberado por pressão de líderes locais. A polícia também tinha uma pasta sobre ele (entrevista com Aldo Vannucchi). Informação sobre o clima anticomunista em Sorocaba, da entrevista com João Luiz Peçanha.

35. Entrevista com Paulo Vannuchi.

36. Entrevista com Lázaro (1); e ver Superior Tribunal Militar, Apelação 40 425, AEL, BNM, caso nº 670, vol. 3, p. 189.

37. Comissão de Familiares 1996:175.

38. Pereira 1986:6.

39. Arlete Diogo, citada em Pereira 1986:6.

40. Comunicação em fax para o autor, de Marival Chaves Dias do Canto (Vila Velha, Espírito Santo), Rio de Janeiro, 28 de janeiro de 1997. Sargento no DOI-Codi de São Paulo, em 1992, Canto tornou-se o primeiro (e até agora único) integrante de organização repressiva a revelar em detalhe o que sabia a respeito dos abusos. Canto analisava os relatos do interrogatório. Ver Expedito Filho 1992. Ver também "Ex-Sargento" 1996; *Atenção*, ano 2, nº 8 (1996).

41. Arquidiocese de São Paulo 1985:256.

42. Pereira 1986.

43. Vieira para Oscar Xavier de Freitas, procurador-geral da Justiça, São Paulo, 12 de abril de 1973, Aesp, Deops-SP, série "Dossiês", doc. nº 30Z/165/39. Sobre o padre Arlindo Vieira, ver Bittencourt e Markun 1979:66.

44. Miranda e Tibúrcio 1999:99.

45. *Meu filho Alexandre Vannucchi*, 5.

46. Entrevista com Lázaro (2).

47. Superior Tribunal Militar, Apelação 40 425, AEL, BNM, caso nº 670, vol. 3, p. 362.

48. "Ofício esclarece morte de subversivo", *Sedoc* 6 (julho de 1973):103-5.

49. Ver Romeu Tuma para Celso Camargo de Azevedo, São Paulo, 28 de março de 1973, Aesp, Deops-SP, série "Dossiês", doc. nº 30Z/165/184; ver também Francisco J. C. Barros, Delegacia Seccional de Polícia de Sorocaba, para Romeu Tuma, chefe do Serviço de Informações, Sorocaba, 28 de março de 1973, ofício nº 374/73, Aesp/Deops-SP, doc. nº 50Z/300/2169-71; Ustra 1986:73, 153-4, 212-3.

50. Entrevista com Lázaro (2); entrevistas com Adriano e Arlete Diogo.

51. "Comunicado do bispo de Sorocaba", *Sedoc* 6 (julho de 1973):105.

52. "Síntese cronológica" 1973:109; "Nota do conselho de presbíteros", *Sedoc* 6 (julho de 1973):106-7.

53. Entrevista com Aldo Vannucchi.

54. Entrevista com Oswaldo Bazzo. Naquele tempo, Bazzo fazia parte do clero de Sorocaba.

55. Entrevista com Aldo Vannucchi.

56. Entrevista com Egle. Para um exemplo de apoio, ver Simas, *Gritos de justiça*, 235.

57. *Boletim Informativo* 6, São Paulo, 26 de março de 1973, Aesp/Deops-SP, série "Dossiês", doc. 50K/104/326; "A marca da cruz" 1978.

58. Simas 1986:233; para detalhes da discussão estudantil, ver "Resoluções da assembléia

de Geologia", *Boletim Informativo* 6, 26 de março de 1973, p. 4, Aesp/Deops-SP, série "Dossiês", doc. nº 50K/104/326.

59. "Comunicado dos centros acadêmicos", *Sedoc* 6 (julho de 1973):107.

60. Para a informação do agente infiltrado, ver relatório sem assinatura intitulado "Observações realizadas na USP", 29 de março de 1973, Aesp/Deops-SP, série "Dossiês", doc. nº 50K/104/324.

61. Sydow e Ferri 1999:157-8; Médici 1995:84.

62. Sydow e Ferri 1999:128-9.

63. Este parágrafo foi baseado nas entrevistas com dom Paulo (1) e (2); Mayrink 1998; Bittencourt e Markun, 1979:62 (citação). Um agente infiltrado do Deops-SP sabia da intenção dos estudantes de contatar dom Paulo; ver "Observações realizadas na USP", 29 de março de 1973, Aesp/Deops-SP, série "Dossiês", doc. nº 50K/104/324. De acordo com outra versão, dom Paulo primeiro queria usar uma igreja menor, mas os estudantes o convenceram de que eles iriam lotar a catedral (entrevista com Egle). A versão dos ex-militantes é de que os estudantes de modo nenhum pretendiam começar um quebra-quebra e talvez estivessem apenas blefando, mas dom Paulo, de qualquer modo, receava que pudesse ocorrer violência (entrevista com Geraldo Siqueira).

64. Entrevista com dom Paulo (1). Para o texto da folha, ver "Celebração da esperança", Aesp/Deops-SP, série "Dossiês", doc. nº 50C/22/9325; sobre a censura à imprensa, ver "Comunicado do bispo de Sorocaba", *Sedoc* 6 (julho de 1973):105.

65. Essa acusação foi feita pelo Molipo em seu documento intitulado "Glória aos que tombaram lutando por seu povo!"; ver Ministério da Educação e Cultura, Divisão de Segurança e Informações, Encaminhamento nº 1034/AESI/USP/73, 11 de abril de 1973, "Assunto: Panfletagem na Universidade de São Paulo", Aesp/Deops-SP, série "Dossiês", doc. nº 50E/30/159.

66. Para detalhes da missa, ver Silva 1973; "A marca da cruz" 1978; "Brasil: Deus será o juiz", tradução dos militares de um artigo publicado em *Latin America* 3:16, 29 de abril de 1973, FGV/CPDOC, ACM, rolo 1, docs. nºs 867-9; "Missa para um estudante morto", *Opinião* (Rio de Janeiro), 2-9 de abril de 1973; "Estudiantes protestan por compañero asesinado", *Campanha* (Santiago, Chile), 1º de maio de 1973, Aesp/Deops-SP, série "Dossiês", doc. nº 50F/4/107.

67. Dom Paulo Evaristo Arns, "Palavras de fé sobre a vida, a dignidade e a missão do homem", *O São Paulo*, 7 de abril de 1973. A citação de dom Paulo é da história de Caim e Abel no Livro do Gênese, capítulo 4.

68. Secretaria de Segurança Pública, Delegacia Seccional de Polícia-Botucatu, "Relatório", Aesp/Deops-SP, série "Dossiês", doc. nº 50H/63/1428.

69. Comitê de Advertência aos que Estão em Perigo, "A morte de um terrorista", Aesp/Deops-SP, série "Dossiês", doc. nº 50Z/13/845.

70. Sydow e Ferri 1999:141.

71. Dom Paulo Evaristo Arns para Jarbas Passarinho, São Paulo, 4 de abril de 1973, Aesp/Deops-SP, série "Ordem Política", pasta 14, doc. nº 64.

72. Ministério da Educação e Cultura, Divisão de Segurança e Informações, Informação nº 1049/AESI/USP/73, 10 de maio de 1973, "Assunto: Marcos Alberto Castelhano Bruno", Aesp/Deops-SP, série "Dossiês", doc. nº 50E/30/212.

73. Passarinho para dom Paulo, Brasília, junho de 1973, Aesp/Deops-SP, série "Ordem Política", pasta 14, doc. nº 64. Trechos dessa carta foram publicados pela primeira vez em 1979;

ver Costa "Investigação no clero", pp. 3-4. Passarinho (1996) não comenta o caso Alexandre em suas memórias, que têm dois capítulos substanciais sobre educação e as universidades e sobre o governo Médici.

74. Silva 1973.

75. "Brasil: Deus será o juiz", tradução dos militares de um artigo publicado em *Latin America* 3:16, 29 de abril de 1973, FGV/CPDOC, ACM, rolo 1, doc. nº 868, p. 2.

76. Para o texto de um dos artigos censurados, ver Aesp/Deops-SP, série "Dossiês", doc. nº 50Z/9/31631; para o texto dos debates no Congresso, ver Lysâneas Maciel, "Um assassinato político", panfleto distribuído na Pontifícia Universidade Católica do Rio de Janeiro (1974), Aperj/Dops-GB, setor "Dops", pasta 217, docs. nº 126-37.

77. Sobre a busca por organizadores, ver, por exemplo, Ministério da Educação e Cultura, Divisão de Segurança e Informações, Informação nº 1049/AESI/USP/73, 10 de maio de 1973, "Assunto: Marcos Alberto Castelhano Bruno", Aesp/Deops-SP, série "Dossiês", doc. nº 50E/30/212; para interrogatórios, comandados por Edsel Magnotti, de supostos organizadores, ver Aesp/Deops-SP, série "Dossiês", doc. nº 50C/22/7202, 7206, 7207.

78. Entrevistas com Adriano e Arlete Diogo.

79. Companhia Paulista de Força e Luz, Assessoria de Segurança e Informações, Informe nº 26/ASSI/10/CS/73, 30 de abril de 1973, "Assunto: Recrudescimento de atividades esquerdistas", Aesp/Deops-SP, série "Dossiês", doc. nº 50J/0/2984.

80. "A marca da cruz" 1978.

81. Ministério da Educação e Cultura, Divisão de Segurança e Informações, Encaminhamento nº 1033/AESI/USP/73, 10 de abril de 1973, "Assunto: panfletagem na Universidade de São Paulo", Aesp/Deops-SP, série "Dossiês", doc. nº 50E/30/158.

82. "Desde 68... a maior manifestação", *Jornal da História* 6 (abril de 1973):6, em Aesp/Deops-SP, série "Dossiês", doc. nº 50C/22/7016.

83. Para o Rio, ver "Atuação das esquerdas no movimento estudantil", Aperj, Dops-GB, setor "Dops", pasta 193, doc. nº 477-192; para São Paulo, ver Companhia Paulista de Força e Luz, Assessoria de Segurança e Informações, Informe nº 26/ASSI/10/CS/73, 30 de abril de 1973, "Assunto: Recrudescimento de atividades esquerdistas", Aesp/Deops-SP, série "Dossiês", doc. nº 50J/0/2984.

84. Zahir Dornaika para Dops-SP, telegrama, 26 de abril de 1973, Aesp/Deops-SP, série "Dossiês", doc. nº 50Z/138/526; Delegacia Auxiliar da Quinta Divisão Policial, "Relatório do plantão", 27 de abril de 1973, Aesp/Deops-SP, série "Dossiês", doc. nº 50Z/129/13365.

85. Ver, por exemplo, Ministério da Aeronáutica, Gabinete do Ministro, Cisa, Documento de Informações nº 13/Cisa-ESC RCD, "Assunto: Movimento estudantil", 8 de maio de 1973, Aesp/Deops-SP, série "Dossiês" doc. nº 50D/26/4391; Francisco J. C. Barros, Delegacia Seccional de Polícia de Sorocaba para Romeu Tuma, chefe do Serviço de Informações, Sorocaba, 28 de março de 1973, Of. nº 374/73, Aesp/Deops-SP, doc. nº 50Z/300/2169-71; para documentação no Rio de Janeiro, ver estado da Guanabara, Secretaria de Segurança Pública, Dops, Divisão de Operações, Serviço de Buscas, Seção de Buscas Especiais, "Ass.: apologia de fato criminoso", 6 de abril de 1973, Aperj, Dops, setor "Comunismo", pasta 114, docs. nºs 254-6; para exemplos de pastas sobre pessoas, ver Ministério da Aeronáutica, Comando Geral de Apoio, Comando da 4ª Zona Aérea, Divisão de Informações de Segurança, "Assunto: Aeroclube de São Carlos/SP", 2 de junho de 1973, Aesp/Deops-SP, série "Dossiês", doc. nº 50Z/138/525; Secretaria da Segurança

Pública, Coordenação de Informações e Operações, Seção de Informações, "Assunto: José Everaldo Vanzo", Aesp/Deops-SP, série "Dossiês", doc. nº 50Z/138/530.

86. Ministério da Justiça, Departamento de Polícia Federal, Centro de Informações, Informação nº 1512, "Assunto: movimento estudantil", 18 de maio de 1973, Aesp/Deops-SP, série "Dossiês", doc. nº 50Z/9/33962.

87. Miguel Reale para o general Sérvulo Mota Lima, São Paulo, 27 de março de 1973, Aesp/Deops-SP, série "Dossiês"; Ministério da Aeronáutica, Gabinete do Ministro, Cisa, Documento de Informações nº 13/Cisa-ESC, RCD, "Assunto: movimento estudantil", 8 de maio de 1973, Aesp/Deops-SP, série "Dossiês", doc. nº 50D/26/4388.

88. Entrevista com Sampaio (2).

89. "Ofício esclarece morte de subversivo", *Sedoc* 6 (julho de 1973):103-5. O comunicado do general Lima apareceu na *Folha da Tarde* (São Paulo), *OESP*, *O Dia* e outros jornais. Em *O Dia*, por exemplo, o título afirmava: "Terrorista atropelado aliciava universitários"; ver FGV/CPDOC, ACM, rolo 2, doc. nº 37, p. 2. Como foi dito, nenhum registro de qualquer depoimento de Alexandre jamais foi encontrado nos arquivos.

90. "Relatório do XVI Encontro Bipartite", FGV/CPDOC, ACM, rolo 2, doc. nº 14, p. 2.

91. Simas 1986, capítulo 16.

92. Entrevista com Mário Simas.

93. *Meu filho Alexandre Vannucchi*, s. d.

94. Miranda e Tibúrcio 1999:102.

95. A. B. L. Castello Branco para a Secretaria de Estado, Roma, 31 de maio de 1974, Arquivo do Itamaraty, "Índice: Informação global anual. Embaixada junto à Santa Sé", 7.

96. "Relatório do XVI Encontro Bipartite", FGV/CPDOC, ACM, rolo 2, doc. nº 13, p. 2; doc. nº 14, p. 1.

97. Mário de Passos Simas e José Carlos Dias ao juiz Tácito Morbach de Goes Nobre, São Paulo, 10 de abril de 1973, FGV/CPDOC, ACM, rolo 2, doc. nº 13, p. 2, doc. nº 34, p. 2; doc. nº 35, doc. nº 36, p. 1; "Petição do advogado da família do Alexandre Vannucchi", FGV/CPDOC, ACM, rolo 2, docs. nºs 13 e 36, p. 2, doc. nº 37, p. 1.

98. Entrevista com Moraes Rego.

99. "Relatório do XVI Encontro Bipartite", FGV/CPDOC, ACM, rolo 2, doc. nº 14, doc. nº 15, p. 1; comparar os comentários de Lee com "Petição do advogado da família do Alexandre Vannucchi", FGV/CPDOC, ACM, rolo 2, docs. nºs 13 e 36, p. 2, doc. nº 37, p. 1.

100. "Relatório do XVI Encontro Bipartite", FGV/CPDOC, ACM, rolo 2, doc. nº 15.

101. "Relatório do XVII Encontro Bipartite", FGV/CPDOC, ACM, rolo 2, doc. nº 39.

102. "Relatório do XVII Encontro Bipartite", FGV/CPDOC, ACM, rolo 2, doc. nº 40, p. 1.

103. " Relatório do XIX Encontro Bipartite", FGV/CPDOC, ACM, rolo 2, doc. nº 96, p. 2.

104. "Relatório do XIX Encontro Bipartite", FGV/CPDOC, ACM, rolo 2, doc. nº 98, p. 2.

105. Arquidiocese de São Paulo 1985:256.

106. Amnesty International, "Deaths in Custody in Brazil" (janeiro de 1974), em Aesp/Deops-SP, série "Dossiês".

107. "Foi calmo o 'Dia do Protesto'", *Diário da Noite*, 29 de março de 1978; "Manifesto dos estudantes paulistas", Aesp/Deops-SP, série "Dossiês", doc. nº 43C/1/27; "Manifesto", Aesp/Deops-SP, série "Dossiês", doc. nº 50Z/300/2509; Divisão de Informações, setor "Estudantil",

Dops, RE 482/78, "Assunto: Sessão de abertura do Congresso Nacional pela Anistia no Tuca, PUC-SP", 2 de novembro de 1978, Aesp/Deops-SP, série "Dossiês", doc. nº 50Z/130/5116-22.

108. Entrevistas com Egle e José Leme; Congresso Nacional pela Anistia, "Resoluções", Aesp/Deops-SP, série "Dossiês", doc. nº 50J/0/6204; Direito USP, "Avançar na luta pela anistia", Aesp/Deops-SP, série "Dossiês", doc. nº 50Z/130/5285.

109. 3ª Delegacia da Divisão de Informações, Dops, RE/326-79, "Assunto: Encontro de profissionais de saúde", 24 de agosto de 1979, Aesp/Deops-SP, série "Dossiês", doc. nº 50Z/130/2504-2505; "O falso laudo de Alexandre Vannu[c]chi", *Jornal da República*, 27 de agosto de 1979.

110. Simas 1986:237-9.

111. Entrevista com José Prestes.

112. Para uma comparação com o caso chileno, ver Lowden 1996:6, 33.

113. Della Cava 1989; Mainwaring 1986, parte III; Doimo 1992.

114. Sobre Herzog, ver Markun 1988; Almeida Filho 1978; Jordão 1984; Landau 1986; Skidmore 1988:176-7; Skidmore 1989:11-2; Della Cava 1989:148; Prandini, Petrucci e Dale 1986-7:4:89-91; Wright 1989:72-3. Jornais e revistas importantes dos EUA também publicaram matérias sobre o caso. Para perspectivas militares diversas sobre o incidente, ver Soares, D'Araújo e Castro 1995:11, 33, 65, 86, 173-4, 214, 228-9. Sobre o impacto do serviço ecumênico em memória de Herzog, ver Pope 1985:437-8. Sobre o uso seletivo da violência, ver Gorender 1998:232.

115. Prandini, Petrucci e Dale 1986-87:4:90. Dom Paulo também se recordava do incidente de Alexandre como o mais surpreendente dos anos 70 (ver Mayrink 1998).

116. Jordão 1984:37.

117. Superior Tribunal Militar, Apelação 40425, AEL, BNM, caso nº 670, vol. 3, p. 362.

118. Ustra 1986; Giordani 1986.

119. DOI-Codi II EX., Informação nº 569-SSA/DOI-73, 12 de outubro de 1973, "Assunto: Estratégia para a tomada do poder", Aperj/Dops-GB, setor "Comunismo", pasta 126, pp. 94-9.

CONCLUSÃO [PP. 408-42]

1. O presidente João Café Filho (1954-55) foi educado na religião presbiteriana, mas se tornou agnóstico. Ele foi eleito vice-presidente em 1950 e assumiu apenas parte do mandato de Vargas, depois que este cometeu suicídio em agosto de 1954.

2. Prandini, Petrucci e Dale 1986-87:4:148-50.

3. Muricy 1993:662-3; "Relatório do XXII Encontro Bipartite", FGV/CPDOC, ACM, rolo 2, doc. nº 119, p. 2; doc. nº 120, p. 1; doc. nº 123. Sobre as intenções de Muricy, ver também Piletti e Praxedes 1997:414.

4. Piletti e Praxedes 1997:414.

5. "Relatório do XXII Encontro Bipartite", FGV/CPDOC, ACM, rolo 2, doc. nº 119, p. 2, doc. nº 120, p. 1 (deveria), doc. nº 123 (solicitar).

6. Muricy 1993:662-3.

7. Ver exemplos do diálogo entre a Igreja e o Estado sob o governo Geisel em Prandini, Petrucci e Dale 1986-87, vols. 4 e 5.

8. Maurice W. Kendall para Muricy, Rio de Janeiro, 27 de agosto de 1974, FGV/CPDOC,

ACM, rolo 2, doc. nº 668 (citações); "Brief Paper. Presentation of USAC&GSC Allied Officer Hall of Fame Certificate to General de Exército Antônio Carlos da Silva Muricy", FGV/CPDOC, ACM, rolo 2, doc. nº 668, p. 3, doc. nº 669, p.1; "Press Release. Allied Officer Hall of Fame", FGV/CPDOC, ACM, rolo 2, doc. nº 671, p. 3, doc. nº 671, p. 3, doc. nº 672, p. 1.

9. Entrevista com Moraes Rego; ver Soares, D'Araujo e Castro 1995:59-60.

10. Ver, por exemplo, os comentários de dom Ivo em Prandini, Petrucci e Dale 1986-87:5:15-6.

11. Mainwaring 1986:154-64.

12. Entrevista com dom Eugênio.

13. Entrevista com dom Pedro Casaldáliga; entrevista com Pretto (2).

14. Bandeira 1994:77.

15. Entrevista com Muricy (1); entrevista com Sampaio (2); entrevista com Candido Mendes (2). A tentativa da Igreja e das forças de oposição no Chile de cultivar melhores relações com os militares reforçou o apoio marcial à democracia no crepúsculo do regime Pinochet (ver Fleet e Smith 1997:135, 137, 156).

16. Entrevista com dom Paulo (1).

17. Pereira 1996.

18. Entrevista com Padilha (1) (a verdade), (2) (importância, evitamos).

19. Ver também Smith 1997.

20. Uma situação análoga ocorreu no Chile, onde católicos radicais se opuseram às tentativas de líderes da Igreja de negociar com o governo; ver Fleet e Smith 1997:119.

21. Por uma interpretação anterior que coloca o foco no diálogo durante a era Geisel, ver Bruneau 1982:71-2.

22. Médici considerou começar a abertura no final de sua gestão, mas optou por não fazê-lo por causa da contínua atividade de guerrilheiros rurais; ver, por exemplo, Soares, D'Araujo e Castro 1995:47, 177, 260-1; Médici 1995:31-2, 49. Ver também Del Vecchio 2000.

23. Cesar 1993:7.

24. Ver, por exemplo, Boff 1981.

25. Ver, por exemplo, Gill 1998:183.

26. Fleet e Smith discutem similarmente a busca por um "campo comum" durante as difíceis negociações conduzidas pela Igreja em direção a um acordo nacional no Chile (Fleet e Smith 1997:122-3, 137, 156).

27. Loveman 1999:184-5.

28. O melhor exemplo é a Revolução da Nicarágua, que teve o apoio de grande parte da Igreja progressista, inclusive de clérigos brasileiros, como dom Pedro Casaldáliga. Para o conjunto da história das Igrejas latino-americanas e a Guerra Fria, ver Antoine 1999. Para um bom apanhado da literatura secundária, ver Klaiber 1997.

29. Drosdoff 1986:126.

30. De modo análogo, nos anos 30, dom Leme permitiu que o clero participasse do movimento integralista, mas não deu a ele a bênção oficial da Igreja. Depois de sua proscrição, a Igreja rapidamente se desengajou do integralismo. Sou grato a Lúcia Lippi de Oliveira por chamar minha atenção para esse paralelo. McDonough (1981:191) também observa que a dissidência dos bispos era moderada.

31. Ver também Gill 1998:13-4.

32. Ver também Gill 1998:4-5.

33. Lowden 1996; Smith 1982; Fleet e Smith 1997.

34. Carter 1991.

35. Mignone 1990. Sobre as raízes da aliança católica-militar argentina, ver Zanatta 1996.

36. Klaiber 1997:136-7.

37. Kirk 1992; Stein 1999.

38. Sobre desdobramentos recentes em religião e política, ver Serbin 2000, 1993b. Há muitas interpretações sobre o recuo da Igreja de suas posições radicais no Brasil e em outros lugares. Ver, por exemplo, Della Cava 1989; Mainwaring 1986, capítulo 11; Libânio 1983; Lernoux 1989; Ghio 1992; Beozzo 1994, capítulo 4.

39. Grudin 1996:12-3. Ver também as considerações teóricas sobre a barganha entre a Igreja e o Estado em Gill 1998:49.

40. No Chile, o cardeal Raúl Silva Henríquez assumiu posição similar em relação à ditadura Pinochet; ver Lowden 1996:35-6. Como apontam Fleet e Smith, a natureza pública do diálogo no Chile reduziu sua eficácia; ver Fleet e Smith 1997:119-29.

41. Bandeira 1994:77.

42. Entrevista com Marina Bandeira.

43. Citados em Couto 1999:225, 236.

44. Ver, por exemplo, Soares, D'Araujo e Castro 1995:139-41.

45. Em 1997, por exemplo, a Igreja escolheu o tema controvertido da "fraternidade e os encarcerados" para sua campanha anual da Quaresma (ver CNBB 1997). Sobre os direitos humanos, ver também Lowden 1996:75-91.

46. Zirker 1988; Caldeira 1991.

47. Hess e DaMatta 1995.

48. Bicudo 1976. Ver também os comentários de Sydow e Ferri 1999:118 e Rollemberg 1999:239-40, 53-4.

49. Para uma análise similar, ver Gaspari 1997b; Crivellaro e Vieira 2001.

50. Ver também Peritore 1989.

51. Comentário anônimo.

52. Entrevista com dom Waldyr (2).

53. Entrevista com dom Waldyr (2).

54. Entrevista com dom Paulo (1).

55. Fleet e Smith 1997:126, 272. Grifo no original.

56. Ver também Gill 1998:175; e a discussão da multidimensionalidade das ideologias da elite em McDonough 1981.

57. Paiva 1985a:52-67; Romano 1979.

58. Couto 1998:219. Sobre as diferenças ideológicas nas Forças Armadas, ver também Smallman 1998; Carvalho 1999.

59. Castello Branco 1979:3:337.

60. Stepan 1988:40.

61. O'Donnell 1988:31-2.

62. Martins Filho 1995:18-28. McDonough 1981 (xxvi) salienta a "heterogeneidade interna" de setores da elite brasileira. Ver também Reis e Cheibub 1995.

63. Hagopian 1996:107-8; ver também B. Schneider 1991.

64. Houtzager 1998.

65. Argumento similar sobre periodização alternativa se encontra em Green 1999:14; ver também o questionamento das interpretações-padrão do regime em Del Vecchio 2000.

66. Ver, por exemplo, Couto 1998:218. Da mesma forma, como Loveman (1999:xiii) afirma, "As Forças Armadas são ao mesmo tempo parte da sociedade e estão separadas dela".

67. Hagopian 1996.

68. Sobre arranjos de elite e exclusão, ver Burton, Gunther e Higley 1992:18-9; Knight 1992:119.

69. "Relatório do XVII Encontro Bipartite", FGV/CPDOC, ACM, rolo 2, doc. nº 43, p. 2.

70. *XXXVI Congresso Eucarístico* 1955:119.

71. Jobim para a Secretaria de Estado, Roma, 30 de novembro de 1970, Arquivo do Itamaraty, Secretaria de Estado das Relações Exteriores, correspondência especial 4736, pp. 10-1.

Cronologia sumária do regime militar e da Bipartite

31 de março a 1º de abril de 1964 — Comandadas pelo general Muricy, tropas do Exército invadem o Rio de Janeiro para depor o presidente João Goulart.

15 de abril de 1964 — Castello Branco torna-se presidente.

Março de 1966 — O general Muricy e dom Hélder terminam amizade que durou trinta anos.

15 de março de 1967 — Costa e Silva torna-se presidente.

Novembro de 1967 — Dom Waldyr entra em conflito com o 1º BIB depois que soldados invadem sua casa, detendo padres e outros.

Março de 1968 — Estudante Edson Luís baleado por policial no Rio de Janeiro. Protestos nas grandes cidades.

Agosto de 1968 — Documento de Medellín.

13 de dezembro de 1968 — Extremistas militares forçam o presidente Costa e Silva a emitir o AI-5.

Maio de 1969 — Terroristas de extrema-direita assassinam o padre Henrique Pereira Neto, assessor de dom Hélder Câmara.

Julho de 1969 — Criada em São Paulo a Oban, organização para perseguir subversivos.

Agosto de 1969 — Costa e Silva sofre derrame e é substituído por uma junta militar.

4 de setembro de 1969 — Seqüestro do embaixador dos Estados Unidos, Burke Elbrick, por revolucionários da ALN e do MR-8.

30 de outubro de 1969 — Médici toma posse para substituir Costa e Silva.

4 de novembro de 1969 — Morte de Carlos Marighella, líder da ALN, e prisão de dominicanos.

Agosto-outubro de 1970 — Forças de segurança atacam a JOC, invadem o Ibrades e detêm dom Aloísio, secretário-geral da CNBB.

3 de novembro de 1970 — Em uma reunião secreta entre Igreja e militares, Candido Mendes propõe a "descompressão" das relações entre a Igreja e o Estado e aponta possibilidades de colaboração.

Janeiro de 1972 — Assassinato por tortura de quatro soldados presos no 1º BIB em Barra Mansa.

Agosto de 1972 — Crise entre a Igreja e o Estado sobre a comemoração do 150º aniversário da Independência.

1972-73 — Repressão policial e militar em São Félix do Araguaia. Prisão de dom Pedro Casaldáliga e de agentes de pastoral.

1973 — CNBB comemora os 25 anos da Declaração Universal de Direitos Humanos das Nações Unidas.

16 e 17 de março de 1973 — Alexandre Vannucchi Leme torturado até à morte no DOI-Codi de São Paulo.

Outubro de 1973 — Médici ordena o fechamento da Rádio Nove de Julho.

15 de março de 1974 — Ernesto Geisel assume a Presidência e inicia a distensão.

Outubro de 1975 — Morte de Vladimir Herzog.

1976 — Morte do padre Burnier e seqüestro de dom Adriano Hypólito.

15 de março de 1979 — Figueiredo torna-se presidente. Declarada a anistia.

15 de março de 1985 — José Sarney torna-se presidente e o Brasil retorna ao sistema de governo civil depois de 21 anos de ditadura militar.

Glossário e lista de siglas

ACB — Ação Católica Brasileira. Movimento de leigos católicos organizado em 1930, com importância política nas décadas de 50 e 60.

ACM — Arquivo Antônio Carlos (da Silva) Muricy.

Adesg — Associação dos Diplomados da Escola Superior de Guerra.

ADBPVR — Arquivo da Diocese de Barra do Piraí-Volta Redonda.

AEAASS — Archivo de la Embajada de la República Argentina ante la Santa Sede.

AEL — Arquivo Edgard Leuenroth.

Aesp — Arquivo do Estado de São Paulo.

AI-I — Ato Institucional nº 1.

AI-5 — Ato Institucional nº 5. Baixado no dia 13 de dezembro de 1968, este foi o quinto e o mais severo de uma série de decretos ditatoriais do regime militar. O governo fechou o Congresso, eliminou liberdades civis e de imprensa e deu carta-branca aos militares para esmagar a oposição.

AIB — Ação Integralista Brasileira. Na década de 30, uma organização quase-fascista que incluía como membros oficiais e clérigos conservadores.

ALN — Ação Libertadora Nacional. A organização de guerrilha urbana mais ameaçadora do final da década de 60 e começo da década de 70. Foi liderada por Carlos Marighella, assassinado em novembro de 1969. Membros da ordem dominicana colaboravam com a ALN.

AP — Ação Popular. Organização revolucionária composta principalmente de militantes da Juventude Universitária Católica.

Aperj — Arquivo Público do Estado do Rio de Janeiro.

Arena — Aliança Renovadora Nacional, o partido oficial pró-governo de 1965 a 1979.

Bemfam — Sociedade do Bem-Estar Familiar do Brasil. Contra a vontade da Igreja, a Bemfam instalou clínicas de planejamento familiar e distribuiu anticoncepcionais.

BMFA — Coleção Branca de Mello Franco Alves.

BNM — Brasil: Nunca Mais. Um projeto patrocinado pela Arquidiocese de São Paulo que reuniu registros da Justiça Militar que documentavam a prática de tortura. Esses registros tornaram-se um livro com recorde de vendas em 1985. Seu arquivo é uma fonte importante para estudiosos do regime militar.

CAALL — Centro Alceu Amoroso Lima para a Liberdade.

CDADDH — Centro de Documentación y Archivo para la Defensa de los Derechos Humanos.

CEBS — Comunidades Eclesiais de Base. Uma das mais importantes inovações da Igreja progressista das décadas de 70 e 80.

Cedohc — Centro de Documentação Hélder Câmara.

Cedic — Central de Documentação e Informação Científica "Prof. Casemiro dos Reis Filho".

Celam — Conselho Episcopal Latino-americano. Sua segunda conferência geral em Medellín, Colômbia, em 1968, produziu um documento radical pedindo justiça social na América Latina.

Cenimar — Centro de Informações da Marinha. Uma unidade de inteligência militar secreta e bastante eficaz. Prisioneiros políticos foram torturados ali.

CIE — Centro de Informações do Exército. Uma unidade de inteligência do Exército muito importante, encarregada de combater guerrilheiros na Amazônia e em outros locais.

Cisa — Centro de Informações e Segurança da Aeronáutica. Unidade de inteligência militar muito importante. Prisioneiros políticos foram torturados ali.

CJP-BR — Comissão Pontifícia Justiça e Paz — Seção Brasileira.

CJP-SP — Comissão Justiça e Paz da Arquidiocese de São Paulo.

CM — Comunicado Mensal (da CNBB).

CNBB — Conferência Nacional dos Bispos do Brasil. Organização nacional dos bispos do Brasil que se reúne regularmente para discutir questões religiosas, sociais e políticas. Tornou-se a voz da Igreja brasileira na década de 70.

Concordata — um acordo entre o Vaticano e um Estado nacional que concede à Igreja alguns privilégios, freqüentemente em troca de apoio político.

Concordata moral — O acordo informal e não escrito entre o Estado brasileiro e a Igreja Católica que existiu entre 1930 e 1970.

CPDOC — Centro de Pesquisa e Documentação de História Contemporânea do Brasil. Importante repositório de entrevistas de história oral e arquivos da elite política brasileira.

CPT — Comissão Pastoral da Terra. Uma das mais importantes inovações da Igreja progressista da década de 70; procurou proteger e ajudar posseiros nas regiões de São Félix, da Amazônia e outras.

Deops-SP — Departamento Estadual de Ordem Política e Social. Importante unidade da polícia que combatia movimentos revolucionários no final da década de 60 e começo da de 70.

Distensão — a descompressão de tensões políticas na metade da década de 70 que acarretou a abertura.

DOI-Codi — Destacamento de Operações de Informações e Centro de Operações de Defesa Interna. Centros de interrogação e tortura administrados pelo Exército.

Dops-GB — Departamento de Ordem Política e Social da Guanabara (Guanabara foi a denominação política da cidade do Rio de Janeiro de 1960 a 1975).

DSN — Doutrina de Segurança Nacional.

Embratur — Empresa Brasileira de Turismo.

EME — Estado-Maior do Exército.

ESG — Escola Superior de Guerra. Um centro de estudos que formou tanto oficiais militares como civis dentro da Doutrina de Segurança Nacional. Forneceu justificativa ideológica ao regime militar.

FEB — Força Expedicionária Brasileira. Força brasileira que combateu junto a tropas dos EUA na Itália durante a Segunda Guerra Mundial. Seus líderes estabeleceram fortes laços com militares dos EUA e mais tarde fizeram parte da conspiração contra o presidente João Goulart em 1964.

FGV — Fundação Getúlio Vargas.

Ibrades — Instituto Brasileiro de Desenvolvimento. Um centro de estudos jesuíta que se especializou em educação popular. Atacado por forças de segurança em 1970.

Igreja progressista — uma união de grupos dentro da Igreja Católica brasileira que enfatizou a luta por justiça social e direitos humanos, e oposição pacífica ao regime militar.

INP — Instituto Nacional de Pastoral. Administra a biblioteca da CNBB em Brasília e possui documentação da Igreja das décadas de 60 e 70.

IPM — Inquérito Policial Militar. Procedimento de investigação da Justiça Militar freqüentemente usado durante a ditadura para processar indivíduos suspeitos de subversão ou oposição política.

ISEB — Instituto Superior de Estudos Brasileiros. Um centro de pesquisa nacionalista do Ministério da Educação criado em meados da década de 50. Extinto pelo regime militar por causa de supostos laços com o comunismo.

JB — *Jornal do Brasil.*

Jesuítas — Ordem religiosa masculina de bastante prestígio da Igreja Católica com fidelidade especial ao papa e conhecida por suas atividades intelectuais e educacionais. Proeminente no Brasil e em toda a América Latina.

JOC — Juventude Operária Católica. Movimento católico bastante progressista criticado pelo clero conservador e atacado pelo regime militar.

JUC — Juventude Universitária Católica. Movimento católico bastante progressista atacado pelos militares e fechado pelos bispos.

LSN — Lei de Segurança Nacional.

MCI — Movimento Comunista Internacional.

MDB — Movimento Democrático Brasileiro, o partido oficial de oposição ao governo de 1965 a 1979.

MEB — Movimento de Educação de Base. Empregou pedagogia popular entre os pobres. Atacado pelo regime militar.

Molipo — Movimento de Libertação Popular. Organização revolucionária violenta destruída pelos militares no começo da década de 70.

MPL — Movimento Popular de Libertação. Organização revolucionária cristã-marxista reprimida pelos militares no começo da década de 70.

Oban — Operação Bandeirantes. Organização repressiva criada em São Paulo em 1969. Foi substituída pelo DOI-Codi do II Exército no ano seguinte, mas muitos brasileiros ainda se referem a ela como Oban.

OESP — *O Estado de S. Paulo.*

PCB — Partido Comunista Brasileiro. Nos anos 60, milhares de militantes deixaram o partido, que se opunha à ação violenta contra o regime militar, para integrarem movimentos revolucionários como a ALN.

1º BIB — 1º Batalhão de Infantaria Blindada (Barra Mansa).

PUC-RJ — Pontifícia Universidade Católica do Rio de Janeiro. Uma das instituições mais tradicionais da educação superior brasileira.

PUC-SP — Pontifícia Universidade Católica de São Paulo. Outra instituição tradicional da educação superior brasileira.

S2 — Seção de segurança interna de uma unidade do Exército brasileiro.

SAR — Serviço de Assistência Rural, fundado por dom Eugênio Sales.

Sedoc — Serviço de Documentação.

SNI — Serviço Nacional de Informações. Agência de inteligência do governo criada pelo regime militar em 1964. Em todos os governos militares, seu líder era sempre um dos homens mais poderosos do ministério.

Te deum — Ato religioso de Ação de Graças.

UDN — União Democrática Nacional. Partido mais conservador do Brasil antes de 1964.

UNE — União Nacional dos Estudantes.

USP — Universidade de São Paulo. Centro de revoltas estudantis e revolucionárias no final da década de 60 e começo da de 70.

Vaticano — um Estado independente, é o quartel-general da Igreja. Localizado em Roma, inclui a residência do papa.

Vaticano II — O Concílio Vaticano II (1962-65) reuniu os bispos do mundo numa série de encontros para repensar a vida e a constituição da Igreja. Advogou as mais abrangentes reformas da história da Igreja.

Fontes e bibliografia

I. ARQUIVOS

Archivo de la Embajada de la República Argentina ante la Santa Sede (AEAASS), Roma.
Arquivo Ana Lagôa, Universidade Federal de São Carlos, São Carlos, São Paulo.
Arquivo Antônio Carlos [da Silva] Muricy, Fundação Getúlio Vargas, Centro de Pesquisa e Documentação de História Contemporânea do Brasil, Rio de Janeiro (FGV/CPDOC, ACM), Rio de Janeiro.
Arquivo da Diocese de Barra do Piraí-Volta Redonda (ADBPVR), Volta Redonda.
Arquivo do Itamaraty, Ministério das Relações Exteriores, Brasília.
Brasil: Nunca Mais, Centro de Pesquisa e Documentação Social, Associação Cultural Arquivo Edgard Leuenroth, Instituto de Filosofia e Ciências Humanas, Universidade Estadual de Campinas (AEL, BNM), Campinas, São Paulo.
Central de Documentação e Informação Científica "Prof. Casemiro dos Reis Filho", Pontifícia Universidade Católica de São Paulo (PUC-SP/Cedic), São Paulo.
Centro Alceu Amoroso Lima para a Liberdade (CAALL), Petrópolis.
Centro de Documentação Hélder Câmara (Cedohc), Recife.
Centro de Documentación y Archivo para la Defensa de los Derechos Humanos (Archivo del Terror) (CDADDH), Assunção, Paraguai.
Coleção Branca de Mello Franco Alves, Biblioteca Cardeal Câmara, Arquidiocese do Rio de Janeiro (BMFA), Rio de Janeiro.
Coleção Marc van Der Weid, Arquivo Público do Estado do Rio de Janeiro (Aperj, Coleção Jean Marc van Der Weid), Rio de Janeiro.
Departamento de Ordem Política e Social da Guanabara, Arquivo Público do Estado do Rio de Janeiro (Aperj/Dops-GB), Rio de Janeiro.

Departamento Estadual de Ordem Política e Social, Arquivo do Estado de São Paulo (Aesp, Deops-SP), São Paulo.
Divisão de Segurança e Informações do Ministério da Justiça, Arquivo Nacional (AN, DSI/MJ), Rio de Janeiro.
Fundo Sesquicentenário, Arquivo Nacional, Rio de Janeiro.
Instituto Nacional de Pastoral, Conferência Nacional dos Bispos do Brasil (INP), Brasília.
National Security Archive, Washington, D.C.

II. ENTREVISTAS

As partes *grifadas* dos nomes indicam como as notas irão se referir às entrevistas. Os números entre parênteses indicam múltiplas entrevistas com a mesma pessoa. Todas as anotações, fitas e transcrições de entrevistas estão em poder do autor.

Candido [Antonio José Francisco] *Mendes* de Almeida, Rio de Janeiro, (1) 9 de agosto de 1994, (2) 5 de julho de 1995, e (3) 10 de abril de 1997.
Entrevista anônima com ex-policial do Dops-GB, Rio de Janeiro, 10 de março de 1997.
Evilásio de Jesus Araújo, Brasília, 11 de junho de 1993.
Dom Paulo Evaristo Arns, São Paulo, (1) 10 de setembro de 1996, e (2) 29 de julho de 1999.
Padre Fernando Bastos de *Ávila*, Rio de Janeiro, 10 de julho de 1995.
Marina Bandeira, Rio de Janeiro, 4 de julho de 1994.
General Roberto *Pacífico* Barbosa, Rio de Janeiro, 24 de janeiro de 1999.
Mário Gibson Barboza, Rio de Janeiro, 3 de abril de 1997.
Raimundo *Caramuru* de Barros, Brasília, 7 de fevereiro de 1990.
Oswaldo Bazzo, Sorocaba, 18 de setembro de 1996.
Entrevista telefônica com *padre Nathanael* de Moraes Campos (Belo Horizonte), Rio de Janeiro, 13 de maio de 1997.
Marival Chaves Dias do Canto, Vila Velha, Espírito Santo, 20 de janeiro de 1999.
Dom Pedro Casaldáliga, Belo Horizonte, 18 de julho de 1995.
Dom Amaury Castanho, Itu, 20 de setembro de 1996.
Cecília Coimbra, Rio de Janeiro, 9 de novembro de 1996.
General *Octávio* [Pereira da] *Costa*, Rio de Janeiro, (1) 12 de agosto de 1994, (2) 1º de março de 1997, e (3) 17 de março de 1997.
Dalmo Dallari, São Paulo, 11 de setembro de 1996.
Adriano Diogo, São Paulo, 19 de maio de 1997.
Arlete Diogo, São Paulo, 19 de maio de 1997.
General Carlos Alberto *Fontoura*, Rio de Janeiro, 12 de agosto de 1994.
Margarida Genevoix, São Paulo, 11 de setembro de 1996.
Dom Mário Teixeira Gurgel, Itabira, 18 de julho de 1996.
Padre Friedrich Karl *Laufer*, Porto Alegre, 13 de agosto de 1989.
Entrevista telefônica com Alberto Alonso *Lázaro* (São Paulo) (1), Rio de Janeiro, 14 de janeiro de 1997, e entrevista pessoal (2), São Paulo, 18 de maio de 1997.
Egle Vannucchi Leme, Sorocaba, 19 de setembro de 1996.
José de Oliveira *Leme*, Sorocaba, 19 de setembro de 1996.

Ivo Lesbaupin, Rio de Janeiro, 14 de julho de 1994.
General Augusto César da Fonseca *Lessa*, Rio de Janeiro, 22 de abril de 1997.
Almirante *Roberval* Pizarro Marques, Rio de Janeiro, 13 de julho de 1995.
Heitor Corrêa *Maurano*, Rio de Janeiro, 16 de janeiro de 1997.
General Antônio Carlos da Silva *Muricy*, Rio de Janeiro, (1) 17 de junho de 1993, (2) 14 de julho de 1995, e (3) 1º de março de 1997.
Virgínia Ramos da Silva Muricy, Rio de Janeiro, 1º de março de 1997.
Togo Meirelles Netto, Rio de Janeiro, 21 de março de 1997.
Virgílio Rosa Netto, Rio de Janeiro, (1) 5 de julho de 1995, e (2) 10 de março de 2000.
Marcos Noronha, Belo Horizonte, 20 de julho de 1996.
Dom Waldyr Calheiros de Novaes, Volta Redonda, (1) 14 de fevereiro de 1997, e (2) 29 de dezembro de 1998 (feita pelo autor e Célia Costa).
Tarcísio Meirelles *Padilha*, Rio de Janeiro, (1) 15 de julho de 1994, e (2) 10 de maio de 1997.
Jarbas Passarinho, Brasília, 7 e 8 de agosto de 2001.
Carlos Eugênio Sarmento Coelho da *Paz*, Rio de Janeiro, 30 de janeiro de 1997.
João Luiz Gonzaga *Peçanha*, Sorocaba, 18 de setembro de 1996.
Entrevista telefônica com *Agláia* Bleggi *Peixoto* (Curitiba), Rio de Janeiro, 13 de março de 2000.
Padre *Ernanne Pinheiro*, São Paulo, 27 de julho de 1995.
Entrevista telefônica com *Araken Faissol* Pinto, Rio de Janeiro, 13 de março de 1997.
José Prestes de Barros, Sorocaba, 17 de setembro de 1996.
Padre Agostinho *Pretto*, Nova Iguaçu, (1) 11 de julho de 1994, e (2) 3 de julho de 1996.
Padre Mário *Prigol*, Rio de Janeiro, 10 de julho de 1996.
Cândido Feliciano da *Ponte Neto*, Rio de Janeiro, 7 de julho de 1995.
Padre *Gervásio Queiroga*, Belo Horizonte, 17 e 18 de julho de 1995.
General Gustavo *Moraes Rego* Reis, Rio de Janeiro, 15 de janeiro de 1997.
Evangelina de Assis Ribeiro, Volta Redonda, 29 de dezembro de 1998.
Lisete Lídia de Sílvio Russo, São Paulo, 30 de setembro de 1996.
Dom Eugênio de Araújo Sales, Rio de Janeiro, 7 de julho de 1995.
General Mário Ribeiro Orlando *Sampaio*, Rio de Janeiro, (1) 3 de abril de 1997, e (2) 8 de abril de 1997.
Geralsélia Ribeiro da Silva, Volta Redonda, 12 de abril de 1997.
Maria Aparecida de Jesus da Silva, Volta Redonda, 29 de dezembro de 1998.
Mário dos Passos *Simas*, São Paulo, 30 de setembro de 1996.
Geraldo Augusto de *Siqueira* Filho, São Paulo, 15 de março de 1998.
Padre *Orestes* João *Stragliotto*, Belo Horizonte, 10 de julho de 1995.
Tibor Sulik, (1) Luziânia, Goiás, 26 de julho de 1994, e (2) Rio de Janeiro, 6 de julho de 1995.
Helmo de Azevedo *Sussekind*, Rio de Janeiro, 26 de março de 1997.
Maria Amélia (*Amelinha*) de Almeida Teles, São Paulo, 19 de maio de 1997.
Padre *Virgílio Leite Uchôa*, Brasília, (1) 10 de junho de 1993, e (2) Luziânia, 26 de julho de 1994.
Aldo Vannucchi, Sorocaba, 19 de setembro de 1996.
Paulo de Tarso *Vannuchi*, São Paulo, 11 de setembro de 1996.
Luiz Viegas de Carvalho, Rio de Janeiro, (1) 27 de agosto de 1996, e (2) 29 de agosto de 1996.
Efigênia Monção *Virote*, Volta Redonda, 11 de abril de 1997.
Pedro Paulo *Virote*, Volta Redonda, 11 de abril de 1997.

III. JORNAIS E PERIÓDICOS CONSULTADOS [siglas entre colchetes]

Boletim do Clero (da Arquidiocese do Rio de Janeiro)
Comunicado Mensal (da CNBB) [*CM*]
O Estado de S. Paulo [*OESP*]
Jornal do Brasil [*JB*]
Pasquim
Revista Eclesiástica Brasileira [*REB*]
Serviço de Documentação [*Sedoc*]

IV. LIVROS E ARTIGOS

ABRAMO, Bia (org.). 1997. *Um trabalhador da notícia: textos de Perseu Abramo.* São Paulo: Editora Fundação Perseu Abramo.

ABREU, Hugo. 1974. *O outro lado do poder.* Rio de Janeiro: Nova Fronteira.

Acervo: Revista do Arquivo Nacional. 1998. 11:1-2, jan.-dez. (número dedicado ao tema "Nada será como antes: os anos 60").

Actes do Tribunal Russell II. 1974. Roma.

Albuquerque, Walter Pires de Carvalho e. 1985. *Administração gen. ex. Walter Pires de Carvalho e Albuquerque.* Rio de Janeiro: Biblioteca do Exército.

ALCÂNTARA, Eurípedes. 1997. "O embaixador e o golpe", *Veja*, 15 out., pp. 40-3.

"ALCEU: 85 ANOS. Homenagem ao grande brasileiro". 1978. *Encontros com a Civilização Brasileira*, 6, dez. (edição especial).

Alceu Amoroso Lima (1893-1983): bibliografia e estudos críticos. 1987. Salvador: Centro de Documentação do Pensamento Brasileiro.

ALMEIDA, Candido Antonio José Francisco Mendes de. 1943. *O senador do Império Candido Mendes de Almeida.*

____. 1959. *Perspectiva atual da América Latina.* Rio de Janeiro: ISEB.

____. 1963. *Nacionalismo e desenvolvimento.* Rio de Janeiro: Instituto Brasileiro de Estudos Afro-Asiáticos.

____. 1966a. "Sistema político e modelos de poder no Brasil". *Dados*, pp. 7-41.

____. 1966b. *Memento dos vivos: a esquerda católica no Brasil.* Rio de Janeiro: Tempo Brasileiro.

____. 1969. "Elites de poder, democracia e desenvolvimento". *Dados*, pp. 57-90.

____. 1972. "The Potential and the Promise: A Challenge to the Intelligentsia". In: BURNELL, Elaine H. (org.). *One Spark from Holocaust: The Crisis in Latin America.* Nova York: Center for the Study of Democratic Institutions, pp. 168-75.

____. 1977. *Beyond Populism.* Trad. L. Gray Cowan. Albany, Nova York: State University of New York.

____. 1996. *O vinco do recado.* Rio de Janeiro: Nova Fronteira.

____ & BANDEIRA, Marina, 1996. *Comissão Brasileira Justiça e Paz (1969-1995): empenho e memória.* Rio de Janeiro: Educam.

____. et al. 1973. *O outro desenvolvimento.* Rio de Janeiro: Artenova.

____. et al. 1993. *Dr. Alceu e o laicato hoje no Brasil.* Rio de Janeiro: Nova Fronteira.

ALMEIDA, Luciano Mendes. 1994. "Igreja e regime militar de 64". In: *Pastoral da Igreja no Brasil nos anos 70: caminhos, experiências e dimensões.* Instituto Nacional de Pastoral (org.). Petrópolis: Vozes, pp. 15-21.

ALMEIDA, Maria Hermínia Tavares de & WEIS, Luiz. 1998. "Carro-zero e pau-de-arara: o cotidiano da oposição da classe média ao regime militar". In: NOVAES, Fernando A. & SCHWARCZ, Lilia Moritz (orgs.). *História da vida privada no Brasil.* São Paulo: Companhia das Letras, vol. 4, pp. 320-409.

ALMEIDA FILHO, Hamilton. 1978. *A sangue-quente: a morte do jornalista Vladimir Herzog.* São Paulo: Alfa-Omega.

ALVARENGA, Telma. 2001. "O novo palácio de Conde". *JB*, 27 jun., p. 19.

ALVES, Maria Helena Moreira. 1985. *Estado e oposição no Brasil (1964-84).* Trad. Clóvis Marques. Petrópolis: Vozes.

ALVES, Márcio Moreira. 1967. *Torturas e torturados.* 2ª ed. Rio de Janeiro: Empresa Jornalística.

_____. 1968. *O Cristo do povo.* Rio de Janeiro: Sabiá.

_____. 1973. *A Grain of Mustard Seed.* Garden City, Nova York: Anchor Books.

_____. 1979. *A Igreja e a política no Brasil.* São Paulo: Brasiliense.

"AMÉRIQUE LATINE: les très discrètes conférences des armées américaines". 1995. *Diffusion de l'Information sur l'Amérique Latine*, nº 1943, 4 jan.

AMNESTY International. 1973. *Report on Allegations of Torture in Brazil.* Palo Alto, Califórnia: Amnesty International.

_____. 1990. *Brazil: Torture and Extrajudicial Execution in Urban Brazil.* Londres: Amnesty International Publications.

ANDERSON, John Lee. 1997. *Che Guevara: A Revolutionary Life.* Nova York: Grove Press.

ANTOINE, Charles. 1970. *Church and Power in Brazil.* Maryknoll, Nova York: Orbis Books.

_____. 1980. *O integrismo brasileiro.* Trad. João Guilherme Linke. Rio de Janeiro: Civilização Brasileira.

_____. 1999. *Guerre froide et église catholique: l'Amérique Latine.* Paris: Cerf.

AQUINO, Maria Aparecida. 1995. "Caminhos cruzados: imprensa e Estado autoritário no Brasil". Tese de doutorado, Universidade de São Paulo.

ARGOLO, José A.; RIBEIRO, Kátia & FORTUNATO, Luiz Alberto M. 1996. *A direita explosiva no Brasil.* Rio de Janeiro: Mauad.

ARNS, Paulo Evaristo. 1978. *Em defesa dos direitos humanos. Encontro com o repórter.* Rio de Janeiro: Civilização Brasileira.

Arquidiocese de São Paulo. 1985. *Brasil: nunca mais.* Petrópolis: Vozes.

_____. 1988. *Perfil dos atingidos.* Petrópolis: Vozes.

ARQUIVO Público do Estado do Rio de Janeiro. 1996a. *Os arquivos das polícias políticas: reflexos de nossa história contemporânea.* Rio de Janeiro: Faperj.

_____. 1996b. *Dops: a lógica da desconfiança.* Rio de Janeiro: Arquivo Público do Estado.

ARRUDA, Roldão O. 1996. "D. Paulo relembra diálogo com generais", *OESP*, 8 set., p. A30.

ÁVILA, Fernando Bastos de. 1987. *Igreja e Estado no Brasil: perspectivas e prospectivas.* São Paulo: Loyola.

AZEVEDO, Marcello. 1986. Comunidades eclesiais de base e inculturação da fé. São Paulo: Loyola.

AZEVEDO, Ricardo de & MAUÉS, Flamarion (orgs.). 1997. *Rememória: entrevistas sobre o Brasil do século XX.* São Paulo: Editora Fundação Perseu Abramo.

AZZI, Riolando. 1977. "O início da restauração católica no Brasil (1920-1930)". *Síntese* 10:61-90; 11:73-102.

____. 1978. "O início da restauração católica em Minas Gerais: 1920-1930". *Síntese* 14:65-92.

____. (org.). 1983. *A vida religiosa no Brasil: enfoques históricos*. São Paulo: Paulinas.

BAER, Werner. 1995. *The Brazilian Economy: Growth and Development*. 4ª ed. Westport, Connecticut: Praeger.

BAFFA, Ayrton. 1989. *Nos porões do SNI: o retrato do monstro de cabeça oca*. Rio de Janeiro: Objetiva.

BANDEIRA, Marina. 1978. "D. Hélder Câmara e o Vaticano II". *Revista de Cultura Vozes*, ano 72, vol. LXXXII, nº 10, dez., pp. 73-6.

____. 1994. "Alguns aspectos. Acentuações". In: Instituto Nacional de Pastoral (org.). *Pastoral da Igreja no Brasil nos anos 70: caminhos, experiências e dimensões*. Petrópolis: Vozes, pp. 73-82.

BANDEIRA, Moniz. 1979. *Brizola e o trabalhismo*. Rio de Janeiro: Civilização Brasileira.

BARBOZA, Mário Gibson. 1992. *Na diplomacia, o traço todo da vida*. Rio de Janeiro: Record.

BARROS, Raimundo Caramuru de. 1994a. "A tensão escatológica e a pastoral". In: Instituto Nacional de Pastoral. *Pastoral da Igreja no Brasil nos anos 1970: caminhos, experiências e dimensões*. Petrópolis: Vozes, pp. 161-85.

____. (Servus Mariae). 1994b. *Para entender a Igreja no Brasil: a caminhada que culminou no Vaticano II (1930-1968)*. Petrópolis: Vozes.

BARROS, Roque Spencer M. de. 1985. "A questão religiosa". In: FAUSTO, Boris (org.). *Historia geral da civilização brasileira*. São Paulo: Difel, tomo II, vol. 4, pp. 338-65.

BEATTIE, Peter. 1996. "The House, the Street, and the Barracks: Reform and Honorable Masculine Social Space in Brazil, 1865-1945". *Hispanic American Historical Review* 76:3, ago., pp. 439-73.

BELOCH, Israel & ABREU, Alzira Alves de (orgs.). 1984. *Dicionário Histórico-Biográfico Brasileiro, 1930-83*. Rio de Janeiro: FGV-CPDOC/ Forense Universitária/Finep, 3 vols.

BEOZZO, José Oscar. 1984. *Cristãos na universidade e na política*. Petrópolis: Vozes.

____. 1986. "A Igreja entre a Revolução de 1930, o Estado Novo e a redemocratização". In: FAUSTO, Boris (org.). *História geral da civilização brasileira*. São Paulo: Difel, tomo III, vol. 4, pp. 271-341.

____. 1994. *A Igreja do Brasil*. Petrópolis: Vozes.

BERNAL, Sergio. 1989. *CNBB — da Igreja da cristandade à Igreja dos pobres*. São Paulo: Loyola.

BERRNSTEIN, Carl & POLITI, Marco. 1996. *His Holiness: John Paul II and the Hidden History of Our Time*. Nova York: Doubleday.

BERRYMAN, Phillip. 1987. *Liberation Theology*. Filadélfia: Temple University Press.

____. 1994. *Stubborn Hope: Religion, Politics, and Revolution in Central America*. Maryknoll, Nova York: Orbis Books.

____. 1996. *Religion in the Megacity: Catholic and Protestant Portraits from Latin America*. Maryknoll, Nova York: Orbis Books.

BICKFORD, Louis. 2000. "Human Rights Archives and Research on Historical Memory: Argentina, Chile, and Uruguay". *Latin American Research Review* 35:2, pp 160-82.

BICUDO, Hélio Pereira. 1976. *Meu depoimento sobre o Esquadrão da Morte*. São Paulo: Pontifícia Comissão de Justiça e Paz.

BIERRENBACH, Julio de Sá. 1996. *1954-1964: uma década política*. Rio de Janeiro: Domínio Público.

_____. 1996a. *Riocentro: quais os responsáveis pela impunidade?* Rio de Janeiro: Domínio Público.

BITTENCOURT, Getúlio & MARKUN, Paulo Sérgio. 1979. *D. Paulo Evaristo Arns: o cardeal do povo*. São Paulo: Alfa-Omega.

BLANCARTE, Roberto. 1992. *Historia de la Iglesia Católica en México*. Mexico City: Fondo de Cultura Económica.

BOFF, Leonardo. 1972. *Jesus Cristo libertador: ensaio de cristologia crítica para o nosso tempo*. Petrópolis: Vozes.

_____. 1981. *Igreja, carisma e poder: ensaios de eclesiologia militante*. Petrópolis: Vozes.

BORGES, Dain. 1992. *The Family in Bahia, Brazil, 1870-1945*. Stanford, Califórnia: Stanford University Press.

_____. 1994. "Review Essay: Brazilian Social Thought in the 1930s". *Luso-Brazilian Review* 31:2, inverno, pp. 137-50.

BRANCH, Taylor. 1988. *Parting the Waters: America in the King Years, 1954-63*. Nova York: Simon and Schuster.

BRANDÃO, Carlos Rodrigues. 1992. "Crença e identidade, campo religioso e mudança cultural". In: SANCHIS, Pierre (org.) *Catolicismo: unidade religiosa e pluralismo cultural*. São Paulo: Loyola, pp. 7-74.

"BRAZIL: government by torture". 1970. *Look*, 14 jul., 34:14, pp. 70-1.

BROWN, Diana De G. 1994. *Umbanda: Religion and Politics in Urban Brazil*. Nova York: Columbia University Press.

BRUNEAU, Thomas C. 1974a. *O catolicismo brasileiro em época de transição*. Trad. Margarida Oliva. São Paulo: Loyola.

_____. 1974b. *The Political Transformation of the Brazilian Catholic Church*. Londres: Cambridge University Press.

_____. 1982. *The Church in Brazil: The Politics of Religion*. Austin, Texas: University of Texas Press.

BURDICK, John. 1993. *Looking for God in Brazil*. Berkeley e Los Angeles, Califórnia: University of California Press.

_____. 1998. *Blessed Anastacia: Women, Race, and Popular Christianity in Brazil*. Nova York: Routledge.

BURNELL, Elaine H., (org.). 1972. *One Spark from Holocaust: The Crisis in Latin America*. Nova York: Center for the Study of Democratic Institutions.

BURTON, Michael; GUNTHER, Richard & HIGLEY, John. 1992. "Introduction: Elite Transformations and Democratic Regimes". In: HIGLEY, John & GUNTHER, Richard (orgs.). *Elites and Democratic Consolidation in Latin America and Southern Europe*. Cambridge: Cambridge University Press, pp. 1-37.

BURR, William Burr. 1998. *The Kissinger Transcripts: The Top-Secret Talks with Beijing and Moscow*. Nova York: The New Press.

CABRAL, Pedro Corrêa. 1993. *Xambioá: guerrilha no Araguaia*. Rio de Janeiro: Record.

CAFÉ FILHO, João. 1966. *Do sindicato ao Catete: memórias políticas e confissões humanas*. Rio de Janeiro: José Olympio, 2 vols.

CALLADO, Antônio. 1964. *Tempo de Arraes: padres e comunistas na revolução sem violência*. Rio de Janeiro: José Álvaro Ed.

CALDEIRA, Teresa Pires do Rio. 1991. "Direitos humanos ou privilégios de bandidos?" *Novos Estudos Cebrap*, julho, pp. 162-74.

CALLIARI, Ivo. 1996. *D. Jaime Câmara: diário do IV cardeal arcebispo do Rio de Janeiro*. Rio de Janeiro: Léo Christiano Editorial.

CÂMARA, Hélder. 1979. *The Conversions of a Bishop. An Interview with José de Broucker*. Trad. Hilary Davies. Nova York: Collins.

____. et al. 1973. *Eu ouvi os clamores do meu povo*. Salvador: Editora Beneditina.

CAMARGO, Cândido Procópio Ferreira de. 1971. *Igreja e desenvolvimento*. São Paulo: Cebrap.

CAMPOS, Roberto. 1994. *A lanterna na popa*. Rio de Janeiro: Topbooks.

CANCELLI, Elizabeth. 1993. *O mundo da violência: a polícia da era Vargas*. Brasília: Editora da UnB.

____. 1999. "Ação e repressão policial num circuito integrado internacionalmente". In: PANDOLFI, Dulce (org.). *Repensando o Estado Novo*. Rio de Janeiro: Editora da Fundação Getúlio Vargas, pp. 309-26.

CARDOSO, Fernando Henrique et al. 1975. *São Paulo 1975: crescimento e pobreza*. São Paulo: Loyola.

CARDOSO, Irene. 1988. "Maria Antônia: o edifício de nº 294". In: MARTINS Filho, João Roberto (org.). *1968 faz 30 anos*. Campinas: Mercado de Letras, pp. 27-48.

CARTER, Miguel. 1991. *El papel da la Iglesia en la caída de Stroessner*. Assunção: RP Ediciones.

CARVALHEIRA, Marcelo. 1999. "'Fioretti' do Irmão Francisco". In: ROCHA, Zildo (org.). *Hélder, o Dom: uma vida que marcou os rumos da Igreja no Brasil*. Petrópolis: Vozes, pp. 37-45.

CARVALHO, José Murilo de. 1982. "Armed Forces and Politics in Brazil, 1930-1945". *Hispanic American Historical Review* 62:2, maio, pp. 193-223.

____. 1987. *Os bestializados: o Rio de Janeiro e a república que não foi*. Rio de Janeiro: Companhia das Letras.

____. 1999. "Vargas e os militares". In: PANDOLFI, Dulce (org.). *Repensando o Estado Novo*. Rio de Janeiro: Editora da Fundação Getúlio Vargas, pp. 341-5.

CARVALHO, Luiz Maklouf. 1996. "Estas mulheres foram à luta armada". *Marie Claire* 66, set., pp. 41-9.

____. 1998. *Mulheres que foram à luta armada*. São Paulo: Globo.

CASANOVA, José. 1994. *Public Religions in the Modern World*. Chicago: University of Chicago Press.

CASO, Antonio. 1976. *A esquerda armada no Brasil*. Trad. Thiago de Mello. Lisboa: Moraes Editores.

"CASO DA MORTE de soldados será reaberto". 2001. *Diário do Vale* (edição de internet), 24 de abril.

CASTELLO BRANCO, Carlos. 1979. *Os militares no poder*. Rio de Janeiro: Nova Fronteira, 4 vols.

CASTAÑEDA, Jorge G. 1993. *Utopia Unarmed: The Latin American Left and the Cold War*. Nova York: Knopf.

CASTANHO, Amaury. 1973. *Direitos humanos: aspiração ou realidade?* São Paulo: Loyola.

CASTRO, Celso. 1990. *O espírito militar*. Rio de Janeiro: Jorge Zahar Editor.

____. 1995. *Os militares e a República*. Rio de Janeiro: Jorge Zahar Editor.

CASTRO, Ruy. 1990. *Chega de saudade: a história e as histórias da bossa nova.* São Paulo: Companhia das Letras.

_____. 1992. *O anjo pornográfico: a vida de Nelson Rodrigues.* São Paulo: Companhia das Letras.

CAVALCANTI, H. B. 1992. "Political Cooperation and Religious Repression: Presbyterians under Military Rule in Brazil (1964-1974)". *Review of Religious Research* 34:2, dez., pp. 97-116.

CELEBRAÇÕES LITÚRGICAS por ocasião do Sesquicentenário da Independência. 1972. São Paulo: Paulinas.

CENTRO Ecumênico de Documentação e Informação. 1979. *Repression against the Church in Brazil (1968-1978).* Trad. inglesa, Austin, Texas.

CESAR, Arnaldo. 1993. "Estamos melhorando". *Veja*, 13 out., pp. 7-9.

CEZIMBRA, Márcia. 1992. "Psicóloga defende tese sobre a violência difundida no país após a ditadura". *JB*, 19 maio, p. 6.

CHALMERS, Douglas A.; SOUZA, Maria do Carmo Campello de & BORÓN, Atilio A., (orgs.). 1992. *The Right and Democracy in Latin America.* Nova York: Praeger.

CHESNUT, R. Andrew. 1995. "Assembly of the Anointed: Pentecostalism and the Pathogens of Poverty in an Amazonian City of Brazil, 1962-1993". Tese de doutorado, University of California, Los Angeles.

_____. 1997. *Born Again in Brazil.* Filadélfia: Temple University Press.

CHEVIGNY, Paul. 1995. *Edge of the Knife: Police Violence in the Americas.* Nova York: The New Press.

CIRANO, Marcos. 1983. *Os caminhos de dom Hélder.* Recife: Editora Guararapes.

CLEARY, Edward L. & STEWART-GAMBINO, Hannah (orgs.). 1992. *Conflict and Competition: The Latin American Church in a Changing Environment.* Boulder, Colorado: Lynne Rienner Publishers, 1992.

CNBB. 1973. *Direitos humanos.* São Paulo: Paulinas.

_____. 1983. *Comissão Justiça e Paz. Documentos normativos*, série "Estudos da CNBB", nº 38. São Paulo: Paulinas.

_____. 1984. *Membros da Conferência Nacional dos Bispos do Brasil.* São Paulo: Paulinas.

_____. 1997. *Cristo liberta de todas as prisões.* São Paulo: Editorial Salesiana Dom Bosco.

COHEN, Youssef. 1989. *The Manipulation of Consent: The State and Working-Class Consciousness in Brazil.* Pittsburgh, Pensilvânia: University of Pittsburgh Press.

COIMBRA, Cecília. 1995. *Guardiães da ordem: uma viagem pelas práticas psi no Brasil do "Milagre".* Rio de Janeiro: Oficina do Autor.

COMBLIN, José. 1979. *The Church and the National Security State.* Maryknoll, Nova York: Orbis Books.

_____. 1984. "Dom Hélder e o novo modelo episcopal do Vaticano II". *Perspectivas Teológico-Pastorais* 3:4, pp. 23-45.

COMISSÃO de Familiares de Mortos e Desaparecidos Políticos et al. 1996. *Dossiê dos mortos e desaparecidos políticos a partir de 1964.* São Paulo: Governo do Estado de São Paulo.

COMISSÃO Pontifícia Justiça e Paz — Seção Brasileira. 1971. *I Seminário Brasileiro de Justiça e Paz. IV Encontro Regional Latino-americano (Anais).* Rio de Janeiro.

CONSELHO Episcopal Latino-Americano (Celam). 1985. *A Igreja na atual transformação da América Latina à luz do Concílio. Conclusões de Medellín.* 1969, Petrópolis: Vozes, reprodução.

CONNIFF, Michael L. 1989. "The National Elite". In: CONNIFF, Michael L. MCCANN & Frank D. (orgs.). *Modern Brazil: Elites and Masses in Historical Perspective.* Lincoln, Nebraska: University of Nebraska Press, pp. 23-46.

———. & MCCANN, Frank D. 1989a. "Introduction". In: ______. *Modern Brazil: Elites and Masses in Historical Perspective.* Lincoln, Nebraska: University of Nebraska Press, pp. IX-XXIV.

———. & MCCANN, Frank D. (orgs.). 1989b. *Modern Brazil: Elites and Masses in Historical Perspective.* Lincoln, Nebraska: University of Nebraska Press.

CONTI, Mario Sergio. 1999. *Notícias do Planalto: a imprensa e Fernando Collor.* São Paulo: Companhia das Letras.

CORNWELL, John. 1999. *Hitler's Pope: The Secret History of Pius XII.* Nova York: Viking Press.

COSTA, Célia; PANDOLFI, Dulce Chaves & SERBIN, Kenneth. 2001. *O bispo de Volta Redonda: memórias de Dom Waldyr Calheiros.* Rio de Janeiro: Editora da Fundação Getúlio Vargas.

COSTA, Raymundo de Souza. 1979. Investigação no clero". *Veja,* 11 abr., pp. 3-6, 8.

COSTA e Silva, Valéria Torres da. 1999. "Os segredos da imortalidade: uma etnografia da Academia Brasileira de Letras". Dissertação de mestrado, Museu Nacional, Universidade Federal do Rio de Janeiro.

COTTA, Pery. 1997. *Calandra: o sufoco da imprensa nos anos de chumbo.* Rio de Janeiro: Bertrand Brasil.

COUTO, Ronaldo Costa. 1998. *História indiscreta da ditadura e da abertura: Brasil: 1965-85.* Rio de Janeiro: Record.

———. 1999. *Memória viva do regime militar — Brasil: 1964-85.* Rio de Janeiro: Record.

COX, Harvey. 1989. *The Silencing of Leonardo Boff.* Bloomington, Indiana: Meyer-Stone Books.

CRAHAN, Meg. 1989. "Catholicism and Human Rights in Latin America". Columbia University Papers on Latin America, nº 10. Nova York: Columbia University.

———. 1999. "Religion and Societal Change: The Struggle for Human Rights in Latin America". In: GUSTAFSON, Carrie & JUVILER, Pete (orgs.). *Religion and Human Rights: Competing Claims?* Armonk, Nova York: M. E. Sharpe, pp. 57-80.

CRAIG, Gordon A. & LOEWENHEIM, Francis L. (orgs.). 1994. *The Diplomats, 1939-1979.* Princeton, Nova Jersey: Princeton University Press.

CRIVELLARO, Débora & VIEIRA, Marceu. 2001. "O pastor sai de cena". *Época,* 30 jul., pp. 94-5.

CRUZ, Sebastião C. Velasco & WILLIAMS, Carlos Estevam. 1984. "De Castello a Figueiredo: uma incursão na pré-história da 'abertura'". In: SORJ, Bernardo & ALMEIDA, Maria Hermínia Tavares de (orgs.). *Sociedade e política no Brasil pós-64.* São Paulo: Brasiliense, pp. 13-61.

CYSNE, Rubens Penha. 1994. "A economia brasileira no período militar". In: SOARES, Glaucio Ary Dillon & D'ARAUJO, Maria Celina (orgs.). *21 anos de regime militar: balanços e perspectivas.* Rio de Janeiro: Editora da Fundação Getúlio Vargas, pp. 232-70.

D'AGUIAR, Hernani. 1999. *Ato 5: a verdade tem duas faces.* Rio de Janeiro: Razão Cultural.

D'ARAUJO, Maria Celina & CASTRO, Celso (orgs.). 1997. *Ernesto Geisel.* Rio de Janeiro: Editora da Fundação Getúlio Vargas.

D'ARAUJO, Maria Celina; SOARES, Gláucio Ary Dillon & CASTRO, Celso. 1994a. *Os anos de chumbo: a memória militar sobre a repressão.* Rio de Janeiro: Relume-Dumará.

———. 1994b. *Visões do golpe: a memória militar sobre 1964.* Rio de Janeiro: Relume-Dumará.

DASSIN, Joan. 1992. "Testimonial Literature and the Armed Struggle in Brazil". In: CORRADI, Juan E.; FAGEN, Patricia Weiss & GARRETÓN, Manuel Antonio (orgs.). *Fear at the Edge:*

State Terror and Resistance in Latin America. Berkeley e Los Angeles, Califórnia: University of California Press, pp. 161-83.

DASSIN, Joan (org.). 1986. *Torture in Brazil: A Report by the Archdiocese of São Paulo*. Trad. Jaime Wright. Nova York: Vintage Books.

DAVIS, Darién J. 1996. "The Arquivos das Polícias Politicais [*sic*] of the State of Rio de Janeiro". *Latin American Research Review* 31:1, pp. 99-104.

DAVIS, Sonny B. 1996. *A Brotherhood of Arms: Brazil-United States Military Relations, 1945-1977*. Niwot, Colorado: University Press of Colorado.

Declaração Universal dos Direitos Humanos. 1978. 1973, reimpr. São Paulo: Paulinas.

DE GROOT, C. F. G. 1996. *Brazilian Catholicism and the Ultramontane Reform, 1850-1930*. Amsterdã: CEDLA.

DELLA CAVA, Ralph. 1970. "Torture in Brazil". *Commonweal*, 24 abr., 129, pp. 135-41.

_____. 1976a. "Catholicism and Society in Twentieth-Century Brazil". *Latin American Research Review* 11, pp. 7-50.

_____. 1976b. *Milagre em Joaseiro*, 2ª ed. rev. e ampl. Trad. Maria Yedda Linhares. Rio de Janeiro: Paz e Terra.

_____. 1985. *A Igreja em flagrante: catolicismo e sociedade na imprensa brasileira, 1964-1980*. São Paulo: Marco Zero.

_____. 1989. "The 'People's Church, the Vatican, and Abertura". In: STEPAN, Alfred (orgs.). *Democratizing Brazil*. Nova York: Oxford University Press, pp. 143-67.

_____. & MONTERO, Paula. 1991. ... *E o Verbo se faz imagem: Igreja católica e os meios de comunicação no Brasil, 1962-89*. Petrópolis: Vozes.

DEL VECCHIO, Angelo. 2000. "Do movimento ao regime: padrão de articulação da elite dirigente e institucionalização do regime militar brasileiro". Trabalho apresentado no *V Congresso da Brazilian Studies Association*, Recife, jun.

DIACON, Todd A. 1991. *Millenarian Vision, Capitalist Society: Brazil's Contestado Rebellion, 1912-1916*. Durham, Carolina do Norte: Duke University Press.

DIETZ, Henry. 1992. "Elites in an Unconsolidated Democracy: Peru during the 1980s". In: HIGLEY, John & GUNTHER, Richard (orgs.). *Elites and Democratic Consolidation in Latin American and Southern Europe*. Cambridge: Cambridge University Press, pp. 237-56.

DINES, Alberto; FERNANDES JR., Florestan & SALOMÃO, Nelma. 2000. "Dom Paulo Evaristo Arns". In: DINES, Alberto; FERNANDES JR., Florestan & SALOMÃO, Nelma (orgs). *Histórias do poder: 100 anos de política no Brasil*. Vol. 1: "Militares, Igreja e sociedade civil". São Paulo: Editora 34, pp. 142-61.

DOIMO, Ana Maria. 1992. "Igreja e movimentos sociais pós-70 no Brasil". In: SANCHIS, Pierre (org.). *Catolicismo: cotidiano e movimentos*. São Paulo: Paulinas, pp. 275-308.

_____. 1995. *A vez e a voz do popular: movimentos sociais e participação política no Brásil pós-70*. Rio de Janeiro: Relume-Dumará.

"DOM SEBASTIÃO LEME. Príncipe da Igreja — soldado da pátria". 1930. *A Defesa Nacional*, ano 18, nº 202-4, dez., p. 26.

DÓRIA, Palmério; BUARQUE Sérgio; CARELLI Vincent & SAUTCHUK, Jaime. 1978. *A guerrilha do Araguaia*. São Paulo: Alfa-Omega.

DREIFUSS, René Armand. 1987. *1964: a conquista do Estado*. Petrópolis: Vozes.

DROGUS, Carol Ann. 1997. *Women, Religion, and Social Change in Brazil's Popular Church.* Notre Dame, Indiana: University of Notre Dame Press.

DROSDOFF, Daniel. 1986. *Linha dura no Brasil: o governo Médici,* 1969-1974. São Paulo: Global.

DUARTE, Teresinha Maria. 1996. "Se as paredes da catedral falassem: a Arquidiocese de Goiânia e o regime militar (1968/1985)". Dissertação de mestrado, Universidade Federal de Goiás.

____. 1998. "Entre a realidade e a utopia: Goiânia em 1968". In: MARTINS FILHO, João Roberto (org.). *1968 faz 30 anos.* Campinas: Mercado de Letras, pp. 129-44.

DULLES, John W. F. 1967. *Vargas of Brazil: A Political Biography.* Austin, Texas: University of Texas Press.

____. 1978. *Castello Branco: The Making of a Brazilian President.* College Station, Texas: Texas A&M University Press.

____. 1980. *President Castello Branco: Brazilian Reformer.* College Station, Texas: Texas A&M University Press.

____. 1991. *Carlos Lacerda, Brazilian Crusader.* Austin, Texas: University of Texas Press, 2 vols.

EBLAK, Luís. 1998a. "General acha que Igreja abusou no regime militar". *Jornal do Commercio* (edição de internet), 7 jun.

____. 1998b. "A Igreja reage". *Folha de S. Paulo,* 7 jun., seção "Mais", p. 4.

EL FAR, Alessandra. 2000. *A encenação da imortalidade.* Rio de Janeiro: Editora FGV.

ESCARIZ, Fernando. 1980. *Por que Theodomiro fugiu.* São Paulo: Global.

EXPEDITO FILHO. 1992. "Autópsia da sombra". *Veja,* 18 nov., pp. 20-32.

"EX-SARGENTO revela local de ossadas". 1996. *JB* 12 jul., p. 7.

FAGEN, Richard. 1995. "Latin America and the Cold War: Oh for the Good Old Days?". *LASA Forum* 26, outono, pp. 5-11.

FALCÃO, Armando. 1989. *Tudo a declarar.* Rio de Janeiro: Nova Fronteira.

FARIAS, Ignez de Cordeiro de. 1994. "Um *troupier* na política: entrevista com o general Antônio Carlos Muricy". In: FERREIRA, Marieta de Moraes (org.). *Entre-vistas: abordagens e usos da história oral.* Rio de Janeiro: Editora da Fundação Getúlio Vargas, pp. 124-46.

FARIAS, Oswaldo Cordeiro de; CAMARGO, Aspásia & GÓES, Walder. 1981. *Meio século de combate: diálogo com Cordeiro de Farias.* Rio de Janeiro: Nova Fronteira.

FAUSTO, Boris (org.). 1985. *História geral da civilização brasileira,* tomo III, "O Brasil republicano", vol. 4: "Economia e cultura, 1930-1964". São Paulo: Difel.

FERNANDES, Bob & CARTA, Mino. 2000. "Paulo Evaristo Arns: história do Brasil". *Carta Capital,* 26 abr., pp. 64-8.

FERRARINI, Sebastião Antonio. 1992. *A imprensa e o arcebispo vermelho (1964-1984).* São Paulo: Paulinas.

FERREIRA, Marieta de Moraes & SOARES, Leda. 1984. "Lima, Alceu Amoroso". In: BELOCH, Israel & ABREU, Alzira Alves de (orgs.) *Dicionário Histórico-Biográfico Brasileiro, 1930-1983.* Rio de Janeiro: FGV/CPDOC; Forense-Universitária/Finep, 3:1828-31, 3 vols.

FRANCO, Francisco Manoel de Mello. 1977. *O governo Chagas Freitas.* Rio de Janeiro: José Olympio.

FREIRE, Alípio; ALMADA, Izaías & PONCE, J. A. de Granvile (orgs.). 1997. *Tiradentes, um presídio da ditadura.* São Paulo: Scipione Cultural.

FICO, Carlos. 1997. *Reinventando o otimismo: ditadura, propaganda e imaginário social no Brasil.* Rio de Janeiro: Editora da Fundação Getúlio Vargas.

FICO, Carlos. 2001. *Como eles agiam*. Rio de Janeiro: Record.

FIGUEIRA, Ricardo Rezende. 1986. *A justiça do lobo: padres e posseiros do Araguaia*. Petrópolis: Vozes.

FIGUEIREDO, Marcus Faria & CHEIBUB, José Antônio Borges. 1986-1987. "A abertura política de 1973 a 1981: quem disse o quê e quando — inventário de um debate". In: *O que se deve ler em ciências sociais no Brasil*. São Paulo: Cortez/ Anpocs, 2:243-85.

FLEET, Michael & SMITH, Brian H. 1997. *The Catholic Church and Democracy in Chile and Peru*. Notre Dame, Indiana: University of Notre Dame Press.

FLYNN, Peter. 1978. *Brazil: A Political Analysis*. Boulder, Colorado: Westview Press.

FRANCIS, Paulo. 1994. *Trinta anos esta noite*. São Paulo: Companhia das Letras.

FREI BETTO [Carlos Alberto Libânio Christo]. 1996. "Jamais esquecer". In: *BancáRio*, 9 set.

_____. 1999. "Dom Hélder, um jovem de 90 anos". In: ROCHA, Zildo (org.). *Hélder, o Dom: uma vida que marcou os rumos da Igreja no Brasil*. Petrópolis: Vozes, pp. 47-51.

_____. 2000. *Batismo de sangue: a luta clandestina contra a ditadura militar*. 11. ed. rev. e ampl.. São Paulo: Casa Amarela.

FREIRE, Alípio; ALMADA, Izaías & PONCE, J. A. de Granville (orgs.). 1997. *Tiradentes, um presídio da ditadura: memórias de presos políticos*. São Paulo: Scipione Cultural.

FREIRE, Alípio & VENCESLAU, Paulo de Tarso. 1997. "Jacob Gorender". In: AZEVEDO, Ricardo de & MAUÉS, Flamarion (orgs.). *Rememória: entrevistas sobre o Brasil do século XX*. São Paulo: Editora Fundação Perseu Abramo, pp. 173-203.

FURTADO, Bernardino. 1996. "Laudo cadavérico indica que Lamarca foi executado". *O Globo*, 7 jul., p. 12.

GABEIRA, Fernando. 1979. *O que é isso, companheiro?* Rio de Janeiro: Codecri.

GADDIS, John Lewis. 1994. "Rescuing Choice from Circumstance: The Statecraft of Henry Kissinger". In: CRAIG, Gordon A. & LOEWNHEIM, Francis L. (orgs.). *The Diplomats, 1939-1979*. Princeton, Nova Jersey: Princeton University Press, pp. 565-92.

GARFIELD, Seth. 1997. "The Roots of a Plant that Today is Brazil': Indians the Nation-State under the Brazilian Estado Novo". *Journal of Latin American Studies* 29:3, out., pp. 747-68.

GASPARI, Elio. 1997a. "O professor achou dois esqueletos da ditadura". *O Globo*, 11 maio, p. 12.

_____. 1997b. "Um sacerdote de intransigência". *O Globo*, 3 out.

_____. 1998. "Torturado não é delator". *O Globo*, 11 abr.

_____. 1999a. "A ABIN deve ser fechada". *O Globo*, 1º jun.

_____. 1999b. "Cuidado com as vivandeiras". *O Globo*, 12 dez.

_____. 2000a. "A história do Brasil está liberada, no exterior". *O Globo*, 21 maio.

_____. 2000b. "Os procuradores precisam de ajuda". *O Globo*, 26 jan.

_____. 2001. "Como sempre, os de baixo ficam de fora". *O Globo*, 29 abr.

GAZZOTTI, Juliana. 1998. "Imprensa e ditadura: a revista *Veja* e os governos militares (1968-85)". Dissertação de mestrado, Universidade Federal de São Carlos.

GHIO, José María Ghio. 1992. "The Latin American Church and the Papacy of Wojtyla". In: CHALMERS, Douglas A.; SOUZA, Maria do Carmo Campello de & BORÓN, Atilio A. (orgs.) *The Right and Democracy in Latin America*. Nova York: Praeger, pp. 183-201.

GILL, Anthony. 1998. *Rendering unto Caesar: The Catholic Church and the State in Latin America*. Chicago: University of Chicago Press.

GIORDANI, Marco Pollo. 1986. *Brasil sempre.* Porto Alegre: Tche!

GÓES, Walder de & CAMARGO, Aspásia. 1984. *O drama da sucessão e a crise do regime.* Rio de Janeiro: Nova Fronteira.

GOLAN, Matti. 1976. *The Secret Conversations of Henry Kissinger: Step-by-Step Diplomacy in the Middle East.* Trad. Ruth Geyra Stern e Sol Stern. Nova York: Quadrangle.

GOMES, Fernando. 1982. *Sem violência e sem medo: escritos, homilias e entrevistas.* Goiânia: Universidade Católica de Goiás.

GOODWIN, Richard N. 1988. *Remembering America: A Voice from the Sixties.* Boston: Little, Brown.

GORENDER, Jacob. 1997. "Marighella, o indômito" In: FREIRE, Alípio; ALMADA, Izalas & PONCE, J. A. de Granville (orgs.). *Tiradentes, um presídio da ditadura: memórias de presos políticos.* São Paulo: Scipione Cultural, pp. 261-72.

____. 1998. *Combate nas trevas.* 2ª ed. rev. e ampl. São Paulo: Ática.

GRAHAM, Richard. 1968. *Britain and the Onset of Modernization in Brazil, 1850-1914.* Cambridge: Cambridge University Press.

GREEN, James N. 1999. *Beyond Carnival: Male Homosexuality in Twentieth-Century Brazil.* Chicago: University of Chicago Press.

____. 2001. "Clerics, Exiles, and Academics: Opposition to the Brazilian Military Dictatorship in the United States, 1969-73". Trabalho não publicado.

GRUDIN, Robert. 1996. *On Dialogue: An Essay in Free Thought.* Nova York: Houghton Mifflin.

GUTIÉRREZ, Gustavo. 1973. *A Theology of Liberation.* Trad. Caridad Inda e John Eagleson. Maryknoll, Nova York: Orbis Books.

HAGOPIAN, Frances. 1996. *Traditional Politics and Regime Change in Brazil.* Cambridge: Cambridge University Press.

HANSON, Eric O. 1987. *The Catholic Church in World Politics.* Princeton, Nova Jersey: Princeton University Press.

HESS, David J. & DAMATTA, Roberto A. (orgs.). 1995. *The Brazilian Puzzle: Culture on the Borderlands of the Western World.* Nova York: Columbia University Press.

HIGLEY, John & GUNTHER, Richard (orgs.). 1992. *Elites and Democratic Consolidation in Latin America and Southern Europe.* Cambridge: Cambridge University Press.

HOFFMAN, Elizabeth Cobbs. 1998. *All You Need Is Love: The Peace Corps and the Spirit of the 1960s.* Cambridge: Harvard University Press.

HOLANDA, Sérgio Buarque de. 1948. *Raízes do Brasil.* Rio de Janeiro: José Olympio.

HOUTZAGER, Peter P. 1998. "State and Unions in the Transformation of the Brazilian Countryside, 1974-1979". *Latin American Research Review* 33:2, pp. 103-42.

HUGGINS Martha. 1998. *Political Policing: The United States and Latin America.* Durham, Carolina do Norte: Duke University Press.

HUNTER, Wendy. 1997. *Eroding Military Influence in Brazil.* Chapel Hill, Carolina do Norte: University of North Carolina Press.

INSTITUTO Nacional de Pastoral (org.). 1994. *Pastoral da Igreja no Brasil nos anos 1970: caminhos, experiências e dimensões.* Petrópolis: Vozes.

IOKOI, Zilda Márcia Grícoli. 1996. *Igreja e camponeses: teologia da libertação e movimentos sociais no campo, Brasil e Peru, 1964-85.* São Paulo: Hucitec.

IRELAND, Rowan. 1991. *Kingdoms Come: Religion and Politics in Brazil.* Pittsburgh, Pensilvânia: University of Pittsburgh Press.

Irmandade da Santa Cruz dos Militares: resumo histórico. 1981.

ISNARD, Clemente. 1999. "Dom Hélder e a Conferência dos Bispos". In: ROCHA, Zildo (org.). *Hélder, o Dom: uma vida que marcou os rumos da Igreja no Brasil.* Petrópolis: Vozes, pp. 97-100.

JORDÃO, Fernando. 1984. *Dossiê Herzog: prisão, tortura e morte no Brasil.* São Paulo: Global.

JOSÉ, Emiliano. 1997. *Carlos Marighella: o inimigo número um da ditadura militar.* São Paulo: Sol e Chuva.

KECK, Margaret E. 1992. *The Workers' Party and Democratization in Brazil.* New Haven, Connecticut: Yale University Press.

KEHL, Maria Rita & VANNUCHI, Paulo. 1997. "Madre Cristina" In: AZEVEDO, Ricardo de & MAUÉS, Flamarion (orgs.). *Rememória: entrevistas sobre o Brasil do século XX.* São Paulo: Editora Fundação Perseu Abramo, pp. 153-71.

KEOGH, Dermot (org.). 1990. *Church and Politics in Latin America.* Nova York: St. Martin's Press.

KHOURY, Yara Aun (org.). 1995. *Guia da Central de Documentação e Informação Científica "Prof. Casemiro dos Reis Filho".* São Paulo: Educ.

KINZO, Maria D'Alva G. 1988. *Legal Opposition Politics under Authoritarian Rule in Brazil : the Case of the MDB.* Nova York: St. Martin's Press.

KIRK, John M. 1992. *Politics and the Catholic Church in Nicaragua.* Gainesville: University of Florida Press.

KLAIBER, Jeffrey. 1997. *Iglesia, dictaduras y democracia en América Latina.* Lima: Fondo Editorial de la Pontificia Universidad Católica del Perú.

KNIGHT, Alan. 1992. "Mexico's Elite Settlement: Conjuncture and Consequences". In: HIGLEY, John & GUNTHER, Richard (orgs). *Elites and Democratic Consolidation in Latin America and Southern Europe.* Cambridge: Cambridge University Press, pp. 113-45.

KONDER, Leandro. 1991. *Intelectuais brasileiros e marxismo.* Belo Horizonte: Oficina de Livros.

LAGÔA, Ana. 1983. *SNI: como nasceu, como funciona.* São Paulo: Brasiliense.

LANDAU, Trudi. 1986. *Vlado Herzog: o que faltava contar.* Petrópolis: Vozes.

LANGGUTH, A. J. 1978. *Hidden Terrors.* Nova York: Pantheon Books.

LAROSA, Michael. 1995. "Cleavages of the Cross: The Catholic Church from Right to Left in Contemporary Colombia". Tese de doutorado, University of Miami.

LATOURELLE, René (org.). 1998. *Vatican II: Assessment and Perspectives: Twenty-Five Years After (1962-1987).* Nova York: Paulist Press, 3 vols.

LEONI, Brigitte Hersant. 1997. *Fernando Henrique Cardoso: o Brasil do possível.* Trad. Dora Rocha. Rio de Janeiro: Nova Fronteira.

LERNOUX, Penny. 1982. *Cry of the People.* Nova York: Penguin Books.

____. 1989. *People of God: The Struggle for World Catholicism.* Nova York: Viking.

LESSER, Jeffrey. 1995. *Welcoming the Undesirables: Brazil and the Jewish Question.* Berkeley e Los Angeles, Califórnia: University of California Press.

____. 1999. *Negotiating National Identity: Immigrants, Minorities, and the Struggle for Ethnicity in Brazil.* Durham, Carolina do Norte: Duke University Press.

LEVINE, Daniel H. 1992. *Popular Voices in Latin American Catholicism*. Princeton, Nova Jersey: Princeton University Press.

____. (org.). 1979. *Churches and Politics in Latin America*. Beverly Hills: Sage Publications.

LEVINE, Robert M. 1980. *O regime de Vargas, 1934-1938: os anos críticos*. Trad. Raul de Sá Barbosa. Rio de Janeiro: Nova Fronteira.

____. 1989. "Elite Perceptions of the Povo". In: CONNIFF, Michael L. & MC CANN, Frank D. (eds.). *Modern Brazil: Elites and Masses in Historical Perspective*. Lincoln, Nebraska: University of Nebraska Press, pp. 209-24.

____. 1992. *Vale of Tears: Revisiting the Canudos Massacre in Northeastern Brazil, 1893-1897*. Berkeley e Los Angeles, Califórnia: University of California Press.

LEWIN, Linda. 1987. *Politics and Parentela in Paraíba: A Case Study of Family-based Oligarchy in Brazil*. Princeton, Nova Jersey: Princeton University Press.

LEWY, Guenter. 1964. *The Catholic Church and Nazi Germany*. Nova York: McGraw-Hill.

LIBÂNIO, João Batista. 1983. *Volta à grande disciplina*. São Paulo: Loyola.

____. 1987. *Teologia da libertação*. São Paulo: Loyola.

LIMA, Alceu Amoroso. 1964. *Revolução, reação ou reforma?* Rio de Janeiro: Tempo Brasileiro.

____. 1965. *Pelo humanismo ameaçado*. Rio de Janeiro: Tempo Brasileiro.

____. 1968. *A experiência reacionária*. Rio de Janeiro: Tempo Brasileiro.

____. 1969. *Violência ou não?* Petrópolis: Vozes.

____. 1974. *Em busca da liberdade*. Rio de Janeiro: Paz e Terra.

____. 1977. *Revolução suicida*. Rio de Janeiro: Editora Brasília/Rio.

LIMA, Cláudio Medeiros. 1973. *Alceu Amoroso Lima: memórias improvisadas*. Petrópolis: Vozes.

LIMA, Haroldo & ARANTES, Aldo. 1984. *História da Ação Popular da JUC ao PC do B*. São Paulo: Alfa-Omega.

LIMA, Luiz Gonzaga de Souza. 1979. *Evolução política dos católicos e da Igreja no Brasil*. Petrópolis: Vozes.

LIMERICK, Patricia Nelson. 1993. "Dancing with Professors: The Trouble with Academic Prose". *Nova York Times Book Review*, 31 out., p. 3.

LIPPMANN, Hanns Ludwig et al. 1984. *Pela filosofia: homenagem a Tarcísio Meirelles Padilha*. Rio de Janeiro: Pallas.

LOAEZA-LAJOUS, Soledad. 1990. "Continuity and Change in the Mexican Catholic Church". In: KEORGH, Dermot (org.). *Church and Politics in Latin America*. Nova York: St. Martin's Press, pp. 272-98.

LOBO, Amilcar. 1989. *A hora do lobo, a hora do carneiro*. Petrópolis: Vozes.

LOPES, Eliseu. 1994. "A experiência de Goiás Velho". In: INSTITUTO NACIONAL DE PASTORAL (orgs.). *Pastoral da Igreja no Brasil nos anos 70: caminhos, experiências e dimensões*. Petrópolis: Vozes, pp. 125-33.

"LORSCHEIDER, Aluísio". In: *Dicionário Histórico-Biográfico Brasileiro.*, 2ª ed. Rio de Janeiro: FGV/CPDOC, no prelo.

"LORSCHEITER, Ivo". In: *Dicionário Histórico-Biográfico Brasileiro.*, 2ª ed. Rio de Janeiro: FGV/CPDOC, no prelo.

LOVEMAN, Brian. 1999. *For la Patria: Politics and the Armed Forces in Latin America*. Wilmington, Delaware: Scholarly Resources Books.

LOVEMAN, Mara. 1998. "High-Risk Collective Action: Defending Human Rights in Chile, Uruguay, and Argentina". *American Journal of Sociology* 104:2, set., pp. 477-525.

LOWDEN, Pamela. 1996. *Moral Opposition to Authoritarian Rule in Chile, 1973-90*. Basingstoke: Macmillan.

LUSTOSA, Oscar de Figueiredo. 1977. *Reformistas na Igreja do Brasil-Império*. São Paulo: Universidade de São Paulo.

MACHADO, Maria das Dores Campos. 1996. *Carismáticos e pentecostais: adesão religiosa na esfera familiar*. São Paulo: Anpocs.

MACIEL, Ayrton. 2000. *A história secreta (prontuários do Dops)*. Recife: Edições Bagaço.

MACLEAN, Iain S. 1996. "Liberation Theology, the Catholic Church and Democracy: An Examination of the Reception of Democracy as a Political Theory in Brazilian Liberation". Tese de doutorado em Teologia, Divinity School of Harvard University.

MAINWARING, Scott. 1986. *The Catholic Church and Politics in Brazil, 1916-85*. Stanford, Califórnia: Stanford University Press.

MAINWARING, Scott & KRISCHKE, Paulo (orgs.). 1986. *A Igreja nas bases em tempo de transição (1974-85)*. Porto Alegre: L&PM Editores.

MAINWARING, Scott & WILDE, Alexander (orgs.). 1989. *The Progressive Church in Latin America*. Notre Dame, Indiana: University of Notre Dame Press.

MANGABEIRA, Wilma. 1993. *Os dilemas do novo sindicalismo: democracia e política em Volta Redonda*. Rio de Janeiro: Relume-Dumará.

"LA MARCA da cruz para trás ficou". 1978. *Em Tempo*.

MARIGHELLA, Carlos. 1971. *For the Liberation of Brazil*. Trad. John Butt e Rosemary Sheed. Baltimore, Maryland: Penguin Books.

MARIZ, Cecília. 1994. *Coping with Poverty in Brazil*. Filadélfia: Temple University Press.

MARKUN, Paulo. 1988. "Introdução". In: MARKUN, Paulo (orgs.). *Vlado: retrato da morte de um homem e de uma época*. São Paulo: Círculo do Livro, pp. 9-11.

MARQUES, Luiz Carlos Luz. 1999. "As muitas facetas da 'figura conciliar' de dom Hélder Câmara". In: ROCHA, Zildo (org.). *Hélder, o Dom: uma vida que marcou os rumos da Igreja no Brasil*. Petrópolis: Vozes, pp. 112-22.

MARTINS FILHO, João Roberto. 1987. *Movimento estudantil e ditadura militar*. Campinas: Papirus.

_____. 1995. *O palácio e a caserna: a dinâmica militar das crises políticas na ditadura (1964-69)*. São Carlos: Editora da Universidade Federal de São Carlos.

_____. 1998. "Os estudantes nas ruas, de Goulart a Collor". In: MARTINS FILHO, João Roberto (org.). *1968 faz 30 anos*. Campinas: Mercado de Letras, pp. 11-26.

_____. (org.). 1998. *1968 faz 30 anos*. Campinas: Mercado de Letras.

MARTINS, Wilson. 1996. "Lima, Alceu Amoroso". In: TENEMBAUM, Barbara A. (orgs.). *Encyclopedia of Latin American History and Culture*. Nova York: Charles Scribner's Sons, 3:418, 5 vols.

MATA, Sérgio da. 1992. "Ex-dominicano reaparece e fala dos tempos da repressão no Brasil". *Sete Dias*, Sete Lagoas, 23 mar.-2 abr., pp. 10-1.

MAYRINK, José Maria. 1998. "Dom Paulo, a memória da tortura", *JB*, 26 abr., p. 12.

MC CANN, Frank D. 1980. "The Brazilian Army and the Problem of Mission, 1939-1964". *Journal of Latin American Studies* 12:1, maio, pp. 107-26.

_____. 1989. "The Military". In: CONNIFF, Michael L. & MC CANN, Frank D. (orgs.). Modern Brazil: Elites and Masses in Historical Perspective. Lincoln, Nebraska: University of Nebraska Press, pp. 47-80.

MC DONOUGH, Peter. 1981. *Power and Ideology in Brazil.* Princeton, Nova Jersey: Princeton University Press.

MÉDICI, Emílio Garrastazú. 1970. *Nova consciência de Brasil.* Departamento de Imprensa Nacional.

_____. 1971. *A verdadeira paz.* Departamento de Imprensa Nacional.

MÉDICI, Roberto Nogueira. 1995. *Médici: o depoimento.* Rio de Janeiro: Mauad.

MELLO, Jayme Portella de. 1979. *A revolução e o governo Costa e Silva.* Rio de Janeiro: Guavira Editores.

MELO, Murilo Fiúza. 1997a. "Ditadura condenou torturadores". *JB*, 25 maio, p. 8.

_____. 1997b. "Torturadores fizeram outras vítimas". *JB*, 27 maio, p. 6.

MELO, Murilo Fiúza & NOEL, Francisco Luiz. 1997. "Batalhão era centro de torturas". *JB*, 25 maio, p. 9.

"MENDES, Cândido". *Dicionário Histórico-Biográfico Brasileiro.* 2ª ed. Rio de Janeiro: FGV/CPDOC, no prelo.

Meu filho Alexandre Vannucchi: depoimento de Egle e José Vannucchi a Teodomiro Braga e Paulo Barbosa. Edição S.A., n. d.

MEZNAR, Joan E. 1992. "The Ranks of the Poor: Military Service and Social Differentiation in Northeast Brazil, 1830-1875". *HAHR*, 72, ago., pp. 335-51.

MICELI, Sergio. 1988. *A elite eclesiástica brasileira.* Rio de Janeiro: Bertrand Brasil.

MIGNONE, Emilio. 1990. "Human Rights and the 'Dirty War' in Argentina". In: KEOGH, Dermot (org.). *Church and Politics in Latin America.* Nova York: St. Martin's Press, pp. 352-71.

MINER, Steven Merritt. 1994. "Soviet Ambassadors from Maiskii to Dobrynin". In: CRAIG, Gordon A. & LOEWENHEIM, Francis L. (orgs.). *The Diplomats*, 1939-1979. Princeton, Nova Jersey: Princeton University Press, pp. 609-28.

MIR, Luís. 1994. *A revolução impossível: a esquerda e a luta armada no Brasil.* São Paulo: Best Seller.

MIRANDA, Nilmário & TIBÚRCIO, Carlos. 1999. *Dos filhos deste solo: mortos e desaparecidos políticos durante a ditadura militar: a responsabilidade do Estado.* São Paulo: Editora Fundação Perseu Abramo/Boitempo Editorial.

MIRANDA, Ricardo. 1996a. "Exército reage à reabertura do caso". *O Globo*, 9 jul., p. 3.

_____. 1996b. "Famílias de 160 desaparecidos serão indenizados". *O Globo*, 25 jul., p. 12.

MORAES NETO, Geneton. 1997. *Dossiê Brasil: as histórias por trás da história recente do país.* Rio de Janeiro: Objetiva.

MORAES NETO, Geneton & SILVEIRA, Joel. 1992. *Nitroglicerina pura.* Rio de Janeiro: Record.

MURARO, Rose Marie. 1999. *Memórias de uma mulher impossível.* Rio de Janeiro: Rosa dos Tempos.

MURARO, Valmir Francisco. 1985. *Juventude Operária Católica.* São Paulo: Brasiliense.

"Murici, Antônio Carlos". In: BELOCH, Israel & ABREU, Alzira Alves de (orgs.). 1984. *Dicionário Histórico-Biográfico Brasileiro, 1930-1983.* Rio de Janeiro: FGV/CPDOC/ Forense-Universitária/Finep), 3 vols, 3:2350-2.

MURICY, Antônio Carlos da Silva. 1971. *Palavras de um soldado.* Rio de Janeiro: Imprensa do Exército.

_____. 1972. "Brasilien und sein Heer". *Wehrkunde* 21:3, pp. 123-9.

_____. 1993. *Antônio Carlos Muricy (depoimento, 1986).* Rio de Janeiro: FGV/CPDOC.

NAGLE, Robin. 1998. *Claiming the Virgin: The Broken Promise of Liberation Theology in Brazil.* Nova York: Routledge.

NASSIF, Luís. 1995. "Documento do Exército admitia a tortura". *Folha de S. Paulo*, 23 abr., seção 1, p. 8.

NEEDELL, Jeffrey D. 1987. *A Tropical Belle Epoque: Elite Culture and Society in Turn-of-the-Century Rio de Janeiro.* Cambridge: Cambridge University Press.

"NEVES, Lucas Moreira". In: *Dicionário Histórico-Biográfico Brasileiro.* 2ª ed. Rio de Janeiro: FGV/CPDOC, no prelo.

O'DONNELL, Guillermo. 1988. *Bureaucratic Authoritarianism: Argentina, 1966-1973, in Comparative Perspective.* Trad. James McGuire. Berkeley e Los Angeles, Califórnia: University of California Press.

OLIVEIRA, Juarez de (org.). 1996. *Código penal militar.* São Paulo: Saraiva.

OLIVEIRA, Pedro A. Ribeiro. 1985. *Religião e dominação de classe: gênese, estrutura e função do catolicismo romanizado no Brasil.* Petrópolis: Vozes.

____. 1992. "Estruturas de Igreja e conflitos religiosos". In: SANCHIS, Pierre (org.). *Catolicismo: modernidade e tradição.* São Paulo: Paulinas, pp. 41-66.

OLTRAMARI, Alexandre. 1998. "Eu torturei". *Veja*, 9 dez., pp. 44-53.

ORTIZ, Renato. 1988. *A moderna tradição brasileira.* São Paulo: Brasiliense.

PAOLI, Maria Célia et al. 1982. *A violência brasileira.* São Paulo: Brasiliense.

"PAPÉIS destruídos no CIE". 2000. *O Globo*, 15 maio.

PAZ, Alfredo Boccia; GONZÁLEZ, Myrian Angélica & AGUILAR, Rosa Palau. 1994. *Es mi informe. Los archivos secretos de la policia de Stroessner.* Assunção: Centro de Documentación y Estudios.

PAZ, Carlos Eugênio [Sarmento Coelho da]. 1996. *Viagem à luta armada.* Rio de Janeiro: Civilização Brasileira.

____. 1997. *Nas trilhas da ALN.* Rio de Janeiro: Bertrand Brasil.

"PADILHA (Tarcísio)". 1990. In: *Enciclopédia Luso-Brasileiro de Filosofia.* Lisboa: Verbo, 3:1301-2.

PADILHA, Tarcísio Meirelles. 1971. *Filosofia, ideologia e realidade brasileira.* Rio de Janeiro: Companhia Editora Americana.

____. 1975. *Brasil em questão.* Rio de Janeiro: José Olympio.

PAGE, Joseph. 1972. *The Revolution That Never Was: Northeast Brazil, 1955-1964.* Nova York: Grossman Publishers.

____. 1995. *The Brazilians.* Reading, Massachusetts: Addison-Wesley.

PAIVA, Vanilda. 1985. "A Igreja moderna no Brasil". In: PAIVA, Vanilda (org.). *Igreja e questão agrária.* São Paulo: Loyola, pp. 52-67.

____. (org.). 1985. *Igreja e questão agrária.* São Paulo: Loyola.

PALHARES, Gentil. 1969. *Frei Orlando, o capelão que não voltou.* Belo Horizonte: Editoras Associadas do Brasil.

PANDOLFI, Dulce (org.). 1999. *Repensando o Estado Novo.* Rio de Janeiro: Editora FGV.

"Paraguay: la guerre froide des années 70 et 80". 1995. *Diffusion de l'Information sur l'Amérique Latine*, nº 1960, 2 mar.

"Paraguay: les archives secrètes de l'Opération Condor". 1993. *Diffusion de l'Information sur l'Amérique Latine*, nº 1767, 15 abr.

PASSARINHO, Jarbas. 1996. *Um híbrido fértil.* Rio de Janeiro: Expressão e Cultura.

PATTNAYAK, Satya. 1995. *Organized Religion in the Political Transformation of Latin America*. Lanham, Maryland: University Press of America.

PAULA COUTO, Adolpho João de. 1999. *Revolução de 1964: a versão e o fato*. Porto Alegre: Gente do Livro.

PÉCAUT, Daniel. 1990. *Os intelectuais e a política no Brasil: entre o povo e a nação*. Trad. Maria Júlia Goldwasser. São Paulo: Ática.

PEDREIRA, Fernando. 1975. *Brasil política, 1964-75*. São Paulo: Difel.

PEDROSA FILHO. 1973. "Cândido Mendes". *Fatos e Fotos* 737, 6 out., pp. 58-9.

PEREIRA, Anthony. 1998. "'Persecution and Farce': The Origins and Transformation of Brazil's Political Trials, 1964-1979", *Latin American Research Review* 33:1, pp. 43-66.

PEREIRA, Antônio Aparecido. 1982. "A Igreja e a censura à imprensa no Brasil, 1968-78 (com particular atenção à censura ao semanário arquidiocesano *O São Paulo*)". Tesi de diploma in Giornalismo, Centro Internazionale per gli Studi sull'Opinione Pubblica.

PEREIRA, Luís Estevam. 1986. "Alexandre Vannucchi Leme: verdades e mentiras". *Jornal do Campus*, 31, p. 6.

PEREIRA, Pablo. 1996. "Diálogo Igreja — militares incluiu empresários". *OESP*, 4 mar., A-14.

PERITORE, N. Patrick. 1989. "Liberation Theology in the Brazilian Catholic Church: A Methodology Study of the Diocese of Rio de Janeiro in 1985". *Luso-Brazilian Review* 26:1, verão, pp. 59-92.

PERLMAN, Janice. 1976. *The Myth of Marginality: Urban Poverty and Politics in Rio de Janeiro*. Berkeley e Los Angeles, Califórnia: University of California Press.

PETRY, André. 1998. "Porão iluminado". *Veja*, 9 dez., pp. 42-3.

PIERUCCI, Antônio Flávio de Oliveira. 1978. *Igreja: contradições e acomodação. Ideologia do clero católico sobre a reprodução humana no Brasil*. Cadernos Cebrap nº 30. São Paulo: Brasiliense.

PIERUCCI, Antônio Flávio de Oliveira & PRANDI, Reginaldo (orgs.) 1996. *A realidade social das religiões no Brasil: religião, sociedade e política*. São Paulo: Hucitec.

PIERUCCI, Antônio Flávio de Oliveira; SOUZA, Beatriz Muniz de & CAMARGO, Cândido Procópio Ferreira de. 1986. "Igreja Católica: 1945-70". In: FAUSTO, Boris (org.). *História geral da civilização brasileira*. São Paulo: Difel, vol. 4, tomo III, pp. 343-80.

PILETTI, Nelson & PRAXEDES, Walter. 1997. *Dom Hélder Câmara: entre o poder e a profecia*. São Paulo: Ática.

PIMENTA, João Paulo Garrido. 1995. "Os arquivos do Deops-SP: nota preliminar". *Revista de História*, 132, pp. 149-54.

PINHEIRO, José Ernanne. 1994. "Uma visão a partir de Olinda e Recife — um depoimento pastoral". In: ROCHA, Zildo (org.). *Pastoral da Igreja no Brasil nos anos 70: caminhos, experiências e dimensões*. INSTITUTO NACIONAL DE PASTORAL Petrópolis: Vozes, pp. 101-25.

_____. 1999. "Dom Hélder Câmara como arcebispo de Olinda e Recife (1964-85)". In: ROCHA, Zildo (org.). *Hélder, o Dom: uma vida que marcou os rumos da Igreja no Brasil*. Petrópolis: Vozes, pp. 77-87.

PINHEIRO, Paulo Sérgio. 1982. "Polícia e crise política: o caso das polícias militares". In: PAOLI, Maria Célia et al. *A violência brasileira*. São Paulo: Brasiliense, pp. 57-91.

_____. 1991. *Estratégias da ilusão: a revolução mundial e o Brasil, 1922-35*. São Paulo: Companhia das Letras.

PINO, Julio Cesar. 1991. "Family and Favela: The Reproduction of Poverty in Rio de Janeiro". Tese de doutorado, University of California, Los Angeles.

PINTO, Bilac. 1964. *Guerra revolucionária*. Rio de Janeiro: Forense.

POMAR, Valter & MELLEIRO, Waldeli. 1997. "Maria Augusta Capistrano". In: AZEVEDO, Ricardo de & MAUÉS, Flamarion (orgs.). *Rememória: entrevistas sobre o Brasil do século XX*. São Paulo: Editora Fundação Perseu Abramo, pp. 349-71.

POPE, Clara Amanda. 1985. "Human Rights and the Catholic Church in Brazil, 1970-1983". *Journal of Church and State* 27:3, outono, pp. 429-52.

PORTELA, Fernando. 1979. *Guerra de guerrilhas no Brasil*. São Paulo: Global.

POWER, Timothy & KINGSTONE, Peter (orgs.). 2000. *Democratic Brazil: Actors, Institutions, and Processes*. Pittsburgh, Pensilvânia: University of Pittsburgh Press.

PRADO, Antonio Carlos. 1990. "Um corpo da ditadura". *IstoÉ/Senhor*, 19 set., pp. 20-2.

PRADO, Antônio Carlos & FRAGELLI, Beatriz. 1990. "Luz nas trevas". *IstoÉ/Senhor* 3 out., p. 30.

PRANDINI, Fernando; PETRUCCI, Victor A. & DALE, Romeu. 1986-1987. *As relações Igreja-Estado no Brasil*. São Paulo: Loyola, 6 vols.

PRATA, José; BEIRÃO, Nirlando & TOMIOKA, Teiji. 1999. *Sergio Motta: o trator em ação*. São Paulo: Geração Editorial.

PRESIDÊNCIA da República. 1970. *Metas e bases para a ação de governo*.

QUEIROGA, Gervásio Fernandes de. 1977. *CNBB: comunhão e corresponsabilidade*. São Paulo: Paulinas.

QUEIROZ, Celso. 1994. "O papel da Conferência Nacional dos Bispos do Brasil". In: INSTITUTO NACIONAL DE PASTORAL (org.). *Pastoral da Igreja no Brasil nos anos 70: caminhos, experiências e dimensões*. Petrópolis: Vozes, pp. 40-5.

"RÁDIO volta às mãos de dom Paulo". 1996. *JB*, 5 jul., p. 4.

RAMET, Pedro. 1990. "Catholic Tradition, Hierarchy, and the Politics of Coexistence Under Communism: An Introduction". In: RAMET, Pedro (org.). *Catholicism and Politics in Communist Societies*. Durham, Carolina do Norte: Duke University Press, pp. 3-27.

RAMET, Pedro (org.). 1990a. *Catholicism and Politics in Communist Societies*. Durham, Carolina do Norte: Duke University Press.

RANGEL, Carlos. 1979. *1978: a hora de enterrar os ossos*. Rio de Janeiro.

REICH, Peter Lester. 1995. *Mexico's Hidden Revolution: The Catholic Church in Law and Politics in Mexico*. Notre Dame, Indiana: University of Notre Dame Press.

REIS FILHO, Daniel Aarão & SÁ, Jair Ferreira de (orgs.). 1985. *Imagens da revolução: documentos políticos das organizações clandestinas de esquerda dos anos 1961 a 1971*. Rio de Janeiro: Marco Zero.

REIS FILHO, Daniel Aarão et al. 1997. *Versões e ficções: o seqüestro da história*. 2ª ed. São Paulo: Editora Fundação Perseu Abramo.

REIS, Elisa P. & CHEIBUB, Zairo B. 1995. "Valores políticos das elites e consolidação democrática". *Dados* 38:1, pp. 31-56.

Relatório do irmão provedor da Irmandade da Santa Cruz dos Militares. 1952.

Report of the Chilean National Commission on Truth and Reconciliation. 1993. Trad. Phillip E. Berryman. Notre Dame, Indiana: University of Notre Dame Press.

Retrato do Brasil. 1984. São Paulo: Editora Política, 4 vols.

RIBEIRO, Helcion (org.). 1989. *Paulo Evaristo Arns, cardeal da esperança e pastor da Igreja de São Paulo*. São Paulo: Paulinas.

RIBEIRO, Ivete & RIBEIRO, Ana Clara Torres. 1994. *Família e desafios na sociedade brasileira: valores como um ângulo de análise*. Rio de Janeiro: Centro João XXIII.

RICHELSON, Jeffrey T. 1994. "National Security Policy and Presidential Directives". In: RICHELSON, Jeffrey T. (consultor e diretor de projeto) *Presidential Directives on National Security from Truman to Clinton*. Washington, D.C.: National Security Archive, pp. 17-30.

RICHOPO, Neide. 1987. "A esquerda no Brasil: um estudo de caso". Dissertação de mestrado, Universidade de São Paulo.

RIDENTI, Marcelo. 1993. *O fantasma da revolução brasileira*. São Paulo: Editora da Unesp.

_____. 1997. "Que história é essa". In: REIS FILHO, Daniel Aarão et al. *Versões e ficções: o seqüestro da história*. 2ª ed. São Paulo: Editora Fundação Perseu Abramo, pp. 11-30.

_____. 1997a. "O romantismo revolucionário nos anos 1960" In: FREIRE, Alípio; ALMADA, Izaías & PONCE, J. A. de Granville (orgs.). *Tiradentes, um presídio da ditadura: memórias de presos políticos*. São Paulo: Scipione Cultural, pp. 414-22.

_____. 2000. *Em busca do povo brasileiro: artistas da revolução, do CPC à era da TV*. Rio de Janeiro: Record.

ROCHA, Zildo (org.). 1999. *Hélder, o Dom: uma vida que marcou os rumos da Igreja no Brasil*. Petrópolis: Vozes.

ROCK, David. 1985. *Argentina, 1516-1982*. Berkeley e Los Angeles, Califórnia: University of California Press.

_____. 1993. *Authoritarian Argentina: The Nationalist Movement, Its History, and Its Impact*. Berkeley e Los Angeles, Califórnia: University of California Press.

RODRIGUES, José Honório. 1982a. *Chagas Freitas e o Rio de Janeiro*. Rio de Janeiro.

_____. 1982b. *Conciliação e reforma no Brasil: um desafio histórico-cultural*. 2ª ed. Rio de Janeiro: Nova Fronteira.

ROLLEMBERG, Denise. 1999. *Exílio: entre raízes e radares*. Rio de Janeiro: Record.

ROMAGNOLI, Luiz Henrique & GONÇALVES, Tânia. 1979. *A volta da UNE: de Ibiúna a Salvador*. São Paulo: Alfa-Omega.

ROMANO, Roberto. 1979. *Brasil: Igreja contra Estado*. São Paulo: Kairós.

_____. 1997. "Frei Tito, d. Lucas e alguns paradoxos". In: FREIRE, Alípio; ALMADA, Izaías & PONCE, J. A. de Granville. *Tiradentes, um presídio da ditadura: memórias de presos políticos*. São Paulo: Scipione Cultural, pp. 253-60.

"ROSSI, Agnelo". *Dicionário Histórico-Biográfico Brasileiro*. 2ª ed. Rio de Janeiro: FGV/CPDOC, no prelo.

RUBINSTEIN, Mauro. 1999. *O Cristo do Rio*. Rio de Janeiro.

RUSSEL, Bertrand. 1967. *War Crimes in Vietnam*. Nova York: Monthly Review Press.

SALEM, Helena (org.). 1981. *A Igreja dos oprimidos*. São Paulo: Editora Brasil Debates.

SANCHEZ, Peter M. 1992. "The Dominican Case". In: HIGLEY, John & GUNTHER, Richard (orgs.). *Elites and Democratic Consolidation in Latin America and Southern Europe*. Cambridge: Cambridge University Press, pp. 300-22.

SANCHIS, Pierre. 1980. "Padres, militares e o culto à pátria". *JB*, 23 nov., seção "Especial", p. 2.

SANCHIS, Pierre (org.). 1992a. *Catolicismo: cotidiano e movimentos*. São Paulo: Loyola.

_____. (org.). 1992b. *Catolicismo: modernidade e tradição*. São Paulo: Loyola.

SANCHIS, Pierre (org.). 1992c. *Catolicismo: unidade religiosa e pluralismo cultural.* São Paulo: Loyola.

SANNEMANN, Gladys Meilinger de. 1993. *Paraguay en el Operativo Cóndor: represión e intercambio de prisioneros políticos en el Cono Sur.* 3ª ed. Assunção.

———. 1994. *Paraguay y la "Operación Condor" en los "Archivos del Terror".* Assunção.

SCARTEZINI, A. F. C. 1984. "Vejo tudo escuro: Médici acha a oposição intransigente". *Veja,* 16 maio, pp. 14-6.

SCHEMO, Diana Jean. 2001. "New Files Tie U.S. to Deaths of Leftists in 1970's". *New York Times* (edição eletrônica), 6 mar.

SCHMITTER, Philippe C. 1971. *Interest Conflict and Political Change in Brazil.* Stanford, Califórnia: Stanford University Press.

SCHNEIDER, Ben Ross. 1991. *Politics Within the State: Elite Bureaucrats and Industrial Policy in Authoritarian Brazil.* Pittsburgh, Pensilvânia: University of Pittsburgh Press.

SCHNEIDER, Ronald M. 1971. *The Political System of Brazil: Emergence of a "Modernizing" Authoritarian Regime, 1964-1970.* Nova York: Columbia University Press.

———. 1991. *"Order and Progress": A Political History of Brazil.* Boulder, Colorado: Westview Press.

SCHWARTZMAN, Simon; BOMENY, Helena Maria Bousquet & COSTA, Vanda Maria Ribeiro. 1984. *Tempos de Capanema.* Rio de Janeiro/São Paulo; Paz e Terra/Editora da Universidade de São Paulo.

"O SEPULTAMENTO de Branca Alves". 1978. *REB* 38, jun., p. 351.

SERBIN, Kenneth P. 1992. "Os seminários: crise, experiências, e síntese". In: SANCHIS, Pierre (org.). *Catolicismo: modernidade e tradição.* São Paulo: Loyola, pp. 91-151.

———. 1993a. "Priests, Celibacy, and Social Conflict: A History of Brazil's Clergy and Seminaries". Tese de doutorado, University of California, San Diego.

———. 1993b. "Latin America's Catholic Church: Religious Rivalries and the North-South Divide". *North-South Issues* 2:1.

———. 1995. "Brazil: State Subsidization and the Church since 1930". In: PATTNAYAK, Satya (org.). *Organized Religion in the Political Transformation of Latin America.* Nova York: University Press of America, pp. 153-75.

———. 1996. "Church-State Reciprocity in Contemporary Brazil: The Convening of the International Eucharistic Congress of 1955 in Rio de Janeiro". *Hispanic American Historical Review* 76:4, nov., pp. 721-51.

———. 1997. "Anatomia de um crime: repressão, direitos humanos e o caso do Alexandre Vannucchi Leme". *Teoria e Pesquisa* 20-3, 1997[8], pp. 1-23.

———. 1998a. "The Anatomy of a Death: Repression, Human Rights and the Case of Alexandre Vannucchi Leme in Authoritarian Brazil". *Journal of Latin American Studies,* 30:1-33.

———. 1998b. "Rethinking Repression and Resistance during the Médici Years: The Cases of Barra Mansa and Alexandre Vannucchi Leme". Trabalho apresentado no *XXI Congresso da Latin American Studies Association,* Chicago, Illinois, 24-27 set.

———. 1999. "Brazil: Religious Tolerance, Church-State Relations, and the Challenge of Pluralism". In: SIGMUND, Paul (org.). *Religious Freedom and Evangelization in Latin America: The Challenge of Religious Pluralism.* Maryknoll, Nova York: Orbis Books, pp. 204-19.

———. 2000. "The Catholic Church, Religious Pluralism, and Democracy in Brazil". In: POWER, Timothy & KINGSTONE, Peter (orgs.) *Democratic Brazil: Actors, Institutions, and Processes.* Pittsburgh, Pensilvânia: Pittsburgh University Press, pp. 144-61.

SERBIN, Kenneth P. *Needs of the Heart: A Cultural and Social History of Brazil's Clergy and Seminaries.* Notre Dame, Indiana: University of Notre Dame Press, no prelo.

SIGMUND, Paul E. 1990. *Liberation Theology at the Crossroads.* Nova York: Oxford University Press.

SIGMUND, Paul E. (org.). 1999. *Religious Freedom and Evangelization in Latin America: The Challenge of Religious Pluralism.* Maryknoll, Nova York: Orbis Books.

SILVA, Carlos Eduardo Lins da. 1985. *Muito além do Jardim Botânico.* São Paulo: Summus.

SILVA, César. 1973. "La muerte de un estudiante en San Pablo actualiza el problema de las torturas". *La Opinión,* Argentina, 7 abr., p. 2.

SILVA, Hélio. 1975. *1964, golpe ou contragolpe?.* Rio de Janeiro: Civilização Brasileira.

____. 1984. *O poder militar.* Porto Alegre: L&PM Editores.

____. 1988. *A vez e a voz dos vencidos.* Petrópolis: Vozes.

SILVA, Hélio & CARNEIRO, Maria Cecília Ribas. 1975. *Os governos militares.* São Paulo: Editora Três.

____. 1983. *Emílio Médici: o combate às guerrilhas, 1969-74.* São Paulo: Grupo de Comunicação Três.

SILVA, Ivany Henrique da. 1999 [?]. *Heróis a lutar (os cadetes na Revolução de 1964).* Rio de Janeiro.

SIMAS, Mário. 1986. *Gritos de justiça: Brasil, 1963-79.* São Paulo: FTD.

SIMÕES, Renato & FERREIRA, Sérgio. 1997. "Herbert de Souza (Betinho)". In: AZEVEDO, Ricardo de & MAUÉS, Flamarion (orgs.). *Rememória: entrevistas sobre o Brasil do século XX.* São Paulo: Editora Fundação Perseu Abramo, pp. 241-57.

"SÍNTESE cronológica dos fatos". 1973. *Sedoc* 6, jul., pp. 108-10.

SKIDMORE, Thomas E. 1988. *The Politics of Military Rule in Brazil, 1964-85.* Nova York: Oxford University Press.

____. 1989. "Brazil's Slow Road to Democratization". In: STEPAN, Alfred (org.). *Democratizing Brazil: Problems of Transition and Consolidation.* Nova York: Oxford University Press, pp. 5-42.

SMALLMAN, Shawn C. 1997. "A Garland of Human Roses: The Origins of Military Terror in Brazil, 1910-1964". Trabalho apresentado no XX Congresso da Latin American Studies Association, Guadalajara, México, 17-19 abr.

____. 1997a. "Shady Business: Corruption in the Brazilian Army before 1954". *Latin American Research Review* 32:3, pp. 39-62.

____. 1998. "The Official Story: The Violent Censorship of Brazilian Veterans, 1945-1954". *Hispanic American Historical Review* 78:2, maio, pp. 229-59.

SMITH, Anne-Marie. 1997. *A Forced Agreement: Press Acquiescence to Censorship in Brazil.* Pittsburgh, Pensilvânia: University of Pittsburgh Press.

SMITH, Brian H. 1979. "Churches and Human Rights in Latin America: Recent Trends on the Subcontinent". In: LEVINE, Daniel H. (org.). *Churches and Politics in Latin America.* Beverly Hills: Sage Publications.

____. 1982. *The Church and Politics in Chile.* Princeton, Nova Jersey: Princeton University Press.

SMITH, Gaddis. 1994. *The Last Years of the Monroe Doctrine, 1945-1993.* Nova York: Hill and Wang.

SMITH, Peter H. 1979. *Labyrinths of Power: Political Recruitment in Twentieth Century Mexico.* Princeton, Nova Jersey: Princeton University Press.

SOARES, Gláucio Ary Dillon & D'ARAUJO, Maria Celina (orgs.). 1994. *21 anos de regime militar: balanços e perspectivas.* Rio de Janeiro: Editora da Fundação Getúlio Vargas.

SOARES, Gláucio Ary Dillon; D'ARAUJO, Maria Celina & CASTRO, Celso. 1995. *A volta aos quartéis: a memória militar sobre a abertura.* Rio de Janeiro: Relume-Dumará.

SODRÉ, Nelson Werneck. 1978. A verdade sobre o ISEB. Rio de Janeiro: Avenir Editora Limitada.

____. 1988. *Do Estado Novo à ditadura militar: memórias de um soldado.* Petrópolis: Vozes.

____. 1992. *A ofensiva reacionária.* Rio de Janeiro: Bertrand Brasil.

SOLCHANYK, Roman & HVAT, Ivan. 1990. "The Catholic Church in the Soviet Union". In: RAMET, Pedro (org.). *Catholicism and Politics in Communist Societies.* Durham, Carolina do Norte: Duke University Press, pp. 49-92.

SOUZA, Luiz Alberto Gómez de. 1984. *A JUC: os estudantes católicos e a política.* Petrópolis: Vozes.

____. 1999. "A caminhada de Medellín a Puebla". *Perspectiva Teológica,* 31:223-34.

STARLING, Heloisa Maria Murgel. 1986. *Os senhores das gerais: os novos inconfidentes e o golpe de 1964.* Petrópolis: Vozes.

STEIN, Andrew. 1999. "Nicaragua". In: SIGMUND, Paul E. (ed.). *Religious Freedom and Evangelization in Latin America: The Challenge of Religious Pluralism.* Maryknoll, Nova York: Orbis Books, pp. 175-86.

STEPAN, Alfred. 1971. *The Military in Politics: Changing Patterns in Brazil.* Princeton, Nova Jersey: Princeton University Press.

____. 1973. "The New Professionalism of Internal Warfare and Military Role Expansion". In: STEPAN, Alfred (org.). *Authoritarian Brazil: Origins, Policies, and Future.* New Haven, Connecticut: Yale University Press, pp. 47-65.

____. 1988. *Rethinking Military Politics.* Princeton, Nova Jersey: Princeton University Press.

STEPAN, Alfred (org.). 1973. *Authoritarian Brazil: Origins, Policies, and Future.* New Haven, Connecticut: Yale University Press.

____. 1989. *Democratizing Brazil: Problems of Transition and Consolidation.* Nova York: Oxford University Press.

SYDOW, Evanize & FERRI, Marilda. 1999. *Dom Paulo Evaristo Arns: um homem amado e perseguido.* Petrópolis: Vozes.

TEIXEIRA, Faustino Luiz Couto. 1988. *A gênese das CEBS no Brasil: elementos explicativos.* São Paulo: Paulinas.

"TESTEMUNHO de paz". 1972. *Sedoc* 5, jul., pp. 107-9.

"TEXTO aborda psicologia do prisioneiro". 1995. *Folha de S. Paulo,* 23 abr., seção 1, p. 8.

TIERRA, Pedro [Hamilton Pereira]. 1997. "D. Pedro Casaldáliga". In: AZEVEDO, Ricardo de & MAUÉS, Flamarion (orgs.). *Rememória: entrevistas sobre o Brasil do século XX.* São Paulo: Editora Fundação Perseu Abramo, pp. 373-94.

XXXVI Congresso Eucarístico Internacional. Relatório oficial. 1955. Rio de Janeiro: Secretariado Geral.

TRINDADE, Hélgio. 1994. "O radicalismo militar em 64 e a nova tentação fascista". In: SOARES, Gláucio Ary Dillon & D'ARAUJO, Maria Celina; (orgs.). *21 anos de regime militar.* Rio de Janeiro: Editora da Fundação Getúlio Vargas, pp. 123-41.

UCHÔA, Virgílio Leite. 1995. "Breves reflexões históricas: a caminhada da Conferência Nacional dos Bispos do Brasil (CNBB) (1952-1995)". Trabalho apresentado na *II Conferência Geral, História da Igreja na América Latina e Caribe, 1945-1995*, São Paulo, jul.

USTRA, Carlos Alberto Brilhante. 1986. *Rompendo o silêncio*. Brasília: Editerra Editorial.

UTZERI, Fritz. 2000. "Entrevista com dom Eugênio Sales: Rua da Glória, 446, a esperança". *JB on-line*, 25 maio.

VARELLA, Dráuzio. 1999. *Estação Carandiru*. São Paulo: Companhia das Letras.

VÁSQUEZ, Manuel A. 1998. *The Brazilian Popular Church and the Crisis of Modernity*. Cambridge: Cambridge University Press.

VEIGA, Sandra Mayrink & FONSECA, Isaque. 1990. *Volta Redonda: entre o aço e as armas*. Petrópolis: Vozes.

VENTURA, Zuenir. 1988. *1968, o ano que não terminou*. Rio de Janeiro: Nova Fronteira.

VERANI, Sérgio. 1996. *Assassinatos em nome da lei*. Rio de Janeiro: Aldebarã.

VIANA FILHO, Luís. 1976. *O governo Castelo Branco*. Rio de Janeiro: José Olympio.

VILAÇA, Antônio Carlos. 1983. *O desafio da liberdade*. Rio de Janeiro: Agir.

____. 1981. *O senador Candido Mendes*. Rio de Janeiro: Educam.

WAGLEY, Charles. 1963. *An Introduction to Brazil*. Nova York: Columbia University Press.

WANDERLEY, Luiz Eduardo W. 1984. *Educar para transformar*. Petrópolis: Vozes.

WESCHLER, Lawrence. 1998. *A Miracle, a Universe: Settling Accounts with Torturers*. 2ª ed. Chicago: University of Chicago Press.

WEEKS, Gregory. "The Long Road to Civilian Supremacy over the Military: Chile, 1990-1998". In: *Studies in Comparative International Development*, no prelo.

WEIS, W. Michael. 1993. *Cold Warriors & Coups D'Etat: Brazil-American Relations, 1945-1964*. Albuquerque, Novo México: University of New Mexico Press.

WELCH, Cliff. 1999. *The Seed Was Planted: The São Paulo Roots of Brazil's Rural Labor Movement, 1924-1964*. University Park, Pensilvânia: Pennsylvania State University Press.

WILDE, Alexander. 1982. *Conversaciones de caballeros: la quiebra de la democracia en Colombia*. Bogotá: Ediciones Tercer Mundo.

____. 1999. "Irruptions of Memory: Expressive Politics in Chile's Transition to Democracy". *Journal of Latin American Studies* 31:473-500.

WILLIAMS, Margaret Todaro. 1971. "Pastors, Prophets and Politicians: A Study of the Brazilian Catholic Church, 1916-1945". Tese de doutorado, Columbia University.

____. 1976. "Church and State in Vargas's Brazil: The Politics of Cooperation". *Journal of Church and State* 18:3, outono, pp. 443-62.

WIRTH, John D. 1982. *O fiel da balança: Minas Gerais na Federação Brasileira, 1889-1937*. Trad. Maria Carmelita Pádua Dias. Rio de Janeiro: Paz e Terra.

WRIGHT, Delora Jan. 1993. *O coronel tem um segredo: Paulo Wright não está em Cuba*. Petrópolis: Vozes.

WRIGHT, Jaime. 1989. "D. Paulo e os direitos humanos — II". In: RIBEIRO, Helcion (org.). *Paulo Evaristo Arns, cardeal da esperança e pastor da Igreja de São Paulo*. São Paulo: Paulinas, pp. 56-78.

____. 1995. "Dez anos de 'Brasil: nunca mais'". *Folha de S. Paulo*, 14 jul.

____. 1996. "Ombudsman da América Latina". *Folha de S. Paulo*, 13 set.

ZIRKER, Daniel. 1988. "Democracy and the Military in Brazil: Elite Accommodation in Cases of Torture". *Armed Forces and Society* 14, verão, pp. 587-606.

ZANATTA, Loris. 1996. *Del estado liberal a una nación católica. Iglesia y Ejército en los orígenes del peronismo.* 1930-1943. Buenos Aires: Universidad Nacional de Quilmes.

ZAVERUCHA, Jorge. 1999. "Military Justice in the State of Pernambuco after the Brazilian Military Regime: An Authoritarian Legacy". *Latin American Research Review* 34:2, pp. 43-73.

Índice remissivo

1ª EDIÇÃO [2001] 1 reimpressão

ESTA OBRA FOI COMPOSTA PELO GRUPO DE CRIAÇÃO EM MINION, TEVE SEUS FILMES GERADOS PELO BUREAU 34 E FOI IMPRESSA PELA GEOGRÁFICA EM OFF-SET SOBRE PAPEL PÓLEN SOFT DA COMPANHIA SUZANO PARA A EDITORA SCHWARCZ EM FEVEREIRO DE 2002